中国社会科学院
社会学研究所
40周年庆
Institute of Sociology
CASS 40th Anniversary

迈向人民的社会学

TOWARDS PEOPLE'S SOCIOLOGY

1

中国社会科学院社会学研究所四十年学术集萃

Collected Works of the Institute of Sociology CASS

中国社会科学院社会学研究所 / 编

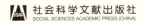

社会科学文献出版社
SOCIAL SCIENCES ACADEMIC PRESS (CHINA)

前　言

　　1979 年 3 月，邓小平同志在中央理论工作务虚会议上郑重指出，"实现四个现代化是一项复杂繁重的任务，思想理论工作者当然不能限于讨论它的一些基本原则。……政治学、法学、社会学以及世界政治的研究，我们过去多年忽视了，现在也需要赶快补课。"1952 年社会学因为种种原因在中国被取消，到此时已经过去 27 个年头，终于，社会学重新获得在中国生存发展的机遇，这是改革开放后中国社会学的第一个春天。世界知名社会学家、中国社会学界德高望重的费孝通先生，扛起恢复重建中国社会学的重担，南北奔走，国内外穿梭，联系相关学者，思考恢复重建社会学的当务之急，提出了"五脏六腑"方略，其中之一就是组建改革开放后第一个社会学研究所。1980 年 1 月 18 日，中国社会科学院社会学研究所正式挂牌成立。从此，中国社会科学院社会学研究所的整体发展与中国改革开放发展同步，社会学研究所的科研工作见证了改革开放以来中国社会发生的快速转型和巨大变迁，社会学研究所的科研成果努力反映着中国改革开放发展稳定的伟大实践、伟大经验和精彩故事。

　　在这 40 年里，社会学研究所从建所之初仅有的两个研究组，发展到今日有了 11 个研究室，2 个期刊编辑部，2 个职能部门，成为中国社会学界学科门类比较齐全、人员规模最大的社会学科研教学机构，发挥着新型智库的重要作用，在国内外社会学界具有重要的影响力。在这 40 年里，在党和国家以及中国社会科学院的关心、指导和支持下，费孝通等老一辈社会学家披肝沥胆，社会学研究所全体职工共同努力，牢记初心，不忘使命，以富民强国为职志，以构建人民的社会学为方向，致力于深入研究中国社会改革开放发展稳定的重大理论和现实问题，形成了一系列重大学术议题，产出了大量具有学术和社会价值的科研成果，积累了丰富的社会调研资料。

　　四十载砥砺奋进，四十载春华秋实。建所以来，社会学研究所秉承第一任所长费孝通先生制定的"从实求知，美美与共"的所训，弘扬"高尚的学术信誉，深厚的学术修养，端正的学术作风，高雅的学术品质"的学术理念，开风气，育人才。几代学人在理论和实践的结合上孜孜探索，在学科建设、人才培养、组织建设、思想建设等方面均取得了长足的发展和进步，特别是在社会学理论、历史与方法研究，社会分层与流动研究，社会组织与群体研究，文化、家庭与性别研究，青少年问题研究，社会心理学研究，社会保障、社会福利和社会政策研究，城乡社会变迁研究，社会发展与社会问题研究，廉政建设与社会评价等领域取得了丰硕的成果。

　　值此 40 年所庆之际，我们从众多成果中选取了 1980 年至 2018 年期间，社会学研究所几十位学者发表在《中国社会科学》《社会学研究》《社会》《民族研究》等四大期刊上的 400 余篇学术文章，按成果发表年份编排，集成此套《迈向人民的社会学——中国社会科学院社会学研究所四十年学术集萃》（十卷本）。此套文集是对社会学研究所 40 岁生日的献礼，是对 40 年发展历程的回顾与总结，我们希冀以此促进学科发展和学术进步，为中国的社会现代化建设提供更多的学术思想和智慧。

　　当前，进入"不惑之年"的中国社会科学院社会学研究所，同整个中国社会学一样，站在了新的历史起点，开始新的征程，迈向人民的社会学是新时代中国社会学的使命与方向。展望未来，中国社会科学院社会学研究所将坚持"推动社会学研究中国化，实现社会学所建设国际化"的办所理念，继续秉承历史责任和学者使命，为实现把我国建设成为富强民主文明和谐的社会主义现代化国家，为努力构建中国特色社会学的学科体系、学术体系和话语体系，不懈努力，继续开拓创新，再创新的辉煌！

编者

2020 年 1 月

凡　例

一　文集以时间为序编排，同一时间发表的文章顺序不分先后。

二　文集以学术性论文为主，保留著名学者的专题性学术讲话稿，学者的考察报告、出访报告、书的序言、参访记录不再编入文集。

三　参考文献原则上遵照《社会学研究》的体例，早年论文中文献标注项目有缺失的，遵原文。经典著作无法确认版本的，引文遵原文。

四　原则上正文中的数据应与图表中的数据对应，图表中的数据疑似有误但不能确认者，遵原文。

五　专业术语、人名、地名等不统一之处，遵原文。

目录

1987 年

1988 年

1980 年

关于我国民族的识别问题[*]

费孝通

本文分析了我国民族情况的特点，以说明我国发生民族识别问题的背景；并用具体例子说明在民族识别的科研工作中怎样以马列主义为指导思想，对中国各民族的具体情况进行具体分析。我国民族识别研究还要继续进行。本文对当前有待研究的民族识别问题提出了意见，希望对这方面的研究工作有所推进。

我们中国是个多民族的国家，但是究竟有哪些民族，一共有多少民族，却是个不容易回答的问题。解放前，国民党反动派根本否认我国是个多民族国家，连孙中山先生提出的"五族共和"都被抹杀，他们把那些历来公认的许多民族都说成汉族的宗支。这是赤裸裸的大汉族主义，目的是在压迫和消灭国内的少数民族。

解放后，在中国共产党领导下，中华人民共和国国内实现了民族平等。长期被压迫的许多少数民族纷纷公开他们的民族成分，提出自己的族名。这是党的民族政策的胜利，是少数民族自觉的表现。到 1953 年，汇总登记下来的民族名称据称有四百多个。这四百多个自报了民族名称的是否都是单一的民族呢？在这个民族名单上有许多是某些民族居住区的地名，有许多是某些民族内部分支的名称，有许多是同一民族的自称和他称，还有许多是不同的汉语译名。因此，要回答我国有哪些民族和有多少民族的问题，就得对这个民族名单进行一番甄别。我们称这项工作为民族识别，这是一项科学研究工作。

---

[*] 本文是根据 1978 年 9 月在政协全国委员会民族组会议上的发言改写的，在准备这次发言时，中央民族学院和中国社会科学院民族研究所许多同志，提供了资料和意见。原文发表于《中国社会科学》1980 年第 1 期。

一

解放以来，我们的党和政府十分重视民族识别工作。因为，要认真落实党的民族政策，有必要搞清楚我国有哪些民族。比如，在各级权力机关里要体现民族平等，就得决定在各级人民代表大会里，哪些民族应出多少代表；在实行民族区域自治建立民族自治地方时，就得搞清楚这些地方是哪些民族的聚居区。从1953年起，为了进一步开展民族工作，民族识别被提到了日程上，由中央及地方的民族事务机关组织了科研队伍，对新提出民族名称的单位，通过调查研究进行识别。

民族识别的初步调查研究，要求能基本上划清哪些要识别的单位是汉族的一部分，哪些是少数民族；如果是少数民族，他们是单一民族还是某一民族的一部分。

当时需要进行识别的有下列这些情况。

1. 有些汉人迁居到了少数民族地区，保留着汉族的特点，但是并不知道自己是汉人，而以当地其他人称他们的名称作为自己的民族名称，报了上来，被列入少数民族行列中。例如云南的蔗园、广东的疍民等。

2. 迁居到少数民族地区的汉人，前后有若干批。早去的汉人曾经长期和内地隔绝，和后去的汉人，在语言、风俗习惯上有一定的区别，并且受到后去的汉人的歧视，因而自认和当地汉人有区别，解放后，有人要求承认他们是少数民族。例如贵州的穿青、广西的六甲等。

3. 有些少数民族在民族压迫时代曾经不愿表明和汉人有区别，其中又有一部分民族上层受反动统治阶级的利用，统治过当地的其他少数民族。在被他们统治过的少数民族看来，他们是和汉人一样的，解放后不愿意承认他们是少数民族。例如湖南西部的土家族等。

4. 历史上，有些少数民族曾经被分散，各自迁移。在迁移过程中，有些又和汉人接触，受到较深的影响，改变了语言，本民族的特点已不显著，经济上和汉人已分不开，但是受到歧视，居住上不和汉人相混，自认是少数民族。例如福建、浙江等省的畲民等。

5. 原来同是一个民族的各部分，迁移到了不同地区，基本上保持相同的语言、风俗习惯、历史传统，但长期隔离，又被其他民族用不同的名称相称，报了不同的民族名称。例如广西的布壮、云南的布沙、布侬等。

6. 有些民族分布在不同地区，各部分分别接受了邻近民族的生活和文化特点，但仍保持共同的语言，并被别族用同一名称相称。如四川、云南旧称的"西番"等。

7. 有些民族集团分散在很广的地区，形成许多不相连接的聚居区，在语言、文化等方面既有相似之处又有较大的差别，长期以来被其他民族用同一名称相称，又自认是同一民族。如苗人等。

8. 有些民族内部对于本族是单一民族还是另一民族的一部分的问题有不同意见。如东北的达斡尔族等。

上述种种复杂情况表明了我国民族情况的特点。

首先是历史长，渊源久。远的且不说，自从秦代建立了统一的多民族国家以来，各民族在相互接触、交流中经历着兴衰、消长、流动、分合的复杂过程。满族的巨大变化是我们这几代人亲眼看到的现实。故宫和颐和园匾额上的满文，现今满族的游客中已很少有人能认识了。尽管满族的民族特征发生了这样大的变化，绝大多数依然很坚决地自认是满族人。解放初期自报满族的人全国有二百四十万人，比起满族进关时人口增加了几十倍。翻开历史，许多曾经盛极一时的民族，比如匈奴人、契丹人，很久以来连遗裔的着落都不清楚了。历史长，变化多，源流复杂，没有清理，许多疑难情况也就不易理解。

其次是幅员辽阔，民族众多。由于交流掺杂，你去我来，加上各区地形的特点，我国各民族分别形成了万花筒式的大大小小的聚居区，相互交叉穿插地分布在千山万水间。蒙古、新疆那一片大草原，西通中亚细亚，历来是骑马民族奔驰的广场。草原东端兴起过多少震动过世界的民族，其后裔至今还远布东欧。长江、黄河流域这片广阔平原上，原来众多的民族集团在几千年里逐渐融合成为一个称过华族，后来又称为汉族的民族，像滚雪球那样越滚越大，已成了世界上人数最多的民族，它是长时期内许多民族混血形成的。青藏高原上历史悠久的藏族，高居世界屋脊，习惯于高原气候，遍布这超过祖国四分之一的土地上。它也包罗了许多来源不同的民族成分，有些已经同化于藏族，也有些迄今在一定程度上还保持一些原有的特点，而在这个地区边缘居住的藏族也曾不断被融入其他民族之中。民族情况最复杂的是我国西南角的云贵高原，这里高山深谷，纵横地被分隔成为一块块、一层层不同民族的聚居区。过去，有些偏僻之区颇像陶渊明所描写的桃花源，那里的居民可以世世代代"不知有汉，无论魏晋"地过着与世隔绝的生活。上面提到的解放初期四百多个登记的民族名称中，云南一省就占了二百六十多个。单位众多，支系复杂，莫过于此。

最后是各民族社会经济发展不平衡，解放初期可以说是一部活着的社会发展史。我国各族人民长期在封建统治下，近百年又在三座大山的高压下，社会发展受到阻碍。我国的少数民族中资本主义因素一般是很不发达的，绝大多数基本上处于前资本主义社会。解放初期还滞留在初期封建的农奴制社会的有四百万人，还处在奴隶社会的有一百万人，大约还有六十万人阶级分化尚不明显，不同程度地保留着原始公社所有制。我们的政策是民族不分大小，文化不论高低，一律平等。我们所用"民族"一词历来不仅适用于发展水平不同的民族集团，而且适用于历史上不同时期的民族集团。这是一个含义广泛的名词。这一点和欧洲各国的传统是不同的。在欧洲各国，"民族"这个概念形成于资本主义上升时期，西欧民族国家的建立是欧洲近代史的特点。在东欧多民族国家里也存在民族集团间发展不平衡的情况，因而在接受西欧的"民族"这个概念时不得不用另外一些名词来指称前资本主义的民族集团，如称原始社会的民族集团为"氏族""部落"，称奴隶制及封建制社会的民族集团为"部族"，等等。由于我国和欧洲各国历史不同，民族一词的传统含义也有区别。我在这里提到这一点是要避免因中西文翻译而引起理论上的不必要的混乱。我在这里所说的民族是按照我国自己的传统用法来说的。

面对中国民族情况的这些特点，用马列主义理论结合我国社会的实际，从1953年起到1957年初，对需要识别的各民族单位进行了实地调查。经过本民族代表人物及群众的同意，明确了十一个少数民族的民族成分；其后又陆续明确了九个少数民族的民族成分，其中有一个民族是1979年才予以确认的，就是基诺族。到目前为止，加上蒙、回、藏等历来被公认的民族，经中央公布的，包括汉族在内，一共有五十六个民族。但是民族识别工作并没有结束，因为：（一）台湾及西藏东南部珞渝和察隅等一部分地区的少数民族尚有待将来进行实地调查后才能识别；（二）一些解放初期已经提出的民族名称，如云南的苦聪人等，至今还没有做出识别的结论；（三）对过去决定的族别还有需要进行重新审定的，如四川的"平武藏人"等。而且，还应当看到，民族这种人们共同体是历史的产物，虽然有它的稳定性，但也在历史过程中不断发展、变化；有些互相融合了，有些又发生了分化。所以民族这张名单不可能永远固定不变，民族识别工作也将继续下去。

二

为了说明怎样进行民族识别，我在下面举两个具体例子：第一个例子是识别汉族还是少数民族；第二个例子是识别是单一的民族还是其他民族的一部分。

先说第一个例子，贵州穿青人是不是汉族的识别经过。[①]

1950 年中央派遣访问团到贵州，接触的自报的民族单位有三十多个，其中有十多个在语言和生活方式上与汉人基本相同，但受到当地汉人歧视，不愿和汉族合为一族，要求少数民族待遇。其中人数最多的是居住在贵州西北部的穿青人，有二十多万人，其他在二三万人，也有只有几千人的。为了解决他们是不是汉人的问题，1955 年国家进行了实地调查。

穿青人要求被认为少数民族的理由是：他们过去有一种和当地汉人不同的语言，称"老辈子话"，他们基本上都住在乡间，形成一大片村子，有自己的聚居区；他们有不同于当地汉人的信仰和风俗习惯；他们的妇女穿大袖滚花上衣、梳三把头，不裹脚，出嫁不坐轿，这些都和当地汉人不同。当地汉人称他们为"穿青"，他们称当地汉人为"穿蓝"，中华人民共和国成立前青蓝对立，青受歧视。中华人民共和国成立后，穿蓝都登记为汉族，穿青就不愿意也登记为汉族，怕吃亏。穿青承认是少数民族可以受政府照顾，不会再受穿蓝的气。但是当地各少数民族并不称他们为"穿青"，而在称汉人的名称前加上形容词，翻译出来是"穷汉人"、"当里民的汉人"等。

初听来，穿青人在语言、地域、经济生活、心理素质这几方面似乎都有特点，可能有构成一个单一民族的条件。

---

① 详见费孝通、王静如等在 1957 年中央民族学院学术讨论会上提出的《贵州省穿青人的民族成分问题调查报告》。

我们的识别工作首先从语言入手。当前穿青人都说贵州通行的汉语，只有少数人会说"老辈子话"。分析"老辈子话"的结果，它完全是汉语，并没有其他民族语言的痕迹，但它和贵州通行的汉语确有区别，是一种方言。这种方言不是从贵州通行的汉语演变来的，而和早期江西、湖北、湖南通行的汉语方言有渊源。看来，穿青人并不是在贵州学会这种方言，而可能是进入贵州时就说这种方言的，到了五六十年前才普遍学会现在贵州通行的汉语方言。

语言分析并不能得出穿青人是汉族一部分的结论，因为使用汉语并不一定是汉族人。尽管如此，但语言分析毕竟提供了穿青人来历的线索，他们是早期从贵州以东诸邻省进入的移民，这是和地方志书、穿青人的家谱、墓地的碑记、文物上的记录、民间的传说相符合的。

要弄清穿青人是否已经形成单一民族，还必须研究他们在这一地区的历史。

明初（1381 年）朱元璋派遣军队南征元朝在云南的残余势力，经过贵州，随后即在贵州的许多据点屯田驻军。从那时起就有许多从内地迁入贵州的移民，其中有一部分是从江西强迫随军服役而来的汉人。他们形成了一个具有地方性特点的移民集团，聚居在今贵州的清镇一带，这正是当时彝族聚居的水西地区的边缘，也是汉人势力的前线。随军服役的人在明代称"民家"，有别于有军籍的"军家"。军家配给土地，而民家须向彝族讨地，当佃户，受剥削。他们的社会地位低。但是因为在汉人军队的左近，并没有被淹没在彝族的势力之下；又因他们在经济文化上比当地彝族先进，就没有被彝族同化，保持了原有的民族特点。明末，彝族土司势力被削弱后，他们向西深入水西腹地现织金、纳雍地方。清初改土归流，政治上汉族取得了这个地方的统治权，移入的人更多，形成了汉族移民的聚居区。

和这批移民同时和以后，不断有许多外来的汉人，其中有做官的或经商的，在这地区落籍，大多住在城市和街场。因此，在这地区有来路不同的两部分汉人，各有其不同的地方性特点。早期移民的集团的后人被称为穿青，后来的其他汉人被称为穿蓝。后者住在城街，政治经济地位较优，看不起曾是彝族佃客，僻居乡间，从事农作的穿青人。

穿蓝、穿青在早期和彝族土司及改土归流后的残余土目势力做斗争时是联合的，青蓝矛盾不突出。在随后发展起来的封建经济中，穿蓝占优势。清咸丰、同治时期农民运动中有穿青人的农民领袖，而地主阵营中却以穿蓝为主。清末民初，国内民族市场形成，破坏了这地区的割据性经济，现代商业势力开始进入，而这新兴经济的领导势力几乎完全被穿蓝所独占，和外界缺乏联系的穿青人受到排斥。在地方经济中，人数较少，力量较弱的穿青地主不甘心在新兴的经济形势中被压倒和淘汰，青蓝上层之间发生了显著的矛盾。穿青上层利用移民集团内部传统的乡土感情，和穿青农民对日益加深的剥削和压迫的反抗情绪，以反对受歧视为口号，鼓动起青蓝斗争。从那时起到解放止这一段时间中，穿青聚居区的各街场上不断发生大小规模的局部械斗。青蓝伤了感情，产生了隔阂。

但是这地区的经济发展使它和国内民族市场的联系日趋密切，穿青人在生活各方面也密切和其他汉人发生联系。他们传统的地方性特点逐渐消失。近五六十年来，其在语言、服饰、风俗上已和其他汉人趋于一致。青蓝界线在交通发达地区，即聚居区的边缘，已经模糊，甚至消失。但在聚居区的腹地，尤其是偏僻山区，青蓝在政治、经济上差距显著，穿青人还是受到歧视。这时期的变化表明了包括青蓝双方在内的汉族在资本主义发展中进一步统一化，反过来也表明了穿青人原是汉族的一部分。

这次调查所了解的历史事实证明：穿青人原是汉人中的一部分，自从进入贵州之后并没有和汉族隔离，没有独立发展为一个民族。他们所提出的特点是汉族内部早期地方性的特点。青蓝矛盾是在汉族内部地方性差别的基础上在特定的历史条件下产生的矛盾。这些差别和矛盾在汉族向现代民族发展过程中已在逐步消失。

所以，我们认为穿青人是汉人，是汉族的一部分，并不是少数民族。但是为了加强地方上青蓝两部分汉人的团结，必须在政治、经济上对穿青人进行适当照顾，帮助他们更快地发展起来，逐步缩小青蓝的差距，从根本上消除青蓝在心理上的隔阂。

第二个例子是东北达斡尔族是不是单一民族的识别经过[①]。

达斡尔族1953年一共约有五万人，主要分布在黑龙江省嫩江及其支流

---

① 详见傅乐焕《关于达斡尔的民族成分识别问题》，《中国民族问题研究集刊》，第一辑，1955年，第1～32页。

的两岸，少数分布在呼伦贝尔盟，还有一千多人在新疆塔城。

达斡尔人的族别问题很早就引起人们注意，而且有争论。争论的主题是：达斡尔人是不是蒙古人？早年一般多采用族源来决定族别，所以族别的争论也集中在族源问题上。

我们对有关达斡尔人族源的各家说法都进行了分析，但认为都没有可以做出定论的充分根据。从这场争论所提出的资料中，只能看到达斡尔人在历史上同黑龙江地区先后出现过的属于蒙古语族的和属于通古斯－满语族的许多古代民族都发生过关系。但从有可靠的记载以来的四百五十年历史中看，他们主要接触的民族是些属于通古斯－满语族的索伦人（今称鄂温克人）和满人等。

尽管如此，现在达斡尔人所使用的语言却是蒙古语族的一支。它和现今的蒙语是有区别的，语言学者认为它是一种独立的语言。从语言来推测，达斡尔人的祖先可能是古蒙古人的一部分，也可能是另一种人在某一时期接受了古蒙古语。这个族源问题不妨留着继续研究。和我们当前民族识别有关的是这些曾经说蒙语的达斡尔人是怎样走上发展独立语言的道路的。

大约在十六世纪初，有一部分达斡尔人聚居在黑龙江东边的支流精奇里江畔。十七世纪初年最集中的聚居区还是在精奇里江中游以下，黑龙江自漠河县对岸以东的区域。明末清初，石勒克河向西南至尼布楚一带还有达斡尔人，俄国对这一地区的历史名称"达呼里亚"反映了这一史实。这时，达斡尔聚居区的东方是说通古斯－满语的各族，西方和布里雅特蒙古人为邻。帝俄势力从西伯利亚向东扩张，1643～1646年探查黑龙江的侦察队在精奇里江流域遇到了达斡尔人。达斡尔人跟帝俄的侵略者进行了四十多年的斗争，直到1689年《尼布楚条约》的签订才告一段落。在反抗帝俄侵略的斗争中，达斡尔人、索伦人一起被迫放弃了在黑龙江以北的原聚居区——一方面也由于清军采取坚壁清野的战略——南迁到嫩江西岸。三百年前发生的这次迁移对达斡尔民族的形成是很重要的。嫩江聚居区的西南在明末清初是科尔沁部蒙古人的势力范围。他们对达斡尔人并不友好。达斡尔人南迁嫩江流域以后，清朝政府为了增加本区的兵力和军粮供应，把达斡尔人（和索伦人）编入八旗，强迫他们"披甲驻防"。他们和蒙古族分属不同的行政系统，关系更加疏远了。

这段历史说明，不论达斡尔人和蒙古人在族源上是否相同，至少在有史料可考的四百五十年中达斡尔人是生活在和蒙古族分开的聚居区里，关系是疏远的。和他们密切相处的是说通古斯－满语的索伦人，在政治上控制他们的主要是说通古斯－满语的满人。这种历史条件使他们一方面分离于蒙古族，在语言上已产生了独立的特点，另一方面尽管处在讲通古斯－满语的各民族的包围之中，却并没有同化于周围的民族。

对达斡尔人的历史进行分析，可以认为他们经过这段历史已形成一个单一的民族。但是为什么在东北的达斡尔人中出现达斡尔是蒙古族一部分的论调呢？这也应当从历史过程中去理解。清代，达斡尔人被编入八旗后，部分上层紧密依附于满族统治集团，又由于他们在八旗中文化水平较高，不少人取得了显赫的地位。辛亥革命后，这些达斡尔人失去了政治支持；在大汉族主义的压迫下自己又找不到出路，于是在民国初年开始有达蒙结合运动，不少关于达斡尔人是蒙古族的论调就是这时出现的。日伪时期，日本帝国主义为进一步入侵蒙古做准备，拉拢这些达斡尔上层，并在群众中散布这种论调，其影响一直到中华人民共和国成立后还没有完全消失。这次民族识别工作对达斡尔人的历史比较全面、系统地进行了一番分析研究，在统一达斡尔人对自己民族的正确认识上起了积极作用。达斡尔是一个单一民族的结论得到了达斡尔广大人民的同意，它的族别问题得到了圆满解决。

我举出上面两个具体例子来说明在我国复杂的民族情况里怎样进行民族识别的方法，也就是怎样运用马列主义的历史唯物主义观点对具体情况进行具体分析。

三

在开始进行民族识别工作时，我们曾反复学习了马克思列宁主义有关民族问题的理论，特别着重学习了斯大林著名的有关民族的定义："民族是人们在历史上形成的一个有共同语言、共同地域、共同经济生活以及表现于共同文化上的共同心理素质的稳定的共同体。"[①] 我们认为这是对资本

---

① 斯大林：《马克思主义和民族问题》，《斯大林全集》第 2 卷，第 294～295 页。

主义时期形成的西方民族的科学总结，应当作为我们进行民族识别研究工作的指导思想。怎样运用这个理论来研究我国具体的民族情况是我们做好民族识别的关键。

我国曾经长期处在封建社会，直到中华人民共和国成立前还是一个半殖民地半封建的国家，各个民族的社会经济发展极不平衡，除少数几个民族已经初步具有资本主义因素之外，许多民族还是处在前资本主义阶段，所以它们不具备近代民族的四个要素。但同时我们必须承认近代民族是历史的产物，它的特征也是从历史中发展出来的，前资本主义时期的民族共同体必然在不同程度上存在这些因素的萌芽。正如斯大林所说的："当然，民族的要素——语言、地域、文化共同性等等——不是从天上掉下来的，而是还在资本主义以前的时期逐渐形成的。但是这些要素当时还处在萌芽状态，至多也不过是将来在一定的有利条件下使民族有可能形成的一种潜在因素。这种潜在因素只有在资本主义上升并有了民族市场、经济中心和文化中心的时期才变成了现实。"① 因此，在我国民族识别工作中既不能搬运资本主义时期所形成的民族特征来作为识别标准，也不应该不把这些特征作为研究的入门指导。

我们在上述的两个例子里从语言这个要素入手而取得了重要的线索。但是我们并没有把语言作为孤立的识别标准，单独根据语言系属来决定他们的族别。我们并没有因为穿青人说汉语就说他们是汉人，而进一步追问他们尽管在历史上是从邻省进入贵州的移民，在几百年里是否已与其他汉人隔离而形成了单独的民族。说同一语言的人分别形成不同民族的例子在世界上是很多的。我们并没有因达斡尔人曾经说蒙古语而认为他们是蒙古人的一部分，也不是仅仅根据他们所说的蒙古语族的语言是一种独立语言而得出他们是单一民族的结论。因为我们认为语言是变动的。说两种不同语言的人可以融合成一个民族，在融合过程中这一个民族可以存在正在变动中的两种语言。所以我们既需要依靠语言分析又不能单独依靠语言分析来识别民族。

我们在上述两个例子中都重视民族地区这个要素——民族聚居区的位

---

① 斯大林：《民族问题与列宁主义》，《斯大林全集》第 11 卷，第 289 页。

置和他们同相邻民族的关系。中国民族情况的一个特点就是流动大，分布广；而且常常大小聚居区交叉杂处。包括汉族聚居区在内，全国县一级的行政单位有70%，其居民包括两个及两个以上民族。因此，在民族识别中对于共同地域方面的研究不能单独从某一民族着眼，而应以某一民族所在地区为范围，进行各民族间关系的历史分析，正如我们在上面两个例子里所做的那样。这里也牵连到共同经济生活这个要素。在这方面中国民族情况更为复杂。人口众多的汉族散布在全国各地，各少数民族聚居区里几乎都有汉族居民，在那些经济较不发达的民族地区，其中的汉族居民又常是这些地区经济的主要联系者。这些地区以汉族居民为主的城镇常是地区的经济中心，而这些地区又可以包括若干不同的民族聚居区在内。紧密联系的共同经济生活正是形成近代民族的一个重要动力；在前资本主义时期所形成的民族共同体，这个因素是相对不发达的。现在我国各民族正在社会主义道路上前进，在民族平等的条件下相互合作，共同地区的经济联系这个要素在今后民族发展上会起什么样的作用，正是值得我们注意研究的课题。

"表现于共同文化上的共同心理素质"这个民族要素在民族识别工作上是十分重要的。但是必须承认我们对这个特征的理解还不够深刻和全面，因而在我们的工作中也出现过追求各民族在风俗习惯、社会生活方式、宗教仪式上的所谓"特点"，脱离了该民族人民附着于这些"特点"上的民族意识和他们发展的历史条件，简单地把它们用来作为识别的标准，这种做法是不妥当的。

我们认为首先要认清这个要素的核心是民族的共同心理素质。用一句比较容易理解的话来说，是同一民族的人感觉到大家是属于一个人们共同体的自己人的这种心理。这种心理是客观存在的，而且我们每个人是可以用自己的经验体会到的。这个特征可能比其他的特征在形成和维持民族这个人们共同体上更加重要。我们在上面已提到过满族的变化。就在我们这几代人中，绝大多数的满族人在语言、生活方式上都和汉人相同了，但是依旧认为自己不是汉人而是满族人。还有我们在贵州和广西访问时见到的仡佬族，有很多迹象表明他们的祖先曾经是这个地方分布很广的一个相当重要的民族，但是以贵州境内来说，现在他们人口稀少，居住分散，大多几家几户地居住在一起，混杂在其他民族的聚居区里。他们一般都已分别接受当地民族的语言和生活方式，一眼很难看出他们的民族特点。尽管这样，他们还是说自己是仡佬人，别人也说他们是仡佬人；不同地方的仡佬人见了面还是感觉是同一民族的自己人。类似的例子，但程度上有所不同的，还有畲族。畲族长期与汉族杂居，通用汉语汉文，文化生活也深受汉族影响，但是共同的心理维系着他们成为不同于汉族的一个共同体。更值得提的是分布在整个云贵高原，甚至东南亚各国的苗族。各地苗族说着不同方言，住在不相连接甚至相距千里的村庄，但是自觉是一个民族的心理十分显著。中华人民共和国成立前，特别是在清末，苗族起义时，鹅毛信所到之处，千里赴义的苗民经常有几万人，甚至十几万人。共同心理素质在构成民族共同体上的重要性是十分清楚的。

一个民族的共同心理，在不同时间、不同场合，可以有深浅强弱的不同。为了加强团结，一个民族总是要设法巩固其共同心理。它总是要强调一些有别于其他民族的风俗习惯、生活方式上的特点，赋予其强烈的感情，把它升华为代表这民族的标志；还常常把从长期共同生活中创造出来的喜闻乐见的风格，加以渲染宣扬，提高成为民族形式，并且进行艺术加工，使人一望而知这是某某民族的东西，也就是所谓的民族风格。这些其实都是民族共同心理的表现，起着维持和巩固其成为一体的作用。我们认为，这就是上面所引斯大林的民族定义中关于这个要素上所说"表现于共同文化上"这几个字的意义。

我们的政策一贯强调尊重各民族的风俗习惯，就是因为有许多风俗习惯是被用来表现一个民族的共同心理的。不尊重这些风俗习惯就会被认为是对这些民族的不尊重，影响民族间的团结。风俗习惯和生活方式的改革由本民族自己进行也就不会发生影响民族间团结的问题了。必须指出，一般的风俗习惯不仅不一定牵涉民族的共同心理，而且是常有变动的，我们汉族的妇女流行过满族的旗袍，也流行过俄式的布拉其，这些显然和民族共同心理素质无关。这些决不能用来作为民族识别的标准。

总之，民族识别这项科学研究工作必须在马列主义理论指导下，结合具体情况，实事求是，将民族要素的各方面综合起来进行历史的分析，摆事实、讲道理，才能有助于各民族人民解决他们究竟属于哪个民族的问题。

四

这二十多年在党的领导下，经过许多民族科学工作者的努力，在民族识别的科研工作上已经做出了一定的成绩，并取得了一定的经验。除了下面要提出的一些余留的问题外，我国民族大家庭的构成基本上是搞清楚了的，各民族的广大人民对此是接受和满意的。

当前我国民族识别工作上的余留问题，如上所述，包括三个部分：（一）台湾和西藏东南部尚没有条件进行实地调查的地区的少数民族。（二）一些尚未做出结论的识别问题。（三）一些已经识别过而需要重新审定的问题。除第一部分外，所牵涉的人数并不多，总数不过几万人，占少数民族总人口的百分比是很小的。自从粉碎"四人帮"以来，党的民族政策的阳光又照到了少数民族地区，这些至今民族成分不明的少数民族人民纷纷要求早日解决他们的问题。

现在已经提出要求识别的有：四川"平武藏人"；西藏自治区东南部察隅县的僜人，及南部定结县和定日县的夏尔巴人；云南省红河哈尼族彝族自治州的苦聪人，以及这一带不大为外边人知道的本、空格、三达、阿克、布夏、布果、岔满、等角、卡志、巴加、结多等人。

此外，在这二十多年的民族调查中还发现了一些值得注意的有关民族识别的问题，比如新疆有一些"语言孤岛"，即保持着与周围居民语言不同的民族集团，如和田自称"艾依努"的人，他们操两种语言，他们内部说的语言可能是东伊朗语支中的一种古代语言。还有，阿尔泰地区说图瓦语的"乌梁海人"以及阿克陶县被柯尔克孜人称为"奥依塔克勒克"的人，过去曾被归入维吾尔族，后改属柯尔克孜族，老年人自己称过土尔克曼人，而语言近维吾尔语，又不同于苏联的土库曼人。又比如四川阿坝和甘孜地区的嘉戎"藏族"，他们的语言在结构上和藏语不同而接近于羌语、普米语，有"藏缅语言桥梁"之称；四川木里地区的"藏族"和云南宁蒗一带的普米族原本是一族，语言与藏语不同，近于羌语、嘉戎语。跨居四川盐源和云南宁蒗两县之泸沽湖两岸自称"纳西"的少数民族，在四川的现被称为蒙古族，在云南的现被称为纳西族，他们比邻而居，鸡犬相闻，成了两个民族。又比如海南岛自称为"苗族"的人，其语言、生活方式不同于其他地区的苗族，而相同于广西自称"金门"的瑶族。由于我国幅员辽阔，民族众多，这类问题在我们对全国民族情况了解逐步深入的过程中必然会陆续被发现，也正是促进我们调查研究工作的有益课题。

下面我们简单地介绍几个余留问题作为例子。

1. 关于"平武藏人"

在川甘边境，大熊猫的故乡周边，四川平武及甘肃文县境内居住着一个被称为"平武藏人"或"白马藏族"的少数民族，有几千人。解放前受当地番官、土司、头人的奴役。1935 年，红军长征经过该地；尔后，其惨遭国民党的屠杀，仅存五百余口，隐族埋名，依附于松潘藏族大部落，和附近的其他一些少数民族一起被称为"西番"。解放后，1951 年原川北行署派民族工作队访问该地，听该地区的上层说，这部分少数民族也是藏人，因此暂定名为藏族。1964 年，国庆十五周年该族的尼苏同志受到毛主席接见，毛主席问她是哪个民族的，她激动得说不出话来，别人代答："是四川白马藏族。"大型彩色纪录片《光辉的节日》有她两个特写镜头。喜讯传遍了尼苏的故乡，欢欣鼓舞之余，他们对这个族名却产生了怀疑，因为他们从祖辈传下来的史实和现实情况都说明他们既不同于阿坝州的藏族，又有别于茂汶的羌族。据最近调查，他们自称"贝"。他们的语言和藏语之间的差别超过了藏语各方言之间的差别，在语法范畴及表达语法范畴的手段上有类似于羌、普米等语的地方。他们的宗教信仰也较原始，崇拜日月山川、土坡岩石，而无主神，虽部分地区有喇嘛教的渗透，但不成体系。

从这些事实上不难看到，"平武藏人"在历史上并非藏族的可能性是存在的，但是他们原来究竟是什么民族呢？有些历史学者根据这一地区的历史记载认为其有可能是古代氐族的后裔。但是魏晋之后的史料就缺乏这一地区氐族的记载，几百年的空白还不易填补。

要解决这个问题可能需要扩大研究面，把北自甘肃，南到西藏西南的察隅、珞渝这一带地区全面联系起来，分析研究靠近藏族地区这个走廊的历史、地理、语言，并和已经陆续暴露出来的民族识别问题结合起来。这个走廊正是汉藏、彝藏接触的边界，在不同历史时期出现过政治上拉锯的局面。这个走廊在历史上是被称为羌、氐、戎等名称的民族活动的地区，并且出现过大小不等、久暂不同的地方政权。现在这个走廊东部已是汉族的聚居区，西部是藏族的聚居区。就是在这些藏族聚居区里发现了许多"藏人"，其所说语言和现代西藏的藏语不完全相同的现象。四川西北部的嘉戎藏语和现代拉萨藏语存在显著的区别。嘉戎地区向南，在这走廊中有迹象表明还存在被某一通用语言所淹没且并没有完全消亡的基层语言。这类语言在家庭等亲密的群体里还在使用。中央民族学院曾有一位教授——贡嘎活佛，他的家乡在康定木雅乡，今属沙德区，藏语称该地为 mmyak。这地方的人对外一般使用藏语，但在家里还讲一种和藏语不同的土话。这种土话至今未经语言学者深入研究。从这地方的藏语地名上看，值得注意的是它和藏语称西夏的主体民族党项羌的名称相同的，也就是《唐书》党项传所说的"弭药"，古音 mjeiak，而党项羌的发祥地有人认为就在今甘孜藏族自治州境内的金沙江与大金川之间。《唐书》上有："地入吐番，其处昔皆吐番役属，更号弭药。"就是说，原来住在这地方的党项人一部分北迁后，留下的一部分受到了吐蕃的统治。现在还保持在这地区的那种"土话"是否和党项羌古语有关系是个值得研究的问题。

从康定向东，在岷江上游是犹如孤岛般存在着的，现在已被承认是单一民族的羌族。再向东在涪江上游和嘉陵江上游就是有人要求重新审定族别的"平武藏人"。从康定向南往西，在雅砻江和金沙江之间还有一种过去和"平武藏人"一样被称作"西番"的少数民族。中华人民共和国成立后，他们在四川境内的被称为藏族，而在云南境内的则被称为普米族。事实上，四川境内的这部分藏族所说的语言不同于藏语而同于云南的普米语，而普米语又接近于羌语和嘉戎语。从这里向西，越澜沧江到怒江，有现在已被承认是单一民族的怒族，但是怒族人说着不同的语言，其中一部分和其西的独龙语相通，都接近于其南的景颇语。景颇语和羌语现在被认为是与彝语平行的藏缅语族中的两个语支。它们之间的历史关系是需要进一步研究的。从怒江西岸越过独龙河和其间的山脉就到了下一节我们要提到的需要识别的察隅的僜人。

我们以康定为中心向东和向南大体上划出了一条走廊。把这走廊中一向存在的语言和历史上的疑难问题，一旦串联起来，有点像下围棋，一子相连，全盘皆活。这条走廊正处在彝藏之间，沉积着许多现在还活着的历史遗留，应当是历史与语言科学的一个宝贵的园地。

2. 关于察隅的"僜人"

从怒江往西，越过伯舒拉岭就是西藏自治区东南角的察隅地区。这里住着有一两万人的一种少数民族，解放以前被称为"僜人"，他们究竟属于哪个民族，一直是个悬案。

察隅地区正处在非法的麦克马洪线的东端，所以僜人的聚居区只有一部分在 1950 年获得了解放。在察隅县范围之内，1976 年统计，共有僜人九百七十七人，组成七个生产队，分属四个人民公社。这些公社除了这七个生产队外，都是藏族生产队。

被称为僜人的人中又分两部分，各有自己的语言和名称，而且据说是从不同地区进入察隅的。一部分自称达让，另一部分自称格曼。印度阿萨姆人称前者为"迪加罗"（Digaru），称后者为"米佐'（Midẓu）。英语统称他们（还包括丹巴江的义都人）为"米什米"（Mishmi）。据他们的传说，达让是从察隅之西丹巴江的义都人中分出来的，到这地方已有七至十一代。格曼进入较迟，来自缅甸，约九代；在今察隅县内的格曼人少于达让人，为 1∶3。他们分别使用两种不同的语言，但都与云南的独龙语、景颇语接近。达让人和格曼人则各有自己的语言，但是由于长期杂居，除大家都会说藏语外，格曼人已学会达让语，而且有些格曼儿童已不说格曼语。这两个集团在语言上正在统一起来。

还值得提的就是察隅地区原来有一种被称为"同"的人，他们生产先进，所筑的梯田，遗迹尚在，大约在六代前被藏族打败，部分迁走，部分已藏化。这种人究竟属于什么民族现在还不清楚。另外还有一种人，藏族称他们"扎"，他们的语言据说是格曼语加藏语，尚未经语言学者的鉴定，有可能是格曼语的底子杂有藏语。他们的语言现在被说成是土话，表示与藏语不同。他们不信喇嘛教，不和藏人通婚，有送鬼的习俗，但怕受歧视，自认是藏人，或是"讲土话的藏人"，一共有五个村子，有七百多人。这种"讲土话的藏人"提示了在更早的时候已有说和独龙语相近的语言的人，可能就是早期居住在这个地区的格曼人。

这个地区原本和怒江流域只有一山之隔，而且早在唐代，樊绰的《蛮书》里已提到过有条从云南向西的通道。现在正需要我们识别的居住在察隅和珞渝的许多民族有可能就是早年从这条通道进入这些地区的说着和今独龙语相近语言的人的后裔。珞渝各民族集团的语言据初步了解不属藏语支而与景颇语支相近。如果联系到上述甘南、川西的一些近于羌语和独龙语的民族集团来看，这一条夹在藏彝之间的走廊，其南端可能一直绕到察隅和珞渝。上面提出族别问题的"平武藏人"和这里所说的"僜人",可能就是在这走廊中在历史上存在某种联系,受到藏族、彝族等不同程度的影响的两个民族集团的余留。它们共同向我们民族研究工作者提出了一个新的课题,我们应当进一步搞清楚这整个走廊的民族演变过程。

3. 关于云南红河的"苦聪人"

云南是全国民族情况最复杂的地区:单位众多、支系复杂,自称、他称尤其混乱。据1972年《云南少数民族族别称谓简介》,1978年3月云南省革委会重新确定的二十一个少数民族的自称有一百三十八个,他称有一百五十七个。此外还有几十个名称没有经过族别调查,或暂时不能确定族别,共有三万余人,暂称为"人"而不称为"族"。已经在报纸上露面的有"苦聪人"等。

被称为"苦聪人"的少数民族分布在礼社江——元江及把边江——墨江之间的哀牢山区。北从镇源之东、新平之西,南到绿春和靠近中越边境的金平,更向西南到西双版纳的勐腊。金平、绿春、勐腊的苦聪人聚居在深山丛林中,生产较为原始,1971年约三千六百人。在北部新平、镇源一带的也有二三千人,生产水平与邻近的彝族、哈尼族相似,过去也被称为"苦聪罗罗",所以大多已归入彝族之中,不再强调是苦聪人。现在提出族别要求的是金平、勐腊一带生活比较原始的苦聪人。

"苦聪"是汉人对这部分少数民族的称呼。他们之中一部分自称"拉祜",又分拉祜西(汉称黄拉祜),及拉祜普(汉称白拉祜),另一部分自称"郭抽"(汉称黑拉祜)。

1954年云南民族识别研究总结在墨江哈尼族识别小结的附注中有这样一条:"苦聪有两种:(一)自称'郭错',据说近哈尼,(二)自称'拉父',据说近'拉祜',因材料不足尚待进一步研究。"1955年云南民族识别研究组第二阶段工作的报告中把"苦聪"列入了哈尼族系统,并说新平县的苦聪人"不能成为单一民族,他们都是哈尼族的支系",主要根据是调查组向新平县需要识别的五个单位各收集了八百三十七个词,与当地哈尼语做了比较,在六百一十个词中与苦聪话相同相近的有三百六十三个,占百分之五十九点五一。

这个结论是不够全面的。第一,没有答复1954年调查时提出的两种苦聪人的区别问题;第二,没有说明为什么自称"拉祜"的人不归入拉祜族而并入哈尼族。1961年云南大学历史研究所调查了金平县的苦聪人，得出了不同的结论。据1977年的修改稿："苦聪人分成黄、白、黑三种。黄、白苦聪人都自称拉祜。经过对其语言初步的调查，似属澜沧拉祜语的一个方言。黑苦聪人自称'哥槎'，其语言亦与拉祜语近似，因此苦聪人似属尚停留在林中的拉祜族的较原始部落。但无论过去和现在都有人主张苦聪人属于哈尼族的一个支系。"

最近云南民族学院语文系寄来的研究报告中说："黑苦聪与黄苦聪两者语言无大差异，彼此可以互相通话。在语音、语法、词汇方面有明显的彝语支语言的基本特点。"又从苦聪语与澜沧县拉祜语的比较得出结论："在基本词汇方面有百分之五十完全相同，百分之三十相近似，完全不同的只有百分之二十；语法方面基本一致，语音方面略有差异。所以金平县苦聪语可以认为属于汉藏语系、藏缅语组，彝语支拉祜语的一个方言。"

在苦聪人族别问题上意见的分歧，可能是由于苦聪人本身客观存在的复杂性。"苦聪"这个族名原是汉族对他们的称呼，他们的自称就不一致。最早说苦聪人中一部分近于哈尼，另一部分近于拉祜，这是值得注意的。问题是在自称"郭抽"的那一部分和自称"拉祜"的那一部分存在什么区别和有什么联系，把他们合并为"苦聪"有什么根据。还应当看到拉祜人本来存在不同分支，各分支之间方言的区别相当大。据西方语言学者对靠近我国边界的泰国北部拉祜人的调查，这地区的黄拉祜和黑拉祜方言不同，不能互相通话。苦聪人中的"郭抽"汉称是黑拉祜。所以即使"郭抽"和黄拉祜语言有差别，这种差别也可能是方言的区别。于是引出了拉祜语和哈尼语的区别和联系的问题。有人反映云南同一语支的各民族之间语言上的差距可以小于各民族内部方言的差距。这本来是不足为奇的。首先是民族识别并不是单纯地以语言为依据，即以语言本身而言，也不能以其表面形态上的差距决定其亲属关系。语言的谱系分类主要还是要根据语言的历史进行分析。

拉祜语和哈尼语的分支问题，其实只是彝语支各语言的谱系分类中的一个问题。在云南的民族识别工作中最困难的莫过于彝语支各族的区别。从族名来说，据上引1972年的《简介》，彝语支各族的自称有六十四个，他称有八十八个，现在归并成彝、哈尼、傈僳、拉祜、纳西等族。至于他们怎样分离成各单一民族的历史过程，以及包括在这些被认定是单一民族里的许多各有名称的集团之间在语言及历史上存在什么关系——这些都还是需要进一步研究的问题。

至于苦聪人是不是一个单一民族的问题，我们不能只根据语言这个特征来决定。这一点在上面所列举的两个识别例子中已经说明。苦聪人中那些曾在不同民族的土司下被统治过，社会经济发展又不平衡的各部分间有可能发生分化，部分同化于其他民族，部分又与其他民族结合而形成新的共同体。这些问题只有对这地区做深入全面的历史发展过程的分析才能解决。

民族识别是一项为具体民族工作服务的科研工作。它为决定某些民族集团能否认定为单一民族提供客观依据。但是具体的决定还必须尊重本民族的意愿，照顾到该民族发展上的利益和各民族之间的团结。

在族别问题上，民族的意愿就是指一个民族对于自己究竟是汉族还是少数民族，抑或是不是一个单一民族的主观愿望的表现。我们在对民族识别做出决定时必须尊重本民族的意愿，这主要是从政策方面考虑的。根据民族平等政策，族别问题的解决不能由其他人包办代替，更不能有任何强迫或是勉强，最后必须取决于本族人民的意愿。但是，由于历史上反动统治长期的民族压迫、歧视造成的各民族的孤立和一个民族中各部分之间的隔阂，加上一些民族的广大群众还没有掌握本民族历史及语言的科学知识，有些民族的人民还缺乏充分条件正确地表达民族意愿。在这种情况下，我们一方面必须坚持自愿原则，一方面必须耐心地帮助有关各民族人民及其代表性人物正确认识他们的历史发展过程，以便他们对自己的族别问题做出正确的决定。根据我们的经验，在进行民族识别的科研工作时应当尽量吸收本民族的代表人物参加，密切联系本民族群众，充分和他们进行商量和研究，把科研工作和群众性的教育结合起来。

我们已经指出，民族这个人们共同体是在历史过程中形成、变化、消亡的，各民族一直处在分化融合的过程中。当前我们亟须处理的一些民族识别上的余留问题，大多是些"分而未化，融而未合"的疑难问题。在研究方法上必须着重分析这个比较复杂的分化融合过程，在最后做出族别的决定时尤其要考虑到这项决定对这些集团的发展前途是否有利，对于周围各民族的团结是否有利。同时还应当照顾到对类似情况的其他集团会引起的反应。所以，有关各族人民的族别问题必须严肃认真、实事求是地对待。

总的说来，自从解放以来，在党的领导下，我国在民族方面的科学研究是有成绩的。它的特点是密切地与民族工作的实际需要相结合，在马列主义理论的指导下，将历史唯物主义的观点与中国具体实际相结合。民族识别的研究不过是其中的一个项目。我国在这方面的科学工作者一面工作、一面学习，正在处理前人所没有处理过的问题。尽管出现过许多错误，存在一些缺点，但我们的方向是明确的，我们是在以科学工作为人民的革命事业服务。

1981 年

社会学系的培养目标问题[*]

费孝通

社会学在我国学术领域里的合法地位得到确认之后，提出了重建中国社会学以适应四化需要的任务。经过近三十年的中断，罗致具有社会学专门知识的人员来进行这项重建工作，目前感到十分困难。所以，当务之急在于培养新的一代，及早在高等院校恢复社会学系。

按当前教育体制，在高等院校里建系招生必须明确培养目标，即明确学生从某一学系毕业后能分配到哪些机关去做哪些工作，以便纳入国家计划。社会学系的培养目标是什么？学生学了社会学有什么用，可以做什么事？由于社会学多年来受到误解和侮蔑，社会上以及一部分干部对上面这些问题已不甚了解，甚至产生一定的成见，因此，对这些问题做些说明是有必要的。

社会学在当代较发达的国家里，不论它们实行哪种社会制度，如美、德、苏、南等，都是很发达的。它们的高等院校几乎都有社会学系，就是在以理工科为主的大学，如美国的麻省理工学院，也设立了这个系。选修社会学课程的学生人数较选修任何其他社会科学课程的要多。进社会学系受专业训练的学生人数亦较进任何其他系的要多。二十世纪七十年代初期，美国各大学社会学系毕业生已有二十二万人，获得博士学位的有五千多人。

社会学在这些国家这样普及并不是偶然的。首先是因为社会学提供有关社会的知识，这实际上是现代国家的公民常识。作为一个高度民主和高度文明的国家的公民，有必要自觉地适应不断变动的现代社会环境。他们不能像在安土重迁的乡土社会里生活的人那样，依靠传统的礼俗来维持其

---

* 原文发表于《社会》1981 年第 00 期。

集体生活。他们必须对其社会的人口、家庭、社团、城乡等方面的基本结构及变动趋势具备足够的基础知识储备，没有这些知识也就谈不上自己管理自己的民主生活。他们的社会已经由"民可使由之"的社会变成为"民必使知之"的社会。社会学担负着提供这些基础知识的责任，因此受到重视，大、中学校多有社会学课程。美国各大学培养大批社会学教师，以满足普及社会学知识的需要。

现代社会里，衣食住行、生老病死的问题，已经不像旧社会那样基本上可以依赖家庭和亲属去解决。由社会提供的社会服务和社会保险越来越多，统称为社会福利事业。这些事业都需要有受过社会学训练的专业人员经营管理。现代企业里也存在大量的所谓"人的因素"，影响着职工的工作态度和效率，现代企业管理工作正在吸收受过社会学训练的人员。这种趋势也已扩及政府各部门，特别是民政部门。培养社会工作干部已成为当前这些国家社会学系的重要任务。

现代社会正在逐渐摆脱"必然王国"的状态，力求按人们的愿望安排他们的社会生活。他们要在日新月异的高速变动的社会里掌握自己的命运，那就要有计划地创立新制度、建设新事业。而这一切必然会牵涉社会的各个方面，所以必须事先调查清楚已存在的社会条件，对可能出现的社会效果做出正确的预测，在按计划进行时必须时刻掌握社会各方面情况的发展；事后还要追踪社会影响，检验成效。这些正是社会学学者的工作。在现代社会里，靠良心，凭经验办事是远远不够的。所以在这些国家里凡是有一定规模的兴建项目，不论是私人的还是国家的，都需要有社会学专业知识的人参予设计、执行和检验工作。这为社会学学者开辟了广阔的服务空间。

近几十年来，现代技术的突飞猛进，使得社会各个方面的结合越来越密切。任何社会上的重大问题都不能靠传统的专门性的社会科学，如政治学、经济学单独去进行研究了。当前的趋势是发展所谓边缘学科和综合性的研究中心。原来就以社会整体及其各部分之间的联系为研究对象的社会学，常成为发展边缘学科的基础。社会学学者是这种综合性的科研队伍的重要部分。

这些现代国家社会学的情况应当为我们的前景提供参考。在我国现代化的过程中，我们亟须掌握反映社会各方面实际的科学知识。重视社会调查一直是我们党的优良传统。但是必须承认在调查方法上我们是不够先进的，积累的资料也是十分贫乏的。社会学中断近三十年的损失在现代化的过程中越来越明显了。社会学目前实在还是我国学术的缺门。我们还得从头重建中国的社会学。

在我国高等院校里设立的社会学系，它们的培养目标将按我国社会现代化的发展而逐步扩大。当前的任务是为重建社会学搞基本建设，就是培养高等院校及研究机关里的社会学教研队伍。我国现有六百多所高等院校里如果有十分之一陆续开设社会学课程，将需要三百个教师（按每校五人计算），有百分之二的院校成立社会学系，几年里需要教师二百四十人（每系二十人）；再加上各研究机关所需研究人员五百人，重建社会学所需的基本队伍一共约是一千人。如果我们立即开办四个社会学系，并以招收研究生为主，估计每系每年毕业五十人，也需五年才能达到上述指标。到1985年以后才能有六十个高等院校有条件开设社会学课程及十二个院校有社会学系，每年还只能向全国提供六百个社会学系大学毕业生，到2000年总数还不到一万人。如果在这期间全国高等院校已大大超过一千所，其中一半以上开设社会学课程，加上各研究所所需的研究人员，社会学系毕业生中一半以上将被教研队伍所吸收。如果要同时满足日益发展的社会工作的需要，必然会十分紧张。何况，一旦中等学校开设公民常识的必修课，对社会学系毕业生的需求势必成倍增加。一旦工厂、企业、机关的管理工作证明了社会学的用处，社会学系毕业生的出路就更宽广了。这些并不是没有根据的空想，而是当前许多现代化程度比较发达的国家已经发生的事情。我们认为，三年之病犹求七年之艾，为我国现代化的发展及早准备它所需要的社会学工作者是完全必要的，而且是十分紧迫的。

我们建议，高等院校应当尽快设立社会学系。它的培养目标是培养从事社会学的教学和研究的人员以及运用社会学的实际社会工作者。当前应着重培养重建社会学所需的高等院校的教师和研究机关的研究人员。然后是培养政府民政部门、社会福利机关、企业管理部门的社会工作人员，参与国家建设项目的设计、执行、检验的社会学专业人员，以及为各级政府的政策研究部门提供有关社会情况的资料及解决问题的参考意见的社会学研究人员。最后是培养在马克思主义的指导下，科学地研究中国及世界各国历史上的和当前的社会以发展社会学的理论工作者。

1984 年

我国城市家庭结构的规模和类型[*]

刘　英

　　家庭结构是家庭的组成状况，是家庭存在的社会形式。从根本上说，它受社会生产方式的制约，随着社会的发展变化而变化。家庭结构的变化对家庭职能、家庭关系的影响甚大。近半个多世纪以来，我国家庭的结构变化很大，这是要加以认真分析研究的。

一　我国城市家庭的规模及其历史变化

　　家庭规模主要是指家庭中所含分子数目的多少，家庭人口数是家庭规模的主要数量指标，现将所调查的 5 个城市中的 8 个居委会现在家庭人口分布状况与调查对象结婚时娘家、婆家家庭人口分布状况对比如下（见表一）（各居委会数字从略）。

表一

每户人口数	现在家庭人口		结婚时娘家人口		结婚时婆家人口	
	户数	%	户数	%	户数	%
1	102	2.30	328	6.59	787	15.83
2	427	9.74	367	7.37	559	11.25
3	1147	26.16	624	12.53	782	15.73
4	1211	27.62	676	13.58	634	12.75
5	838	19.11	809	16.25	638	12.83
6	388	8.85	683	13.72	493	9.92

---

　　* 原文发表于《社会》1984 年第 5 期。

续表

每户 人口数	现在家庭人口		结婚时娘家人口		结婚时婆家人口	
	户数	%	户数	%	户数	%
7	163	3.72	556	11.17	414	8.33
8 人以上	109	2.49	936	18.80	664	13.36
总计	4385	100	4979	100	4971	100
户均人数	4.08 人		5.38 人		4.51 人	

从这次调查看来，城市家庭规模有以下一些变化趋势。

第一，家庭人口由多到少。从家庭户均人口数来看，现在家庭户均人口为 4.08 人，而调查对象结婚时娘家户均人口为 5.38 人，婆家户均人口为 4.51 人，都比现在家庭为多。家庭人口平均数的减少，从总体上反映了家庭人口由多到少的趋势。

为了进一步考察这一总体趋势，我们找到了西汉以来的历代户籍统计，从中取出历代每户平均人口的代表值，得出各个朝代家庭平均人口数，如下（见表二）。

表二

时间		户均人口数
朝代年号	公元（年）	
前汉平帝元始 2 年	2	4.87
后汉明帝永平 18 年	75	5.82
三国 蜀 刘禅炎兴元年	263	3.36
西晋 武帝太康元年	280	6.57
南北朝 宋 武帝大明 8 年	464	5.17
隋炀帝大业 5 年	609	5.17
唐 中宗神龙元年	705	6.03
宋 真宗景德 3 年	1006	2.19
元 世祖至元 28 年	1291	4.46
明 太祖洪武 14 年	1381	5.62
嘉宗天启 6 年	1626	5.25
清 宣统 3 年	1911	5.45

从表二可见，除宋朝户均人口不足 3 人、三国户均人口不足 4 人外，

历代的家庭户均人口都在 4 ~ 7 人，出现最多的是 5 ~ 6。这和我们所调查的结婚时娘家平均口人数是十分接近的。

第二，家庭人口的分布由分散到集中。家庭人口数的减少，还表现在人口的具体分布上。在我们所调查的八个居委会中，家庭人口最少的是 1 人，最多的是 14 人。而结婚时娘家人口最少的是 1 人，最多的是 19 人，结婚时婆家人口最多的是 20 人。从表一看到，现在家庭人口为 3 ~ 5 人的家庭占 72.89%，而结婚时娘家人口为 3 ~ 5 人的家庭只有 42.36%，结婚时婆家人口为 3 ~ 5 人的家庭只有 41.31%。现在家庭人口多集中在 3 ~ 5 人，8 口人以上和 1 口人的家庭都只占 2% 多一点。这都说明了我国现在城市家庭规模日益缩小，家庭人口数分布逐渐集中。

二　我国城市家庭的结构类型

家庭类型是家庭结构划分的形式。家庭是社会的细胞，而细胞的分子之间有互相依托、互相制约、互相联系、互相影响的关系，这种关系既表现在夫妻之间，也表现在亲子以及亲属、代际之间，所以以婚姻和血缘关系为纽带而组成的家庭是千姿百态的。我们在调查中根据代际层次和夫妻对数，参考一些社会学家对家庭的各种分类方法，将当前我国城市家庭划分为五种类型。

1. 单身家庭：指现在一人生活和结婚时娘家、婆家在本城市只有自己或丈夫 1 人者。

2. 核心家庭：指由一对夫妇（含一方去世或离婚的）及其未婚子女组成的家庭。

3. 主干家庭：指一个家庭中有两代以上，而每代只有一对夫妇（含一方去世或离婚的）。

4. 联合家庭：指一个家庭中至少有两代人，而同一代中有两对夫妇（含一方去世或离婚的）以上的。

5. 其他家庭：指上面四种类型以外的家庭。

根据以上分类，我们对 5 个城市的 8 个居委会进行调查的总的情况如表三所示。

表三

类别	现在家庭结构		结婚时娘家家庭结构		结婚时婆家家庭结构	
	户数	%	户数	%	户数	%
单身家庭	107	2.44	341	6.84	797	16.03
核心家庭	2912	66.41	2948	59.15	2740	55.12
主干家庭	1065	24.29	1124	22.55	893	17.96
联合家庭	101	2.30	283	5.68	255	5.13
其他家庭	200	4.56	288	5.78	286	5.75
总计	4385	100	4984	100	4971	100

从 4385 户的统计看出：核心家庭有 2912 户，占 66.41%，居现在家庭类型数量的第一，主干家庭有 1065 户，占 24.29%，居第二，其余几类所占比例都很小，合计不到 10%，这说明现在家庭类型的分布是比较集中的。

如果以现在家庭结构和结婚时娘家、婆家的家庭结构相比较，可以得出以下几点结论。

1. 核心家庭户数所占比例明显上升。结婚时娘家为 59.15%，婆家为 55.12%，现在为 66.40%，增加了 10 多个百分点。

2. 主干家庭户数所占比例稳步增长。结婚时娘家为 22.55%，婆家为 17.96%，现在为 24.29%。

3. 从亲代到子代的家庭类型都是以核心家庭和主干家庭两种类型为主的。两者之和，从亲代来看，娘家占 81% 以上，婆家占 73% 以上，而现在占 90% 以上。

4. 历来我国的联合家庭都是少数，亲代也只有 5% 左右，当前只有 2% 多一点了，发展趋势是明显下降的。

5. 单身家庭和其他类型家庭的减少，说明在我国社会比较安定团结、人民生活水平日益提高的背景下，破损家庭大为减少，绝大多数人都有一个完整的家庭，为美满的生活创造了良好的条件。

三　当前我国城市家庭结构的基本状况

从调查中看出，核心家庭和主干家庭是当前我国城市家庭的两种主要类型。从历代家庭平均人口来推断，这两种类型也是我国历史上的主要家庭类型，因为 5~6 口之家只能是多子女的核心家庭，或每代只有一对夫妇的主干家庭；两代人以上、每代有两对以上夫妇的联合家庭至少要有 7 口人。从亲代到子代，这一情况还在发展之中，核心家庭数量明显上升，主干家庭数量稳步增长。

从规模上看，家庭人口数减少的趋势也很明显，调查中各方面的情况都说明了这一点。上海市张家弄居委会做了一个统计：1937 年前，核心家庭人口最多的是 13 人；主干家庭人口最多的是 15 人；联合家庭人口最多的是 20 人。1960 年到 1965 年，核心家庭人口最多的是 9 人，主干家庭人口最多的是 11 人。1982 年核心家庭人口最多的是 7 人，主干家庭和联合家庭人口最多的都是 9 人。这说明了家庭规模在不断缩小。目前 3~5 人的家庭是我国城市家庭的基本类型。

从调查中还可以看到，现在我国城市的核心家庭绝大多数是一对夫妇及其未婚子女组成的完整的小家庭。在所调查的 4385 个家庭中，一对夫妇也没有的家庭有 401 户，占 9.14%；一对夫妇及其子女组成的家庭有 2718 户，占 61.98%；一对夫妇和子女及亲属组成的家庭有 382 户，占 8.71%；两对以上夫妇组成的家庭有 583 户，占 13.30%。统计表明，我国现在的城市家庭 90% 以上是有一对夫妇的完整家庭，一对夫妇也没有的家庭不到 10%，这是我国家庭和西方国家家庭的最大差别。

我国城市当前的主干家庭基本上是祖父母（外祖父母）、父母及其子女组成的三代人的家庭，可以分为两种情况：一种是共同生活但以第一代人为主，第一代人年纪还不是太大，第一代、第二代多为完整夫妇；另一种是共同生活，但以第二代人为主，第一代只有一人的为多。从第二代和第一代的关系来看，又可以分为从夫居和从妻居两种情况。从夫居即第二代的女方住在丈夫家中，在这种家庭里，第一、二代人中存在父（母）子、婆（公）媳关系；从妻居即第二代的男方住在妻子家中，在这种家庭里，第一、二代人中存在父（母）女、岳婿关系。我国是一个父权、夫权观念很深的社会，在主干家庭中，从夫居占统治地位，从妻居被称为"入赘"，赘婿往往被人看不起。但是在中华人民共和国成立后，城市中从妻居家庭渐渐多了起来。我们对 5 城市 8 个居委会的家庭进行了统计，结婚时独立门户的占 45.32%；从夫居的占 40.02%；从妻居的占 9.69%；其他居住方式的占 4.97%。其中从夫居和从妻居的比例约为 4:1。

近半个世纪以来，这种情况是不断变化的，如表四所示。

表四

结婚年代 类型 户数	1937 年 以前		1938~ 1945		1946~ 1949		1950~ 1953		1954~ 1957		1958~ 1965		1966~ 1976		1977~ 1982	
	户数	%	户数	%	户数	%	户数	%	户数	%	户数	%	户数	%	户数	%
独立门户	174	30.91	246	40.26	195	42.12	248	52.65	285	57.69	353	56.3	415	47.7	285	32.25
从夫居	337	59.86	308	50.41	224	48.38	176	37.37	159	32.19	170	28.07	304	34.94	415	47.00
从妻居	49	8.7	53	8.67	37	7.99	37	7.86	42	8.5	18	12.44	123	14.14	161	18.23
其他	3	0.53	4	0.65	7	1.51	10	2.12	8	1.62	20	3.19	28	3.22	22	2.49
总计	563	100	611	100	463	100	471	100	494	100	627	100	870	100	883	100

从表四看到，从夫居和从妻居的大致比例是：1937 年以前为 7:1，1938 年至 1945 年为 6:1，1946 年至 1949 年为 6:1，1950 年至 1953 年为 5:1，1954 年至 1957 年为 4:1，1958 年以后大致是 2.5:1。可见，从妻居家庭在不断增加，其主要原因：一是从妻居不光彩的传统观念正在逐渐破除；二是在城市中受到住房条件的限制，由于人口增多、住房越来越紧张，如果妻家住房较宽，就实行从妻居了；三是婆媳关系往往比岳婿关系难处，所以有些人也选择从妻居。

从这次调查中还看到，半个多世纪以来，三代人共同生活的主干家庭数量是稳定上升的，老人大多生活在主干家庭之中。我们对北京东河沿居委会的 701 名已婚妇女进行调查，把她们分为五个年龄组和现在生活于其中的家庭类型进行比较，得出以下数据，如表五所示。

表五

出生 年代 家庭 类型	1912 年前		1922 年前		1936 年前		1949 年前		1958 年前		合计	
	人	%	人	%	人	%	人	%	人	%	人	%
单身家庭	7	13.20	6	7.89	7	2.65	2	1.32	0	0	22	3.14
核心家庭	9	16.98	21	27.63	153	57.95	116	76.82	73	46.50	372	53.07
主干家庭	31	58.49	47	61.84	93	35.22	29	19.20	77	49.04	277	39.51

出生年代 家庭类型	1912 年前		1922 年前		1936 年前		1949 年前		1958 年前		合计	
	人	%	人	%	人	%	人	%	人	%	人	%
联合家庭	3	5.66	2	2.63	5	1.89	3	1.98	6	3.82	19	2.71
其他家庭	3	5.66	0	0	6	2.27	1	0.66	1	0.06	11	1.57
合计	53	100	76	100	264	100	151	100	157	100	701	100

从表五可以看到：

1. 1922 年以前出生、现年 60 岁以上的老年妇女，多数生活在主干家庭之中。

2. 中年妇女、主要是 33 岁到 46 岁的已婚妇女有 76.82% 生活在核心家庭中。

3. 在 1949 年到 1958 年出生、年龄在 24 岁到 33 岁的青年妇女，有 49.04% 生活在主干家庭中，有 46.50% 生活在核心家庭中。

北京市统计局于 1982 年对北京市 1200 户职工家庭进行抽样调查，发现这 1200 户有 174 户有老人，这 174 户中，有 97% 即 169 户是三代人共同生活的家庭，只有 5 户即不到 3% 是老人单独生活的。

这些情况表明，当前在我国城市中老人和子女共同生活的仍占绝大多数，同时也反映出我国的主干家庭在承担赡老抚幼的职能方面起到很好的作用。赡老抚幼是我国人民的传统美德，也是法律规定的每个公民必尽的社会义务。在我国，不少人希望和老人住在一起，因为既可以报养育之恩，又可以在家庭事务方面得到老人的帮助和照顾；老人也希望和小辈住在一起，因为生活上可以得到照顾，精神上可以得到慰藉。因此，有些人认为三代同堂的主干家庭是我国传统的家庭类型。一些国外人士十分欣赏我国这种家庭的天伦之乐，认为这种"典型的亚洲家庭模式"值得在全世界推广。

我国主干家庭之所以有相当强的生命力，还和社会生产力的发展有关。在社会生产力还不够发达、对老人的社会保险还不普及的情况下，老人就不可能不较多地依靠小辈，并和小辈一起生活。同样，核心家庭的迅速发展也有它深刻的社会原因。核心家庭在各种家庭类型中占多数，这除了受现代化建设中人口流动性大、人们价值观念的变化以及城市住房问题等因素的影响外，还和我国历史上家庭多子女有关。过去，我国家庭中一对夫妇生三四个或更多的孩子是比较普遍的，这么多子女在婚后都和父母共同居住，事实上有很多问题，因此除一两个子女婚后和父母同住外，其他子女都要分出去成立核心家庭，这样，核心家庭就必然大大增加。从这个意义上说，主干家庭是干，核心家庭是枝，枝从干出。

但是，这些核心家庭和主干家庭并不是截然分开的。一些子女虽然在结婚后分出去了，但是仍和父母经常往来，相互依托，相互扶持，对父母仍尽赡养的义务。再加上与其他亲属的密切往来，就在社会上形成了一个个家庭网络，这些家庭网络往往有交叉、有重叠，形成了一些盘根错节的人际关系，这也是研究我国家庭结构不可忽视的一种现象。

核心家庭、主干家庭、家庭网络是我们研究家庭结构的重点。通过以上调查分析，我们勾画出了我国家庭结构的大致轮廓和大致发展趋势。在我国社会主义现代化建设和当前的经济体制改革过程中，在世界范围的新技术革命的巨大影响下，我国的家庭结构定将不断地发生变化，并对家庭职能、家庭关系等各方面产生影响。我们要预测这种变化，适应这种变化，将这种变化引向有利于社会安定团结、有利于社会主义现代化建设的顺利进行，这是我们社会学工作者责无旁贷的重要任务。

1985 年

小城镇研究综述[*]

方　明　整理

党的十一届三中全会以来，随着党的各项方针政策的贯彻落实，我国社会、经济的各个方面，尤其是农村发生了巨大的变化。许多地区小城镇的蓬勃发展，就是这种变化的标志之一。小城镇的发展关系到我国生产力和人口的分布，关系到我国城乡结构和农村现代化、城市化的模式和道路，因此，受到我国学术界和政府有关部门的重视。近年来，研究小城镇问题的学术活动及论文、调查报告等陆续增多，小城镇研究得到比较广泛的开展，并已初步形成了多学科、多层次、多方面进行研究的局面。现将近年来在小城镇研究中探讨的主要问题及相同和不同的观点综述如下。

一　小城镇的概念和城乡归属

小城镇是与大中城市和农村村庄不同的、具有一定规模、主要从事非农业的生产活动的人口的聚居场所，对此，大家的认识是一致的。但对小城镇概念的外延尚未形成统一的看法。研究者从不同的角度出发，对小城镇进行了不同的界定，归纳起来，大致有以下几种。

1. 小城镇指 20 万人口以下的小城市、工矿区、县城、建制镇和农村集镇。^①

2. 小城镇"泛指人口两三万至五万以下的小城市和人口三千至五千人或稍少于这个数字的小集镇而说的，它可以包括小城市、卫星城、工矿区、县城、建制镇和集镇"。^②

───────────

＊　原文发表于《中国社会科学》1985 年第 4 期。

①　郑志霄：《关于城镇的规模等级与分类问题》，《城乡建设》1983 年第 1 期。

②　薛葆鼎：《小城镇需要新政策》，《江淮论坛》1984 年第 3 期。

3. 小城镇"包括国家已批准设镇建制的县镇和未设镇建制的农村集镇"①，是指县城和县城以下的比较发达的集镇或公社所在地。

4. 按国家现行的行政建制规定，凡是设镇建制的即为小城镇。②

以上四种界定的不同之处在于是否应将小城市和未设镇建制的农村集镇纳入小城镇范畴。主张把小城市包括在小城镇之内的同志认为，同大中城市相比，小城市、镇和农村集镇在我国城镇发展中都有大致相同的地位和作用，将其归为一类进行探讨，有助于探索城镇发展的正确途径。但有些同志则认为这种界定过于粗略，人口指标从 0.2 万人到 20 万人，变幅 100 倍，而且容易混淆"城市"与"城镇"的概念，从而给城镇建设和规划带来许多问题。③ 主张把未设镇建制的农村集镇包括在小城镇之中的同志认为，农村集镇和建制镇同属农村的中心，在职能上比较相近。有人则认为"农村小城镇和集镇不同，它比集镇具有较大的工业、商业比重和人口规模，具有较多的城市优越性"。④ 有人认为如果把小城镇和未设镇建制的集镇归在一起，会给小城镇各项政策的制定和执行造成困难。

有的同志认为，分析小城镇的概念不能单纯分析它的外延，要从它的本质上去分析，目前以居住人口，特别是以城镇户籍人口数量作为划分小城镇的主要依据是片面的，应以小城镇的经济功能和产业结构作为依据。还有些同志提出，考虑小城镇概念，要摆脱政策上的限制，从理论上搞清小城镇的概念。⑤

关于小城镇的城乡归属问题，目前大家在认识上也有较大分歧。一种意见认为，"小城镇属于城市范畴"。⑥ 另一种意见认为小城镇属于农村，"如果把'城镇'这个名词来指农村中心的社区，我主张把农村的中心归到乡一边"。⑦ "解放后我国的行政体制，确曾把县城及县城以下设有镇建制的社区都当作'城'的最低层次来看待"，其主要依据是人口户籍性质

---

① 《江苏小城镇研究》，《社会学通讯》1983 年第 3 期。

② 吴友仁：《小城镇发展问题的探讨》，《城乡建设》1983 年第 10 期。

③ 郑志霄：《关于城镇的规模等级与分类问题》，《城乡建设》1983 年第 1 期。

④ 陈德荫、崔树英：《对当前村镇规划中几个问题的初步意见》，《农业经济》1983 年第 1 期。

⑤ 赵一新、武仁建：《开创小城镇建设新局面——安徽省小城镇建设理论讨论会简介》，《经济学动态》1984 年第 8 期。

⑥ 宗寒：《加速小城镇建设的几个问题》，《求索》1984 年第 3 期。

⑦ 费孝通：《小城镇 大问题》，《社会学通讯》1983 年第 4 期。

和产业结构，但现在农村经济结构和农民进镇的政策都发生了变化，"所以小城镇的城乡归属应重新考虑"。① 还有一种意见认为，小城镇介于城乡之间，"构成城乡的结合部"，既不属于城市也不属于乡村。"如果允许划分出两个系统的话，我们认为小城镇在全国城市体系中处于最低的水平，但数量最多；在小地区的局部范围内，小城镇一般是该系统中地位最高的中心点。由此看来，小城镇一般是两个系统相交或位于两个系统的重叠位置上。"② 另外，还有人把小城镇分为两大类，一类是县镇，包含县城、建制镇和工矿区，一类是农村集镇。其认为"这两大类分别属于城乡不同的范畴"。③

对小城镇的概念和城乡归属问题认识不一致，不仅给研究工作带来不便，使大家在对农村城市化、城乡关系、城镇分级体系等具体问题的认识上产生了分歧，更重要的是会给有关小城镇建设各项政策的制定以及小城镇发展方向的确定带来一系列问题。从目前的状况看，这一问题需要进一步研究，以便形成比较统一的认识。

二 小城镇形成、发展的规律性

许多同志对小城镇形成和发展的历史进行了研究，试图从中发现小城镇发展的规律。

小城镇是在社会生产力提高的基础上，社会分工和商品交换发展的产物。许多同志认为，我国大部分小城镇"繁荣于商"，是作为农村商品交换的场所而发展起来的，由"不约而集""日中为市"，逐步过渡到"终日为市"，是建立了固定的商业服务业机构并聚集了一定规模的人口而演变为城镇的。有的学者在肯定商业对小城镇形成的影响的同时，强调了农村工业、手工业的作用，指出，"我国农村农工相辅的生产，使作为农业和农村家磨手工业产品'集散中心'的小城镇得以发展"。④ 有的研究人员对我国一些地区的小城镇做了历史分析之后，把小城镇的发展概括为以下

---

① 张雨林：《城—镇—乡网络和小城镇的整体布局》，《经济研究》1985 年第 1 期。
② 孙晓光：《浅谈小城镇功能的转化》，《城市问题》1984 年第 1 期。
③ 李梦白：《关于小城镇建设和发展的几个问题》，《社会学通讯》1984 年第 4 期。
④ 费孝通：《工农相辅，发展小城镇》，《江淮论坛》1984 年第 3 期。

五个阶段：（1）兴盛：明清时期，小城镇作为农副产品交易场所以及地主阶级和商人的居住地得以发展；（2）衰落：鸦片战争以后，农村经济的衰退和战乱影响了小城镇发展；（3）新生：中华人民共和国成立初期，许多单纯消费性的小城镇发展为工商运建服务业和文教卫生事业共同发展的多功能城镇；（4）再衰落：1958 年后"政社合一"的体制变动、商业网点的合并及"十年动乱"使一些小城镇衰落；（5）再兴盛：十一届三中全会后，随着农村商品生产的发展和农村购买力的提高，小城镇恢复了生机并日趋繁荣。[①] 现在，小城镇出现了蓬勃发展的大好形势，正在成为具有我国特色的农村城市化和现代化道路的重要组成部分。有人通过对统计资料的分析得出结论：中华人民共和国成立以来我国大城市发展速度快，而小城市比重锐降，农村集镇长期没得到发展，以江苏省县社两级集镇为例，1953 年全省平均每县拥有集镇 30.5 个，而 1982 年只有 29.7 个了。[②] 有人提出，过去没有加强小城镇的建设是我们工作中的一个失误。

有许多研究涉及影响和制约小城镇发展的因素，综合起来，主要有以下几个。

1. 党和国家的有关方针、路线、政策。有人认为，过去在经济工作中推行一套"左"的政策，否认发展商品经济的必要性，否认集体经济、个体经济和国营经济一齐上的必要性，以及把小城镇视为"资本主义的避风港"等，严重影响了小城镇的发展。另外，在某些具体政策上，如新建工矿区搞"山、散、洞"，不采取新城镇的建设和老城镇的改造相结合的办法，也不利于小城镇的发展。

2. 行政体制。有人提出，行政体制与小城镇发展有密切关系。各级政府所在地往往形成相应规模的城镇，然后依托城镇发展经济，因而县城发展最快，小城市次之，县属镇最慢，甚至衰落。有人指出 1958 年政社合一后撤销了一些建制镇，使这些镇逐步衰落。

3. 农业发展水平。超越农业劳动者个人需要的剩余劳动量的增长、农业有机构成的提高和农业劳动力需求的减少是小城镇发展的重要前提。

4. 与农村的联系。有人认为过去小城镇发展慢的一个重要原因是"这

---

① 朱通华：《对一个江南文化古镇的总体建设规划的初步研究》，载《小城镇　大问题》，江苏人民出版社，1984 年出版。

② 丁贻声：《关于我国的人口城乡分布》，《人口研究》1984 年第 4 期。

几十年农村和小城镇间千丝万缕的纽带给切断了"。① "小城镇的兴衰存亡，是同它周围的农村、农业、农民紧紧地联系在一起的。这是它同大中城市不同的地方。"② 许多同志认为十一届三中全会后农村经济结构的变化、农村商品生产的发展以及农民在生产、生活各方面对小城镇需求的增加是近年来小城镇发展的重要原因。

5. 大中城市的作用。小城镇的发展同大中城市的工业扩散、智力下乡以及商品销售等有重要联系。"中心城市的辐射作用与小城镇的发展有着十分密切的关系，并且因一个或者几个中心城市辐射作用之不同，其周围小城镇的发展速度、密度等也有许多差异。"③

有些同志论证了社会主义条件下小城镇发展的客观必然性，认为在社会主义条件下，可以有意识地避免工业和人口过分集中于大中城市的现象，使生产力和人口得到合理分布；公有制的建立使剩余产品有可能根据社会发展（包括小城镇发展）的需要在全社会进行合理的使用；社会分工和商品交换的发展，也要求扩大小城镇的职能，让其承担一部分过去大城市和农村承担的任务，农业现代化的日益发展和广大农民物质文化生活水平的逐步提高，也迫切要求加快小城镇建设。④ 有些同志根据马克思主义经典作家关于城乡融合、城乡一体化和消灭三大差别的论述，认为小城镇的发展是社会发展的客观要求。还有些同志通过考察工业化、城市化过程同小城镇的关系，认为小城镇的发展符合社会经济发展的一般规律。

三　小城镇与乡村城市化

近年来，我国学术界对乡村城市化（有人建议称城镇化）进行了较多的研究，多数同志都认为乡村城市化是社会化大生产所共有的规律，是社会发展的客观要求和必然趋势，我国在四化建设中也必须逐步实现乡村城市化。根据我们的国情和其他国家的经验教训，我们应该把发展小城镇作

---

① 费孝通：《建设小城镇》，《社会学通讯》1983 年第 2 期。
② 朱通华：《对一个江南文化古镇的总体建设规划的初步研究》，载《小城镇　大问题》，江苏人民出版社 1984 年出版。
③ 齐康：《建设小城镇的综合思考》，《社会学通讯》1984 年第 4 期。
④ 郑宗寒：《试论小城镇》，《中国社会科学》1983 年第 4 期。

为实现乡村城市化的重要途径。"大力发展小城镇，就构成我国社会主义城市化道路的一个重要特征。它意味着：（1）我国的城市化决不是大城市化，更不是人口高度集中；（2）城镇数量的巨大发展，小城镇人口在市镇人口中所占的比重成倍地增长，经济的加速发展和小城镇建设的逐步完善。"① 但由于大家对城市化、小城镇的城乡归属等的理解各有不同，因而对小城镇在我国城市化进程中的具体作用和地位的看法也就不一致了。归纳起来，大致有三种意见。

1. 有人认为，城市化的一个重要内容是建立和完善城市体系与结构，使各种规模（大、中、小城市，镇）和各种类型的城市有一定的数量，形成合理的比例，各类城市在地域上有一个合理的分布与联系状态等。② 与这种观点相应，有些同志把发展小城镇作为实现城市化的一个组成部分，有人提出，在我国城市化进程中，除了大力发展小城镇外，在人口布点相对分散的情况下，可适当再增加一些 50 万 ~ 100 万人口的城市，以促进城市化的实现。③

2. 有人强调城市化是分散的农业人口向城市集中和不断产生新城市的过程，是城市经济在国民经济中逐步占据主导地位、城市经济关系和生活方式不断向农村渗透的过程。与此相应，有些同志把发展小城镇作为实现城市化的过渡环节。他们认为，小城镇是城市化的预备阶段，"在有条件的地方，小集镇必然发展成为小城镇，小城镇必将发展成为小城市，甚至中等城市，个别的还能发展为大城市"。④ "集镇化是城市化的过渡形式。"⑤

3. 另一种看法是，"人口向城市集中并不是乡村城市化的普遍规律"，城市化的科学内涵是"乡村人民和城市人民共同创造和分享经济增长的利益；共同享用人类数千年来积累起来的科学、文化宝藏，无论在什么地方居住其生活都是无差别的"。⑥ 与这一观点相应，有些同志把发展小城镇作

---

① 杨重光、廖康玉：《试论具有中国特色的城市化道路》，《经济研究》1984 年第 8 期。

② 杨重光、廖康玉：《试论具有中国特色的城市化道路》，《经济研究》1984 年第 8 期。

③ 丁贻声：《关于我国的人口城乡分布》，《人口研究》1984 年第 4 期。

④ 蔡德蓉：《略论我国城市化道路与城乡管理体制——与陈可文、陈湘舸同志商榷》，《求索》1983 年第 5 期。

⑤ 胡国雄：《也谈城市化道路》，《建设经济》1983 年第 8 期。

⑥ 税尚楠、吴希翎：《试论我国的乡村城市化道路》，《经济地理》1984 年第 1 期。

为实现城市化的主要措施和形式。有人认为，农村人口向大中小城市转化都存在问题，中小城市可能因转化而变成大城市，失去中小城市的优越性，正确的途径在于发展小城镇。[①] 有人提出，"我国的乡村城市化道路应该以多核分散型空间为模式，通过在全国大体均衡地建立和发展中小型经济中心和完善的交通运输网络，促进城乡融合，协同发展，使乡村人民不离开乡村就可以参与创造和分享经济增长的利益，分享城市文明"。[②]

还有少数同志认为"社会主义国家出现工业化——城市化现象，这是没有按照社会主义生产有计划地平衡布局规律要求办事的结果；是由于在工业化过程中没有贯彻马克思、恩格斯的消灭城乡差别、工农结合，走工业农村化道路的结果"。从而认为"农村集镇化并不是城市化，而是农村现代化的一个重要组成部分"。[③] 有人认为随着工业化的进程，出现加剧城乡对立，以大城市为特征的城市化，是资本主义社会特有的规律。我国应该走非城市化道路，要使大城市转化为中等城市，中等城市合理的发展趋势将是转化为小城市。在农村，"要逐步把古老零散的村落演变为相对集中的类似城市居民小区的村民聚居点，以工厂集镇为中心，用辐射状的交通线把周围的新型村民聚居点联结成网状体"。[④]

从城市化角度研究小城镇，涉及许多基本理论问题，并对确定我国城乡建设的发展方针和政策有一定意义。从发展的观点看，这可能成为今后小城镇研究的一个重要方向。

四　小城镇和农业剩余劳动力的转移

农业剩余劳动力的转移已经成为我国四化建设过程中迫切需要解决的问题，大力发展小城镇是解决这一问题的重要途径。有的文章指出，在我国大中城市已有相当发展的情况下，如果让 2 亿农民进城，要新建 400 个50 万人口以上的大城市或 200 个 100 万人口以上的特大城市，这需要占地

---

① 宗寒：《试论我国的城市化道路》，《求索》1982 年第 1 期。

② 税尚楠、吴希翎：《试论我国的乡村城市化道路》，《经济地理》1984 年第 1 期。

③ 陈可文、陈湘舸：《试论城市化不是唯一的道路——兼与宗寒同志商榷》，《求索》1982 年第 5 期。

④ 汪巽人：《我国的非城市化道路》，《求索》1982 年第 5 期。

6 亿多亩，投资 12000 亿元，这是既不可行也不可能做到的事。① 有人认为，发展"大农业"，向农业的深度和广度进军，可以在农业内部吸收一些剩余劳力，但从长远考虑，我国的农业资源和人口相比还是有限的，从而主张主要依靠发展小城镇来安置农业剩余劳动力。很多同志通过实地调查和理论研究论证了小城镇在吸收农业剩余劳动力方面的重要作用。他们认为，小城镇面宽量大，容纳量也大；小城镇平均建设费用较低，而且通过发展乡镇企业可以不用国家投资就实现农业人口转移；小城镇就近吸收农业人口，有利于兼业经营，适合我国现阶段生产力的发展水平。

随着研究的深入，有些同志对不同等级、类型的小城镇吸收农业人口的能力和发展前景提出了不同看法。有人认为，大部分农业人口首先是向低层次小城镇（县镇、集镇）转移，但这种转移具有稳定程度差的特点，并不意味着转移的完成，尚需向高层次小城镇（小城市和县城）继续转移，这种转移"一方面在低层次小城镇本身规模的扩大、性质和功能的变化中进行，另一方面也在人口向高层次城镇的流动迁移中进行"。因而要"在时间上，率先规划，建设好集镇；在力量上，重点建设和发展高层次小城镇"。② 有人认为，我国城市与小城镇系统吸收农业剩余劳动力的能力是十分有限的，小城镇的大规模发展也有困难，但农村集镇吸收农业剩余劳动力的潜在能力却很大，从而主张"建立起一个面宽量大的集镇网络，使农村地区数以万计的大批农业剩余劳动力就地安置"。③

关于"离土不离乡"的提法，一些同志有不同的理解。一种观点认为，一部分劳动人口从农村向小城镇聚集，被称为"离土不离乡"④，把"乡"理解为城市以外的农村地区；另一种观点认为，"农业剩余劳动力在从农业转移到乡镇工业后，仍然居住在农村，人们称他们是'离土不离乡'的农民工人"，⑤ 把"乡"理解为农民原来所在的村庄。有人提出，在小城镇建设中，是将农村中 3 亿农民引进小城镇，还是说农民应吃住在

---

① 税尚楠、吴希翎：《试论我国的乡村城市化道路》，《经济地理》1984 年第 1 期。
② 方向新：《小城镇发展中的农村人口转化》，《求索》1984 年第 5 期。
③ 陈湘舸：《应区分集镇化与城市化》，《中国社会科学》1984 年第 4 期。
④ 费孝通：《小城镇 再探索》，《社会学通讯》1984 年第 4 期。
⑤ 罗涵先：《乡镇工业 势不可当》，《社会学通讯》1984 年第 4 期。

村，工作在集镇，这是两种不同的指导思想，要正确理解"离土不离乡"。①有些同志认为部分转移到非农业的产业部门和其他部门的农民吃住在村、工作进镇是一种好形式：有利于农民兼业经营，可以降低城镇建设费用，可以减轻国家在城镇发展中感受到的粮食和财政补贴的压力，有利于城乡融合、工农结合。另外一些同志则认为，这种形式只是暂时性的过渡形式，今后的发展趋势将是农业人口向小城镇集聚。此外，这种形式使"转业"农民在城镇和农村各占一块生产、生活用地，影响土地的合理利用及生产社会化的发展，也不利于小城镇的建设。

有些同志从另一个方面研究了小城镇与农业剩余劳动力转移的关系，认为有些城镇，尤其是经济发达的县属镇，要求农业劳力进镇以满足经济发展的人力需求，应肯定"农民工"这种农业人口转移的形式，在政策、劳动工资制度和其他待遇方面解决他们现在存在的问题。②

另外，小城镇上"农民工"和非城镇户口常住人员的增加，引起了一些同志的注意，有人把他们作为一个特殊的社会阶层，并试图用社会学的方法研究他们的价值观念、生活方式和社会地位等。

五　小城镇的作用

在论述这一问题时，不少文章都突出强调小城镇地处城乡接合地带，是工农之间、城乡之间联系的重要桥梁和纽带，对我国社会主义建设有特殊的作用。另外，一些文章从不同角度出发，侧重点不同地阐述了小城镇的作用。概括起来，主要有以下几方面。

1. 从整个国家经济、社会发展的角度看，小城镇的建设和发展涉及三个基本战略，即农业现代化战略、人口战略和城市战略。建设小城镇是建设具有中国特色的社会主义的重要组成部分，是建立我国合理人口城乡结构的重要途径。小城镇的发展对建立我国新型的城乡关系、逐步缩小以至消灭三大差别有重要意义。

---

① 《开创小城镇建设新局面——安徽省小城镇建设理论讨论会简介》，《经济学动态》1984年第 8 期。

② 张雨林：《县属镇的"农民工"——吴江县的调查》，载《小城镇　大问题》，江苏人民出版社 1984 年出版。

2. 从城市及工业发展的角度看，小城镇可以作为人口的"蓄水池""节流闸"，防止农村人口大量涌入城市有利于疏导城市人口。小城镇的发展有利于更好地发挥大中城市的作用，"没有小城镇这一联结大中城市和农村的纽带，大的经济中心就难以独立存在"。[①] 乡镇工业是我国工业化的重要组成部分，可以弥补城市工业的不足并辅助城市工业发展。

3. 从农村和农业发展的角度看，小城镇的发展"必然使其所体现的现代物质文明和精神文明向农村扩散，使其所联系的农村居民的生活逐步现代化"。[②] 小城镇的发展可以促进农村科技、教育、文化、卫生事业的发展，改善农村面貌。小城镇可以安置农业剩余劳力，带动农村商品生产和多种经营的发展，促进农业结构合理化。小城镇可以在物质、资金、技术和信息等方面支援农业现代化。

4. 从商品生产和交换发展的角度看，小城镇是工农之间、城乡之间商品交换和流通的必经环节，也是农村内部商品交换的重要场所，小城镇的商业网点能够及时反映城乡供求的实际状况和发展趋势，为城乡两头提供信息，对商品生产和流通有引导、促进、疏通的重要作用。

六　小城镇的建设与规划

关于如何建设小城镇，研究者主要围绕以下几方面进行了探讨。

1. 政策和体制问题。有些同志提出，目前有些具体政策已不适应小城镇建设发展的需要，亟待改革，"对于工商、税收、信贷、价格、劳动、工资、交通、文教、卫生等各部门来自上面的限制和关卡，都要认真地、全面地、系统地进行清理"，建设小城镇要在政策上"全面松绑"[③]，有些同志认为，目前体制上矛盾最突出的是县属镇，由于几套行政机构并立，各自为政，城镇建设受到影响。实行镇乡合并、以镇带乡的新体制有助于改变这种状况。"关于小城镇行政管理体制，应当按照中央关于'城市领

---

① 蔡德蓉：《略论我国城市化道路与城乡管理体制——与陈可文、陈湘舸同志商榷》，《求索》1983 年第 5 期。

② 王向明：《从国外城市化的新趋势看我国的城市化》，《经济学动态》1984 年第 5 期。

③ 徐士典：《事在人为，路在人走——滁州市乌市镇试点工作介绍》，《江淮论坛》1984 年第 3 期。

导农村'和'以市带县'的精神进行改革。"① 有人认为由于一些城镇上的企业分属条条领导，给城镇建设带来不便，建议加强块块领导。

2. 在新形势下发挥小城镇的作用。有人提出，小城镇建设要适应当前的新形势，实现小城镇的两个转化：一是由少功能向多功能转化，把城镇建设成一定区域范围内的政治、经济、文化中心；二是从封闭性向开放性转化，使"物流、人流、信息流"流动畅通，把小城镇和国民经济全局、市管县大局联系起来。② 另有人认为，要适应新形势，"小城镇的功能转化或称重心转移就成为小城镇发展和建设的当务之急"，功能转变首先是要从"政治、经济和文化中心"的传统思想中解放出来，从强调几种功能的平行重要作用转移到突出小城镇的经济功能；然后是改变过去用小区域范围内小城镇的产值比重和就业比重评价小城镇经济功能的观念，重视小城镇在疏通经济信息方面的特殊内在功能。③

3. 小城镇的经济建设。关于应当优先或重点发展哪种行业来促进小城镇经济的发展，在这个问题上意见也不一致。有的文章根据某些地区乡镇工业发展对小城镇发展的促进作用，认为小城镇经济要以工业为支柱。有些意见则认为我国许多农村在经济基础、地理位置等各方面并不具备像苏南地区那样能大规模发展乡镇工业的条件，目前应主要依靠发展商业，搞活流通，在此基础上逐步发展其他行业。有一种意见认为，小城镇的功能作用的主要目标是带动自己腹地的经济发展，小城镇宜牵头发展的产业是最终产品为各类优质种子、种苗、种禽、种畜的基因产业；食品工业、饲养产业、小能源产业、建筑产业等为农业产前、产后服务以及农村市场为主的产业。④

另一种意见则认为，加速小城镇经济建设的一个值得重视的问题是大力发展各种形式的集体经济，适当发展个体经营。要鼓励农民进镇办厂经商和兴办其他事业，使其活跃小城镇经济。

4. 正确处理生产性和非生产性建设的关系。有人指出，小城镇经济发

---

① 李梦白：《关于小城镇建设和发展的几个问题》，《社会学通讯》1984 年第 4 期。

② 朱通华：《对一个江南文化古镇的总体建设规划的初步研究》，载《小城镇　大问题》，江苏人民出版社 1984 年出版。

③ 孙晓光：《浅谈小城镇功能的转化》，《城市问题》1984 年第 1 期。

④ 薛葆鼎：《小城镇需要新政策》，《江淮论坛》1984 年第 3 期。

展要求科学文化事业和生活设施的发展与之相适应。要认识到交通设施、服务设施、水电供应、教育卫生、文化娱乐设施并不单纯是消费性的，在很大程度上也是生产性的。搞好这些设施建设配套，有利于进一步发展生产和吸引城市、农村对小城镇的投资。

5. 小城镇建设资金问题。在这个问题上看法比较一致，一般都认为建设小城镇不能依赖国家投资，应当主要依靠自己的力量来解决建设资金问题。有些同志把广辟资金渠道的办法概括为，"地方财政拿一点，镇社企业自筹一点，受益单位集资一点，群众义务劳动贡献一点"。大家还提出一些具体建议，如利用银行存款为小城镇中有盈利的建设项目，如商店、影院、自来水厂等发放贷款；用集资合营的办法吸引农村和城镇居民的货币储蓄；从企业利润中提取城镇建设费；增加某些税种等。有些同志认为要尽快解决小城镇无固定资金来源的问题，建议在小城镇建立一级财政，通过财政上缴留成和地方性附加积累建设资金。

关于小城镇的布局，许多同志主张要从社会经济生态系统和整个城镇体系的全局出发，根据当地的具体情况对小城镇进行布点。要对区域内的城镇进行分级，做到各种层次和类型的小城镇配套。有些同志认为，由于小城镇主要分布在县的行政区域内，搞好县域规划对确定小城镇布局很重要。有人认为要打破原有的行政区划的限制，根据经济和社会生活的网络研究小城镇布局。在农村选择"社会经济小区的中心"作为布局和建设的重点，这比按过去规定，让镇自发形成，发展到一定程度再予以承认要好。①

在研究中，许多从事实际工作的同志就小城镇规划中的一些具体问题进行了探讨，如弄清大中城市和小城镇在规划上的不同，根据小城镇自身的性质与特点进行规划，确定各类小城镇合理的规模、建设标准以及农贸市场、公共建筑面积指标；小城镇人口数量的推算；小城镇建筑的体量、风格问题及对名胜古迹的保护等。比较一致的看法是，小城镇规划涉及面广，牵扯问题多，有必要多种学科相互配合协作，进行综合研究，以取得较好的效果。

---

① 张雨林：《农村流通网络、经济社会小区与小城镇布局》，《社会学通讯》1984 年第 5 期。

郭沫若"五四"时期的
"泛神论"思想简论[*]

张　琢

　　本文着重从哲学的和思想文化史的角度对郭沫若"五四"时期的"泛神论"思想进行了探讨。

　　文章从郭沫若的诗歌代表作《女神》和其他有关的论述出发，结合当时的时代背景和社会现实，阐述其这一时期"泛神论"思想资料的来源，在诗歌中的体现，在哲学、政治上的性质、进步作用和局限性。文章认为，郭沫若借助"泛神论"表现了狂放恣肆的叛逆精神，抒发了深厚的爱国主义和革命民主主义的激情，奏出了"五四"时期思想解放交响乐中个性自由的最高调，体现了"五四"时代大破坏、大创造的时代精神，在新诗发展和反帝反封建斗争中产生了巨大的历史作用。文章指出，郭沫若"泛神论"宇宙观在诗歌中的主要表现是主观唯心论和唯意志论，这也是中国近代哲学的逻辑发展。郭沫若虽然在特定的历史条件下运用这种思想发挥积极的革命作用，但从哲学上说它终究是脱离实际、违背科学的，在实践中也必然会被事实打得粉碎，给革命造成损害。中国近代历史有这方面不少的深刻教训。也正是由于现实的教训，郭沫若后来也抛弃了这种"泛神论"思想，接受了马克思主义。

一　郭沫若前期"泛神论"思想的来源

　　郭沫若的"泛神论"思想是在 1914 年留学日本以后形成的。他的

＊　原文发表于《中国社会科学》1985 年第 5 期。

"泛神论"的思想来源于当时在日本接触到的东西方各种学说。

中国的东方近邻日本在古代两千多年中一直受到中国先进文化的影响，但在近代，尤其明治维新以后，在近代化的进程中迅速超过了中国。1894年甲午中日战争后，日本的成功和强盛更引起了中国乃至世界的巨大震动。19世纪末在中国逐渐形成了学习日本、仿效日本的维新变法的高潮。此后一段时间，中国学习西学，许多是通过日本间接传入的。中国近代许多政治、军事和文化人物，都曾留学于日本或亡命于日本。因此，这一时期是日本作为西方的思想文化的媒介对中国的思想文化影响最大的时期。不过，明治维新是一场很不彻底的资产阶级革命，尤其在意识形态领域，虽然输入了大量西学，但传统的封建文化并没有从根本上动摇，形成了东西古今各种文化杂陈，互相斗争、互相渗透、互相融合，从而发生消长和变异的复杂过程。这是在中国的"五四"新文化运动以前，东西文化在中国之外的第一次大交汇。1914年郭沫若到日本后所受到的正是这些多元思想因素的错综复杂的影响，形成了他的"泛神论"思想。他对这些思想的认识、吸取和改造、利用，经历了一个由近及古，由东方到西方，由文学到哲学，然后又由古代回到现实，由西方回到东方，由哲学而化为诗歌的往复过程。

郭沫若后来的两段回忆，说明了中国、印度及西方这三个方面的哲学交互作用，在他的头脑中形成"泛神论"思想的基本线索。这两段回忆虽略有出入，但大体上一致，可以互相佐证，互相补充。

一段是他在1925年写在《王阳明礼赞》中的，他谈到1915年9月正当他为神经衰弱症所苦恼时，他在日本东京的旧书店里偶然买了一部《王文成公全集》，每天坚持读10页，早晚坚持静坐，收到了身心同时受用的效果。

    在我的精神上更使我彻悟了一个奇异的世界。从前在我眼前的世界只是死的平面画，到这时候才活了起来，才成了立体，我能看得它如像水晶石一样彻底玲珑。我素来喜欢读《庄子》，但我只是玩赏他的文辞，我闲却了他的意义，我也不能了解他的意义。到这时候，我看透他了。我知道"道"是什么，"化"是什么了。我从此便被导引到老子，导引到孔门哲学，导引到印度哲学，导引到近世初期欧洲大陆唯心派诸哲学家，尤其是斯宾诺莎（Spinoza）。我就这样发现了一个八面玲珑的形而上的庄严世界。

1932年，他在《创造十年》中又回忆说：

> 因为喜欢泰戈尔，又因为喜欢歌德，便和哲学上的泛神论（Pancheism）的思想接近了。——或者可以说我本来是有些泛神论的倾向，所以才特别喜欢有那些倾向的诗人的。我由泰戈尔的诗认识了印度古诗人伽毕尔（Kabir），接近了印度古代的《乌邦尼塞德》（《UPanisad》）① 的思想。我由歌德又认识了斯宾诺莎（Spinoza），关于斯宾诺莎的著书，如像他的《伦理学》、《论神学与政治》、《理智之世界改造》等，我直接或间接地读了不少。和国外的泛神论思想一接近，便又把少年时喜欢的《庄子》再发现了。我在中学的时候便喜欢读《庄子》，但只喜欢文章的汪洋恣肆，那里面所包含的思想，是很茫昧的。待到一和国外的思想参证起来，便真是到了"一旦豁然而贯通"的程度。

除以上两段文字中提到的人物和典籍外，近几年一些研究郭沫若思想的文章，还举出了其他一些影响当时郭沫若思想的重要人物和著作，如中国近代的维新派思想家，西欧的康德和尼采、柏格森、弗洛伊德等。他们对郭沫若的影响是显然的。如果我们把郭沫若已收集和未收集的文章中提到的有关人名一个个找出来，这个名单还可大大拉长。再进一步，如果我们从其思想联系来分析、推演，那么这个名单简直罗列不完——因为中国思想史、印度思想史、欧洲思想史本来就是在各种人物的各种思想的相互联系、相互斗争中发展的。这种分析确实反映了各种思想的联系性，反映了郭沫若所受思想影响的复杂性。不过，由于郭沫若是一个感情丰富又极易波动的具有浪漫气质的诗人，且寓哲理于诗歌之中，连他自己的诗歌和文章也常见矛盾。因此，我们不宜把郭沫若的"泛神论"思想及其来源一一对号入座，讲得太死。

---

① 现通译《奥义书》。

而且，我们首先还应指出，郭沫若当时的思想方法，如他自己所一再承认的，亦如他当时的著作所体现的，是偏于主观的。这一点，也明显地体现在他对前人的著作和思想资料的理解上。如上面的引文说明，尽管他直接或间接地读了不少斯宾诺莎的著作，其中包括其最主要的代表作《伦理学》等，但至少直到1925年，郭沫若仍把斯宾诺莎称作"唯心派哲学家"，可见他当时对斯宾诺莎泛神论性质的基本判断就是错的。斯宾诺莎的泛神论的唯物主义性质，已毋庸赘说。郭沫若的误解确实体现了他自己所觉得的："我的想象力实比我的观察力强。"① 上述包括斯宾诺莎在内的中国、印度及西方诸哲学家的著作在郭沫若那里不过是做了他的"想象"的材料。其中，真正在气质上与郭沫若相通的是庄子。所以，我以为，他的论庄子的文章也做得最好，而他把斯宾诺莎说成是唯心派哲学家，并引以为同派，不过是在自说自话——把他对斯宾诺莎泛神论的"唯心"定性，反诸他自己的"泛神论"，倒更合适。但是这样一来，郭沫若的"泛神论"的基本性质就正与斯宾诺莎的泛神论性质相反了。

下面我们就通过对郭沫若的"泛神论"在其诗作中的具体体现的分析，来看其"泛神论"的内容、性质、作用及与整个中国近代哲学思想发展的逻辑联系。

二 郭沫若"五四"时期的诗歌中 "泛神论"思想的体现

体现郭沫若的"泛神论"思想的代表作是诗歌集《女神》。《女神》分三辑，连序，诗共收写于1916至1921年的新诗56首，绝大部分为1919年"五四"运动至1920年的作品。《女神》的创作可分三个阶段：第一阶段为1916年到"五四"运动前的"诗的觉醒期"，所抒发的多是个人缠绵悱恻的爱情、低沉哀婉的忧郁心情，属于泰戈尔式的清淡、平和的"沉静调"；第二阶段是1919年的下半年到1920年上半年"五四"运动的高潮时期的"诗的创作的爆发期"，为豪放不羁、暴风般煽动的惠特曼式和狂飙运动时期的青年歌德式的"鼓舞调"；第三个阶段是1920年下半年到

---

① 郭沫若：《文艺论集·论国内的评坛及我对于创作的态度》。

1921 年，"五四"运动退潮以后，诗人的热情也消歇下去，又转换为后期"哥德式"的淡漠主义。这三个阶段的诗作的情调的变化与时代的浪潮的变化是一同波动的，都是郭沫若早期思想和诗歌发展链条上的环节，都是其"泛神论"的色彩的变幻。这里我们不去做全面的分析，仅以影响最大、最具郭沫若个人特色的第二阶段，即"五四"高潮时期的几首诗为典型来分析其"泛神论"的思想特色和作用。

写于 1920 年 1 月的《凤凰涅槃》，是被公认的《女神》中的代表作。这首诗的取材和题目就带有浓厚的中国古老神话传说和印度佛教的色彩。中国近代哲学的特点之一是从救亡图存、振兴中华的要求出发，为解决"中国向何处去"的实际政治问题而探索宇宙、人生的奥秘。郭沫若在《凤凰涅槃》中也是这样提出问题的。在"除夕将尽""死期来临"的时刻，面对"冷酷如铁""黑暗如漆""腥秽如血"的茫茫宇宙，《凤歌》以屈原的《天问》体，对宇宙和生命的起源、宇宙在时间和空间上的广延性等一口气发出了十一个问题。

> 宇宙呀，宇宙，
>
> 你为什么存在？
>
> 你自从哪儿来？
>
> 你坐在哪儿在？
>
> 你是个有限大的空球？
>
> 你是个无限大的整块？
>
> 你若是有限大的空球，
>
> 那拥抱着你的空间，
>
> 他从哪儿来？
>
> 你的外边还有些什么存在？
>
> 你若是无限大的整块，
>
> 这被你拥抱着的空间，
>
> 他从哪儿来？
>
> 你的当中为什么又有生命存在？
>
> 你到底还是个有生命的交流？
>
> 你到底还是个无生命的机械？

这些都是关于宇宙的起源及其本质属性的基本哲学问题。其中关于生命的起源问题更是当时宇宙进化论和生物进化论探讨的热门问题。诗人对这一问题的提出，正反映了当时进化论在中国思想界已浸入了包括文学在内的新文化的各个领域。而诗人对宇宙到底是"有生命的交流""还是个无生命的机械"的发问，则反映了西方自然哲学基于牛顿力学的机械唯物主义和达尔文生物进化论的自然科学唯物主义对宇宙的起源及运动形式的两个不同层次的理解。诗人的发问体现了他当时所达到的科学水平及相应的理论思维的深度，因而也反映了这种思维的形而上学的局限性——他不懂得有限与无限的辩证关系，还没有超出用某种具体的物质运动形式来解释宇宙的起源及物质运动形式的多样性问题。而物质及其运动形式的多样性，是无论归结为哪种具体运动形式都不能全面正确地回答得了的。于是，诗人困惑了：

> 昂首我问天，
> 天徒矜高，莫有点儿知识。
> 低头我问地，
> 地已死了，莫有点儿呼吸。
> 伸头我问海，
> 海正扬声而鸣咽。

当然，无论是继承力学的观点，还是生物学的观点，都解决不了诗人迫切要解决的个人、民族和世界的社会问题。面对这不解的痛苦的人生、罪恶的世界，诗人由困惑而愤怒了。

> 啊啊！
> 生在这样个阴秽的世界当中，
> 便是把金钢石的宝刀也会生锈！
> 宇宙呀，宇宙，
> 我要努力地把你诅咒：
> 你脓血污秽着的屠场呀！
> 你悲哀充塞着的囚牢呀！

你群鬼叫号着的坟墓呀！
你群魔跳梁着的地狱呀！
你到底为什么存在？

我们飞向西方，
西方同是一座屠场。
我们飞向东方，
东方同是一座囚牢。
我们飞向南方，
南方同是一座坟墓。
我们飞向北方，
北方同是一座地狱。
我们生在这样个世界当中，
只好学着海洋哀哭。

　　环顾这死尸般腐烂发臭的沉睡的大地，哪有一寸干净的乐土，世代的
灾难、悲哀何时有个尽头。

足足！足足！足足！
足足！足足！足足！
五百年来的眼泪倾泻如瀑。
五百年来的眼泪淋漓如烛。
流不尽的眼泪，
洗不净的污浊，
浇不熄的情炎，
荡不去的羞辱，
我们这缥渺的浮生。
到底要向哪儿安宿？

……

啊啊！

有什么意思？
有什么意思？
痴！痴！痴！
只剩些悲哀、烦恼、寂寥、衰败，
环绕着我们活动着的死尸，
贯串着我们活动着的死尸。

凰的悲鸣，道出了辛亥革命失败后封建军阀和帝国主义列强蹂躏下的中国青年的苦闷的心声，道出了我们民族和社会的苦水。

面对屈辱的现实，诗人像 20 世纪初的许多爱国者那样，产生了对中华民族已逝去的辉煌的青春的追怀。

啊啊！
我们年青时候的新鲜哪儿去了？
我们年青时候的甘美哪儿去了？
我们年青时候的光华哪儿去了？
我们年青时候的欢爱哪儿去了？

"五四"一声春雷，使诗人为之震动，以为他所苦恼的、叫天天不应、问地地不闻的问题这下子都可以一了百了了。他真以为一切都到了尽头，大限已到。

去了！去了！去了！
一切都已去了，
一切都要去了。
我们也要去了，
你们也要去了，
悲哀呀！烦恼呀！寂寥呀！衰败呀！

所以，他欢天喜地要将这身内身外的一切的一切火化，迎接这新陈代谢、死而复生的壮丽的时日的到来。

啊啊！

火光熊熊了。

香气蓬蓬了。

时期已到了。

死期已到了。

身外的一切！

身内的一切！

一切的一切！

请了！请了！

身在他乡异国，诗人隔着大海翘首西望："五四"以后的中国，在我的心目中就像一位很葱俊的有进取气象的姑娘，她简直就和我的爱人一样。我的那篇《凤凰涅槃》便是象征着中国的再生。① 诗人以为这就是祖国的"黎明"，就是"乐园"的"恢复"，以为真是"千载一时的晨光"到了。诗人激动不已，一连向他"年轻的祖国""新生的同胞"，向五洲四海，向他敬仰的全世界的山川人物，道出了二十七个"晨安"②。以为祖国即将在烈火中更生，以为"五四"的号角就是报晓的鸡鸣。

昕潮涨了，

昕潮涨了，

死了的光明更生了。

春潮涨了，

春潮涨了，

死了的宇宙更生了。

生潮涨了，

生潮涨了，

死了的凤凰更生了。

---

① 《创造十年》，《沫若文集》第七卷，第64页。

② 《女神·晨安》。

按照诗人当时"梵我一如""物我同化"的观点，主体与客体、个别与一般都是同一的，凤凰的更生，便是诗人（自我）的更生，是"一切的一""一的一切"的万象更生。

> 我们更生了。
>
> 我们更生了。
>
> 一切的一，更生了。
>
> 一的一切，更生了。
>
> 我们便是他，他们便是我。
>
> 我中也有你，你中也有我。
>
> 我便是你。
>
> 你便是我。
>
> 火便是凰。
>
> 凤便是火。
>
> 翱翔！翱翔！
>
> 欢唱！欢唱！

古希腊的辩证法奠基人赫拉克利特把宇宙描写为浑然一体燃烧着的活火。在郭沫若的诗中，火便是"光明""新鲜""华美""芬芳""和谐""欢乐""热诚""雄浑""生动""自由""恍惚""神秘""悠久"。[①] 这里既寄托了诗人所憧憬的一切——光明、美满、自由的生活理想，也是诗人的"泛神论"的宇宙观的显现。这种宇宙观既包含生动活泼的朴素的辩证法，同时又带有恍惚、神秘的宗教色彩和幻想达到永恒和谐境界的形而上学性。

如果说《凤凰涅槃》中的"群鸟歌"对群鸟——庸众的鄙俗的得意自鸣的蔑视，已经拉开了尼采超人哲学对庸众宣战的帷幕，那么，在接着发表的一首诗《天狗》中，这个超人便化为气吞山河、囊括宇宙的天狗蹦出来了。

---

① 据《女神》初版本。1928 年版本改后与此不同，已删去了"恍惚""神秘"等节。见《郭沫若全集》文学编第一卷，第 43～52 页。

我是一条天狗呀！

我把月来吞了，

我把日来吞了，

我把一切的星球来吞了，

我把全宇宙来吞了。

我便是我了！

我是月底光，

我是日底光，

我是一切星球底光，

我是 X 光线底光，

我是全宇宙底 Energy① 底总量！

我飞奔，

我狂叫，

我燃烧。

我如烈火一样地燃烧！

我如大海一样地狂叫！

我如电气一样地飞跑！

我飞跑，

我飞跑，

我飞跑，

我剥我的皮，

我食我的肉，

我吸我的血，

我啮我的心肝，

我在我神经上飞跑，

我在我脊髓上飞跑，

我在我脑筋上飞跑。

---

① 物理学研究的"能"。

> 我便是我呀！
> 我的我要爆了！

这自然不能不使我们联想到自诩为光热无穷的太阳的尼采。不过，郭沫若的诗体现了不同的时代内容。这是经历了几千年的封建专制的政治压迫和精神禁锢、半个多世纪的殖民主义的侵略奴役之后的猛兽闯破铁栅时发出的虎啸龙吟般的狂怒，是启蒙时代人文主义的个性解放的呼叫。与鲁迅《狂人日记》中狂人对数千年吃人的"礼教"的深刻揭露要结束这吃人的历史的战斗宣言相呼应，郭沫若的天狗要把这罪恶的宇宙一口吞掉——就连这吞没宇宙的"我的我"也"要爆了！"诗人借助他的"泛神论"导出的物我合一的奇异的变幻，主观自我至极的夸张，化为石破天惊的风雷之文，表现了狂放恣肆的叛逆精神，奏出了"五四"时期思想解放的交响乐中个性自由的最高调，体现了"五四"时代大破坏、大创造的时代精神。

三　郭沫若"五四"时期的"泛神论"的性质

郭沫若"五四"时代的新诗在中国新诗坛上的历史地位很高，其在当时尤其在青年中所引起的强烈反响和发挥的积极社会作用，已为文学史家们所共认。但是，对体现在这些诗中的"泛神论"思想的性质的分析却不尽一致。论者中有一种倾向——因为肯定其时代的积极进步作用，就来竭力证明、增强其"泛神论"的唯物主义性质。其用心不为不善，但却令人感到牵强。

当然，在郭沫若早期哲学思想研究中出现这种情况，首先有其客观原因，那就是郭沫若早期"泛神论"思想来源的多元复杂性，他的诗歌中体现出的自身的矛盾性、多变性和不确定性。

在社会理想上，他相信进化论，追求社会的进步，美好的未来。他所追求的客观历史内容是资产阶级民主主义的东西，但又憎恶既成的西方资本主义文明带来的罪恶。因此，他像西方启蒙思想家卢梭、歌德那样，带有缅怀"恬淡无为的太古"，向往"返回自然"的自然主义和自然人性论的倾向。他在"五四"时期的新派人物中几乎是独异的尊孔者。他把历史的孔子与他认为的秦以后的人歪曲、败坏了的孔子，尤其经过道学家们改造后的、作为假道学的祖师和人格载体的孔子做了区分。他把孔子看作人本主义者、个性的楷模，并且把孔子的社会政治理想看成人道主义、社会主义的理想境界。在哲学上，他认为孔子也是一个进化论者，"泛神沦"者。一句话，郭沫若觉得孔子的思想"是很美的"。① 在 20 世纪 20 年代中期他甚至还把孔子说成"共产主义者"，马克思的"老同志"。不过，郭沫若的尊孔与封建顽固派和反共产主义者们尊孔的用意是相反的。他说孔子和马克思的"见解完全是一致"② 的，恰在要证明马克思主义是合于中国的国情的。当然，郭沫若的这种观点，也绝不是历史唯物主义观点。由于这些原因，他的思想和作品又带些复古的意味和民粹主义的主观社会主义的意味。

这样的矛盾现象在本体论和认识论上表现得更为突出，他充分利用了庄子的相对主义的形而上学的思维方式，来论证本体、神、自然和自我的同一，达到个别与一般、部分与全体、现象与本质、相对与绝对、实体与属性的抽象同一。郭沫若在 1922 年《〈少年维特之烦恼〉序引》中谈到他同歌德所共鸣的"泛神论"时写的一段话颇具代表性，他说：

> 泛神便是无神。一切的自然只是神的表现，自我也只是神的表现。我即是神，一切自然都是自我的表现。人到无我的时候，与神合体，超绝时空，而等齐生死。人到一有我见的时候，只看见宇宙万汇和自我之外相，变灭无常而生死存亡的悲感。万物必生必死，生不能自持，死亦不能自阻，所以只见得"天与地与在他们周围生动着的力，除是一个永远贪婪、永远反刍的怪物而外，不见别的"。此力即是创生万汇的本源，即是宇宙意志，即是物自体（Dingansich）。能与此力螵合时，则只见其生而不见其死，只见其常而不见其变。体之周遭，随处都是乐园，随时都是天国，永恒之乐，溢满灵台。"在'无限'之前，在永恒的拥抱之中，我与你永在"。人之究竟，唯求此永恒之乐耳。欲求此永恒之乐，则先在忘我。忘我之方，歌德不求之于静，而求之于动。

---

① 郭沫若：《中国文化之传统精神》，《创造周报》第二号。后来，郭沫若因自觉该文"错误观点甚多"，"不愿使谬种流传"，将该文从他 1928 年以后再版的《文艺论集》中删去了。

② 见《马克思进文庙》和《讨论〈马克思进文庙〉》，分别载《洪水》半月刊一卷七号（1925 年）和一卷九号（1926 年）。

当他开始说"本体即神","泛神便是无神。一切的自然只是神的表现,自我也只是神的表现"时,显然体现的是斯宾诺莎式的唯物主义思想路线——尽管他把斯宾诺莎看作"唯心派"哲学家。然而,当他借助于相对主义的抽象同一的思维逻辑的桥梁进一步推进到"我即是神","一切自然都是自我的表现"时,就转向了主观唯心论的彼岸了。个别的、作为神的表现的部分的自我变成了一般的本体的自我。

既然"一切的一""一的一切"都是一回事,万物都是同一的,那么各种思想自然也就无所不通了。故在郭沫若早期驳杂的思想中,自然科学唯物主义、二元论、客观唯心论、主观唯心论直至宗教神秘主义各种因素应有尽有,而又无不相通。所以他才得以豁然贯通,"发现了一个八面玲珑的形而上的庄严世界"。可见,郭沫若所谓的"泛神论"简直可以说是兼收并蓄、包罗万象的哲学大全,具有极大的灵活性,而主要倾向则是"主我"的。他的"泛神论"的内容这样宽泛,为他的思想的自由驰骋、遨游,提供了最广阔的天地;多方的思想来源提供的丰富的思想资料,正适于他在创作中随意驱使——改造和利用。庄子的相对主义的思想方法,使他的浪漫主义得以尽情地发挥。所以,他才非常赞赏宗白华给他的信中所说的,"诗人底宇宙观以 Panthism 为最适宜"。① 郭沫若自己也不止一次地自认他当时的思想是倾向于"泛神论"的。其作品中,"泛神论"是浓厚的。这种"泛神论"的宇宙观在他的诗歌中主要表现是主观唯心论、唯意志论。把自我提高到了神、宇宙的总能量、万有的破坏者和创造者的绝顶的高度,也就是把主观能动性抽象地、幻想地夸大到了极致。

我们要正确评价郭沫若早期诗歌的历史作用,就应从正视这样一个事实出发。

四　郭沫若"五四"时期的"泛神论"宇宙观及其诗歌的客观社会内容

那么,这样的主观唯心论、唯意志论的"泛神论"的宇宙观,怎么能

---

① 田寿昌(田汉)、宗白华、郭沫若:《三叶集》,上海亚东图书馆 1920 年出版,第 4、16 页。

发挥那样巨大的、积极的、进步的、革命的作用呢？

　　问题正在这儿。这个问题的答案首先不应从郭沫若所取用的古今中西各种思想资料在彼时彼地的性质、社会历史内容及其作用去看，也不是看郭沫若自称他的诗是"主我"的，还是反映客观现实的，而是应该首先从郭沫若这些诗作在当时当地的实际社会内容看。鲁迅谈到作家的思想与其作品的关系时曾说："我以为根本问题是在作者可是一个'革命人'，倘是的，则无论写的是什么事件，用的是什么材料，即都是'革命文学'。从喷泉里出来的都是水，从血管里出来的都是血。"① 所以，问题就在于郭沫若的这个"主观"所包容的实际内容了。我们从郭沫若的身世看，他早在少年时代，在峨眉山下大渡河畔的山坳的私塾里，就得风气之先，受到启蒙思想的影响。后来一走出家门，在中学学习期间又受到压抑和打击，三次被挂牌"斥退"，即被开除（其中两次由父兄出面斡旋得以复学），接触到了社会的丑恶面，形成了他的反叛的性格，成了学生中的"小领袖"。辛亥革命时期，成都"反正"前，他便迫不及待地剪了辫子，以为"中国就可以一跃而为世界上天字第一号的头等强国了"。但此后取而代之的却是军阀的蹂躏、帝国主义的欺凌，辛亥革命后闪现的一线光明又被浓重的黑暗势力吞噬掉了。郭沫若身在日本，"读的是西洋书，受的是东洋气"②，这使个人的郁积、民族的郁积憋到要爆裂的极限。因此，"五四"雷电传来，就像触发了火山一样，"我的我要爆了"，"我在那时差不多是狂了"。③ 从诗人的喷火口喷出的是个人的郁积，也是民族的郁积、社会的郁积。他的诗所鸣的正是时代的声音。其基调是爱国主义和革命民主主义。尤其诗中所凸显的人文主义的反封建、反礼教的个性自由、个性发展的要求，开辟新纪元的创造精神，正是"五四"时期的启蒙思想的重要内容。

　　由中国先进知识分子酿成的"五四"新文化运动是中国近代史上最大的一次思想解放运动，也是世界历史上继日本明治维新以后，又一次更大规模的东西文化大汇合的百家争鸣的时代。在当时被看作"新思潮"竞相输入的既有包括马克思主义在内的各种流派的社会主义、无政府主义，也有其他形形色色的西方政治学说。在哲学上除了进化论和马克思主义，还

---

　　① 鲁迅：《而已集·革命文学》。

　　② 田寿昌、宗白华、郭沫若：《三叶集·致宗白华》。

　　③ 郭沫若：《沸羹集·序我的诗》。

有杜威的实用主义、罗素的新实在论等理性主义的哲学流派，以及柏格森的生命哲学、弗洛伊德的精神分析学等非理性主义的流派。这些思潮在郭沫若的诗文中几乎都有不同程度的反映。因此，郭沫若在"五四"时期的诗文，与爱国主义、革命民主主义、个性自由相掺合，也带有尚未深入了解的关于社会主义的朦胧信息，无政府主义也是显而易见的。同时，罗素、尼采等理性主义和非理性主义的代表人物也都得到了诗人的歌呼，不过，比较起来，作为文艺性的哲学家的尼采、柏格森和弗洛伊德的非理性主义，对诗人的影响和作用比理性主义的影响和作用要实在得多。郭沫若在《晨安》中向天南海北的各式各样的山川人物连道了二十七个"晨安"；《三个泛神论者》表达了他对我国的庄子、荷兰的斯宾诺莎和印度的伽皮尔的爱，而《匪徒颂》所颂扬的政治匪徒为英国的克伦威尔、美国的华盛顿和菲律宾的黎萨尔，社会革命的匪徒则是罗素、高尔顿①和列宁，其他宗教革命、学说革命、文艺革命、教育革命等各种革命的匪徒被列进名单的还有释迦牟尼、墨子、马丁·路德、哥白尼、达尔文、尼采、罗丹、惠特曼、托尔斯泰、卢梭、裴斯泰洛齐、泰戈尔。单从享受他三呼"万岁"的这个名单就可见郭沫若所接受的思想信息的复杂，同时也反映了时代和诗人个人的思想的活跃。

由于在诗人的血管中流动的是时代的血液，喷出来便具有鲜红的时代的血色。因此诗人愈是能如他所主张的那样"直抒胸臆""自然流露"，便愈能充分地把这种时代的激情表达出来，也就愈感人——使它更具有真、善、美的效果。所以尽管诗人当时无论对诗的形式还是对诗的内容，都一再声称"我主张绝端的自由，绝端的自主"，② 是借诗"以鸣我的存在"。其实，这个"自由"和"自主"连同"我"本身，早已在诗人的不觉中为社会存在所决定了。③ 在诗人自己看来是绝对自主、绝对自由的，而站在客观的社会的立场看来，又正体现了时代的心声，说出了别人想说而说不出的话，发生了强烈的社会感应和共鸣——尽管他声言"艺术家的目的

---

① 1928 年编《沫若诗集》时，作者将罗素和高尔顿分别改为马克思和恩格斯。

② 田寿昌、宗白华、郭沫若：《三叶集·致宗白华》。

③ 对此，"五四"时期陈独秀一转到马克思主义立场上，就指出："我们常常有一种特别的见解和一时的嗜好，自以为是个性的，自以为是反社会的，其实都是直接或间接接受了环境的命令才发生出来的。"（《新青年》《随感录·虚无的个人主义及任自然主义》）。

只在乎如何能真挚地表现出自己的感情，并一定不在乎使人能得共感与否"。① 正是在这个主观意识与客观社会思潮不自觉地高度同步、合拍的前提下，主观和客观达到了对立面的同一：

> 我便是你。
> 你便是我。

主观便是客观，客观便是主观，既是唯我的，又是忘我的。

主观上是表现自我，客观上充当的是社会的代言人。这就是指导诗人当时的创作的宇宙观与其客观社会效果的矛盾的实质。1921 年郭沫若自己似乎开始明白了这个个性与共性、主观与客观的辩证观——虽然对人性的理解还是抽象的。他写道："个性是普遍的东西，个性最彻底的文艺便是最为普遍性的文艺，民众的文艺。"② 以后，他更进一步指出："个人的苦闷，社会的苦闷，全人类的苦闷，都是血泪的源泉，三者可以说是一根直线的三个分段，由个人的苦闷可以反射出社会的苦闷来，可以反射出全人类的苦闷来，不必定要赤裸裸地描写社会的文字，然后才能算是满纸的血泪。"③ 一线三段的比喻仍是不贴切的，还未讲清个性与共性、主观与客观的辩证关系，但所表达的个人、社会、人类的苦闷的一致的意向是明确的。

主观精神既是这样自由，与客观社会需要又那样合拍，发生如此强烈的共振——诗人的思想和艺术个性能这样充分凸显时代精神的共性，在诗人的一生的创作中，也是绝无仅有的。真是人逢其时，时逢其人。尽管以后郭沫若的宇宙观有了转变，懂得了主观认识要自觉反映客观现实的道理，在社会活动中，在历史研究领域以及文艺方面的历史剧的创作上，对民族、对中国文化又有重要的贡献，但他表示，"我要坦白地说一句话，自从《女神》以后，我已经不再是'诗人'了"，④ 因此，"五四"时期便作为诗人一生中在诗歌创作上"最可纪念的一段时期"而载入了中国近代

---

① 郭沫若：《文艺论集·艺术的评价》。
② 郭沫若：《文艺论集·论诗》。
③ 郭沫若：《文艺论集·论国内的评坛及我对于创作的态度》。
④ 郭沫若：《沸羹集·序我的诗》。

文学史①的史册。

五 郭沫若"五四"时期的"泛神论"和唯意志论 是中国近代哲学的逻辑发展

在我们确认了郭沫若的"泛神论"的夸大主观的唯意志论的倾向,又肯定了其诗歌的客观的社会历史作用和浪漫主义的艺术成就以后,还应指出:郭沫若的这种"泛神论"和唯意志论的倾向,并不是偏离中国近代思想发展的独异,倒正是这个时代思想的合乎逻辑的产物。

西方资产阶级革命时代,哲学革命曾起过政治革命的先导作用,从布鲁诺到斯宾诺莎,再到黑格尔,他们的不同性质的泛神论在不同时期、不同国度,成为反对宗教神学的唯心论和形而上学的政治革命的先导。在中国近代,泛神论和唯意志论也是同中国启蒙思想的先驱从封建专制和封建礼教的禁锢下解放出来的人文主义的觉醒一同发展的。早在17世纪,明清之际的中国启蒙思想家黄宗羲就认为"盈天地皆气也","盈天地皆心也",② 这便是一种心气同一的泛神论。中国近代哲学的先驱者在新的历史条件下,一面从外面吸收西学,一面向内挖掘明清之际我们民族自己的早期启蒙思想家的遗产,于是明清之际启蒙思想家崇尚心力的这种泛神论哲学思想也一同被复活了。近代泛神论体现了当时的思想家所掌握的粗浅的西方近代自然科学对生命和精神现象的困惑,同时自然的神化也充当了人的能动性的觉醒的伴侣。

中国近代哲学一拉开序幕,它的前驱者就是带着既往的封建时代不曾有过的近代朦胧的人文主义的个性发展的要求,以唯意志论和泛神论发轫的。龚自珍一反圣贤之道,认为历史文化"众人自造,非圣人所造",而"众人之宰,非道,非极,自名曰我"。"我光造日月,我力造山川,我变造毛羽肖翘,我理造文字语言,我气造天地,我天地又造人。"③ 这种自我创造的意志是中国传统哲学尤其是宋明理学所最缺乏的。魏源继承黄宗羲

---

① 文学史家们现在仍把"五四"时期到新中国建立这一段时间称为现代,而中国历史学界、哲学史学界大多已把1919~1949年划为近代。

② 黄宗羲:《明儒学案·蕺山学案》。

③ 《龚自珍集·壬癸之际胎观第一》。

的心气同一论，演化出了"物"与"我"，（或"事"与"心"）内外不二、身心统一的泛神论体系。接着维新派便创立了真正近代意义上的进化哲学。这种进化哲学一方面吸取了西方近代自然科学，主要是达尔文生物进化论的内容，同时又拖着中国传统哲学的脐带。这些半生不熟、不中不西、既中既西的哲学体系也往往带有杂糅中国古代传统哲学、佛学和西方自然科学的泛神论的色彩。如康有为与他的政治上的托古改制相呼应，在哲学上脱胎于公羊学派的"以元为本"的本体论，把"元"视为世界的本原。"元"是"神气""魂质"，能"神鬼神帝"，又把"元"和电、以太、仁、不忍人之心、精神、磁力等混为一谈。他在《大同书》的《甲部绪言》中写道："夫浩浩元气，造起天地。天者，一物之魂质也，人者，亦一物之魂质也，虽形有大小，而其分浩气于太元，挹涓滴于大海，无以异也。孔子曰：'地载神气，神气风霆，风霆流形，庶物露生。'神者有知之电也，光电能无所不传，神气能无所不感。神鬼神帝，生天生地，全神分神，惟元惟人。微乎妙哉，其神之有触哉！无物无电，无物无神。夫神者知气也，魂知也，精爽也，灵明也，明德也，数者异名而同实。有觉知则有吸摄，磁石犹然，何况于人！不忍者，吸摄之力也。故仁智同藏而智为先，仁智同用而仁为贵矣。"康有为及其弟子梁启超都推崇心学，强调人的主观能动作用。我们比较一下郭沫若和康有为的泛神论思想，就会发现，他们对孔子和王学的态度是何等相似。作为宣传家的梁启超对郭沫若产生的影响更直接，十六七岁他就喜欢读梁启超所办的在当时知识界影响最大的《清议报》。后来郭沫若回忆说："平心而论，梁任公的地位在当时确实不失为一个革命家的代表……二十年前的青少年——换句话说，就是当时的有产阶级的子弟——无论是赞同或反对，可以说没有一个没有受过他的思想和文字的洗礼的。他是资产阶级革命时代的有力的代言者，他的功绩实在不在章太炎辈之下。"[①] 维新派人物中最具哲学家气质的谭嗣同的《仁学》，把"以太"看作一切的本源、动机，一切变化都是"以太"的运动。"以太"就是"仁"，既是物质实体，又是精神实体，充满宇宙，"遍法界、虚空界、众生界，有至大至精微，无所不胶粘、不贯洽、不筦络而充满之一物焉，目不得而色，耳不得而声，口鼻不得而臭味，无以名

---

① 郭沫若：《少年时代》。

之，名之曰以太"。"以太"是"不生不灭"的，"不生不灭，仁之体"，[①]
"不生与不灭平等，生灭与不生不灭亦平等"，[②] 从而达到了等生死、齐万
物的结论。他认为金石砂砾等一切物质皆"有知""有性情"，这是明显的
泛神论、物活论的观点。他很强调动的观念，高扬"心力"："心之力量虽
天地不能比拟，虽天地之大可以由成之，毁之，改造之，无不如意。"[③] 他
还为治仁学者简要开列了当通的佛书、西书和中国书的主要书目，其中
"于中国书当通易、春秋公羊传、论语、礼记、孟子、庄子、墨子、史记
及陶渊明、周茂叔、张横渠、陆子静、王阳明、王船山、黄梨洲之书"。
这个书单基本上也代表了郭沫若早期哲学思想的中国传统哲学方面的来
源。由此我们还可以看到郭沫若的"泛神论"和唯意志论与谭嗣同思想的
相通之处，所不同者，谭嗣同是严肃地进行哲学的思辨，而郭沫若则是自
由浪漫地发泄诗情。章太炎的宇宙论也赋予"以太"以精神的属性，认为
即使"空气金铁虽顽，亦有极微之知"，[④] 这也是泛神论的观点。直到"五
四"前激进的革命民主主义者李大钊前期的进化论观点，也把宇宙的进化
发展过程看作"我"的"扩大"过程，通过自我的扩大达到"宇宙即我，
我即宇宙之究竟"。他张扬心力也是意在创造，"国家之成，由人创造，宇
宙之大，自我主宰"，[⑤] 具有明显的泛神论、陆王心学的主观唯心论和唯意
志论的色彩。

可见，张扬主观心力的泛神论和唯意志论的结合，并不是郭沫若游离
于中国近代哲学思潮之外的独特的创造，倒正是这一思潮的合乎规律的
发展。

这种主观唯心论、唯意志论的观点当然是不科学的，不过在当时，它
作为启蒙运动向数千年封建网罗的勇敢的冲击，作为被蒙昧主义教化得麻
木了的自我意识觉醒的先声，作为新兴阶级的革命志士大无畏的革命气
概、革命意志以及献身精神，是十分可贵的；在认识论上，则是从理学的
天命论禁锢下走向自觉的、能动的革命的反映论的前阶。它在政治革命史

---

① 谭嗣同：《仁学》（十三），（十四）。
② 谭嗣同：《仁学》（十三），（十四）。
③ 《谭嗣同全集·上欧阳中鹄》。
④ 章太炎：《菌说》。
⑤ 《李大钊文集》（上），《厌世心与自觉心》。

和思想革命史上都是具有重要意义的，舍此，便不可能有个人的觉醒、阶级的觉醒、民族的觉醒、人民大众的觉醒，就不可能打破万马齐喑的沉闷局面，也不可能一下子由必然的王国跨入自由的王国。

但是，从哲学上看，它毕竟又是违背科学的、脱离中国的严酷的现实的主观夸张，具有明显的唯心主义和形而上学的局限性。主观唯心论、唯意志论，作为一种哲学形态从根本上讲是以主观与客观相分离为特征的，它是违反客观规律的"左"的或右的错误倾向的认识根源。革命者如果走上了唯意志论的道路，不能回到现实的地上，从实际出发，在实践中同革命的群众运动相结合，真正自觉地按照社会发展的客观规律行动，由少数"先知先觉者"包打天下，或脱离实际一意孤行，革命事业就会遭到损失，甚至惨败。戊戌变法的失败，辛亥革命的失败，都证明了单靠少数人的意志和力量的单薄、脆弱，在这个意义上也可以说就是唯意志论的失败。中国共产党的历次"左"倾错误，尤其是"文化大革命"的悲剧，更是唯意志论的惨痛教训。康有为、章太炎等由革新而复古走向自己的反面，崇信唯意志论的遗老王国维的自杀，都伴有唯意志论破产的苍凉的挽歌。至于像蒋介石的"力行哲学"，则是中国近现代王学向右发展的极端，它成为封建法西斯专制主义的工具，更是主观唯心论和唯意志论的反动作用的见证。

所以，坚定的革命者要能适应革命的需要，就必须在实践过程中善于总结事实的教训，克服脱离实际的唯心的偏颇，在现实的基点上充分发挥人的自觉的能动性，即学会以科学的辩证的唯物主义的认识论为指导，这才是唯一的成功之路。鲁迅便是最卓越的代表。鲁迅早期同样也是受章太炎、尼采等人的思想影响，接受了唯心主义的英雄史观和唯意志论，但是很快，无情的事实的"经验使我反省，看见自己了：就是我决不是一个振臂一呼应者云集的英雄"。[①] 尤其是辛亥革命的失败，使鲁迅经历了一段相当长的难耐的沉默，总结了痛苦的教训。辛亥革命是他由浪漫主义转向现实主义的转折点。他一直同革命共同着生命，感受着革命的脉搏，在事实的启发下，不断深化自己的思想，不断前进。他以此来"救正"自己过去的种种思想的"偏颇"，又以此影响别人。如他在三十年代总结中国和苏

---

① 鲁迅：《呐喊·自序》。

联十月革命前后的文艺运动中的经验，就曾批评昂首天外、隔岸观火、"闭了眼睛作豪语"的脱离实际的倾向，指出："倘若不和实际的社会斗争接触，单关在玻璃窗内做文章，研究问题，那是无论怎样的激烈'左'，都是容易办到的；然而一碰到实际，便即刻要撞碎了。"① 革命是痛苦的，其中也必然混有污秽和血，绝不是如诗人所想象的那般有趣，那般完美，那般浪漫，而是非常现实的事，"而现实的革命倘不粉碎了这类诗人的幻想或理想，则这革命也还是布告上的空谈"。② 鲁迅教育青年们说，自以为有非常的神力，幻想飞得愈高，坠到现实的地上就愈痛。所以，要成为一个坚定的革命者，就必须"脱出诗境，踏上实地去"。尤其中国的革命者对旧社会的根柢的坚固，必须有清醒的认识，要有正视社会黑暗势力的勇猛和毅力，深沉的韧性的战斗精神。这些批评和意见对前期的郭沫若来说是非常中肯的。

曾几何时，郭沫若还隔着大海望着天外，期望"创造个新鲜的太阳"，"要照彻天内的世界，天外的世界"。③ 一个月以后，即 1921 年 4 月初，他怀着游子归乡的激情，回到阔别 7 年的祖国，当船驶近黄浦江口时，他还是那样满含着亲切眷念之情扑向祖国的怀抱："和平之乡哟！我的父母之邦！岸草那么青翠！流水这般嫩黄！"④ 可是一踏上上海滩的实地，映入眼帘的却是"游闲的尸，淫嚣的肉，长的男袍，短的女袖，满目都是骷髅，满街都是灵柩，乱闯，乱走"⑤。这惨不忍睹的故土，这川流不息的"行尸走肉"，使诗人从"梦中惊醒了"⑥，产生了"幻灭的悲哀"，落下了"不值钱的眼泪"，于是，《女神》也到了收场的时候了。

> 司春的女神去了。
>
> 提着花篮去了。
>
> 散完花儿去了。

---

① 鲁迅：《二心集·对于左翼作家联盟的意见》。
② 鲁迅：《三闲集·在钟楼上》。
③ 郭沫若：《女神·女神之再生》。
④ 郭沫若：《女神·黄浦江口》。
⑤ 郭沫若：《女神·上海印象》。
⑥ 郭沫若：《女神·上海印象》。

唱着歌儿去了。①

　　次月，诗人为《女神》作了《序诗》，把《女神》付印了。正如诗人自己所说："我又是一个冲动性的人……我便作起诗来，也任我一己的冲动在那里跳跃。我在一有冲动的时候，就好像一匹奔马，我在冲动窒息了的时候，又好像一只死了的河豚。"② 诗人一生以后再也没有出现过"五四"时期那么自如的高昂的浪漫激情了，中国革命已走过了它的引火的浪漫主义时代，进入了"地火在地下运行、突奔",③ 向实际深入的时代。郭沫若在经历了失望、悲哀、苦闷、颓唐、彷徨的煎熬之后，也逐步面向实际，由"昂首天外"转向了"水平线下"。

---

① 　郭沫若：《女神·司春的女神歌》。
② 　郭沫若：《文艺论集·论国内的评坛及我对于创作上的态度》。
③ 　鲁迅：《野草·题辞》。

1986 年

我国所有制结构的调整和社会阶级结构的变化[*]

何建章

党的十一届三中全会以来，我们批判了在经济建设上"左"的指导思想，把党和国家的工作重点转移到以经济建设为中心的社会主义现代化建设轨道上来，贯彻执行"调整、改革、整顿、提高"的新八字方针。在所有制结构上，纠正了过去限制集体、消灭个体的错误政策，努力克服经济管理权力过于集中、形式过于单一的弊病，实行在社会主义公有制经济占优势的根本前提下，多种经济形式和多种经营方式并存的方针。经过近几年的努力，我国的所有制结构和阶级结构发生了很大变化。在城镇，由于重视和帮助集体经济和个体经济发展，它们的人数和比重都有较大的增长，国营经济的比重有所下降。一九七八年到一九八四年，集体所有制职工从二千零八十四万人增加到三千二百一十六万人，增长了百分之五十四点三；个体劳动者从十五万人增加到三百三十九万人，增长了二十一点六倍；全民所有制职工从七千四百五十一万人增加到八千六百三十七万人，只增长百分之十五点九。在城镇劳动者总数中，集体所有制职工和个体劳动者的比重，分别由一九七八年的百分之二十一点五和百分之零点二，提高到一九八四年的百分之二十六点三和百分之二点八；相应地，全民所有制职工的比重由百分之七十八点三下降到百分之七十点六。

以上情况说明，一九七八年以来，我国的所有制结构发生了变化。在此之前，城镇中基本上是清一色的全民所有制经济。因为过去的"大集体"也是采取对国营企业的管理办法，统负盈亏，职工领取固定工资，同国营企业没有多大差别。此外个体经济基本上也被消灭了。所以，过去，

---

* 原文发表于《社会学研究》1986 年第 1 期。

在城镇中基本上只有全民所有制的工人阶级。现在，集体所有制单位开始实行自主经营、自负盈亏、民主管理、按劳分配原则。集体所有制单位的职工，虽然也是工商业者，也是工人阶级的组成部分，但对他们不能采取同全民职工一样的政策和管理体制。农村实行各种形式的经济责任制以后，"两户""一体"（包产到户、包干到户、经济联合体）成了主要的生产经营方式，农民阶级的地位、作用及其内部关系也发生了变化，同时，城乡的个体工商业者已有一千三百多万人。总之，我国所有制结构变革以后，人们在生产过程中的地位、作用、相互关系都发生了不同程度的变化，从而阶级结构也发生了变化。我国现阶段存在着以全民所有制和集体所有制为基础的工人阶级、以家庭联产承包为特征的农民阶级，以及以个体经营为基础的小资产者阶层。现实向我们提出的问题是：他们的愿望和要求是什么，相互间的关系怎样，他们各自的内部结构发生了什么变化、趋势如何。不言而喻，弄清这些问题是十分重要的。因为正确的阶级估量是党和国家制定经济和社会发展战略和策略的依据，也是能否维护安定团结的政治局面、调动一切积极因素进行社会主义现代化建设的前提。

下面着重谈三个问题：一是全民所有制经济（国营经济）体制改革与工人阶级内部关系的变化；二是农村集体所有制管理体制的改革与农民阶级内部关系的变化；三是城乡个体经济的恢复和发展与新的小资产者阶层的形成，他们同过去的小资产阶级的异同。

一 全民所有制经济（国营经济）体制改革
与工人阶级内部关系的变化

生产资料全民所有制是社会主义公有制的主要形式。我国全民所有制经济有几个来源：一是解放区的公营经济；二是中华人民共和国成立后没收的官僚资本主义财产；三是接管的帝国主义在华企业；四是通过社会主义改造赎买的私人资本主义企业；五是最主要的部分，是国家直接投资而建设起来的企业。一九八三年，全民所有制企业固定资产总值为六千八百三十三亿元，为一九五二年的二百四十亿元的二十八点五倍；全民所有制定额流动资金，一九八三年为三千七百四十九亿元，为一九五二年一百七十一亿元的二十一点九倍。在全社会工业固定资产总额中，全民所有制占百分之八十五左右，国家的财政收入百分之八十以上也是来源于国营企业的收入。

长期以来，我国全民所有制经济采取国营经济的形式，即由国家直接管理企业。国家任命企业的各级领导干部，统一调配企业职工，向企业下达供、产、销指令性计划指标；企业利润全部上缴，亏损由国家补贴；基本建设投资（包括新建、扩建和固定资产更新改造）由国家拨款；所有企业职工都按国家制定的统一工资标准，按同一时间、同一幅度调整；等等。这种管理体制的特点可以概括为两个字——"统"和"包"，即生产统一计划，财务统收统支，劳动力统包统配。总之，国家统揽企业的供、产、销和人、财、物大权，职工对企业的经营管理实际上处于无权的地位，企业外无压力、内无动力。这是国营企业长期以来经济效益差的根本原因。

为什么长期以来坚持这种管理体制呢？这同错误的传统观念有关。过去流行的观念是：国有化、国家直接经营企业是社会主义公有化的最高形式，似乎这还是马列主义经典作家的观点。其实，这是毫无根据的。关于这一点，斯大林说得好："有些同志以为，把个别人或个别集团的财产转归国家所有，是唯一的或无论如何是最好的国有化形式。这是不对的。事实上，转归国家所有，这并不是唯一的、甚至也不是最好的国有化形式，而是原始的国有化形式，正如恩格斯在《反杜林论》里关于这点所正确说过的那样。"[①] 我理解，斯大林这里所说的"转归国家所有"是指由国家直接管理和经营企业。说它是"原始的国有化形式"的理由是：第一，社会主义各国在社会主义革命胜利后，一般都由国家以社会的名义占有社会化大生产部分，并由国家直接加以管理。当时也不能不这样，因为工人阶级不可能一下子就学会管理社会化大生产的本领。第二，在国家直接管理企业的情况下，职工群众没有参与企业的经营管理，没有真正成为企业的主人。正如列宁正确形容的那样："在这里，全体公民都成了国家（武装工人）的雇员。全体公民都成了一个全民的、国家的'辛迪加'的职员和工人。"[②] 他们仍然处于被管理的地位。这就存在一种危险，即容易"造成工

---

① 斯大林：《苏联社会主义经济问题》，《斯大林选集》下卷，第 605~606 页。
② 列宁：《国家与革命》，《列宁选集》第三卷，第 258 页。

人群众利益同管理国营企业的经理人员或其主管机关利益的某些对立"。①
当然，在生产资料社会主义公有制的条件下，工人的劳动权利有了保障，
但是社会主义公有制的实质不仅限于此，更重要的是要有参与管理的权
利。恩格斯说，社会占有生产资料"使社会的每一成员不仅有可能参加生
产，而且有可能参加社会财富的分配和管理"。② 这才是社会主义全民所有
制或社会所有制的实质所在。国家直接经营企业不能说已达到这个要求，
而只能说是迈向这个目标的过渡形式，是一种"原始的形式"。我们不能
满足于这种形式，要寻求更适合于社会主义全民所有制性质的经济管理体
制。这种管理体制必须一方面能继续保持生产资料全民所有制的性质，另
一方面又能使职工群众直接参加企业的经营管理，真正体现工人群众的主
人翁地位。党的十一届三中全会以来，我们进行的体制改革正是在探索这
样一条道路。这条道路经过亿万群众的实践，首先在农村，后来在城市，
逐渐摸索出来了。这就是实行各种不同形式的经济责任制。对原来的国营
企业，根据不同的情况，实行不同形式的经营承包形式。从企业同国家的
关系来说，采取过利润留成、利润包干或递增利润包干、亏损包干、以税
代利、自负盈亏等形式。从前年第四季度起，要求全部过渡到以税代利，
自负盈亏。这些都是企业对国家承担的责任制。国营企业采取各种形式的
经营承包责任制，并不改变生产资料全民所有制的性质。因为承包是以承
认国家对企业的所有权为前提，承包的条件和期限由国家规定。在实行承
包以后，企业获得了不同程度的经营管理自主权，承包企业的职工群众就
可以行使民主管理的权利，参与企业经营管理的决策。现在许多企业恢复
或建立了职工代表大会、代表会议等制度，参与审议企业的重大经营活动
决策。许多企业还试行车间、班组民主管理，使职工或职工代表经常、直
接参加企业的日常经营管理活动，体现了职工群众当家做主的主人翁地
位。许多企业还把对国家承担的任务层层分解，逐项落实到科室、车间、
班组和个人，规定了不同的奖惩办法，并用经济合同形式确定下来。通过
这些形式，把企业对国家承担的责任和职工对企业承担的责任结合起来，
把企业和职工的利益同企业的经营效益紧密结合起来，更充分地体现了社

---

① 列宁：《工会在新经济政策条件下的作用和任务》，《列宁选集》第四卷，第584页。
② 恩格斯：《卡尔·马克思》，《马克思恩格斯选集》第三卷，第42页。

会主义公有制的性质，更有利于调动国家、企业和职工三方面的积极性。一九八三年四月，我在中国社会科学院研究生院讲课时说过："国营企业实行经营承包责任制的实质是：在全民所有制企业中采取集体经营的方式。它不但没有改变生产资料全民所有或社会所有的性质，而且从职工直接参加管理，即生产资料同劳动者集体的直接结合方面来看，比过去由国家直接管理企业的体制前进了一大步。从这个意义上来说，国营企业实行经营承包责任制，大大提高了全民所有制企业的公有化水平。应该指出，我国广大职工创造的这种经营方式，同马克思和恩格斯当年的设想也是基本符合的。一八八六年，恩格斯在致奥·倍倍尔的信中说：'我的建议要求把合作社推行到现存的生产中去。正像巴黎公社要求工人按合作方式经营被工厂主关闭的工厂那样……至于在向完全的共产主义经济过渡时，我们必须大规模地采用合作生产作为中间环节，这一点马克思和我从来没有怀疑过。但事情必须这样来处理，使社会（即首先是国家）保持生产资料的所有权，这样合作社的特殊利益就不可能压过全社会的利益。'从实质上来说，国营企业实行经营承包，就是'按合作方式经营'国有企业。由于它并不否定生产资料的社会（首先是国家）所有权，较好地实现了群众直接参加管理，就比国家直接管理的国营企业更优越。"①

为什么现在又重提这个问题呢？因为自从决定国营企业实行厂长（经理）负责制以后，这个问题又模糊起来了。有些同志以为，实行厂长（经理）负责制就是一切权力归厂长，厂长只对国家负责。在工厂内部，一切经营管理决策权、人事任免权、职工的录用或除名、工资奖励福利制度，等等，都是厂长说了算。我认为这样理解厂长（经理）负责制是错误的。党的十二届三中全会关于经济体制改革的决定指出：增强企业活力是经济体制改革的中心环节，"围绕这个中心环节，主要应该解决好两个方面的关系问题，即确立国家和全民所有制企业之间的正确关系，扩大企业自主权；确立职工和企业之间的正确关系，保证劳动者在企业中的主人翁地位"。这就说明，我们实行的是社会主义公有制条件下的厂长（经理）负责制，它不能损害工人群众当家做主的主人翁地位，否则就是背离社会主义公有制性质。我们是在扩大企业自主权的前提下实行的厂长（经理）负

---

① 《建设具有中国特色的社会主义经济体制》，载《学习与思考》1983 年第 4 期。

责制。所谓企业自主权，这个权力应该归企业集体，而不是归任何个人。厂长应该在企业职工集体授权下行使生产经营指挥权，而不能凌驾于职工集体之上指挥一切。否则同私人所有企业的厂长还有什么区别呢？同过去国家直接经营企业又有什么区别呢？只不过是过去由国家各级行政部门指挥一切，调动一切，现在由厂长个人指挥一切，调动一切，而工人群众的无权的地位仍然如故。搞得不好，后果更严重。这不是危言耸听，请看《经济日报》一九八五年一月十七日登载的一条消息——《厂长专横跋扈造成一起停产事件》。该消息讲的是重庆第二光学仪器厂群众来信，揭发厂领导借贯彻厂长（经理）负责制的名义，把持有不同意见的大多数老工程技术人员和财会负责人、车间主任、办公室主任等经营管理干部撤下来，换上厂长信任的人当副厂长、外行的车工任财会科长、工人当车间主任、临时工抓办公室工作，实行干部大换班，使工厂陷入产品质量低劣、经常有人退货的困难境地。在奖金分配上，厂长一意孤行，借发"红包包"的名义，两次悄悄发给厂长认为有"成绩"的极少数人，绝大多数职工一分钱也没得到，致使工人停工、机器停转、产品停产。这种情况显然是不能允许的，是同工人群众当家做主的主人翁地位完全不相称的。

事实上，现在资本主义国家除了独资经营的私人企业外，一些股份企业，也实行董事会领导下的厂长（经理）负责制，甚至还选举几个工人代表参加董事会装门面，以示"民主管理"。为什么社会主义公有制的企业反而允许一切由一个人说了算呢？在科研和教学单位也是这样。一九八四年第四期《大自然探索》发表美籍华人、全美华人协会秘书长潘毓刚教授的文章，其与我国一位教研室主任提出的科技教育改革的设想进行商榷。文章说，由教研室主任决定人事任免，这是错误的。在西方，学校和科研单位升迁赏罚和解雇一个人时，要由一个委员会决定，然后由主任一人签字执行。这样可以避免太不公平地对待一个人。让一个人拥有绝对的人事任免权，那是很危险的。我认为他的意见是对的。对于社会主义制度下的职工群众来说，最重要的是尊重他们的主人翁地位，尊重他们参与企业经营管理的决策权。否则最后只能导致企业管理人员同工人群众的尖锐对立，分裂工人阶级队伍，破坏安定团结，阻碍经济建设。

目前，在企业管理体制改革中存在的另一个问题是没有真正做到"自负盈亏"。现在全民所有制实行政企分离原则，除少数企业外，各级政府部门原则上不再直接管理企业。大多数企业实行自主经营，自负盈亏。问题是现在许多企业只负其盈，不负其亏。盈利多了，除按规定缴税外，余下都是自己的，可以用于扩大建设规模和发放奖金，提高职工福利，亏了却仍然由国家背着。例如，去年五月来，国营工业企业中的亏损企业仍占百分之十五，它们仍然靠国家补贴维持。此外，一般国营企业因商品积压、滞销、削价处理等原因造成财产损失，仍然无条件地"冲销"国家资金。据了解，一九八〇年～一九八四年共"冲销"国家资金四百六十亿元，其中，一九八三年约一百三十亿元，一九八四年约一百四十亿元，比过去有增无减。为什么采用补贴和"冲销"来维持亏损和经营管理不善的企业呢？因为不这样做，企业就要破产，工人就要失业，社会就不安定。但是，这样继续下去，经营承包责任制岂不成为空话？社会主义全民所有制企业的经济效益怎么提高呢？社会主义的优越性又怎样体现呢？所有这些都说明，我们的体制改革还不完善，还要探索进一步改革的途径。有些同志主张，把现有的国有企业都改为股份经济、合作经济和家庭经济，"来一个战略大转变"。他们主张，现有中小企业一律以股票形式转让给职工，大企业由国家和职工共同持有股票。为了使企业不改变其社会主义全民所有制性质，可以规定个人持有股票的最高百分比或绝对数额。股票转让对象主要是本企业的职工，以保证企业的绝大部分职工成为本企业的所有者。改革后的企业由股东选举成立管理委员会，实行管理委员会领导下的厂长（经理）负责制。所有的企业都真正实行自主经营，自负盈亏。经营得不好的，允许破产，制定"破产法"。同时，建立和健全社会保障制度，使破产企业的职工生活有保障，有培训和重新就业的机会，等等。我认为，所有这些设想都是可以研究的。但是要坚持一条原则，那就是凡是涉及国家经济命脉的大中型企业，必须保持全民所有制即国有的性质，都必须承包国家的一定任务，尊重国家必要的集中统一管理，而不能改为企业所有制、集团所有制，否则就不能维护工人阶级的统一性，不能保证我们国家建设的社会主义方向。在这个前提下，扩大企业的自主权，让其真正实行自负盈亏，允许一部分经营得好的企业、一部分贡献大的职工先富起来，经营得不好的企业可以破产。国家通过社会保障制度保证职工群众的基本生活和重新就业的权利，社会主义制度只能在这个意义上保持"铁饭碗"。只有这样，才能真正调动各方面的积极性，社会经济效益才能提高，全体人民最终才能共同富裕起来。

二　农业集体所有制管理体制的变革和
农民阶级内部关系的变化

我国过去在农业中实行的"三级所有，队为基础"的人民公社集体所有制经济，严格说来，已经不是原来意义上的集体经济或合作经济。因为公社干部是国家委派的，农业生产计划是国家统一制定并层层分解下达的，甚至收入分配形式和分配水平也是上级政府规定的。这实质上是把国营企业的指令性计划制度也硬套到集体经济和农业生产中去了。因此，农村中的改革首先是从扩大生产队自主权、恢复集体所有制经济的性质开始的。但是，在集体所有制经济中，同样存在一个谁当家做主的问题，如果是实行生产队长一长制，农民没有参与经营管理的权利，同样不符合社会主义公有制的性质，仍然不能调动农民的劳动积极性。特别是农业生产的对象是有生命的东西，受自然条件影响很大，必须因地因时制宜才能取得应有的效果。因此，在党中央的解放思想、实事求是的思想路线启发下，亿万农民突破了许多老框框的束缚，先是在安徽，然后在全国各地试验、推广包产到户、包干到户等家庭联产承包责任制。到一九八四年底，实行家庭联产承包责任制的户数为一万八千三百九十八万户，占全国总农户数的百分之九十七点九，其中，实行大包干的户数为一万八千一百四十六万户，占全国总农户数的百分之九十六点六。

家庭联产承包责任制的特点是把土地和其他基本生产资料实行分户承包经营，承包的产量、上缴的税收和提留、承包者在定产范围内应得的数量，都在合同中事先规定，收获后承包者"交够国家的，留足集体的，剩下都是自己的"。这种经营管理方式把劳动成果的分配和各自的责、权、利紧密结合起来，充分调动了农民的积极性，促进了我国农业生产持续、稳定和高速度的发展。一九八一年以来，我国摆脱了粮棉油大量进口的困难境地，农业以每年百分之九的高速度向前发展。关于联产承包的性质，不同的人有不同的认识。有的同志认为一家一户为一个生产单位，依靠各自的家庭成员来进行生产和经营，自负盈亏，属于个体经济性质。有的同志认为它具有二重性，社会主义集体成分占主导地位，带有个体经济因素。还有的同志认为，它是建立在农业基本生产资料公有制基础上的分户经营，按产核算的社会主义经济，即队有户营经济。我认为，家庭承包制类似国有企业中采用的集体经营承包制。如果说后者的实质是全民所有制企业中采取合作经营的方式，那么，家庭承包制就是集体所有制单位中采取个体经营的方式。它并没有改变基本生产资料集体所有制的性质，而且在农村整个集体经营项目中处于从属地位。因为乡镇经济中，那些适宜于统一经营和统一管理的生产项目、生产环节、生产措施、农田基本建设和文教、卫生、福利等公益事业，仍由集体统一经营和管理。在这个前提下，把宜于分散经营和分散作业的生产项目、生产活动以及相应的生产资料，分包到户，使生产资料同劳动力直接结合，更能发挥个人的劳动积极性，更适合农业生产的特点，具有强大的生命力。它不仅适合于农业生产力较低的水平，而且适合于较高的水平。发展的趋势不是再走过去那种把劳动力重新集中起来，每天由队长派工的集体劳动的道路，而是土地逐渐集中于种田能手，以便更快地提高农业的劳动生产率。与此同时，大大发展农业的产前、产后的联合劳动，使农民的家庭经营更加依附于集体经济。

农村所有制结构的这些变化，对农民阶级关系产生了什么影响呢？第一，我们现在面向的农民是具有生产经营自主权的新型农民，而不再是单纯服从指挥、埋头劳动、只顾挣工分的农民了。他们不再是自给自足，闭塞保守，而是要发展商品生产，需要信息、科学技术，发展交通运输。一个新的文化科学技术和经济建设的高潮在农村正在兴起，方兴未艾。国家应该怎样引导和帮助他们呢？第二，家庭联产承包责任制大大提高了农民劳动积极性和劳动生产率，农村已出现大批过剩的劳动力（占农业总劳动力的三分之一左右）。这些劳动力的出路何在？是涌向城市，还是建设小城镇？是发展第三产业，还是大量兴办乡镇工业？资金、原材料、市场怎样解决？全国怎样布局？各地区怎样布局？这些都是亟待解决的问题。否则将带来盲目发展，造成严重浪费。第三，怎样对待在家庭联产承包责任制的基础上已经出现和还要大量出现的大量专业户和重点户？一九八四年底，农村专业户为四百二十六万户，占农村总户数百分之二点三；劳动力九百八十九万人，加上帮工徒弟则为一千零五十八万人，占总劳动力的百分之二点九；总收入一百九十六点八亿元，占农村经济总收入百分之四，平均每户收入四千六百二十五元，比全国农民家庭户平均收入高百分之七十九；商品率为百分之六十九，高于全国平均的百分之五十三。这就是说，专业户、重点户的确先富起来了，"万元户"大多出自他们这一阶层。一些人惊呼农村"两极分化"也主要是指他们。我认为，农村专业户、重点户是农业专业化、商品化的产物，有利于充分发挥能人的作用，有利于充分利用农村各种资源，有利于提高商品率，改善市场供应和满足社会需要，应予以鼓励。但是，他们的发展必然突破原来的承包项目的范围，甚至主要精力和收入已经不是投入和来自向集体承包的项目。其性质是否将发生变化？一是变为自营经济即完全独立的个体经济。二是随着业务发展的需要，组织新的经济联合体，成为劳动者之间自愿互利联合经营共同管理的合作经济组织。一九八四年底，新经济联合体有四十六万七千户，从业人员三百五十六万人，占农村总劳动力百分之一。目前两种趋势都存在，我们应该采取什么对策？

总之，随着农村经济体制改革的发展，原来的集体农民阶级出现了一些变化：出现了以家庭承包制为特征的新型集体农民；从农村中分离出来的从事其他行业的亦工亦农的过渡性农民将越来越多，其中大部分人将完全脱离农民队伍，加入城镇职工的行列（截至一九八四年底，乡村两级的乡镇企业从业人员已达三千八百四十八万人），还有一部分将成为个体劳动者、小业主，还将出现新型的合作经济形式。这些都是我们在制定农村经济和社会发展战略时必须考虑的因素。

三 个体经济的恢复和发展与新的小资产者阶层的形成

前面已经讲过，我们过去实行的是消灭个体经济的政策。一九五三年，我国城镇个体工商业者有八百八十三万人，到一九七八年只剩下十五万人，基本上被消灭了。粉碎"四人帮"以后，特别是一九七八年底党的十一届三中全会以来，在经济领域中，我们批判和清理了一些过左的东西，放宽了政策，个体经济才得以恢复和发展。一九八〇年七月，国务院颁布了《关于城镇非农业个体经济若干政策性规定》。同年十月，经国务院批准，财政部发出通知，减轻合作商店和个体经济的所得税负担。一九八一年十一月，中共中央、国务院做出《关于广开门路，搞活经济，解决城镇就业问题的若干决定》（以下简称《决定》）。《决定》明确指出："在我国，国营经济和集体经济是社会主义经济的基本形式，一定范围的劳动者个体经济是社会主义公有制的必要补充。"在党的这些正确方针政策指引下，近几年来，个体经济发展很快。一九八四年底，城镇个体劳动者已达三百三十九万人，连同农村，全国城乡个体劳动者人数已达一千三百零三万人。城乡个体经济的发展，对于弥补国营经济和集体经济之不足、满足社会需要、活跃经济、扩大就业等都起了积极的作用。

过去，有些同志对恢复和发展个体经济有种种疑虑。例如，怀疑这是不是意味着我们过去对个体工商业的社会主义改造搞错了？关于这个问题，党的十一届六中全会《关于建国以来党的若干历史问题的决议》（以下简称《决议》）做了具体分析。《决议》充分肯定了对资本主义工商业、对个体农业和个体工商业社会主义改造的巨大成就，认为"这的确是伟大的历史性胜利"。同时也提出："这项工作也有缺点和偏差。一九五五年夏季以后，农业合作化以及对手工业和个体商业的改造要求过急，工作过粗，改变过快，形式也过于单一，以致在长时间遗留了一些问题。"这主要是因为忽视了我国生产力水平不高，在很长时期内仍然需要发挥个体劳动者的积极性，以满足居民各方面的特殊需要。我们过去过多地实行合并和统一计算盈亏，因此产生了一部分产品品种减少、质量下降的现象，商业和服务网点急剧减少，给居民带来许多不便。同时，由于堵绝了个体经济的就业门路，而国营和集体经济又没有能力把新成长的劳动力全部吸收进来，就业问题更加严重。现在实施的积极扶持、适当发展个体经济的方针，使我国现阶段的所有制结构更适合于我国生产力的水平。而且，我们是在全民所有制经济和集体经济占绝对优势的情况下，允许个体经济存在和适当发展的。我国今天的个体经济同社会主义改造以前，即社会主义和资本主义"谁战胜谁"问题解决以前的个体经济是不同的，它不再是滋生资本主义的土壤，而是社会主义经济的补充。

现在出现的新问题是，在个别地区和个别部门，个体经济已经突破"补充"作用的范围，而成为"主力军"了。对此应该怎样认识和采取什么对策？例如，《经济日报》一九八五年一月二十一日的文章——《破除个体户只能起补充作用的旧观念——安陆县运输专业户成为主力军》说：

"湖北安陆县交通部门放手发展个体运输业。到一九八四年十二月底为止，全县运输专业户已发展到二千三百六十个，比年初增加近一倍，拥有各种运输机动车辆一千九百八十四台，占全县运输机动车辆总数的百分之八十，全年运输粮食、化肥、建筑材料及乡镇企业、农民家庭工业的产品总量达一百二十万吨以上，承担了全县短途运输的百分之八十、社会运输总量的百分之六十，成为安陆县运输战线上的主力军。"《经济参考》一九八五年七月二十五日登载了一个调查报告——《温州农村特色：自营经济唱主角》。这种"温州模式"，主要是由农民家庭或联户办企业，所有制形式以个体为主。这种自营经济在农村经济中占主导地位。一九八四年，全市农村各产业的总产值中，农民自营经济占百分之七十，在工业产值中，自营经济占全市工业产值的三分之一。从产值的绝对数看，这超过了城镇集体工业（不含温州市，下同），超过了乡镇办工业，也超过了全民所有制工业。在商业中，全市有证个体工商户十万多户，从业人员十一点七万人，一九八三年营业额达四点四亿多元，同全市国营商业的零售总额四点六一亿元相差无几。在交通运输业中，一九八三年农民个人和联户拥有载货汽车六百六十八辆、机动船九千九百七十艘，分别等于国营和集体专业运输总量的百分之九十九点八和百分之一百五十二点九。调查报告说："农民自营经济唱'主角'，意味着相当一部分生产资料属于农民所有，不少人对温州农村经济的这种格局忧心忡忡。"这是不是喧宾夺主，改变了这些地区、部门的社会主义性质了呢？个体经济不再是只起补充作用了呢？我认为，所谓个体经济只起补充作用，是从全国范围和整个国民经济范围来说的。在全国，土地、矿藏、铁道、港口、民航、大中型国有企业等经济命脉和基本生产资料掌握在国家手中，个体经济始终只能处于从属地位。马克思说："在一切社会形式中都有一种一定的生产支配着其他一切生产的地位和影响。因而它的关系也支配着其他一切关系的地位和影响。这是一种普照之光，一切其他色彩都隐没其中，它使它们的特点变了样。"① 在社会主义制度下，全民所有制经济正是这样一种"普照之光"，它不但支配着个体经济，并且"使它们的特点变了样"。在社会主义经济占支配地位的情况下，个体经济不再是十字路口的经济，它们不可能导致

① 马克思：《导言》，《马克思恩格斯全集》第十二卷，第757页。

资本主义复辟，而只能为社会主义经济服务。社会主义社会的个体经济是依附于社会主义全民所有制经济的，它们的存在和发展离不开全民所有制经济的扶持。社会主义社会的个体工商户，也是社会主义国家的公民，具有同其他劳动者一样的政治地位和承担相同的义务。当然，由于个体经济到底还是私有制经济，不可避免地具有私有经济的自发倾向，其中一些人唯利是图、投机倒把还是十分严重的，对此我们也要有清醒的认识，加强管理，把他们纳入为社会主义经济服务的轨道。

改革与新型城乡关系模式的建立[*]

方 明 叶克林

人类共同经营社会生活给大自然留下的印记之一，就是地球表层上散布着的无数个规模不等、形态各异的人类群体聚落。这些聚落构成的人类聚居系统，既给人类群体生活提供了必不可少的空间结构，也在一定程度上制约着人们的社会经济活动。千百年来，人类为了满足生存和发展的需要，在改造自然和社会的同时，不断改变自己的空间分布和生存格局，使人类群体聚落的性质、规模及其相互关系发生了巨大的改观，城乡发展和城乡关系的变更成为社会变迁的重要内容和结果。在改革浪潮汹涌澎湃、社会变化日新月异的今天，应当如何看待我们的城乡关系？应当怎样通过改革建立城乡关系的新模式、造就有利于社会进步的聚居系统，使我国社会经济活动的目标、内容和空间形式协调适应？本文试图探索这些问题。

一 历史考察：社会变迁过程中城乡关系的发展演变

原始社会早期，以原始群为组合形式的人类群体过着依附于自然的采集和狩猎生活，他们以穴居、巢居为主，尚未形成固定的居民点。随着人类第一次社会大分工的发展，以农业为主的生产方式及氏族公社逐步得以形成和确立，产生了聚族而居的永久性固定居民点——人类群体聚落的初始形式。

生产力的发展使人类社会产生了剩余产品和私有制，人类群体聚落也因之发生了变化，出现了"筑城以卫君，造廓以守民"、以保护私有财产

---

* 原文发表于《社会学研究》1986 年第 1 期。

为主要功能的城郭；而人类第二次、第三次的社会大分工则进一步打破了人类聚居系统无城无乡的格局，在"日中为市"的基础上形成了作为固定交换场所和手工业聚集地的"市"。就这样，人类聚居系统开始了从无城无乡的同质集合体向城乡有别的异质结合体的演变，城乡分离对立运动的历史由此开始了。

起初，城市和乡村的区别还不大，城市居民还没有同农业完全脱离，城里到处还留有耕地、菜园和果林。正如马克思所指出的："在古代社会，城市连同属于它的土地是一个经济整体。"① 后来，随着社会的发展与分工的深化，城市和乡村在生产行业、生活方式和聚落形态上的差异越来越大。更重要的是，奴隶主贵族、大商人、高利贷者和国家官吏逐渐聚集到城市里，利用国家机器，残酷地剥削和压迫居住在乡村的奴隶。这样，逐步形成了城市对乡村的支配地位，形成了"都邑"和"鄙"、"野"之间统治与被统治的关系，产生了城乡关系的对立。

进入封建社会以来，社会经济结构的变化使人类聚居系统也发生了相应的变化。一方面，商品生产和交换的发展，使城市得到进一步发展，城市和乡村在聚落规模、形态和功能上的区别日趋扩大；另一方面，随着阶级对抗的加剧，城乡对立也逐步加深。由于各国封建社会的经济结构、政治体制各有特点，城乡对立关系的表现形式也有所不同。在中世纪的欧洲，住在乡村庄园中的封建领主，从政治上统治城市；而城市里的富商和高利贷者则通过不等价交换和高利贷等手段，从经济上剥削乡村。城市平民为了摆脱封建领主的统治，从十一世纪起开始了"城乡之战"，后来这种斗争愈演愈烈，逐渐发展成反对封建生产方式的斗争，对促进社会变迁起了重要的作用。在中国漫长的封建社会中，城市不仅是工商业聚集地，而且是封建统治的神经中枢。城市同乡村的对立不仅表现在不等价交换、高利贷、赋税、徭役和地租的经济剥削上，还表现为设置在大小城市里的层层统治机构对农村的残酷的政治统治。经济剥削和政治统治在城市聚落的一体化，决定了中国封建社会城乡对立的特殊形式，使城乡关系中阶级对抗的色彩更为浓厚。深入研究这一问题，不仅有助于我们对新型城乡

---

① 马克思：《经济学手稿》，《马克思恩格斯全集》第四十六卷（上），第481页。

关系模式建立过程的探索，而且有助于加深我们对中国革命道路的理解，把握中国社会变迁的特征。

在资本主义社会，机器大工业聚集着经济效益和剩余价值规律的双重作用，迫使资本要在有限的空间内生产无限的利润。因而，资本主义国家无一不采取剥夺农村、将资本向城市集中并驱使失去土地的农村人口成为城市雇佣劳动后备军的方法来推行工业化。工业化推动下的城市化浪潮，迅速改变着人类聚居系统，发挥着双重作用，"资本主义生产使它汇集在各大中心的城市人口越来越占优势，这样一来，它一方面聚集着社会的历史动力，另一方面又破坏着人和土地之间的物质交换"，[①] 并且"使乡村屈服于城市的统治"。[②] 资本主义社会的特有规律，决定城乡关系的格局是：以农村破产为代价发展城市，城市过度繁荣，农村长期凋敝。在中国，一八四〇年鸦片战争后，社会经济逐步沦为半封建半殖民地经济，城乡关系也出现了重大变化。一方面，一大批古都名城随着外国资本主义的侵略、城市手工业和周围腹地农村经济的解体而呈现停滞和衰败的景象；另一方面，随着资本主义经济开始发展，我国沿海、沿江、沿铁路干线以及东北等地，兴起了一批拥有现代工业和公用事业的殖民地半殖民地性质的工商业城市。这些城市的畸形发展，虽然在一定程度上促进了中国商品经济的发展，但同时也加剧了地区经济和城乡经济发展的不平衡，加上这些城市大多是帝国主义列强势力向广大农村进行经济侵略、政治控制和文化渗透的据点，中国城乡关系的对立具有更残酷和更野蛮的性质。

历史表明，人类群体活动的复杂化和社会生产力的发展要求人类群体聚落发生相应的改变，要求城乡分离并由此造就有利于人类发展的空间结构。但是，如同社会变迁的各个项目都无一例外地受生产关系的制约一样，在私有制社会中，城乡分离被赋予阶级对抗的内容，而且形成了水火不容的城乡对立格局。

城乡对立的恶果植根于私有制的土壤，城乡融合的实现乃取决于公有制的确立。新中国建立后，随着整个经济社会的发展，城乡建设在三十五

---

① 马克思：《资本论》第一卷，《马克思恩格斯全集》第二十三卷，第552页。

② 马克思、恩格斯：《共产党宣言》，《马克思恩格斯选集》第一卷，第255页。

年中取得了相当的成就，城乡关系从而发生了历史性的改变。但由于各种原因，我们城乡发展同其社会要求的吻合程度尚未达到应有的水平，城乡关系中尚存在许多不协调之处，具体表现为以下几个方面。

（一）城镇数量有了较大发展，但没有形成合理的城镇体系。

解放以来，我国的城市由解放初的六十九个增加到一九八三年底的二百八十九个，加上县城、镇和工矿区，我国已有三千四百多个城镇型居民点，城镇人口达到两亿左右，占全国总人口的百分之二十，城镇化水平正在不断提高。[①]

然而，城市化的进程必须以城镇体系合理化为宏观控制目标，否则将给经济社会发展带来一系列严重的后果。我国现有的城镇体系，存在着重大轻小的倾向。我国一百万人口以上的特大城市，从个数讲只占全国城市总数的百分之十四点二，但其人口却占全国城市人口总数的百分之四十八点八；而二十万人口以下的小城市，从个数上讲占百分之二十七，但其人口只占百分之六点四；就小城镇而言，一九八二年我国有两千六百四十四个，只相当于一九五二年的百分之四十九点三，现有总人口六千一百八十万人，只占全国总人口的百分之六点二。大城市日益增多，过度膨胀，而小城市减少，农村小城镇一度趋于萎缩。这种不合理的城镇体系严重阻碍了城乡经济的协调发展。第一，增加了城乡农副产品分配的紧张程度。我国人多地少，农业劳动生产率低，在粮食和农副产品供求上城乡关系一向比较紧张。大城市的过度发展使农副产品的分配更缺少回旋余地，供不应求的现象更为严重。第二，城市发展不能逐步吸收农村剩余劳动力。纠正城镇体系重大轻小的偏向，必然要实行严格控制大、中城市人口规模的政策，这就阻塞了农村人口向城市转移的渠道。第三，大、中、小城市不配套，使城市对农村经济、科技、文化的辐射不能逐级扩大传递，降低了辐射的效率。

（二）城镇发展速度较快，但缺乏稳定的节奏，造成一系列严重的社会问题。

一九五八年至一九六〇年，城镇人口增加了三千多万，由一九五七年

---

① 孙尚清主编：《论经济结构对策》，中国社会科学出版社 1984 年 3 月第一版，第 334 页。张之端：《三十五年城乡建设成就》，《建设经济》1984 年第 9 期。

的九千九百多万猛增到一九六〇年的一点三亿，城镇人口比重也相应由百分之十五点四上升到百分之十九点七。一九六一年开始，大批城镇职工返乡，城镇人口比重在一九六四年下降到百分之十八点四。"十年动乱"期间，数百万机关干部和知识分子被下放农村，一千多万知识青年上山下乡，后来这些人又陆续返回城市。① 城镇人口比重陡升陡降，造成了城乡社会资源配置的失调。

（三）城镇的性质和职能发生了根本性的变化，但没有形成以大、中城市为依托的合理的城镇乡经济网络。

从一九五二年到一九八二年，国家基本建设投资共八千三百多亿元，百分之七十以上集中在城市，其中工业基建投资累计约四千四百三十多亿元，基本上集中在城市。② 这些投资形成的物质技术力量使旧中国城市生产力低下、消费性强的状况大为改变。从总体上看，新中国成立以来城市在组织城乡经济活动中发挥了巨大的作用，但由于我们把社会主义经济同商品交换和流通对立起来，建立和实行高度集中的条块分割、城乡分治的管理体制，将城乡经济交流的渠道和经济联结的纽带单一化、行政化，人为地割裂了历史上形成的区域性城镇乡网络，既影响了城市辐射功能的发挥，也妨碍了腹地农村对城市的积极反哺，造成了城乡关系的不协调。以上海为例，由于以行政区划为界实行僵化的管理，历史上形成的以上海为中心的长江三角洲经济网络解体了。

（四）合理的生产布局改变了不合理的城市分布，但不合理的地区差别依然存在。

人类聚居系统是人类群体活动的空间投影，城乡关系总有一定的区域空间表现形式。因此，不同区域的城乡格局和城乡发展，涉及更广义的城乡关系问题。三十多年来，全国范围内的生产力布局日趋合理，城市布局与旧中国相比发生了显著的变化。但是，沿海、内地与边疆地区在城市发展和经济发展上的差别仍然很大（见表1）。不合理的地区差别的存在，给社会整体城乡协调关系的建立带来了更多的困难。

---

① 刘国光主编：《中国经济发展战略问题研究》，上海人民出版社 1984 年出版，第 291 页。
② 国家统计局主编：《中国统计年鉴》（1982），中国统计出版社 1982 年出版，第 296 页。

表 1　不同地区城市、经济发展的差别①

地区\指标	沿海	内地	边疆
1. 城市密度（万个/平方千米）	0.578	0.337	0.049
2. 城市平均工业生产规模（亿元/个）	33.71	9.59	5.16
3. 工业资金利税率（%）	35.19	18.02	11.71
4. 总产值密度（万元/平方千米）	34.45	8.29	0.84
5. 人均总产值（元/人）	1002	510.7	354.3

（五）工业和农业的关系得到改善，但旧式城乡地域分工形式尚未打破。

新中国成立后，我们提出了"以农业为基础、以工业为主导"的国民经济总方针，工业和农业互相支援、互相促进的关系得以确立。但由于"左"的干扰和国民经济管理的某些失误，一度片面强调"以粮为纲"，对农村工业和多种经营严加限制，导致了农村经济结构单一化，使"农村搞农业、城市搞工业"的旧式城乡地域分工继续存在，并得以扩大。这种格局影响了农村经济的综合发展，使农村失去了对工农业生产经济能量和产品差价进行微观调节的可能，成为农村落后面貌长期得不到改变和城乡差距扩大的一个重要原因。另外，这种格局严重削弱了农村接受城市辐射的能力，成为妨碍工农结合、城乡结合的一个重要原因。

（六）城乡对立的阶级基础已经消除，但城乡物质文化生活水平的差距仍然存在。

新中国成立后，公有制条件下全体社会成员根本利益的一致性取代了城乡关系中阶级对抗的内容，城乡关系的社会性质发生了根本性的变化。但是，城乡居民生活水平仍有较大差别，而且差别有所扩大（指一九五七年至一九七八年）。从经济收入和消费水平看，一九五七年城乡居民的消费水平差距为2.59∶1，一九七八年扩大为2.9∶1；收入差距由一九六四年的2.2∶1扩大为一九七八年的2.4∶1。从卫生状况看，每千人口的医生数这一指标的城乡差距由一九五七年的1.71∶1扩大为一九七八年的4.5∶1；城市居民的平均寿命为七十一岁，而农村居民只有六十八岁。从教育状况

① 此表根据1983年《中国统计年鉴》有关数字整理。

看，目前大、中城市基本上普及了初中教育，而农村普及小学教育的比例不到四分之一；高小毕业生升学率城镇为百分之九十，农村为百分之六十；初中毕业生升学率，城镇为百分之七十三，农村为百分之十六。从文化生活状况看，一九八三年城市平均每人每年看电影三十二次，农村只有二十五次；看艺术表演，城市为一点八次，农村为零点八次；城镇居民每百户拥有电视机八十三台，农村只有四台。① 由于城乡间经济收入和物质文化生活水平差距的存在，"城市人"和"乡下人"在社会生活中产生了一定的隔阂。我们的户籍管理制度尽管在控制城市人口、保证经济发展方面起了很大的作用，但是，同粮油副食补贴和招工、升学等优惠条件联系在一起的城镇定量户口和一无所有的农村户口在某种意义上成了社会等级的标志，并且带上了"世袭"的色彩，把居民同城乡两类聚落的联系法定化和固定化。这一切，表明城乡关系存在着严重的不协调之处。

城乡关系变迁的历史考察，使我们得出了几点结论，也给我们提出了问题。

第一，人类聚居系统的变化、城乡关系的演变显然是在两种因素的推动和制约下进行的，一种因素是社会生产力和人类群体发展的客观要求，另一种是生产资料所有制关系和人类群体的组合性质。但是，就目前条件看，人类聚居系统变化的趋势和方向是什么？城乡关系应有的新模式是什么？

第二，公有制的建立消除了城乡对立的根本原因，但这并不意味着城乡关系协调化会自发地实现。合理的城乡关系是建立在正确认识人类聚居系统与社会协调发展规律，并依据规律进行有效活动的基础上的。但是，规律和有效活动的内容是什么？

第三，城乡关系的演变，同整个社会的变迁密不可分，它既是社会变迁的结果，也是构成社会变迁的环境乃至动因。促进社会大变迁的体制改革势必带来城乡关系的新变化。但是，应当如何利用改革的机会建立城乡关系的新模式？

结论只不过是分析过程的中间结果，而问题却值得我们思考。

---

① 朱庆芳：《我国城乡工农生活差距的变化和缩小差距的途径》，《社会调查与研究》1985年第2期。

二 理论思考：城乡关系的发展趋势及其规定性

人类聚居系统由同质集合体向异质结合体发展演变的历史，是城市数量不断增多、城市和乡村在聚落形态和性质功能方面的差异不断增大的过程。马克思就此指出，社会的全部经济史都可以概括为城乡分离对立运动的历史，[①] 这一运动的过程是"乡村城市化，而不是像古代那样，是城市乡村化"。[②] 由乡村向城市转化而产生的城乡分离是城乡关系存在发展的基础。

城乡分离是人类社会由低级向高级发展的客观要求。在人类社会早期，人类群体规模小、结构简单、活动内容单调这一特点，决定了人类群体聚落无城无乡的状况。随着社会的进步，人类群体规模日趋扩大，社会组成要素的数量和异质性逐渐增大，社会系统发育为一个由众多处在不同序列层次上的分支系统结合而成的高度复杂的有机系统。同人类群体活动多样化和多层次性相应，人类群体聚落在形态、规模和性质上也出现了巨大的差异，形成了从几户人家的村庄到数百万人的大都市乃至数千万人口的巨型城市（megalopolis）这样一个聚落序列所构成的聚居系统。

人类聚居系统的发展演变耦合于社会生产力的发展阶段。在影响人类群体聚落城乡分离的诸社会因素中，生产力是决定性的因素，而城市的发展与城乡分离则为生产力的进一步发展提供了条件。这一点，最突出地表现在工业化——城市化过程中。工业革命前期，生产力的低下使城市人口增长缓慢，到一八〇〇年，城市人口占总人口的比重只有百分之三。工业革命带来了机器大工业的发展，工业化不仅提出了人口和生产在地域上集中这一城市发展的要求，还通过迅速提高生产力水平为城市发展提供了物质技术前提。因此，工业化的发展"建立了现代化大工业的城市（它们像闪电般迅速成长起来）来代替从前自然成长起来的城市"。[③] 到一九八〇年，城市人口已增加到十八点一亿人，占世界总人口的百分之四十一。"城市化和工业化这两种社会过程是互为因果的，两者都可以引起对方发

---

① 马克思：《资本论》第一卷，《马克思恩格斯全集》第二十三卷，第390页。
② 马克思：《经济学手稿》，《马克思恩格斯全集》第四十六卷，上册，第480页。
③ 马克思、恩格斯：《德意志意识形态》，《马克思恩格斯全集》第三卷，第67~68页。

生螺旋式的上升发展。"① 在聚落形态意义上的城乡分离成为一切现代社会发展的基本趋势。

城乡分离为社会进步创造了条件。人口和生产在地域上高度集中产生的"聚团效应"（effect of agglomeration）使人类群体活动的效果发生质变。自城乡分离以来，各个历史时期的城市愈来愈明显地体现了其代表当时历史条件下最先进的生产力的特征。城市的发展逐步改善着人和自然的关系，城市生产使用的是经过人类改造的摆脱了纯自然形式而日益人化的自然物和自然力；城市同乡村相比是一种更社会化的组织形式，它不仅创造了更加丰富多彩的生活方式和更高的生活质量，而且"造成新的力量和新的观念，造成新的交往方式，新的需要和新的语言"。② 正是在这种意义上，马克思主义经典作家认为城市"聚集着社会的历史动力"。③ "城市是经济、政治和人民精神生活的中心，是前进的主要动力。"④ 但是，城乡分离运动在各个历史阶段都不可避免地被打上时代的烙印，生产资料私有制不仅使城乡分离总是或多或少地偏离社会进步所要求的轨道，如资本主义社会中的城市膨胀、农村凋敝，而且使城乡对立日益加深。

城乡对立是建立在城乡分离基础上的，但分离并不意味着一定对立，相反，在城乡产生分离的同时，也产生着城乡结合乃至融合的必要，社会辩证法就是这样无时无地不显示自己存在的。系统科学认为，系统的发展一方面要求其组成部分不断分化为专门性的独立职能部分，以提高供职能力，满足系统规模扩大和功能加强的需要；另一方面则要求各组成部分加强整合，作为整体的一部分发挥其特有功能。社会系统中的城乡分离运动也是在这种分化——一体化规律的作用下进行的。城乡对立只是一种历史的社会现象，而不是永恒的自然现象。随着社会的发展，曾经促进生产发展、在历史上起过进步作用的城乡分离，现在已成为生产力发展的主要障碍之一，成为社会经济病态的主要渊薮之一了。因此，将分离的城乡逐步结合乃至融合为一体，已成为社会进步的内在要求。具体地讲，这种内在要求表现为三种需要。第一，经济发展的需要。恩格斯指出："消灭城乡

---

① *The New Encyclopedia Britannica*，1980，V.18，P.1076.
② 马克思：《经济学手稿》，《马克思恩格斯全集》第四十六卷上册，第499页。
③ 马克思：《资本论》，《马克思恩格斯全集》第二十三卷，第552页。
④ 列宁：《关于德国各政党的最新材料》，《列宁全集》第十九卷，第264页。

对立并不是空想……消灭这种对立日益成为工业生产和农业生产的要求。"① 经济一体化必须建立在城乡一体化的基础上。第二，社会生态平衡的需要。城市生态系统需要的能量与物质（粮食、原料等）要依靠其他生态系统来提供和调剂，城市生态系统产生的各种废弃物也不能完全在体内分解释放，需要向其他生态系统输送。因此，只有城乡结合才能形成合理的生态关系。第三，社会统一的需要。城乡对立"把一部分人变为受局限的城市动物，把另一部分人变为受局限的乡村动物，并且每天都不断产生他们利益之间的对立"。② 这显然是同人类群体活动的本质要求和社会整合程度不断提高的趋势不相适应的。因此，"消灭城乡之间的对立，是社会统一的首要条件之一"。③

综上所述，我们认为城乡之间从分离对立向结合乃至融合的方向发展，是城乡关系发展的必然趋势。但是，这一趋势的实现"取决于许多物质前提，而且一看就知道，这个条件单靠意志是无法实现的"。④ 城乡对立消除，城乡逐步结合乃至融合的过程，就是新型城乡关系模式的建立过程。下面，我们把思考的内容转换为这一过程的几个规定性。

（一）新型城乡关系模式的建立过程是一个城市化过程，而不是消灭城市的过程。城市在社会经济生活中的重要作用，不仅过去和现在存在，而且在今后较长时期内仍将存在。斯大林就此指出，"当然，这不是说城市和乡村间对立的消灭应当引导到'大城市的毁灭'，不仅大城市不会毁灭，并且还要出现新的大城市"，城市的发展"将促进全国文化的繁荣，使城市和乡村有同等的生活条件"。⑤ 城市化并非资本主义社会特有的规律，而是一切现代化社会大生产共有的趋势。正如联合国一份报告中指出的那样，"城市化的进程，必须理解为经济社会与技术发展的基本条件与作用的结果；避免城市化的无效努力仅仅可能延缓发展"。⑥ 因此，无论从

---

① 恩格斯：《论住宅问题》，《马克思恩格斯选集》第二卷，第542页。

② 马克思、恩格斯：《德意志意识形态》，《马克思恩格斯全集》第三卷，第57页。

③ 马克思、恩格斯：《费尔巴哈》，《马克思恩格斯全集》第一卷，第57页。

④ 马克思、恩格斯：《德意志意识形态》，《马克思恩格斯全集》第三卷，第57页。

⑤ 斯大林：《苏联社会主义经济问题》，《斯大林选集》下卷，第558页。

⑥ UN, Department of Economic and Social Affair: Urbanization in the Second United Nations Development Decade, New York, 1970, pp. 1 - 3.

哪个角度考虑，我们都很难赞同通过消灭城市或走"非城市化道路"[①] 来实现城乡融合的主张。相反，我们认为缩小城乡差别并不是消灭城市和乡村在聚落形态上的差别，新型城乡关系模式将在城市化程度不断提高、城镇体系不断完善、城乡结合日益密切的过程中逐步建立。如果这一结论正确的话，我们还可以打消以下两种疑虑：①肯定城乡对立的必然消灭，会导致否定城市的历史作用；②城市化的发展会扩大城乡差别。

（二）建立新型城乡关系模式必须充分发挥社会主义优越性。首先，社会主义公有制生产关系和以工农联盟为基础的政体为城乡之间政治和经济的统一提供了保证，我们应充分利用这两条纽带及其连带的社会整合机制，以促进城乡一体化为目标调整城乡关系。其次，国民经济有计划按比例发展的规律使我们城乡关系的发展具有自觉性和计划性，从而使避免以往社会形态中城乡关系发展的盲目性和自发性成为可能。许多资本主义国家听任城市盲目发展，在饱尝"城市病"的痛苦后不得不走向建立"反磁吸力体系"和"逆城市化"（counter-urbanization）[②] 道路的教训，我们一定要汲取。我们应充分利用社会发展有计划性的优势，对城乡格局进行总体设计，对城乡发展实施有计划的宏观控制。最后，要充分认识到社会主义经济是有计划的商品经济，利用商品经济的内在规律和机制建立新型城乡关系。商品经济的出现是城乡分离的重要原因，但同时它也可以成为城乡结合的重要条件。列宁指出："商品交换是衡量工农业间相互关系是否正常的标准。"[③] 斯大林详细地论证了商品关系对城乡结合的重要意义，他认为："为了保证城市和乡村、工业和农业的经济结合，要在一定时期内保持商品生产（通过买卖的交换）这个为农民唯一可以接受的与城市进行经济联系的形式。"[④] 因此，城乡之间建立在等价交换、互惠互利基础上的互相促进、共生共济关系与建立在共同发展商品经济基础上的有机结合，应该是城乡关系新模式的重要内容。

（三）新型城乡关系模式的社会目标。城乡关系具有极丰富的内涵，

----

① 参见汪巽人：《我国的非城市化道路》，《求索》1982 年第 5 期。
② 参见 B. J. L. Berry, Urbanization and Counter—Urbanization, *Urban Affairs Annual Review*, No. 11, Sage, 1976. p. 17。
③ 列宁：《劳动国防委员会给各地方苏维埃机关的指令》，《列宁全集》第三十二卷，第 374 页。
④ 斯大林：《苏联社会主义经济问题》，《斯大林选集》下卷，第 548 页。

它包括聚落群体间的关系（城乡居民、地域社会集团间的关系）、群体聚落间的关系（人类聚居系统内部结构关系）和聚落与环境的关系（聚落空间分布及生态关系）。建立新型城乡关系模式的目的在于协调好这三种关系，造就有利于社会进步的人类群体活动空间结构。这一目的规定了以下三个社会目标。①城乡协调发展。根据农工一体化和社会整合的要求，调节城乡续谱①中各点的发展速度和方向，改变农村长期落后和大城市过度膨胀的状况，使城乡聚落在规模、性质和功能上的差异成为两者良性结合的依据，成为消除城乡居民生活质量差异的前提。②地区共同繁荣。根据不同地区经济社会活动的水平和要求，完善不同地区的城镇乡网络，并将其组合为更大地域范围的有机系统，以便在发展和欠发展地区间形成一个物资串联、人才交流、技术平移、资金对流的双向性"刺激－响应"模型，使城镇体系的开放性和联结性成为促进地区共同繁荣的条件。③经济、社会、生态三效益有机统一。根据社会整体利益和局部利益、长期发展和近期发展关系的要求，调节城乡发展的速度和方式，把人类营造聚居体系的目的、手段以及同自然环境的动态平衡关系统一起来，通过各类聚落的功能互补和协调组合，使城乡在地域分布和内在外在关系上，成为经济增长与社会发展相一致、人类群体活动同自然环境相互作用良性化的保证。

（四）新型城乡关系模式的建立要依赖社会改革。社会是众多因素有机结合而成的统一整体，某一组成部分的发展变动是在同其他部分以及社会整体系统质的相互作用下进行的。因此，城乡关系的变化同整体社会变迁存在着双向性关系：只有通过社会各组成部分——经济体制、社会组织、文化传统、价值观念、生活方式等从经济基础到上层建筑的整个社会改革，才能建立起城乡关系新模式，而新模式则会为社会变迁提供条件。

三　判断与对策：新型城乡关系模式
在改革中逐步建立

当前，城乡经济体制改革的多重奏，已汇成气势磅礴的交响曲，腾飞

---

① 参见 R. E. Pahl, The Rural—Urban Continnum, Reading in Urban Sociology, 1968, London. p. 263。

的旋律响彻古老的中国。伴随着改革进程的发展，旧的城乡关系将为改革造就的新关系所取代。面对这样的形势，我们必须判断城乡关系变化同城乡关系发展趋势的吻合程度，根据改革的现状和前景选择进一步改善城乡关系的对策，使新型城乡关系模式在社会变迁中随着旧模式的变形和解体而逐步建立。

农村经济体制改革打破了城乡之间靠原有体制对各种因素进行加权所形成的不合理平衡，启动了城乡关系变革的机制。

第一，随着农村全面推广并逐步完善家庭联产承包责任制，我国农村经济开始从在单干农户的单一农业经济基础上发展起来的集体经济，转变为以合作经济为主导，乡、村、组、户、联合体相结合，农林牧副渔全面发展，工商建运服综合经营的多成分、多层次的综合经济。生产力要素的重组带来了农村经济的振兴，以单一农业和"乡土文化"为基础的农村社区由于无法适应改革带来的变化，开始从封闭转向开放，对城乡结合的态度由消极等待转向积极寻求。建立在农村长期落后的基础上、靠行政手段维持的城乡间被动联系的不协调平衡状态，被农村由改革带来的主动姿态所突破，农民通过各种"民间"渠道敲响了城市的大门。

第二，乡镇工业的起飞突破了建立在"农村农业、城市工业"旧式地域分工基础上的产业平衡，改变了农村为城市提供初级农产品，城市为农村提供初级工业品的物资流向。这种状况使农村经济能量骤增，使作为决定城乡差别重要因素的工农业劳动生产率差别和工农产品剪刀差在农村范围内得到不同程度的微观调整。另外，乡镇工业将与工业生产方式相伴随的新文化引入农村，使农村社会生活各方面发生了摆脱狭隘、孤立和愚昧，追求现代化的可喜变化。

第三，小城镇的勃兴不仅以不靠国家投资的"民间"形式直接促进了我国城市化的发展，打破了以延缓农业人口转移为代价的城乡建设平衡状态，而且以其作为城乡网络中基本节点，沟通城乡间"三流"（人流、物流、信息流）和"四通"（交通、邮通、融通、流通）的特点，加强了城乡间的联系。

第四，作为宏观调节措施的农副产品大幅度调价，有效地缩小了工农产品剪刀差，农副产品低于价值的幅度由一九七八年的百分之三十五点九降至一九八三年的百分之十九点四。调价刺激下的农产品剧增，壮大了农村经济，打破了建立在农村经济实力薄弱基础上的城乡资金平衡。

第五，农民经济收入和消费水平的提高，缩小了城乡生活水平的差距，工农收入差距由一九七八年的 2.4：1 缩小为一九八三年的 1.7：1；工农消费水平差距由一九七八年的 2.9：1 缩小为一九八三年的 2.24：1。农民价值观念和生活方式伴随农村改革向现代化所要求的方向转变。这些变化打破了人们建立在城乡自然有别观念上的心理平衡。

农村改革使有着百分之八十人口的农村以主动的姿态首先向城市靠拢，并对城市形成一种"震荡"的声势，就我们的国情看，这是改革的巨大成功之处。但是，主要发生在农村社区范围内的改革对城乡关系的影响具有初级性、单向性和局限性的特点。这决定了进行更广泛、更深入的全面改革的必要性。

作为连接农村改革和城市改革的一项改革——"市领导县"新体制，打破了城乡分割的局面，为实现城乡一体化奠定了基础，成为在中观范围内协调城乡关系的重要措施。

围绕城市改革而展开的工业、商业、服务业、科技、教育、文化改革和以调整产业结构为重心的农村第二步改革，构成了推动社会变迁的全面改革，以其三个特点形成的强大冲击力改变着原有的城乡关系。

第一，系统性。党的十二届三中全会明确指出，社会主义经济是建立在公有制基础上的有计划的商品经济，使改革有了系统的理论指导，包括改变城乡关系的一系列原则，都从这一基本命题中顺理成章地延伸了出来。改革从局部到整体，由单项到系统配套的发展，使城乡关系发生了全面系统的变化。

第二，渗透性。全面改革造就出新的市场机制和相应的社会流动模式，形成城乡互相渗透的态势，一系列新的经济社会现象随之产生，如城乡市场突破了传统的狭义流通格局，形成了包括商品市场、劳务市场、资金市场、技术信息市场在内的多维结构市场，城乡之间交流的内容和渠道日益多样化，而且是对流趋势；城市企业由于自主权的扩大开始向农村扩张延伸，以谋求发展；农民进镇兴办第三产业；介于城镇定量户口和农村户口之间的"自理口粮户口"产生等。

第三，联结性。改革的全面性和深刻性还表现为改革后的社会各组成部分要求更高程度的整合，这反映在城乡关系的变化上就是以城市为中心，带动周围农村，统一组织生产和流通的各类经济区逐步形成，以城乡联合共同对外开放为目的的"贸工农"产业结构在一些地区逐步确立，为大地域高水平的农工商一体化创造了条件；城乡各类企业按生产行业和产品的内在要求组成企业群体；城乡间经济联合的实体——工农联办的新型企业不断出现。变化昭示的方向是：城乡关系由产品的简单交换发展为经济、技术的松散协作，再发展到产业间的密切联结。

依据现实做出的判断是：改革不仅多方面、多层次地改变着原有的城乡关系，而且通过它所造就的社会变迁为新型城乡关系模式的建立提供了良好的社会环境和强烈的社会要求；改革不仅使城乡关系发生了急剧而深刻的变化，而且使各种变化的指向同城乡关系发展趋势及其规定性的内在要求十分吻合。全面改革使城乡关系向新模式目标逼近了一步。

进一步改善城乡关系的对策，要建立在对城乡关系变化性质的判断、对国情的深入了解和对中外城市化经验借鉴吸收的基础上。

从这几个基点出发，我们认为在逐步改造和完善城市体系的前提下，大力发展新型小城镇，可以打破世界城市化自上而下发展的定式，在农村人口占百分之八十的国家中走出一条自下而上、上下结合的城市化新路，从而在城市化进程中不失时机地赶上和超过世界先进国家。忽略城乡续谱中乡一极的上升力、无视全面改革和城市功能加强刺激下农村爆发出的活力而设想的城乡发展战略，将对新型城乡关系模式的建立无助且有害（关于这点我们将另文专论）。

对城乡关系的发展要加强不同层次范围的调节控制，以保证城乡关系的变动同新型城乡关系模式建立的要求高度吻合。①宏观调控，即计划体制、价格政策作用的发挥；城市建设方针的制定和执行；与国家重点建设项目相连带的城市布局调整等。②中观调控，即建立城乡一体化的经济区；组织大规模的企业群体；建立地域性资金循环圈；建立"贸工农"产业结构等。③微观调控，即建立农村社会经济小区;① 在农村内部实行"工补农"；对城乡经济实体进行投资引导和对城乡居民进行消费引导等。要逐步将调控手段由行政的转化为经济的、法律的，提高调控效果。

---

① 参见张雨林：《农村流通网络、经济社会小区与小城镇布局》，《社会学通讯》1984 年第5 期。

作为一个广土众民的国家，地区间经济社会发展的不平衡性也是选择对策时必须考虑的因素。根据工业化和城市化水平（以非农业人口比重和城镇体系合理程度为度量）的关系，可把我国划分为三种类型的地区，相应采取不同的对策。

第一种为"超前－滞后"异步型，包括沿海和内地沿江经济发达地区，这类地区的城市化水平相对于发达的城乡工业呈滞后状态。此类地区应以控制大城市发展，通过建设小城镇形成理想的城镇乡网络，提高城市化质量为主，微观调控对此类地区十分重要。此外，如何在保证农业不萎缩的前提下建立新的城乡平衡和在保证生态平衡、社会经济效益统一的前提一下取得高速度的发展，将是突出的问题。

第二种为"发展－提高"同步型，包括内地大部分地区，这类地区的工业化和城市化正处于相互促进同步发展阶段。在这类地区宜采取增强区域中心城市功能带动小城镇发展的战略。目前，对这类地区加强宏观和微观调控尤有意义，应保持其同步性，造就城乡续谱中两极发展向中段挤压的态势。

第三种为"滞后－滞后"同步型，包括内蒙古、新疆、青海、西藏和一些边疆地区。此类地区工业化和城市化都处于低水平，相互促进的关系尚不明显。应根据这类地区工业相对集中于几个大城市的特点，加强宏观调控中利用国家重点投资项目建设城市的作用，围绕原有的大城市，建设一批同原有大城市密切关联的中等城市，然后逐步建设次级城市，形成城乡续谱中城一极向下延伸，等待乡一极上升的态势，变同步为异步，由此增加城乡关系新发展的态势。

城乡关系的原有平衡一经改革打破，就进入了逐步变化、寻求建立新平衡的状态。在不同时期选择不同的对策，对城乡关系变化的方向实施及时有效的调控，保证变化向新型城乡关系模式步步逼近，将是我们长期的任务。

美国的科学社会学[*]

魏章玲

一 科学社会学的定义

科学社会学与科学学的含义不尽相同，前者的英文名称是 The Sociology of Science，而后者的英文名称是 The Science of Science，又译为"科学的科学"。一般以为，先有科学学，后有科学社会学，后者是前者的一个分支学科。科学社会学可说是科学学与社会学的结合，是以社会学的观点来探讨科学与社会的相互关系及其影响。

美国学者 D. 普赖斯对科学学下的定义是：这门学科可称为"科学、技术、医学等的历史、哲学、社会学、心理学、经济学、政治学、方法论等"。[①] 美国学者 N. 斯托莱对科学社会学下的定义是："科学社会学研究学者们的行为范围，决定他们行为的各种因素以及其行为给所属的社会群体和社会带来的后果。科学被看作社会机构、人们相互关系和行为规范的综合体，这些规范有密切的内部联系，使得我们得以将它们从其他社会行为的规范中分离出来。"[②]

因此，科学社会学可说是科学学与社会学的综合，是以社会学的观点来探讨科学与社会的相互关系及其影响。美国著名学者 B. 巴伯将科学社会学看作知识社会学的一部分，他指出："科学社会学的任务是专门确定科学观念的性质，描述科学观念与其他类型观念（如意识形态观念、哲学

---

 * 原文发表于《社会学研究》1986 年第 1 期。
 ① D. 普赖斯：《科学的科学》，载《科学学译文集》，科学出版社，1980 年。
 ② N. 斯托莱：《社会学原理》，美国纽约，1965 年。

观念、美学观念、宗教观念等）以及与各种制度因素和人的因素之间的关系。"① 在巴伯看来，科学社会学主要是确定一套系统的高度概括而又比较详尽的关于关系的概念和命题。

应当指出的是，美国社会学界对科学社会学的定义、性质、任务和目标的看法至今仍然很不一致。科学社会学既是一个新颖而又吸引人的新兴学科，又是一个令人望而生畏、难见成效的学科。这是因为，科学社会学要求学者们同时具备研究自然科学和社会学的基础知识，这对于刚走出校门的青年人来说，是相当困难的。即使对于颇有资历的自然科学家或社会学家来说，也并非轻而易举之事。尽管社会学界和自然科学界的有识之士都已认识到科学社会学的重要性及其研究工作的紧迫性，但人们依然顾虑重重，不敢轻易越出雷池一步。因此，美国科学社会学的首要问题与其说是缺乏理论的问题，还不如说是缺乏人才的问题。但相对于全世界而言，美国科学社会学的发展仍居首位，尤其是自 T. 库恩发表《科学革命的结构》一书以来，美国的科学社会学已冲破了不少人为的禁区。

二　科学社会学的兴起

西方科学社会学的形成起始于二十世纪三十年代，源于对科学知识发展的社会背景进行的分析。N. 斯托莱在为 R. 默顿所编辑的《科学社会学》一书所写的导言中指出，苏联科学家 B. 格森在第二届科学技术史国际大会上所做的著名报告——《牛顿原理的社会经济根源》对科学社会学的发展起了重要的促进作用。② 此后，英国科学家 J. 贝尔纳、L. 霍本和 J. 霍尔丹等人进一步发展了格森的思想。

上述思想很快传到了美国。著名社会学家 R. 默顿对科学社会学的创立起了很大的推动作用，他提出了一种观点，将科学看作一种社会设施，而这种社会设施具有一定的伦理准则和价值体系。此外，他还认为，科学家们的科学成果受到重视是科学家们从事科学研究的主要动力。

一九三八年，默顿出版了《十七世纪英国的科学、技术和社会》一

---

① 参阅中国社会科学院情报研究所编译，《科学学译文集》，科学出版社，1980 年，第 125 页。
② 参阅 N. 斯托莱，"导言"，载 R. 默顿编辑的《科学社会学》一书，芝加哥大学出版社，1973 年。

书，引起了普遍关注，他探讨了科学的结构、科学家的心理特点及科学对现代社会生活的影响，等等。同年，他还发表了《科学与社会秩序》一文，这是专门研究科学与社会冲突的论文，对于后来发展的经验主义科学社会学流派产生了重大的影响。一九五七年，他又发表了《科学发现的优先权》① 一文，涉及科学体制化与科学发现优先权的关系。默顿认为，一方面，社会往往要求科学家公开其研究成果，把科研成果视为全人类的共同财富；而另一方面，科学家却往往自私而敏感地考虑自己创新发明的优先权。这两者之间显然存在着矛盾。默顿指出，给发明创造以适当的承认，是维持科研活动社会化的必要条件，倘若没有这种承认，就无法激励科学家公开其成果，科学也就难以作为制度化的公开活动存在下去。

美国结构功能分析的创始人 T. 帕森斯，把科学作为一种体制来研究，探讨科学工作组织与学者的关系。他提出的"科学体制化"的概念，至今仍被一些学者所采用，他往往将科学作为一种社会系统来进行研究。步他后尘的还有斯托莱，后者于一九六六年发表了《科学的社会系统》②，把科学当作社会系统中的小系统来研究，这在六十年代曾产生一定的影响。

有必要指出的是，在科学社会学诞生之前，学者们关于科学史的研究充当了科学学与社会学联系的桥梁。美国著名学者普顿斯是西方科学学和科学史的创始人之一。一九六三年，他的著作《小科学，大科学》③ 问世。尽管该书未能引起政界的重视，但在学术界产生了广泛的影响，这是因为，普赖斯成功地将定量研究运用于科学及科学政策的研究之中。

自四十年代以来，有关科学团体的概念引起了不少学者的兴趣，这使科学社会学的研究不只局限于有关获得科学知识所需社会条件的研究，而且也转向了有关科学本身社会结构的研究。到六十年代，所谓"科学的社会结构"一词已成为科学社会学的一个基本概念。一九六二年，T. 库恩所写的《科学革命的结构》④ 一书问世，极大地推动了科学社会学的发展。到六十年代末，美国的科学社会学终于成为一门独立的学科。

---

① R. 默顿：《科学发现的优先权》，载《美国社会学评论》，1957 年 12 月，第 22 卷第 6 期。

② N. 斯托莱：《科学的社会系统》，纽约霍尔特、英国哈特与温斯顿出版社，1966 年。

③ D. 普赖斯：《小科学，大科学》，纽约哥伦比亚大学出版社，1963 年。

④ 库恩：《科学革命的结构》，美国芝加哥，1962 年；中译本，李宝恒、纪树立译，上海科技出版社，1980 年。

自六十年代以来，影响最大的科学社会学家要数 T. 库恩，他的《科学革命的结构》一书，在学术界引起了强烈的反响。库恩揭示了科学革命的性质，即一种规范代替另一种规范，而每次规范的更迭都是通过革命来实现的。实际上，他所做的努力不过是证实了马克思主义关于社会发展的普遍理论，即进化阶段与革命阶段是相互交替、相互联系的。库恩并不是一位马克思主义者，甚至不熟悉马克思主义的基本观点，但他的发现却与马克思的理论不谋而合，这从一个侧面论证了马克思主义基本原理的正确性与强大的生命力。库恩认为，在科学发展中经常发生革命，在前后相继的两个革命之间存在一个暂时的平静时期，而有关的理论、概念和观点的稳定系统也正是在这个时期形成的，他把这个稳定的系统称作"规范"。所谓科学革命，也就是破坏旧的规范，制定新的规范。在西方学术界，有不少哲学家和自然科学史学家极力推崇库恩的思想，认为他有关"规范"的论述对于阐述科学发展的进程是一个很大的突破和创新。这些人或是不熟悉马克思的著作，或是带有资产阶级的偏见。尽管如此，正如一些信仰马克思主义的西方学者所指出的，库恩的发现对于进一步论证马克思主义的基本原理还是很有意义的。

自库恩的《科学革命的结构》一书出版以来，愈来愈多的学者关心科学与社会的关系，在这方面，已经出现了不少有代表性的论著。六十年代，鲍德温和戴博德的论著颇有影响。一九六八年，鲍德温出版了《科学和原子时代》一书。他在书中写道："一九四五年宣告了原子时代的开始，就是在一九四五这一年，科学已从我们生活中不那么重要的因素变成了这样一种现象，这种现象将来或许被人们形容为'科学时代'。现在科学对于技术有着重大的意义。与此同时，它对经济、宗教、哲学甚至对于人体的生存都是非常重要的。"一九六九年，戴博德出版了《人和电子计算机》一书。他指出："科学技术的成就向人类提出了刻不容缓的深刻问题。机器和新技术的重要性表现在对充当社会变迁动因的人所产生的深刻影响。它们不仅对个人行动和社会行动的手段同时对个人行动和社会行动的目的也有深刻的影响。"这两部论著通过技术对人的影响来探讨科学的社会作用，作者认识到，人们往往是在日常生活中接触技术，并通过技术来了解科学的。

三　科学社会学的研究课题

科学社会学的诞生，是科学技术迅速发展的产物。为了促进科学技术更健康、更顺利地发展，很有必要开展科学社会学的研究。事实证明，只有处理好科学发展与社会发展之间的关系，才能为新科学、新技术的突破创造更好的条件；也只有处理好这两者之间的关系，才能促使新的科学技术更好地造福于人类。

在美国，科学社会学的研究课题虽不及其他一些社会学分科那样广泛，但与其他国家相比，仍然相当可观。这些研究课题可归纳为以下四个方面。

1. 科学的社会性。学者们研究自然界、生物界与社会三者之间的关系，尤其是人与自然、科学与社会之间的相互依存关系。学者们的研究证明，无论是处于低级发展阶段的游牧社会，还是处于生产力高度发展的工业社会，都离不开科学技术，只不过其发展程度有所不同罢了。一般说来，科学技术的发展与社会经济的发展往往是正比例的发展关系。B. 巴伯指出，实质性的科学观念沿着三个向度变化，这三个向度是概括性、系统性和详尽性。令人颇感兴趣的是，为什么自然科学在这三个向度上的发展要比生物学快，而生物学又比社会科学发展得快？在社会科学领域，经济学近来似乎比政治学和社会学发展得更快。究其原因，一部分是因为有关价格现象方面的资料要比有关人的政治观念与社会规范方面的资料更容易获得，因为政府和商业部门更急于得到价格方面的资料。这就在一定程度上证明：科学学科的发展与人为的因素有关。因此，人们必须充分认识科学的社会属性，科学家必须懂得有关社会的常识，科学发明不能"闭门造车"，而要与社会的发展相适应。

2. 影响科学发展的社会因素。通过对科学史的研究，人们发现科学发展很不平衡，这无论是从地域的观念还是从时间的观念来看，都是如此。有些学者将这种差异归结为社会结构与文化观念上存在的差别。但凡社会结构愈复杂，专业化程度愈高，就愈是有利于科学的发展。C. 吉立斯于一九六〇年证明，当科学观念逐渐与关于人在宇宙中的地位之伦理观念区别开来的时候，科学就愈容易得到发展。也就是说，哲学观念、意识形态、价值观念、美学观念、科学观念等愈是混为一体，科学就愈难得到发展；而当上述种种文化观念区别愈是明显时，科学愈是容易得到发展。这是因为，以上观念之间的区别愈明显，就愈说明了它们作为独立学科发展的必要性，人们愈重视这些不同学科的特殊性，也就愈致力于发展各种不同的观念。

有些学者认为，美国社会重视现实活动，轻视精神活动；重视开拓精神，轻视因循守旧；重视自由意志，轻视专制主义；重视进取精神，轻视消极适应的心理；重视平等观念，轻视等级观念；等等。这一切都大大有利于科学技术的发明和创造，从而推动了科学事业的蓬勃发展。

有些学者认为，尽管上述文化因素与价值观念都对科学的发展有相当的影响，但起决定作用的社会因素主要是经济因素，只有迫于经济上的需要，才会刺激科学的发展。无论是社会主义国家，还是资本主义国家，政府及其所属部门都是出于经济发展的需要而支持科学事业的发展。目光愈远大的政府，就愈舍得花血本来对科学事业进行大规模投资。经济发展程度愈高的国家，也就愈有实力进行科学投资。

另一些学者认为，经济因素往往与政治因素结合在一起，共同对科学的发展施加影响，因为国防和内政外交的需要与经济发展密切相关，经济与政治二者之间总是不可分离的。

有些学者进一步研究宗教制度、教育制度及社会分层制度对科学发展的影响，认为开放型的社会比封闭型的社会为科学提供了更大的发展余地，为此，不仅要提倡一国内部的人才流动，还要提倡国与国之间的人才流动。但是，由于政治、经济、宗教、文化上的种种原因，实行国与国之间的人才流动又很不现实，而作为一种补偿性的措施，应大力提倡国际间的学术交流。

3. 科学家的社会关系。很早就已有人研究科学家从事科研活动的动机，他们往往用"好奇心"来加以解释。现代的研究表明，仅用"好奇心"不足以说明问题。在一定条件下，社会因素远比个人的"好奇心"要重要得多。例如大战期间和大战以后，社会环境就吸引了更多的美国人从事科学研究活动。又如，在苏联的第一颗人造卫星发射成功而美国的首次实验失败之后，又有许多美国大、中学生立志要当科学家。

在研究科学家的职业期望时，学者们发现，与企业家的职业期望相比，科学家更看重职业上的声誉，而不像企业家那样只看重金钱。在研究科学家的性格特点时，学者们发现，尽管科学家中间盛行谦逊的美德，但他们也非常看重首创的荣誉，并以拥有优先发明权而自豪，甚至常为争夺专利而争吵。因此，适当而又公正的奖励制度是能刺激科学家的进取精神的。在研究科学家的形象时，学者们发现，科学家的形象是好的，广大公众尤其是青年人对科学家普遍抱有好感，但在这种好感之中，也掺杂着对科学研究的某些特点及成果怀有一定的恐惧与厌恶之感，这说明公众对科学家抱有矛盾的心理。

大量研究表明，与从事其他职业的人相比，科学家大多不善于处理各种社会关系，即使他们掌握最先进的科学方法，懂得系统论、控制论、博弈论等，但他们很少成为社会活动中的积极分子，他们既不如政客们那样善辩，也不如商人们那样善变。

4. 科学发展中的社会问题。普赖斯指出，科学的知识量和科学家的人数在成倍地增长。在过去的三四百年间，科学家的人数每十年至十五年增加一倍。情报来源愈来愈多，文摘也愈来愈多，但交流效率却仍然不高。科学家们寄过多的希望于各种杂志和学术会议，而往往忽略了非正式的交流渠道，因而漏掉一些重要的信息。目前，科学交流的问题确已构成一个相当大的社会问题，普遍地存在于美国社会。

政治、经济、宗教等因素，有时会促进或推迟科学发明的过程。有些科学家甚至会迫于种种压力而冒认或拒绝承认某项发明的优先权，从而引起各种争议，甚至影响到科学发明的利用。

科学家往往有一些特殊的要求，如需要长期的财政资助，需要被给予研究课题选择上的灵活性，需要更多的出版自由，需要政治上更少干预，需要国际学术界的自由交流，需要改进专业科学家的社会地位、生活待遇，等等。有时，科学家不得不成立一些专业团体来捍卫自身的利益，尽管科学家是最不爱闹事的社会群体之一，但在忍无可忍的情况下，也不得不走出书斋和实验室上街游行或发表抗议声明。这是美国社会充满矛盾与问题的真实写照，同时也反映了科学的发展不可能在游离于社会之外的真空中进行。

其他社会团体有时也受到科学发明有害成果的伤害，在一时盛怒之下，他们甚至会要求限制科学发展或取缔某一种科学研究。例如有些科学研究带来了环境污染这一副产品，尽管其责任不能直接归咎于科学家，但仍然会引起一些不必要的冲突。作为一种补救措施，美国的许多公益部门热衷于邀请有关科学家担任顾问，促使科学界也关心科学发明的消极方面从而采取必要的措施；与此同时，也能激发更多的发明。

在新的形势下，美国有些大学把毫不相干的一些学科放在一起研究，如化学和建筑学、艺术和数学、物理学和语言学等。这不仅有利于科技发明中的"趋利避害"，而且有助于不同学科间的"取长补短"。有些学者指出，科学往往是在几个学科的交叉点上出现进展，许多美国科学家对此都有深刻的体会。

浅谈国外发展研究[*]

陈一筠

  大约在二十世纪六十年代初期，"发展研究"作为一个跨学科的领域出现在美国和欧洲，它吸引着越来越多的学者去探讨那些与人类命运攸关的全球性与地区性的"发展"问题，去说明现代化进程的历史、现状和前景，去探索占世界人口大多数的发展中国家的现代化道路。这种探讨最初限于经济学和经济史学界，后来迅速扩展到哲学、社会学、政治学乃至地理学、生态学等科学领域。于是，"发展经济学""发展社会学""新发展哲学""未来学"等新的分支学科应运而生；各种"发展理论""发展模式""发展战略""发展预测"竞相问世，与此有关的大量名词术语令人眼花缭乱。学者们的热情激发了政治家们的兴趣，积极的科学探索受到各国政府与民众的重视与支持，因而一些著名的官方研究机构和民间学术团体纷纷建立，如美国的赫德森研究所和罗马俱乐部、英国的东安哥拉大学和苏塞克斯大学发展研究中心、法国的未来世界研究联合会、西德的慕尼黑发展研究中心、瑞典的哈马舍尔德基金会等。第三世界对发展研究的兴趣也与日俱增，拉丁美洲经委会率先行动，墨西哥的第三世界经济与社会研究中心、非洲的达喀尔非洲规划研究中心等紧步其后。苏联、东欧国家在这方面当然不甘落后，各国的社会科学研究机构中都设立了发展与预测研究部门。联合国所属的一些国际组织（如教科文组织、世界银行）、设在东京的联合国大学以及其他国际学术机构，都经常召开有关发展问题的研讨会、报告会。最近的几届世界社会学大会，也把社会发展与变革作为中心议题之一。至于这方面的著述之多，真可谓汗牛充栋。由于篇幅所限，本文仅对国外发展研究的部分情况做一概略的介绍，重点放在有关第

---

  * 原文发表于《社会学研究》1986 年第 1 期。

三世界发展问题的争论上，社会主义各国的研究暂不涉及。

一 欧美现代化史与"经典"现代化理论

"发展"是一个含混不清的概念，"发展理论"也从无确定的内容。"发展""进步""增长""变迁"常常被当成含义相近的术语使用。一般说来，经济学家笔下的"发展"指的是"经济增长"，社会学家则用"社会变迁"来说明"社会发展"，其他各门学科也有自己的"发展"范畴。

在西方近半年来的发展研究中，人们普遍采用"现代化"概念来具体表述近、现代社会发展的历史与现实，这一概念把经济、社会、政治、文化的进步和人本身的发展等含义融合在一起，把工业化、人口增长、科学技术进步、文明类型的演进乃至社会形态的更迭等囊括无遗。因此，现在所谓的发展理论，多半是现代化理论的同义语。

关于人类史上的现代化进程始于何时，学术界尚有争论。有人认为十五世纪至十六世纪的文艺复兴、宗教改革、地理大发现等已有现代化的最初征候。但多数人的意见是：现代化的起点是十七世纪英国的市民运动和工业革命；美国的独立战争和法国大革命乃是西方现代化进程的高潮；十九世纪德国以及后来斯堪的纳维亚国家和欧洲其他国家的奋起直追，基本上完成了现今欧美发达国家的现代化进程。在这一进程中，西方发达国家在经济、技术、社会、政治和文化领域中实现了一系列巨大变革。而当时包括俄国、日本在内的东方各国还有南半球诸国，却处于远远落后的状态，有些国家甚至还停留在奴隶社会和原始时代。帕森斯在《现代社会系统》一书中，又从整个世界史的角度，把西方的现代化进程分为这样三个阶段：第一阶段以英国工业革命和法国的民主革命为标志；第二阶段以西德的工业化为主导；第三阶段是美国在第二次世界大战后的发迹。他认为，在欧洲现代化的第一、第二阶段，美国尚处于后进地位，第二次世界大战后才达到英、法等国望尘莫及的现代化水平。

如果把现代化归结为工业化与民主化进程，那么可以说早就有了关于现代化的理论。启蒙主义的社会学说出现的本身，可被视为现代化理论的最初形态。洛克的古典市民社会论、斯密的古典经济学、孔多塞的人的精神进步史观、圣西门关于工业化社会的哲学概念，都与当时欧洲西北角，即英、法国的早期现代化有关。至于社会学对现代化的研究，则可追溯到孔德、斯宾塞有关工业社会的实证主义理论和社会有机体学说。后来，迪尔凯姆的《社会劳动分工》、滕尼斯的《从礼俗社会到法礼社会》、韦伯对合理化与科层制的分析、以帕森斯为代表的结构功能派理论，以及穆尔和列维等人的著作，都是西方社会学探讨现代化进程的理论"典范"。尽管上述学者所处的时代和阐明的观点有所不同，但根据他们的描绘，大致可得出这样的概念：现代化是一个漫长的过程，是从传统型社会向现代型社会转变的过程。两种社会有显然不同的特征。传统社会：①大多数社会关系和社会价值只具有个别性而不具有普遍性，即血缘关系、家庭关系起决定作用，保障人们获得某种职业和地位的资本是出身门第而不是才能和业绩（任人唯亲而不是任人唯贤）；②主观的情感因素胜于客观现实，角色分工很不明确，王室成员干预国家政治与经济；③人口出生率高，死亡率也高，人均寿命不长；④劳动分工不发达，社会流动性低；⑤对农业很依赖，商品经济不发达，行政管理无效；⑥教育落后，它不以培育富有创造精神和追求业绩的人才为取向。而现代社会在这几方面却有着相反的特征。根据穆尔、列维等人的论述，社会现代化进程的结果是：①社会的政治组织、经济组织和教育组织高度专门化；②各种组织相互依存和制约、功能互补，社会的整合程度高；③社会伦理具有普遍性，不以亲属、家族世系等社会关系为转移；④国家权力集中，但不专制；⑤社会关系的理性主义、普遍主义、功能局限和感情中立取代了传统主义、个别主义、功能无限制和情感至上；⑥有发达的交换手段和市场网络；⑦有高度发达的、金字塔形的科层组织，实行合理的指挥与控制；⑧人口出生率低，死亡率也低，人均寿命延长，人口增长缓慢，人口结构趋向老龄化；⑨家庭趋向核心化，家庭功能减少，女性地位提高；⑩社会规范的制约作用降低，社会黏合力减弱，人际关系趋向淡漠和疏远。

不难看出，以上的"传统"与"现代"之分，基本上是在西方资本主义关系发展的框架中构拟出来的，它部分地反映了欧美发达国家现代化的历史实际，其中有些是表面现象的罗列，甚至有不切合实际的推论。

在六十年代开始的发展研究中，传统的发展学派遵奉"经典"的现代化理论，试图将它普遍化，认为西方国家现代化的历史进程向所有非西方国家展示了同样美妙的前景，把欧美发达资本主义国家的多元化、民主化社会说成是一切"传统"社会现代化过程的终极目标。传统派的观点遭到了其他学派的反对，尤其在关于第三世界国家的现代化发展问题上，各种学派之间展开了激烈的争论。

二 围绕第三世界发展问题的争论

欧美发达国家的现代化已成历史，学术界对那段历史经验已有总结。但为什么到了六十年代，现代化问题重新成为东西方学术界共同关注的中心呢？这要从第二次世界大战后那个时期的国际政治经济形势中去寻找答案：昔日欧洲帝国主义统治下的殖民地纷纷独立，它们亟须探索自己的发展道路；而对殖民地仍旧恋恋不舍的"宗主国"，这时又不得不寻求在经济、政治上与独立后的国家建立新关系；过去并非殖民大国的美国，战后跃居独占鳌头的地位，它的发迹经验不仅对不发达国家有吸引力，甚至也使欧洲老牌先进国家的某些学者赞叹不已；苏联的经济复苏和日本的振兴增加了人们对社会主义道路和"东方模式"的兴趣；以跨国公司的兴起为标志的资本主义新的全球性扩张，使众多国家的实业界人士困惑和忧虑；资本主义世界反复出现的危机与衰退、西方列强之间新的角逐和社会主义陈营的分裂，使大批不发达国家转而去探索"第三条道路"，它们既不想重蹈西方资本主义的覆辙，又不想陷入某些社会主义国家的困境；联合国建立后致力于推行非殖民化政策，后来积极支持第三世界贫穷国家的发展。这一切因素，都激发着人们去探究"发展"、"现代化"以及"不发达"和"依附"的真正含义。

六十年代开始的发展研究，着力讨论后进社会现代化面临的许多课题。发展社会学也以发展中社会（developing societies）为主要研究对象。这方面的学派众多，有人大致把它们分为自由派和激进派；也有人做了更细致的划分，分为自由主义学派、历史主义学派、管理学派、"发展第一"学派或人文生态学派、新马克思主义学派。

自由主义学派基本上是受十九世纪进化论和二十世纪结构功能主义影响，奉"经典"现代化理论为楷模。这一派的理论以罗斯托的发展阶段论为代表，强调发展的共同性与整体性。他们的主要观点如下。

1. 世界各国的现代化道路趋同。几个世纪里，世界上的发展变迁呈阶段性、普遍性，一切国家都要经历同样的发展阶段，发展中国家正在紧步先进国家的后尘。第二次世界大战后的历史是以前殖民地国家的资本主义化为特征的，尽管第三世界国家的具体发展过程有所不同，但它统统都在排队等候资本主义的"特别快车"。

2. 现代化社会的各种特征不是孤立的，它们构成一幅社会的整体图像。先进工业社会的整体图像越来越相似，从经济基础到价值体系、政府组织、阶级结构、家庭和宗教状况等方面，都正在"消除差别"。

3. 发展的障碍来自社会内部。本国传统文化是现代化的障碍，它抗拒社会经济的任何改革，毁灭人们的进取心，破坏企业家活动的条件，阻碍支持这种活动的社会机制正常发挥功能。

历史主义学派却强调特殊性与历史性。他们认为第三世界的发展有各种独特的情况，反对把后进国家的发展过程（即现代化过程）说成是欧洲既往历史的重复。由于发展的起始条件、时机、国际环境等因素各不相同，后进国家不可能照搬西方当年的"模式"。例如，它们无须自己去创造发明而可以直接引进先进国家最尖端的技术，从而使现代化进程大大加速。十九世纪德国的工业化和战后日本的"腾飞"，都是超速发展的例证。这一学派认为，传统文明与现代化是可以相容的，不应当机械仿效别国而疏远本民族的文化，那样所引起的矛盾更为复杂尖锐，应当允许多种文化并存。这一派常常以日本、新加坡、南朝鲜和某些伊斯兰国家为例，说明在较为保守的社会与文化背景下仍可取得令人瞩目的现代化成就。拉美学者提出的"人类发展新道路"（巴里洛克模式）更加明确地指出：不发达国家不能重走西方发达国家的老路，这不仅因为当代的条件不同了，还因为前者的道路并不可取。机械地仿效西方发达国家，就意味着重蹈不合理消费、资源与产品浪费和生态环境恶变的覆辙。

管理学派实际上是经济技术决定论学派，他们认为经济增长与技术进步是解决社会发展问题的唯一出路：经济发展了，社会自然就富裕，就有了平均分配财富的前提，也有助于社会的稳定和政府的民主化；而经济落后，民众贫困，这往往是政府专制、社会不平等和政权频繁更迭的根源，国家越穷，贫富差别越大。这一派对"全球问题"和"全球模式"的探索也是引人注目的，他们认为，新技术的发展将促使社会"非意识形态化"，技术决定着社会的命运，科学技术缔造着人类的进步与和平。这些观点曾使众多人叹服。

然而，反对上述观点的也大有人在，他们逐渐形成了一个引人注目的学派，即"发展第一"学派，有人也称之为人文生态学派或"反增长"学派。亨廷顿就曾指出，经济增长并不能自然而然地带来政治上的稳定与进步。统计数据表明，人均收入最低的国家在政治上要比稍富裕的国家稳定，因为在经济条件改善的情况下，越来越多的人在政治上也积极起来，要求实现政治参与；社会流动日趋频繁，致使人们在经济与政治上产生先前不曾有过的期望。如果政府和各种政治机构无力满足民众越来越多的要求，民众的不满就会导致动乱，政府反过来又不得不强化专制统治。这就是为什么有的发展中国家经济发展大有起色，但政治进步的前景并不令人乐观。此外，经济增长与收入分配平等也不是一回事。增加的财富并不一定转移到普通消费者手中。在亚非拉的某些国家，从经济技术发展中获益的主要是高收入者集团，而贫苦大众的处境却每况愈下，社会不平等反而加剧了。有人甚至得出这样的结论：在政治上落后和社会上不平等的国家，工业化速度越快、农业生产率越高、经济指标上升越显著，收入分配就越有利于高收入集团而不利于社会下层的劳苦大众。

于是，从二十世纪七十年代起，研究发展问题的许多学者都把注意力转向了人和社会的发展，探究社会发展的价值前提。日本社会学家驹井洋指出，世界上许多国家的现实情况表明，经济的增长并不能自然而然地施惠于社会所有的成员，不能使他们在生活方式、生活机遇和生活动力方面有所改善。因此，评价发展应有适当的价值前提。在他看来，平等、根除贫困、确保真正的人类自由、维护生态平衡和实现民众参与决策，便是社会发展的五个关键价值。他认为，那种靠牺牲民众教育、劳动保护、社会服务、医疗卫生、生态环境等社会进步因素而求得经济指标上升的"增长第一"战略，其后果是令人失望的。他把经济增长与社会条件无所改善的情况称为"有增长而无发展"，并且呼吁：从"增长第一"转向"发展第一"是世界各国发展战略的当务之急。其他国家的进步学者也提出了类似的见解。如法国学者佩鲁在《新发展哲学》一书中指出，经济增长并不等于发展，在增长—发展—进步三者的关系中，文化价值起决定性作用，它决定加速或减缓增长的必要性，并检验增长目标的合理性。佩鲁认为，没有发展的经济增长是危险的，在资本主义工业化中，这种有害后果表现为地域空间与社会空间的发展不平衡。在发展中国家，"资本主义企业一旦插足，它们就充分利用自己的优势，把富人和权贵拉进自己的势力圈，为他们提供赚钱的机会和西方生活方式，使他们脱离本国人民"。这是不平等加剧的突出表现。因此，他认为，必须从经济、技术、社会、政治和社会学的角度全面评价发展的内容和实质。

所谓新马克思主义学派，其观点多半较为激进。他们与所谓"依附"论者合流，在关于第三世界发展问题的辩论中独树一帜，对青年社会学家影响颇大。这一派的基本观点是：工业化国家的发达与第三世界的不发达是同一历史过程中的两个互为因果的方面，殖民帝国主义时期形成的世界经济格局是工业化国家与非工业化国家之间劳动分工不公正的结果，前者的发达必然以后者的贫困为代价。穷国在国际市场上长期扮演农产品和矿物资源输出国的角色，富国则向其输出资本、工业品和初级技术。富国的输出有时打着"援助"的幌子，但这种"输血"机制大大抑制甚至破坏了穷国的"造血"机能，使它们长期处于软弱无力的状态。第二次世界大战后，虽然殖民地国家纷纷获得了政治独立，但这种独立对其发展的意义并不大：它们在经济上无法摆脱依附状态，仍旧不得不循着先前殖民统治者给它们铺设的轨道蹒跚而行。不过依附形式有了变化：渗透在全世界的资本主义跨国公司，其补给线伸延到世界最"边陲"的地区。把世界分为"中心"、"半边陲"和"边陲"地带，是发展研究中部分学者的观点（最初由社会学家沃勒斯坦提出）。有人把跨国公司的扩张称为"后帝国主义"或"新殖民主义"，认为它正在使世界走向"一体化"。后帝国主义不再通过武力征服穷国，而是通过经济、政治和意识形态的多种手段加强渗透。各个跨国公司之间为争夺经济空间与社会空间而进行着食人生番式的斗争，它们重新绘制了世界地图，穷国实际上又被纳入了富国的"势力范围"。穷国的依附发展付出的社会、政治与经济代价日益高昂：①穷国不得不依赖发达国家的资本、技术和市场，每年有大笔收入外流，外汇储备少，外债日积月累，偿还困难。②国内阶级结构两极分化，出现了一个"新买办阶级"，他们情愿为跨国资本的全球性扩张服务，而把本民族的利益置于次要地位；他们从生活方式到思想感情都渐渐脱离本国文化和本国人民。③由于生产的"外向型"发展，着眼于向国际市场出口产品，因而国内市场与消费受到抑制，传统的民族工业受到排斥；资本密集型与技术密集型的合资企业或外资企业的增加，使本国非熟练劳动力的就业机会受到限制。④不发达国家的某些城市呈畸形"发达"状态，它们之中相当一部分是为新殖民者投资和进口的需要而"开放"与发展起来的。它们多半是些交通方便的港口，并不是促进国内商品经济发展的市场，这些"殖民地"式的城市在经济发展上与周围地区很不协调；并且跨国公司的老板们在那里建造自己的"第二家园"，竭力排斥当地文化，以满足自己所习惯的生活方式，因而这些城市在文化上与其他地区相对疏远。⑤外国资本的渗透、商品的输入以及西方文化与生活方式的传播，必然产生"消费主义""拜金主义"的示范效应，使人们的需要、期望与现实之间产生矛盾，这种矛盾有时危及国内政治的稳定。⑥教育发展"畸形"，即本来就很少的教育投资多半用于培养高级专门人才的高等教育，而中等教育和初等教育被忽视，全体国民的文化水平难以提高；由于民族工业和地方经济的不发达，吸收高级人才的职位十分有限，因而持有"硕士""博士"文凭的人的就业竞争激烈，致使人才大量外流。⑦穷国的决策人物往往由于与国际资本合作取得了酬劳，无意扭转本国的依附局面，有时为维持这种局面不惜对本国反对派诉诸武力。

当然，有些学者在一定程度上肯定殖民主义的作用，认为其是不发达国家发展的外在动力；只要这些国家善于采取适当的战略，取外国资本之利而弃其弊害，就能取得较快的发展。很多人以拉丁美洲的发展为例来说明这一点。拉丁美洲国家与殖民主义者打交道的时间最长，那里早就形成了带有激进思想的民族知识分子阶层。主要的拉丁美洲国家在十九世纪就获得了独立。但人们认识到，获得国家主权并不是民族独立运动的最终目标，仅仅是"国家发展"的条件之一，还必须根据本国的历史和文化条件致力于经济上的自主发展，改变本国在世界经济体系中的从属地位。所以，拉美经委会早在二十世纪四十年代就开始考察国际劳动分工对不发达国家的影响，后来提出了所谓"内向型"发展战略，即发展进口–替代型的制造业（如进口半成品和引进技术，由本国组装出口）。其目的在于抵消"外向型"经济的消极后果，建立本国的工业基础，使资本货物、中间产品和大众消费品的生产保持适当比例，满足国内市场的需要。这一战略鼓励发展私人企业，减少国家投资。结果，拉美二三十年来工业增长率确实很高。然而，许多清醒的研究者都指出：拉美经济的发展并未减少跨国公司的渗透；鼓励私人资本和各种产业部门的非国有化趋势，恰恰给跨国公司以可乘之机。在拉美国家越来越多地出现的子公司，逐渐左右了拉美国家工业化与现代化的进程，形成了拉美国家对国际资本的新的依赖关系：技术上的依赖助长了跨国公司的垄断势力；财经上的依赖表现为持续的通货膨胀；为向"内向型"转变而发展的进口－替代工业使外债猛增。先进的资本主义国家用有利于自己的技术去加固新的依赖关系，并通过国际货币基金会、世界银行这类组织进行"援助"，把受援国牢牢地束缚在自己的"战略体系"之中。另外，拉美各国的工业化、现代化是在"新殖民主义者"和"本国傀儡政府"的控制下进行的，由于发展了资本技术密集型的生产部门，工业劳动力的增长速度大大低于按资本投入与产出计算的工业增长速度，所以就业机会并未增加。更为不幸的是：由于跨国公司从上到下高度统一和组织严密，又善于"神机妙算"，常常得以逃避各种法律，把设在第三世界各国的子公司所获利润隐瞒起来，偷偷弄回本国，致使依附国受损。所有这一切，都使拉丁美洲的许多经济学家和社会学家感到忧虑困惑和失望。对"拉美模式"幻想的破灭，又导致了关于"独立"与"依赖"的旷日持久的争论。有人索性认为，在当今世界，不同类型的国家之间正在形成一种越来越密切的相互依存关系，根本不可能有什么"独立"发展的道路。如果"独立"意味着闭关锁国，其结果就只能是"不发达"。关键在于解决内部的不适应与不协调的问题，并采取有力的社会经济措施抗衡国际资本进入所带来的消极影响，加强本国的竞争能力，以取得平等的"伙伴"关系。

总之，目前的新马克思主义理论和"依附"理论，仍然坚持资本主义的扩张是"不发达"的根源；但不否认"依附"国靠富国"剩余"力量的推动而获得了一定程度的发展。然而他们认为，由于是一种依赖性的发展，必然要受到国际资本自身利益的制约；靠跨国公司的渗透或者在国际资本翼下的工业化、现代化，是一种"畸形"发展，它不可能带来真正的独立自主和国家强盛；国家难以控制资本积累过程，扩大生产就业受到限制，人民实际收入水平的提高和社会福利的增长没有保障，社会的平等就更谈不上了。

三 关于日本发展模式的探讨

在关于发展的普遍性与特殊性的讨论中，许多学者把兴趣转向了日本，对这个东方国家从明治维新开始的现代化进程和二十世纪六七十年代的经济"腾飞"刮目相看。亚洲发展中国家有意奉日本为楷模，日本自己的许多学者，也在不断对本国经验进行总结和传播。

"经典"的发展理论几乎完全是对西方现代化进程的概括。虽然韦伯吸收了东方学者的研究成果，对东西方社会、文化做了比较，并试图将其资本主义合理化的命题用于具有不同起始条件的东方社会，但他的尝试未获成功，因而最终得出结论：现代化的诸条件"只存在于西方"。他认为，在西方以外的社会中，没有一个国家自发产生了现代科学技术、造就了专门人才、培植了资本主义和完善了科层组织，日本也是通过文化传播而成功地接受了现代化思想的。在韦伯那个时代，日本尚处于工业化初期。

英国学者多尔致力于研究"迟发展"理论，他把日本也称为"迟发展"国家，并将英国、日本和第三世界某些迟发展国家做了比较，指出"早发展"与"迟发展"国家有不同的发展条件：①经济发展机会很不相同，迟发展国家不能掠夺和剥削殖民地，不得不在早发展国家的支配下发展经济，并且相当一个时期靠出口初级产品发展。②迟发展国家无须重复实验过程去发明新技术，但依赖进口技术也有不利之处：人力的节省不利于就业，消耗资金造成巨额外债。③迟发展国家"被现代化"，因而政治上也有一定依附性。④迟发展国家迅速接受先进的科学、医疗和通信技术，使人口激增，信息泛滥，民众期望提高，政府无所适从，这种情况反而会阻碍发展。⑤早发展国家中产阶级的某些主张、愿望、追求，如保护环境、保障人权、增加福利等，对迟发展国家影响很大。⑥迟发展国家把某些社会技术也"移植"过来，特别是在教育方面，把文凭作为分配工作的依据，产生"文凭热"，学校注重考试而忽视教育的真正意义；正规教育，特别是高等教育的发展速度超过就业机会的增加速度，致使许多有文凭者找不到适合的工作。⑦迟发展国家多半采用传统的"组织型"雇佣制，早发展国家采用的是"市场型"雇佣制。多尔的"迟发展效应"理论，在一定程度上说明了日本发展的表面特征。

日本经济社会学家富永健一对迟发展国家现代化的初始条件和发展途径做了更深入的分析，进而较为准确地揭示了日本现代化发展的某些"奥秘"。

富永健一首先指出，社会学倾向于从社会结构和文化的角度来考察现代化进程。他认为，德国和其他欧洲国家之所以很容易接受英国工业文明成果，是因为它们在世界资本主义体系中处于平等的结构层次上，不存在依附关系，有自主发展的条件；并且，它们属"同质文化"的范畴，基本上不存在本土文化与外来文化的对立。而对非西方的迟发展国家来说，西方的工业文明却是"异质文化"；并且，大多数非西方迟发展国家在现代化的起始点上面临与西方当初起步时不同的问题。西方国家现代化开始时已是经过一定程度发展的"低发达"国家，而非西方的大多数国家的现代化却是从"不发达"状态起步的，这种"不发达"状态，与它们在世界体系结构中的从属地位不无关系。这段从属与依附的历史，是西方发达国家不曾有过的。这就是说，非西方迟发展国家现代化首先面临的问题是它们在世界体系结构中的不平等地位，以及它们的传统文化与外来"异质"文化的冲突。

日本的情形如何呢？诚然，日本长期处于资本主义体系的"外部世界"，不依附于任何一个先进国家，有自主发展的条件。但是富永健一认为，日本现代化进程的根本动力在其社会内部。

对日本来说，现代化工业也意味着从外部输入与日本传统社会和文化相异的东西。这种输入并不像"水往低处流"那样自然，这是一种有意识的行动，并且要获得多数国民的理解和支持。根据富永健一的观点，日本的现代化进程有如下重要环节。

1. 把握时机，大造革新舆论

日本是一个有悠久历史和传统文化的国家，它内部始终没有也不可能自发产生现代化的原动力——科技革命、市民革命、产业革命等。从外部输入这些"新事物"的过程，无疑是对日本传统社会带有破坏性的过程。这需要把握时机，还需要有革新的勇气。日本的革新派从德川幕府时代就初露头角。那时，日本国内的财政困难与国防危机交织在一起，于是出现了一批贤人哲士，如会泽正志斋、佐久间象山、横井小楠等，他们揭露了日本社会的虚弱情况，为革新大造舆论。幕府末期的政治口号"尊王攘夷"，大大提高了日本人的国民觉悟，为改革提供了"国民统一"的价值前提。"尊王攘夷"体现了以国粹主义为基础的重视国防的意向，由此导致了倒幕思潮和反封建运动，为明治维新准备了条件。

2. 通过一批社会精英输入西方的工业文明，并使它在日本落户

到了明治时期，涌现出了以大久保利通为代表的一大批致力于改革的仁人志士，形成了一个同以西乡盛隆为代表的传统派对立的"现代派"。他们到欧美先进国家考察近两年，在国内外情况的对比中认真思索了日本的前途问题。他们为了确保发展本国经济的条件，大胆粉碎了传统派的征韩企图，排除了一系列内部冲突与混乱，组织了新内阁，实行发展生产、振兴实业的政策。明治政府在危机中贯彻了谨慎防止内部分裂、坚决扶植工业化的方针。这与中国辛亥革命后的局面形成了鲜明的对照：辛亥革命推翻了清政府，但随之出现了军阀割据，国家陷入四分五裂，无法推行工业化、现代化路线。

3. 工业文明的本土化、内在化

在这方面，日本的教育起了很大作用。西方工业文明输入日本后，教育体系也迅速做了适应性调整，很快就培养出一批能掌握现代科学技术和熟悉企业管理的知识分子，涌现了一批有一定资本、精明强干、雄心勃勃的实业家。他们把西方的工业化经验用于日本，并调查研究日本自身在原料供应和市场销售方面的特殊性，创造性地发展了各种类型的企业，迅速打开了经济振兴的局面。经济发展了，国民收入增加，购买力提高，市场繁荣，工业化方针便获得了社会各阶层的支持。如果只有政府对工业化的倡导和援助，而不能从国民中涌现出大批的实业家去承担工业化的任务，就只能实行官办企业，可是官办企业往往亏损严重。而日本能够在短期内成功地推进工业化战略，很重要的一个因素便是充分发挥了国民的潜力。当时涌现出来的一批实业家中，有昔日的武士，也有农民和普通市民，各阶层民众都被工业化的浪潮激发起来，争相做出自己的贡献。

4. 现代派与传统派矛盾的消除

异质文化的输入，必然会遇到国粹主义的抵制。日本现代派与传统派的对立，从幕府末期延续到昭和前期（一九四五年以前）。有的现代派领袖甚至遭到暗杀，如佐久间象山、横井小楠、大久保利通都在暴徒手中丧

命，其间，发生过多起动乱和战争。现代派大多在城市、大企业和知识分子圈内；而农村、自营小工商业和非知识分子阶层，则是传统派，亦即国粹派的势力范围。这种对立和斗争到第二次世界大战前夕变得更加激烈和复杂化。来自贫困农村的日本陆军兵士，成了法西斯主义的先锋，在两派矛盾的推动下，终于发生了全面战争。从幕府末期就开始的现代派与传统派对立这种二重结构，历时近百年，直到日本战败后才得以彻底铲除，这似乎是历史的偶然为日本在现代化道路上的"腾飞"排除了最大的一道障碍。

当然，关于日本模式的真正含义和优劣，国际学术界的看法并不一致，某些日本社会学家的批评尤为激烈。福武直甚至告诫发展中国家，切莫效法日本这个"以牺牲社会发展为代价而追求经济腾飞"的过时"样板"。

值得重视的是，在探讨不发达国家现代化的条件和"模式"时，国外学者几乎都提到这样几点：①现代化本是产生于西方的文明过程，要通过文化传播而将某些西方事物"移植"到东方各国，那么，接受和适应有悖于本国传统的"异质文化"便是这些国家现代化面临的首要问题。②现代化并不是一个经济增长的单一过程，它涉及政治、社会、文化教育、思想意识、生活方式等方面的全面改革，人本身的现代化是这一过程中不可或缺的内容；所有这些方面相互制约、相互促进、缺一不可；经济增长是现代化的物质基础，也可以说是现代化的物质手段，人和社会的发展应是现代化的战略目标，况且，经济增长本身又是受各种非经济因素制约的，若不认识到这一点，连经济增长也难以实现，或者只能实现"虚假的增长"。③西方国家在自己文化传统的基础上创造现代化，也曾遇到守旧派的各种抵制；而非西方国家在制定和实施现代化决策时，遇到的内部反抗必然更为强烈，伊朗的"霍梅尼革命"，也许可作为最近的例子；现代派与传统派的斗争，大都表现为权力斗争，只要这种斗争不平息，现代化战略就无法顺利进行。

本文主要参考材料

1. A. 韦布斯特：《发展社会学导论》，英国麦克米兰出版公司，1984 年版。

2. 《第三届亚洲社会学家会议论文选》，东京，1982 年英文版。

3. E. 赫玛西：《第三世界社会研究概述》，载美国《社会学年评》，1978 年卷。

4. 富永健一：《近代化理论之今日课题》，北京大学社会学系严立贤译。

5. H. 阿拉维、T. 香宁：《发展中社会的社会学概论》，英国麦克米兰出版公司，1982 年版。

我国城市家庭结构类型变迁[*]

马有才　　沈崇麟

所谓家庭结构类型，是指由姻缘关系和血缘关系确定的家庭的具体形态。它是家庭结构的整体模式。五城市婚姻家庭调查将我国城市家庭结构分为以下五种具体类型。①单身家庭：指现在一个人生活和结婚时娘家、婆家只有自己或丈夫一人者的家庭；②核心家庭：指由一对夫妻或其中的一方（另一方去世或离婚）及其未婚子女组成的家庭；③主干家庭：指一个家庭里有两代以上的人，而且每代只有一对夫妻（包括一方去世或离婚者）组成的家庭；④联合家庭：指一家中至少有两代人，在同代中有两对夫妻（包括一方去世或离婚者）以上的家庭；⑤其他家庭：指以上四种类型以外的各种类型的家庭。

本文以五城市调查笔者参加的北京市宣武区椿树街道东河沿居委会（简称东河沿）调查点的材料为主，同时引用五城市调查其他七个调查点（北京市朝阳区团结湖居委会，简称团结湖；天津市河西区尖山街道红星里第二居委会，简称尖山街；上海市徐汇区新乐街道张家弄居委会，简称张家弄；上海市杨浦区宁国街道双阳里居委会，简称双阳里；上海市虹口区长春街道，简称长春街；南京市秦淮区夫子庙街道四福巷居委会，简称四福巷；成都市东城区如是庵居委会，简称如是庵）所获得的数据，通过亲子两代之间五种家庭结构类型分布情况的对比，来阐述我国城市家庭结构类型的变迁，分析引起变迁的原因，并初步预测其今后变迁的趋势。因为五城市调查以已婚妇女为调查对象，被调查者结婚最早的是 1900 年，最晚的是调查开始的 1982 年，前后相距 80 余年，可以反映大半个世纪以来，我国城市家庭结构类型变化的概貌。

---

[*] 原文发表于《社会学研究》1986 年第 2 期。

一 五种家庭结构类型的变迁

北京东河沿地区亲子两代五种家庭结构类型的分布与变化，见表一。

表一 东河沿已婚妇女娘家、婆家和现在家庭结构分布比较

	娘家		婆家		现在	
	户	%	户	%	户	%
单身	56	8.95	119	19.16	72	0.82
核心	326	52.16	300	48.31	372	64.70
主干	177	28.32	132	21.26	150	27.65
联合	32	5.12	36	5.80	11	1.91
其他	34	5.44	34	5.48	11	1.91
合计	625	100	621	100	575	100

从表一可知，东河沿地区亲子两代五种家庭类型变化的情况是：单身家庭，子代比亲代大大降低了；核心家庭，子代比亲代较明显地增加了；主干家庭，子代比亲代略有增加；联合家庭，以前所占比例就不太大，现在子代比亲代更降低了；其他家庭，子代比亲代也明显降低了。

五城市其他七个调查点的情况见表二。

表二告诉我们：单身家庭七个点与东河沿呈现完全一致的趋势，子代都比亲代大为降低，而且有的点降低的比例相当可观，如张家弄、长春街、双阳里、如是庵。其中如是庵、张家弄和长春街的婆家单身家庭所占的比例竟是五种类型中除了核心家庭以外比例最高的，这种情况不能不说是很反常的。核心家庭除了长春街子代比亲代略有减少外，其余六个点同东河沿一样，子代都比亲代增加了。团结湖、尖山街、双阳里、四福巷和如是庵，都达到了70%以上。在这里需要指出的是，在调查材料所及的半个多世纪里，我国城市家庭中核心家庭所占的比例一直是最高的。在八个调查点中，亲代的核心家庭大都在50%到60%，个别的像四福巷、双阳里还超过了60%。主干家庭除了团结湖和尖山街子代比亲代略有降低外，其余五个点与东河沿相同，子代都比亲代增加了，总的来说呈增长趋势。联合家庭像东河沿一样，子代都比亲代降低了，降得比较突出的如尖山街、

表二 五城市调查已婚妇女娘家、婆家和现在的家庭结构类型分布比较

		团结湖		尖山街		张家寺		长春街		双阳里		四福巷		如是庵	
		户	%	户	%	户	%	户	%	户	%	户	%	户	%
娘家	单身	17	3.04	30	6.51	57	7.71	67	8.47	45	5.81	19	3.02	50	12.47
	核心	326	58.32	286	62.01	449	60.76	433	54.74	458	59.10	438	69.63	232	57.86
	主干	152	27.19	82	17.19	140	18.94	186	23.51	178	22.97	133	21.14	76	18.95
	联合	44	7.16	32	6.94	33	4.47	40	6.32	40	5.16	30	4.77	22	5.49
	其他	24	4.29	31	6.72	60	8.12	54	6.95	54	6.96	9	1.43	21	5.23
	合计	523	100	461	100	739	100	780	100	775	100	629	100	401	100
婆家	单身	44	7.90	75	16.27	156	21.14	146	18.48	111	14.32	54	8.60	92	22.94
	核心	320	57.45	258	55.97	384	52.03	417	52.78	474	61.16	327	59.24	215	53.62
	主干	130	23.34	84	18.22	104	14.09	126	15.95	116	14.94	140	22.29	61	15.21
	联合	42	7.54	21	4.56	35	4.74	35	4.43	29	3.74	40	6.37	17	4.24
	其他	21	3.77	23	4.99	59	7.99	66	8.35	45	5.81	22	3.50	16	3.99
	合计	557	100	461	100	738	100	790	100	775	100	583	100	401	100
现在	单身	1	0.20	8	1.90	25	3.87	14	2.19	8	1.11	15	2.83	14	4.01
	核心	357	70.69	328	77.91	395	61.15	332	51.88	505	70.24	372	70.19	251	71.92
	主干	113	22.38	66	15.68	157	24.30	210	32.81	169	23.50	125	23.58	66	18.91
	联合	22	4.36	4	0.95	5	0.77	23	3.59	19	2.64	11	2.08	6	1.72
	其他	12	2.38	15	3.56	64	9.91	61	9.53	18	2.50	7	1.32	12	3.44
	合计	505	100	421	100	798	100	640	100	719	100	530	100	349	100

张家弄、四福巷、如是庵，呈趋于消灭之势。联合家庭在我国城市家庭中所占的比例，以前就一直不高，除团结湖略超过 7% 外，其余都在 4% ~ 7%。其他家庭，只有张家弄、长春街两个调查点子代比亲代增加了，其余五个点同东河沿一样，子代都比亲代降低了；此类家庭原来所占比例多在 2% ~ 8%，降低的幅度也不太大，除两个增加的点外，其余六个点目前尚存 1% ~ 4%。

由上可知，单身家庭和联合家庭两种类型，八个调查点子代都比亲代降低了，显示出完全一致的趋势。其中特别是单身家庭，降低的比例很大。其他家庭，有两个调查点子代比亲代略有增加，其余六个点子代都比亲代有所降低。而核心家庭，只有一个调查点子代比亲代略有减少，其余七个调查点子代都比亲代显著增加。总的说来，核心家庭在我国城市里普遍有较大增长；主干家庭在八个调查点中有两个点子代比亲代略有减少；另外六个点都有不同程度的增加，总之是普遍增加。

二 各种家庭结构类型变迁的原因及趋势

马克思主义的历史唯物主义观点认为，家庭是一个能动的要素，随着社会的变化而变化。"变化"就是变迁，社会的变化就是社会变迁，家庭的变化就是家庭的变迁。社会变迁越剧烈、越大，家庭变迁也就会越深刻、越复杂。家庭正是在这种不断变迁的过程中，才得以不断地从较低级的形式向较高级的形式发展，也才得以从不完善日益走向更加完善。

家庭和社会是紧密地联系在一起的。恩格斯说："个体婚制是文明社会的细胞形态，根据这种形态，我们可以研究文明社会内部充分发展着的对立和矛盾的本来性质。"[①] 也就是说，家庭和社会是整体与细胞的关系，是宏观和微观的关系。社会是宏观的家庭，家庭是微观的社会，是社会的缩影。社会上发生的对立、矛盾以及变化，都会在家庭里有所反映。同时，作为上层建筑组成部分的家庭制度，它对社会生产力的发展也并不是消极的、被动的，而是有一定的反作用。当它适应社会生产力发展时，就会对社会生产力的发展起促进作用，反之则会起阻碍作用。因此，要搞清

---

① 恩格斯：《家庭、私有制和国家的起源》，《马克思恩格斯选集》第四卷，第 61 页。

家庭为什么变迁及其变迁的方向，必须到社会的变迁中去找答案；同样，要更好地认识社会的变迁，必须深入地研究家庭的变迁。

了解了家庭变迁与社会变迁之间的辩证关系、认识到影响家庭变迁总的社会因素，对于我们正确分析和探讨各种家庭结构类型变迁的原因、预测其今后变迁的趋势，具有十分重要的指导意义。下面我们就对五种家庭结构类型的变迁做一点具体的剖析。

（一）单身家庭

单身家庭子代比例均比亲代降低。单身家庭之所以显得变化特别大，一是由于亲代所占的比例过高，二是由于子代所占的比例太低，高低悬殊，故显得变化很突出。

亲代单身家庭特别是婆家比例为什么那么高？主要是由于横向流动导致城市人口机械增长的结果。这个问题在解放前后都存在。在旧社会，破产农民不断流入城市谋生，这些从农村流入城市的人，以未婚的单身男子为多，和父母等全家一起流入城市并站住脚的不多。解放后，特别是在二十世纪五十年代初城市经济恢复时期，城市吸收了大量农村男女青年进城参加工作；同时，新中国成立以来毕业留城工作的学生，由于户口政策，开始也大都是只身一人生活，从性别上来讲，男子为多。因为五城市调查家庭的操作概念是以户为指标，并以已婚妇女为调查对象，所以上述各时期进城的单身生活的男子和女子，不管其原籍家庭情况如何，只要后来在城里结了婚，其结婚时婆家和娘家的家庭结构类型便都成了单身家庭，这是亲代单身家庭比例高的关键所在，实际上真正是单身家庭的并不多。以北京东河沿为例，其婆家单身家庭119户，占到19.16%，其中除7户原籍不明外，余下的112户，出身农村、外地城市与本市的所占比例分别为58.93%（66户）、19.64%（22户）和21.43%（24户），可见多数不是真正的单身家庭。五城市其他七个调查点在这方面的情况，恐怕与东河沿也都大同小异。至于亲代中娘家的单身家庭为什么比婆家要少，除了上面讲的在城市里单身生活的女子数量较少外，还因为家在城市中的女青年选择对象时，往往愿意选择婆家人口少的，而城市中存在的大量单身生活的男子，正好为这种选择意愿提供了方便。

在子代，单身家庭比例低有以下两个原因。一是全国解放后，人民生活日益得到改善，解放前结不起婚的单身汉和一些解放前由于经济乃至社会原因再婚困难的单身男女，解放后陆续结婚成家。二是调查方法本身所造成的。因为被调查的对象是已婚妇女，故而有些单身家庭未被调查到，如男女独身者，因丧偶、离婚以及夫妻两地分居只有一人单独生活的男子，尤其是有些隐蔽在城市集体户口里未婚的男女单身青年等。以上情况对造成子代单身家庭比例低以及亲子两代比例悬殊现象影响很大。调查所能了解的单身家庭，比实际的单身家庭数减少了。

从以上分析发现，子代单身家庭比亲代大幅度下降，其中包括两个方面的因素，一个是客观的真实的下降，另一个是表面的虚假的下降。可以说子代单身家庭的确比亲代有相当下降，然而下降的比例远不像调查的那样大。诚然，六十年代以后城市人口流动和机械增长数量减少，当前隐蔽在集体户口中的未婚的单身男女，数量上不像新中国成立初期那么多了；今后随着严格控制大城市人口机械增长政策的执行，亲代单身家庭比例高的情况会很快降下来，亲子两代比例悬殊的局面将得到改变。不过中小城市特别是小城镇，人口机械增长可能还会发展，与大城市相比情况会有所不同。总的来讲，我国城市中单身家庭数量，不可能总是下降，当然也不会像西方那样大量增加，但总要保持一定数量。将来随住房问题的缓解以及社会服务事业的发展，一个人生活也很方便的时候，单身家庭数量还可能增加。

（二）联合家庭

在五城市调查中，联合家庭和单身家庭一样，八个调查点子比例都比亲代降低了，有两个点降到1%以下，两个点降到2%以下，两个点降到3%以下。虽然原来亲代所占比例就不高，多在4%～7%，但相较之下，降低的比例也不算小。

联合家庭也叫扩大家庭，是我国封建社会崇尚的理想家庭结构，但它第一需要有较雄厚的经济条件，第二需要有具有权威又善于管理的家长，故而只有少数士大夫、地主等家庭才能办到，一般人家是无能为力的。另外，联合大家庭枝叶太多，关系复杂，矛盾重重，很难维持，常常在父辈过世后，兄弟们就分成若干核心小家庭。所以联合家庭在我国历史上，数量一直不多。

全国解放以后，废除了私有制，建立了生产资料社会主义公有制，使联合家庭失去了存在的条件。目前城市家庭已基本上不是生产单位，再维护联合大家庭，除增加许多矛盾与烦恼外，已没有什么实际意义了。兄弟和妯娌是平辈人，生活在一起更要求权利义务平等，比上下代之间的关系难处理得多，不仅容易发生矛盾，而且发生矛盾后又不好调解。此外，联合家庭需要较多的住房，这在城市里也是个大问题。总之，它已失去生命力，所以在数量上逐渐减少，分化成少数主干家庭和多数核心家庭。

城市中联合家庭的减少，看来已是一种无法逆转的趋势。现在虽然还存在着一些联合家庭，但也多属于比较特殊的情况，或因父母工资高，乃至有点财产，或因找不到住房只好挤在一起，等等。从联合家庭的发展趋势看，农村在实行生产责任制后有些地区又有所发展，可能会延续的时间长些；城市中要不了很久，将趋于消灭。

（三）其他家庭

其他类型的家庭，大都属于不稳定的过渡形式的家庭结构类型。这种家庭，其成员的结合是比较特殊的，譬如兄弟、姐妹、姐弟、兄妹、舅甥、姨甥、叔侄、姑侄等；还有根本没有血缘乃至姻缘关系的人，只是为了互相帮助而组成的。这种结合的本身，就决定了它不可能牢固，因为没有一种强固的纽带联系在一起，随着其中成员的死亡、离去甚至结婚，都可能解体，变成单身家庭、核心家庭或核心家庭带其他亲属之类。

在五城市调查中，有两个调查点子代其他家庭比例比亲代有增加，六个点子代较亲代降低，总的来讲是下降的趋势，但降低的比例不很大。今后这类家庭尽管还会有所减少，但我们认为无论在什么时点上调查，总存在一定的数量，特别是互助型的家庭，估计还会有发展。

（四）核心家庭

通过对五城市八个调查点所得五种家庭结构数据的对比分析，我们看到核心家庭和主干家庭是当前我国城市家庭中的两种主要类型，而在这两种主要类型中，核心家庭所占比例又最高。对此我们究竟应如何认识呢？鉴于核心家庭所占比例最高，学术界有一种带普遍性的观点，认为目前已经出现了核心化的趋势，而城市核心家庭数量之大，正是这种核心化的结果，并且把这种核心化与工业化和都市化直接联系起来，认为正是工业化和都市化促进了城市家庭的核心化，而核心家庭则是最适宜工业化与都市化的家庭结构类型。我们觉得这些问题有认真展开讨论的必要，愿在此提出我们的一点粗浅看法。

问题的关键是，当前我国城市家庭中核心家庭的比例为什么那么高，到底是什么原因引起的？我们认为有以下一些原因：第一，由于人口流动机械增长，单身者大量增多，他们成家后导致核心家庭比例增高；第二，联合家庭失去生命力，分裂成少数主干家庭和多数核心家庭，致使核心家庭数量增加；第三，解放后人们生活水平得到改善与提高，过去长期结不起婚的单身男女陆续结婚成家，以及少数丧偶、离婚后再婚困难的单身者也相继再婚成家，其中多数只能建立核心家庭；第四，其他类型的家庭（如兄妹、姐弟之家）成员结婚后多数变成了核心家庭；第五，传统的多子女生育制度是造成当前我国城市家庭中核心家庭比例高的一个最重要的原因。中国传统的生育观念是多子多福。在实行计划生育政策前，正是这种多子多福的生育观念，形成了我国人口解放前"高出生率高死亡率"、解放后"高生育率高成活率"两种生育类型。这次五城市调查被调查者中年龄最小的 24 岁（1958 年出生），也就是说全部调查对象都是在实行计划生育政策前出生的，换言之，调查对象的亲代家庭大多数是多子女型。另据 1982 年全国千分之一人口抽样调查，七个年龄组已婚妇女平均生育子女的胎数情况是：35 岁组，3.42 胎；40 岁组，4.27 胎；45 岁组，5.08 胎；50 岁组，5.62 胎；55 岁组，5.65 胎；60 岁组，5.42 胎；67 岁组，5.15 胎。而五城市调查被调查对象年龄最小的 24 岁，说明她们的亲代（母亲和婆婆）大都是 45 岁以上的妇女，其生育胎数平均在五胎以上。生育的子女多，联合家庭又失去了生命力，即使有老人的家庭都为主干家庭，核心家庭在数量上仍要大量增加，在比例上远远超过主干家庭。

根据上述对核心家庭比例高之原因的分析，我们认为将其笼统地归结为核心化的结果显然是欠妥当的。先看第一条，流入城市的单身者因经济条件、户口政策等多种因素的限制，只好建立核心家庭，没有多少选择的余地。当他们的子女结婚后，他们就有可能采取主干家庭等其他形式。这里有的是历史造成的暂时现象，有的与户口政策等现行政策有关，会随着政策的变化而变化。特别是今后要加强对人口机械增长的控制（尤其是像五城市这样的特大城市），因此而造成的核心家庭增长会逐渐减少。可见，这很难说是什么核心化。第二条可以说有核心化的成分，但又不只是核心化，联合家庭还会分裂出一部分主干家庭。第三条本来也可以归到第一条中去，但考虑到此种情况是解放后比较突出、比较普遍的变化，故单列一条。它是历史造成的暂时现象，并且多数属于只能如此，也说不上是核心化。第四条其他家庭减少，某些成员结婚后多数建立核心家庭，也是无法选择的结果。因为没有父母，想建立主干家庭也办不到，难以归结为核心化。第五条与第二条有联系，间接含有核心化的成分，但是随着计划生育的贯彻，特别是独生子女政策的实行，今后也将不复存在（起码在一定的时间内如此）。今后城市核心家庭的比例，将会因独生子女政策的普遍实行而大大降低。

从五城市调查看，我国城市家庭中的核心家庭比例，半个多世纪以来一直都是较高的。亲代家庭中的核心家庭，一般都在 50% ~ 60%，是五种家庭结构类型中比例最高的。从被调查的已婚妇女结婚的年代看，1949 年以前结婚的妇女，她们亲代的家庭中当时五种家庭结构类型在分布上虽然比较分散，但核心家庭都已占到了 50% 左右。相比之下，比例已相当高。五城市调查已经证明，半个多世纪中，核心家庭在我国城市家庭中的比例始终占第一位。其实又何止在城市，据二三十年代河北定县等地的调查，核心家庭比例已在 60% 以上。

人们对以上情况往往不大了解，一看到现在城市家庭中核心家庭比例那么高，很容易误以为是近期发生的新变化，认为已出现了核心化的趋势，同时还会很自然地把这种变化与工业化和都市化联系起来。其实如果说这种数量上的高就是核心化的话，那么应该说早已经就是核心化了。而且它与工业化和都市化似乎并没有什么显著的直接联系。事实上不只中国，欧美一些国家在工业化以前，核心家庭也早已是家庭结构的主要类型。美国克拉克大学社会历史学教授哈丽雯说，经过对历史的研究发现，工业革命以前，英国、法国、瑞典、德国和美国主要的家庭结构是类型核心家庭而不是三代人家庭，核心家庭并非工业化的结果。[①] 我们并不否认

---

① 参见戴可景摘译《美国家庭的历史与现状》，《国外社会学参考资料》1985 年第一期，第 36 页。

家庭有核心化问题的存在，而只是说这个问题不能单单从核心家庭所占比例高低来确定，这里面有个什么叫核心化及对核心化应如何理解的问题。比例高低当然可以是一个指标，但不能是唯一的指标。如果用比例高低作为唯一的指标，就得首先确定达到什么程度算开始核心化了，譬如80%还是90%，否则过了50%就可以认为核心化开始了。我们认为，即使就比例来说，也应既要看到已达到什么高度，又要分析这种比例是暂时的现象还是仍有继续发展的态势。如果已达到的高比例过一个阶段又会降下来，那么这样的比例就很难说明问题。目前在我国，核心家庭和主干家庭是两种主要家庭结构类型，假若说出现了核心化，就意味着主干家庭也不行了，就得证明主干家庭逐渐减少，否则便难以说明开始了核心化。没有老人的家庭不必讲，问题是有老人的家庭是否已经或将很快放弃主干家庭形式，像西方二十世纪以来那样，都乐于并习惯于去接受核心家庭形式。因此能够直接说明核心化趋势的指标，我们认为最主要的是：①父母最后只和一个已婚子女生活在一起的状况（模式）是否大量改变；②独生子女结婚后是否也大量与父母分居；③双亲家庭是否大量增加。第三点与第一、二两点相联系，但可以作为一项考察指标。从调查取得的材料和社会生活的实际情况看，目前在这方面还没有发生根本性的改变。

关于工业化和都市化与家庭核心化的关系问题，我们觉得核心家庭比例高虽不是工业化和都市化的结果，但工业化和城市化会影响家庭结构类型的变化，促进核心家庭的发展。

从发展的眼光看，核心家庭对于工业化、现代化有它相适应的、好的一面，如便于社会性流动、便于人才交流等。但是鉴于我国当前生产发展的水平、第三产业还不够发达的实际情况，还有它不利于工业化生产的一面，将来会不会走向核心化？按照历史唯物主义的原理，将来家庭的养老职能和大部分抚养教育职能等要转向社会，可能会走向核心化。但什么时候能实现，其发展速度如何，恐怕还要取决于社会发展各种因素的综合作用，取决于社会整体结构，即社会经济基础与上层建筑结构总的变化程度与速度。

（五）主干家庭

在学术界有一种观点，认为核心家庭是当前我国家庭的基本类型（城市当中更是如此），而主干家庭已是辅助类型，是过渡形式，即由联合大家庭向核心家庭过渡暂时保留的中间形态。这种观点显然是建立在两个前提下的，一是过去以联合大家庭为主，二是出现了核心化趋势。我们觉得这个问题要看从什么角度来讲。假若从家庭结构类型未来的发展方向最终要走向核心化的角度来讲，那固然不无道理。但如果要从我国家庭的过去和现在的实际情况的角度来讲，则值得商讨。正像前面分析核心家庭所说，判定主干家庭与核心家庭哪种是基本类型、哪种是辅助类型，同判定核心家庭是否已经出现了明显的核心化趋势一样，也不能光从两者何者数量大、比例高来认定，必须进行全面的考察，从实质上来断定，既应看在历史上所处的地位与作用，又应看当前承担社会所赋予职能之情况，还应看是否已经发生了根本性的转型问题。

我们认为，主干家庭在我国的历史上始终占有相当的数量。大家庭和小家庭，一向是我国两种主要的家庭结构类型。在数量上，有的朝代大家庭多些，有的朝代小家庭多些，有的地方大家庭多些，有的地方小家庭多些。而在更多的时间里，是小家庭的数量比大家庭多，尤其是在这半个多世纪更是如此。但数量多不等于是基本类型，主干家庭属于大家庭范畴，前面已经谈到。封建统治阶级所提倡的数代同堂的大家庭从来都是很少的。大家庭的折中形式——主干家庭，在大部分历史时间里，始终是大家庭中的多数。远的暂且不说，在这半个多世纪以来，情况是很明显的，五城市调查已充分证明了这一点。联合家庭在亲代五种家庭结构类型中一般占 4%～7%；而主干家庭一般要占到 15%～25%，仅次于核心家庭，居第二位，在农村也基本如此。费孝通教授二十世纪三十年代在江村调查时，当时江村核心小家庭占绝对优势，大家庭仅占总户数的十分之一。在这十分之一的大家庭中，主干家庭占其中的四分之三，联合家庭仅占其中的四分之一。[①]

在大家庭中，主干家庭之所以会成为多数，并从当前的发展趋势看，不久的将来甚至会变成"大家庭"的唯一形式，这绝不是偶然的。过去联合大家庭虽是封建社会崇尚的理想家庭类型，但实际上是很少的，从未成为我国家庭的基本类型。求理想的家庭类型而不可得，便只好退而求其

---

① 参见费孝通《生育制度》，天津人民出版社 1981 年版，第 88 页。

次。其次是什么呢？那就是主干家庭。这倒不是因为人们对这种家庭结构类型有什么偏爱，而是由于它一方面便于广大人民群众采用（不需要联合大家庭那样的经济条件等），另一方面又能较好地承担起封建社会赋予家庭的赡老抚幼、传宗接代和生产等重要功能，实在是理想与现实相妥协的最好选择。人们在考虑采取什么样的家庭结构类型时，老一代也好，子一代也好，多数人首先考虑的是主干家庭（联合家庭不易办到）。老一代健在的，一般来说老人都愿选择一个儿子留在身边，子一代也乐于接受，甚至兄弟之间还会自觉地推荐出一个留在父母身边。从大家庭来讲，过去就是以主干家庭为主，不存在以联合大家庭为主的问题。主干家庭才是客观实际上的中国传统家庭基本的类型。在五城市调查中，半个多世纪以来，主干家庭一直占有相当数量，始终保持着稳定并有增长。这种稳定性，正好说明这种家庭类型存在的合理性。

在今天，家庭仍是我国社会的细胞，承担着社会赋予它的各种功能，如生育功能、教育功能、赡养老人的功能、消费功能、过愉快伦理生活的功能，城市中部分个体户和农村中大多数家庭还有生产功能。究竟哪一种家庭类型能较全面地承担起这些家庭功能呢？综合分析比较起来，我们认为还是主干家庭比较合适。姑且不说主干家庭对于承担好生产功能非常有利，它对于承担好生育和抚养教育以及赡养老人的功能颇为有利。它既便于子女在经济和精神上对父母进行赡养和安慰，又便于父母帮助子女照看、抚育好下一代。核心家庭在这方面显然是存在着缺欠的。事实上目前大多数老年人也都选择主干家庭。还是让我们以东河沿的情况为例（见表三）。

表三　东河沿已婚妇女年龄与家庭类型交互

	60 岁及以上		59~46 岁		45~33 岁		32~24 岁	
	人数	%	人数	%	人数	%	人数	%
单身	13	10.07	7	2.65	2	1.32	0	0
核心	30	23.26	153	57.95	116	76.82	73	46.50
主干	78	60.46	93	35.22	29	19.20	77	49.04
联合	5	3.88	5	1.89	3	1.98	6	3.82
其他	3	2.33	6	2.27	1	0.66	1	0.64
合计	129	100	264	100	151	100	157	100

表三中已婚妇女年龄的大小与其生活的家庭结构类型有很大关系。在高龄组，即60岁及以上这一组中，主干家庭比例达60.46%，而核心家庭仅为23.26%。生活在核心家庭中的也有相当数量是没有分化完毕的。而在59～46岁与45～33岁这两个组中，中壮年居多，核心家庭就超过了主干家庭。尤其是在45～33岁这一组中，核心家庭比例高达76.82%，主干家庭仅占19.20%。这是为什么呢？假定平均寿命为65岁，平均初婚年龄为24岁，初育年龄为25岁，那么这两个年龄组中的大部分人，亲代已不在人世，而子代尚未进入婚配年龄（特别是最小的一个）。所谓"子欲养而亲不在"，换句话来说，在这两个年龄组中，多数人已不具备建立主干家庭的条件。正因为这样，在下一个年龄组（32～24岁），才出现了核心家庭与主干家庭平分秋色的局面。对于这一个年龄组来讲，他们的主干家庭无一例外，显然都是与他们健在的亲代组成的。这不仅说明老人多喜欢选择主干家庭类型，也说明有不少青年人在行动上乐于或肯于接受与父母生活在一起的主干家庭类型。这说明主干家庭仍有很强的生命力，还看不出主干家庭有明显的向核心家庭过渡的趋势，即已发生带有本质性的转型现象。既然还没有发生根本的转型问题，当然主干家庭仍是基本类型，还不能说已变成辅助类型、过渡形式。

还有一种意见认为，现在主干家庭有一定增加，主要是受房子的影响。青年人想独立成家，但没有房子，只好与父母一起组成主干家庭。这个问题是存在的，但房子的影响也是双向的，它既影响一些人想建立核心家庭不能如愿以偿，也影响一些人想建立主干家庭不能如愿以偿。可能前一种影响要大些，然而住房的影响恐怕在短期内无法根本消除，它正说明社会的经济发展状况、社会整体结构的现状对家庭结构变动的约束。家庭结构的变动，不能脱离社会整体结构的变动而变动。

我们说主干家庭能比较全面地承担社会赋予的功能，绝不是说主干家庭就不存在问题了，应该说存在的问题还是很多的。如存在着"代沟"，生活中容易发生矛盾；人多了经济生活不好计划，不利于生活水平提高，婆媳关系不好相处；等等。但问题都不是绝对的，有不利的一面，也有有利的一面，有"离心力"，也有"内聚力"，要客观地进行具体分析。

总之，根据目前的情况，在社会整体结构还没有发生很大变化之前，主干家庭的稳定性还会保持相当一个时期。在独生子女大量进入婚龄后，主干家庭数量还会增加，与核心家庭化呈相反的趋势。从个体户在城市里有一定发展来看，将来又有个继承遗产的问题，也会促使主干家庭有一定增加。目前实行的留一个子女在身边的政策，也会增加主干家庭的数目。通过以上对家庭结构类型变迁的分析，我们认为，单身家庭和其他家庭的减少的确使核心家庭数量增加，但不能说是核心化趋势所致；联合家庭已失去生命力，发生转型，趋于消灭，逐渐为主干家庭和核心家庭所取代。主干家庭和核心家庭这两种主要类型，就其结构类型而言，在本次调查涉及的半个多世纪中，自亲代到子代，并没有发生多数人所说的由大到小的显著变化，即核心化趋势。主干家庭数量始终保持稳定，仍是家庭结构的基本类型。核心家庭的高比例还会保持一段时间。当独生子女大量结婚，人口老龄化程度提高，核心家庭比例会降下来，主干家庭比例将上升。但两对老人和一对已婚子女及孙子女组成的"四、二、一"型的家庭结构类型，不大可能大量出现。

综上所述，我们认为我国城市家庭结构类型比较突出的变化有几点。一是原来数量就不多的联合家庭数量更少了，将走向灭亡。二是单身家庭大量减少，历史上形成的不正常现象得到纠正，解放初城市单身家庭猛增问题也逐渐缓和并得到解决。三是核心家庭数量有一定增加，然多系暂时原因所致，还不能说在今后的一定时期内这种增加已成为必然趋势。四是主干家庭始终保持稳定，并有一定发展。目前还看不出主干家庭已由大到小，转向核心家庭的趋向。如果说主干家庭确实变小了的话，那是指规模上比过去小了。"大家庭不大"的现象，更具有小家庭的特点，但并没有变成核心家庭。从城市中两种主要家庭结构类型——核心家庭和主干家庭的变化看，可以说家庭结构类型总的讲变化不大。是不是解放后政治、经济、文化各方面发生的巨大变化，没有或者很少影响到家庭结构呢？当然不是。我们认为解放后发生的巨大变化，对家庭结构的影响，主要在于家庭内部人际关系的变化，不在于总体的结构的变化。家庭内部的权力结构、经济结构，都发生相当大的变化。家长制基本灭亡，人人平等，都是团结合作的同志关系，家庭日益民主化了，等等。而结构类型的变化是比较缓慢的，要有个相当的过程才能明显显露出来。建议城市房建部门，今后建设居民住宅不能简单地只考虑核心家庭的需要，还要考虑主干家庭的需要，才符合客观实际。

当代青年职工行为与动机分析[*]

张宛丽

当代中国青年职工肩负着承前启后的历史重任，同时又面临着观念现代化和尽快提高自身素质的时代要求，这是当代青年职工之所以成为人们研究"热点"的主要原因。本文主要依据 1983 年对沪、津、汉、沈、兰、穗、深、京部分青年职工进行的"当代中国青年职工状况系统调查"结果，对当代青年职工的行为及动机做一初步研究。

一 拥护改革，勇于探索，有投身于现代化建设的强烈愿望

1. 对改革的态度表明当代青年职工初步具备现代化的思想意识

当代中国青年职工是我国工人阶级的主体力量。他们对待改革的态度，直接关系到现阶段我国工人阶级的阶级地位与阶级作用，关系到实现"四化"和社会主义的前途命运。

调查表明，有 81.54% 的青年职工对于改革的态度是明确而坚定的，是积极拥护并勇于进行改革的社会实践的。一位青年职工在回答开放式问题时写了如下内容：中国的改革势在必行，这不仅是人民的心声，也是时代历史的要求。当然，进行一场深刻的改革，绝非易事，它会带来很多问题，不能因为出现问题就放弃这一改革。改革的本身意义就是要改掉那些与社会发展不相适应的部分，革去那些有碍于生产力发展的不合理成分。我们处在二十世纪八十年代的中国。我们会立足于这一时间点上，用我们勤劳的双手、智慧的大脑、满腔的热血去写下中国今天这一页的历史。我

---

* 原文发表于《社会学研究》1986 年第 2 期。

们只有以唯物主义的态度对待改革，用大无畏的革命精神去着手改革，真正使我中华民族早日腾飞世界，那时，我们才可以毫不犹豫地说："我们问心无愧！"持这样明确认识和坚定态度的，在拥护改革的人中约占 27%，还有约 30% 的青年职工对改革提出了自己的具体建议。当代中国青年职工，虽然没有经历过中华民族新旧社会的历史对比，却经历了社会主义曲折发展的社会生活。这种强烈的切身生活经历，使他们对社会主义的认识有可能更加接近社会历史的发展规律。切肤之痛的生活，促使他们有可能选择社会主义繁荣昌盛的历史道路，有可能意识到并决心承担起实现现代化的历史重任。前辈所经历的是新旧两种社会制度的变革，其理想的近景在于争取人民当家做主的新生活；当代中国青年职工所经历的是前进与倒退两种社会前途的较量，其理想的近景在于争取社会主义繁荣昌盛的新生活。因而，拥护改革，投身改革，是共产主义理想在现阶段、此时期的具体反映，表明了现代化的思想意识活动的现实内容。

2. 具有要求政治民主的倾向

政治民主的状况如何，是衡量一个民族文明程度的重要标志。中国共产党领导中国人民取得的新民主主义革命的伟大胜利，标志着中华民族走向现代文明的历史新阶段。

在现阶段，政治民主主要体现在群众参与实现社会主义现代化的社会管理活动的实际地位和作用中。相应地，是否具有这种促进我国现代化社会主义文明的政治民主的要求，也应作为衡量我国工人阶级现代化的阶级意识及阶级先进性的时代标志之一。对于当代中国青年职工而言，反对官僚主义、参与生产经营管理、提高劳动效率、推进工业现代化乃至社会生活的现代化的一切努力，都可以被认为是符合现代文明要求的政治民主活动。

这次调查表明，当代中国青年职工要求更多地参与生产经营、管理活动的社会权利意向是非常鲜明的；要求在社会生活中更大程度地把握生活命运的意向也是非常鲜明的。如在对生产活动领域中影响生产积极性、创造性的客观因素进行评价时，有 57.5% 的青年职工认为"民主管理"是一个重要因素。绝大多数青年职工对官僚主义的领导作风表示强烈的不满和厌恶，许多青年职工认为改革的最大障碍是社会生活以及生产活动中严重存在的官僚主义。尤其值得注意的是，当代中国青年职工的鼎沸不已的文化学习热情，特别是学习的广度、学习热潮的持续性，并不比条件优越的大学生们逊色多少。在这种现象的背后，最强大的、本质性的心理动机是什么？经过调查研究我们发现，他们被一种不愿被时代淘汰、力争在更大程度上把握个体的生活命运的紧迫感萦绕着。从求知内容看，相当多的青年职工没有停留在一般性的文化补习上，而是广泛涉猎人类文明的最新成果、各种社会生活知识等。从求知行为看，绝大多数的青年职工一直在"赶潮流"，掀起一次次的学习热潮，具有趋前性的行为指向。从个人求知的动机看，主要为间接远景性学习动机，具体表现为"不愿荒废青春，为祖国多做贡献"和"为获得人们的尊重而奋斗"。这表明，适应时代要求、把握命运之舟的"紧迫感"是其最本质的心理动机，而这一现象和心理动机所揭示的社会存在意识则是带有鲜明的大曲折、大变革、大振兴的时代生活印记的。

二　对改变现有社会生活方式
产生一定程度的影响

1. 高标准加效益性的生活需求倾向

传统的农业社会是以低需求的生活指向为特征的，发展到后来被推向标准化的高需求的生活指向则是工业社会需求的特征。当人类文明发展到信息社会的时候，多样化、效益性则势必成为人们生活需求指向的时代反映，而区别于已成为历史的过去。

我国生产力发展水平虽然未及西方那些为新技术革命所进一步推动的高度发展国家的现实水平，但是，全民族现代化的意志，特别是党中央为此而采取的加速现代化进程、迎头赶上新技术革命的时代浪潮的对外开放、对内搞活等一系列战略措施，促使我国社会生活环境发生了时代性的巨变。当代中国青年职工生活在一个步入现代化事业的社会环境中。这是一种混合型的社会变革的环境，既不可能一下子实现高消费的社会生产及生活水平，又不可避免地感染随开放而来的时代气息。因而，社会成员的需求，必然以工业社会的高标准及信息社会的多样化、效益性的混合而产生具有我国目前国情特色的需求指向——高标准加效益性。

当代中国青年职工自身的一些特殊条件，使得他们成为在新的需求观上的最敏锐的感受者、表现者及变革者——他们是青年，比中老年人思想敏锐、活泼；他们是"按劳取酬"的青年人，比青年学生有更为实在的经济利益及独特的消费条件；他们是全面推行城市经济体制改革的"排头兵"，比青年农民更多地和先进的生产方式、工艺技术发生紧密的联系，更深刻地体验社会观念的新旧冲突与变革；他们是可以不必再把劳动报酬全部用以"养家糊口"，而大部分用于完善个性生活的我国第一代新型劳动者。

我们的调查表明以下几点。

第一，他们追求高结构的文化生活。在文化生活的内容选择上，他们越来越趋向于高雅的、具有一定文化专业知识修养基础的内容，比如选择音乐、小说等。从文化生活的形式上看，趋向于丰富多彩，各取所需。从文化生活的功能上看，趋向于更多地注重个人智力发展、精神享受等的精神陶冶。高雅的内容、丰富多彩的形式、精神陶冶的功能，这些都是高结构的文化生活需求的表现。随着开放与改革的步步深入，相当数量的青年职工正在逐渐抛弃那些内容上粗俗、形式上单调、功能上重于物质享受的文化生活需求观。

第二，他们追求高水平的物质生活。当代青年职工具有积极、活跃的物质消费意愿，其消费观念由"储币待购"变为"持币认购"。尽可能满足个人的高水平的衣、食、住、行成为当代青年职工普遍的消费行为。在短短的几年中，青年职工的生活及消费观已由注重数量演变为注重质量。

第三，他们追求"实惠"的生活效益。"讲究实惠的一代"，曾有人这样概括当代中国青年，更有人认为这在当代中国青年职工身上表现得更典型。

这次调查结果占第一位的生活意愿是"按自己的兴趣和意愿清白自在地生活"。在他们心中，这似乎比五六十年代青年及老一辈工人的"为革命贡献一切"更能带来一些"实惠"。在我们开始调查的1983年，城市经济体制的改革刚刚拉开序幕，青年职工生活需求观上的变化也刚刚显露端倪。从今天的情形看，他们在生活需求观上的演变，似乎越来越突出了效益性，他们不仅追求"实惠"的生活效益，而且开始注意时间效益、智力投资效益，全面追求生活质量效益的倾向也开始萌芽了。

发生在他们身上的生活需求观的演变，不仅说明了他们具有活跃、开放的现代化意识，还说明他们具有勇于进行社会改革的实践，并在实践中不断扬弃前人的、社会的、自身的经验，不断提高自身社会实践水平自我更新的社会倾向。他们对现代化的社会适应能力是比较强的，他们是"乐于跟着革新者走的"。

2. 网络型的人际交往倾向

改革与开放政策的实施，使当代中国青年职工的社交发生了新变化，呈现了他们的前辈所不具备的新特点。就在我们展开这次系统性调查的时候，青年职工中已经出现了一些自发的、含有互助性的"私交"网络。他们的人际交往已经含有开放的、横向的网络型结构倾向了。这种变化，随着"开放""搞活"的社会环境的变迁，表现得越来越鲜明。

互助性，历来是职业劳动者，特别是大生产的工人人际交往的主要特点。这是由他们特殊的劳动条件、生活环境所决定的。这次调查结果表明，当代中国青年职工在人际交往中的价值取向仍然具有这种互助性的职业活动特点。他们信奉的是"拉一把"的人际交往道德准则。

占被调查者总数84.10%的人认为，日常生活中很重要的是"和睦的人与人之间的关系"；60.47%的人对"损人利己"的道德行为表示非常厌恶。

横向联系常常被视为衡量某一社会开放程度及社会结构功能水平的一个社会指标。就某一社会而言，若社会横向联系发达，以自下而上的网络组织模式取代自上而下的金字塔形结构，那么其社会管理就会走向"黄金时代"。当前我国"开放""搞活"的社会环境变迁已经对传统的金字塔形的社会结构产生了深刻影响，开始出现了网络组织模式的横向联系的社会活动倾向。当代中国青年职工在人际交往中尽管还没有达到最高水平，其效益和质量还是较低的。总体而言，其价值取向仍停留在中度的相对平缓的水平，但是却没有走向保守的极端。这种情况，很大程度上是由于他们人际交往中横向联系因素的增长而实现的。他们在大曲折的社会生活中成长起来，迫切希望丰富自己的生活经验，提高把握人生的自主能力。这次调查中，有62.47%的人的社交动机选择及自我评价是"扩大社会活动范围，见多识广，丰富社会经验"。他们要在大变革的社会环境中实现人生的社会价值。这种目标绝非单纯依赖纵向联系的交往活动所能达到的。他们在不同的生活领域中均表现出有别于以往时代的青年工人所具有的

"成才欲""成就欲"。同时，他们还表现出不同于学生、农民及其他行业青年所具有的独特的"自尊感"及以表现自我求得社会承认的"认同感"。所有这些心理活动倾向，都离不开他们在大曲折的历史生活中失去的、被大变革的环境唤醒的、为大振兴的前景所鼓舞的青春理想的内在动因。而对于当代中国青年职工来说，由内在动因转化为外在行动，十分重要的行为机制便是人际交往的活动水平。

这次调查显示出他们具有提高交往水平的强烈意愿。在人际交往中以"共同事业、兴趣""共同娱乐、爱好"为目的的砥砺型占大多数，休闲型比重较小。在"开放""搞活"的社会环境中，他们在主观倾向上势必产生扩大交往范围、增加与社会广泛对话的机会、自助和互助等的迫切要求。从客观行为结果来看，他们将逐步摆脱孤立的纵向交往的制约，并向横向交往转化，从而逐步形成网络型的交往模式。

高标准加效益性的生活需求倾向和相对平缓的网络型人际交往倾向，不仅直接影响和塑造着当代中国青年职工新的生活方式，直接改变着他们的价值观念；而且，因为他们已经是社会改革中的一支社会实践的有生力量，所以必然会在不同程度上影响和改变着我国社会的生活方式。"食无求饱，居无求安"的低水准生活需求观和"鸡犬之声相闻，老死不相往来"的封闭、保守的社会交往模式，是我国传统社会生活方式的特征之一。这种状况，直到实施改革后才开始发生根本性的变化。青年职工在这一变化中，则总是以"弄潮儿"的面目出现，以他们的大胆实践改变着传统的社会生活方式，不断地冲击着陈旧的社会生活观念的根基。家用电器热、高档配套家具热、舒适美观的家庭陈设热、西服革履热、美食烹饪热、旅游热等，首先是在青年职工中兴起并迅速波及社会。青年职工在百科知识热、读书热、专长技能热、各种带有爱国思想倾向的体育热等热潮中，也总是最得力的、起骨干作用的社会传播媒介。

三　具有较为强烈的个人社会价值的自我意识

我国社会，目前正处于一个社会变革时期。人类社会文明发展的经验表明，社会变革时期是人类创造精神的黄金时期，亦是个人社会价值的自我意识的高峰时期。在这样的历史时期，人才浪费与人才开发成为同样突出的社会问题;"失败感"与"成就感"被压进一个模子中,出现了英才辈出与庸才泛滥的一种错落交织的特有的社会现象。

当代中国青年职工生活在这样的一个社会变革的历史时期,敏锐地感受到民族文化传统上的某些社会变化,这是毫无疑问的。不同于其他社会阶层的青年的是,他们的社会感受的相当重要的一部分是经过生产经营活动的渠道"加工"了的,是与相对意义上的社会先进生产力直接联系着的。在这种社会感受的具体的实践条件下,他们对实现个人社会价值的追求,就显得格外突出、格外重要、格外曲折。因为,目前我国在社会变革时期所必然遇到的诸如平等原则与等级原则,法制要求与人治传统,现代民主制度与家长宗法观念,个性的全面发展与磨灭个性的共性至上原则,创造需求与保守心理,开放与封闭,竞争与偷安,物质利益原则与"取义弃利"的原则,高需求的社会发展、高水平的消费需求与低需求、低水平消费的崇俭反侈原则等一系列的观念冲突,都首先集中地、尖锐地在当代中国青年职工的社会实践中反映和冲撞。正因为如此,他们的"成才欲"与"成就感"、"自尊感"与"认同感"表现得更为强烈;而观念革命的痛苦体验也更为突出、强烈;对实现个人的社会价值则更为关注。

1. 关注并追求个人劳动价值的社会实现

当代中国青年职工的劳动积极性、创造性、主动性是企业活力的源泉,他们中蕴藏着很大的劳动潜力和生产能量。

实践中,他们常常胜任比已定工级要求要高的劳动及工作,并取得了较高的效率。就整体而言,在未实行经济体制改革时,他们没有因为存在不甚合理的分配状况而敷衍劳动和工作,也没有因此将全部注意力转移到劳动报酬上,更没有把自己的阶级觉悟降低到雇佣劳动者的觉悟水平。实行改革,有利于克服"大锅饭"的平均主义弊病,有利于真正实现"按劳分配、多劳多得"的社会主义原则,从而调动起青年职工潜在的、被制约了的社会主义劳动积极性和生产能力。从调查统计结果看,多数青年职工的劳动目的属于"做贡献"型的;从"为祖国争光"的思想意识水平发展到要求提高生产率、提高经济效益的意识水平,从而对新技术、新工艺、现代经营管理方法等表现出极大的兴趣和实践要求。

这是一条引人深思的生产劳动活动行为的变化曲线。在生产变革的生活中,青年职工要求真正做到按劳取酬,同时更为关注的是自己付出的劳动能否取得更大的效益。这意味着他们要求参与个人劳动价值的社会实现的整个过程，意味着要求摆脱仍然不同程度地存在着的雇佣劳动的制约，意味着他们初步具备了要求真正实现主人身份的强烈的自我意识。

青年职工的社会实践活动，与青年农民、青年学生不同的地方主要在于：他们与相对意义上的先进的大生产条件发生直接的、紧密的联系；他们完整地参加了社会经济活动的全部过程（生产—分配—交换—消费）。这一特点使他们十分关注自己劳动价值的社会实现，有可能增强其社会实践活动的主人翁责任感。

当代中国青年职工特殊的社会生活经历及境遇，使得他们在认定个人劳动价值的社会实现价值观与责任感上和老一代工人有着明显的时代差别。老一代为"翻身感"所鼓舞，具有报答性的情感基础；新一代青年职工为"失落感"所苦恼，具有索取性的情感特色。老一代因为翻了身，今非昔比，易于满足现有的一切，对未来满怀热望；新一代则因为同民族共同承担了一场社会劫难，许多人对未来冷眼相对。老一代的主人翁责任感，在于建设一个可以扬眉吐气的自立于世界民族之林的新中国；新一代的主人翁责任感，则在于建设一个繁荣昌盛的、跻身于人类文明先进水平之列的现代化的社会主义强国。这些区别，使得当代中国青年职工必然更多地关注劳动效益，而参与实现个人劳动价值的社会实现全过程的愿望亦更加强烈；加之强烈的"成才欲""成就欲""自尊感""认同感"等心理倾向，他们的这种自我意识活动便必然向着不断强化的方向演变。

2. 关注并追求个人的社会价值

这次调查发现，当代中国青年职工在生活目标的追求中，已经不满足于仅仅做一个付出劳动的合格劳动者，而希望成为一个个性和谐、全面发展的社会主义新人。

知识化的倾向、个性的表现要求、物质生活中的高标准消费意愿、精神生活中的高格调追求；生活活动领域由小到大的转变，生产活动方式由体力型向脑体型的转变；对和谐美满的恋爱婚姻、家庭生活的追求；多样化、大容量的文化生活的意向；等等。所有这些变化，使我们看到活跃于社会的是希望成为一个个性和谐、全面发展的社会主义新人的生活理想，而这种生活理想势必促使他们关注并追求个人的社会价值。

当代中国青年职工的人生价值结构，深受大曲折、大变革、大振兴的时代生活的影响。他们的人生价值结构呈现多层次及层次间不断交叉、相互渗透、较快流动的特点。当代青年职工这种较为普遍地关注并追求个人的社会价值的倾向，同老一代的注重集体社会价值的倾向形成较鲜明的对照。

这次调查的结果是上述论点的有力佐证：对职业理想的价值认定第一位的是"符合志趣、有事业可干，工作有前程"（7546 人，占 63.60%）；对学习动因的自我价值评价第一位的是"青春再也不能荒废，必须掌握一技之长"（8188 人，占 69.02%）；对生活内容的价值评价第一位的是"个人智力、知识发展"（7114 人，占 59.96%）；对社交生活的价值认定第一位的是"扩大社会活动范围，见多识广，丰富社会经验"（7715 人，占 65.03%）；对社会生活经验的价值认定第一位的是"少壮不努力，老大徒伤悲"（7768 人，占 65.48%）；对人生价值的直接评价第一位的是"按自己的兴趣和意愿清白自在地生活"（3347 人，占 28.21%），而第二位的才是"为祖国为革命贡献自己的一切"（2679 人，占 22.58%），[①] 后者曾被老一代较为普遍地奉为人生的价值准则。这并不意味着当代中国青年职工是仅仅关心个人前途而不关心国家命运的一代。事实上，在这一内容的调查中，只有这两项评价是最集中并最接近的。从前述各项的初步调查结果也可以看出，他们是既关心国家命运又关注个人前途的；而与老一代所不同的是，他们在当今大变革的时代生活中，强烈感受到"大浪淘沙"的社会生活压力，在他们眼前展现的是现代化的、信息社会的高知识、高技术、高情感的人类文明的新天地，而这不仅是对一个民族的智慧能力的挑战，同时也是挖掘个人智慧能力的一场生活竞争。这种强烈的时代压力，是老一辈工人所不曾经历过的，所以仅仅凭着青年职工比上一辈更关注个人前途这一点指责他们不如老一辈，是极不公正的。青年总是备受时代变革生活的宠爱的，青年又总是能够在"令人忧虑"的传统眼光的注视下走向未来的。当代中国青年职工的社会实践活动及其社会存在状况的主导性的一面，是适应时代变革的，他们具有认真学习、自我批判以便完善发展自身的良好愿望，他们具有积极实践，与旧的传统观念决裂的时代勇气。他们正在探索开拓现代化事业、走向社会主义现代化强国的科学途径。他

---

① 此项为多项选择项，因此比例较低。

们是实践着的一代、开拓性的一代，他们是摆脱空想、迷信的愚昧势力，独立地、更大程度地表现青春活力和青年劳动者的社会力量的富有希望的一代。当然，他们身上不可避免地存在一些弱点。作为新一代工人阶级，他们是有能力不断完善自己的，他们更需要与改革相适应的广阔而丰富的社会实践，增强与社会协调发展的社会活动能力，丰富主导社会主义现代化历史进程的社会经验，在承前启后的历史活动中健康地成长发展。

我国各阶层经济收入差距变化浅析[*]

朱庆芳

从全国来看，在三中全会以后的七年里，随着国民经济的稳步增长，城乡人民的收入和消费水平都有较快的增长。1985 年与 1978 年相比，社会总产值和国民收入平均每年分别增长 10.1% 和 8.9%；居民消费水平增长了 8% 以上，大大超过了 1978 年以前 20 多年平均每年 2.2% 的增长速度。但是不同地区之间、不同行业之间、不同阶层之间、不同所有制之间的经济收入的差距的变化都不尽相同。现将收入差距的几个重要方面初步分析如下。

一 工农之间收入差距有所缩小，但差距仍然较大

七年来，农民人均纯收入增长了近 2 倍，职工的收入增长了 1.4 倍，农民人均收入增长速度显然快于职工收入的增长速度，其结果使工农间的收入差距由 1978 年的 2.4∶1 缩小到 1985 年的 1.9∶1（见下表）。

	1978 年	1985 年	1985 年比 1978 年增长（%）
职工平均年收入（元）	316	752（559）	138（77）
农民平均纯收入（元）	134	397（354）	196（164）
差距（以农民为 1）	2.4	1.9（1.6）	

资料来源：根据 1985 年中国统计年鉴和 1986 年统计公报整理。括号内为扣除价格上涨因素后的数字。本表数据为抽样调查结果，职工和农民均包括家庭人口在内的人均收入。

以上数字还不能确切反映工农生活差距，因为城乡居民收入内存在许

---

* 原文发表于《社会学研究》1986 年第 3 期。

多不可比因素。职工除工资奖金收入外，还享受国家和企业的各种补贴，如劳保福利、医疗、交通费、房租补贴、取暖费、探亲路费和各种集体福利待遇，这些均未统计在收入里面。据估算，1985 年职工平均收入约 500 元（尚不包括各种实物奖、购销倒挂的物价补贴等）。按职工家庭人口计算，平均每人为 292 元，加上每人生活费收入 752 元，共 1044 元。而农民的集体福利事业均需自己负担，如民办教育、医疗、民兵、五保户、军烈属、计划生育、干部补贴和其他名目繁多的各种负担摊到农民头上，少则每人 15 ~ 20 元，多则 40 ~ 50 元，平均约 25 元。此外农民纯收入中约有 5%（每人约 20 元）是必须用来投入再生产的。这两项支出从农民纯收入 397 元中扣除后余下数额为 352 元。按此数计算，1985 年工农收入的实际差距应为 3.0∶1，比上表中未扣除不可比因素的差距 1.9 多了 1 倍。由此可见，就全国平均数看，当前我国工农差距还比较大，除了收入差距外，工农在受教育程度、文化生活、医疗、社会保障、物质消费结构、生活方式等方面都存在较大差异。据"六五"期间工农收入的增长速度测算（农民收入增长速度快于职工的 39%），大约到 2000 年农民收入即可接近职工的收入。

二 职工内部收入差距变化不大

全民所有制单位的职工平均工资是在国家统一计划下调整的，基本上是同步增长的，在职工之间、部门之间和地区之间只是由于奖金和计件超额工资的增长幅度略有不同而使收入差距略有变化，但变化不是很大。据职工家庭收支抽样调查，低收入户由 1981 年的 7.5% 降为 1984 年的 1.7%；高收入户由 6.5% 上升为 26%。1984 年低收入户得到总收入的 8.8%，少得了 28%；高收入户得到总收入的 34%，多得了 31%。这一比例与 1981 年大致相同。如果按全年人均高收入与低收入户比较，1984 年高收入户年平均为 960 元，比低收入户 285 元高 2.4 倍，比 1981 年高收入户是低收入户的 2.1 倍差距略有扩大。按部门分，全民所有制平均工资以建筑业为最高，以农林水利气象部门为最低，工资差距比 1978 年略有扩大，如下表所示。

	1978 年	1985 年	增长 （%）
全民所有制职工平均工资 （元）	644	1158	80
最高的建筑业部门	748	1438	92
最低的农林水利气象部门	492	830	69
收入差距 （以最低部门为 1）	1.52：1	1.73：1	

资料来源：根据 1985 年中国统计年鉴和 1986 年 2 月中国统计月报中的数据整理。

值得注意的是国营农林水利气象部门职工工资不仅低于国民经济部门，而且其增长速度慢于乡镇企业职工收入和农民纯收入，其收入水平也低于有的乡镇企业职工和专业户收入水平。这对于发展和稳定国营农林水利气象部门的职工队伍很不利。

按地区比较，1984 年全民所有制平均工资以河南省最低，为 921 元，最高为西藏 1730 元，西藏比河南高 8%。如生活条件较好的华东七省平均为 1018 元，生活条件较艰苦的西北平均为 1148 元（包括地区津贴在内），西北仅比华东高 13%；边远地区新疆、宁夏的平均工资只有 1129 元和 1111 元，均比上海的 1160 元还要低。按城市比较，1984 年全国 300 个市的全民所有制职工平均工资，最高为深圳市 2363 元，最低为井冈山市 703 元，相差 2.4 倍；200 万人口以上八个大城市平均为 1144 元，比新疆、甘肃、宁夏、贵州的中小城市工资约高 5%。如果把地区间的价格差别考虑在内，则实际工资的差别更大。沿海地区工资水平高于边远地区职工收入的现象不利于鼓励发达地区的人才向较艰苦的边远地区流动，也不利于稳定边疆地区的职工队伍。据边远地区反映，人才外流现象比较普遍，新疆 1979～1981 年外流干部多达 1.2 万人，甘肃 1979～1983 年外流人才竟达 8988 人之多，宁夏 1977～1984 年外流科技人才 3380 人。此外这对于大专院校毕业生的分配也带来一定困难。

三　脑力劳动者与体力劳动者之间收入倒置的现象仍然存在

马克思指出，复杂劳动等于倍加的简单劳动所创造的价值，"复杂劳动力比普通劳动力需要较多的教育费用，它的生产要花费较多的劳动时间".[①] 脑力劳动者的收入应高于体力劳动者的收入，这一规律早已为世界各国经济社会发展的实践所采纳，大多经济社会发展协调并取得较大成就的国家无不与科学地运用这一规律有关。二十世纪五十年代，我国的知识分子工资较高，教授的最高工资相当于工人最低工资的 6～10 倍。但由于众所周知的原因，我国出现了轻视知识和歧视知识分子的普遍现象，在劳动分配上表现为脑力劳动者与体力劳动者之间收入差别逐渐消失甚至倒置的问题。例如，以脑力劳动为主的科研文教卫生和机关等部门职工的平均工资与以体力劳动为主的工业、建筑业相比，[②] 尽管近年来脑力劳动者的工资增长速度略快于体力劳动者，但脑力劳动者的工资绝对额仍低于体力劳动者的10%。见下表。

	1978 年	1985 年	增长%
科研文教卫生、机关等部门脑力劳动者平均工资（元）	607	1115	84
工业、建筑业中体力劳动者平均工资（元）	694	1237	78
收入差距（脑力劳动者较体力劳动者低）	－13%	－10%	

资料来源：根据 1985 年中国统计年鉴和 1986 年 2 月中国统计月报数据整理。表中脑力劳动者与体力劳动者所在单位均系全民所有制单位。

另据北京市 1984 年对 1200 名职工的抽样调查，从事脑力劳动的技术员、科技干部的收入比从事体力劳动的工人、售货员的收入低 3%～10%。按家庭人口平均计算生活费，工程师家庭比商业服务业人员家庭低 14%。从总体上看，脑力劳动者的居住条件也略差于体力劳动者的居住条件。知识分子收入与个体户相比，则倒置现象更为突出。

1985 年国家机关、事业单位职工较大幅度地提高了工资，平均工资达到 1115 元，虽然比调整前增长了 15%，但仍比工业、建筑业职工平均工资低 10%；1986 年 7 月起，机关事业单位职工平均工资将达到 1400 多元，但是由于工业、建筑业奖金比例大于机关事业单位，脑力、体力劳动者收入倒置现象仍然存在，并且不可能很快得到扭转。

---

① 《马克思恩格斯全集》第二十三卷，第 223 页。
② 科研文教卫生、机关职工中 80% 以上是脑力劳动者，工业、建筑业职工中 80% 以上是体力劳动者。这里所引资料系两类部门全部职工平均工资。

脑力、体力劳动者收入倒置现象是不符合按劳分配原则、不利于生产力的发展的。当前我国知识分子的数量不足，全国脑力劳动者只有 3000 多万人，其中各类专门人才只有 1500 万人左右，有各类职称的只有 600 万人。他们是"四化"建设的宝贵财富，特别是处在新技术革命时代，劳动者将不再主要依靠体力，而是主要以智力创造财富，知识已成为社会经济发展的动力，"人才是最重要的资本"已成为国际经济活动中新的价值观念。发达国家都不惜重金加速培养人才和用优厚待遇聘请和吸引国外知识分子。各国的知识分子待遇一般都高于体力劳动者，脑力、体力劳动者之间保持了必要的收入差距。我国脑力、体力劳动者收入倒置已产生了许多不良后果，如导致"读书无用论"的重新抬头，有的地区已出现了"教师弃教、学生弃学"的现象，影响知识分子积极性的发挥，影响人才的迅速成长和发展，还会造成人才外流。因此应把继续落实知识分子政策，较快地提高知识分子待遇，扭转脑力、体力劳动者收入的倒置现象看作振兴国家的宏观战略决策而加以重视。

四 各种所有制之间的收入差距扩大

近几年来出现了集体经济的收入增长快于全民，个体经济收入增长快于集体的现象。如下表。

	1978 年	1984 年	1985 年	1984 比 1978 年增长%	1985 比 1978 年增长%
全民所有制单位职工平均工资	644 元	1034 元	1158 元	60.6	80
城镇集体所有制单位职工平均工资	505 元	811 元	908 元	60.6	80
乡镇企业人员平均工资	306 元	676 元		120.9	
城镇集体与全民人均工资比	1∶1.28	1∶1.28	1∶1.28		
乡镇企业与全民人均工资比	1∶2.10	1∶1.53			

资料来源：根据 1985 年中国统计年鉴和 1986 年 2 月中国统计月报数据整理。

从上表全国平均数来看，全民和城镇集体的工资收入是同步增长的，只是乡镇企业的收入增长速度快于全民和城镇集体，从平均工资绝对额看，全民单位仍高于城镇集体单位。个体经济没有全面统计资料，据典型调查，城乡个体户的年收入一般都较高。个体摊贩和修理业人员年收入在1500元以上，多的可达四五千元甚至上万元。上海市柳林路小商品市场370户中，万元户就有70户。北京市修自行车、修鞋的个体户年纯收入都达两三千元，卖成衣的摊贩收入更多。农村的专业户收入也都比较高，据农村发展研究室对1293户专业户的调查，平均每人纯收入达1406元，比一般农户高3倍，不仅高于乡镇企业职工，也高于全民所有制职工，收入高的专业户甚至可达几万、几十万元。不少地区出现了个体收入高于集体和全民所有制单位人员的现象。如河北涿县制毯业平均月工资个体为120～130元，集体为80～90元，国营职工只有60～70元。据我们对广东省佛山地区的调查，1984年全民所有制单位平均工资为1657元，而南海县乡办企业劳动力平均收入为2605元，个体专业户平均收入为1886元。个体经济的经营大户收入更高，少数个体经营者收入高达几十万、上百万元。个体户收入在数千元至万元的，一般比职工的收入高5～10倍；收入在几十万元和上百万元的大户，其收入则高于一般职工几十倍甚至几百倍。显然，这种收入差距过大，是不合理的，但收入大户为数极少。我们也应看到个体户承受的风险较大，没有"铁饭碗"，不能享受劳保福利待遇，劳动条件差，一旦遇到天灾人祸，就将发生困难，也有不少个体户和企业因经营不善发生亏损、倒闭或收入减少的现象。

在当前商品经济仍不发达的情况下，个体经济的发展能把分散的劳动力、资金、技术、生产资料等生产要素结合起来，使人、财、物得到充分利用。这对发展生产力、满足人民生活的需要，起到了拾遗补阙的作用，补充了全民、集体经济的不足；为城乡剩余劳动力提供了广阔的就业门路；有利于产业结构的调整。它的发展使国家增加了财政收入，给集体增加了积累，个人增加了收入，而且对全民所有制单位和集体所有制单位起到了竞争和促进作用。一部分人先富起来，使大家看到了率先致富的榜样和前景，激发了低收入群众的致富动力。这些对国民经济的发展是有利的。另外，个体经济的发展也存在一些弊端，如有些个体户钻国家税收制度不健全和价格不合理的空子，偷税、漏税，从而获得了高额收入。不少个体经营者为获得廉价原料和销售优先权，不惜用重金对国家干部和企业供销人员进行贿赂，腐蚀了干部，助长了不正之风。此外，不少个体大户收入过高，对社会各阶层会带来心理上的不平衡。据各地反映，由于个体户收入过高，吸引了集体企业工人，一部分技术工人离开集体企业去从事个体经营。个体户还与集体企业争原料、争市场，从而挤垮了集体企业。有的个体户用承包办法把农村集体企业的固定资产攫为己有。个体户和集体企业的高收入也影响了国营企业职工的工作积极性。工人说："辛辛苦苦三十年，不如家庭工厂一百天（指收入）。"有的全民所有制单位职工停薪留职搞第二职业；有的技术人员因高薪受聘于乡镇企业；有的职工提前退休转而从事个体经营。

从上述分析看，全民和集体所有制单位之间的收入差距基本是合理的，只是个体经济收入较高，与全民、集体所有制单位职工收入差距过大。但从个体经济发展的利弊看，目前还是利大于弊。我国目前是生产资料公有制占主导地位，对于占国民经济比重还不大的个体经济完全可以通过经济杠杆来加以调节。如从 1986 年起国务院已颁布《城乡个体工商户所得税暂行条例》，对个体经济的高收入将实行十级超额累进所得税加以控制，通过对个体经济建账加强管理。对于通过资源占有上的优势而取得高收入者，今后应通过征收资源资产估用税加以调节；对于经营者利用市场缺陷、差价不合理而形成的高收入，要通过完善市场机制和合理的价格政策堵塞漏洞；对那些违法乱纪牟取暴利的则应健全法制依法制裁。通过这些对个体经济加以引导和限制，存其利，弃其弊，促使其健康发展，使个体经济的收入与其他经济成分的职工收入既有差别，又能控制在合理的范围内。

五 农业内部收入差距扩大

据统计，我国农民纯收入由 1978 年的 134 元增至 1985 年的 397 元，增长近 2 倍，平均每年增长 16.8%。这不仅超过了三中全会前的二十多年中平均每年 2.9% 的增长速度，而且富裕户增多，贫困户减少。调查资料表明，1984 年人均纯收入在 300 元以上的户由 1978 年的 2.4% 上升到 18%，150 元以下的困难户则由 65% 降为 4.6%。

地区之间的农民收入差距有所扩大，以沿海的上海和西北的甘肃为例，差距变化如下表。

	1978 年	1984 年	增长倍数
农民每人纯收入（元）	134	355	1.6 倍
最高：上海	290	785	1.7 倍
最低：甘肃	98	221	1.3 倍
收入差距（以甘肃为 1）	1：2.96	1：3.72	

按地形划分，则平原地区人均收入绝对额和增长速度均高于丘陵和山区，差距也是扩大的，如下表。

	1980 年	1984 年	增长%
平原地区	203 元	408 元	100
丘陵地区	190 元	336 元	77
山区	169 元	290 元	72
收入差距（以山区为 1）	1：1.1：1.2	1：1.2：1.4	

根据有关部门对农业的自然环境（包括气候、雨量、植被、灌溉率等11 个指标测算）进行研究得出的农业环境值，上海比甘肃高 2.8 倍，[①] 环境差距高于收入差距，说明农业的地区差别主要是受环境影响。当然除环境因素外，还受各地的产业结构、劳动力负担系数和文化素质的影响。例如每一劳动力的负担系数上海为 1.46 人、甘肃为 1.91 人，每户在社队企业的劳动力上海占 31%、甘肃仅占 0.5%，每百人口初中以上文化程度者上海为 38 人、甘肃为 18 人。

在同一地区内，由于农民个人的文化素质、经营能力、占有资源、生产工具的不同，拥有资金和劳力的多寡、技术熟练程度的差异等都能使收入差距拉大。据农村政策研究室对 3.6 万农户的调查，1984 年低收入户得到总收入的 13%，高收入户得到总收入的 40%，差距约为 1：3，比 1978年的这一比值扩大了近一倍。大量调查材料表明，县与县、乡与乡、村与村、户与户之间的收入差距都扩大了。例如天津市武清县高场村 215 户农户，1978 年人均纯收入最高为 391 元，最低为 65 元，相差 5 倍；1954 年最高达 3951 元，与最低的 157 元相比，差 24 倍。上海崇明港西乡 1978 年

---

① 《农业现代化探讨》总第 167 期。

最高和最低收入户相差 5 倍，1984 年扩大为 20 倍。陕西对 12 个调查点进行了农户调查，最高和最低收入户由 1978 年的 0.7 倍扩大为 17 倍。湖南对 15 个村 3500 户进行调查，千元以上户占 1.7%，100 元以下户占 1.6%，最高收入 5155 元，最低为 50 元，相差 100 多倍。云南省分民族调查，汉族 1984 年人均纯收入为 442 元，比少数民族的 128 元高 2.5 倍，比苗族和拉祜族 107 元和 103 元高 3 倍多。如果拿各地的专业户最高收入和最低农户收入相比，则差距高达数百甚至数千倍！从各地调查材料看，人均收入高的大多是专业户和从事多种经营或第三产业的，经营者文化水平高，有不少是能工巧匠，他们是由其劳动力多、资金多、门路多、善于经营管理、勤劳等原因致富的。富者由于收入增多，扩大再生产能力强，致富的劲头大，便形成良性循环，富起来更快；而贫困户贫困的原因，主要是劳动力少、文化素质低、无资金、无门路、不善于经营、大多从事单一的种植业，有不少贫困户中有老弱病残和智障者，有的是遇到天灾人祸，有的因婚丧嫁娶负债过多等。有些地区扶贫工作有所削弱，不少地区农民反映："现在干部总往富户跑，助富多，扶贫少，贷款贷富不贷贫，贫困户致富难，只好望富兴叹！"有的说："富户门前车水马龙，犹如锦上添花，穷户门庭冷落，希望政府拉穷一把，加强扶贫工作。"

从 1984 年全国农户抽样调查看，两头小、中间大、人均纯收入在 500 元以上的较富裕户占 18.2%；200~500 元的中等收入户占 67.8%；200 元以下的低收入户占 14%，这部分农户实际人均纯收入只有 158 元，不足以维持最低生活消费和简单再生产的需要，要靠国家、集体救济和借贷度日。根据民政部门统计，1984 年农民在贫困线以下需国家救济的尚有 8000 万人。这些数字表明，2/3 的农户刚够温饱水平；14% 还不够温饱水平；只有 18% 生活稍富裕；万元户是极少数，据农研室对 3.6 万户农户的调查，万元户只占总户数的 0.8%。因此我们对农村的富裕程度要有清醒的估计，不能因看到一些万元户发家致富，就认为农民富裕得不得了；也不能因为农村存在贫富差距扩大而动摇"让一部分人先富起来"的信念。

缩小农民收入差距，应该对收入较低还不得温饱的贫困户采取切实办法，加强扶贫工作，提高他们的收入。近几年民政部门采取了许多积极措施进行扶贫，已从单纯的生活救济变为从资金、技术、信息、供销和减免税收等方面扶持贫困户发展工副业生产由过去单纯的"输血"变为"造血"，使他们逐渐摆脱贫困，走向温饱或富裕。我国近几年采取这些措施后，已使 500 万户贫困户脱了贫，脱贫率达 53%。有的地区对贫困户采取了特殊政策，如湖南省从多渠道筹集资金 2 亿多元，帮助贫困户办农、牧、渔场，组织技术人员向贫困户传授技术等，1985 年使 30 万贫困户脱贫；广西重点扶持 10 个多灾贫困县办企业，开展生产自救，使多数贫困户吃穿有余；贵州省抽调 3000 名干部帮助山区治穷致富；黑龙江克山县对贫困户不摊义务工、子女入学免交学费、免费治病、优先安排生产资料、传授技术，党员干部包贫治穷，还把扶贫工作列为建设文明村的一个指标，有的地区优先安排贫困户到乡办或村办企业务工，有的地区为使干部抓好贫困户的工作，把减少贫困户作为考核基层领导班子的参考指标。

从以上五方面的收入差距看，差距的存在和某些差距的扩大或缩小，确实反映了经济体制改革过程中用经济手段来发展经济的客观必然性，也反映了中央提出的"让一部分人先富起来"政策实行的结果。这种收入差别的变化意味着竞争和活力，也反映了效率的提高，初步改变了过去长期以来用行政手段采取"一平二调"吃"大锅饭"的平均主义，改变了以牺牲"效率"来维持"平等"的状况。过去收入差距虽小，但结果是效率低，经济发展慢，大家生活水平都很低。

马克思主义的基本观点是生产决定分配。保持合理差别正是为了提高竞争力、提高效率，以创造更多的物质财富，逐步达到共同富裕。

但从上述五种差距分析中，必须对以下几方面的问题加以重视。

1. 当前农业还相对落后，大多数农民收入还比较低，要加快农业的发展，提高农民收入，减轻农民负担，进一步缩小工农收入差距。

2. 应采取切实措施，继续落实知识分子政策，加快提高知识分子生活待遇，尽快扭转目前脑力劳动者与体力劳动者之间收入差别倒置的现象。

3. 为了鼓励东部沿海地区的先进技术和技术人员向西转移和流动，应提高西部和边疆地区的工资收入，使这些地区的收入高于东部沿海地区。

4. 所有制之间的收入差距，比较突出的是个体经济的高收入问题，国家应利用经济杠杆加以调节和控制，使个体经济的收入与其他经济成分的职工收入差距保持合理的比例。

小城镇建设与城乡协调发展[*]

张雨林

本文从我国新型城乡关系和基本国情出发，论证了我国城市化道路和小城镇的建设问题。文章认为，城市化并不是一个独立起作用的规律，而是城乡相互作用下的社会历史进程。我国城市化的道路，只能是城乡协调发展下的城市化，即城乡经济和社会的互相渗透、互相依存、互相促进。小城镇是这个网络中的一个面广量大的层次。它既是乡村经济和社会生活的集中点，又是城乡和工农业发展的协调点。文章认为，现阶段我国城乡和工农业发展总的来说是一致的，但是它们之间也存在着矛盾。通过小城镇这一社区有机体，可以协调城乡和工农业之间的矛盾。文章最后部分建议，建立小城镇指标体系，以便全面反映小城镇的经济、社会和环境效益，反映它在协调城乡发展中所起的作用。

一

当前，我国的小城镇①建设正在蓬勃地向前发展。对于这种发展，社会学界有着不同的认识。② 一种意见认为，小城镇既是宝塔形的城市网络的基石，又是社会主义新农村建设的重点所在；它的发展，正是具有中国特色的社会主义的一个重要特征。另一种意见则认为，和城市相比较，小城镇经济的效益不高，随着城市经济的日益发展，它的作用必将逐步减

---

* 原文发表于《中国社会科学》1986 年第 4 期。

① 这里说的小城镇，是党的十一届四中全会通过的《中共中央关于加快农业发展若干问题的决定》所说的范围，包括县城镇、县以下比较发达的集镇和大城市周围的卫星镇。

② 参见方明《小城镇研究综述》，《中国社会科学》1985 年第 4 期。

少，它在现阶段的发展不过是城市化进程中的一种"过渡形式"，如果过分强调它的意义，就意味着回避城市化问题。这种不同的认识，说到底，是对社会主义现代化建设时期我国城乡关系的不同认识，是对城市化及其具体进程和模式的不同认识。本文从理论和实践的结合上对此做一些探讨。

应该说，现在要进行探讨的并不是城市化的一般趋势；因为城市化作为一定历史阶段的必然趋势，就如同现代化是一种历史的必然一样，已经是毋庸置疑、无可争辩的了。现在需要重点研究的，是在不同的经济、社会条件下会有怎样不同的城市化进程和模式。

"乡村城市化"是马克思提出过的一个命题。马克思在《政治经济学批判（1857—1858 年草稿)》一书中论及前资本主义生产方式的解体和资本主义生产方式的成长过程时说："中世纪（日耳曼时代）是从乡村这个历史的舞台出发的，然后，它的进一步发展是在城市和乡村的对立中进行的；现代的历史是乡村城市化，而不像在古代那样，是城市乡村化。"①

马克思的这一段话，现在常为一些文章所引用，但究竟如何理解它的含义，我觉得仍有值得研究的地方。显然，马克思在这里是联系城乡的相互关系提出城市化问题的，不过没有展开。在这份草稿的最后部分，特别是在《资本论》中，他对城市的发展和城乡关系进行了深入的论证。他分析了随着工场手工业的发展和商人阶层的活跃而产生的资本在城市聚积的过程以及城乡对立发展的进程；描述了城市资本如何通过购买农民的劳动产品来购买他们的劳动，继而剥夺他们对土地和生产工具的所有权，把他们变成雇佣工人而掌握在自己手中；他细致解剖了在英国发生的资本原始积累和工业革命的具有代表性的情况。在那里，农民简直是被资本"用暴力"赶进工业城市；而与工业城市的发展相伴随的，则是农村中的阶级分化，是农民的贫困、饥饿、愚昧和惨遭镇压。这一切，"决不是田园诗式的东西"②。农村在饱经痛苦的蹂躏之后，逐步被资本占领。资本主义的大农业发展起来，促进了农业技术的进步。但由于资本主要聚积于城市及其对劳动的剥削，由于经济发展、人口流动的自发性和无政府主义状态带来

---

① 见《马克思恩格斯全集》第 46 卷（上），第 480 页。
② 见《马克思恩格斯全集》第 23 卷，第 782 页。

的城市过度膨胀，由于工农业的人为的割裂而破坏了它们之间平衡和相互依赖关系，等等，形成了城市与乡村的对立。这一对立成为"资本主义最深刻的矛盾之一"①。在那里，城市一方面聚集着"历史的动力"，另一方面又破坏了人和土地之间的物质变换，使得土地日益贫瘠和浪费，农民日益贫困。正是如此，在1870年前后，即马克思完成《资本论》第一卷时，英国的农业已呈现停滞状态。当时，英国一方面靠工业品的海外市场致富，另一方面靠俄国、印度压榨本国农民实行"饥饿输出"来获得所需要的更多农产品。在其他资本主义国家，例如美国，虽有得天独厚的自然条件，农业有很大的发展，但是，工业品的垄断高价、工农业产品价格的剪刀差、银行的利息剥削、运输公司的高额运费等，仍然压迫着农业。在经济危机到来的时候，农业总是比工业受到更沉重的打击。以上这些，就是资本主义在城乡对立中实现城市化的实际情景。马克思曾经明确地指出，这种情景"只有在私有制的范围内才能存在"②。

社会主义改变了所有制关系，城乡关系也必然随之而改变。马克思、恩格斯在论及未来的社会主义社会时，充分肯定了城市的作用，反复强调了"城乡之间对立的消失"的必然性以及"农业和工业的结合""逐步缩小以至消灭城乡之间的差别"的必要性。有了数年社会主义实践经验的列宁，认定"社会主义的唯一的物质基础，就是同时也能改造农业的大机器工业"③。这里除强调工业的重要性以外，还涵盖另一层意思，就是强调工农业结合，使农业落后于工业的情况得以改变，两者"同时"得到发展。

现在，国内外学术界广泛使用"城市化"一词，然而，对这一概念的理解却各有不同。论者中有的认为，城市人口的高度集中是城市化的初级阶段，而农村的城市化是其高级阶段；有的则将城市的集中称为城市化，而将城市过度膨胀以后的向外分散称为"逆城市化"。这些概念反映了某些西方国家历史发展的实际，却不能被认为是对城市化概念的科学表述。我们从前述马克思、恩格斯、列宁等经典作家的论述中可以看到，城市的发展是和生产力（主要是工业生产力）的发展密切相关的。但影响它的发展变化的却不只是生产力一个因素，生产关系和其他社会关系对城市发展

---

① 见《列宁全集》第3卷，第255页。
② 见《马克思恩格斯全集》第3卷，第57页。
③ 见《列宁选集》第4卷，第549页。

的进程也起着重要的制约作用。城市是与乡村对应而言的，城市的发展变化，是城、乡两个方面相互作用的结果。而城乡关系受所有制关系的制约，受特定社会发展阶段的经济、社会发展规律的制约，因而城市化的过程也必然受不同社会形态的特有规律的制约。不是在资本聚积规律支配下和城乡对立中发展的城市化，就是在有计划、按比例规律支配下和城乡协调中发展的城市化，二者必居其一。城市的高度集中和过度膨胀以及过度膨胀以后的再行分散，都是在资本主义城乡对立的条件下城市自发发展的结果，是受资本积聚规律支配的；在社会主义条件下并不需要经历这样一个过程。社会主义社会起主导作用的规律，是在社会主义公有制占主导地位的基础上发展社会生产力，实现共同富裕，是在社会主义国家宏观控制下实现国民经济有计划、按比例的发展。共同富裕的一个重要方面，就是城乡的共同繁荣。"有计划、按比例"，当然应该包括城市和乡村、工业和农业的有计划的发展。在社会主义经济、社会发展规律制约下的城市发展的进程，应该是既发展城市又繁荣农村，两者互为条件，协调发展。发展的结果，只应是城乡差别逐步缩小，以至本质差别的消失。因此，城乡协调发展下的城市化，就是在城市发展、提高的同时，乡村的生产力水平和生活方式向城市接近的过程。这是一个历史的进程。在这个历史的进程完结之后，即城乡本质差别消失之后，"城市化"这个概念也就不存在了。

　　新中国成立之初，党中央提出把工作重心从乡村转移到城市；与此同时，也提出必须城乡兼顾，必须把城市和乡村、工业和农业紧密地联系起来。正是在这个时候，刘少奇同志明确提出了"要有城乡一体的观点"，并把确立新民主主义——社会主义的城乡关系作为一个"新问题"提到议事日程上来[①]。可惜从 1958 年以后，有相当长一段时间违反了这一要求，结果，导致经济上的比例失调，主要是农业落后，农业拖工业的后腿；体制上则是城乡分割、条块分割，甚至互相封锁、各自为政。经历了这些重大曲折以后，党在 1981 年颁发的《关于建国以来若干历史问题的决议》中，再次肯定"在经济工作中实行对全国城乡各阶层统筹兼顾"，"以农业为基础，正确处理重工业同农业、轻工业的关系，充分重视发展农业和轻工业，走出一条适合我国国情的工业化道路"。近年来的改革实践，更使

---

① 　见《刘少奇选集》（上卷），第 419 页。

城乡、工农业协调发展的思想得到进一步的发展。例如，在试行"市领导县"的省份和地区，几乎无例外地强调把城乡联结成一体，发挥城乡两个优势，形成城乡协调发展的经济和社会网络，使城乡经济和社会互相渗透、互相依存，实现城乡经济、社会大系统的良性循环。在这个良性循环中，城市的中心作用得到发挥，大、中、小城市群体和城乡结合的经济、社会网络逐步形成，农村现代化建设迅速发展，农村的封闭、落后状态开始改变。这样发展下去，就可以走出一条适合我国国情的社会主义城市化道路来。此外，世界科技革命的发展，也为我们走这样一条城市化的道路提供了新的有利条件。例如，工业布局可以做到合理分散，而不必都集中在大城市[1]。大城市的作用，将逐步由主要是工业聚集区向工业、流通、科技、信息、服务等多功能的中心转移。这样，不论从生产力发展的要求来看，还是从生产关系特别是城乡关系的性质来看，我们完全可以在有计划的商品经济发展的进程中，直接形成合理的城乡网络。在这个网络中，城市改变"城堡式"的封闭模式，向着新型的、开放式的城市提高和发展；农村则改变自己的封闭状态，与城市密切交往，在生产力水平、生活质量、生活方式等方面向城市靠拢。这就是我们的城市化道路。

综上所述，我们是在城乡协调发展这个整体中，在我国现代化和城市化的历史进程中，在合理的城乡网络建设中提出小城镇建设问题的。小城镇建设的发展，不但与城市化没有矛盾，而且正是我国城市化道路的重要内容之一。因此，并不存在因重视小城镇建设而忽视大、中城市的作用和回避城市化的历史进程的问题。实际上，这两者是完全一致的。

二

同其他国家比较，小城镇建设在我国有它特殊的重要意义，这与我国的国情有关。

在人口结构上，我国乡村人口占总人口的70%[2]，加上建制镇的人口数，则占总人口的80%左右。在产业结构上，农业处于重要的基础地位。

---

[1] 参见卢嘉锡《对世界新的技术革命的一些基本认识》，《世界经济导报》1985年8月19日。

[2] 见《中国统计摘要》（1985），中国统计出版社出版。

农业的支援本是题中应有之义。更加值得注意的是，现在的乡镇企业，包括家庭工业在内，已有相当一部分属于服务农业的项目，今后，这种类型的乡镇企业将会有长足的发展。这就更加直接地体现了农业生产本身技术分工的发展，体现了农业与工业、与科学技术的紧密结合。党中央肯定了发展乡镇企业是我国农村经济振兴的必由之路。这是一条不同于资本主义国家走过的先发展城市工业后发展农业和农村经济的路子。顺着这条路子走下去，我国的城市经济和包括乡镇企业在内的广义的农村经济是很可能做到大体上同步发展的，因而是一条很适于我们这样一个乡村人口众多的国家发展经济的路子。

经济是社会的基础。经济的发展和变革，必然带来社会的变迁。我国农村市场的发展、工商业的兴起以及农业同工商业广泛的、多层次的、多种形式的综合和联合，必然使社区结构发生明显的变化，突出表现为小城镇的蓬勃兴起。这是由于：①发展乡镇工业和农村市场交易都需要一个区位，这个区位就是小城镇；②由繁荣的市场、日益发达的乡镇企业和日益现代化的农业所形成的新农村，必须有城市型的文化和其他社会生活的环境与之相适应，这个环境只能在小城镇形成；③我国农村经济的主体，是商品经济基础上的合作经济，新型的、多种形式的合作经济的中心也只能是在小城镇。小城镇的蓬勃兴起，是社会主义新农村建设的必由之路。随着城市的发展和城乡交往的增多而生长起来的小城镇必然会进一步发展和完善，成为农工商紧密结合、经济和社会协调发展的城市型的社区空间结构。这一前景说明，事情并不是如有的同志所理解的那样：小城镇不过是城市化的"过渡形式"，在一定的时候就将"衰亡"。如果说有什么将要衰亡的话，那只可能是建立在小商品生产基础上的"日中为市"式的初级集市；而在衰亡的初级集市基础上建立起来的新型小城镇则将继续存在和发展。我们不能像资本主义国家那样，只是在大城市积聚的资本膨胀到必须向外扩散的时候才提出并重视小城镇建设问题，而是要将顺序变更过来，即让小城镇的建设与农业的商品化、专业化、现代化及农村经济多样化的发展同时进行。这也就回答了那些对小城镇经济"效益不高"的诘难。效益如何，不能只从城市一方面来看，而要从城乡一体化的全局来看；因而不应当以小城镇经济的效益与大、中、小城市经济的效益相比。在我国社会主义条件下，因势利导，把小城镇建设成为社会主义新农村的有机组成部分和农村社区的主体，是既符合我国国情又顺理成章的事情。

"城市是经济、政治和人民的精神生活的中心，是前进的主要动力。"[①]我国在社会主义现代化建设过程中，中心城市的作用将大大增强，城市的数量和规模都会有一个较大的发展，这是毫无疑义的。但我国城市的发展与资本主义国家早期的城市发展相比，有自己的显著特色：①在社会主义制度下，可以有计划地进行生产力的合理配置，使大、中、小企业以及家庭工业相互结合，各得其所。我们有能力做到把一些不必要安排在大、中城市的项目安排到小城市和小城镇上去，人口也可以适应生产力布局的需要，实行有计划的流动，使之分布得较为均衡。这就既可以避免大、中城市过于拥挤而产生的种种弊端，又有利于资源的全面开发利用和新农村的建设。②在技术革命的时代，由于微电脑等新兴技术的推广使用，企业并不一定是规模越大越好。在一些行业中，小企业同样可以获得高效益，甚至家庭工业也造出了高、精、尖产品，这为生产力的合理分布提供了有利条件。③我国的工业不靠"大鱼吃小鱼"的方法发展自己，而是通过发展横向联系，既壮大自己，又促进全社会生产力的发展。现在，我国农村承受城市扩散的能力日益增强，因此，城市不必孤立地发展其自身，而是可以建立开放型的经济、社会体系，更好地扩大自己的影响。

正因为如此，在我国，衡量一个城市的经济、社会发展水平，就不能只从城市本身来看，而是还要看它有多大能量向它影响所及的区域扩散。在城市经济和农村经济有机结合、现代化工业和现代化农业有机结合的体制中，小城镇就是承受城市能量扩散的、分布广泛的重要社区组织。反之，如果没有为数众多的小城镇用以承受大、中城市的辐射能量，包容相当一部分农村的剩余劳动力和人口，在我们这样一个人口众多的国度里，必将使得大、中城市承受过大的人口压力，给改革和建设带来困难。因此，小城镇的发展与大、中、小城市的改革与建设也是相辅相成的。

上述农村的发展和城市的发展相结合，必然形成具有我国特色的城市网络和城乡格局。小城镇是这个格局中的一个重要层次。这个层次面广量大。据有关部门估算，到 2000 年，我国农村劳动力将达到 45000 万人。其中，农、林、牧、渔业能容纳的不超过 50%；能进城市和工矿区的不超过

---

① 见《列宁全集》第 19 卷，第 264 页。

10%；其余 40%，即 18000 万劳动力，将主要转入小城镇和集镇。这样，小城镇和集镇就将有 3 亿以上的人口，并密切联系着周围农村的 3 亿～4 亿人口，两者总数将为我国社会总人口的一半以上。再发展下去，它周围的人口将进一步向小城镇聚集，使小城镇成为乡村社区的主要社区形式。这也正是具有我国特色的乡村城市化的合理的模式。

三

小城镇建设本身有许多问题也是值得探讨的。

小城镇是社区的一种类型。不论哪种类型的社区，如城、镇、乡等，都是由经济、文化和社会生活的网络和一定的人口聚居形式组成的社会实体。例如，商品交换的密集网点形成市场。市场不仅要有场地，还要有与之相适应的交通、信息、服务等多项设施，并有一定数量的人口在它周围聚集。工业、文化和其他社会生活的情况亦是如此。社区是一个整体。按照辩证唯物主义和系统论的观点，任何整体都不是它的各个部分的简单量的总和，而是一个独立的有机体。它的功能一般大于（有时也小于）各个部分之和。在社区这个有机体内，它的各个部分互相配合，协调促进，起到各个部分独自所不能起的作用；但如果组织得不好，也可能互相割裂，甚至互相对立，使各个部分不能正常地运转。社区各个部分的有机组合，产生一种"集体力"①，形成社区的功能。城市型的社区有两方面的功能：一是经济、文化和其他社会生活的集中点；二是不同社区之间的调节点。社区的行政机构以及市场、信息、交通、邮电等设施，都能尽其调节的职能。一个大的社会控制系统，不能只由一个中心调节，而是在一个中心的控制下实行分级调节。也就是说，要在国家计划的指导下，发挥每一个层次的社区特别是城市型社区自身调节的功能，使其运转的节奏符合国家计划的要求和社会整体的利益。据此，要形成一个城乡结合的高效能的经济、社会网络，就要有计划地建设好这个网络中的每一种类型的社区，既发挥它们作为经济、社会、文化生活的集中点的作用，又发挥它们在不同

---

① 马克思在论述协作的时候，把结合劳动的效果称作"集体力"（见《资本论》第 1 卷，第 362 页）。我们认为，马克思使用的这个概念，对于一个社区内各个行业的"结合劳动"也是适用的。

社区之间、在社区内部各行业之间的调节点的作用。

如前所述，小城镇的发展前景，是成为农村的工业中心，现代化大农业的产前、产中、产后服务中心，农村商品经济、合作经济的中心，同时也是接受大、中城市能量扩散的重要阵地。这样，小城镇就在城乡协调发展中起着重要的枢纽作用。城乡的信息，相当一部分在小城镇相互反馈；城乡之间的相互运动，有许多需要在小城镇进行协调。而要很好地发挥这些功能，就必须对它的建设加强计划指导。"集体力"的发挥，全在于合理地加以组织，就是要使它的各个部分适合于整体功能的需要，而不能听任其自发地发展。否则，它也可能离开城乡协调发展的轨道，对工农业生产和农村现代化进程起消极的作用。

为了有计划地建设小城镇，有必要对它的内部关系和外部关系进行具体的分析。

影响小城镇建设和发展的是三股力量，或者说是三个方面的需求：一是农村商品经济的发展以及农业和农村现代化建设的需求；二是大、中城市壮大自己和扩散其能量的需求；三是小城镇居民自身发展生产和改善生活的需求。一般来说，第一、二两股力量是基本的，因为，第三股力量，即小城镇居民的经济和社会行为，只有适应城、乡发展的需求，才能满足其自身发展的需要。以上几股力量，总的来说是一致的。如果组织得好，来自城市的资金、技术、信息、文化与来自农村和小城镇自身的人口、劳动力以及其他经济和社会生活的要素相结合，可以在小城镇形成新的生产力和新的社会生活实体。这样，既大量吸收了农村的剩余劳动力，解决了小城镇待业人员的就业问题，又促进了城乡商品经济的发展，有利于小城镇本身和新农村的建设。这是基本的方面。然而，这几股力量也有矛盾。这种矛盾就其性质而言，主要是城乡矛盾在小城镇的反映。在现阶段，我国城乡之间、工农业之间的对立虽然已经消失，但它们之间的本质差别依然存在。城乡和工农业生产的条件差别很大。工农业产品在交换中仍然存在着剪刀差，城市为自身发展的需要而扩散其影响时，往往也将一些不利于农业的因素扩散到农村，如过多地占用耕地、污染环境等。小城镇和农村为了眼前的利益却又不得不容忍这种扩散。此外，由于工农业产品交换中剪刀差的存在，为城市工业配套的产品的产值高、利润高，农产品以及农业的产前、产后服务业的产值低、利润低。一些靠近城市的小城镇，往往只热衷于发展为城市配套的加工工业和其他制造业，而不愿将适量的资金和劳动力投放到农副产品加工业和其他的农业产前、产后服务业方面去。因此，有的小城镇自身的产值高速度增长，而周围农村的禽蛋却无人收购、无处贮藏、无法加工，致使"蛋贱伤农"，养鸡鸭的专业户破产。还有的小城镇，由于放弃了"以工补农""以工建农"，致使农村劳动力进了镇，土地被撂荒，或者经营粗放，造成减产。这样，小城镇虽然可以吸收部分农村剩余劳动力，增加部分农民的一些收入，却未能起到促进农业商品化、专业化、现代化的作用。就短时期来看，小城镇似乎繁荣起来了；但从长远来看，这将给农业这个"基础"带来不利的影响，使小城镇失去自身应有的特色和优势，使自己在同大、中、小城市的竞争中处于不利地位。如果不采取有力措施解决以上矛盾，继续发展下去，虽然有的小城镇可能发展成为中、小城市，但另一些小城镇则将衰落下去。这对城乡经济，特别是对农村经济和社会的发展是很不利的。这也是西方国家城市自发扩展中出现过的老问题，我们应该采取措施避免这种情况的发生。

小城镇居民与周围农村中农民的要求也有不一致的地方。居民要求把资金更多地投放到小城镇的环境建设上，尽快地将小城镇建成舒适的生活区；而农民则要求小城镇首先发展为农业服务的行业。居民希望进镇的农民人数少，以便将好的就业机会留给自己；而农民则往往不顾城镇的容量盲目地涌向小城镇。

此外，在小城镇内部，各个"条条"所属的单位从自身的利益出发，往往只顾本身的发展，互不配合甚至互相妨碍，它们之间存在的矛盾也是显而易见的。

上述种种问题，许多都涉及宏观决策，需要从宏观上加以解决。但按照前面所说的"分级调节"的道理，小城镇在解决这些矛盾中也应发挥自身的能动作用。小城镇置身于广义的农村社区之中，直接沟通城乡、联结工农，信息反馈灵活、具体。它在城乡、工农业之间所具有的调节功能是不容忽视的。小城镇建设的"艺术"，就在于统筹兼顾、协调各方、妥善解决它们之间存在的矛盾，使城乡之间、工农业之间、局部和整体之间、眼前利益和长远利益之间的关系得到正确的处理，使每一个小城镇在自己影响的范围内形成一个城乡、工农业、经济和社会的良性循环系统。为了实现这样的目标，有必要重点解决好以下几个方面的问题。

第一，产业结构问题。功能和结构是一件事情的两个方面。小城镇要在城乡协调发展中起到应有的作用，必须有与之相适应的经济、社会结构。其中，重点是产业结构。小城镇是两大产业系统的交叉点。一是农业产业系统，一是以城市工业为主的工业产业系统。从农业现代化和社会主义新农村建设的前景考虑，小城镇的产业结构应逐步做到与现代化的农业产业系统形成有机的整体。这里说的现代化农业产业系统，不仅指包括种植业、林业、渔业、畜牧业在内的大农业，而且还包括它的服务体系，如产品的储藏、运输、销售、加工，农业机械的维修和部分简单机械的制造，农用生产资料如复合肥料、人工饲料的制作，优良品种的培育和推广，技术、信息的服务等。所谓农副产品加工业，也需要突破传统的概念，即不只是食品的加工，还应包括其他以农副产品为原料的工业，如纺织、丝绸等；并应积极发展对以往弃置不用的"废物"的综合加工利用。农业专业化、现代化的一个十分重要的方面，就是上述这些产前、产中、产后服务，就是农副产品加工业从直接的农业生产过程中分离出来，形成专门的产业。这些产业越发达、越先进，越能促进种植、畜牧、林、渔业等的专业化、现代化，提高它们的经济效益。按照经济发展的客观要求和中央确定的方针①，这些产前、产后服务业和加工业的相当大的部分，应该集中在小城镇。从这个意义上说，农业商品化、专业化、现代化的发展，在很大程度上依赖于小城镇建设的发展及其产业结构的合理化。现在，全国许多地方的小城镇建设在这方面取得了较好的经验。例如，江苏省的海安县充分利用本县的资源优势发展农牧结合的大农业，并在这个基础上建立健全五个方面的服务体系：饲料生产体系；良种繁育体系；疫病防治体系；技术服务体系；加工销售体系。其中除良种繁育体系以外，基本上都要在小城镇进行建设。这个县的隆政乡养鸡业较发达。他们在乡级镇上组织了一个蛋鸡生产研究会，有1200多养鸡户参加，实际上是养鸡业的联合会或合作社。研究会设有企业性质的服务部，给养鸡户提供技术咨询，负责供应养鸡用的器具和药品，并收购会员的禽蛋产品向城市销售。研究会还与乡粮管站等单位联合兴办了饲料加工厂，与县农业开发公司联

---

① 党的十一届四中全会通过的《中共中央关于加快农业发展若干问题的决定》指出："凡符合经济合理的原则，宜于在农村加工的产品，要逐步由社队企业加工。"

合办起了禽蛋加工厂。隆政乡乡级镇的建设与这些企业的建设同时兴起。当然，小城镇除满足农村的需求以外，还应该满足城市的需求，发展与城市大工业配套和为城市生活服务的生产项目。但是，就大多数小城镇而言，应该明确地把发展农业的产前、产中、产后服务业和农副产品加工业摆在首位。即便是那些位于大、中城市周围的小城镇，也应把这些产业放在重要的位置上。如果这些产业与为城市工业配套的项目发生矛盾，就应该做适当的调整，而不应该把前者挤掉。只有这样才符合小城镇和新农村建设的长远利益。

第二，建设水平和投资方向问题。在城乡协调发展的总要求下，小城镇本身的建设速度应同当地生产力发展水平主要是农村生产力发展水平相适应，可以适当"超前"，但不能"超前"过多。这就要求投资方向合理。

小城镇社区的积累，主要来自乡镇企业利润的上交部分。在投资的使用上，应首先考虑农业商品化、现代化和精神文明建设的需要，发展农业的产前、产中、产后服务业和农副产品加工业，建设好农贸市场，发展适合农村的文化教育事业。当然，随着经济和文化事业的发展，必要的基础设施的建设以及改善居民的生活条件等，也应做出恰当的安排。当前值得注意的一种倾向是：过于重形式而不讲实效。有些小城镇在形象建设上互相攀比，标准越来越高，花钱越来越多；不顾客观条件是否允许、实际是否需要，到处建"农民一条街"，要求进镇经营的农民一律盖两三层楼房，等等。这显然是不妥当的。虽然我们的目标是要建设现代化的小城镇，但这不能一蹴而就，而只能从当地实际出发，逐步积累、逐步发展、逐步提高。如果不顾实际的需要与可能，急于求"高"，结果将会适得其反。小城镇位于农村之中，镇容镇貌的设计和安排要有自己的特色，不宜照搬城市的模式和标准。另一个值得注意的倾向是：在投资方向上，不是首先考虑农村发展的需要，而是首先着眼于把小城镇建成方便、舒适的生活区。有的农贸市场极为简陋，却花费巨资建设高标准的公园。这样做的结果，只会吸引农村中一些条件优越的人争相迁移到小城镇居住，而不能尽快地把小城镇建成农村经济文化中心。小城镇建设表面上热热闹闹，而后劲却大为减弱，这是不利于它的经济社会功能的发挥的。

第三，土地政策和人口政策问题。小城镇在发展过程中不可避免地要占用一定数量的耕地，但又要十分注意节约用地。要把这个问题提到协调城乡和工农业关系的战略高度来认识。由于小城镇面广量大，若稍有放松，土地的浪费就会十分惊人。而要解决好这个问题，单靠行政审批的办法加以控制是不够的，还必须有适当的经济措施。耕地转为城镇工商业用地以后，土地的使用性质发生变化，因而产生很大的级差收入。如果不从政策上做适当的规定，一定会造成耕地的过量转移。土地从耕地转为工商业用地而产生级差收入，主要是国家宏观经济和社会发展的结果，因此这种级差收入原则上应收归国家，使用这些土地的工商企业应该向国家缴纳适当的土地使用费或土地税。农民在集体所有的土地上兴办工商企业，也应该缴纳高于农业税（目前一般只缴农业税）的土地使用税。如果为了鼓励农民兴办工商企业而暂不征税，也应该将原委交代清楚，或者根据各地情况分别处理。这样才能有效地控制用地，避免耕地的大量缩减，同时有利于引导乡、村企业适当向小城镇集中，既可节约用地又能提高经济和社会效益。此外，国家和地方政府还应该选择有土地潜力的地方，组织开垦荒地，尽量使小城镇占用的耕地得到适当的补偿。

小城镇的人口政策和劳动政策，应该按照城乡、工农业协调发展的精神做出相应的规定，而不应照搬大、中城市和国外城镇人口与劳动力聚居的模式。社会主义国家的人口流动应该服从于经济和社会发展的需要，而不应像资本主义国家那样实行盲目的"自由流动"。在农民进镇的问题上，正确的原则应该是既积极吸收农民进镇务工、经商或从事其他服务行业，又要有计划地将一部分有文化的青壮年劳动力稳定在农业战线或直接为农业现代化服务的行业上。小城镇应从经济发展的需要出发，优先吸收从事镇上所缺行业的人员进镇经营，而不要来者不拒、盲目吸收。此外，还应注意创造适合当地情况和小城镇特点的劳动方式，如江苏一带流行的"摆动式"，即是农民白天进镇工作、晚上回农村住宿、业余时间协助家属从事农业或家庭副业生产。在技术水平不高或者季节性强的行业和企业中适当采取这种劳动形式，既可减轻小城镇自身建设的压力，又有利于使一部分青壮年劳动力留在农村，也有利于农民家庭的团聚和社会的安定。这很受城镇企业和农民欢迎，有必要认真总结经验，再加以改进，使之更为完善。

第四，发挥小城镇作为一个独立社区的整体功能问题。如前所述，社区是一个有机的整体，而不是它的各个部分的简单的量的总和。但是，小城镇的各个部分又大多分属于它上面的"条条"管理。"条条"力量强大，小城镇这个"块块"很容易被"条条"所分割，从而妨碍它的整体性功能的发挥。这是一个难以完全由小城镇自身解决的问题。上级领导机关除了明确小城镇作为一个整体并赋予镇级政府协调各方面关系的权力以外，还应该在镇之上，例如，在县的范围内设立城镇建设委员会，以便协调各条条之间及条块之间的关系，这有利于镇的整体作用的发挥。

小城镇整体功能的发挥，还涉及企业的微观效益和社区整体效益的关系问题。我国以城市为中心的体制改革，核心是搞活企业，提高企业的经济效益。而衡量企业微观效益的大小，主要看企业经营成果的大小，通常以企业经营的指标来衡量。但对于一个社区来说，就不能像对待企业那样，只以企业向国家提供了多少税利或以企业经营的其他几个指标的简单汇总来衡量，而是要对它的经济效益、社会效益和环境效益做整体的综合考察。对于小城镇，不仅要看城镇本身的效益，还要联系它对周围农村以及城市经济和社会发展所起作用的好坏、大小来进行衡量，如吸收农村剩余劳动力的多少，为农业兴办服务项目的多少及其经营好坏，集市贸易的兴旺程度，农民进镇从事文化活动的人次，与周围城市建设是否协调配套，等等。上级政府可考虑设计出包括上述内容的综合的指标体系，作为考核小城镇建设好坏的标准。有的地方只提"亿元乡""亿元镇"这样简单的指标，将会助长小城镇经济和社会的畸形发展，不利于它的合理建设。只有把小城镇与其附近农村作为一个整体，又与城市协调配套，对之提出综合性的要求，才能促使小城镇建立合理的经济结构和社会结构，发挥整体功能，使它在宏观的城－镇－乡网络中处在恰当的位置上，更好地起到协调城乡发展的作用。这是实践中提出来的有待于深入研究的新课题。

上海市的老人家庭[*]

凌仪真　毕可生

1985 年 6 月间，我们在上海市进行了一次老人基本情况的调查。

我们选择上海市作为调查基地，是因为上海老龄人口的发展有两高一快的特点：（1）60 岁及以上的老龄人口的比例高于全国；（2）60 岁及以上人口的平均文化水平高于全国；（3）人口老龄化发展速度快。在上海市，我们选择了南市区蓬莱路街道的三个相邻的居委会作为调查点。南市区是上海的老城区，老龄化问题突出，60 岁及以上人口高达 15%。

我们调查的三个居委会共 6840 人，60 岁及以上人数为 1133 人，占总人数的 16.56%。除了生病、外出等原因不便调查之外，实际被调查者为 961 人，其中，男性 430 人，女性 531 人，分属于 741 个家庭，户均人数为 3.9 人。

961 位老人中，不识字或粗识字者 14 人，其中女性 327 人；小学程度者 296 人；初中程度者 153 人；高中程度者 74 人；大学及大学以上程度者 24 人。本调查区的老人平均文化程度在上海市区属低水平。老人职业状况是：无职业老人 227 人，其中女性占 95.2%；有职业老人 734 人，其中月收入在 90 元以下者 562 人。无收入的 224 人，靠老伴的 107 人，靠子女的 93 人，靠亲友接济的 4 人，靠个人积蓄等的 15 人，由政府救济的 5 人。老人健康状况是：无病者 362 人，有病不影响活动者 471 人，有病影响行动者 98 人，行动需人帮助者 20 人，长期卧床者 10 人。据调查，平均每个老人患慢性病 1.4 种，居第一位的是心血管病，第二位是各种关节炎，第三位是各种呼吸系统疾病。医疗费用方面，享受公费医疗者 709 人，半公费者 211 人，自费者 41 人。961 位老人中，有配偶者 674 人；丧偶者 262

　　* 原文发表于《社会学研究》1986 年第 4 期。

人，其中男性 41 人，女性 221 人；未婚者 11 人；离婚者 9 人；其他 5 人，这主要是指旧社会遗留的婚姻形式。

以上是 961 位老人的基本情况，下面着重分析老人的家庭情况。

（一） 结构和类型

通常所谓老人家庭，一般理解为老人单身家庭或老年夫妇家庭。实际的情况却是老人生活在各种不同的家庭类型之中，家庭结构类型的多样化应是我国老人家庭的特色之一。

老人家庭类型的划分我们主要以代际关系、代际层次为主线，分类如下。

（1） 老人独居家庭：指无子女或和子女分居的单身老人或老年夫妇家庭，共 136 家，占家庭总数 741 家的 18.4%，其中无子女家庭 31 家，子女不在本市的 21 家。

（2） 老人核心家庭：指老人夫妇或老人和未婚子女组成的家庭，共 168 家，占 22.7%。

（3） 直系家庭：共分Ⅰ、Ⅱ两种类型。

①直系家庭Ⅰ型，指老人或老人夫妇和已婚儿子组成的家庭。此类家庭从代际层次来说至少包含两代，多数是三代，四代家庭属少数，只有 12 家。每代只有一对夫妇，以此区别于联合家庭。Ⅰ型总共 241 家，占 32.5%。（家庭成员中含老人的未婚子女。）

②直系家庭Ⅱ型，指老人或老人夫妇和已婚女儿组成的家庭。代际层次和直系家庭Ⅰ型相同，代际关系和Ⅰ型家庭相比，主要是母女关系代替了婆媳关系，岳婿关系代替了父子关系，代际矛盾趋向缓和并容易解决。此类家庭 101 家，占 13.6%。（家庭成员中含老人的未婚子女。）

（4） 联合家庭：指老人或老年夫妇和两个以上的已婚儿女组成的大家庭，共 50 家，占 6.7%。（家庭成员中含老人的未婚子女。）

（5） 隔代家庭：指老人或老年夫妇和年幼未婚孙辈组成的家庭，共 36 家，占 4.9%。

（6） 其他家庭：指老人和其他亲友组成的家庭，共 8 家，占 1.1%。

以上分类方法主要是以老人为主，突出了血缘关系和亲子关系的各种组合，上述各类数据说明了老人家庭中直系家庭居多数，占 46.1%；居第二位的是老人核心家庭，这是天然的人伦家庭，也是永恒的家庭类型。

（二）历史和变化

我们对老人的上一辈的家庭情况做了粗略的调查，取得了 747 个上一代家庭的基本数据。上一代老人家庭在城市的 561 个，在农村的 186 个。时间跨越了近半个世纪，因而家庭的分布极为分散，这是资料的第一个局限。第二个局限在于上一代全部都是有子女的老人，缺少无子女老人的资料。因此此资料只能作为一般性参考，说明一定的问题。

我们仅以上一代老人的 561 个城市家庭和目前老人的 741 个家庭进行对比分析。

表一

家庭　　　　类别	目前老人家庭		上一代老人家庭	
	家数	%	家数	%
（1）老人独居家庭	136	18.4	0	0
（2）老人核心家庭	169	22.8	196	34.6
（3）直系家庭Ⅰ型	241	32.5	287	51.2
（4）直系家庭Ⅱ型	101	13.6	31	5.5
（5）联合家庭	50	6.7	29	5.3
（6）隔代家庭	36	4.9	0	0
（7）其他家庭	8	1.1	18	3.4
合计	741	100	561	100

1. 从表一中，我们可以看出老人家庭结构中的新变化

（1）老人独居家庭呈增加趋势。在上一代老人家庭类型中，独居家庭统计暂缺，但目前老人独居家庭占到 18.4%，这不能不令人感到老人独居家庭数量增加了。今天大多数老人有自己的收入，这是老人独居家庭的经济基础。同时老人虽和子女分开居住，但和子女保持着经常的来往，除假日团聚外，老人平日还会帮助小辈处理家务。所以这样的独居生活带着我国固有的传统文化色彩。

（2）隔代家庭初露头角。上一代老人家庭中缺隔代家庭，目前老人家庭中其百分比也不高，但它代表了一种发展趋势。此类家庭本属老人独居

家庭。老人为了分担子女的负担，挑起了抚育第三代的重任；有的是第二代在外地，为了孩子的教育，把第三代送到上海寄养在祖父母家（据说上海中小学中这样的借读生有几十万人）；有的则是老人自身为解除孤寂，第三代成为老人生活的乐趣。所以隔代家庭有它存在和发展的客观必然性。

（3）分灶家庭颇有引力。分灶家庭是指直系家庭和联合家庭中，老人虽和已婚子女居住在一幢楼里，甚至居住在一个房间里，但伙食分开。极少数是子女婚后即行分灶，大多数是中途分灶。分灶的原因主要是两个：一是老人想摆脱煮饭、买菜等家务劳动；二是在饮食习惯、经济分摊上有矛盾，两代人关系不好。后者是多数家庭分灶的原因。

在当前青年人结婚用房紧张，还必须和父母同住的情况下，分灶可避免婆媳矛盾，从而为老人赢得调整家庭关系的主动权。由于摆脱了家务劳动，老人有了休息和娱乐的时间。两代人实行分灶，经济联系弱了，但互相照顾、互相依存的关系还依旧继续。

据我们所知，分灶家庭在江浙城乡存在多年，现已波及北方城市。我们认为，它的出现是我国直系家庭和联合家庭向小家庭过渡的一种特殊形态。

以上变化在不同程度上偏离了中国传统家庭模式的轨道，汇向了家庭总体结构小型化、核心化的总趋势。

2. 传统家庭在渐变

（1）直系家庭的规模在缩小。直系家庭是我国名副其实的传统家庭类型，今后它在家庭总体中不但不会消失，而且会有发展。这是由我国国情、民族传统所决定的，也是它固有的优势所决定的。它能较充分地发挥家庭各方面的功能。随着计划生育政策的推行，直系家庭的人口规模较过去大为缩小，它的灵活性和适应性将有利于整个社会城市化、现代化的发展，因而无论在家庭总体结构中，还是在老人家庭结构中，直系家庭都具有较强的生命力。

（2）直系Ⅱ型家庭的量变和质变。直系Ⅱ型家庭指的是老人和已婚女儿组成的共同家庭，与上一代相比，数量上增多了。和旧中国相比，此类家庭正在发生着本质性的变化。

首先是居家的变化，过去必定是男居女家，岳家无儿子，女婿当儿子，因而称之为"入赘""招女婿"；目前岳居婿家，婿居岳家，两种情况都有，关键因素是谁有住房。其次是姓从的变化，过去是男从女性，或者是第三代从母姓，封建的家族传宗接代的需要支配着婚姻和家庭；现在人们姓从的观念淡薄多了，即使是第三代从母姓的现象也是极个别的。最后是地位的变化，过去赘婿的家庭和社会地位均低人一等；现在翁婿之间既是间接的姻缘和血缘关系，又是平等互助的同志关系。一般来说岳婿关系远比婆媳关系容易融洽，故而目前社会舆论多有提倡者，有的老人提出了"嫁儿子，娶女婿"的主张。

直系 II 型家庭的量变和质变来源于我国解放后一系列社会经济和政治的变革。

（3）联合家庭逐渐解体。表一中，联合家庭数量与老一代相比，略有增加。联合家庭一般是出现在老人原有住房比较宽敞的家庭里，住房属私房的较多。儿女们婚后各占一间，由老人主持日常伙食和一般性开支，也有个别家庭由各房儿女轮流主持。此类家庭人际关系矛盾很多，其中分灶家庭也多，占联合家庭总数的58%，所以形似增加实渐解体。

（三）意愿和选择

家庭结构和类型的变化主要决定于社会经济的变化和发展。随着社会的变革和经济的发展，老人的观念也在不断更新，观念是一定社会物质生活条件的反映，但它的能动作用对家庭发展的总趋势是不容忽视的。

1. 当代老人愿不愿意和已婚子女组成共同的家庭？913 个老人对此做了回答，占老人总数的 95%。其中愿意和已婚子女组成共同家庭者（以下简称愿者）占 59%，不愿与已婚子女组成共同家庭者（以下简称不愿者）占 41%。

（1）与性别相连分析

表二

类别	男		女		合计	
	人数	%	人数	%	人数	%
愿者	229	56.5	310	61	539	59
不愿者	176	43.5	198	39	374	41
合计	405	100	508	100	913	100

从表二可见，男性中愿者和不愿意者之差为 13%，女性中愿者和不愿者之差为 22%。愿者中女性不但绝对数值大于男性，而且相对数值也大于男性。这可能是割不断的慈母情在起作用。

（2）与年龄相连分析

表三

类别	甲 60～64 岁		乙 65～69 岁		丙 70～79 岁		丁 80 岁以上		合计	
	人数	%	人数	%	人数	%	人数	%	人数	%
愿者	170	52.1	164	60.5	165	63.5	40	71.4	539	59
不愿者	156	47.9	107	39.5	95	36.5	16	28.6	374	41
合计	326	100	271	100	260	100	56	100	913	100

从表三可得出如下结论，即以年龄组为单位，年龄越大，愿者的比例越高，反之年龄越小，愿者的比例越低，年龄和愿者人数之间成正比关系，反之年龄和不愿者的人数成反比关系。

另外，80 岁以上老人中尚有 16 人不愿和已婚子女组成家庭，其原因可做进一步的研究。

（3）丧偶老人的意愿

丧偶老人 251 人中愿者占 67.3%，这是正常现象。家庭和子女对丧偶老人价值更大。从性别分析，男性 37 人中，愿者 31 人和不愿者 6 人百分比之差为 67.6%；女性 214 人中，愿者 138 人和不愿者 76 人百分比之差为 29.0%。因而可以认为丧偶老人中，男性愿者多于女性愿者，和一般情况正相反。其原因：一是男性生活自理能力一般比女性差，丧偶后更需要子女的照料；二是男性和儿媳矛盾少，所以多数愿意和已婚子女组成家庭。

（4）愿者和不愿者的原因种种

愿者的原因非常集中，两代人可以互相照顾是老人们愿意和已婚子女组成共同家庭的主要原因，占愿者总数的 89.6%。

不愿者的原因相对来说也比较集中。占第一位的原因是老人们喜欢清静，和已婚子女组成共同的家庭必然人多事多，家庭环境嘈杂。占第二位的原因是担心天长日久，两代人关系会发生摩擦，造成不和。已与子女发生矛盾是第三位原因。以上三种原因，有它们的相通之处，即老人们都以人际和代际关系为杠杆考虑家庭的组合去向。

表四　愿者原因统计

类别＼人数	男	女	合计	
			人数	%
1. 可以在生活上帮助子女	92	127	219	43.6
2. 需要子女照顾	103	128	231	46.0
3. 子女孝顺，不愿分开	1	3	4	0.8
4. 依靠子女赡养	1	0	1	0.2
5. 享受天伦之乐	11	21	32	6.4
6. 住房原因	1	2	3	0.6
7. 其他原因	7	5	12	2.4
总计	216	286	502	100.0

表五　不愿者原因统计

类别＼人数	男	女	合计	
			人数	%
1. 喜欢清静	69	74	143	40.1
2. 担心今后两代人关系不好处	46	49	95	26.6
3. 与子女有矛盾	16	26	42	11.8
4. 怕家务累	14	24	38	10.6
5. 住房原因	11	5	16	4.3
6. 子女婚后应该独立	5	9	14	4.1
7. 其他原因	8	1	9	2.5
总计	169	188	357	100.0

2. 老人究竟愿意在哪种类型的家庭中生活？这是一个很有趣的问题，919个老人对此做了回答，部分未婚和无子女的老人也参加了进来。统计如下：①愿意和一个已婚子女共同生活的251人，占27.3%。其中不论儿子还是女儿，只和一个过的97人，占10.6%；愿意和一个已婚儿子一起生活的103人，占11.2%；愿意和一个已婚女儿过的51人，占5.5%。②愿意过独居生活的407人，占44.3%。③愿意子女婚后都在一起生活的227人，占24.7%。④愿意和孙子女一起生活的13人，占1.4%。⑤其他方式23人，占2.5%。

以上和前述表一的数据基本平衡。各种家庭类型的选择中，数量最多的是老人独居家庭，其次是直系家庭。选择联合家庭的老人有近四分之一，表明了传统大家庭观念对这些老人颇有影响。由此可见传统的子孙满堂的大家庭还是部分老人的理想。推论到未来21世纪的老人，传统家庭和亲子关系在他们的观念中恐怕也将是割不断、情深长。另外，这也许只是反映了这部分老人思念外地子女、盼望大团圆的殷切心情。

3. 老人们认为我国城市老人居住单位应以何种方式为主？对此问题，我们列了几个指标，供老人填写。837个老人做了回答：①敬老院或老人宿舍，共134人，占16%；②托老所，共51人，占6.1%；③与已婚子女组成家庭，共360人，占43%；④老人独居小家庭，共279人，占33.3%；⑤其他，共13人，占1.6%。

本调查点内，要求自费进养老院、自费筹建老人宿舍的呼声甚高。有的老人是为了解决家庭住房拥挤问题；大多数老人则因家庭不和睦，愿意进敬老院或老人宿舍。这是一个很大的变化，以前的老人都不愿住敬老院，所以这和城市敬老院越办越好不无关系。

（四）地位和形象

1. 老人与经济。据调查，87.7%的家庭由老人掌握家庭日常经济收支。其中由女老人掌管的占70.2%，男老人掌管的占17.5%。有11.2%的家庭由老人的晚辈掌管经济，其中由儿子掌管的占4.5%，由女儿掌管的占3.8%，由儿媳管理的占2.3%，由女婿管理的占0.5%，由孙辈管理的0.1%。尚有1.1%的家庭由家庭成员共同管理经济收支。目前，家庭日常生活安排，主要是指一日三餐伙食费用的管理。这是一件吃力不讨好的事情，但是在一定程度上反映了老人的家庭地位。

我们又对258个直系家庭进行了调查，其中195个家庭，子女每月交生活费给老人，占75.6%。看来，这是目前直系家庭中两代人经济联系的主要方式。已婚子女的生活完全依赖老人的是极少数，共5家，占1.9%；其余多数是由子女供养老人的家庭，共41家；少数是由老人交生活费给子女或老人收入全部交给子女的家庭。

据调查，老人在经济上需要补贴子女的家庭不足五分之一。646个家庭的调查表明：老人不补助子女的家庭525家，占81.3%；需定期补助子女的家庭23家，占3.6%；老人对子女不定期进行补助的家庭共84家，占 13%；老人对子女有点零星补助的 14 家，占 2.2%。这说明退休金收入水平不高的老人中，对子女补助少是正常现象。但占总数 37.2% 的家庭，老人为子女的婚事动用或用尽了毕生的积蓄。

综上所述，可以得出结论：大多数老人是家庭日常经济的管理者，他们在家庭经济力量的对比中占有一定的优势。

2. 老人和住房。我们调查的 961 位老人的住房情况大致如下。

从老人住房的类型分析：住正式房间的 787 人，占 81.9%；住棚房的 27 人，占 2.8%；住阁楼或过道的 98 人，占 10.2%；住厨房的 10 人，占 1%；晚上临时搭铺或离家外住的 39 人，占 4.1%。因此，没有正式住房或床位的老人总计占 15.3%。

从老人住房的代际密度分析：老人和年轻夫妇各居一室的 524 人，占 54.5%；与未婚子女或孙辈合居一室的 260 人，占 27.1%；与未婚子女及孙子女合居一室的 21 人，占 2.2%；与已婚子女及孙子女共居一室（即三代合居一室）的 127 人，占 13.2%。

老年人需要有自己独立的生活用房，54.5% 的老人得到了满足，目前如果和未婚子女合居一室的老人无异议的话，那么和已婚子女夫妇合居一室的老人却已感到无法容忍。

据了解，85.5% 的家庭住房是老人原来多年的住房，儿女结婚用房挤占老人的住房是个普遍的现象，为了给年轻人让房，原来只有一间房的老人只能上了阁楼、进了厨房或外出借宿。老人为子女结婚让房，在一般舆论看来是天经地义，年轻人也认为是理所当然，老人的心理是复杂的，心甘情愿又无可奈何。的确在有些家庭中，老人没有让房，于是就争吵四起，家无宁日。所以，在家庭住房紧张中，老人是可悲的自我牺牲者。

3. 老人与家务劳动。961 位老人中，烧饭菜的 677 人，占 70.4%；采购副食的 561 人，占 58.4%；收拾房间的 516 人，占 53.7%；照顾幼儿的 253 人，占 26.3%；督促孙子女学习的 74 人，占 7.7%；缝洗全家衣服的 245 人，占 25.5%；不做家务活的 110 人，占 11.4%。

即使一些需重体力的家务劳动，起主导作用的也是老人。741 个家庭中，老人经常拖地板做大扫除的共 401 家，占 54.1%；买粮食的 426 家，占 57.5%；买煤或换煤气的共 343 家，占 46.3%。由此可见，老人为家庭尽力，从而也为社会做出了贡献。老人是家务劳动的主要承担者，理应受到社会和家庭的承认和尊重。

4. 老人地位的自我评价。"在家庭各种事务中，您的话起什么作用？"我们通过上述问题，让老人对自己在家庭中的地位进行自我评价。961 个老人中，认为自己的话在家庭事务中起决定作用的 449 人，占 46.7%；认为自己的话在家庭事务中起参考作用的 412 人，占 42.9%；认为自己的话不起作用的 100 人，占 10.4%。可见 89.6% 的老人的家庭地位是高的和比较高的，不同程度地受到家庭其他成员的尊重。

（五） 乐趣和烦恼

1. 老人的乐趣何在？414 个家庭中，258 个家庭的老人认为家庭乐趣在于子女的孝顺、家庭的和睦、晚辈的成才、全家能朝夕相处、节日家庭的欢聚等，占 62.3%。以逗弄第三代为乐趣的 55 家，占 13.3%。以老夫妻相爱为乐趣的 35 家，占 8.5%。以看电视、喝酒等物质享受为家庭乐趣的 57 家，占 13.8%。以与猫做伴为乐趣的 1 家，占 0.2%。由此看来，多数老人认为人到老年需要一个关系融洽的家庭。在和睦家庭中，老人会重新感到生活的意义和生命的价值。相反，在缺乏和睦气氛的家庭中，老人感到忧郁和压抑，严重的会患上老年性精神病症，有的不由自主地把感情寄托在物质享受和小动物上。因此家庭对老人所起的作用是积极还是消极、老人有无家庭乐趣，关键在于子女和老人的关系是否和谐有序，也在于老人能否从第二代身上得到欢娱和快慰。

2. 老人对自己的子女评价如何？孝顺子女知多少？有 574 个家庭的老人对自己的子女晚辈做了好的评价，占家庭总数的 77.4%。认为子女都很体贴老人的家庭共 160 家，占 28%；认为子女对老人态度一般的 79 家，占 13.8%；46 家老人认为子女中有一子一女能做到孝顺老人，占 8%；认为女儿孝顺的 142 家，占 24.7%；认为儿子孝顺的 95 家，占 16.6%；认为儿媳孝顺的 26 家，占 4.5%；认为女婿孝顺的 7 家，占 1.2%，认为第三代最体贴老人的 19 家，占 3.3%。

这些子女做了些什么事情令老人如此满意呢？综合起来，有以下几个方面：老人有病时陪医、陪夜；设法解除老人的寂寞，如平日和老人聊聊天，节假日陪老人上公园、看电影，和自己妻子、儿女出去旅游时不忘邀请老人一起去，等等；帮助老人克服体力上的困难，如抢做家务活，帮助老人洗澡等；关心老人生活，如按时交生活费，发薪水时或老人生日时买点小礼品以表心意；有事情和老人商量，尊重老人的意见。看来以上事情不难做到，而且有的子女只是做到其中一两件，老人就非常满意了。

3. 不和睦家庭知多少？老人自诉为不和睦的家庭共 120 个，占家庭总数的 16.2%。不和睦现象发生在婆媳之间的 52 家，占 43.3%；发生在父母与已婚子女之间的 25 家，占 20.8%；发生在老人与未婚儿女之间的 2 家，占 1.7%；发生在岳婿之间的 9 家，占 7.5%；发生在兄弟姐妹之间的 9 家，占 7.5%；发生在叔嫂、姑嫂、妯娌之间的共 4 家，占 3.3%；发生在老年夫妻之间的 17 家，占 14.2%；发生在第二代夫妻之间的 2 家，占 1.7%。以上数据说明，不和睦现象发生在老人与第二代之间是多数，共占 73.3%。其中婆媳不和的比例尤为突出，老年夫妻之间不和的也占一定比例。

造成不和睦的大量原因是争夺住房。此外还有经济摊派、赡养问题、子女干涉老人再婚、生活习惯的冲突、家务琐事的碰撞等。婆媳不和的原因中，除物质利益、住房利益外，厌恶、嫌弃老人的不道德行为也很突出。如有的老人常遭到儿媳的白眼和责骂，厌恶老人情绪还影响了第三代，并通过第三代赤裸裸地表现出来。造成家庭不和睦的老人方面的原因，主要是有些老人没有摆平子女儿媳之间的物质利益关系。

4. 老人的苦恼来自何方？上述 120 个有不和睦现象的家庭中，有 48 位老人认为家庭不和已成为自己最大的苦恼。这 48 位老人仅占全体的 5%，作为整体来观察，他们有以下的特点：一是女性多，共 38 位，占 79.2%；二是丧偶老人多，共 40 人，占 83.3%；三是高龄老人多，70 岁以上老人共 30 人，占 62.5%；四是无收入和低收入老人多，无收入老人 11 人，收入在 60 元以下的共 31 人，合计 42 人，占 87.5%。

这些老人的苦恼全部来自子女媳婿的恶行。子女对老人施以恶行的方式已不是饿饭、殴打或让他们干沉重的劳动，大量施行的是精神上的折磨，正如有个老人所说，子女们的"冷言冷语难听，冷面孔难看，冷饭难吃"。有的小辈常指着老人说："你为什么不早点去死?!"有的强占父母的住房，使老人无处安身。有的在生活上刁难老人，如不准老人使用家具，甚至不准使用马桶。有的终日板着面孔不和老人说话，老人说点话，小辈们连连喝止："烦来，烦来!"（上海话，即讨厌极了之意。）有的子女不赡养老人，互相之间把老人推来推去。由于这些子女的无情无义，有的老人已向社会发出"救救老人"的呼吁。

（六）结论

1. 与西方的老人家庭迥然不同，我国老人大多数生活在与子女共同组成的家庭中，家庭结构类型呈多样化。老人家庭的各种模式正在各放异彩，齐头并进。其中直系家庭历来占多数，显示了我国传统家庭特有的生命力。与此同时，随着社会经济和科学文化的发展，城市老人家庭的小型化、核心化的趋势必然会日益明显。

2. 大多数老人的家庭地位稳固。每月固定的劳保收入、多年来为家庭子女付出的心血，是老人们在家庭中获得稳定地位和子女尊敬的基础。目前老人们愿意继续为家庭做出贡献，他们掌握着家庭日常开支，承担着全部或大部分的家务劳动，维持着家庭团结的气氛，甚至分担着子女的忧难。凡此种种，其目的无非是想为年轻一代创造学习工作的条件，并让他们有机会参加各种社会活动。当子女成家缺房时，他们甚至可以做出牺牲，奉献出自己晚年生活赖以立足的住房。当然，为此他们也要求子女尊敬、关心和疼爱他们，并对他们付出的心血和做出的牺牲给予高度的评价。

3. 大多数老人的处境良好，受虐待的是个别的老人，对处境满意程度差的老人是少数，在全体老人中占 10% ~ 17% 。数据如下：①本人没有经济收入靠子女养活者占 10.4% ；②健康状况不佳者占 13.3% ；③在家庭事务中不起作用的老人占 10.4% ；④与已婚子女共居一室的老人占 13.2% ；⑤居住在厨房、阁楼、过道或在家庭中没有固定床位的老人占 16.3% ；⑥由于和已婚子女关系不好而不愿和已婚子女组成共同家庭的老人占 14.3% ；⑦自诉为不和睦家庭的数量占家庭总数的 16.2% ；⑧认为敬老院和老人宿舍是老人居住的最好方式的老人占 15.1% 。

为改善老人处境，我们特提如下建议。

1. 社会和家庭共同解决老年人住房问题。

住房对每个人的生活而言都是重要的物质因素，老年人尤其如此，它在很大程度上影响着老人晚年生活的质量。目前，我国普通老人对住房要求不高，只是希望在家庭中有自己独立的居室。这样，他们认为才可能按自己的志趣去安排生活，按自己的意愿去支配个人财物，自己的尊严才得以维持，个性才得以发挥，从而可以摆脱人际关系的种种干扰。做到保证老人住房的基本要求，国家需要有一个经济发展的过程。但是在目前，家庭和社会如果通力合作，采取各种措施，老人对住房的基本要求还是有可能得到满足的。为此，我们建议如下几点。

①今后民用建筑的设计要面向大多数，要适应家庭结构、规模发展的需要。我们认为二至三居室的单元既适用于核心家庭，又适用于传统家庭。

②老年公寓、老人宿舍的建造和试用已提到日程上来，这是应对老龄化的一项必要措施。今后进入婚龄的独生子女，必然不能留在父母身边。身边无子女的老人将日益增多，他们晚年生活的各种需要可以从老年公寓、老人宿舍中得到满足。目前居住条件恶劣或不愿与子女共同居住的老人对老年公寓和老人宿舍有很大的兴趣。所以，我们希望有关设计部门应充分研究老年人的特殊需要，设计出适合老人心理、生理需要的住房。

③退休老人的原工作单位，在住房分配方面要把退休职工和在职职工同等看待。对与已婚子女合居一室的老人，住阁楼、过道或没有固定床位的老人应予以特别关注。

④社会对住房的分配和销售应实行奖励性政策。老人没有自己独立居室的主要原因是子女结婚挤了老人的住房。因此，住房分配和销售上需实行奖励性政策，作为现行住房分配制度的补充。如对住房确有困难的"五好家庭"给予优先或优惠照顾等。这对确保老人的住房利益、明确两代人相互的权利和义务、净化社会风气等方面必有巨大的推动作用。

⑤在家庭中，两代人要同舟共济，齐心克服住房困难。家庭在住室的安排上首先确保老人居室，使老人得到安居，这样的第二代社会应予以表扬和奖励。我们也希望至今还住不安寝的老人和子女们能在家庭范围内做些妥善的安排，共同度过目前住房的暂缺时期。

2. 加强老年医疗工作是群情之所盼。

据估计，老年人在门诊医疗对象中占 40%，在需要住院的对象中占 60%。又据上海市卫生局的资料，65 岁以上老人患一种慢性病者占 70% ~ 85%，有的老人同时患三四种甚至七八种慢性病。面对人口老龄化形势，设立老年病专门医院和老年病防治的研究机构已属必要，为此又必须从现在开始在高等医学院校设立老年病系学科，培养这方面的专门人才。

本调查区的老人对疾病的治疗和病后的护理表示了极大关注，其迫切程度仅次于住房方面的要求。我们仅从微观角度，根据老人的要求提出几项可行性建议。

①定期体检。老年病有隐匿期长、症状不典型等特点，因而常常造成难诊和误诊。定期体检对于老年病的及早发现和及时治疗十分有利。限于条件，现在对离休干部的体检抓得比较紧，这是对的。但希望体检的范围能逐步扩大到退休职工和社会老人。

②优先看病和就近看病。上海的医院已实行70岁以上老人优先看病的措施，在全国属先行，值得各地仿效。我们建议把优先看病的年龄放宽到65岁，65岁是国际上公认的老龄化年龄标准。为了方便老人就医，还应该允许退休老人就近选择医院。

③改善医疗态度。上海是个老龄化城市，医生救死扶伤的职业道德正面临挑战。老人们殷切地希望处在老龄化前哨的上海医务人员不但能治好疾病，而且态度温和、关心病人，使老人感到温暖，从而满怀信心地和疾病做斗争。

3. 满足老人精神生活的需要，社会和家庭都有责任。

人到老年，一要生活有所依，二要精神有所寄。我国的城市老人，生活有所依问题已经基本解决，而且解决得令老人较满意。本调查中43.3%的老人把晚年生活安定、收入有保障列为自己一生中最高兴的事。相比之下，老人的精神生活就显得贫乏了。据调查，52.8%的老人对如何度过自己的晚年生活毫无打算。这从侧面反映了有半数以上的老人缺乏应有的精神生活，久而久之，孤僻、痴呆等心理和生理病症就会乘虚而入。为此，我们建议如下几点。

①家庭和子女应该关心老人的精神生活。老年人喜欢清静但又害怕孤独，喜欢热闹又不爱喧嚣。针对老年人心理矛盾的特点，对有文化的老人可以给他借些书报杂志；对所有的老人常和他们谈谈天，通通各种信息，陪他们散步等，但活动不要安排很多。

②各街道和各居委会应因陋就简地创办老人活动站（室）。在征求老人们对老龄工作的意见时，38.2%的老人要求建立老人活动室。老人们可以在那里看书报、玩棋牌。活动室还可以组织各种讲座，采取老人们自己

办、自己讲的方式。活动站办得好，可以活跃老人的文化生活，开阔老人们的眼界，增加人际交往；文化站管理得好，会形成一个老人中心，能够促进老人的自助活动和老龄工作的全面展开。

举办老人活动站需要场地，这是最困难的事情。我们建议：过去有过的老人活动站应该恢复起来，挪作他用的场地和房屋应该归还；和附近的学校联系，学校的空闲时间和空闲教室，可作为老人活动的阵地；街道附近的企事业单位、解放军的老干部活动室可以定时向附近老人开放等。我们相信具有远见卓识的各级领导一定能把老龄问题重视起来，善于把各项事业的经济效益和社会效益结合起来，创办起各种形式的老人文化活动站。

4."老有所用"的渠道极需沟通。

老龄人口中蕴藏着丰富的人力和智力资源，如能得到开发和利用，是一股不可低估的建设力量。从个人来说，老人退休后继续工作，既有利于其身体健康，又有利于其提高生活积极性，日本把退休老人再工作称为"第二人生"。

据调查，961位老人中，有266个老人愿意退休后继续工作，占全体的27.7%，141人具有各种技能特长。但缺乏一个专门机构，老年人力、智力供需之间沟通不畅。我们主张多种渠道、多种方式为老人创造贡献余热的机会，但主渠道应该是最了解老人技能和要求的各企事业中的工会（或退休职工委员会）和各街道的老年人协会。希望退休后再工作的老人可以到那里去登记，需要人的单位可以到那里去联系。我们调查所在街道的老年人协会正是这样做的，取得了很好的成绩。

5. 发展以老年服务为中心的第三产业以解决老人燃眉之急和后顾之忧。

从资料分析，城市老人的独居家庭将日益增多，发展老年社会服务事业将成为客观需要；即使直系家庭中，老人虽是家务劳动的主力，但显然是力不从心却在勉力而为；还有突发性的疾病需要送医、病后照顾和护理等一系列问题，处处都使老人忧心忡忡。

961个老人病时或病后照顾，依靠老伴的占52%，依靠子女的占38.2%，依靠媳、婿、孙辈照顾的占3%。以上家庭照顾合计占93.2%；其余则依靠邻居、亲友、单位组织、街道干部等照顾，其中邻居照顾最多，单位照顾最少。

家庭照顾对于老人来说是最佳方式，家庭成员对老人最了解，其照顾和护理使老人感情和精神上感到快慰。要承认感情的医疗效果，要承认爱抚的力量有时胜过医药，同时这也是家庭应尽的义务。不论社会服务事业如何完善，老人病时和病后照顾以家庭为主始终是合理的。

此外，也应看到完全依靠家庭照顾也存在弊病：一是加重了在业人口的负担，二是加重了另一部分老人的负担。老人病了，半数以上由其配偶负责照顾，照顾患病老人工作量大、时间长。通常是一个老人病好了，另一个老人又病倒了。因此，我们认为以老人服务为内容的第三产业是家庭照顾的辅助形式，也是日渐到来的人口老龄化阶段不可缺少的行业。

6. 在广泛开展敬老宣传的基础上，创立中国老人节。

尊老敬老是人类文明社会最早的道德准则，也是做一个文明人最起码的标准。因此，在全社会广泛开展敬老宣传，实在很必要。谁家都有老人，谁都要步入老年。只要宣传得法，我们民族的传统美德一定能发扬光大，并将吸引世界的注意。

我们倡议，创立中国老人节，时间定于每年农历九月重阳。创立老人节是我国人口老龄化发展的需要，是建设社会主义精神文明的需要，是发扬我国传统美德的需要，是中华民族承上启下密切两代人关系同建中华的需要，也是发扬我国优势进行国际交流的需要。

每年老人节的纪念活动以基层和家庭为主。贯彻互补互济互助的原则，发动社会、集体和家庭为老人服务，也鼓励老人组织起来为社会、集体和家庭贡献力量。各单位在此期间表扬尊老的个人，奖励那些为国家社会出力的老人。

我们相信，只要指导思想正确，不搞形式主义，通过老人节作为团结联系的环节，定能把我国社会主义精神文明建设推到一个新的高度。

京津沪宁蓉五城市家庭调查初析[*]

刘 英

　　婚姻与家庭是我国人民普遍关心的重要社会问题。新中国成立以来，我国政府十分重视婚姻与家庭问题，在领导妇女解放运动过程中，始终关注着婚姻家庭问题的进展与解决。为妇女解放，使妇女在政治、经济、文化、社会、家庭等方面享有同男子平等的权利，政府制定了一系列的法律和政策，有力地推进着社会主义婚姻家庭制度的建立。建设民主、平等、和睦、幸福的社会主义新型家庭，已经成为我国社会主义精神文明建设的一项重要内容。

　　家庭是历史的能动要素，它受一定的社会生产方式制约，同时又影响着社会经济、政治、文化和道德的发展。半个多世纪以来，中华民族经历了巨大的社会历史变革。我国的传统家庭也随之发生了重大的变化，出现了许多新的情况和特点，也带来了一些新的社会问题。由于社会化大生产的初步实现和各种思想对传统家庭观念的冲击，城市家庭的变化更为显著。为研究中国家庭的变化，1982 年底，我们在北京、天津、上海、南京、成都五城市中，对城市家庭的现状及其发展变化进行了调查。调查以已婚妇女为对象，调查内容包括婚姻、家庭和生育三个部分，其 18 项 140 个问题。调查用立意整群方法抽取样本，在五城市中抽取 8 个居民委员会作为整群样本，每个样本不低于 400 个家庭，共调查 4385 个家庭，5057 名已婚妇女。调查是在统一问卷统一时点下进行的。除了调查已婚妇女本人的婚姻、家庭、生育情况外，还调查了她们结婚时父母、公婆和她们的已婚子女的家庭及其文化、职业、经济收入等情况。问卷资料经过电子计算机处理，并已把初级资料汇编成资料集公开出版了（《中国城市家

---

　　* 原文发表于《社会学研究》1986 年第 4 期。

庭——五城市家庭调查报告和资料汇编》，山东人民出版社，1985 年）。

这是解放后对我国城市婚姻家庭进行的第一次大规模的协作调查。政府和有关各方的支持，使调查得以顺利进行和取得成功。以调查为基础的研究项目"中国城市家庭现状及其发展趋势"，已被列入国家哲学社会科学研究规划。这个国家项目由雷洁琼教授担任学术指导，由主持调查的十四位社会学研究和教学工作者组成项目组。本文依据调查所得的初级资料，对中国城市家庭的发展变化做些分析。

一　中国城市家庭结构形态的变化

家庭结构是家庭的组成状况，是家庭存在的社会形式。它不仅反映家庭的规模和类型，还表现家庭的内涵，制约着家庭关系和家庭观念的变化。家庭结构形态主要是指家庭的规模和类型，是家庭的外在形式。家庭内部的人口流动、成员生死、角色变换都直接影响家庭形态的变化。从五个城市的家庭调查看，半个多世纪来，我国城市结构形态的变化有以下特点。

（一）家庭规模缩小

家庭规模主要是指家庭中所含分子数的多少和家庭组织范围的大小。家庭人口数是家庭规模的主要数量指标。

现在我国的城市家庭的规模已经出现缩小的趋势：家庭户均人数减少。户均人数从总体上反映家庭规模。据调查，其发展趋势是由多到少。五城市调查户均人数为 4.08 人，已婚妇女结婚时娘家家庭户均人数为 5.38 人，亲子两代减少近 1.3 人。中国第三次人口普查，全国 29 个省、自治区和直辖市统计户均人数为 4.4 人。北京市人口普查的户均人数为 3.7 人。五城市调查中北京市东河沿居民委员会户均人数为 3.99 人。该居委会内已婚妇女娘家家庭户均人数为 5.24 人。亲子两代相差也是 1.3 人。为进一步考察其变化，我们查阅了清朝宣统年间京师①户口统计（1912 年汇造），京师内外城合计户均人数为 5.47 人，同已婚妇女的娘家家庭基本

---

① 指宣统年间北京城。

相同。这说明五城市家庭调查资料基本反映了总体发展趋势。

（二）家庭人口分布集中

家庭规模的变化还反映在家庭人口的具体分布上。为说明其变化，我把五城市调查现在家庭人口分布和已婚妇女结婚时娘家家庭人口分布列表于后。

现在家庭人口分布状况表

1 人		2 人		3 人		4 人		5 人		6 人		7 人		8 人及以上	
户数	%	户数	%	户数	%	户数	%	户数	%	户数	%	户数	%	户数	%
101	2.30	427	9.73	1147	26.16	1211	27.62	838	19.11	388	8.86	163	3.72	109	2.49

结婚时娘家家庭人口分布表

1 人		2 人		3 人		4 人		5 人		6 人		7 人		8 人及以上	
户数	%	户数	%	户数	%	户数	%	户数	%	户数	%	户数	%	户数	%
328	6.59	367	7.37	624	12.53	676	13.58	809	16.25	683	13.72	556	11.17	936	18.80

对比两表，亲子两代家庭人口分布变化很大。现在家庭多数是 3～5 口人之家，三者之和占总户数的 72.89%，1 人家庭、8 人及以上家庭都不到总户数的 3%。人口分布比较集中，而结婚时娘家家庭人口分布则离散程度大，1 人家庭特别是 8 人及以上家庭占的比例高。这不仅说明家庭人口分布趋于集中，也反映出我国现在破损家庭和联合大家庭都已极少。

（三）家庭结构类型的变化

家庭结构类型是家庭结构的主体。家庭结构类型的划分，有多种方法。五城市家庭调查，把家庭定义为：以婚姻关系为基础，以血缘关系（包括领养关系）为纽带，共同生活、共同消费的社会基本组织单位。依据这一定义，考虑到代际层次、夫妻对数，参考社会学家对家庭的各种分类方法，把当前城市家庭划分为五种类型。

（1）单身家庭：指现在一人生活或是结婚时娘家婆家只有自己或丈夫 1 人的家庭。

（2）核心家庭：指一对夫妇（含一方去世、离婚的）及其未婚子女组成的家庭。

（3）主干家庭：指一个家庭中有两代以上，而每代只有一对夫妇（含一方去世或离婚）的家庭。

（4）联合家庭：指一个家庭中至少有两代人，且同一代人中有两对夫妇（含一方去世或离婚）以上的家庭。

（5）其他类家庭：指上面四种类型以外的家庭。

为说明家庭结构类型状况及其变化，把现在家庭类型分布与结婚时娘家家庭类型分布列为下表。

家庭结构分类统计表

类别	现在家庭结构类型		结婚时娘家家庭结构类型	
	户数	%	户数	%
单身家庭	107	2.44	341	6.84
核心家庭	2912	66.41	2948	59.15
主干家庭	1065	24.29	1124	22.55
联合家庭	101	2.30	283	5.68
其他类家庭	200	4.56	288	5.78
总计	4385	100	4984	100

从上表看出，亲子两代家庭类型的变化表现为：（1）核心家庭数量上升，现在家庭核心家庭占比为 66.41%，结婚时娘家家庭核心家庭占比为 59.15%，上升 7.26 个百分点；（2）主干家庭也有增长，现在是 24.29%，娘家是 22.55%，增长 1.74 个百分点；（3）单身家庭、联合家庭、其他类型家庭，亲子两代相比，都在下降。家庭类型变化趋向集中，核心家庭、主干家庭是当前我国城市家庭的两种基本类型。

（四）有一对夫妇的完整家庭居多数，破损家庭减少

在以婚姻和血缘关系为纽带的家庭中，夫妇是家庭的核心。有夫妇，才有子女、家庭。因此，我们把有夫妇的家庭叫作完整家庭。夫妇失掉一方但和另一对夫妇共同居住、共同生活的，也是完整家庭。一对夫妇也没有的叫作破损家庭。五城市 4384 户现在家庭统计，有一对夫妇及其子女的家庭 2718 户，占 62%；一对夫妇和子女及其亲属（含已丧偶的父母、公

婆）的家庭 682 户，占 15.56%；两对及以上夫妇的家庭 583 户，占 13.30%。这三种家庭合计为 3983 户，占 90.85%，是现在家庭的绝大多数。一对夫妇也没有的家庭仅 401 户，占 9.15%，这些家庭的多数是老年丧偶、子女尚未成婚的家庭。这说明我国多数成年人口都处于夫妻家庭结构之中，丧偶独居人口所占比例很小，家庭结构比较稳固。对比调查对象结婚时婆家、娘家的家庭，一口之家数量较大，单身家庭和其他类型家庭比例也较大。

上述特点表明，当前我国城市家庭结构形态是：3~5 人为主要规模；核心家庭、主干家庭为主要类型；有一对及以上夫妻的完整家庭占绝大多数，家庭结构比较稳定。

引起家庭结构形态变化的因素是多方面的，首先是城市经济发生了深刻的变化。落后的封建经济是封建家长制家庭赖以存在的基础。随着生产资料公有制的建立、封建经济的瓦解，我国城市由消费城市转向工业城市，逐渐实现了工业化。家庭也由生产单位向消费单位转化，家庭成员之间物质生产上的联系日趋消失。与此同时，家庭成员特别是妇女广泛就业，家庭经济以工资收入为主，并由单人收入变为多人收入，家庭的消费功能加强。这就使得几代同堂的联合大家庭失去了存在的依据，出现了家庭人口减少、家庭类型集中的趋势。

其次是人口结构的变化也深刻地影响着家庭结构形态的变化。解放初期，我国人口出生率提高，这不仅使城市人口迅速增加，家庭的平均人口数也大幅度增加。二十世纪五六十年代城市多子女家庭占多数。到七十年代实行计划生育政策，五十年代出生的人口陆续进入婚龄期和育龄期。多子女家庭在子女陆续结婚后，父母一般是留一个已婚子女共同居住，成为主干家庭；另一些子女婚后则独立门户，成为核心家庭。后者比前者数量多，但前者是干，后者是支。调查中我们注意到，随着现代化建设事业的发展，在城市中大的联合家庭已失去了其存在的根基，但家庭的家族亲属间的联系仍十分密切。特别是父母尚在的子女家庭，虽然不与父母居住、生活在一起，但仍要互相依托、互相扶持，既尽赡养义务，也靠父母支援。节假日，在可能的情况下都要团聚到父母身旁，共享天伦之乐，形成相当紧密的家庭网络。一些亲属关系，如姑嫂、妯娌等也由家庭内部转入家庭网络之间。家庭网络间的关系，对人们的思想观念和社会风气都有一定的影响。

最后，我国传统的家庭伦理和社会精神文明建设，也影响着家庭结构形态的变化。我们是家族观念和家庭伦理道德观念很深的民族，家庭中不仅重视抚育，也重视反哺。在我国的家庭中父母不只是抚育子女成人，还要帮助其成家、支持其立业，有了第三代还要尽职责，可以说是鞠躬尽瘁死而后已。子女也回报老人，尽赡养老人的义务。不尽人子之职、不赡养老人，为社会所不齿。赡老抚幼是我国人民的传统美德。新中国成立后，党和政府很重视保护老人和儿童的合法权利，不仅在宪法、婚姻法中做了明文规定，还在实际生活中采取了一些措施，如在城市户籍政策上允许父母身边留一个子女同住等。在创建"五好家庭"的活动中，被评为"五好家庭"的也多数是赡养老人好的家庭。尊老爱幼已成为社会主义的道德规范，是社会主义精神文明的重要表现。祖孙三代共同生活的主干家庭，在发挥赡老抚幼的家庭功能上起了很好的作用，三代人相互依靠，相互扶助，满足了每个成员在人生各阶段的不同需要。特别是在我国现阶段社会服务和社会保险事业尚不发达的情况下，三代人家庭可以弥补其不足，使家庭和社会稳定。调查证明我国多数老年人是和子女一起生活的。据统计，北京市东河沿 1922 年以前出生，年龄 60 岁以上的老年妇女共有 129人，其中 86 人占 67% 的家庭类型是主干和联合家庭。上海市长春街道 681名 60 岁及以上老人其家庭类型是单身家庭的有 47 户占 6.9%，核心家庭236 户占 34.65%，主干家庭 305 户占 44.79%，联合家庭 54 户占 7.93%，其他家庭 39 户占 5.73%。这说明同子女共同生活的老人，占一半以上。因而，城市主干家庭无论是当前还是今后的一段时间内在我国社会生活中都将发挥重要作用。核心家庭与主干家庭是我国城市家庭的两种基本结构类型。

二　家庭轴心的转移

在我国城市家庭中，有两种基本的关系，即由姻缘而形成的夫妻关系和由血缘而形成的亲子关系。这两种关系密切相连，互为前提和条件。我国的传统家庭以亲子关系为轴心。费孝通教授曾指出：我们的家庭是个绵延的事业社群，它的主轴是在父子之间，在婆媳之间，是纵的，不是横的。这种以亲子关系为轴心的传统家庭是排斥夫妻之爱的。男子娶妻的主要目的是生儿育女，传宗接代。男子结婚是为父母娶儿媳，而不是为自己找爱人。在家庭中父权夫权统治是合法的，妇女没有任何地位，要"在家从父，出嫁从夫，夫死从子"。夫妻间仅有的那一点夫妻之爱，并不是主观的爱好，而是客观的义务；不是婚姻的基础，而是婚姻的附加物。

我国的这种以亲子关系为轴心的父系传统家庭随着时代和社会的发展在逐渐变化中，正在实现由亲子轴心向夫妻轴心的转移。这种转移集中表现在夫妻关系的变化上。

第一，人们越来越把以爱情为基础的婚姻作为追求的目标。

男女平等，夫妻之间"互敬、互爱、互信、互勉、互帮、互让、互谅、互慰"的崭新的社会主义新型家庭诞生了，并逐渐地成为主要的家庭模式。婚姻是家庭的基础，本质上是两性感情的结合。结婚建立家庭是男女双方最亲密的结合，同谁发生这种最亲密的关系，无论是对男子还是对女子而言都不是无关紧要的。但是旧中国把婚姻只作为传宗接代和权衡利害的事情，并不管婚姻当事人的感情和意愿。婚姻是建立在"父母之命，媒妁之言"的基础上的，婚姻当事人只是任人摆布的对象。中国人为了摆脱这种封建婚姻做了前赴后继的斗争。新中国成立后，从根本上改变了这种婚姻不自由的经济基础，并做了法律保证。《中华人民共和国婚姻法》规定："结婚必须男女双方完全自愿，不许任何一方对他方加以强迫或任何第三者加以干涉。"这就保证婚姻当事人有了选择对象的权利。从调查看，婚姻基础的变化，较明显的是表现在确定婚姻关系的途径上。根据已婚妇女的实际情况，我们把确定婚姻关系的途径分为五类：①父母包办（是在"父母之命，媒妁之言"的基础上结婚的）；②亲戚介绍（包括父母作为介绍人）；③朋友介绍；④自己认识；⑤其他。为考察其变化，我们将五城市八个居委会的4858名已婚妇女的结婚年代与结合途径相比较，列表于下。

从表中看到1937年前结婚的妇女中一半多是父母包办的婚姻，1949年后这种结合途径大幅度下降，到1957年后就成为个别现象了。这说明婚姻基础发生了质的变化。但是调查中亲戚介绍、朋友介绍的比例一直较高，1946～1949年是在52.57%，1977年到1982年结婚的两者之和仍占65.97%，所不同的是朋友介绍越来越占主要地位，1977年到1982年已达

已婚妇女结婚年代与结合途径交互分类表

结合途径	1937		1938~1945		1946~1949		1950~1953		1954~1957		1958~1965		1966~1976		1977~1982	
							结婚年代									
父母包办	307	54.72	226	37.23	142	31.77	94	20.66	56	11.72	20	3.31	7	0.82	8	0.94
亲戚介绍	137	24.42	169	27.84	121	27.07	122	26.81	120	25.10	136	22.48	156	18.35	135	15.79
朋友介绍	86	15.33	145	23.89	114	25.50	142	31.21	171	35.77	271	44.79	388	45.65	429	50.18
自己认识	28	4.99	61	10.05	68	15.21	88	19.34	128	26.78	169	27.93	294	34.59	282	32.98
其他	3	0.53	6	0.99	2	0.45	9	1.98	3	0.63	9	1.49	5	0.59	1	0.12
总计	561	100	607	100	447	100	455	100	478	100	605	100	850	100	855	100

50.18%，而亲戚介绍只占 15.79%。由此看出，由于民族传统习俗和文化，以及我国社会经济发展水平的影响，在我国确定婚姻关系，多数是需要中间媒介的。然而，由于妇女广泛就业和文化素质的提高，婚姻媒介已冲出家庭和亲戚的狭小的圈子，日益社会化。

自己认识是婚姻双方在工作、学习或社会活动等环境中相恋而结婚。通过这种途径建立的婚姻逐步增多，1966 年后已达到 30% 以上。随着社会主义物质文明建设的发展以及妇女经济、政治、文化、社会地位的提高，这种结合途径必将发展成为确定婚姻关系的主要途径。

确定婚姻关系途径的变化，本质上反映了婚姻当事人实现婚姻自主的程度，有以自己的意愿和要求选择配偶的权利，才有建立以爱情为基础的婚姻和家庭的条件。目前，我国城市家庭基本实现了婚姻自由。

第二，妇女在家庭中经济地位的提高。

家庭是以一定的经济条件为基础的，而经济条件要由家庭成员共同创造。因而一个人对家庭经济贡献的大小，影响着他在家庭中的地位和他与家庭中其他成员的关系。在旧中国，多数妇女没有社会职业，没有经济来源，衣、食、住等方面所需的经济支出要依赖丈夫。新中国成立后，城市妇女最根本的变化是广泛就业，绝大多数妇女从事社会公共劳动。据五城市八个居委会 4660 名已婚妇女的统计，其中：3811 名有社会职业，占 81.78%，而且分布在各行各业中；已婚妇女中没有社会职业的 849 人，占 18.22%，这部分人多数是老年妇女。据已婚妇女 4188 人统计，结婚时有职业的 2785 人，占 66.50%，比现在就业率低近 20%。已婚妇女结婚时母亲 4135 人，其中有职业的 1730 人，仅占 41.84%；无职业的 2405 人，占 58.16%，比现在就业率低 40%。从上述比较可看出我国城市妇女在就业问题上发生了重大变化。我国第三次人口普查 10% 抽样资料表明我国大陆 29 个省、自治区、直辖市在业人口占总人口数的 51.94%，占劳动适龄人口（按国际标准计算，男 15～59 岁，女 15～54 岁）的 90.92%。在业人口中男性占 56.30%，女性占 43.70%。妇女已成为我国社会主义建设事业的基本力量。

妇女从事社会公共劳动就有了经济来源。目前，在我国城市的双职工家庭，夫妻二人的工资收入是维持家庭生活的基本保证。据五城市调查，夫妻月收入合计平均为 135.90 元。妻子月收入平均为 57.08 元，丈夫月平均收入为 78.01 元。虽然夫妻月收入还有一定差距，丈夫比妻子收入平均多，但是，妻子收入却是家庭生活中不可缺少的部分。妻子有了职业，有了工资收入，就彻底摆脱了完全依赖丈夫的地位，也就有了建立真正平等、民主、互敬、互爱夫妻关系的经济基础。

我国历史上家务劳动都是由妇女承担的。由于妇女的广泛就业，这种状况发生了根本的变化。目前城市家庭的管理和家务劳动，有以下几种情况：①家中有不从事社会工作的老人，一般以老人为主，在职职工尽可能地协助老人做家务。②双职工家庭，基本可以分为两种类型：一种为分工型，夫妻双方根据各人能力、特点分工负担家务劳动；一种是共管型，夫妻间争着承担家务，减轻对方负担。③少数家庭请保姆，一般是有小孩的家庭。不管是哪一种类型的家庭，丈夫从事家务劳动已经是普遍现象，而且能从事家务劳动的丈夫得到大家的赞誉、表扬，不干家务的丈夫则受到指责。在家庭事务决定权上，由夫妻共同决定的家庭越来越多。据统计，1949 年前结婚的夫妻中，夫妻共同决定的占 50%；而 1977 年后结婚的夫妻中，共同决定家庭事务的则占到 90% 以上。合理的家务分工、共同承担家务劳动加深了夫妻间的感情，密切并巩固了夫妻关系。

妇女在家庭中有了经济地位，不再依赖丈夫，夫妻间共同决定家庭事务，夫妻共同承担家务劳动，这就改变了家庭气氛，夫权统治被抛弃了，民主和睦、互敬互爱的新型的夫妻关系初步形成。

第三，夫妻双方基本条件日益接近。

男女双方结合成立家庭，相互之间依赖以得到满足的地方很多，夫妻间需要高度互补。夫妻双方基本条件大体相同，有利于建立真正民主和睦的社会主义新型家庭。旧中国家庭中夫妻处于不平等的地位，不讲夫妻间的情感交流，不重视夫妻间的和谐与融洽，加之妇女社会地位很低，没有求学、就业的机会，因而婚姻双方是受命于父母，是不讲个人条件的。随着妇女解放运动的发展，妇女读书、就业的机会增加，特别是新中国成立后，妇女社会、经济地位提高，婚姻双方越来越注意个人的条件，希望找到志趣爱好相同，能在工作学习上相互帮助的伴侣。夫妻双方基本条件日益接近，对建立以爱情为基础的婚姻、加强夫妻之爱、稳定家庭有重要的作用。从调查看，我国城市家庭中夫妻基本条件大体相同的占多数，夫妻间年龄、文化、职业等的差别越来越小。

第四，婚后居处的变化。

结婚要建立家庭，而家庭居住在哪？这不仅影响家庭构成，也反映人们的婚姻家庭观念。我们是父系家庭观念非常深的民族，结婚后住在丈夫的父母家中，是传统的观念和做法。历代的《户婚律》都规定：祖父母、父母活着时，子孙不得分家另过，否则以触犯刑律论处。例如，《唐律》规定："凡祖父母、父母在，而子孙别籍异财者，徒三年。"《明律》规定："凡祖父母、父母在，而子孙别立户者，分异财者，杖一百。若居父母丧而兄弟别立户籍，分异财者，杖八十。"但是，实际上除少数乡绅、地主外，在小农经济的条件下，要维持人口众多、几世同堂的家庭是不可能的。刑律的规定也日益放松，如《大清律》中，对"别籍异财"的处置已经是："如果祖父母、父母同意子孙别籍，则不予论处"。随着社会经济的发展，婚后居处在不断变化中，五城市调查已婚妇女婚后居处的变化就很大。我们把婚后居处分为独立门户、住婆家、住娘家、其他四种类型。调查已婚妇女 5005 人，其中独立门户的 2414 人，占 48.23%；住婆家的 2003 人，占 40.02%；住娘家的 485 人，占 9.69%；其他居住的 103 人，占 2.06%。特别是婚后住娘家按结婚年代分别统计是上升的。据统计：1957 年前结婚住娘家者均不超过 10%，1977 年到 1982 年则增加到 18.23%。赘婿地位低下、被人瞧不起的情况已完全改变。目前选择婚后住处是依据独生子女、住房条件以及经济状况等而定。由于主管家务的是妇女，母女关系比婆媳关系较易处理好，所以婚后女方一般愿意和自己的父母住在一起，特别是要接不从事社会职业的老人帮助管家或带小孩时，往往接来的是女方的母亲。

婚后居处的这种变化是对父系家庭即夫权统治的传统家庭的冲击。

上述变化说明，目前我国城市家庭中夫妻占据了家庭的主要地位，夫妻关系成为家庭关系的重轴，而且日益加深着夫妻之爱，以爱情为基础的婚姻和家庭，逐渐成为我国家庭的大多数。夫妻之间的爱情是与情欲或性欲有原则区别的。情欲或性欲仅仅是人们生理的自然要求，是男女之间自然关系的表露；而爱情则是奠基在精神、思想一致之上，是心灵共鸣和生理要求的结合体，这种爱情是以双方互爱和男女的平等关系为前提的，不能建立在男子在家庭中的支配权上。爱情的出现，是夫妻之间的社会关系支配和影响自然关系的结果，是社会进步与妇女解放所产生的新因素。这个新因素产生之后，就不断地破坏着旧家庭，为新的家庭诞生奠定了基础。在社会主义制度下，随着妇女在政治、经济、文化教育以及社会和家庭等方面同男子平等权利的实现，以亲子关系为轴心的父权夫权统治的旧的传统家庭，已被夫妻关系为轴心的民主、平等、和睦、幸福的社会新型家庭所代替。

三　家庭功能的变化

家庭自从以一种稳定的形式出现在人类发展的历史之后，它在整个人类社会结构中一直发挥着重要作用。在有着古老文化传统的中国，家庭的功能是多方面的。从生产到消费，从经济到政治，从文化到宗教，从教育到娱乐以及人类的生育繁衍，无不与家庭功能相联系。家庭作为一个动态的因素，其功能也是随着生产方式而发展变化的。家庭功能受家庭性质、家庭结构、家庭角色胜任程度等的制约。家庭功能是否得到正常发挥，影响着社会的安定与发展。在五城市调查中，我们从以下几个方面考察了我国城市家庭功能的变化。

（一）生产功能与消费功能的变化

家庭是我国人民生活的基本单位。在旧中国，家庭的经济活动具有生产和消费双重功能。近代中国，随着现代工业的出现和发展，在城市家庭中，生产功能逐渐排除在家庭之外，虽然仍有许多小工商业、小作坊等，但其比重在逐渐减少。解放后，生产资料公有制建立了，人们广泛就业，生产功能与家庭分离。在1982年城市经济体制改革尚未开始，居民家庭很少从事个体经营，因而当时家庭经济功能主要表现为消费功能。我国城市家庭的消费功能在加强，居民的消费水平明显提高，具体表现在以下几点。

1. 长期以来我国家庭的消费功能主要是维持家庭成员的基本温饱。随着我国建设事业的发展特别是广泛就业，这种维持生存的消费得到了可靠的保障，家庭的消费功能得到了发挥。据国家统计局资料，1977年到1983年职工家庭可用于消费的收入，平均每年增长7.40%。每个职工还从国家得到各种补贴，其中第一位的是粮食，接着是蔬菜和副食品补贴等。三十多年来国家用于居住、文教卫生、城市公用设施等为人民生活服务的非生产建设投资占基本建设投资总额的 25%，城市家庭居民生活水平不断上升。五城市调查中 70.46% 的家庭成员有职业，在业人员平均月工资收入为 52.43 元，家庭人均收入为 44.50 元，人均收入在 25 元以下的仅占 6.70%，居民的消费生活基本得到保障。

2. 吃、穿、住、用等基本生活实物消费量各项指标都在不断上升。据五城市调查，解放以来，作为人们赖以生存的基础消费的吃、穿、住等已经得到基本满足，并逐步提高。现在吃讲营养，穿讲漂亮，住讲宽敞，消费在向高层次发展。家庭消费日益向家用电器和耐用消费品发展。上海张家弄 646 个家庭中有 565 台电视机，占总户数的 87.5%。收录机、洗衣机也已进入家庭生活，购买数量正在大幅度增长。

3. 家务劳动时间减少。家务劳动是为满足基本生存消耗的服务性劳动。据调查，1979 年前双职工家庭，花费在家务劳动上的时间平均每天男职工为 3.9 小时，女职工为 5.2 小时。家务劳动中做饭和洗衣约占家务劳动时间的一半以上。其后，由于煤气、石油液化气的广泛使用，电冰箱、洗衣机等耐用消费品进入家庭，家庭消费向机械化、电器化发展，家务劳动量逐渐减少，占用时间逐步减少。现在城市消费品中半成品和方便食品增多，也在逐步影响人们的生活方式。家务劳动，已从满足基本生活需要转向满足家庭的文化生活和休息娱乐等提高生活质量方面的需求。

（二）生育功能与抚育功能的变化

1. 生育是家庭的基本功能，在生育方面有以下几个变化

（1）初育年龄逐步增大。在旧中国习惯于早婚早育，14~15 岁就可以生儿育女了。新中国成立后，随着结婚年龄的推迟，妇女初育年龄也在逐步增大。五城市调查，初育年龄均值为 24.31 岁，最大的 40 岁，最小的 15 岁（解放前结婚的），多数在 22~31 岁。1949 年前结婚的妇女，初育年龄多数在 19~21 岁。五十年代初结婚的妇女，初育年龄多数在 22~25 岁。1966 年以后结婚的妇女，初育年龄以 26 岁最多。

（2）生育胎次不断减少。目前已基本实现了一胎化。

（3）已婚妇女较普遍采取了避孕措施。我国妇女生育年龄长，一般是 30~35 年。过去生育胎次多，一般在 4~5 胎，有的怀胎 10 多次。近年

来，妇女身体素质改善，月经初潮普遍提前，绝经年龄也在推迟。因此许多妇女为实行计划生育，自愿采取避孕办法。据调查，50岁以下有生育能力的已婚妇女采取避孕措施的占94.42%。

2. 婴幼儿抚养问题

抚育、教育未成年子女，是家庭的基本功能。过去多子女家庭很少顾及子女教育，近年来随着独生子女增多，一般家庭都注意优生优育和早期教育。调查中发现，婴幼儿的抚育，也面临着一些问题。

(1) 母亲对婴幼儿的哺乳时间减少

以北京市东河沿居民委员会为例，调查对象先后共生育婴儿1714名，其中1937年以前结婚的妇女所生婴儿没有吃母乳的占13.64%，而1976年到1982年结婚的妇女所生婴儿没有吃母乳的却达70.92%。母乳喂养婴儿比重显著下降的原因是多方面的。产妇乳水减少，代乳食品增多，年轻母亲不重视母乳喂养的好处等，都是重要的原因。

(2) 隔代抚育成为一种较普遍的现象

在当前我国城市中，年轻父母绝大多数是双职工，加之目前托儿所、幼儿园满足不了需要，因而出现隔代抚育的现象。五城市调查中看到，凡有老年妇女的家庭，一般老年妇女都代管孙子或外孙。老人疼爱孙辈，照顾周到是好的一面，但也容易溺爱和娇惯孩子，影响对孩子的学前教育，这也是一个值得研究的问题。

(3) 对孩子的期望过高，限制了孩子的发展

我国人民的传统之一是"望子成龙"，在独生子女越来越多的情况下，父母更是把期望都集中在一个孩子身上。有一对夫妻要求3岁的独生女儿早晨学英语，晚上学画画、唱歌，孩子感到压力很大。这种期望一旦满足不了时，他们就粗暴对待孩子，以致孩子失去了天真的稚气。

（三）赡养老人上的变化

目前我国家庭仍然发挥着传统的赡养老人的功能。据调查当前家庭赡养老人基本上是两种类型：一种是和父母（或一方）共同生活的主干家庭或联合家庭，子女直接承担赡养老人的义务；另一种是不与父母共同生活的子女，在经济上或劳务上仍尽赡养的责任。据北京东河沿统计：575户家庭，与父母共同生活的170户；701名被调查对象中的186名，占

26.53%，在经济上对不与自己共同生活的长辈（父母、公婆）提供资助。

目前，在我国基本上是家庭与社会共同承担赡养老人的责任。家庭养老不仅仅是在经济生活上保证老人晚年的温饱，更重要的是对老人生活上的帮助和照顾、感情和精神上的交流和慰藉。五城市调查中，老年职工的工资收入一般高于子女，退休后的退休金也足以维持生活。因此，在经济上老人完全依靠子女供养的为数不多。赡养老人已不再是家庭的经济负担，逐步形成共同生活、共同安慰、共同享受天伦之乐的新型亲属伦理关系。

（四）家庭的事业功能不断扩大

近年来，我国智力开发事业蓬勃发展。从 1979 年到 1983 年，国家财政用于精神文明建设、进行智力投资的资金近 80 亿元。随着社会主义建设事业的发展，提高文化、技术、知识已成为全民族的愿望，是每个家庭共同关心的问题。调查中看到，为振兴中华发奋读书，培养和提高全民的文化、科学技术水平，培养有理想有作为的社会主义新人，已成为家庭生活的重要内容。越来越多的人把八小时以外的业余文化学习、科技、科研活动作为社会工作的延续，使家庭的事业功能迅速发展起来。有这样的两种家庭：一种是年轻的双职工家庭，一人或二人在业余大学或电视大学学习，其业余时间大多用在学习上，业余学习成为家庭生活的主要内容；另一种是父辈文化水平较低的家庭，把希望寄托在下一代身上，除维持基本生活外，不惜工本培养子女各方面才能，智力投资成为家庭支出的主要内容。这些家庭中学习气氛很浓，家庭生活也以智力开发为中心，培养合格的社会主义新人已成为家庭的主要事业。

参考书目

恩格斯

《家庭、私有制和国家的起源》。

费孝通

《社会学的探索》1984 年，天津人民出版社。

《乡土中国》1948 年，上海观察社。

国家统计局

《中国统计年鉴》1984 年，统计出版社。

国务院人口普查办公室　国家统计局人口统计司

《中国第三次人口普查的主要数字》1982 年，统计出版社。

《统计》资料室

《我国第三次人口普查 10% 抽样资料摘要》，《统计》月刊，1984 年第二期。

《颜氏家训集解》1980 年，上海古籍出版社。

《中国历代户口、田地、田亩统计》1980 年，上海出版社。

《中华人民共和国婚姻法》1980 年，法律出版社。

《中华人民共和国宪法》1982 年，人民出版社。

同社会学界朋友们的谈话[*]

费孝通

这次会我自始至终都参加了，觉得开得很好。好在哪里？我想有这么三点。

第一，这是一个团结的开始，为今后搞好团结走出了很大一步。大家都知道，什么是团结，团结一定要有一个共同认识的基础，有一个共同的方向。这次中国社会科学院院长胡绳同志又一次肯定了中国社会学发展的方针，无疑我们社会学界要在这个方针下团结一致努力工作。虽然大家的认识不一定完全一致，那也不要紧。很多问题是需要通过实践和探索逐步取得共同认识的。我相信，道路虽有曲折，但中国的社会学总会健康地发展的。

第二，会上提出了学会应如何改革的问题。胡绳同志还建议由我们社会学学会创一下新。虽然这个问题不是一次会议就能解决的，但提出了一个重要问题。人们容易习惯于老一套做法。开始时，各种学会的建立推动了我们学术工作的开展，活跃了学术气氛。现在有些做法已不适应新形势的需要，应该做点调查工作，认真研究一下，如何改革和做好学会工作。

首先要明确学会的任务和性质。学会是一个由学者组成的学术团体，开会是为了推动学术发展，成立理事会、干事会也是为大家服务的，不是封官封衔的场所。何况"学者"或什么"家"是不能自封也不能受封的，只有辛勤劳动，有了扎实学术成果，才会得到社会和学术界的承认。到那时候，有人要推要砍的也是搞不掉的，因为学术价值和社会影响是客观存在的。所以我们要防止那种利用学会争地位、乱花钱、出无价值的东西的坏风气。我们全国的学会要简化层次，搞一个真正为学者服务的机构，在

　　* 原文发表于《社会学研究》1986 年第 5 期。

这方面尽力做出个样子。

第三，我们在这次会上交流了情况。现在群众对社会学的要求很高。这是一件好事，说明人们懂得了参与社会生活应该是一个自觉的活动。为什么不少人说：学了社会学觉得自己对工作或周围的事情看得明白了，好像"开了窍"。这正是人从"不问为什么"发展到"要问一个为什么"了。

我认为社会学最根本的任务是要解决一个生活在社会里的人怎样学会做人的问题。人人生活在社会中，他的行为要适应社会的发展变化，就要懂得社会的发展规律。我们生活在中国，当然要立足于自己的社会。但中国又与世界不可分割，所以外国的东西不能不懂，不能不要。这样看，主次自然就清楚了。社会科学的学科很多，能分的或必要分出去的就分出去，但总有分不出去的，而且必须有综合性的看法。因此，我们的社会对社会学有客观的需要。

我自己做研究，也不是为社会学而搞社会学，是把社会学当作工具去认识正在变革中的中国社会。认识客观事物，主观上必须有一套概念作为工具。我就是用社会学的概念来帮助自己分析和认识社会的。中国过去有几千年的历史，还将几千年又几千年不断地发展下去。我们目前正处在一个伟大的变革的时代。我们的社会将从一个封闭的、乡土的、传统的社会转变为一个开放的、现代化的社会。它正在发生些什么变化，怎样变的，为什么这样变。这些都需要探索。我们要勇于探索。现在还没有现成的解释和认识。新的事物要有新的认识。不怕发生错误，有错误，改正就是了。我就是本着这么一个想法，在逐步深入地进行调查研究工作。

有些人认为社会调查不是学术工作。可是没有资料，学术从哪里谈起呢？马克思在当时如果没有那么多实际调查资料，哪来的《资本论》呢？我们这些同志应当懂得马克思曾经一再强调的要做科学工作一定要充分掌握资料，这是做学术工作的起码条件。

有些人认为调查没有理论。他们没有真正懂得什么是理论。简单举例说，"工农相辅""一国两制"都是理论。从实践中总结出一套看法，形成一些概念，并在反复的实践、认识、再实践的过程中，不断深化和丰富这些概念，使之体系化，这就是理论。现在我们用马列主义理论来做指导，这是因为马列主义是从实践中总结出来的。我们用这些理论作为工具去认识新事物，通过实践去检验这些理论，这就是我们所说的以马列主义做指导的含义。正是因为马列主义理论能够经受实践的检验，所以它才能指导我们去认识新的事物。

我们绝不是为理论而理论。要弄清楚理论来源于实践，认识要在实践中不断提高、不断深化。有了正确的认识才能总结出理论来。这点对于我们重建中的学科尤为重要。我通过这几年研究工作的实践，对这方面体会较深。例如我曾三论我国的家庭结构，其中就记下了我怎样结合实际来修正我的概念。在研究乡镇企业过程中，从苏南、苏北和温州地区去比较不同的特点，使我对乡镇企业的认识逐步深入，深入的过程中也不断修正我的看法。理论工作绝不能离开实际。只有自己亲自到实际中去跑、去看、去想，学问才能永葆青春。我想这是正确的治学之道，我努力这么去做。这几年，的确是我一生中收获最多的几年。也希望我们的社会学者为创建具有中国特色的社会学，坚持在马列主义指导下，在理论联系实际的道路上，做出更多的成绩，为社会主义建设服务。

我现在有一点着急，七十六岁了，老了。一个普通人到了八十岁，干脑力劳动就不太行了。我过去耽误了那么多年，这一生总想留下些东西。为了报答养育我的人民，总要有所奉献。七十岁那年，我开始恢复学术生活，我说过要好好利用以后的十年时间，在学术研究上认真地做一些工作。有我这样条件的人已经不多了。我希望能代表我们这一代人最后做点事。在我过去的研究工作的基础上，为认识和分析中国社会做点扎扎实实的调查研究工作，留下一些记录给后代做参考。

这几年条件很好，我才有可能常常回到五十年前调查过的"江村"，不断"再访"，看它的变化。各级组织热情地和我合作，尽力为我提供资料。因此近几年来我能够从江苏省的一个村子做起，调查了几个镇，又发展到对几个地区进行调查和比较，使自己的认识随着客观的发展而不断深化。去年年底和今年年初到了福建和温州，对沿海地区的发展进行调查后，我眼界更开阔了，今年打算再去淮阴调查，做进一步的比较。

在调查实践中，我看到了地区发展的不平衡问题。沿海发达地区的开放和发展，势必拉大和边缘地区的差距。因而想到了差距的扩大会产生什么问题，特别是我国的广大西部地区前景如何。这些想法促使我开始了"边缘地区开发"的研究，提出了"以东支西，以西资东，互惠互利，共同繁荣"的思想。做研究工作一定要把自己放在发展的社会实际中去，吸收群众的智慧作为自己的营养，丰富自己的认识，形成一个系统的看法。

我虽然想用十年时间来搞研究工作，实际上三年多时间是用在为社会学这门学科建学会、研究所和学系这些"搭戏台"的事务上。"戏台"算是搭起来了，现在是要有人在台上"唱戏"，唱得好不好还是问题。但群众对社会学的要求是很高的，各级领导也很欢迎，我们的力量却很薄弱。为了培养人才，还得做不少基础工作，如办班培养师资，组织编写教材，开得了课才能招收学生，再扩大培养队伍。这个任务真难为了我。比如说主编《社会学概论》非我所长，在当时条件下搞出来，水平也不会高。这些我都是心中有数的。实际上也不出所料，我在国外的朋友看到我主编这样水平的教材大失所望，也不懂我为什么要去做对我个人名誉有损无益的工作。但为重建中国社会学这个事业，这些工作不能不做。

今后怎么办？对我来说还有四年。我要把《江村五十年》写出来。在上海大学、复旦大学的同志们帮助下，运用历史的记录、群众的口述和现场的调查，描述和分析"江村"五十年的变化，力求客观地认识我们农村社会的发展和变化。

同时，还要接通"村—城镇—中等城市—大城市"的系列调查，进一步做区域性城乡关系的研究；还要在开展边缘地区各类型典型调查的基础上，连接东西关系，做不同的比较研究，包括国际性的比较研究。当然在我个人计划中，不能完成这么多的项目。但我希望能给大家开条路，开个头，做个样子。我现在欠账已经不少，很多地方要我去，我也很想多看些地方，但时间的确不够用，调查面不能铺得太大了，这要请大家谅解。云南内地农村，我们在四十年前做了不少调查，再去看看变化是很有价值的，一直打算去，也未如愿。只能排个号，尽量争取去。人老了也还要有个壮志，一生机会难得，我们又生逢盛世，处在这个大变革的时代，要放开眼界，给后来人搭桥开路。叫什么"学"无关紧要，也不要称什么"家"，当"什么官"，希望能保持学者的布衣本色，为后人留下些有用的东西。为此希望大家多关照，多帮助，允许我按照自己的设想，完成这点任务，搞点扎实的东西。

顺便说一下，也是这几年的一点经验教训。现在确有不少人，常常追求当"名家"，靠"名"办事，装门面，争势力。这种风气很不好。此风要刹一刹为好。因此我宣布"闭门盘货",对什么"顾问"和名誉头衔,以及题名题词,一律谢绝。如果说用我们的名字,能为人民、为社会主义事业做成一点真事,倒还可以,要是为了达到个人的什么目的,拿我们去当牌子,我实在感到痛苦。

今后的几年时间十分宝贵,要很好地用,要保证做好几件事。我得到中央领导同志和有关部门的支持和关照,也得到很多中青年同志的具体帮助,虽然精力不如过去,写作也潦草了些,还是要尽心做点事。这次又提出编写大百科全书社会学卷的任务。这是客观实际对我们的要求,大家也认为应该承担,我主观上也愿意牵头,但困难不少,必须等待条件具备后,我才敢于和出版社签合同。

作为老一代,我诚恳地奉劝社会学界的年轻同志,要认真对待学术工作,扎扎实实地钻进去、沉下去,埋头打好基础。科学工作是要不得花腔、骗不了人的。不要图虚名,搞形式。要希望人家搞好,不要希望人家搞不好;不要互相拆台,也不要互相捧场。中国的社会学今后要靠你们。任重道远,要认清方向,端正学风。为适应今后更大的发展,现在就要做好基础工作,积极而稳步地前进。

团结有了个新的开始,还要看今后怎么去做。现在方向很明确,要求也很清楚,希望我们真正同心协力,少说空话,多做实事,为中国社会学发展贡献一分力量。

最后我重复一下去年在广州会议上讲过的话:我虽已年老,精力日衰,而决心未改,但愿做到"落红不是无情物,化作春泥更护花"。

广西南宁市永宁村农民生活方式的变化[*]

蒙　晨

　　永宁村距离南宁市区 10 公里，位于高峰林场附近的丘陵地带，分散在大约 10 平方公里范围内的 6 个自然坡上。全村现有 505 户，2616 人，1334 个劳动力。其中男劳动力为 636 人，女劳动力为 698 人；务农劳动力为 1141 人，务工劳动力为 138 人，其他劳动力为 55 人。从地理条件上看，永宁村不仅宜农宜副宜渔宜牧，有发展立体农业的天然基础，而且由于靠近市区，又有发展商品生产的市场和获得信息和技术的优越条件。从产业结构上看，永宁村 1978 年以前以种粮食为主，1978 年以后改为半粮半菜，并办起了村办工厂，目前正朝着亦粮亦菜亦果亦工的方向发展。由于及时地调整了产业结构，农民的经济收入上升比较快，人均纯收入 1978 年为 162 元，1985 年则上升为 552 元，1985 年与 1978 年相比，人均收入翻了一番多。这样的人均收入水平不仅大大高于广西全自治区农民人均收入 280 元的水平，而且也高于全国农民人均收入 379 元的水平。所以，永宁村农民的迅速富裕为其生活方式的改变提供了较好的基础。

　　另外，由于人均耕地（不含鱼塘）只有 1.2 亩和第二、第三产业发展缓慢，全村尚有 20% 的劳动力（主要是青年劳动力）找不到出路，有的只好闲居在家。从历史上看，永宁村曾经是通往广西武鸣县及大明山区的交通要道，解放前是土匪多、赌场多和迷信活动多的地方，以致一部分人养成游手好闲、不务正业的习惯。所以，旧的习惯势力不仅有一定的市场，而且一旦遇到适当条件则容易沉渣泛起，死灰复燃。这样就使得剩余劳动力的问题更加严重。此外，永宁村还是一个壮、汉两个民族杂居的村庄，同在一个村里，两个民族之间不同的风俗习惯会互相影响、互相渗透、互相制约。

---

　　*　原文发表于《社会学研究》1986 年第 6 期。

所有这些，都使得永宁村农民生活方式的变化有着不同于别处的特点。

一　收入与消费

党的十一届三中全会以来，永宁村农民平均每年收入提高的速度要比三中全会以前快十五倍。据调查，1985 年永宁村人均纯收入超过 800 元的农户占总数的 4%，501～800 元的占 26%，401～500 元的占 17%，301～400 元的占 23%，151～300 元的占 25%，150 元以下的占 5%。这说明除了 5% 的困难户外，绝大部分的农户不仅解决了温饱问题，而且正向着富裕的方向迈进。

从表一中我们还可以看到：

（一）农民收入的大幅度提高主要是调整了产业结构的结果。种植业收入的比重由 1978 年的 57.73% 下降到 1985 年的 44.50%，养殖业收入的比重则由 1978 年的 23.83% 上升到 1985 年的 40.98%。这种结构的变化不仅是增加收入的潜力之所在，而且使农民减少对土地的依赖。

表一　历年各业收入占总收入的比重

单位：%

年份	1956	1978	1984	1985
各行经营收入总数	100	100	100	100
一、种植业收入总数	80.33	57.73	44.28	44.50
1. 粮食作物收入占总数	79.64	31.14	25.36	21.26
2. 园艺、蔬菜经济作物收入占总数	0.69	26.59	18.92	23.24
二、养殖业收入占总数	14.98	23.83	29.94	40.98
1. 牧业收入占总数		21.79	24.76	30.31
2. 渔业收入占总数		2.04	5.18	10.57
三、工副业第三产业收入占总数	4.64	17.76	24.99	11.70
四、其他收入占总数	0.05	0.68	0.79	3.00

表二　百户 1984 年全年纯收入各项消费及其比重

项目	金额（元）	占纯收入%	人均（元）	备注
一、买生产性固定资产	36057	13.40	56.96	人均纯收入为 269.065 元

项目	金额（元）	占纯收入%	人均（元）	备注
二、生活费支出	213821	79.47	337.96	
（1）生活消费支出	205809	76.49	325.13	
①食品：	122297	45.45	193.20	
主食	44960	16.71	71.03	
副食	62299	23.15	98.42	
②衣着	18666	6.94	29.49	
③日用品	6933	2.58	10.95	
④文娱用品	2095	0.78	3.31	
⑤书报杂志	479	0.18	0.76	
⑥医药卫生用品	1293	0.48	2.04	
⑦住房	31669	11.77	50.03	
⑧燃料	20278	7.53	32.02	
⑨其他	2099	0.78	3.32	
（2）文化生活服务支出	8012	2.98	12.66	
三、其他非借贷支出	2851	1.07	4.50	
四、结存	16336	6.07	25.81	

（二）农民收入的提高与物价的变动有一定的关系。由于产品的商品率提高和这几年农副产品提价幅度比较大，1985年永宁村农民出售农副产品的收入已占全部收入的65%。这说明价格的调整给农民带来了好处，也说明农民对市场的依赖性日益增大，而如何适应和开拓市场，则对农民的素质提出了更高的要求。

（三）工副业收入有一定的提高，但是幅度不大，而且有反复。1984年与1978年相比，工副业收入的比重上升7%；但是，1985年与1984年相比，工副业收入的比重却下降13%，原因是乡镇企业发展缓慢。永宁村集体所有的一座年产550万块砖的标准砖厂，因经营管理不善和某些技术问题，1984年亏损3.6万元，1985年又压缩生产能力，产值受到影响。这不仅直接影响农业剩余劳动力的转移，而且也影响农村公共事业其中包括文化教育事业的发展。

永宁村农民收入的提高影响着消费结构的变化。1985年南宁市农委对永宁村的百户农民的消费结构进行过调查，见表二。

表三　百户耐用消费品拥有量

年份	自行车（辆）	缝纫机（台）	收音机（台）	录音机（台）	照相机（部）	钟表（只）	其中手表（只）	电视机（台）	其中彩电（台）	电风扇（台）	电饭锅（个）	大型家具（件）
1978	97	19	6	0	0	64	42	0	0	0	0	5
1984	211	54	30	25	1	232	168	23	1	43	1	95
1984 年比 1978 年 +%	117.5	184.2	4 倍			262.5	3 倍					18 倍

从表二和表三中可以看出如下三点。

（一）生产性的消费占有一定的比重，但对智力的投资过少。1984 年平均每个农民用于购置生产性固定资产的钱为 56.96 元，占当年纯收入的 13.40%，比 1978 年增加 50 元。由于一些生活用品如自行车等同时还兼作生产工具，农民实际上用于生产的投资还要多一些。但是，用于文化生活的非借贷支出每人只有 4.5 元，仅占纯收入的 1.06%。许多农民宁愿出钱盖土地庙敬奉神仙，也不肯捐款建学校发展教育。这反映刚刚富裕起来的农民对目前的扩大再生产的重视程度超过以往任何时候，但是仍然缺乏长远的眼光。

（二）享受性和发展性消费的比重有所提高，但生存性消费仍占主要部分。文娱用书报杂志、医药卫生以及文化生活服务的支出每人平均为 18.7 元，占人均纯收入的 4.42%；百户农民的耐用消费品拥有量与 1978 年相比不仅成倍增长，而且许多是从无到有，另外，每人平均还有 25.81 元的结存，这主要是为将来购买高档商品用的。所有这些，都标志着消费水平的提高。但是，消费水平的提高又是有限的。按照一些国家通用的标准，吃的消费占总消费的 50% 以上为贫困，占 41% ～50% 为小康，占 20% ～40% 为富裕。永宁村的农民用于食品、衣着、日用品、住房、燃料等方面的支出占人均纯收入的 74.27%，其中食品的支出占 45.5%。这说明，永宁村农民的生活水平虽有很大提高。

（三）基本上是私费消费，公费消费几乎看不见。1982 年以前，永宁村实行集体合作医疗制度；农忙期间由集体组织幼儿班集中看管学龄前儿童。但是，从 1982 年以后，合作医疗陷入瘫痪，这对于一些收入不高的困难户是一笔不小的负担；又由于没有幼托事业，一些在乡镇企业务工的农民，特别是一些双职工，感到很不方便。这表明目前永宁村农民的消费基本上是依靠家庭经济来满足的，而随着形势的发展，这种封闭的家庭消费的局限性也越来越突出了。

二　时间的安排

时间的分配是反映生活方式的重要指标。以下是永宁村 10 户 37 名劳动力每周平均每天的时间安排情况。

表四　永宁村农民的时间分配

单位：小时

类别	劳动时间		业余时间							
	务农	务工	满足生理需要	做家务	看电视	看电影看戏	打扑克下象棋	打台球	唱师公*	其他
时间	5.07	2.3	10.11	2.83	2.2	0.34	0.32	0.1	0.07	0.76

* 当地的一种民间歌舞活动。

根据表四及其他一些情况，对永宁村农民的时间安排分析如下。

（一）平均每天的劳动时间大为减少。如表四所示，平均每天的劳动时间为 7.37 小时，其中务农的时间仅为 5.07 小时，总的劳动时间与 1982 年以前出集体工平均每天 10 小时相比，减少 2.63 小时；如果仅计算务农时间，那么减少的时间就更多一些。这反映出实行家庭联产承包责任制后，劳动的效率大大提高，尽管农民经营的品种和数量比以前增加了，但是农民在生产场所花费的时间却比以前大为减少。同时劳动时间结构也发生了变化。劳动时间的缩短为业余时间的延长创造了前提；单纯务农的劳动时间的改变又为改变那种"日出而作，日落而歇，耕田而食，取河而饮"的传统生活方式创造了条件。

（二）在业余时间里，做家务的时间过长，除了用于吃饭、睡眠满足生理需要的时间外，家务劳动的时间在业余时间里占第一位，达 2.83 小时。据调查，永宁村农民的家务劳动主要有四项内容：一是喂猪养家禽；二是照料小孩；三是上山打柴；四是上街买东西。这些活动所耗费的业余时间，不仅在相当的程度上抵消了因缩短劳动时间所带来的时间效益，而且也综合反映了永宁村的经济和社会状况。

第一，产业结构调整不完善和专业化程度不高。从第一产业来看，全村还没有一个专业户，土地也没有向种田能手集中；从第二、第三产业来看，村办工业发展不快，原有的集体兴办的商业服务网点大部分已停办，所以，在剩余劳动力转移困难和土地相对固定的情况下，绝大部分农户仍是种粮、种菜、种果兼养猪、养家禽等"小而全"的经营形式。这两年由于受市场调节的影响，养殖业有较大发展，有时回到家里反而比在地里更忙。这实际上是劳动时间在业余时间里的延续。

第二，人口增长率高，没有认真贯彻计划生育政策。从 1956 年至 1985 年，永宁村的人口将近翻一番，平均每年递增 23‰；1985 年人口增长率仍达 18‰。1980 年以来，超指标生育的妇女占全部育龄妇女的 25.32%。据调查，结婚五年以上有生育能力的妇女最多生了 8 胎，最少的也生了 3 胎。所以，一个农户里有四五个小孩是平常的事。这样，照料小孩的家务劳动就必然增多。

第三，燃料问题一直是个老大难问题。以前永宁村的农民解决燃料问题一般有两个途径：或是到附近的山上砍树枝，或是到附近的小煤矿买煤。但是，近年来小煤矿由于煤源枯竭已停产，附近的山岭因乱砍滥伐已变成"秃头岭"，农民只好到十里以外的山上砍松枝，相当费工费时。这个问题在南宁市郊区带有一定普遍性。

（三）在闲暇时间的利用上比以前增加了内容，但仍欠全面和丰富，其中还掺杂一些不健康的因素。所谓闲暇时间，就是在业余时间里除去满足生理需要和做家务以后所剩下的时间。从表四我们可以看到，农民在闲暇时间里进行的活动依次为：①看电视，②看电影看戏，③打扑克下象棋，④打台球，⑤唱师公。据调查，农民最喜欢看的电视节目是文娱体育节目，其次是生活指导节目，再就是政治新闻节目。这反映在闲暇时间里，电视机对农民的吸引力是巨大的，而且对于帮助农民了解世界、获得信息、陶冶情操、调剂疲劳也大有益处；但是也有一些问题，就是文化教育、智力开发一类节目的作用还不是很大。

需要指出的是，近两年来，赌博和封建迷信活动在永宁村风行一时，已经渗透一些农民的日常生活。在赌博方面，有群众赌、干部赌、青年人赌，也有老年人赌，甚至有的父子同台赌；而且赌注越下越大，有的一次就输掉上千元。在迷信方面，不仅每个自然坡都盖起了土地庙，烧香敬神，而且随着农民盖新房的增多，风水先生、道公巫婆的活动也猖獗起来。由于这些活动一般都是在闲暇时间里进行，又由于这些丑陋的活动需要一定的形式来掩盖，上述的闲暇时间里的一些活动形式如打扑克下象棋、唱师公等便被一些农民用来进行对赌博和迷信活动的掩盖。

在闲暇时间利用上的这种状况，固然与永宁村农民的传统思想和历史痕迹有关，但主要的原因是以下几点。

1. 农民靠天种粮、靠地吃饭的状况没有根本改变。这几年虽然农民的收入增加、生活水平提高，但是，由于致富的门路不多，离土的农民不多，农民对土地的依赖感还是很强的。所以，他们盖土地庙，选个好风水建房、修墓，以祈求神仙恩赐来年风调雨顺、五谷丰登、六畜兴旺，就是很自然的事情。另外，由于有20%的农业剩余劳动力尚未转移出去，对于一些不安心务农的青年来说，感到苦闷和渺茫，这也是容易沾上赌博之类的不良习惯的原因。

2. 农民的文化水平比较低。据统计，全村劳动力具有高中文化程度的130人，占9.8%；初中文化程度的442人，占33.1%；小学文化程度的638人，占47.8%；文盲124人，占9.2%。此外，乡镇企业招工也不进行文化考试，而是由村干部推荐，所以，一些青年学习文化科学技术的热情也不高。由于文化水平低、学习积极性不高，加上其他的因素，一些农民不仅往往对党的政策产生误解，而且对法律也不甚了解。例如，认为提倡开放搞活，就什么都可以搞了；提倡宗教自由，就可以自由地搞封建迷信了；等等。

3. 党组织涣散，致使农民的业余文化生活处于无组织状态。据了解，自1984年来，村党支部的五名党支委，除党支书以外，很少过问工作；支委会没有开过一次民主生活会，下属的7个党小组也没有开过一次会；个别党员干部还带头搞迷信，带头赌博，影响很坏。由于党组织涣散，农民的业余生活无人过问，原有的几个篮球场已经荒芜，文艺队、体育队等也不复存在，唱师公完全是群众自由组织，一些农民特别是青年农民感到业余生活枯燥、单调，走上了邪路。

以上的情况说明，要使农民的闲暇时间像列宁所指出的那样真正成为个性和才能发展的广阔天地，不仅有赖于劳动时间的缩短，而且有赖于一定的经济、社会、文化和组织的保证，有赖于农民自身素质的提高。这是一项十分艰巨的工程。

三 家庭和婚姻

（一）家庭。实行家庭联产承包责任制以后，家庭的功能发生了变化，家庭不仅由过去被动出工的客体变成了可以独立地进行经营活动的主体，而且也由单纯的生活单位变成合生产、生活为一体同时兼有其他一些社会职能的社会基本单位。这必然对家庭的规模和结构带来一定的影响。据统计，1984 年永宁村的农户总数为 474 户，其中主干家庭 123 户，占25.9%；核心家庭 314 户，占 66.2%；单身家庭 35 户，占 7.4%；重新组合的家庭 2 户，占 0.4%；没有扩大家庭或者联合家庭。全村平均每户为5.2 人，其中 8 口人及以上的家庭占 29.2%，5~7 口人的占 51.3%，2~4口人的占 12.6%，1 口人的占 6.9%。1984 年全村的家庭总数为 474 户，1985 年新增加 31 户全部是核心家庭和单身家庭。以上情况说明，尽管人口出生率高，平均每户的人口规模不算小，但是，由于家庭结构趋向简单化，大多数家庭的人口数目已比以前减少。

家庭结构趋向小型化和简单化，主要是经济上的原因造成的。土地承包到户以后，家庭作为生产的基本单位，对管理和效率提出了新的要求。在永宁村，承包土地额是按一对夫妇只生一个孩子的原则来进行分配的，孩子多并不能多包土地。如果家庭结构复杂、规模过大，就会造成新的吃大锅饭的现象，尤其是在调整种植业内部结构、土地的产出率大大提高的情况下，矛盾会日益尖锐。所以，家庭里有两个以上的兄弟，一旦结婚，一般都要分家，老人有的是跟一个儿子过，也有的是自己单过，由几个儿子共同负担其生活费用。

家庭联产承包责任制的推行和产业结构的调整，对家庭内部的分工、代际流动以及妇女地位的提高，也有一定的影响。全村现有 110 户中的137 人（大多数为青年）在乡镇企业干活，其投工量占全村投工总量的21.24%，其净收入占全村净收入的 25.78%。他们不仅经济活动范围扩大了，创造了新的收入来源，而且已经成为不同于他们父辈职业的新工人。永宁村传统的男女分工是男的干地里的细活和负责社交，女的则干地里的粗活和负担大部分家务。现在，这种分工的基本格局没有变，但是，由于妇女在商品生产中的作用增大，也由于核心家庭的增多，妇女在家庭中的地位有所提高，全村约有 35% 的家庭是妇女当家，约有 40% 的家庭是夫妻共同当家。

（二）婚姻。为了了解婚姻方面的变化，我们调查了 1985 年结婚的 18位青年，其中 9 位是女青年。其基本情况如表五。

表五　永宁村青年婚姻状况调查表

年龄	性别		爱人职业		爱人原住址			认识途径		结婚仪式		请客范围	
	男	女	农	工	本村	本乡	近郊	自由恋爱	别人介绍	请酒	请糖	二代	三代
20 岁		2	2		1		1	1		2			2
21 岁		3	3		2		1	3		3			3
22 岁	3	2	5		2	1	2	5		5		2	3
23 岁	1		1				1	1		1			1
24 岁													
25 岁	1	1	2				2		2	2			1
26 岁	2		2		1		1	1	1	1	1	1	1
27 岁	1	1								1			1
28 岁	1		1							1			1

（1）结婚年龄。从表五中看到，男的最小 22 岁，最大的 28 岁，平均年龄 25 岁；女的最小 20 岁，最大 27 岁，平均年龄 22 岁，多数结婚不算太早。对于男方来说，由于结婚费用比较高，一般需要几年的积蓄准备才能举办婚事；对于女方来说，她是家里的重要劳动力，多数家长希望她能为家里多干几年活。因此，在永宁村早婚的现象已经不复存在。

（2）择偶的范围和条件。从表五中看到，村民择偶范围全部在近郊以内，其中本乡的占 16.7%；本村的占 33.3%；没有一个是远郊县的；但是，也没有一个是城市里的。男青年择偶一般不大看重职业，主要是考虑女方是否勤快能干、健康漂亮。女青年的择偶一般分为两个阶段：第一个是理想阶段，一般都想找一个城里的职工，但是，由于我国严格的户籍管理制度，成功率是极低的；于是便转入第二阶段即实际阶段，在本村或近郊找一个诚实可靠、勤快能干的农民。

（3）认识途径。有 61.1% 的男女青年是自由恋爱，通过别人介绍的有许多以前也是相互认识的，只是通过中间人确定恋爱关系而已。以前的那种"父母之命，媒妁之言"早已没有市场。

（4）结婚礼仪。除了个别是请糖以外，大部分青年结婚还是按照传统的礼仪即请酒席。所请的客人一般都是男女双方三代或两代以内的亲戚朋友，少则十几桌，多则几十桌；在吃酒席的同时还请民间歌舞队唱师公助兴。所以，结婚费用是比较高的。据调查，上述的青年结婚所花的费用平均为 2400 元，最多的达 4000 元，这里面除了部分用于买家具外，大部分用于请酒席；此外，在正式举行婚礼以前，男方还要给女方家送彩礼，一般 300～500 元不等。这说明婚礼虽然隆重热闹，但是铺张浪费也很严重。

上述的调查分析表明，随着农村经济的发展，农村的家庭和婚姻生活方式发生了一定的变化，妇女和青年人的自主性比以前增强。但是，由于农村经济和社会发展水平所限，一些传统的生活习惯变化还不是很大。

我国的所有制结构和阶级
结构的变化情况[*]

朱庆芳

　　社会是由不同的社会集团构成的。对全体社会成员进行划分、归类，研究不同层次社会成员的社会地位、利益分配、社会流动和生活方式的变化，是社会学、经济学研究的一个重要方面。在我国，相当长的一段时期内，僵化的脱离实际的阶级分析理论占据了统治地位，这些错误理论在实践中又不断得到强化。一方面，随着生产力的发展，阶级和阶级关系发生了很大变化；另一方面，对阶级的划分和研究一直被视为"禁区"，对客观存在的阶级和阶级变化不敢大胆探索和研究，以致长期以来对阶级状况缺乏正确估量，混淆了两类不同性质的矛盾，使阶级斗争日益扩大化，最后达到了登峰造极的地步，形成"资产阶级就在共产党内"一系列错误理论，人为地将党内外矛盾无限激化，导致了一场空前的灾难——"文化大革命"，给党和人民带来了难以估量的巨大损失。

　　经济体制改革对长期僵化的生产关系做了重新调整，随着多种经济成分和多种经营方式的出现和发展，社会各阶级和阶层的状况、各阶层的权利和利益的分配也相应发生了新的变化。因此有必要对当前各阶级和阶层进行科学的划分，对变化情况进行调查研究，做出正确的判断，提出对策，使改革得以顺利进行。

　　目前世界各国对阶级或阶层划分的理论根据大致可分为两大类。一类是苏联和东欧各国，基本上是根据马克思列宁的观点，根据生产资料占有关系来划分阶级的。近年来苏联和保加利亚等国的学者在所有制理论研究方面出现了某些观点上的变化，认为私人辅助经济也可列入社会主义所有

---

　　*　原文发表于《社会学研究》1986 年第 6 期。

制关系总体之内。保加利亚学者提出了按收入、教育水平、生活水平、声望和工作性质进行社会分层，从而分析阶级和阶层之间存在的不平等问题。另一类是西方资本主义国家，一般都是以德国社会学家马克斯·韦伯的社会分层理论为标准，按财产、声望、权力等因素差别，将社会划分为几个甚至十几个等级的社会阶层。

我国过去一直是用马克思主义传统的划分法，即按生产资料占有关系划分阶级的。在1956年以前，根据当时存在的五种经济成分将全体社会成员划分为四大阶级；社会主义改造基本完成之后，消灭了剥削阶级，只剩下全民和集体所有制，按阶级分，只有工人和农民两大阶级，知识分子是依附于工人和农民阶级的。但是，由于种种原因，我们对于阶级和阶级关系的变化没有给予足够的认识，或者根本不予关注，反而提出了种种脱离实际的阶级斗争理论，从理论到实际全盘否定了阶级与阶级关系的新变化。党的十一届三中全会以后，在全民和集体经济成分之外出现了其他多种经济成分。如何对复杂的经济关系进行分析和研究，关系到改革和四化建设健康顺利地发展。我们深深感到，仅仅按照所有制关系划分阶级和阶层，在理论研究和实际工作中都将遇到许多难以克服的难题。那么，是否也可以按职业、职务、收入和政治地位等因素的差别来划分各种不同阶层呢？

由于我们过去对阶级和阶层的划分很少进行研究，缺乏调查资料和全面统计，也缺乏科学的理论根据，要全面完整地论述我国阶级、阶层结构的新变化是较为困难的。笔者试图根据现有人口普查的分行业统计资料和分行业的劳动者人数加以整理，同时采取了估算的方法作为补充，对我国历年的所有制结构和阶级、阶层结构做一些粗略分组和初步分析，供大家研究参考。

一 所有制结构变化情况

1985年底，全社会劳动人数为4.99亿人，其中全民所有制职工8990万人，占全社会劳动者的比重由1952年的5.7%上升为18.0%；城乡集体所有制劳动者为8734万人，比重由35.3%降为17.5%（城镇集体劳动者由23万人增加到3324万人，比重由0.1%上升为6.7%。农村集体劳动者

1952 年为合作化的农民，有 7297 万人；1985 年为乡镇企业职工，有 5410
万人）；家庭承包制和城乡个体劳动者为 32105 万人，比重由 57.1% 上升
为 64.4%（其中城乡个体劳动者 1756 万人，占 3.5%，尚未恢复到 1952
年占 4.3% 的水平。但这仅是在工商局的登记数，如包括未登记的个体户
人数约相当于已登记的 30.0% ~ 50.0%，则个体劳动者为 2300 万 ~ 2600
万人，已占 5% 以上，超过了 1952 年的水平）；合营和独资经营 44 万人，
占 0.1%。详细数字见表一。

表一　按所有制分组的社会劳动者构成变化

按所有制分组	人数（万人）			构成（%）		
	1952 年	1978 年	1985 年	1952 年	1978 年	1985 年
社会劳动者合计	20729	39856	49873	100	100	100
1. 全民所有制职工	1187	7451	8990	5.7	18.7	18.0
2. 集体所有制劳动者	7320	32390	8734	35.3	81.3	17.5
城镇集体职工	23	2048	3324	0.1	5.1	6.7
农村集体劳动者	7297[①]	30342	5410	35.2	76.1	10.8
其中：乡镇企业	—	2829	4152		7.1	8.3
3. 家庭承包制和个体劳动者	11829	15	32105	57.1	0.04	64.4
城镇个体劳动者	883	15	450	4.3	0.04	0.9
农村个体劳动者			1306			2.6
农村家庭承包制和个体农民	10946[②]		30349	52.8		60.9
4. 私营	367			1.8		
5. 合营（公私合营、中外合资独资等）	26[③]		44	0.1		0.1

资料来源：根据 1985 年中国统计年鉴和有关资料估算。
注：①指已实行合作化的农民。②指未实行合作化的个体农民。③公私合营。

若按城乡分，城镇劳动者为 12808 万人（其中全民所有制职工 8990 万
人，合营 44 万人，城镇集体所有制职工 3324 万人，城镇个体 450 万人），
占全社会劳动者的比重由 1952 年的 12.0% 上升为 25.7%，农村集体和个
体劳动者 37065 万人，比重由 88% 降为 74.3%（见表二）。

各种所有制的生产资料占有变化情况：根据对 1984 年的固定资产原值
测算，全民所有制占绝对优势。全民、集体、乡镇企业的年底固定资产原
值为 8710 多亿元，其中全民所有制企业占 85.5%，集体所有制企业占

14.5%（城乡集体企业占7.5%，乡镇企业和联合体占7.0%）。如果把全国家庭联产承包责任制的农户和专业户的生产性固定资产1090亿元包括进去，全国固定资产约为9800亿元，其中全民所有制占76.0%，集体所有制占13.0%，家庭承包农户和专业户占11.0%（由于缺少城镇个体经济和其他经济的固定资产数据，此处固定资产数字不甚完整）。

表二　按城乡分组的社会劳动者构成变化

	人数（万人）			构成（%）		
	1952年	1978年	1985年	1952年	1978年	1985年
社会劳动者合计	20729	39856	49873	100	100	100
城镇劳动者	2486	9514	12808	12.0	23.9	25.7
农村集体和个体劳动者	18243	30342	37065	88.0	76.1	74.3

注：资料来源同表一。

从发展趋势来看，在社会主义公有制占绝对优势的前提下，将逐步向多种所有制形式发展，如目前还存在国营大企业按集体所有制经营方式管理和分配的集体经济；小型国营企业改为国家所有、集体经营的经济；国营小企业转为集体所有制的租赁或承包给个人经营的经济；生产资料由社员共有采取入股按股分红的合作经济；公私合营或中外合资的国家资本主义经济；外资独营经济；还有全民、集体、个体经济相互间灵活多样的合作经营和经济联合；个体经济、私营经济等多种经济形式都以较快的速度发展。有的同志还主张把国有企业改为股份经济、合作经济。无论是哪一种经济形式，总的原则是为了打破"铁饭碗"，有利于调动职工积极性、提高经济效益。我们要研究各种所有制的发展变化和内在联系，进行分类指导，以便更好地促进社会生产力的发展。

二　阶级结构的变化情况

所有制结构的变化必然引起阶级结构的变化。

1982年7月全国第三次人口普查，比较准确全面地将全国就业人口按职业进行了分组统计，全部就业人口为5.22亿人。根据职业分类，工人阶级为 1.11 亿人（指生产、运输工人，商业、服务、邮电人员和职员的合计数），占就业人口的 21.3%；农民阶级（指农林牧渔劳动者）3.76 亿人，占 72.0%；知识分子（指各类专业人员、技术人员和机关企事业负责人等）3459 万人，占 6.6%；其他劳动者占 0.1%。如将各阶级所抚养的人口计算在内，工人阶级占 18.9%，农民阶级占 75.1%，知识分子占 5.9%，其他占 0.1%。

从历年各行业劳动者数量的变化看，工人阶级和知识分子增长最快，农民比重虽下降了，但绝对人数仍是增长的。对国家统计局有关统计数字进行整理，1985 年底全社会劳动人数 4.9 亿人中，工人阶级为 8958 万人，比 1952 年的 1103 万人增长 7.1 倍，占全社会劳动人数的比重由 5.3% 上升到 18%。知识分子从 500 万增加到 3400 万人，增长 5.8 倍，比重由 2.4% 上升到 6.8%；农民阶级由 1.82 亿人增加到 3.58 亿人，增长近一倍，比重由 88% 降为 71.7%；个体劳动者由 883 万人增加到 1756 万人，增长 1 倍，比重由 4.3% 降为 3.5%。若包括未登记而实际从事个体劳动的人数，已达 2200 万～2600 万人，比重已上升到 5.0% 以上。若将农民阶级中从事非农业劳动的 5410 万人（不包括从事农村个体经济的人数）划入工人阶级，则工人阶级为 1.44 亿人，占 28.8%，比 1952 年增长 12 倍；农民阶级为 3.03 亿人，占 60.9%，比 1952 年增长 0.7 倍。如表三所示。

表三　社会劳动者人教各阶级结构的变化

	人数（万人）			构成（%）			1985 年比 1952 年增长倍数
	1952 年	1978 年	1985 年	1952 年	1978 年	1985 年	
社会劳动者人数	20729	39856	49873	100	100	100	1.4 倍
1. 工人阶级	1103	6909	8958	5.3	17.3	18.0	7.1 倍
2. 知识分子阶层	500	2590	3400	2.4	6.5	6.8	5.8 倍
3. 农民阶级	18243	30342	35759	88.0	76.1	71.7	1.0 倍
其中：从事非农业劳动者		2829	5410		7.1	10.9	
4. 个体劳动者阶层	883	15	1756	4.3	0.04	3.5	1.0 倍

注：1. 知识分子是根据国家统计局编的《社会统计资料》中脑力劳动者比例估算的。

2. 个体劳动者 1952 年、1978 年仅有城镇数，1985 年是工商局统计数，包括农村个体数。

3. 工人阶级是职工人数减知识分子而得。

4. 农民阶级是社会劳动者人数减 1、2、4 项而得，非农业劳动是乡镇企业人数。

三 各阶级内部结构的变化

1. 工人阶级内部结构的变化

广义的工人阶级应包括工人、职员、知识分子三部分。根据 1982 年 7 月人口普查，这三部分人共为 14567 万人，占就业人口的 28.0%。工人为 10429 万人（其中产业工人为 8337 万人，商业饮食业服务业人员 2092 万人）；知识分子 3459 万人；职员 679 万人。

如果按所有制分组，全民所有制职工在数量上仍占绝对优势。1985 年工人阶级总数（包括知识分子）共为 12358 万人。其中全民职工为 8990 万人，占 72.7%；城镇集体所有制职工 3324 万人，占 26.9%；合营和其他经济成分职工为 44 万人，占 0.4%。

如果按三次产业分，工人阶级当中从事第一产业（农业）的占 6.8%，第二产业（工业、建筑业）的占 53.3%，第三产业的占 39.9%（在社会劳动人数中，第三产业的占 16.4%）。

随着农村经济结构的调整和农业现代化、专业化的发展，我国城乡关系正在发生历史性的变化。农村中非农业劳动力迅速增加，1985 年农村劳动力从事工业、建筑业、运输、商业、文教卫生等行业的已达 5410 万人。虽然他们还是农村人口，吃的是自产粮，但工作性质已属于工人阶级范畴，是从农业中分离出来的亦工亦农的新的社会阶层。如将这部分劳动者加入工人阶级队伍，则工人阶级应为 17768 万人（包括知识分子 3400 万人在内），占全社会劳动人数的 35.6%。如扣除知识分子阶层，工人阶级为 14368 万人，占全社会劳动人数的 28.8%。

2. 农民阶级内部结构的变化

我国广大农民在三十多年的时间里，绝大部分在生产队里从事集体劳动。1979 年以后，改变为包产到户的家庭承包责任制的形式，生产关系的改变，极大地调动了农民生产积极性。这种经营形式究竟属于集体还是个体？从事理论研究和实际工作的同志进行了广泛的调查研究和开展了讨论，至今没有定论。有的同志认为这种形式是集体所有制单位中采取个体经营的方式，它具有集体和个体的二重性。今后的发展趋势，土地逐渐集中于种田能手，其他人将从事产前产后的联合经营，将以新的形式走向合作经济。

1985 年农村劳动力的结构是：全国乡、社劳动力为 3.71 亿人，其中有 1300 多万人从事家庭工业、各种专业户和个体劳动。扣除这部分人还有 3.58 亿人，其中从事农林牧副渔五业的劳动力为 3.04 亿人，占全国乡、社劳动力的 82.0%，占全社会劳动者的 61.0%；另有 5410 万人，占 14.6%，已从农村五业中分离出来从事乡镇企业和外出当临时工、合同工。全国乡社劳动力若按三次产业分，第一产业占 81.9%，第二产业占 10.4%，第三产业占 7.7%。

据有关部门调查，在 3 亿多农林牧副渔劳动力中，还有 1 亿劳动力是剩余劳动力，他们除完成农业劳动外，多半兼营非农业劳动或外出做买卖、打短工。据估计，农民到城市从事各种事业（木工、漆工、裁缝、建筑工、商贩、保姆等）的人数有 1000 多万人，因此实际从事非农业的劳动力已远远超过 6710 万人（包括农村个体劳动者）。从社会结构角度分析，这部分亦工亦农的"边缘群体"是农民转变为工人的过渡群体，它已不同于传统农民，而应分别归入工人阶级和小资产阶层。

农业人口比例下降和农村城市化，是现代化程度提高的重要标志。近几年虽加快了农业向非农业转移的步伐，但我国至今农业劳动力仍占 72.0%，三十多年来其比重仅下降 16.0%，平均每年仅降低 0.5%，慢于世界各国这一比例的下降速度。绝对人数平均每年还增加 520 万人，每个农业劳动力只能负担 3 人，而美、英、法、德等国都负担 30～60 人。如果扣除农业中从事非农业劳动人数，也仍占全社会劳动力的 60.0% 以上，这一比例不仅大大高于发达国家（1982 年各发达国家的农业劳动力在全部劳动力中仅占 6.0%），也高于中等收入国家农业劳动力占 44.0% 的比例。由此可见，我国仍应大力提高农业劳动生产率，加速农业劳动向非农业劳动转移的步伐。

3. 知识分子内部结构的变化

知识分子不是独立的阶级，而是附属于工人、农民、小资产者的一个社会阶层。目前，对知识分子的划分有各种各样的标准，有的按文化程度分，大专以上才算知识分子，但全国只有 600 万人；有的中专以上算作知识分子，约为 2500 万人；有的按劳动形态分，从事脑力劳动的就算知识分子。据国家统计局统计，1983 年为 3193 万人，占社会劳动者人数的

6.9%。另据 1982 年 7 月人口普查的统计，各类专业、技术人员为 2646 万人，加上机关企事业单位负责人 813 万人，共为 3459 万人，占就业人口的 6.6%。后两个数字比较接近。在这 3000 多万知识分子中，领导阶层为 813 万人，占就业人口的 1.6%，其中国家机关负责人为 89 万人，企事业单位负责人（车间主任以上）为 555 万人，党群组织负责人、城镇街道和公社负责人有 168 万多人。领导阶层人数虽不多，但他们是领导者和决策者，无论是经济地位和政治地位，还是声望、权力、收入方面都不同于一般知识分子，他们在经济和政治生活中起着重要的、特殊的作用。

知识分子中 76% 是各类专业、技术人员，1982 年人口普查统计共 2646 万人，其中自然科技人员 803 万人，经济、文化、教育、法律等专业人员共 1843 万人（此数包括各种经济类型的人数在内）。

另据国家科委 1985 年的统计，全国自然科技人员为 824 万人，社会科学人员 420 万人，共 1244 万人。在全民自然科技人员中受过高等教育的仅占 46%，高级科技人员仅占全部科技人员的 1% 左右，仅 8 万人。我国科技人员不仅数量少，而且人才结构分布不合理、知识老化、素质不高，与四个现代化建设的需要极不适应。

知识分子比例的高低，是科学技术现代化的重要标志，我国目前知识分子在就业人口中所占比重还不到 7%，而经济发达国家一般已占一半左右，美国已占 53%，联邦德国、加拿大、英国、日本、法国、澳大利亚、荷兰等国已占 40% ~ 47%。相比之下，我国知识分子数量太少，他们是"四化"建设的宝贵财富，为充分发挥现有知识分子的作用和积极性，一方面应从政策、人才使用、收入分配、福利待遇等方面进一步落实知识分子政策，扭转知识分子和体力劳动阶层收入差距倒置的现象，营造尊重知识、尊重人才的好风气；另一方面应通过发展教育事业和职业培训等多种渠道加速培养新一代的知识分子，扩大知识分子队伍。

4. 个体经济的发展及小资产阶级的形成

个体经济经过几起几落，近几年得到了恢复发展，至 1985 年底在工商部门登记的城乡个体经济人数已达 1756 万人，人数虽超过了 1952 年的 883 万人，但占全社会劳动人数的比例却由 4.3% 降为 3.5%。如果把未登记而实际从事个体经营的人数计算进去，估计已达 2200 万 ~ 2600 万人，占全社会劳动人数的 5% 以上，如包括这一阶层的被抚养人口，已达 5000

万人，这是一个人数不算少的新的社会阶层。

根据近几年个体经济的发展趋向，大致分化为三部分。第一部分是以个体经营者自身劳动为主的，有的也雇用少量帮工，这是大多数，据典型调查，约占60%～70%，人数在1000万人以上。这部分人应属于小资产者阶层。小资产者阶层除包括个体劳动者外，还应包括靠个人劳动发家致富的专业户、城市小手工业者、个人开业的律师、医生、文艺工作者、科技工作者、房地产出租出售者等。第二部分是已有合作济经成分或正在向合作经济方向发展的，尽管这部分人目前还不多，但它是发展方向，其人数应归入工人或农民阶级。第三部分是雇工人数在8人以上的雇工户和私人企业，据典型调查，大约占10%以上，其中纯收入在万元以上的大户约占0.8%。雇工大户拥有的资金有几万元、几十万元、上百万元的，雇工人数最多的达数百人。这部分人人数虽然不多，但能量大、收入高、对各阶层的社会影响大，按其所有制性质已超出了个体劳动者的范畴，实际上已具有私营企业的性质了。由于过去"左"的政策影响，个体经营大户往往谈资色变，不敢放手大干，故对其定性和采取对策都应慎重。无论是个体经济还是私营企业，它对当前国民经济所起的作用都是不容忽视的。它的发展活跃了城乡经济，促进了商品生产的发展，方便了人民群众的生活，补充了全民集体经济的不足；它为城乡剩余劳动力提供了广阔的就业门路；它的发展使国家、集体和个人都增加了收入；促进了全民和集体改变经营作风，起到了竞争作用。当然，另一方面个体经济的发展也存在一些值得注意的问题，如偷税漏税现象比较普遍；有的用不正当手段腐蚀干部和国营企业职工，助长了不正之风；还有部分个体户违法经营，等等。从总体看，个体经济的发展还是利多弊少，因此从政策上应继续采取允许并鼓励个体经济的发展，对它的消极一面可利用经济杠杆调节，从宏观上加以控制，从行政上加强管理，就可以扬其利、弃其弊，引导个体经济健康地发展。对客观上已大量存在的私营企业，有必要从政策上明确私营企业的性质，通过立法承认私营企业的合法存在，健全税制、法制、劳动保护法规等，使它能根据法规大胆经营，进一步扩大再生产。我们没有必要担心它的发展会改变和削弱社会主义经济的性质，因为它始终处于从属的地位，它是在公有制的包围和影响下发展的，强大的社会主义经济完全可以通过经济杠杆来影响它的发展规模和速度，对它不合理的高收入可以进行调节和控制。

对社会各阶级、阶层进行划分、归类的目的，一方面是为了分析各阶级、阶层的变化、流动情况，为我们党制定经济和社会发展战略、策略提供依据，以便调动一切积极因素进行社会主义建设。另一方面是为了研究各阶级、阶层的经济利益、社会地位、生活方式和价值观念发生的变化，在当前特别要研究经济体制改革中由于所有制结构和阶级结构的变化所引起的分配制度的变化，其使社会财富占有和收入分配的差距发生了很大变化。例如近几年由于农民收入快于工人收入的增长，使工农收入差距有所缩小，但由于历史遗留下来的工农剪刀差仍然存在，以及农业劳动生产率还比较低，因此，从整体上看，农民收入还相对落后于工人的收入，差距还较大，要进一步提高农民收入，减轻农民负担，缩小工农收入差距。知识分子阶层人数虽不多，但他们在"四化"建设中起着重要的作用。长期以来受"左"的指导思想影响，不重视知识和人才，使知识分子的地位和经济收入的增长慢于其他阶层收入的增长。近几年虽然提高了知识分子的收入，但仍存在脑力劳动者与体力劳动者收入差距的倒置现象，影响知识分子积极性的发挥。因此今后应采取切实措施，继续落实知识分子政策，加快提高知识分子的生活待遇，尽快扭转脑力劳动者和体力劳动者收入差别倒置的不合理现象。此外个体户特别是有一部分个体经营大户，通过大量雇工、偷漏税和钻贷款、价格不合理的空子而获得了高收入，已对社会各阶层产生了心理不平衡，引起了攀比效应和使部分全民、集体职工产生离心力的消极因素，应引起有关部门的足够重视。在工人阶级和农民阶级内部，由于调整了生产关系，已初步扭转了过去僵化体制所造成的"吃大锅饭"、缺乏竞争和活力的平均主义倾向，已使收入差距拉开，尤其是农民阶级内部由于资金、劳动力、经营能力和自然条件的不同，在农户之间、地区之间已拉大了差距，基本上反映了中央提出的"让一部分人先富起来"政策实行的结果。但也应防止农户之间收入差距过于悬殊，要加强扶贫工作，为实现共同富裕创造条件。

各阶级、阶层的收入差距是否合理，牵涉能否维护安定团结的政治局面、能否使改革顺利进行的大问题。这就要求我们对各阶级阶层的变动和经济利益、社会地位等进行科学的分析，密切注视其发展变化趋势，及时提出建议，以便使党和政府采取对策，合理进行调整。

　　本文是为理论界研究探索我国所有制结构和阶级结构提供一些基本数据。鉴于这个问题难度较大、牵涉面较广，长期以来又缺乏系统的研究，建议有关部门从理论上进一步探讨，多做一些调查研究，提出划分阶级和阶层的理论根据。统计部门应在此基础上建立一套分阶级和阶层的科学的统计方法，对各阶层的人数、文化程度、收入、职业等做定期统计。

1987 年

中国的地理环境与中国传统文化的二重性

——鲁迅的中国文化观研究之一[*]

张 琢

一 空间和时间·"历史和数目"

（一） 中国的地理环境与中国历史文化的连续性

人类的活动离不开一定的舞台，就像人不能拔着自己的头发离开地球一样。

人是由动物进化来的，人类首先是自然的产物。人由动物进化为人之后，开始了自己的社会历史进程，也仍然离不开相应的自然环境的舞台。而且广义地讲，人类仍是自然的一部分，自然环境仍然是人类生存和演变的第一个前提条件。

不过，人类的生产力愈低下，离动物状态愈近，对自然环境的直接依存性便愈大。人类的生产力愈发达，征服自然和利用自然力的能力愈强，一方面使人类受特定的自然环境的束缚和局限愈小，而另一方面对自然环境的开发和利用也就愈深广——所以，这与其说是人对自然的依存关系的减弱，倒不如说是人对自然的依存关系的深广发展。

愈往上溯，人类主宰自然的能力愈弱，对天然环境的直接依赖便愈强，稳定的天赐丰厚而四季变化很小的热带、亚热带地区成了人类由以演变而来的猿类的故乡。

---

[*] 原文发表于《社会学研究》1987 年第 1 期。

但是，稳定的环境虽然有利于稳定的生活，却不利于变异和进化。而在那个洪荒世界，作为自然生物的一部分的人类祖先猿类的进化，几乎完全取决于自然环境和条件的变化，其演变的速度只能由自然界进化的尺度来衡量。

大约在新生代第三纪由印度洋板块冲击亚洲大陆引起东西强烈隆起的喜马拉雅新构造运动，形成了青藏高原和喜马拉雅山脉这一天然屏障，使喜马拉雅山山南的南亚和隔印度洋相望的亚、非两道南北走向的山脉——现今中缅边界地区的横断山脉和东非的肯尼亚山脉一带成了人类最早的发源地。这些地区位于热带、亚热带，气温自山麓向上逐渐降低，在不同层次的气候条件和环境中相应形成了不同的生态。这种环境正是生物适应环境而变异，使自己的适应能力不断增强的难得的天然条件。人类第一代人科成员腊玛古猿正是在这种多样的生态环境集中的地区找到了自己栖息和依不同环境条件而变异进化的理想乡。

迄今为止，古人类学家一般所承认的人类发展已经历的腊玛古猿、南方古猿、直立人、早期智人和晚期智人这五个发展阶段看，唯有中国境内的化石和其他遗存在时间上互相衔接、连贯，无论从体质类型的连续性和文化传统的继承关系看，都可以构成进化系列完整的发展系统，而没有"缺环"。[1] 而且，从近年对中国人的血清血型的研究的最新戎果里发现，中国大体以北纬30度为界，南方人和北方人在遗传基因上存在着明显的差异。这一差异的形成，需要约二百万年时间。这证明在中国至少存在两大进化群体。这是由中国幅员的辽阔和生态环境的多样性的地理条件决定的。[2]

在距今万年前左右，一些最古老的民族在北非（尼罗河流域）、西亚（幼发拉底河和底格里斯河流域）、南亚（印度河和恒河流域）和东亚（黄河和长江流域）先后建立了以种植业为基础的农业社会。

---

[1] 参见陈恩志《论中国境内从猿到人独自进化和发展系统》，载《社会科学评论》1985年第一期。

[2] 苏联和加拿大都比中国地域辽阔，但却都不具备像地处热带、亚热带的横断山地区那样的气候和那样集中的多层次的复杂的生态环境。迄今为止，在苏联境内发现的最古老的人类化石是六七十万年前生活在乌兹别克费尔干纳地区的人类的遗存。

　　近几年我国各地考古的最新发现证明，中国的文化至少有八千年历史：甘肃新发现的八千年前的世所罕见的彩陶、湖南发现的约七千年前的绳纹陶器，还有河北、河南、长江下游、辽宁等地的考古发现，都提供了丰富的证据。

　　中国在新石器时代，以氏族血缘为纽带的氏族部落逐渐演化为奴隶制时代的"家国一体"的国家形态，这种宗法关系延续到封建制、半封建半殖民地时代，形成了中国极端尚血统、崇家族、重传统的传统。

　　中国的古代文化悠久而又丰富，尤其如汉、唐那样吸收中亚、西亚、南亚文化，使得中国封建盛世的文化大放异彩，在世界上长期处于领先地位。即使在汉民族的政权为北方游牧民族取代之后，由于汉民族人口众多、地域富饶辽阔和经济文化的先进性，结果也仍然是以汉文化为主体的中国传统文化同异族文化融合而告终，而不是被取代、被毁灭。在中国文化史上没有出现过像印度水土的古文化被由西北入侵的雅利安人摧毁；没有如同古埃及文化在亚历山大帝国占领后被希腊化；也没有像地处亚、非、欧走廊地带的两河流域文化的大起大落，几经沧桑；更没有像罗马文化那样被北方南下的游牧民族日耳曼人埋葬，形成文化的"断裂"和"断层"；而是在起伏波折中一直保持着自己的连续性。

　　甚至即使在近代，随着西方资本主义的兴起，资本殖民主义、帝国主义的侵略势力使上述亚非各文明古国无一例外地沦为殖民地，丧失了民族的独立和本民族的政权的时候，中国还依然苦苦地支撑着自己的民族的独立和民族政权，没有完全沦为殖民地，没有终绝自己的文化。

　　像中国这样在一国范围内的从猿到人，从蒙昧到野蛮，从野蛮到文明，从氏族社会到奴隶社会、到封建社会、到半封建半殖民地社会、到社会主义社会，一直延续至今，无"缺环"、不间断的悠久的进化史，为世所仅见。

　　中国现今领土面积的精确测量数为 1045 万平方公里，[①] 仅次于苏联和

---

① 我国领土面积最新数字：我国领土面积约 960 万平方公里，这一说法一直为人们所沿用。最近从有关方面获悉：经最新科学度量结果，我国领土总面积为 1045 万平方公里，其中陆地 940 万平方公里，岛屿 75400 平方公里，滩涂 12700 平方公里，内海 693000 平方公里，领海 228000 平方公里（《信息日报》1986 年 4 月 20 日）。

加拿大，居世界第三。由于土地辽阔、地形复杂、各地距海洋远近相差很大，形成了复杂多样的气候和生态环境。而且中国全境都处于北温带、亚热带和热带，比大部分国土地处高纬度地带的苏联、加拿大更有利于多种农作物的生长。在科学不发达的古代，这种天然的发展农业自然经济的有利条件，对于古代农业文化的发生和发展的决定性意义尤其重大。长江、黄河、淮河、珠江、辽河等众多的河流，宽广的冲积平原，更成为经营农业的理想乡。中华民族的祖先正是在这些大河流域开创了农业文明，并集中了中国和世界最众多的农业人口。

我们知道，历史文化的积累和历史文化因素的积淀的厚度是与时间的长度和作为该文化的活载体的人口数量成正比的，时间愈长、人口愈多，历史文化的积累愈丰富，历史文化积累的厚度愈大、力度愈强。正是凭借为世所仅见的从猿到人延续至今的无"缺环"、不间断的进化史和世界最众多的人口，形成了鲁迅所说的中国传统文化的"历史和数目的力量"（《坟·我之节烈观》）。这是中国社会和中国历史文化在数量上最突出的特点——它的优势和劣势、支撑力和保守力之所在。

（二）中国的地理环境与中国传统文化的性质

中国的这个地理环境既承载了中国传统文化的"历史和数目"的量，同时也规定了它的质。

中国东临大海，北接在古代人烟极为稀少的西伯利亚，西北、正西和西南部为浩瀚的沙漠、世界最高大的高原和山系把中国的腹地和西亚、南亚及更远的西方世界隔开。而在中国自己的领域内，又拥有比世界其他各文明古国更丰富多彩的生态环境和人口迁流的广阔地区。从而形成了中国文化的质的特点。

作为大陆文化，它既不同于交通不发达的古代在大海洋中过着与世隔绝的生活的海岛上的民族（如近代以前的太平洋、印度洋和大西洋上的岛民）的孤岛文化的特点，也不同于欧洲地中海和北海沿岸的巴尔干、亚平宁、伊比利亚、斯堪的纳维亚等半岛和英国、地中海诸岛及尼德兰等濒海地区，以海洋为依托而生存、发展的海洋文化的特点。

而同是"大陆文化"，主要基于农耕生活的中国的主体文化又凸显农民家庭农业社会的显著特征，使它具有与长期过着游牧生活的中亚、西亚的游牧民族的游牧文化（草原文化）不同的静态的特点和沉稳性。这有利于文化的积累，却不易适应环境的变化和文化的变异。

中国传统文化的主体是农业文化，但并不是单一的农业文化。由于土地辽阔、地理环境多样、民族和人口众多，它得以从不同民族和同一民族不同地区发生发展起来的多元的不同文化基因中衍生出丰富多彩的复合文化结构。加上不同时期对远近各国各民族的文化的不同程度的吸取，使中国传统文化具有极大的丰富性和生命力（就世界进入工业社会时代以前的古文化比较而言）。

这样以世界最大的亚欧大陆为依托，以具有相对"隔绝机制"的地处温带、亚热带和热带的东亚为舞台，便形成了历史的连续最长、作为文化的"活载体"的人口众多的以农民家庭农业为基础和主体的中国传统大陆农业文化。

正是这种历史的长久的连续性、作为文化载体的人口众多、农耕生活的稳定性、对远近各种文化的吸收和对传统文化的注重，使中国的历史典籍的丰富性无与伦比，使中国素有"文明古国"和"史国"之称。

中国的传统文化像任何事物一样，具有自己的二重性，起过二重作用（这二者是相互联系的），并且体现得很突出。这种二重性和二重作用不仅体现在同一时期、同一事件上，同时也体现在历史的变迁过程中。这种二重性和二重作用既然是在历史上发生和变化着的，所以其性质和作用在不同时期、不同地点、不同条件下也就会发生变化甚至正好走到它的反面。尤其在社会发生深刻变化时，其传统文化的作用和影响更异常突出地表现出来，引起人们的反思。

中国传统文化究竟有哪些重要的基本特征？它在历史上究竟起过怎样的作用？在现代化过程中，它面临着怎样的挑战？怎样才能适应今天的时代需要？这是现在方兴未艾的"文化热"中讨论的一些问题，也是现实迫切要求我们回答的问题。

伴随中国这次经济体制改革、对外开放和对内搞活经济而来的社会生活和文化思想的活跃而勃兴的"文化热"仅仅几年（如果从1982年12月由《中国文化》编委会和联合国教科文组织《人类科学文化史》中国编委会邀集全国三十多个单位十多门人文学科和社会科学的专家学者在上海召开的解放后第一次以中国文化史研究为主题的专门学术讨论会——"中国文化史研究学者座谈会"[①] 算起，不过四年），但中外学者对这些问题的讨论，在解放前的一个多世纪中至少已经历了三个阶段。

第一阶段，自鸦片战争后中国近代思想文化改革的先驱者龚自珍、魏源，中经由洋务运动脱胎出来的中国早期资产阶级改良派思想家郭嵩焘、冯桂芬、薛福成、郑观应等，到康有为、严复和梁启超等维新时期启蒙大师，在十九世纪末与二十世纪初形成了中西文化比较研究和讨论的第一个高潮。

第二个阶段，是二十世纪初以革命派与改良派的论战为转折点，中经辛亥革命中资产阶级民主主义的新文化，特别是资产阶级的政治文化借着革命实践的浪潮短暂闪光，接着是辛亥革命后的封建复辟逆流的反扑，然后导向了火山爆发般的"五四"新文化运动——"五四"时期既是中西文化在"生动的混乱"中大交汇的时期，也是思想解放、对中西文化进行比较、论争最活跃的时期。

第三个阶段，为二十年代到三十年代中期，随着中国思想文化战线的分化，各种不同的思想文化派别各自沿着自己的思想路线走向了深入。其中，有些绕了一个圈子还是做了"线装书的俘虏"，回到了故国的故纸堆；有的搬弄着"西装革履"的洋书，可是啃不动，食不化，仍在那里打嗝；然而更重要的是造就了像鲁迅那样真正吃透古今、贯通中外，总结前人和同时代人的研究成果、对中国传统文化进行深刻的科学的解剖，并且继承和摘取中西文化的有价值的成分、取得了划时代的辉煌成就的中国文化的伟人。

历史告诉我们，一个时代的思想巨人，其之所以成为巨人，无不是因为他站在前人的肩上，同时又有卓越的创新。如果我们老是从自己一时的感想开始，做重复劳动，对推进思想文化史的研究是难有裨益的。所以选择好我们研究的起点——也就是以前人已达到的终点即前人最杰出的成果作为我们的文化研究接力跑的起点，便是至关重要的。

鲁迅，如他自己所说，是中国封建士大夫的最后一个知识分子；同时，我们认为，他又是近代中国新文化的最光辉的代表、新文化的坚实的

---

① 《中国文化史研究学者座谈会纪要》，《中国文化研究集刊》，第一辑，复旦大学出版社，1984 年版。

奠基人，以他对中国旧文化的批判，[①] 结束了一个时代，同时也开创了一个时代——虽然以后还不断有反复，甚至"文化大革命"那样的大反复。因此我们自然而自觉地选择了鲁迅作为导师和前进的出发点，先看看他对上述问题已解决到什么程度，再继续推进。

二 传统和改革·保守性和坚韧性

与鲁迅同时代的法国社会心理学家勒朋（G. Le Bon）在《民族进化的心理定律》中指出：一个民族不只是以某一时期的活人构成的，它也是由长期世代连续不断的死者，即其祖先构成的。所以，要了解一个民族必须同时了解其过去与将来，而积累的死者比之生者要多得多，也比生者的影响更强有力。他们深广的影响、无形的作用启迪着后人的思想和行为。这样一个世纪又一个世纪，才形成了人们的观念和情感，造成了人们行为的动机。前人不仅给后人以生理的遗传，也将其思想赋予后人，所以死人是活人唯一无可辩驳的主宰，后人既要负担前人遗下的过失的重担，又受惠于他们的德行。[②]

鲁迅 1918 年 11 月在《新青年》上发表的杂感中，从探讨中国民族性出发，称引了勒朋的上述观点，并指出："民族根性造成之后，无论好坏，改变都不容易的。"（《热风·三十八》）[③]

由于前述中国的地理环境的条件和历史的连续性，中国的人口和民族文化的长期积淀使中国的民族精神——"无论好坏"，就更"不容易"改变了。

这个不容易改变的稳定的特性无论就其自身的性质还是历史作用，又都具有二重性。我们把它分解为坚韧性和保守性，分别加以探讨。

---

① 原来意义上的客观的辩证的分析批判，而不是后来被"左化了的形而上学的意义上的批判"。他的批判同时也就是建树，而且只有建树新的，对旧的扬弃或否定才能成为可能，才是真正辩证的批判和否定。

② 参见张公表译《民族进化的心理定律》，商务印书馆，1935 年 4 月初版。

③ 后来鲁迅又指出："幸而谁也不敢十分说定：国民性是决不会改变的"。（《华盖集·忽然想到》）并特别强调："读史，就愈可以觉悟中国改革之不可缓了。虽是国民性，要改革也得改革。"（《华盖集·这个与那个》）。

（一） 中华民族精神的坚韧性

坚韧性，这是由中国的环境、连续的悠长的历史和稳定的农业自然经济的生产方式和生活方式以及在这个环境和条件下进行的对内对外的抗争中造就的中华民族精神的第一个最显著的特点和优点。

鲁迅终其一生对中国"国民性"的研究，特别是对中、日"国民性"的比较，在他去世那年——1936 年 3 月 4 日致内山完造的《活中国的姿态》的汉译者尤炳圻的信中，写下了这样一段精辟的结语：

> 日本国民性，的确很好，但最大的天惠，是未受蒙古之侵入；我们生于大陆，早营农业，遂历受游牧民族之害，历史上满是血痕，却竟支撑以至今日，其实是伟大的。但我们还要揭发自己的缺点，这是意在复兴，在改善……（《书信·附录·致尤炳圻》）

中华民族的祖先早在七八千年前的新石器时代，就在东亚大陆的河川流域从事农业生产，过着定居生活。正是这种生产和生活方式形成了求安稳的心理。而它的北面、西面正是横跨东北亚、北亚、中亚、西亚直到东欧的世界最广阔的狩猎－游牧地带，正是具有"相对隔绝机制"的中国地理环境中敞开的大缺口。而游牧民族的生产和生活方式的特征恰恰在于游动性，在那文明低下的时代，掠夺成为强悍的游牧民族获取财物——尤其是自己所不能生产的农业产品和手工业产品的最简捷的方式。丰饶的中国农业区域自然成了游牧民族觊觎的对象。在中国历史上只要内部一分离、软弱、崩溃，就必然会遭到时刻伺机南下和东进的游牧民族的入侵。中华民族为了抵御外来的侵略和掠夺，需要并实际建立起了高度统一的庞大的国家机器和防御工程。始终存在的强大外部威胁成了促使人民、国家统一的经常起作用的外部因素。正是守土保国的根本利益的一致性，形成了中华民族的强烈的凝聚力和爱国主义传统，而且使忠君与爱国常常能保持一致。中国的统治者和思想家是早已悟出并善于利用这种关系的。统治者惯于把国内的阶级矛盾、人民对统治者的反抗情绪引向国外，以巩固、强化自己的统治。古有名训："入则无法家拂士，出则无敌国外患者，国恒亡；然后知生于忧患而死于安乐也。"（《孟子·告子》）

千百年来，中国的统治者及其治下的臣民就是在这样的"内忧外患"中坚韧地支撑着，而"外患"——民族的敌人，往往是共同的。[①] 而"内忧"则不尽相同，实际上正相反——统治者忧的是被统治者造反，而被统治者忧的是统治者的暴虐、沉重的压迫和剥削。这种矛盾运动，就体现在国内政治生活中的"治"与"乱"的交替。

为了抵御外患，中国至少自公元前七世纪的春秋时期即已开始了长城的修建。以后世代不断地修筑，逐步连接、加固，至今未已——只是当今修复长城已不是为了军事目的，而是作为文物古迹加以维修罢了。这13000余里的坚实厚重的长城，它不仅是古代世界最大的防御工程，就是现在也是无与伦比的，它是"相对隔绝"的自然缺环的人工补充。

而与横卧于重峦叠嶂、边塞之上东西向的巨龙般的长城相照映，纵贯南北平原之上与长城齐名的大运河则是适应以农业自然经济为基础的中央集权的封建国家的经济、政治和文化大一统的需要的产物。运河的开凿也至少可追溯到公元前五世纪吴国的邗沟，以后历代不断开挖、延伸、沟通、疏浚，终于形成了北起北京南至杭州，贯通海河、黄河、淮河、长江、钱塘江五大流域，全长3000余里的南北运河，这也是古代世界所仅见的最长的运河。它所连接的是京畿与经济繁荣的主要农业区域。它同长城一样，是庞大的高度中央集权的封建国家机器调动和组织农业经济提供的人力、物力修建起来的。但它与纯军事功用的长城不同，除了为国家输送兵员和给养外，也是国家输送其他物资的最主要的渠道，同时为农业和百姓提供了灌溉、排涝和物资、人员交通之利，具有内部的统一所需要的经济、政治、军事和文化的多种功能。

长城的修建和运河的开凿，一为御外，一为连内，都几乎是与中国封建大一统的中央集权的国家的形成、统一、巩固、盛衰同步的。巍巍长城由炎黄子孙的骨肉砌成，静静运河流淌着中华儿女的血汗。这一刚一柔，正是我们民族坚韧、沉静的性格的体现和象征——正像以孔子和老子为祖师的互补的儒道两家是我们民族传统文化的精神的代表和集中体现一样。

---

① 当然，当这"外"入主中原或"归顺"之后，经过酸甜苦辣的交融、同化，又会转化为"内"；然后，又一同对付那尚未同化的新来的"外"，中华民族大家庭的结构也就不断增添进新的成分，不断扩大。崇尚血统的中华民族恰又是历史上不同民族混血交融甚为深广的民族。

中国大一统的封建专制国家是最庞大的，大一统的思想在中国是根深蒂固的。而这样庞大的国家机器形成的基础和功能首先是在内而不在外。它是建立在分散的农业小生产的经济基础上的。而且中央集权的封建国家愈强盛就愈要限制和削弱地方豪强势力、最大限度地限制土地的集中。自氏族部落社会解体以来，中国社会的、经济的细胞便逐步被分散到了刚能进行生活资料的生产和人类自身生产的最小单位——以一夫一妻为核心的"男耕女织"的家庭农业小生产和生活单位。异常庞大的中央集权的封建国家恰恰建立在最细小的分散的小生产的基础上。中国的宫殿城池的坚实庞大是封建时代的欧洲国家所不可比的，中国小农经济的分散、狭窄、脆弱，农舍简陋的程度，也是欧洲庄园所不可比的，而中国皇家和官府与平民百姓居住、生活等方面的悬殊对比更是西欧封建社会所不及的，这是西方人到中国考察后和中国人到西方考察后的共同的强烈印象。① 这样极端的两极对立也是世所仅见的。

这种由数量极大而单位极小的家庭农业自然经济和社会细胞构成的基础与庞大的中央集权的上层建筑的两极的统一，就使得这种统治异常稳固。而且即使下层人民到了万难忍受的地步，积数量巨大的小民百姓形成其他国家所不可比拟的浩大的农民起义，甚至"翻天覆地"的改朝换代，也仍然翻不出新花样来——不能代表自身利益的脆弱的小农经济和农民小生产者依然要拥立一个新的主宰，一个高高在上的绝对权威，"从上面赐给他们雨水和阳光"，② 也就是立个"好皇帝"，还得回到封建宗法的大一统局面。这种封建宗法的中央集权的专制社会不仅具有金字塔式的稳固性，而且具有不倒翁式的回复能力，使中国封建社会长期处于近乎循环的停滞状态。缓慢的生活节奏，真使人感到"仿佛时间的流驶，独与我们中国无关"。（《华盖集·忽然想到》）

---

① 康有为在《欧东阿连五国游记·游塞耳维亚京悲罗吉辣》中写道："王宫三层，黄色颇丽，然临街，仅如一富家屋耳。往闻塞尔维亚内乱弑君后，惊其易，今观之，乱民一拥入室，即可行弑，如吾国乡曲行劫富豪，亦何难事。如以中国禁城之森严广大比之，则岂能顷刻成弑乎？"（《不忍杂志汇编》二集卷四）西方人叹中国宫殿之宏大记载更多。

② 马克思：《路易·波拿巴的雾月十八日》，《马克思恩格斯选集》第一卷，第593页。马克思在这里揭示的法国的小农的状况和对专制的经济根源的分析从本质上与中国的小农和小农经济的政治基础是一致的。不过中国的小农的个体经济比法国的小农经济更弱小而数量要庞大得多，因而中国的皇上的权威也就要大得多。

　　我们比较一下与中国的地理位置对称的位于亚欧大陆西部的欧洲，尤其西欧，就从来没有在那么广的地域形成比较单纯的农业经济。中世纪的欧洲庄园经济的结构要复杂得多，实力也比中国的一夫一妻的小农户强大得多。这种相对强大的庄园经济及其相应的政治力量，使欧洲，尤其西欧，从来没有形成过中国式的大一统的局面，甚至一国范围内，也没有像中国封建专制在政治、军事、文化和社会生活等各方面控制得那么周密严实。

　　千百年来，中华民族正是在东亚这块土地上，这样世世代代，一滴汗、一滴血地淌过去，垒起了万里长城，开凿了千里运河，抗拒了一次又一次外来的侵略，并以世界其他各国的历史上所不曾有过的巨大规模的农民起义，推翻了一个又一个封建王朝，并在这些斗争中磨炼出了我们民族的坚韧顽强的奋斗精神。鲁迅说：

　　　　我们从古以来，就有埋头苦干的人，有拼命硬干的人，有为民请命的人，有舍身求法的人……虽是等于为帝王将相作家谱的所谓"正史"，也往往掩不住他们的光耀，这就是中国的脊梁。（《且介亭杂文·中国人失掉自信力了吗》）

　　在我们民族丰富的文化中，广为流传着愚公移山、精卫填海、"精诚所至，金石为开"等故事和成语。正是这种精神支撑着，使中华民族经受住了几千年的内忧外患，直到近代，这种力量在反帝爱国斗争中仍显示着它的生命力，使中国抗拒住了资本帝国主义的列强的瓜分。中国共产党人领导的红军的二万五千里长征的胜利，中国人民进行的抗日持久战的思想和实践的胜利，无不体现出了中国的国情的特色和中国的这种传统精神的力量。1926年"三·一八"惨案后，鲁迅写道：

　　　　我目睹了中国女子的办事，是始于去年的。虽然是少数，但看那干练坚决，百折不回的气概，曾经屡次为之感叹。至于这一回在弹雨中互相救助，虽殒身不恤的事实，则更足为中国女子的勇毅，虽遭阴谋秘计，压抑至数千年，而终于没有消亡的明证了。（《华盖集续编·

纪念刘和珍君》)

的确，世界上没有哪一个民族，在那样漫长的岁月中在不同历史时期抵御过来自不同方面的那样强大的侵略，而终于仍保持了自己的辽阔的幅员，繁衍了世界上最多的人口而屹立于世界；也没有哪一个国家的人民在那么长的时期受过那样强大的封建专制的政治压抑和精密完备的封建伦理道德的禁锢，仍保持着自己的斗争的"勇毅"——而在由血缘父系家长制为基础的等级制延伸发展而来的封建宗法社会中，妇女又被压在最底层，因此，在她们身上积聚的这种沉勇的精神就更加坚毅。

（二）中国民族精神僵化的保守性

与这种韧性的战斗精神相关联、相对应，在我们民族漫长的历史岁月中也形成了"不易改变"的传统精神的另一面，即二重性的另一重性格——因循守旧。它不是面向未来、继往开来，而是维持"从来如此"的"祖宗的成法"，维持旧的社会状态和思想文化的保守性，是民族精神老化的积淀。

正因为我们民族有悠久的历史，有过相对辉煌的过去，这过去既是我们的财富、我们的自信的鼓舞力量，是我们进向新的更高的文明的基础——如果没有这样一个基础，与现代文明差距太远，如蛰居在亚洲、非洲、南北美洲和澳洲的偏僻山区、莽原深处、荒漠沼泽和汪洋孤岛上的一些与世隔绝的原始部落群体，现在仍处于原始公社的中期和后期，有的甚至还停留在蒙昧时代，与现代文明隔着一个或多个社会历史发展的阶梯，很难衔接上，在发展过程中就会遇到更多困难。

但是伟大的旧的文明同时又是我们进向新文明的重负。首先，我们在事实上已落后于世界先进国家，要赶超这些先进国家，就得先承认现实的落后。这对一个有着伟大的过去的民族来说是格外难的，要经过许多反复的事实的教训的比较和痛苦的斗争过程，才能认识，才能卸掉这个包袱。

"五四"前夕，鲁迅分析当时人们尚古的心理对改革的抵触时写道："古人所作说的事，没一件不好，遵行还怕不及，怎敢说到改革？"鲁迅把这种消极保守甚至"反以自己的丑恶骄人"的昏乱的"爱国论"归纳为五种，其中的前四种最普遍，影响也最持久，甚至今天还音犹在耳。其前四种为：

> 甲云："中国地大物博，开化最早；道德天下第一。"这是完全自负。
>
> 乙云："外国物质文明虽高，中国精神文明更高。"
>
> 丙云："外国的东西，中国都已有过；某种科学，即某子所说的云云"，这两种都是"古今中外派"的支流；依据张之洞的格言，以"中学为体，西学为用"的人物。
>
> 丁云："外国也有叫花子，——（或云）也有草舍，——娼妓，——臭虫，"这是消极的反抗。（《热风·三十八》）

鲁迅塑造的以"先前阔"，甚至以别人"还不配"的癞疮疤骄人的阿Q和阿Q精神就是其具象化的代表。

由于沉醉于古往，就容易麻痹了对现实和未来的追求。青年鲁迅对芬兰、波兰、匈牙利、菲律宾、印度、越南等东欧和南亚曾经沦亡过的国家的作者所写的"被异族虐待的文章"的研究，将这几国人的"真挚壮烈悲凉"的声音做了这样的区别：

> 一种是希望着光明的将来，讴歌那簇新的复兴，真如时雨灌在新苗上一般，可以兴起人无限清新的生意。一种是絮絮叨叨叙述些过去的荣华，皇帝百官如何安富尊贵，小民如何不识不知；末后便痛斥那征服者如何不行仁政。譬如两个病人，一个是热望那将来的健康，一个是梦想着以前的耽乐，而这些耽乐又大抵便是他致病的原因。

即同是爱者，一是面向未来，一是梦回过去，而其梦想的过去的那些东西恰恰是导致这个民族、这个国家腐败、沦落、亡国的根源。所以鲁迅又说：

> 我因此以为世上固多爱国者，但也是羼着些爱亡国者。爱国者虽然怀旧，却专重在现世以及将来。爱亡国者便只是悲叹那过去，而且称赞着所以亡的病根。其实被征服的痛苦，何止在征服者的不行仁

政，和旧制度的不能保存呢？倘以为这是大苦，便未必是真心领得；不能真心领得苦痛，也便难有新生的希望。（《集外集拾遗补编·随感录》）

中国人民自 1840 年鸦片战争以来的整个近代史，尤其思想文化史论争的主线就是古今中西之争。论争的实质，就是中国到底是恢复固有的文明、重振明朝的"汉官威仪"，进而回到汉唐盛世，甚至唐尧虞舜之时，还是承认现世的落后，面向未来，进行除旧布新的改革，开辟崭新的时代——直到今天关于传统文化与现代化的讨论中，我们仍然能感觉到这两种思绪的承转。我们今天能取得和确立面向现代化、面向世界、面向未来的总体认识和大政方针，这是一个半世纪以来中国的社会和思想文化的实践和论争不断深化而达到的意义十分重大的成果。

六十多年前，鲁迅在将中日两国的历史文明进行比较之后曾辩证地指出：日本古代的确没有独创的文明，没有卓绝的人物。他们的文化先取法于中国，后来便学了欧洲，但是他们在学习中已经有了相当的成绩，"惟其如此，正所以使日本能有今日，因为旧物很少，执着也就不深，时势一移，蜕变极易，在任何时候，都能适合于生存，不像幸存的古国，恃着固有而陈旧的文明，害得一切硬化，终于要走到灭亡的路。中国倘不彻底地改革，命运总还是日本的长久，这是我所相信的；多并以为为旧家子弟而衰落，并不比为新发户而生者、发达者更光彩"（《译文序跋集·〈出了象牙之塔〉后记》）。

积亲历的中国近代社会变革的经验，鲁迅痛切地说：

可惜中国太难改变了，即使搬动一张桌子，改装一个火炉，几乎也要流血；而且即使有了血，也未必能搬动，能改装。不是很大的鞭子打在背上，中国自己是不会动弹的。（《坟·娜拉走后怎样》）

中国的旧的腐败的思想文化，不仅有国内的社会基础、传统势力做后盾，而且，一些帝国主义殖民主义势力也逐渐懂得了中国旧文化的妙用。鲁迅以他当时所见的大量事实，揭露帝国主义殖民势力接过中国的"侍奉主子的文化"来奴役中国人民，配合其侵略的行径：中国废止读经了，教会学校还请腐儒，教学生读《四书》；民国已废去跪拜了，犹太学校偏聘遗老做先生，要学生磕头拜寿；外国人办给中国人看的报纸，最反对五四以来的改革；英督"金制军"也学俸"整理国故"于香港；日本人则拜骈文于北京，而且终于打出了"王道乐土"的旗号向中国进攻。鲁迅揭露说：

> 他们利用了我们的腐败文化，来治理我们这腐败民族。他们对于中国人，是毫不爱惜的，当然任凭你腐败下去。现在听说又很有别人在尊重中国的文化了，那是真在尊重呢？不过是利用！（《集外集拾遗·老调子已经唱完》）

这就是近代帝国主义侵略势力与中国的封建势力在政治上、经济上、军事上相勾结，共同压迫、奴役中国人民，也是其文化上结成的反动同盟的体现。

鲁迅怀着最痛楚的爱国感情指出：我们的古圣先贤既给予我们保古守旧的格言，但同时也排好了用子女玉帛所做的奉献于征服者的大宴。外国人初来乍到，被称为蛮夷。但是待到享受盛宴的时候，自然也就要赞颂这中国固有的文明、侍奉主子的文化了。所以，他又说：

> 倘有外国的谁，到了已有赴宴的资格的现在，而还替我们诅咒中国的现状者，这才是真有良心的真可佩服的人！（《坟·灯下漫笔》）

中国封建势力与帝国主义侵略势力的反动文化联盟，一方面是外来的帝国主义殖民势力对中国旧文化的利用；另一方面，则是国内的封建势力对真正科学与民主的新文化的抗拒。

而对新文化的抗拒力由于有传统势力的靠山，由于长期分散的自给自足的小农经济的基础的存在，封建宗法的专制的政治统治和伦理道德的教化造成的民众的"厚重的麻木"（《三闲集·太平歌诀》），更构成了改革的最大难题：

> 体质和精神都已硬化了的人民，对于极小的一点改革，也无不加

以阻挠，表面上好象恐怕自己不便，其实是恐怕于自己不利，但所设的口实，却往往见得极其公正而且堂皇。（《二心集·习惯与改革》）

正因为广大民众的"多数的力量是伟大的，要紧的"，而且改变广大民众自身的状况正是社会改革的最根本所在。因此有志于改革者必须深知民众的心，首先着眼于广大民众，做艰苦的思想文化方面的启蒙工作。鲁迅十分称道列宁在这方面的见解：

真实的革命者，自有独到的见解，例如乌略诺夫先生，他是将"风俗"和"习惯"都包括在"文化"之内的，并且以为改革这些，很为困难。我想，但倘不将这些改革，则这改革即等于无成，如沙上建塔，顷刻倒坏。

鉴于风俗和习惯即传统文化的世俗的积习的力量，鲁迅认为：

倘不深入民众的大层中，于他们的风俗习惯，加以研究，解剖，分别好坏，立存废的标准，而于存于废，都慎选施行的方法，则无论怎样的改革，都将为习惯的岩石所压碎，或者只在表面浮游一些时。

鲁迅通过他的小说和杂文一再揭示了民众对于改革和改革者的冷漠和麻木，提醒革命者首先要有正视这种"黑暗"的勇气。因此，他十分重视广大民众的思想启蒙工作，认为这是最要紧、最切实也是最艰难的工作，并特别强调了作为传统文化的积淀的民众文化心理的体现的习惯和风俗与改革的关系，指出：

……必须先知道习惯和风俗，而且有正视这些黑暗面的勇猛和毅力。因为倘不看清，就无从改革。仅大叫未来的光明，其实欺骗怠慢的自己和怠慢的听众的。（《二心集，习惯与改革》）

我们文化改革的工作对象首先是作为社会的主体的人民大众。由于"古国的灭亡，就因为大部分的组织被太多的古习惯教养得硬化了，不能够转移，来适应新环境"（《华盖集·十四年的"读经"》）之故，所以改革的入手，首先必须克服"古训所筑成的高墙"（《集外集·〈阿Q正传〉序文及著者自叙传略》）。鲁迅指出：

> 中国的改革，第一著自然是扫荡废物，以造成一个使新生命得能诞生的机运。（《译文序跋集·〈出了象牙之塔〉后记》）

这就要"采用新说"，中国近代自太平天国、洋务运动、维新变法、辛亥革命、五四运动、新民主主义革命等各个阶段、各种形式的经济的、政治的、军事的和文化的变革就是破旧立新的过程。而取代旧物的主要就是从西方引进的产生于工商业社会的科学与民主的新文化。

新制度、新思想、新学术、新文化传进中国，受到旧文化的硬软不同方式的最顽强抵抗。这种文化冲突至今未已。这是旧文化的生命力顽强的体现，也是其保守性的体现。

鲁迅指出，在中国人的思想和外国人的思想之间，"隔着几重铁壁"（《热风·五十九"圣武"》），那其中一道最古老的铁壁便是作为氏族遗风承续下来的儒家所十分强调的"夷夏之辨"：

> 凡有读过一点古书的人都有这一种老手段：新起的思想，就是"异端"，必须歼灭的，待到它奋斗之后，自己站住了，这才寻出它原来与"圣教同源"；外来的事物，都要"用夷变夏"，必须排除的。（《华盖集续编·古书与白话》）

我们看看鲁迅笔下的近代从西方引进叫得最响的"科学与民主"在中国的命运吧。

先看科学。鲁迅说，叫了几十年的"科学救国"，中国的一些学者不但不是以新科学来补中国的固有文化之不足，却反而用以"证明"中国旧文化之高深：风水，是合于地理的；炼丹，是合于化学的；放风筝，是合于卫生学的；甚至"灵乩"，也是合于"科学"的。

至于民主（从"资产阶级民主"到"无产阶级民主"），在中国的实践，则不但有"拥护"袁世凯称帝的"舆论一律赞成"的"民意"；还有

"使人们变成沉默"的"共和"。

所以，鲁迅慨叹道：

> 每一新制度，新学术，新名词，传入中国，便如落在黑色染缸，立刻乌黑一团，化为济私助焰之具，科学，亦不过其一而已。
>
> 此弊不去，中国是无药可救的。（《花边文学·偶感》）

当然，这绝不是这些新制度、新学术、新名词自身的弊病，不是它们自身的质的规定性所引起的。如我们耳熟的什么马克思主义的"信仰危机"之类——如果有什么"危机"的话，也不在马克思主义的创始人创立的原来意义上的马克思主义的危机，而恰在于我们的一些"化"家及其荐品的危机。关于这一点，其实还在科学与民主旗帜高扬、马克思主义刚刚转入中国的"五四"高潮期，鲁迅就指出了：

> 近来所谓新思潮者，在外国已是普遍之理，一入中国，便大吓人；提倡者思想不彻底，言行不一致，故每每发生流弊，而新思潮之本身，固不任其咎也。（《书信·200504致宋崇义》）

三十年代，鲁迅还批评了一些以无产阶级革命文艺批评家自命的人，却连人家的姓氏籍贯之类上代传下来的不自主的东西也拿来作为攻击的材料。他尖锐地指出，这种动不动便祖宗三代的战法，"欣欣然自以为得计者，倒是十分'封建的'的"（《南腔北调集·辱骂和恐吓决不是战斗》）。可见，自新石器时代氏族社会延续下来的、以后演变为以家庭农业小生产为基础、以父系血缘为纽带的宗法制度和血统观念的承续力量和社会功能是多么顽强。我们要创造真正科学的民主的社会主义的新文化，一定要深刻地认识中国的历史、中国的社会、中国的文化的"万年有长"的传统力量特点；要认真总结一百多年来，包括马克思主义传入中国后文化改革的经验教训。

在对抗外来新的思想文化方面，除了传统的宗法观念外，曾经为保持家族、国家、民族的人际关系和纵横各个系统的整合、稳定起过重要作用的儒家中庸思想——它已在漫长的历史过程中潜移默化为全民族性的"中庸心理"，也是重要的思想因素。

对这种中庸思想和心理对革新的消极抵抗作用，鲁迅也做过许多深刻的分析，他指出：

> 中国人的性情是总喜欢调和，折中的。譬如你说，这屋子太暗，须在这里开一个窗，大家定不允许的。但如果你主张拆掉屋顶，他们就会来调和，愿意开窗了。没有更激烈的主张，他们总连平和的改革也不肯行。（《三闲集·无声的中国》）

这种调和、折中，当然不是骑墙于新旧之间，不偏不倚，骨子里还是要保护旧物，对改革是一种软抵抗的方法。鲁迅揭露说：

> ……那些维持现状的先生们，貌似和平，实乃进步的大害，最可笑的是，他们对于已经错定的，无可如何，毫无改革之意，只在防患未然，不许"新错"，而又保护"旧错"，这岂不可笑。

但是这种抵抗同时也在退却，而退却中又时刻准备着复旧。这也是中国传统思想的老手段，只不过在改革的强劲有力的进逼面前，已显出了行将退出历史舞台的颓败的晚景。

> 老先生们保存现状，连在黑屋子开一个窗也不肯，还有种种不可开的理由，但倘有人要来连屋顶也掀掉它，他这才魂飞魄散，设法调解，折中之后，许开一个窗，但总在伺机想把它塞起来。（《书信·350410 致曹聚仁》）

从以上分析可见，在上述历史环境中形成的中国文化和中国民族性格的韧性和保守性正是同一事物的二重性的体现。中国能有今天这样一个局面和中国其所以还处于这样的状况，皆为这种双重作用的结果。但既是二重作用、二重性，二者就有所不同。这个不同的作用、不同的性质，是由其具体内容规定的：坚持维护的是落后的旧事物，便起到守旧的作用，体现为保守性；坚持的是进步的事业，发挥出成就新的事物的功能，便体现为创业的坚毅的韧性精神。

今天的中国是由历史的中国发展而来的，还要向未来发展下去，不管我们承认不承认，愿意不愿意，我们都无法割断历史；同时，也不管我们承认不承认，愿意不愿意，今天的中国又不同于历史的中国，而且今天的中国正处在一个由几乎是停滞了数千年的稳定的自给自足的农业自然经济向商品经济发展的生产力、生产方式和整个经济基础到上层建筑大变革的历史转折时期。当今中国正在进行的被称作"第二次革命"的改革，虽然没有中国近代以前的多次革命所具有的武装斗争的特点，没有表面上的轰轰烈烈，但也许正因为如此，正因为这次"和平革命"是直接着眼于生产力的发展，必然而且已经引起了从基础到上层建筑的全面改革，它将从根本上改变中国的经济、政治、文化生活的状况。因此，它是比前次革命更深刻、更根本的变革。

近代中国从西方输入的包括马克思主义在内的新的思想文化是商品经济和近代工业社会的产物，它在中国已经历了维新启蒙运动、"五四"新文化运动等多次与旧文化的冲突的浪潮。今天，随着"第二次革命"以来的商品经济的迅速发展，新文化在中国的经济和社会的基础正在迅速拓展和加强。中国的思想文化的变革和发展获得了前所未有的强大的动力。

为了更新中国的文化，为了发展适应商品经济的发展的新文化，使中国的整个经济、政治、文化生活走向现代化，进向崭新的文明，我们需要大胆地、无畏地尽量吸取世界各国、各民族的优秀文化成果，尤其西方的先进文化，同时，对自己的传统文化进行深刻的反省，从而实现重新构建我们的民族的新文化的任务。

1930 年鲁迅在《浮士德与城后记》中精辟地阐明了新文化与旧文化的对立统一关系。他指出：

> 新的阶级及其文化，并非突然从天而降，大抵是发达于对于旧支配者及其文化的反抗中，亦即发达于和旧者的对立中，所以新文化仍然有所承转，于旧文化也仍然有所择取。（《集外集拾遗·〈浮士德与城〉后记》）

鲁迅对中国固有文化的保守性及其对社会改革和社会进步的阻碍作用

有最深刻的认识，并进行了持久的深刻的彻底的批判；而他在对旧社会、旧势力、旧文化的斗争和批判中所坚持力行和提倡的"锲而不舍"的韧性战斗精神又正是我们固有的传统的优良的民族精神。新的时代内容与传统的韧性战斗精神的统一，正是鲁迅的思想和精神的特色。我们今天为实现中国的现代化这一长期的艰巨的任务而提倡发扬"愚公精神"，也正是这种传统精神与新的时代内容的结合的体现。我们通过反省，认清我们的民族文化和作为这种民族文化的积淀的民族文化心理结构的二重性，正是为了从中找到能容纳新潮、融合新机的因素，克服沉重的传统精神的负累，以重新构建适应现代文明的新文化。

改革中的阶级结构的变化和对策之我见[*]

王 颉

没有经历过发达的资本主义阶段而直接进入社会主义社会，这就是中国的国情，中国的特色。时至今日，一切腐败、落后、愚昧、野蛮的社会现象的残留和复发，无不是以落后的传统的自给自足的农业小生产的经济为基础并从封建文化的母体中汲取营养的。即便是资产阶级的消极腐朽影响，也往往打上了中国封建文化的印记。因此，发展商品经济和彻底埋葬封建文化是中国走向现代化不可逾越的历史阶段。

改革引起了世界最庞大的中国农民阶级的分化瓦解和转化，这是中国近、现代史上从未出现过的最令人欢欣的伟大奇迹。中国农民从来就缺少自己的文化，农民阶级的文化本质上就是封建文化、地主阶级的文化。作为封建文化的主要载体的农民阶级的分化和转化，使中国落后最顽固的一部分文化赖以生存的根基开给动摇了。

农民阶级的分化带来了我国整个社会阶级结构、阶级关系的新变化。坚持以马克思主义为指导，科学地分析各个阶级的现状、协调各个阶级之间及其内部的关系，进一步促进社会生产力的发展，这些问题现实地摆在我们的面前。

一 垂危没落的农民阶级是怎么获得勃勃生机的

我国的农民阶级是世界上最古老的农民阶级之一，它像一个饱经沧桑的老人，带着历史给予的贫穷、落后、愚昧、麻木，艰难地步入了社会主义时期。几千年来农民阶级被牢牢地束缚在土地上，世世代代重复着原始

---

* 原文发表于《社会学研究》1987 年第 2 期。

落后的生产方式，这种悲惨境遇在工人阶级取得政权之后也没有得到彻底改变。近 30 年中，城市与农村之间壁垒森严，广大农民在狭小的土地上劳作，落后的生产方式和层层苛刻的管理方式，铸就了农民阶级保守狭隘的思想意识。加之愈演愈烈的"阶级斗争"一次又一次地将商品经济的萌芽扼杀殆尽；多年来我们不遗余力地推行的"一大二公"，实际是带有极其浓重的封建色彩的小生产者的平均主义和扩大了的家长制，农民阶级只得听天由命，成为一个无力改变自己命运的毫无生气的没落阶级。

如何解决这个矛盾？出路只有一条，松开捆绑农民的绳索，使农民从土地的束缚中解脱出来。近年来，农民阶级的兴旺正是与这个阶级的瓦解分化和转化同时发生发展的。

农村经济体制改革的全面铺开，极大地调动了人这个生产力的最主要因素的活力。在短短的几年内，一大批农民率先摆脱了贫困，富裕起来。据农村政策研究室 1984 年对 3.6 万农户的调查，万元户占 0.8%。又据民政部门统计，1984 年我国农村中富裕户约占 18.0%；温饱问题尚未解决的农户占 14.0%；有 800 万人基本依靠国家救济生活。[①] 农民阶级内部贫富差距拉大了，人们从率先致富的农民身上看到了希望。

农民摆脱贫困的途径基本有两种形式：一是靠国家靠集体，二是靠自己靠私有经济。前者的典型例子有江苏省小城镇，那里蓬勃兴起的集体企业以大中城市为依托，吸收了大量农业剩余劳力，形成了一支亦工亦农劳动者大军。这是我国东部沿海工业发达地区，南京－上海城市带进一步发展的结果。从全国范围看，多数地区不具备或不完全具备这样优越的发展条件。六多数摆脱贫困的农民靠的是私有经济。私有经济主要有四种类型：一是经商，包括采购、运输、销售等行业；二是办工矿企业，包括工厂、作坊、小煤窑及包工建筑队等；三是离家出走，到城镇工矿去从事修理、木工、干零活、收购废品或到私有企业中充当雇工等；四是继续务农或从事牧渔林养殖等专业生产。

不难看出，农民阶级分化瓦解转化的决定因素是产业结构的变化，而促使产业结构变革进一步发展的主要因素是私有经济的迅速发展。在私有经济中起到举足轻重作用的经济形式是什么呢？农村政策放宽之后，大量

---

① 朱庆芳：《我国各阶层收入差距变化浅析》，《社会学研究》1986 年第 3 期。

剩余劳动力像洪水一般涌入城镇，劳动力的流动虽然能够使一部分农民的生活得到改善，然而只靠卖青菜鸡蛋、收购酒瓶破烂是无法彻底改变一个没落阶级的面貌的，农民阶级的根本出路是发展更高层次的私有经济，进而不断扩充自己的经济实力，在国民经济中发挥更大的作用。

近年来，我国原有的城乡之间的严格界限已初步打开，个体经济在广阔的领域内得到空前的发展。截至1985年底，在工商部门登记的个体经营者已达1756万人，占社会总劳动人口的3.5%。此外，未经登记的个体经营者的数量亦十分可观。估计目前从事个体经济的人数达2500万～3000万人。[①] 如果加上被抚养人口（按每人抚养1.5人计）共计6000万人以上，无论在新中国成立以来的历史上，还是与其他国家的同类人口相比，这都是一支相当庞大的经济队伍。令人瞩目的是，在个体经济发展过程中一批雇工户和私有企业成长壮大起来，雇工8人以上的雇工户和私有企业占个体经济总数的10.0%以上，其中雇用几十上百者亦不鲜见，少数私有企业雇工人数达数百甚至千人之多；纯收入万元以上的雇主约占个体经济人数的0.8%，拥有资金几万几十万元者为数不少，资金在百万元以上的也已出现，这些人成为名副其实的百万富翁。[②]

从整体上看，我国目前存在的私有企业的生产方式大都比较落后。雇主基本来自农民、城市工人、农村干部、城乡手工业者及无职业者。私有企业资金来源大致有四种：①通过个体劳动或合股经营，从小到大逐渐发展，上升为私有企业；②以国家贷款或私人借贷为基础，逐步发展为私有企业；③通过承包、入股等手段将现成的集体企业转移到私人手中；④少数人通过违法乱纪手段，如走私、投机倒把、盗卖国家财产、砍伐山林、制造贩卖伪劣产品等，积累资金。极个别人甚至采取贪污、侵吞国家和集体财产等以权谋私的方法占有大量资金、生产资料，成为私营雇主。

遍布城乡的个体经济在国民经济和社会发展中发挥了极大的促进作用。仅1979年至1984年6年中个体经济上缴税金达130亿元。如果我们的管理工作做得再好一点，一些干部再廉洁一些，不中饱私囊，6年中个体经济上缴的税金绝不止此，以保守一些的方法估算，至少在260亿元以

---

① 朱庆芳：《我国的所有制结构和阶级结构的变化情况》，《社会学研究》1976年第6期。

② 朱庆芳：《我国的所有制结构和阶级结构的变化情况》，《社会学研究》1976年第6期。

上。此外，个体经济的蓬勃发展为广开就业门路、活跃城乡市场、方便人民群众生产生活等方面做出了极大贡献。我国近年来出现的社会安定的大好局面与个体经济的发展有着极为密切的关系。

伴随着雇工现象的出现和私有企业的进一步发展，一支充满活力的雇主队伍正在形成。说它充满活力主要指其企业发展速度快，同时宏大的个体经济队伍中仍会有一部分人上升为新雇主，使雇主队伍不断扩大。这支雇主队伍及其企业的发展必将进一步增强我国经济建设和社会良性运转的活力。第一，私有企业从事的大都为拾遗补阙产品的生产，它与国营、集体企业的关系像游击队与正规军一样，在各自的战场上密切合作。从总体上看私有企业劳动力文化技术水平较低，但是对劳动者负担小，同时船小易转舵。为了自身的生存与发展，只能扬长避短，像生产那些由于利微大中企业不愿干或干了赔本的产品。这样就使那些人民生产生活必需却又难得赚大钱的产品得以发展。此外，一些需要特殊技术、不宜使用机器或适于分散手工操作的产品，在私有企业中也得到了发展。第二，私有企业吸收了大量农村剩余劳动力，使农村人口压力得到缓解。一般说，农村劳动力没有经过正规训练，文化技术素质较差，很难适应现代化生产的要求。但是长期得不到安排又会酿成严重社会问题，这部分人要求并不高，而且富于吃苦精神，进入私有企业使他们的能力得以发挥，同时又促进了社会的安定。第三，私有企业将雇主与雇工的命运紧密地联系在一起，企业的发展直接关系到雇工的前途。管理队伍精干，没有"大锅饭"，闲人一个不养，劳动力的流动性很大，每个雇工都有一种紧迫感危机感，这些特点对于改造农民千百年来形成的涣散状态和封建落后思想观念大有益处。私有企业的兴起，为提高我国农民阶级的劳动素质和精神素质增添了一个新的层次。

毋庸讳言，在雇工户和私有企业里普遍存在着剥削现象，雇主占有所有的生产资料，以剥削雇工的剩余劳动为经营目的，这部分人已经不属于个体劳动者的范畴。目前相当多的雇主的文化、技术、思想、道德、观念等素质的均值指向是低下的，许多人刚刚从农民队伍中脱离出来，还没有完全摆脱个体小生产和封建宗法思想的束缚，目光极为短浅。加之，大多数私有企业尚处于资本的原始积累阶段，雇主的剥削手段几乎是赤裸裸的。许多雇主经营的不过是规模很小的作坊，资本的总额也少得可怜，然而凭借残酷的手段，他们却获得了大大超过雇工的收入，雇主与雇工的收入差别达几十倍，甚至数百倍。目前，大多数雇工都是在极其恶劣的条件下从事劳动的，他们得不到或极少得到最起码的劳保福利待遇。由于历史的教训，私有企业雇主大都对企业的进一步发展持十分谨慎的态度，抱着赚一天算一天的念头。要在有限的时间内获得最大限度的利润，既要维持落后的生产，又要参与激烈的竞争。因此，环境污染严重、劳动设备原始、延长工时、大量起用童工的现象相当普遍。一方面摧残了雇工特别是儿童的身心健康，更重要的方面是又造成了大量的新文盲。极个别雇主的贪婪和剥削手段的野蛮程度令人发指，有的雇主在雇工合同上明文规定——一切伤亡事故，均由工人自负；在经营采矿业的私有企业里甚至出现了死伤数十人的事故发生后，雇主不管不问的现象。

在残酷剥削雇工的同时，个体经济还存在一些较严重的问题。首先，偷税漏税现象极为普遍。1985 年，西安市有关部门对个体户重点抽查了2000 户，偷漏税款达 40 万元；抽样调查了 100 户，几乎是有查即有偷漏行为，其中偷漏税万元以上的就有 16 户，最多者偷漏税款达 9 万元之多。如果说偷漏税户仅占个体经营者的一半，那么，从 1979 年至 1984 年，国家对个体经济的税收至少损失 130 多亿元。实际上远不止此，仅流动摊贩、长途贩运户中偷漏税者就高达 70% ~ 80% 之多。私有企业中以"合作""多立户头""换牌照""行贿"等多种手段逃税数十万元之巨的现象也绝非一二。其次，为了取得货源、打开销路，雇主以多种方式拉拢腐蚀干部的现象各地均有发生。陕西省有关部门在 1985 年查处大案要案时发现，以内外勾结、行贿受贿手段作案的分别比 1984 年增长 24.2% 和 106%，其中不乏私有企业雇主及个体经营者。①

对私有经济的消极现象做如上描述的目的不是从根本上将其否定，私有经济是个多层次多特点的复杂经济形式，消极现象只是一个侧面。不少同志将这些问题归结为管理工作中存在的疏漏和弊端，这当然是正确的，但是我们不能不看到，造成这些问题的决定因素是个体经营者及雇主对利润的贪婪追求。

从个体经营者及私有企业雇主队伍之众，从私有经济在我国经济社会

---

① 李相启等：《陕西省城镇个体经济发展的现状与导向》，《社会学研究》1986 年第 6 期。

发展中所起的促进作用之大，从私有经济中存在的问题之复杂严重这三个方面出发，人们必然要提出一个问题：现阶段我国是否存在或生长着新的资产阶级。这个问题又可分解为，如何认识个体经济，如何认识雇工现象，私有企业雇主的阶级属性是什么。为了探讨这些问题，许多同志进行了大量研究，这些研究基本可以分为四种类型。

第一，缺乏理论色彩的对现状的单纯描述、某些死抠本本的同志一时还找不到能够全面概括今日中国之阶级状况的完备理论，求教于马克思主义经典作家们的著作，不难发现他们对社会主义设想得太"纯净"了；而对资本主义社会的许多预言至今还没有变为现实。要寻找现成的答案实在太困难了。

第二，受国外"韦伯热"的影响，一些同志运用分层理论对中国的阶级结构进行探索，令人耳目一新。然而，我们应该注意到，分层理论之所以在国外特别是发达资本主义国家广为流传，主要原因是随着生产力的高度发展和经济利益分配的反复调整，这些国家的各个阶级之间的界限变得模糊了。由于该理论分层标准含混不清，若明若暗，生搬硬套在不发达国家，往往抹杀了实际存在的人们的阶级属性，从而产生极大的消极作用。

第三，一些同志生吞活剥地将马克思主义阶级理论与韦伯的分层理论"嫁接"起来研究"新剥削现象"。由于马克思主义的阶级理论与韦伯的分层理论之间存在着难以弥合的矛盾和区别，这些同志往往使自己陷入二律背反的境地，难以自圆其说。

第四，这是目前最为流行的一种缺乏起码的科学精神的"研究"，一些同志采取了对我国现存的剥削现象百般掩饰和对马克思有关论述进行"活用"的方法，企图达到削足适履的目的。我们都还记得，在冲破"凡是"教条主义设置的种种阻力和压力、广大人民群众尚未从个人崇拜的迷梦中觉醒的时候，一些同志策略地运用马克思关于在资本主义制度下以雇工人数多少划分业主和资本家的界限的论述，首先打开了围绕雇工问题的人为禁区。这种做法是可以理解的。值得注意的是，如今这些同志的思想观点早已大踏步地前进了，而那些过去提起雇工都要暴跳如雷的人现在却拾起了当初令自己头疼的马克思的论述，在雇工人数的多少上做开了文章，表面上他们对 8 人之内的雇工现象认可了，对 8 人以上则"按既定方针办"，其实他们的观点不过是"凡是"在新形势下的翻版。这些人的表现并不奇怪，难以理解的是一些社会科学工作者竟然也放弃了科学态度。有的说马克思所论及的雇工 8 人以上算作资本家，8 人只是大概数字，不能死抠；有的人又似乎做了什么亏心事，一面对雇主的剥削不敢正视，一面慌忙减去私有企业雇工中的亲属、学徒、友人、短工，等等，似乎只有降至 8 人以下才对得起马克思，自己心里才踏实些。这实在是令马克思也啼笑皆非。其实根本没有必要浪费这个时间，马克思主义对待一切事物（当然包括马克思本身）的态度是尊重科学。马克思主义绝不是束缚人们手脚的绳索，如果说雇工 8 人只是个大概数字，那么，马克思为什么不说 7 人或 9 人？存在剥削现象是事实，这是用任何掩饰也抹杀不掉的。马克思主义需要不断发展也是理所当然。缺乏实事求是精神的"研究"于宣传马克思主义无益，于促进改革也没有好处，特别是在不容含混的是非面前往往起到帮倒忙的作用。

马克思主义认为，阶级是指在一定的生产关系中处在不同地位的社会集团。也可以说，阶级是存在于一定社会阶段中的不同的经济利益群体。列宁说："所谓阶级，就是这样一些大的集团，这些集团在历史上一定社会生产体系中所处的地位不同，对生产资料的关系（这种关系大部分是在法律上明文规定了的）不同，在社会劳动组织中所起的作用不同，因而领得自己所支配的那份社会财富的方式和多寡也不同。所谓阶级，就是这样一些集团，由于它们在一定社会经济结构中所处的地位不同，其中一个集团能够占有另一个集团的劳动。"① 他还对阶级做过一个更为通俗的解释，"如果社会上一部分人拥有工厂，拥有股票和资本，而另一部分人却在这些工厂里做工，那就有了资本家阶级和无产阶级。"② 按照上述定义判断，我国目前存在于城乡的私有企业及个体经营大户中的雇主应该属于资产阶级范畴。

在社会主义条件下，"阶级"不应该是个充满"杀气"、令人畏惧的字眼，它不过是"集团""群体"的同义词而已。可是由于历史和现实的种种原因，认为在任何条件下，矛盾或对立的阶级之间都是处于"你死我活"的斗争关系的观念还在发挥着不该发挥的作用。对于相当多的人来

---

① 《伟大的创举》，《列宁选集》第 4 卷，第 10 页。
② 《列宁全集》第 31 卷，第 259 页。

说，在推翻资产阶级、地主阶级政权，确立了社会主义制度之后又重新崛起了资产阶级，这的确是一个似乎令人难以接受却不可回避的问题。

我们必须看到，自1981年以来，我国各地出版的报纸杂志书籍中登载了大量文章，一些领导同志先后发表过有关讲话，中央及地方的一些决议和文件也做过论述。基本精神是剥削制度消灭了，剥削阶级作为阶级已经不存在了；我们不会导致产生新的资产阶级。百万富翁很难在我们社会主义制度下产生；在我国，剥削阶级作为阶级已经被消灭，社会主义民主正在不断加强和完善。这是人类历史上为最大多数人享有的最广泛的高度民主。但是，由于国内的因素和国际的影响，阶级斗争在一定范围内还将长期存在。

从表面看，上述论点同列宁的论述是相互矛盾的，矛盾要求我们回到出发地点去，结合中国的实际认真地进行研究。判断任何事物都是有条件的，离开事物发生发展的具体情境、时空条件，辨别其是非曲直都是无意义的。对阶级问题的探讨亦当如此。不难看出，上述"剥削阶级已经消灭"的论点是建立在五个条件之上的：一是这里所说的剥削阶级系指一个完整的阶级；二是将剥削阶级与剥削制度密切地联系在一起的；三是将剥削阶级置于尖锐的阶级对立和阶级斗争的背景中；四是强调工人阶级处于统治地位之后，社会主义制度对于剥削现象的发展起着无法抗拒的巨大限制作用；五是上述论点的最重要出发点之一是所有制结构处于现阶段尚未进一步发生重大变化的背景之中。

我们可以对"剥削阶级已经消灭"的论点做一概述，即在工人阶级取得政权、社会主义制度确立之后，形式和内容上完整的、居于统治地位的、与剥削制度相联系的、与工人阶级尖锐对立的剥削阶级已经消灭了。

还有一点要提及，我国近年来颁布的各种法律制度都十分强调人们的政治态度。自然，论及阶级问题时政治态度也必然成为一个很重要的内容。人们的职业特别是政治态度，在马克思主义经典作家那里从未作为划分阶级的标准。只有当工人阶级取得统治地位之后才会出现这种情况。中央领导同志所讲的"我们不会导致产生新的资产阶级，百万富翁很难在我们社会主义制度下产生"。这里的"新的资产阶级"和"百万富翁"是以占统治地位或企图取代共产党夺取统治地位为内容的。社会主义中国不会再成为"百万富翁"式的资产阶级为所欲为的天堂。

只要有起码的科学态度，不难得出这样的结论——现阶段我国确实存在着剥削现象，存在着剥削阶级，这是在漫长的消灭一切阶级的道路上不可避免地存在的现象。从本质上看，这个剥削阶级就是资产阶级。但是这个阶级又有着不同于中国历史上出现过的以及外国的资产阶级的特点，处于工人阶级统治之下，是个不完整的阶级。换句话说，现阶段中国的资产阶级不是马克思主义经典作家们笔下的原本意义上的资产阶级。正是这个阶级的发展，为中国农民阶级的分化瓦解转化发挥了极大的作用。我们不妨称之为半资产阶级。

二 充满活力却又步履艰难的半资产阶级

近年来，我国阶级阶层结构的重新组合绝不是历史的反复，更不是历史的倒退，而是在阶级力量对比发生根本性变化之后，在更高的层次上出现的新的更为科学合理的组合。今天的社会不是阶级对抗的社会，工人阶级与资产阶级的矛盾也不是社会的主要矛盾。我国的半资产阶级具有浓重的中国特色，它受控于工人阶级，又比广大农民更多地富于现代色彩。从人类历史演进的意义上讲，半资产阶级的存在将为没有经历过发达资本主义直接进入社会主义的中国带来一股特有的发展动力。尽管半资产阶级的发展不可避免地带来一些消极影响，甚至会造成某些严重的社会问题，但是与分化瓦解中国农民阶级这一最为重要的历史功绩相比，弊端和危害终究是次要的。

半资产阶级在较短的时间内迅速成长起来，不能不使人们倍加瞩目，人们要问：半资产阶级如此发展能否上升为马克思经典作家们论述的原本意义上的资产阶级，即一个完整的资产阶级；如果数以千万计的个体经营者中不断有人成为雇主、企业主，资产阶级不断壮大，会不会成为一支足以威胁工人阶级地位的力量。

只有将半资产阶级放置于宏观范围，从世界和我国经济政治发展的现状出发，从历史和未来的发展趋势出发，才能得出正确结论。半资产阶级在发展，工人阶级也在发展；中国在变革，世界也在变革，在今天的世界里，离开了大的背景，哪一部分单独发展都将是极其困难的。应该看到，在中国没有工人阶级的进一步发展，半资产阶级的发展将遇到更大的困难。目前我国经济结构中资本主义因素所占比例极小，虽然从绝对数量上它会有所发展，甚至是很大的增长，然而社会主义经济更快的增长将使资本主义因素所占比例日益减少。

半资产阶级要取得在政治经济上举足轻重的发言权，没有企业的巨大发展是无法实现的。可是，私有企业在发展到一定程度后，要继续向更高层次发展将遇到越来越大的困难。这一根本的制约因素将决定半资产阶级难以改变自己的从属地位。我们将半资产阶级难以变为一个完整的资产阶级的主要原因概括如下。

从阶级力量对比看，半资产阶级处于绝对的劣势。中国工人阶级是世界上数量最大的工人队伍，随着"对外开放，对内搞活"政策的落实，中国工人阶级正以前所未有的崭新风貌屹立在世界东方。1952 年，我国工人阶级只占全部社会劳动者的 5.3%，约为 1103 万人；截至 1985 年底，工人阶级数量已达 8958 万人，占全社会劳动者的 18.0%，比 1958 年增长了7.1 倍。1981 年，中央书记处研究室对全国职工情况进行了调查，1966 年以后参加工作的青年占职工总数的 60.0% 以上。这次调查至今已 5 年有余，随着老工人不断退休，工人阶级更新换代已经完成。年轻化使我国工人阶级战斗能力增强了。

今天，大量文盲充斥工人阶级队伍的现象已经一去不复返了。有关部门在 1957 年对全国近千万职工进行了文化程度调查，尽管全国解放已经 8年，职工中的文盲仍然高达 20.7%。1981 年，中央书记处调研室对全国11 种行业 18 万余名职工进行了调查，近 15 万名工人中文盲仅占 2.0%；3.36 万名工程技术和管理人员中文盲仅占 0.1%。此外，工人中有 34.4%在参加各级各类夜校、电大、技校及其他形式学习；工程技术和管理人员中有 50.0% 在参加政治、管理、技术、外语等方面的学习。五六年后的今天，大量的工人干部已经完成了初步学业，我国工人阶级的文化技术素质已经达到一个起码的发展水平。

在各个阶级中，工人阶级最先最广泛地经历了新技术革命的洗礼，代表着我国最先进的生产力，其阶级觉悟、主人翁责任感无不带有新的时代特点。

时代在前进，半资产阶级面对的是比昔日强大得多的工人阶级，采取与工人阶级对抗的方式是难以找到任何发展出路的。

今天的半资产阶级有着难以改变的致命弱点，这是它难以成为一个完整阶级的主要原因。近年来个体经济得到较快的发展，一些人在较短的时间内上升为私有企业雇主，成为半资产阶级，但是绝大多数雇主的各方面素质的集中指向是较为低下的。与多数农民相比，他们是些"能人"，然而其能力仅能适应资本原始积累阶段的需要。这些人不仅缺乏现代资产阶级的经营管理头脑，甚至还不及旧中国的中小资本家。有的还是文盲半文盲，依靠机遇或行贿手段初步打开了局面。在日趋激烈的竞争面前，许多人将束手无策，不仅难于求得发展，甚至会破产。半资产阶级中一部分来自农民队伍的雇主，通常还拖着一条封建意识的辫子，他们目光短浅，满足于一时的温饱，看家守业，不求进取。要在短时间内根本改变半资产阶级的素质将是极其困难的。

从根本上说，无论与外国资产阶级相比，还是与今天的中国工人阶级相比，半资产阶级所代表的都是落后的生产力（当然比起更加落后的原始农业生产他们是先进许多的），任何与落后生产力结合在一起的阶级，都是难以取代先进生产力的代表者而占据统治地位的。即使落后生产力代表者能够取得某些范围内的统治权力，结果也不免会丧失或转化。在相当长的一段时期内，半资产阶级从整体上与落后生产力彻底诀别将是十分困难的。

第一，如果发展高科技知识密集型产品，半资产阶级很难与工人阶级进行竞争。工人阶级队伍中包罗了中华民族之绝大部分精华。3000多万脑力劳动者，其中1500万各类专门人才（包括600万名已获得各类专业职称的知识分子）和具有现代管理技能的管理人才都集中于工人阶级之中。发展高科技知识密集型产品，工人阶级具有得天独厚的优越条件。

第二，如果转向能源工业和采掘工业，如石油、煤炭和各类矿产资源的采掘开发，私有企业只能从事一些零星的小煤窑之类的生产。矿产资源归国家所有，而且一般的雇主很难具备大规模开发矿产资源必需的资金及其他条件，例如迁移居民、江河防渗、征集土地山林、治理大规模污染等社会问题，更非一两个雇主的财力物力能够解决的。同样，在电力工业方面，私有企业也是难以求得一席之地的。

第三，在重工业的钢铁、冶金、机械、汽车等行业中，我国已建成实力雄厚、门类齐全、产品配套的各行业系统。经过近年的改革和企业改造更新，从管理到产品质量都有了很大提高。加之，这些企业的运转大都需要大范围的协作，跨省市甚至跨国度的联合，这样的条件乃是私有企业难以具备的。所以私有企业难以跻身于重工企业之林。

第四，在轻工系统的纺织、电子、钟表、家用电器、食品加工、工艺美术等行业中，私有企业虽然难以居于垄断地位，但是某些产品可能成为名牌，甚至在国内拥有较大的市场，打入国际市场也是可能的。

第五，在交通、运输、邮电、通信等行业中，私有企业作为配角可能发挥重要作用，特别在偏远交通不便地区，这种作用可能会达到举足轻重的程度。

综上所述，私有企业在我国的发展受到了主观和客观两方面条件的限制，目前绝大多数私有企业只能在拾遗补阙中生存和发展。要继续向高层次发展，私有企业必须不断调整完善自身的运转机制，不断提高生产的社会化程度。生产的社会化和单纯扩大生产规模的大型化是两个不同概念。近年来各地雇主中虽然不乏名副其实的百万富翁，但他们的企业大都停留在资本的原始积累阶段，其发展手段多为在企业内部更多地雇用工人、单纯地扩大生产规模。尽管采取多雇用童工、加强劳动强度、延长劳动时间等措施可以使企业得到一定程度发展，但是扩大生产规模首先将使雇主面临更大的风险，强化对工人的剥削也将使雇主与雇工的矛盾趋于激化。目前，雇主与雇工间剥削反剥削的矛盾还不十分突出，随着社会生产力的发展和人民生活水平的普遍提高，雇工必然会提出更多的经济要求和改善劳动条件的要求。半资产阶级必将处于内外两方面因素的牵制之中，唯一的出路是提高企业素质，加强企业的竞争能力。生产资料的私有与生产社会化间的矛盾将使半资产阶级的发展日益困难，要克服困难只有更加紧密地依附于工人阶级。

此外，个体经济的蓬勃发展，使其中一部分人有可能上升为新的雇主，他们将不断向老雇主挑战，雇主间的竞争或倾轧在所难免。竞争的结果有利于提高半资产阶级的素质，有利于私有企业向更高层次发展。

尽管半资产阶级难以发展成为一个完整的资产阶级，但是这不等于说半资产阶级是个没有希望的阶级。只要我们创造条件，让半资产阶级有一种求得发展的安全感，这个阶级仍然是一个大有作为的阶级。目前相当多的一批私有企业活跃于广大城乡的化工、冶炼、铸造、机械加工、建材、农机、纺织、家电、食品、建筑、修理、工艺美术及农林牧渔养殖等行业之中。它们虽然面临着各种困难，但是却充满了活力，一大批名优产品占领了国内市场，有些拳头产品，例如纺织品已经打入国际市场。

在私有企业的发展过程中，一大批有作为的管理人员正在成长，他们在激烈的竞争中逐渐成熟起来。这些人同样也是中国的宝贵人才，是社会主义中国的企业家。目前，一些私有企业的雇主迫切地要求加入中国共产党；一些党员也解放思想，开始兴办雇工企业。这使我们看到，半资产阶级中的一部分人正在成长为工人阶级的先进分子。随着商品经济的高速发展，半资产阶级队伍中必将涌现出越来越多的优秀分子，他们将追随甚至投入工人阶级的先锋队中来。自然也会出现一些我们必须时刻警惕的妄图把中国拖上资本主义道路的人。

三 关于我国阶级合作的构想

阶级、阶级斗争和无产阶级专政等理论是马克思主义的重要组成部分。一百多年来，由于人们对这些理论理解上存在着差异、彼此的实践经验大相径庭及社会条件、背景的千差万别，加之理论本身存在的某些缺陷和历史局限，经典作家们的这部分理论像难以捉摸的影子，伴随和困惑着千百万马克思的追随者。许多国家的无产阶级正确运用马克思主义理论战胜了资产阶级、封建地主阶级，建立了工人阶级领导的政权。但是在夺取政权之后，所有社会主义国家几乎无一例外地都走过了一段曲折的道路。我国近30年的社会主义实践中出现的各种偏差，除去对经济和自然规律认识上的盲目外，无不与领导者在阶级关系上的认识紧密相关。以往的历史告诫我们：在建设"四化"的道路上一定要慎重对待正确解决阶级关系问题。

我们说半资产阶级的存在，不是凭空虚构，也不是为了"标新立异"，更不是为了耸人听闻，它的存在是有着人和物的基础的。与其搜肠刮肚地找寻资产阶级已经不存在的理论与实际的"根据"，不如正视现实，实事求是地承认它的存在。同时又要强调它与普遍意义上的资产阶级有着十分重大的差别，正确地认识它的特点和历史作用，即认识它的矛盾的特殊性。正是从这两个方面出发，我们才把雇主群体称为半资产阶级。

　　承认半资产阶级的存在会不会引起人们记忆犹新的"阶级斗争"呢？人们不禁要把现在某些地方借口"社会管理与控制"实际排斥打击个体经济的现象，同"阶级斗争年年讲，月月讲"联系起来，应该指出，某些同志理解的"社会管理与控制"正是"阶级斗争年年讲，月月讲"的回光返照。一个社会要形成正常合理的运转机制必然要进行有效的社会管理与控制，不仅是半资产阶级，国家的高级管理阶层、工人阶级、农民阶级的一切行为都要服从于民族的、国家的整体利益。把半资产阶级入"另册"、另眼看待、采取不合理的限制甚至无情打击的做法是违背民族和国家利益的。我们必须言行一致地真心诚意地确立半资产阶级的社会地位。笔者认为：平等对待半资产阶级是我们彻底铲除封建阶级和资产阶级的人与人之间不平等关系，建立最广泛的人民民主、实现社会主义的真正平等的重要标志之一。

　　这里，要特别强调，在社会主义条件下全体人民在政治上道义上的一致。正是从这点出发，我们提出了阶级合作问题，即在工人阶级领导下，实现与农民阶级、半资产阶级的联合；以民族和国家的利益作为协调各个阶级利益的前提，为中华民族再度崛起共同奋斗。

　　历史上我们有着阶级合作的经历和丰富的经验。两次"国共合作"的实质就是工人阶级和资产阶级间的阶级合作。第一次国共合作沉重地打击了以各个帝国主义为后台的封建军阀割据势力，保证了中国的统一，取得了军事上政治上的巨大胜利。只是由于资产阶级中的反动势力的破坏才使这次阶级合作夭折，但是这次阶级合作锻炼了中国共产党，使工人阶级逐步成熟起来；同时进一步唤醒了民众，使马克思主义在中国得到进一步传播。第二次国共合作是在日本侵略者妄图吞没中国，中华民族处于生死存亡的紧急关头，经过工人阶级的努力和斗争实现的。这次工人阶级和资产阶级，包括地主阶级在内的阶级合作，成功地战胜了日本侵略者，挽救了危难中的中华民族。解放初期，我们实行的同样是以阶级合作的方式对民族资产阶级进行改造的方针，这次阶级合作对于恢复我国的经济建设、保证抗美援朝战争的胜利，同样发挥了重大的积极作用。今天，在解决香港、澳门问题上，我们提出了"一国两制"的方针，在台湾问题上提出了"第三次国共合作"的建议，正是在新的国际环境下对阶级合作的新发展。在"对外开放"政策指引下，我们欢迎外国企业家来华兴办独资、合资企业或以来料加工方式合作生产外向产品，以及多种形式的劳务出口等，都是在世界范围实现的跨国度的阶级合作。

阶级合作是个全球性的问题。近年来一些国家和地区的经济和社会得到了较快的发展，造成这种情况的原因是多方面的，诸如国际经济分工、地理环境、资源条件、引进外资，等等。但是不容置疑的是这些国家、地区都有着"政通人和"的共同特点。一些发达国家、地区久盛不衰，发展中国家、地区在新技术革命浪潮中能够迎头赶上，关键在于各个阶级阶层的人在发展机会上较为均等，都程度不同地获得了"参与"权，造成了阶级关系的和谐和政局的稳定。

阶级合作论正是以经济和社会的稳固发展为基础，在资本主义国家特别是发达国家普遍流行开的。这一理论是以下列条件为背景的。第一，较为富裕的中等阶级队伍不断壮大。例如，在法国，随着经济社会的不断发展，农业、商业、手工业者的人数都在大幅度下降，小生产者的队伍越来越小。以各类管理人员为主构成的阶层，包括部分白领人员，占就业人口的 20%；如果加上高层领导集团成员、企业领导者、高级公务员及大企业主、大律师、著名医生等，生活在较高水平的就业人口占就业总人口的 35% 以上。[①] 如果再加上被抚养者，法国的高水平生活者的数量将会更大。美国也存在类似情况，穷人已不再成为人口的多数。1984 年，生活在贫困线下的人口约为 3530 万，仅占总人口的 15.2%。从 1900 年到 1980 年，美国的白领工人已从就业人口的 26% 上升到 63%。[②] 美国的大多数穷人并不是缺吃少穿的人，他们有足够的生活必需品。所谓贫穷是指与社会上的其他人相比，地位不平等、受到歧视、缺少工作机会、没有选择余地等。第二，工人阶级的人数锐减以致很难构成一支有力量的群体。在美国、日本、法国、西班牙等国，参加社会组织的工人日益减少，工人运动仅停留在提出一些物质经济的要求上。第三，国家机器在经历长时期调节之后，统治者在很大程度上将国家利益与资本的利润联系分离，发挥了协调各阶级利益关系的重要作用。例如，在优先发展哪些经济部门、减缓甚至取消哪些企业部门等重大决策上，利润已不再是唯一的决定因素。在对生产部

---

① 〔法〕H. 孟德拉斯：《法国社会结构的变迁》，《国外社会学》1986 年第 4 期。

② 刘绪贻：《马克思主义阶级斗争原理需要发展》，《上海社会科学》1986 年第 8 期。

门的建立和工人的工资福利方面的要求上，国家都有权力有能力做出决策或进行干预。从某种意义上讲，在一些发达国家和地区，阶级关系的调和与经济、社会的发展基本形成了相互促进的良性循环。

我们所构想的阶级合作与资本主义国家推行的阶级合作相比，存在许多不同特点。第一，与发达资本主义国家比较，我国的经济比较落后，工人阶级的力量却相对强大。虽然农民阶级人口数量很大，半资产阶级近年来发展很快，但是它们都不是完整的阶级，能够等同于资本主义国家的"中等阶级"者为数寥寥。阶级合作是在工人阶级领导下、阶级力量对比悬殊的情况下进行的。第二，近年来，由于城乡经济体制改革的顺利开展，人民群众的生活水平在原有基础上普遍得到提高和改善，各阶级的利益得到一定程度的协调，国内社会政治生活出现了前所未有的安定局面，动乱因素大幅度减少。人民群众的心理承受能力无论是适应范围还是适应强度均比以往有所提高，人与人、集团与集团之间相融条件在增长。这些都为各阶级间的合作提供了良好的条件。第三，我国存在着极为广大的落后地区，封建文化在那里仍然占据优势地位，离开商品经济的蓬勃发展这些地方无法改变落后面貌。正在兴起和发展的个体经济为改变落后地区贫困状况带来了希望。从农民中上升出来的半资产阶级与落后的农村经济有着千丝万缕的天然联系，他们与农民阶级不存在水火难容的阶级对立关系，其生产方式对劳动力素质要求目前还不高，难于在短期内根本改变素质的农民正好适应了个体经济发展的需要，提供了大量廉价劳动力。我们可以通过引进科学技术、吸引外资、兴办合资或独资企业，实行中国工人阶级与外国资产阶级的合作（这里当然存在着剥削关系）；我们理所当然也可以通过管理和指导实现工人阶级同半资产阶级的合作。当然，半资产阶级在技术、资金及自身素质等方面远不及外国资产阶级，但是我国经济发展极不平衡，对于那些封建地主阶级文化影响尚未肃清、难以接受消化现代科学技术的落后地区，土生土长的半资产阶级比外国资产阶级有着更强的适应能力。

我国工人阶级、农民阶级和半资产阶级在共同的民族的国家的利益以及各阶级自身经济政治利益的共同作用下，通过壮大国营、集体经济和充分发展个体经济，实现具有我国特色的阶级合作。这就是我们所构想的阶级合作的主要途径。

影响阶级合作发展的主要问题之一是工人阶级同半资产阶级之间的关系。工人阶级和半资产阶级的合作主要体现在两个方面：一是在私有企业内部，形成雇主与雇工间的融洽关系；二是确立半资产阶级的社会地位，使其经营合法化，同时为半资产阶级提供一个有利其发展的宽松的经济条件，从而实现宏观的合作。

首先，要使半资产阶级增强信心和安全感，充分认清自己的地位、作用和前途，逐步成长为自觉的阶级。作为一定历史阶段存在的各个阶级最终都将消亡，而刚刚步入社会主义初期阶段的中国首要的任务是消灭贫困，把经济搞上去。这样将农民阶级从封建生产方式的桎梏中解放出来自然地成为中国走向未来的关键一步，因而将一个被束缚在土地上的农民转变为社会主义条件下的雇工是历史的进步。在没有经历过发达资本主义直接进入社会主义的中国，资产阶级在历史进程中的积极作用至今还没有充分发挥出来。只有这样，半资产阶级才能在自身的发展中克服思想障碍，消除自卑感，消除对政策多变的顾虑和对"左"的政策的余悸。我们深信，通过对党的各项政策完善落实的主观体验，大多数个体经营者和私有企业雇主会放弃看家守业、不求进取的保守狭隘观念；对那些可能在短期内爆发而强化剥削措施的行为，政策的力量也将起到积极的抑制作用。

其次，在半资产阶级的发展过程中，工人阶级应该以平等的态度，真心诚意地同他们合作，在加强管理，严格健全税收、贷款、价格制度，保障雇工的人身安全、劳保福利待遇和合法权益的基础上，努力为半资产阶级提供更加优惠的条件。例如，对那些初创或濒临破产的私有企业应给予适当的扶持，在场地、贷款、信息、原料、能源及市场等方面给予一定的方便，鼓励知识分子以智力技术支援私有经济的发展，等等，使半资产阶级不仅能生存下去，而且能够得到较快发展。实践证明，越是贫穷落后的地方，人们受封建主义平均主义影响越深，对半资产阶级容忍程度越低，刁难越甚。而这些地方恰恰最需要半资产阶级的发展。邓小平同志在接受美国记者迈克·华莱士的采访时说："外国投资者投资不赚一点钱，那不可能，那谁愿意来？我们正在采取一些有效措施，解决问题。"同样，没有一定的措施，不让赚钱，国内的半资产阶级也是无法发展的。对于私有企业的生产经营我们不要干预过多。在经济发展缓慢、贫穷落后的地区，雇主采取一些看上去较为苛刻的剥削手段，如雇工的收入偏低、劳动时间较长、劳动强度较大、经济力量弱而一时难以改善劳动条件等，只要雇主没有违法，雇工又愿意合作，我们就不要一概反对，更不应该采取行政手段对私有企业进行毁灭性的打击。

对于那些已经有了较大规模的发展而继续开拓遇到困难的半资产阶级，我们应该支持其改造企业、提高企业素质，进一步发展新产品、开拓新领域。此外，笔者认为，可以鼓励私有企业向边远偏僻落后地区投资。那些缺少强大农业依托、缺少大中城市的经济文化辐射条件的地区，应该欢迎大中城市、东南沿海地区的个体经济和私有企业前来投资办厂。落后地区的经济不能搞单一制，所有制结构不能纯而又纯，阶级结构同样不能搞清一色。这样，在国家不可能在短期内顾及贫困地区，首先利用私人的资本发展起私有企业来，私有企业在大中城市和发达地区难以发展的矛盾也得到了缓解。同时，半资产阶级资本的渗透会带来落后地区的经济日益繁荣。作为相对先进文化载体的半资产阶级的发展，也会使那里的农民阶级的分化解体速度进一步加快。

目前社会上普遍流行着对半资产阶级的种种偏见，这也是我们主张要为半资产阶级确立社会地位的原因之一。另眼看待半资产阶级，是长期以来以分配上的平均主义取代竞争和以阶级斗争为纲的社会环境造成的心理上的定式影响的结果；也是当前人们在自我完善和发展过程中机会不等产生的正常反应。随着改革的不断深入，人们在机会与参与权上的均等条件逐步形成，人民群众心理上的不平衡将逐渐趋于稳定。作为领导者一定要坚定改革的决心，毫不动摇。从某种意义上讲，半资产阶级举棋不定、担心政策多变，从一个侧面反映出政策和政策的制定者、执行者实实在在地把握着个体经济和私有企业生死存亡的命运。

这里我们要强调指出，由于封建的宗法观念，资产阶级自由化、极端民主化的影响，由于各种腐朽没落生活方式的影响，以争夺政治利益、经济利益为目的的阶级斗争将长期存在，甚至在某一阶段或范围内表现得尤为激烈。阶级斗争的方式和背景是极为复杂的，因此，我们也不应该一味强调阶级合作，而忽略了斗争的存在，实际上，只有处理好阶级斗争问题，才能够保证阶级合作不偏离方向。在相当长的一个时期内我们尤其要旗帜鲜明地反对资产阶级自由化倾向。

现阶段我国社会存在着三个阶级——工人阶级、农民阶级和半资产阶级。此外还有一个新的流民阶层（据各地同志反映，在大中城市中普遍存在一些流民，来路较为复杂，虽然靠行乞度日，生活水平却比一般在职人员高）。工人阶级是我国的领导阶级，除去高、中级领导阶层、企事业管理者阶层、知识分子阶层、各行业国营和集体所有制单位的工人外，应包括合同工和私有企业中的雇工。大多数个体工商业者，只有少量资本，没有雇工，通过纳税、接受有关部门的管理从事经济活动，他们的地位类似于所有权和经营权分离后由职工承包的单位内的工人。农民阶级是个正在急剧分化的不完整的阶级，包括农村各种专业户、流动于城乡之间以农村为依托的经商户、贩运户、运输户、工匠及从事其他不固定职业者。这是个动荡不定的群体，相当多的一部分人将成为工人阶级、个体经营者和半资产阶级。

要对各个阶级阶层的未来前景进行预测是十分困难的，但是从宏观上我们可以看到大致的发展趋势。社会主义初期阶段将是一个很长的历史时期，阶级结构的进一步变化将最终决定经济的大幅度增长，只要经济结构不发生根本性的变化，阶级结构便将稳定发展。所以阶级合作将存在于一个相当长的历史时期内，在阶级合作过程中各种矛盾将主要表现在阶级之间、阶级内部利益分配上的矛盾，反复调节各个阶级内部及之间的利益分配将是我们长期遇到的重要课题。虽然阶级矛盾、阶级斗争会长期存在于某些地区某些范围之内，但是在大多数情况下将主要表现为人民内部矛盾。在处理这些问题时我们要格外小心谨慎，要以维护阶级合作为解决问题的出发点和主要目的。

随着阶级合作的不断深化，各种经济形式之间的相互合作相互渗透将日益深入和广泛，阶级界限将日趋淡化，游离于各个阶级之间的个体将日益增多。人们对自身的阶级属性将越来越不予以过多的关注。阶级分类的重要价值将仅仅体现为，它是领导者在对社会施以宏观控制与管理时必须考虑的重要因素之一。

总之，随着我国经济实力的不断增长，农民阶级的解体和半资产阶级的发展将同步进行；本小利微的个体经济也会得到长足的发展；城市中存在的好逸恶劳的流民阶层将是我们改造和教育的对象。

在这个基础上，工人阶级将更加紧密地与现代生产方式结合在一起，更加强大起来。马克思主义经典作家们描述的那种与封建制度相联系的农民阶级将首先消亡。半资产阶级经营的企业经历过从经济发达地区向经济落后地区、从城镇到农村呈依次递增的发展之后将趋于稳定，但是作为国民经济的必要补充部分它将继续存在下去。在激烈竞争中和不断自我完善之后，半资产阶级将会变得成熟起来，一大批有才干的企业家将充实到国家和企业的管理队伍之中，由半资产阶级转化为工人阶级。只有当我国建设成为高度发达的社会主义强国之后，半资产阶级的历史使命才会最后完结。当三大差别已经不复存在、人们普遍地具备了高度思想觉悟、劳动力不再作为商品存在的时候，我们所讲的阶级合作也才最终成为历史。

积极开展社会主义社会阶级和
阶层问题的研究[*]

何建章

  二十世纪六十年代以来，欧美社会学界对社会结构主要是对社会分层问题进行了广泛的讨论。资产阶级社会学家称之为"社会分层理论"，西方马克思主义者则称之为"阶级结构理论"。六七十年代以来，东欧各国和苏联也对这个问题展开了热烈的探讨。据美国人估计，"阶层形成这个题目，在苏联社会学家中，的确比在美国社会学家中，相对来说更为热门……从比例数看，当前正在研究社会阶层形成问题的苏联社会学家要比美国多（1970年大约占苏联社会学协会会员的4.4%，而在美国社会学学会的会员中则只占3%）"。^①

  为什么阶级和阶层形成问题成为世界性的热门课题呢？这是同五十年代以来科学技术进步、产业结构和职业结构的迅速变化密切相关的。例如，同第一、第二产业相比，第三产业迅速发展，其就业人数绝对和相对数量都大幅度增加；各种科技人员的比例明显上升；各种经济管理人员和行政管理人员的队伍迅速扩大；等等。这些情况提出了一系列理论问题和实际问题。传统的观念认为无产阶级只限于产业工人，或者说仅限于在物质生产领域从事体力劳动的雇佣劳动者；资产阶级则不但占有生产资料，并且直接执行监督和管理生产过程的职能。现在情况变了，"蓝领工人"越来越少，包括资本家在内的"白领工人"越来越多。这样，传统的资本家阶级似乎已经消失，无产阶级也逐渐消亡了，等等。对于西方马克思主

---

  * 本文是作者于1986年9月在沈阳社会学高级讲习班上的讲稿，原文发表于《社会学研究》1987年第3期。

  ① 引自〔美〕默里·雅诺维奇、韦斯利·贵希尔编：《苏联社会阶层的形成与变动》，上海人民出版社1970年版，第288~289页。

义者来说，对阶级结构的上述变化应该怎样认识呢？怎样划分上述几类人的阶级地位？发达的资本主义国家的社会主义革命应该由谁来领导？所有这些都是关系社会主义革命战略和策略的根本问题，必须做出明确的回答。

对已经取得无产阶级革命胜利、正在进行社会主义建设的国家来说，上述资本主义发达国家产业结构的变化，各类职业结构、就业结构变化，虽然程度不一样，但趋势是共同的；同样也提出怎样根据马克思主义的阶级学说，重新认识社会主义社会的阶级和阶层，并以此为依据，制订正确的经济和社会发展战略和策略的问题。传统观念认为，社会主义社会只存在两个基本阶级——工人阶级和农民阶级，以及为它们服务的劳动知识分子阶层。他们之间经济上、政治上、道义上完全一致，没有矛盾。这种一致是社会主义社会发展的动力。但是实践证明，社会主义社会还存在着矛盾，包括一定程度一定范围的阶级斗争，以及大量存在的人民内部矛盾。这种矛盾也是社会主义社会发展的动力。这种情况应该怎样解释？这些都要求我们对社会主义社会的阶级和阶层问题进行深入细致的研究。

一　阶级分析是认识和改造社会的基本方法

1. 阶级划分是社会学的基本内容之一

社会学是研究社会和社会变迁规律的一门学科。社会是由个人、集团、组织、阶级和阶层构成的复杂社会结构。不同层次的社会成员具有不同经济利益、社会地位、生活方式和价值观念，划分为不同的阶级和阶层。阶级和阶层是客观存在的社会现象，是社会结构的核心。社会发展正是各阶级、阶层合力的结果。因此，无论研究什么社会问题和社会现象，首先都要把有关的社会成员加以划分、归类。社会结构是社会学研究的最基本的内容之一，阶级分析是认识社会和改造社会的基本方法。

《共产党宣言》第一章，开宗明义就是"资产者和无产者"，明确指出，自有文字记载以来的一切社会的历史都是阶级斗争的历史。资本主义社会产生了它自身的掘墓人，"资产阶级的灭亡和无产阶级的胜利是同样不可避免的"。[①] 阶级斗争必然导致无产阶级专政。《毛泽东选集》第一卷

---

① 《马克思恩格斯选集》第 1 卷，第 263 页。

第一篇文章是《中国社会各阶级的分析》。毛泽东同志根据马克思主义的阶级学说，结合半封建半殖民地的旧中国的实际情况，对社会各阶级的经济地位及其对革命的态度进行了精辟的分析，并得出结论："……一切勾结帝国主义的军阀、官僚、买办阶级、大地主阶级以及附属于他们的一部分反动知识界，是我们的敌人。工业无产阶级是我们革命的领导力量。一切半无产阶级、小资产阶级，是我们最接近的朋友。那些动摇不定的中产阶级，其右翼可能是我们的敌人，其左翼可能是我们的朋友——但我们要时常提防他们，不要让他们扰乱了我们的阵线。"① 这就明确了新民主主义革命的领导力量、依靠对象、团结对象和打击目标，从而为制订新民主主义的战略策略奠定了坚实的理论基础。

其他社会主义国家的社会主义革命也是在马克思主义的阶级学说的指引下取得胜利的。例如列宁早期的著作《什么是"人民之友"以及他们为何攻击社会民主主义者？》《俄国资本主义的发展》《怎么办》等，无一不是从对俄国社会结构的科学分析，找到了正确的战略和策略。总之，马克思主义的阶级分析是正确认识社会和改造社会的基本方法，已被大量的历史事实所证实。

2. 马克思主义的阶级学说和西方的社会分层理论

马克思主义的阶级学说继承和发展了前人优秀思想的成果。1852 年 3 月 15 日，马克思在给约·魏德迈的信中写道："至于讲到我，无论是发现现代社会中有阶级存在或发现各阶级间的斗争，都不是我的功劳。在我以前很久，资产阶级的历史学家就已叙述过阶级斗争的历史发展，资产阶级的经济学家也已对各阶级做过经济上的分析。我的新贡献就是证明了下列几点：（1）阶级的存在仅仅同生产发展的一定历史阶段相联系；（2）阶级斗争必然要导致无产阶级专政；（3）这个专政不过是达到消灭一切阶级和进入无阶级社会的过渡。"② 以往的历史学家和经济学家都不能正确阐明阶级产生的根源和划分阶级的标准。他们往往把阶级的产生归结为暴力论、社会分工论、分配论、竞争论等，并且把阶级的存在看成是永恒的，企图寻求种种调和阶级矛盾的途径。马克思则相反，论证了阶级是社会生产发

① 《毛泽东选集》第 1 卷，第 9 页。
② 《马克思恩格斯选集》第 4 卷，第 332～333 页。

展一定历史阶段的产物，应该把物质资料的生产条件的分配即生产资料所有制关系，作为划分阶级的主要依据。马克思在他的许多著作中详尽地分析了资本主义社会各阶级的特点，特别是在《资本论》中，对社会两大基本阶级——无产阶级和资产阶级进行了经典式的论述。在最后一章"阶级"中，马克思提出了"什么事情形成阶级？"的问题，可惜只写了一千多字就逝世了。所以，我们从马克思那里没有找到关于阶级的定义，而只能从他的著作中领会其精神实质。

列宁继承和发展了马克思的阶级理论。他在《伟大的创举》一文中给阶级下了一个定义："所谓阶级，就是这样一些大的集团，这些集团在历史上一定社会生产体系中所处的地位不同，对生产资料的关系（这种关系大部分是在法律上明文规定了的）不同，在社会劳动组织中所起的作用不同，因而领得自己所支配的那份社会财富的方式和多寡也不同。"① 从列宁所下的阶级定义中可以概括出下列四点。第一，阶级是一个历史范畴，不是永恒的，它是同历史上一定的社会生产体系相联系的。第二，划分阶级的主要依据是各个社会集团对生产资料的关系即所有制形式不同。第三，划分阶级的另一个依据是人们在社会劳动组织中所起的作用不同。一般说来，这主要取决于生产资料所有制形式。例如，资本家占有生产资料，一般也是生产资料的管理者、生产过程的监督者。但是，也有例外的情况，特别是在资本主义垄断阶段所有权和经营权发生分离的情况下，管理者不一定是资本家。在资本主义条件下的管理人员和科技人员就属于这种情况。第四，由前述两点而决定的收入形式和多寡。这也是划分阶级的一条依据。最后，由于上述种种，就可能产生剥削关系，产生阶级对抗，即"其中一个集团能够占有另一个集团的劳动"。总之，马克思主义认为，必须从经济原因去寻找阶级产生的根源和划分阶级的标准，即对生产资料的占有关系不同，在劳动组织中的作用、地位不同，领取社会财富的方式和多少不同。

同马克思的阶级学说相对立的是资产阶级的"社会分层理论"。它的鼻祖是同马克思差不多同时代的德国社会学家马克斯·韦伯（1864～1920）。他提出划分社会层次的三重标准：财富（或收入）——经济标准；

---

① 《列宁选集》第4卷，第10页。

声望——社会标准；权力——政治标准。后来的资产阶级社会学家基本上是按这三重标准来划分社会阶层的。例如，美国有的学者按照每个家庭全年的固定收入把美国人分为几等：5000 美元以下者；5000 至 9999 美元者；10000 至 14999 美元者；15000 至 19999 美元者；20000 至 24999 美元者；25000 美元以上者。有的人把职业和社会名望结合起来作为尺度把人们分成一个层次体系，如美国一个研究中心，根据这种尺度抽出 90 多种职业，把美国人分成几十个等级层次。最高层的是美国最高法院的法官和医生等，最下层的是清道夫。在分层方法上采用自己登记、调查者在居民中组织评判委员会进行评定；或者根据经济收入、教育年限、职业、地位分层次等。① 这种"社会分层理论"的错误在于：（1）它只根据收入多寡而不问收入的来源，特别是回避了生产资料占有关系这一决定性因素。事实上，收入相同的人，可以属于不同的阶级。（2）它把声望、权力同经济标准并列，而且割断了三者之间的关系，实际上否定了经济因素的决定作用。（3）它散布了不需要经过无产阶级的社会主义革命人们就可以改变自己处境的思想。在资本主义社会，个别人由于种种原因可以在经济收入、声望和权力等方面发生变化，即各阶层中人员发生流动。穷光蛋可能一夜之间变成百万富翁，名誉、地位和权力也就随之而至了。显然，这种偶然的情况不可能根本改变资本主义社会无产阶级的地位和阶级对抗的存在。由此可见，"社会分层理论"不是一种科学的理论。

值得重视的是，现在国际学术界有一种倾向，企图把马克思和韦伯的阶级理论混合起来，创造一种"完善的"阶级理论。他们认为马克思的理论是一元论，只强调经济因素，是片面的。韦伯的理论是多元论，可以补充马克思的不足。特别是他们看到苏联和东欧一些社会主义国家的社会学家在进行社会阶层调查时，也采用了一些收入、职业、权力、地位等指标，似乎他们也采纳了韦伯的理论。这个问题有澄清的必要。

首先，马克思在进行阶级分析时，是否只注意经济地位而不注意社会地位和人们的意识形态呢？回答是否定的。《资本论》就是对资产阶级进行深刻而全面分析的典范。列宁说："'资本论'所以大受欢迎，是由于

---

① 参阅王邦佐、孙关宏、王沪宁主编：《政治学概要》，复旦大学出版社 1986 年版，第 59 页。

'德国经济学家'的这一著作把整个资本主义社会形态作为活生生的东西向读者表明出来，将它的生活习惯，将它的生产关系所固有的阶级对抗的具体社会表现，将维护资产阶级统治的资产阶级政治上层建筑，将资产阶级的自由平等之类的思想，将资产阶级的家庭关系和盘托出。"① 可见，马克思是从经济基础到上层建筑的各个方面系统而全面地分析资产阶级的特征的。列宁也是这样，在进行阶级分析时不仅重视人们的经济地位，而且也重视社会地位。他甚至说过："现代科学社会主义的创始人马克思和恩格斯本人，按他们的社会地位说，也是资产阶级的知识分子。"② 可见，社会地位、阶级出身同阶级归属是有联系的。但是社会地位不是决定个人阶级属性的决定因素。马克思和恩格斯从资产阶级知识分子变成无产阶级的革命导师，关键在于他们认识了社会发展的规律，未来属于无产阶级，因而背叛了原来出身的阶级而投身到无产阶级的阵营来了。这样说来，似乎意识形态、世界观又成了个人阶级属性的决定因素了。事实上意识形态的变化还有更深刻的原因。这就是在资本主义生产关系中存在着产生雇佣劳动阶级的条件。因此，社会地位、意识形态的变化，归根到底仍然要到经济中去寻找。毛泽东同志在《中国社会各阶级的分析》一文中也说："我们要分辨真正的敌友，不可不将中国社会各阶级的经济地位及其对于革命的态度，作一个大概的分析。"③ 总之，马克思主义经典作家在进行阶级分析时，历来是把经济、政治和意识形态结合起来的。但是，政治和意识形态是属于上层建筑的东西，是受经济基础制约的。因此，划分阶级的标准只能是经济标准。那种貌似全面的多元论，正如前所说的"社会分层论"那样，混淆了阶级的本质，掩盖了阶级矛盾。

其次，我们在对现代社会阶级和阶层分析时，也要从现象入手，调查诸如收入、职业、教育水平、政治和社会地位等。其中许多指标同"社会分层理论"可能是类似的，甚至他们所搜集的资料和使用的方法也是可以借鉴的。但是这仅仅是表面现象，只停留在对社会现象的描绘上，据此做出"多元论"的结论，只能模糊阶级的界限而误入歧途。我们要坚持马克思主义的阶级划分标准，同时研究由于科学技术进步和社会生产条件发展

① 《列宁选集》第 1 卷，第 9 页。
② 同上，第 247 页。
③ 《毛泽东选集》第 1 卷，第 3 页。

而带来的社会结构的变化，发展马克思主义的阶级学说。

二 新中国成立以来我国在处理阶级关系上的经验教训

新中国成立以后，我们没收了官僚资本，接管了帝国主义的在华企业，官僚买办资产阶级被消灭了。通过土地改革，地主富农阶级也失去了存在的基础。通过对生产资料私有制的社会主义改造，民族资本主义工商企业也逐步改变成为国家资本主义企业和社会主义企业，民族资产阶级分子也逐步改造成为自食其力的社会主义劳动者了。个体农民和小工商业者通过合作化成为集体农民和集体企业的职工。这样，我国在 1956 年以后，基本上只存在社会主义的全民所有制和集体所有制的工人阶级和农民阶级，以及依附于他们的劳动知识分子了。

我国的社会主义改造及对社会各阶级的政策是以马克思主义的阶级学说为指导的，基本上是正确的、成功的，同时教训也不少。

第一，没有始终坚持以经济状况作为划分阶级的唯一标准，而加进了其他标准。本来，中央人民政府颁布的《关于划分农村阶级成分的决定》是明确从经济上划分阶级的，还具体规定了地主、富农剥削收入的数量界限，以及地主、富农失去生产资料后劳动 5 年和 3 年，就不再是地主或富农分子了。可是，直到"文化大革命"的年代，我们还迟迟不宣布给地主、富农阶级分子摘帽子，总是强调他们"人还在，心不死"，这就把意识形态作为决定因素了。甚至他们的子弟，也被列入"地、富、反、坏、右"五类分子之列。这就把阶级出身作为唯一标准了。民族资产阶级分子在公私合营后已成为国营企业或合作社的职工，但直至取消为数不多的定息以后，也还是戴着资产阶级分子的帽子，在"文化大革命"中也成为斗争对象。这也是把人的阶级出身作为划分阶级的标准并把它们凝固化的结果。"文化大革命"中，把知识分子列为"臭老九"，也是因为"他们的世界观仍然是资产阶级的"。更加荒唐的是，竟在党内寻找资产阶级，说什么资产阶级就在党内，即党内走资本主义道路的当权派。有些红卫兵还把工资收入 100 元以上的都划为"走资派"；凡带"长"字号的也都是"走资派"；"走资派"的子女是"黑帮子弟"。这实际上是把收入、社会地位当作划分阶级的标准。总之，五十年代后期以后，我们混淆了阶级划分的标准，导致阶级斗争扩大化，使我国政治运动连绵不断。

第二，在知识分子的阶级属性问题上陷于混乱和反复，执行了极端错误的政策。

在资本主义制度下，知识分子是一个介于资产阶级和无产阶级之间的中间等级或特殊阶层。知识分子是脑力劳动者，他们不占有生产资料，受雇于资本家。从这方面来说，他们处于同从事体力劳动的产业工人相同的地位，是作为"总体工人即结合劳动人员"的组成部分。马克思说："所有以这种或那种方式参加商品生产的人，从真正的工人到（有别于资本家的）经理、工程师，都属于生产劳动者的范围。"① 另一方面，经理、工程师处于组织管理和监督生产过程，即执行原来属于资本家的"协调和统一"劳动过程的职能。此外，科技人员虽然也是受雇于资本家，在资本家的管理和监督下劳动，但他们从事脑力劳动，劳动过程在很大程度上具有个体劳动性质，个人有较大的自主权，这是同工厂工人不同的；在某种意义上说，类似自己拥有生产资料的独立生产者，即小资产阶级。正是由于具有上述的两个特点，而且这两个特点都是由经济条件决定的，因此，在资本主义条件下知识分子不是一个独立的阶级，而是一个中间等级，他们的阶级归属取决于其他条件。一般说来，资本主义社会中依附于资产阶级的上层知识分子应划入资产阶级的范畴，受压迫的中下层的知识分子则属于小资产阶级。毛泽东同志把"小知识阶层"列入小资产阶级的范畴，把"一部分反动知识界"作为帝国主义、官僚、买办阶级、大地主阶级的附属品，这是完全正确的。

问题在于，在生产资料社会主义改造基本完成、社会主义公有化占统治地位、地主阶级和资产阶级作为剥削阶级已经被消灭以后，知识分子已不再处于在资产阶级和无产阶级之间摇摆的"中间等级"地位，正如毛泽东同志说过的："皮之不存，毛将焉附？"一般说来，知识分子在对生产资料的关系和为全社会服务方面，同产业工人没有什么区别，理所当然地成为工人阶级的组成部分。周恩来同志在 1956 年也曾经宣布给知识分子摘掉资产阶级和小资产阶级的帽子，宣告知识分子已经成为工人阶级的一部

---

① 《马克思恩格斯全集》第 26 卷 I，第 147 页。

分。可是后来由于"左"的思想影响，主要是在阶级划分标准和阶级斗争形势的估量上发生严重失误，又给知识分子戴上资产阶级的帽子。主要的依据是他们的世界观还是资产阶级的。这就完全背离了马克思主义的阶级理论。其灾难性后果是大家都熟知的。党的十一届三中全会以来，又重新明确了我国的知识分子是工人阶级的一部分，真正贯彻执行了党的马克思主义阶级理论和政策。广大知识分子心情舒畅，同广大工人和农民群众团结一致地为社会主义现代化建设贡献自己的聪明才智。

　　但是，在新形势下又产生了新的问题。有的同志认为，知识分子历来就是工人阶级的一部分，过去宣布知识分子"已经"成为工人阶级的一部分是不彻底的，党的三中全会以后，取消了"已经"两个字才是正确的。我认为，这种观点是不能成立的，理由前面已经说过了。如果这种意见是对的，那么无论古今中外，都不曾存在过资产阶级和小资产阶级知识分子这个阶层。这是不符合实际情况的。还有的人认为，知识分子不仅是工人阶级的一部分，而且由于他们掌握了先进的科学技术知识，因此还是工人阶级的先进部分。这种观点也是值得商榷的。值得注意的是，国外也有类似的观点，即"新工人阶级论"。日本一位学者指出："这种理论认为，现代资本主义正处在以科学技术知识为决定性'生产力'的阶段，基于这种认识，它提出这样一套逻辑：现在，在科学技术知识的生产过程中从事专门工作的工人阶层，已经在社会上和经济上占主导地位……构成这个'新工人阶级'的，是与现代生产管理机构的官僚体制和劳动的异化针锋相对的特定的工人阶层。"[①] 这就是说，知识分子已经成为工人阶级的先进部分、革命的领导力量。我认为，先进与否是一个政治概念，除经济条件外，取决于世界观和政治态度，而不决定于知识的多少。过去"四人帮"说"知识越多越反动"，是错误的；现在说"知识越多越先进"，也是不正确的。而且，工人阶级的科学技术水平随着科学技术的进步也不断提高，脑力劳动和体力劳动的差别也在逐渐缩小。他们并不是注定永远愚昧的一群。更重要的是，工人阶级在劳动过程中的地位决定了他们的革命性、组织性和纪律性最强。在资本主义制度下，他们是革命的领导力量，在社会主义制度下，他们是建设的主力军，同样是社会主义建设的领导力量。知

---

　　① 〔日〕成濑龙夫：《当代工人阶级的概念》，载《国外社会科学》1980 年第 4 期，第 34 页。

识分子虽然具有较多的科学技术知识，但是如前所述，由于他们在劳动过程中的地位和作用具有两重性，他们的劳动具有个体劳动的性质，在资本主义制度下，他们不能不依附于其他阶级；在社会主义制度下，他们只有同第一线的劳动者相结合，反映他们的愿望、要求和意志，才能发挥应有的作用。离开广大的工人群众，孤立地强调知识分子的先进性是错误的。我国社会主义革命和社会主义建设的实践证明，不少知识分子能够和劳动群众相结合，具有工人阶级的世界观，已经站在工人阶级先进部分的行列中。可以预言，今后将会有更多的知识分子走上这条道路。总之，无论过去还是现在，我国知识分子只有在工人阶级的先锋队中国共产党的领导下，走同工农相结合、确立先进工人阶级世界观的道路，才能发挥应有的作用。

三　怎样分析社会主义社会的阶级和阶层？

1. 苏联的经验教训

在实现生产资料公有化以后，社会主义社会中，怎样划分社会阶级和阶层，是一个理论上争论最激烈、实践中付出代价极为惨重、时至今日仍未解决的老大难问题。苏联通过工业国有化和农业集体化，1936年形成了生产资料公有制的两种基本形式，即全民所有制和集体农庄所有制。同年，斯大林在《关于苏联宪法草案》的报告中，宣布在苏联国内所有剥削阶级都消灭了，同生产资料社会主义公有制的两种基本形式相适应，社会上存在着工人阶级、农民阶级和知识分子。同旧社会相比，他们的经济和政治地位都发生了根本变化。工人阶级是通过自己的国家掌握生产资料的阶级，不再是无产阶级了。农民阶级是生产资料集体所有制的集体农民，不同于被地主富农剥削的佃农，也不同于个体农民。知识分子是为工人阶级、农民阶级服务的，是劳动知识分子。其他社会主义国家后来基本上都按照苏联生产资料公有化的模式进行社会主义改造，形成了大体相同的社会阶级结构。撇开这种所有制结构和阶级结构的合理性不说，这种以所有制结构为依据划分社会阶级和阶层的理论和实践，是符合马克思主义的阶级划分标准的。问题在于斯大林把这种阶级结构看成没有矛盾的，在工人阶级和农民阶级内部也没有看到事实上存在着差别，存在不同的阶层，因而也就存在着矛盾。因此，当矛盾一旦出现，无论是社会上的还是党内的，统统都看成帝国主义的侵略和干涉，或者是旧社会残会的剥削阶级分子的破坏活动，把不同的意见的人都看成帝国主义的间谍、走狗、人民的敌人。这就混淆了两类不同性质的矛盾——敌我矛盾和人民内部矛盾，导致阶级斗争扩大化和采取残酷斗争、无情打击的错误政策即肃反运动。1956 年，毛泽东同志总结了苏联的教训，提出正确区分和处理两类不同性质矛盾的理论，应该说是一大进步。可是由于没有弄清产生人民内部矛盾的原因，即人民内部仍然存在着经济利益上有差别的阶级和阶层，因此，当矛盾一出现，就归结为是资产阶级的进攻，是资本主义复辟活动，是资产阶级和无产阶级斗争的继续，必须继续贯彻执行"以阶级斗争为纲"，等等。

斯大林逝世以后，苏联共产党批判了斯大林肃反扩大化的错误，承认社会主义还存在矛盾，存在着大量社会问题，要正确分析和处理这些矛盾。为此，1958 年苏联恢复了社会学研究，先后成立了社会学协会和社会学研究所。社会学家对社会阶级和阶层进行了调查研究，提出了社会主义社会工人阶级、农民阶级和知识分子内部不同阶层存在的依据和分层状况。他们说："在社会主义条件下，生产力的状况决定了劳动的社会经济异质性要继续保持下去。这就是说，虽然社会的成员是社会主义财产的平等的拥有者，但是他们并不是同等地参与生产的组织和改善，他们对经济和文化发展的贡献是不相等的，因而他们在作为社会活动的主体的程度上也是不相等的。就是这些特征使得在社会主义制度下工人阶级划分为一些基本的社会集团，这些集团对生产力发展所做的贡献不同，参与劳动的社会组织工作的程度不同，而这些是根源于社会中仍然存在着的劳动的社会经济异质性。"[1] 苏联社会学家根据这些原则把苏联城市人口大致划分为九种社会职业人员：①未受过专门训练的体力或非体力的非熟练和低熟练人员；②以体力劳动为主的使用机器和机械装置的熟练人员；③以体力劳动为主的手工劳动熟练人员；④未受过专门教育的非体力劳动熟练人员；⑤兼有脑力和体力职能的高度熟练人员；⑥熟练的脑力工作人员；⑦高度熟练的科学技术人员；⑧所谓"创造性"职业的高度熟练人员；⑨公共组

---

[1] 《苏联社会阶层的形成与变动》，第 3~4 页。

织和国家组织中的劳动集体的决策人员。①

苏联农村，主要是集体农庄农民的社会职业集团大致划分为：①高级管理人员；②中级管理人员；③高级专家；④中级专家；⑤职员；⑥机器操作工人和工业劳动中的其他人员；⑦熟练的非工业劳动工人；⑧体力劳动中的低熟练工人；⑨普通劳动者。

至于知识分子阶层，他们分别分布于城乡各类职业集团中。他们可能是各类组织单位的决策人员、高级管理人员，也可能是一般的专家、职员或从事兼有脑力和体力职能的工作。不执行行政管理职能的脑力劳动人员（知识分子）也属于"被管理者"阶层，即不是决策人而是"贯彻执行者"。反之，经验丰富的高级行政管理人员不一定是知识分子，也可以是决策人阶层。

关于社会主义社会如何划分阶层问题，东欧的波兰、匈牙利等国的社会学家的研究比苏联更早。应该说，在这些方面他们比我们起步早，我们应该重视研究他们的经验。

2. 我国经济体制改革和阶级、阶层结构的变化

关于这个问题，我在《社会学研究》1986 年第 1 期创刊号上发表了一篇文章——《我国所有制结构的调整和阶级结构的变化》。这篇文章经过修改补充后已收入《经济体制改革与社会变迁》一书中，作为社会学函授大学的教材和人民出版社干部学习丛书之一。在这篇文章中，我主要谈了全民所有制（国营经济）体制改革与工人阶级内部关系的变化；农业集体所有制管理体制的变革和农民阶级内部关系的变化；个体经济的恢复和发展与新的小资产者阶层的形成。我的结论是："由于经济体制改革的深入开展，我国已出现了社会主义公有制占优势、多种经济形式和多种经营方式并存的新局面。与此相适应，我国现阶段也存在着以全民所有制和集体所有制为基础的工人阶级，以家庭联产承包为特征的农民阶级，以及以个体经营为基础的小资产阶级者阶层。随着经济和社会的发展，工人阶级的队伍将不断扩大；并且，随着各种形式的经济责任制的落实，工人阶级的主人翁地位将不断提高，他们参与企业管理的形式将日益多样化，参与管理的程度也将不断深化。农民阶级的人数将相对和绝对地下降；新的小资

---

① 《苏联社会阶层的形成与变动》，第 6 页。

产者阶层，在一定时期、一定程度上将会有增加的趋势。在当前历史大转变时期，我国各阶级、阶层在相互关系上出现这些新的变化是必然的。认真研究这些新变化，正确处理好各阶级、阶层出现的新矛盾从而协调好它们之间的关系，已经成为摆在我们面前迫切的任务。"① 这篇文章只是粗略地提到了一些研究课题，虽然也谈了一些个人看法，但没有详细论证，目的是引起大家重视研究这些问题。当前需要着重研究的还有以下几个方面的问题。

（1）我国当前究竟存在着几种所有制形式？

宪法规定和国务院有关条例规定的所有制形式有：全民所有制，集体所有制，个体劳动者所有制，中外合资、合作经营经济，外商独立经营企业。此外，随着经济体制改革和经营方式的多样化，出现了许多的经济形式，其所有制性质也值得研究。例如，国营小企业实行承包、租赁，以及转让给集体和个人经营后对所有制形式的影响；国营大中企业采取国家、企业、职工参股后企业的所有制性质；全民、集体企业联营和全民、集体企业加入个人股份后企业所有制的性质；私人企业包括雇工大户，私人合伙经营企业的所有制性质，等等。与此相联系，我国现阶段所有制结构的目标模式是什么？现在大体有以下几种观点。①以公有制为主体的多元化的结构，包括上述种种所有制形式。②今后一个相当长的时期内，社会主义所有制结构应该是：在城市中，以国家持股为主的国家、企业（集体）、职工参股的公有制经济占优势下的多种经济形式并存；在农村中，继续推行承包责任制的同时，要逐步发展成以新的合作经济为主体的多种经济形式。③社会主义所有制结构应该是以全民所有制为主导，以集体经济和合作经济为主体。在整个社会的所有制结构中社会主义全民所有制占主导地位，但主导地位不等于在整个经济中占最大的比重。社会主义集体经济和合作经济有可能发展为我国现阶段所有制结构的主体。这里所说的合作经济包括建立在私有制基础上的合作经济、部分私有和部分公有基础上的合作经济、完全公有制基础上的合作经济，等等。

（2）与多种所有制结构相适应，我国现阶段究竟存在几个阶级和阶层，发展趋势如何？

---

① 何建章：《经济体制改革与社会变迁》，人民出版社 1986 年版，第 28 页。

　　除了已经明确的工人阶级、农民阶级和知识分子外，是否还存在一个小资产者阶层？与雇工大户相适应的企业主属于什么阶级或阶层？在这些企业以及在外商独资企业的职工呢？租赁、承包经营者属于什么阶级或阶层？实行股份制特别是私人参股会不会引起工人阶级、农民阶级内部分化（参不参股、持股数量不同），会不会产生一个食利阶层？总之，由于经济体制改革所引起的经济条件的变化，势必影响社会阶级、阶层结构的变化，远比单纯的社会主义公有制结构条件下复杂得多。所有这些，都导致人们的经济利益和社会地位的变化，不可避免地发生一些矛盾，关键是认识这些变化是否合乎规律。如果回答是肯定的话，那就要因势利导，说清道理，并采取适当的政策和措施来调整和协调各阶级、阶层人民的利益。承认矛盾，正确解决矛盾，就可以调动各方面的积极性，促进我国经济和社会协调和稳定的发展。

　　（3）开展社会阶级、阶层实际状况的调查研究。

　　以上的问题都要通过对实际情况的调查研究，才能得出正确的答案。这种调查可以以一个大企业或一个行业为对象，也可以以一个城市和农村社区为对象。同时，最好也对发展程度不同的地区进行比较研究。因为发展程度不同，产业结构、职业结构、社会流动差别很大，只有进行比较研究，才能掌握比较全面的材料，了解发展的趋势，真正掌握变化和发展的规律。

　　总之，社会主义社会的阶级和阶层问题，是社会学的一项关系全局的重要研究课题。我们一定要坚持以马克思主义的阶级理论为指导，同时又要根据已经变化了的现代社会结构，特别是社会主义社会发展不同阶段的社会结构变化的实际情况，发展这一理论。这是当代马克思主义社会学家面临的挑战之一。马克思主义者不应该回避而应该积极迎接这一挑战。

蛇口工业区经济和社会发展情况调查[*]

朱庆芳　张宛丽

应蛇口工业区政研室的邀请，我们于 1986 年赴该区，对人才结构进行调查。与此同时，我们就经济和社会发展情况也做了些调查。有人称蛇口是"试管"，是"试验场"，它的发展模式有许多新特点，同时在发展中也出现了许多新情况和新问题，现做一简要的剖析。

蛇口工业区是在 1979 年开始，由招商局投资，在一个荒滩上开始建设的，经过 7 年多的建设，已建成了初具规模的外向型现代化的新型工业区。它的特点有如下几点。

第一，效率高、速度快。1979～1985 年共完成固定资产投资 3.4 亿元，已创造了一个能吸引外资的投资环境，共签订协议项目 209 项，引进外资 15 亿港元。1985 年的工业总产值比 1982 年增长了 47 倍，至 1985 年底已累计回收资金 1.23 亿元，回收率达 38%；1985 年出口总值 15 亿港元，出口率达 68%；人均国民生产总值高达 1.9 万元，超过了上海、深圳、珠海等地。

第二，培养和锻炼了一支知识化、年轻化、开拓型的专业干部队伍。干部制度的改革，为人才的合理流动、不拘一格地聘用人才创造了条件。大批中青年干部走上了领导岗位，并用聘任制和选举制破除了干部职务的终身制。

知识和才能受到普遍的重视，知识分子的工资一般比工人高一倍左右，知识越高或职务越高，收入也越多，扭转了长期存在的脑力劳动者收入低于体力劳动者收入的倒置现象。

第三，蛇口是多种经济成分、多种经济形式和多种用工制度的"试验

---

* 原文发表于《社会学研究》1987 年第 3 期。

场"。按 1985 年的职工人数计算，全民直属企业占 28%，中外合资企业占 29%，外资独营企业占 38%，内联企业占 5%；按投资额计算，中外合资和外资企业占 67%。经济类型约有几十种，各种类型具有不同的经营方式。各种不同类型的企业共同的特点是：都实行了政企分开、官商分家、企业有经营自主权。全民企业实行经理负责制，独、合资企业实行董事会领导下的经理负责制。企业的自主经营冲破了部门所有制的束缚，使企业潜力得到了合理发挥。多种经营方式决定了多种用工制度，在 1.56 万职工中固定工、合同工占 43%，轮换工占 30%，临时工占 27%。多种用工制度打破了"铁饭碗"制度，对劳动态度不好的人可随时解雇，这不仅提高了劳动效率，而且促进了劳动力的合理流动。

第四，服务业社会化程度较高，第三产业发达。蛇口虽然也是企业办社会，但它不同于内地，服务业已从企业中分离出来，成立了各专业公司，为区内几百个单位服务。如有保安公司，专门负责区内需用门警的安全保卫工作；有清洁公司，专门为各单位清扫和地板打蜡；有社会保险公司，集中使用各单位提留（相当于工资总额的 20%）保险基金，除专门负责职工的劳保福利、工伤事故和各种社会保险外，还举办各种集体福利事业（文教卫生事业），用保险基金投资办企业，使保险基金增值。这些专业服务公司减轻了企业负担，减少了非生产人员数量。

蛇口的第三产业的职工人数占 34%，产值占 42%，居全国城市之首。区内到处是商店、旅馆、酒店、服务行业。其设备先进，花色品种多，服务态度好，生活十分方便，为工业区的职工和独、合资企业的外商创造了良好的生活环境。

第五，改革了住房分配制度，实行了住房商品化。工业区已建成住宅面积 27.9 万平方米，人均住房面积已达 14 平方米，高于内地所有大、中、小城市和香港的居住水平。为改革我国普遍实行的由国家、企事业单位全部包下来的旧的住房制度，蛇口在全国第一个实行了高房租和鼓励职工购买商品房政策。目前已有三分之一住户购置了商品房，对租房户采取高租金制（每平方米 2~3 元），房租占月收入比例，单身职工在 10% 左右，住户在 20% 左右。住房商品化，不仅回收了部分投资，而且从根本上扭转了以往在分房工作中存在的不正之风。

第六，社会治安较好。蛇口区 7 年来没有发生一起恶性刑事案件，未发生过大宗外币黑市炒买炒卖。1985 年平均每千人发生的刑事案件为 3 件。1979 年以前由于经济情况不好，每年偷渡到香港的有 1 万多人。现在偷渡现象基本没有了，一些过去偷渡到香港的人又主动回来了。

蛇口工业区经过 7 年建设，虽然取得了较好的效益，在改革中，在实行对外开放政策中创造了不少成功的有益的经验；但也存在一些经济问题和社会问题，值得有关部门注意并进行深入研究。

第一，当前蛇口经济不景气，引进资金日趋减少。1985 年以来外商到蛇口洽谈业务已由 1984 年的 7000 人次减少到 2800 人次，减少了 60%，1986 年更进一步减少。已建成投产的工业企业步履艰难，产品严重积压，商业、服务业营业额下降，已建成的高级商场无人租用。旅馆的住房率只有 10% ~ 20%，港澳同胞和国内来蛇口旅游和洽谈业务的人数 1986 年比 1985 年减少了 80% ~ 90%。在我们对 350 名干部的问卷调查中，表示对蛇口经济发展前景信心不足和悲观的达 44.9%；有 31.4% 的干部准备走一步看一步；有 18.3% 的人只准备在此短期工作几年。一些同志认为，蛇口经济不景气的主要原因是国家对特区政策多变，前几年给特区放宽的政策现在又收回了。例如，1985 年规定在出口方面要实行许可证和出口配额制度后，就使已开工的 50 多家企业有 15 家受到影响，造成产品积压，挫伤了外商投资的信心；即将实行的外汇分成和补税制度，也影响了企业来蛇口投资的积极性；此外，因国际石油价格暴跌，南海油田暂时不出油，这使蛇口工业区为油田服务的企业也相应停业和缩减。

第二，经济模式仍是以简单加工出口为主，没有建立自己的独资企业，经济命脉操纵在外商手中。至 1985 年底，蛇口 3.4 亿元固定资产投资中，93% 是用于投资环境的建设，只有 4.7% 的投资用于合营和联营企业；在回收的资金中也主要是依靠投资环境提供服务而取得的，合营、联营企业利润回收只有 400 万元。

在工业总产值中，轻型加工制造业占 76%，外资、独资经营的简单加工的电子、玩具行业的产值就占总产值的 56%，其出口总值占外销总额的 83%，职工人数占 50%。这些数字说明了蛇口工业区的经济模式还是一个以简单加工的劳动密集型为主的外来外去的出口加工区，如果扣除占出口比例最大的三洋和凯达的出口总值，其他项目的出口比例不到 30%。真正属于技术密集型、创汇能力强的只有少数几个厂。此外由于蛇口没有派驻海外机构人员的自主权和自己的外向型企业，独资、合资企业的外销渠道常由外商掌握，经销奥秘我方不大熟悉，这致使我方在购销价上经常吃亏，外商则常获取高额利润。这种情况表明工业区的经济尚在创建的发展阶段，面对世界经济危机的影响，显得脆弱。

第三，外资、独资和合资企业普遍存在劳动强度大、工人适应性差的问题。在提高劳动生产率的前提下，怎样保障工人的合法权益，是一个值得探讨的问题。蛇口独资、合资企业的职工人数有 1.1 万多人，占职工总人数的 72%。1986 年工业区劳动服务公司对独资、合资企业 300 名工人的问卷调查结果，充分反映了工人对单调、枯燥、劳动强度大的工作极不满意。问卷的结果是：

有 76% 的工人对现在的工作不满意；

有 62% 的工人认为自己的才能得不到发挥；

有 78% 的工人不愿长期在本公司工作；

有 59% 的工人认为下班后筋疲力尽；

有 71% 的工人认为工作太紧张；

有 76% 的工人认为现在的劳动强度有损健康；

有 74% 的工人觉得工作十分枯燥和难以忍受；

有 95% 的工人想调整工作；

有 84% 的工人觉得前途渺茫，不敢想；

有 21% 的工人不想一辈子在蛇口工作，有 64% 的人看看再说；

有 72% 的工人认为自己的工资比在家乡的同学还低。

据了解，独资、合资企业劳动监督较严，工人随时有被解雇的风险，每月被解雇 60～70 人，大多数工人感到远离家乡，生活和工作遇到困难时，得不到组织帮助；又因缺少文化娱乐活动而感到生活枯燥、无聊。管理干部与外商管理人员也经常有不协调、发生矛盾的现象。

第四，高文化的人才结构与低级的简单加工出口区经济模式不相适应，企业管理水平和外向型经济不相适应。据统计，文化水平在大中专以上的干部有 37% 不对口，理工科大专生不对口的高达 45%，经理和部门负责人专业不对口的达一半以上，许多名牌大学理工科学生放弃了专业当服务行业的经理。各部门、各企业缺乏中专技术员、秘书、办事员等，结果只好由大专生去从事中专生和一般工人的工作。

工业区的干部是从全国各地招聘而来，至1985年底共招聘专业、技术干部1926人，干部的文化水平和技术水平比内地高，大专文化程度的占61%，中专文化程度的占17%。按技术职称分，工程师和助工占34%，技术员只占7.2%，平均每个工程师只有0.2个技术员。可是目前工业区的经济结构仍是轻型劳动密集型简单加工工业、商业、服务业居多。怎样发挥高文化的人才结构的优势，是工业区发展面临的一个重要问题。几年来，管理局及有关研究、领导部门，在这方面做了些有益的探索。有些专业干部改行做了非专业工作，他们感到自己的创造潜力得到了发挥，因而产生了创造欲，获得了成就感。但是从宏观角度看，怎样高效率地组织、运用人才优势，实现适应蛇口工业区经济、社会发展的外向型人才结构的功能整合，这个问题仍需继续探索。

虽然干部的文化和技术素质偏高，但是人才结构并不科学，适用人才（指管理人才和外向型人才）仍显不足，没有完全形成能消化吸收引进先进技术并把它扩散到内地的科研力量。

在蛇口工业区，绝大部分干部能适应目前工作，但由于这批干部来蛇口的期望都较高，除了高工资外，都想发挥才能，干一番事业。根据问卷调查，想发挥自己特长的占45.4%；想当官的也不少，但目前官位已满，如果他们的愿望长期得不到实现，再加上经济不景气，便会产生离心倾向，人才优势便得不到充分发挥，甚至会产生内耗现象。在问卷调查中，有44.9%的人已对蛇口发展前景信心不足，有18.3%的人只想短期工作几年，有31.4%的人走一步看一步。

此外，许多干部用非所学，这一现象向我们提出了一个问题，即长期以来我国的高等教育注重高精尖人才的培养，而对社会发展水平及人才结构的实际需要有所忽略，致使人才培养与社会实际需要脱节。这种现象在蛇口工业区表现极为明显。从工资上看，用一个大学生比用一个中专生每年仅多支出360多元；但从宏观角度看，全国人才奇缺，国家培养一个大学生的智力投资要8000多元，比培养一个中专生所需的2000多元要多支出约3倍。蛇口工业区为发挥人才潜力做了很大努力，但同时又不得不承受着这种人才浪费的社会消耗。

第五，工人的性别比例失调。由于工业区采取轻型的简单加工劳动密集型模式，形成女工多于男工的格局。在工业区全部职工中女性占53%。职工的平均年龄为25岁，其中15～24岁的年龄组为一男对二女；15～19岁年龄组为一男对三女；20～24岁年龄组为一男对二女。从企业看，外资企业中较大的三洋、凯达、陆氏厂的6000名职工中，女工比例高达83%，性别比例为一男五女。职工的另一个特点是轮换工、临时工多，工人流动量达三分之一，在全区人口中无户口的暂住人口占82%，女青年在本区内寻找配偶的机会相对较少。但总会有一些女工因合同期延长或转为固定工而有可能在本区内结婚成家，性别比例的失调将造成一部分女工找不到对象，成为社会问题。由于工人年龄集中在15～24岁，蛇口区将会面临生育高峰的挑战，这会给生产带来影响，造成住房、幼儿园的紧张。

第六，现有的文化设施及文化生活还满足不了多层次文化程度职工的需要。工业区是企业办社会，全区的文化、教育、卫生、体育设施都是新建的，设备先进，平均水平高于其他城市。但它不同于大、中城市的企业办社会，因为老城市除本企业的文教卫生设施外，还可享受社会上的文教设施，这可补充本企业的不足。而蛇口是一个新建的独立小区，与外界联系不方便，犹如一只小船置身在大海之中，社会文化与外界缺乏联系，满足不了多层次文化生活及文化建设的需要。例如工业区有小学和中学各一所，设备先进，师资文化素质较高，但还未形成统一的教学思想，学生来源于全国各地和当地小城镇，在近期内很难提高教学质量。在文化生活方面，由于职工文化素质差距大，1900多名干部大多需要高层次的文化生活，1万多名工人大部分从农村招来，文化水平较低，他们需要低层次的文化生活，而本社区内有限的文化设施很难满足不同层次职工对文化的需要。而且大多数职工是单身职工，闲暇时间多，他们渴望有丰富的文化生活，但社区除组织一些舞会、球赛外，大多数人的主要娱乐是看电视，而电视播放的全是粤语、西语片，中央台和广东台不易收看。由于文化生活满足不了需要，影响职工情绪，特别是合资和外资企业的青年单身职工，因远离家乡，遇到问题无处诉说，感到生活枯燥乏味。

为了使蛇口"试管"获得成功，使其健康发展，必须对上述问题采取对策，为此我们有如下建议。

第一，稳定对特区的开放政策，并实行特殊的优惠政策。目前蛇口的干部、工人和外商最担心的是国家对特区政策的多变，认为政策多变是不可抗拒的"天灾"，尤其是出口许可证的实行已成为影响三分之一企业存亡的问题，外商认为无章可循、有法不依，感到困惑不解。特区的政策变化，外商特别敏感，已投产的企业现已缩减规模；正在建设的项目开始抽走人员；原打算来蛇口投资和试探性投资的，因感到无利可图也就放弃了投资打算。内联企业因受外汇分成影响（从金额留成变为要分走60%），还受到其他各种条件的限制，也望而生畏，不敢再来投资。

目前国际资本过剩，为特区的进一步发展创造了机会。7年来蛇口已建成了良好的投资环境，又具有距港澳地区近的优势。为了使蛇口更多地吸引外资，引进先进技术，进而扩散到内地，真正起到"窗口"作用，同时，从特区的繁荣在"一国两制"竞赛中对港澳台具有深远影响和特殊地位出发，有必要对特区实行特殊的优惠政策（贷款、出口配额、免税、人员外出等），要体现"特事特办"精神，给特区以更多机动、变通和试验的机会和权力，使特区在改革的前沿阵地能发挥更加积极的作用。

第二，要改变简单加工出口的单一经济结构，兴办自己的拳头产品企业，以形成独立自主的外向型支柱。

兴办一批独立自主、具有中国特色、能生产打入国际市场的拳头产品的企业，例如，已获得成功的华丝（浙江的丝绸）、陕西的特艺（唐三彩）、贵州的刺梨饮料等。今后蛇口应大力发展类似具有特色的中小企业，将产品和人才一起推向国际市场，逐步建立自己的供销渠道，以便及早推动从低级外向型向高级外向型生产发展，使蛇口经济立于不败之地。

第三，要充分发挥现有人才优势，并大力培养管理人才和外向型人才。

当今世界经济发展主要靠技术进步，人才已成为重要资本。蛇口首先要充分发挥现有人才优势，应将文化素质较高的优秀人才集中起来，建立信息情报中心或经济技术中心，对本区的经济、技术、社会进行综合性评估，提出长远的战略目标，并及时掌握国内外及有关城市的国际金融、外汇行情、经济技术信息情报等，以扭转目前对这方面缺乏研究的被动状态。

其次，要加强智力投资，培养工业区需要的高级管理人才和外向型人才。应发挥现有的"培训中心"的作用，使培训中心成为培养外向型企业家的基地。为提高培训质量：一方面应聘请国内外的学者和专家来讲学，传授先进的技术知识和管理经验，将现有经理一级的人员都进行轮训，使之成为善于经营的优秀的外向型企业家；另一方面，工业区还应从今后经济发展的前景出发，根据专业需要，委托大专院校和科研机构对人才进行定向培养，让他们尽量做到学以致用。要把现有管理人员和企业经理有计划地送到中国港澳地区和国外去，参加港澳企业的经营管理；或将自己的拳头产品拿出去推销，培养外向型管理人才和经销人才，让他们掌握国际行情，探索经营奥秘，开辟自己的供销渠道。对于技术工人和中级管理人员，要立足于自己培养，可举办高中职业班，开展业余教育或职业培训，提高职工的文化水平和技术水平。

第四，加强精神文明建设。蛇口地处东西方文化的交汇点；如何吸收西方文化中的精华、抵制其糟粕，即实行有所吸收、有所抵制，将"放"与"管"有机地结合起来，这是特区文化建设中应该特别注意的问题。当前，应组织研究力量，研究蛇口工业区的人文环境及大众文化结构、水平，寻找不同层次的交汇点，探索"蛇口文化生活模式"。随着蛇口经济的进一步发展，社区人文环境及大众文化的机制作用将日趋明显。因此，要根据特区单身职工多，他们业余时间多、文化层次不同的特点，在职工住宅较集中的地带建一些健康的文化娱乐设施；积极发挥已建成的 10 多种文化设施的作用，开展文化沙龙等活动；组织青年参加业余文化活动、技术教育等。同时要根据当地青年的特点，对其进行有理想、有道德、有文化、有纪律的教育，文明经商的教育。我们还应提倡良好的职业道德，树立企业信誉。广播、电视、收听收看率较高，应尽早解决国内广播、电视向特区传输的问题。

试论青少年个体犯罪的原因[*]

赤　光

所谓"个体犯罪的原因"，是指一个人是怎样走上犯罪道路的。它有别于从宏观的角度出发，对犯罪这一社会现象进行综合的、整体的考察所获得的整个社会犯罪现象发生的原因。它所回答的问题是：行为人个体的犯罪行为是怎样发生的，个体的犯罪意识是怎样形成的。为了解决上述问题，把个体犯罪原因研究引向深入，我们于 1984 年 6 月至 1985 年 7 月，选择了 6 个省市，采取分层等量整群抽样方法，对 5350 名青少年在押犯进行了个体犯罪原因调查。在调查研究的基础上，继承前人的研究成果，逐步形成了青少年个体犯罪原因综合动力论。

一　青少年个体犯罪行为发生的原因

（一）青少年个体犯罪行为的结构特征

青少年犯罪是他们的行为表现出来的，研究青少年犯罪原因应从研究他们的犯罪行为入手。根据我们的调查，青少年犯个体犯罪行为的结构特征，可以从九个方面来进行考察。

第一，从他们的对他人、对社会的仇视程度，犯罪行为的性质，案犯集团组织联系的广泛性和内聚力大小等方面来考察他们的敌对性。这一点从犯罪类型上综合地反映出来。

---

　* 本文为《中国青少年犯罪学》专著中的重要章节之一。《中国青少年犯罪学》系国家哲学社会科学"六五"计划项目之一。本文作者为该书副主编。原文发表于《社会学研究》1987 年第 3 期。

表1　5350名青少年犯的案由分布状况

数量 \ 类别	凶杀	抢劫	强奸	抢夺	盗窃	诈骗	爆炸	投毒	伤害	流氓	放火	破坏生产	拐卖人口	其他	合计	总数之比
人数	184	836	908	30	1762	150	7	6	323	831	26	11	69	207	5350	
分数	2576	8360	8172	120	12334	750	91	72	2584	4986	286	22	207	207	40767	
分数 人数	14	10	9	4	7	5	13	12	8	6	11	2	3	1		7.62

从表 1 可以看出，伤害比起凶杀来说，抢劫比起抢夺来说，强奸比起流氓来说，盗窃比起爆炸、投毒、放火等侵犯行为来说，前者数量都少于后者，这说明前者比后者具有更强烈的犯罪意识和更高的手段技能，因而敌对性就更强些。

第二，从青少年犯对社会司法、改造机关的反抗程度以及对其改造的难度大小来考察其顽固性。这可以从"进宫"次数和被捕至入狱的时间长短上反映出来。所谓"进宫"，是指违法犯罪分子被劳教、劳改、强劳或少管，不包括被拘留。"进宫"次数越多，反抗性和难改性越强；被捕至入狱时间越长，说明他自觉坦白认错的态度越差，从而审判时间就越长。

据我们调查统计，"进宫" 4 次以上的只占犯人总数的 9.51%，属于少数，说明反抗性较弱；而被捕至入狱时间在两个月以上者占犯人总数的 65.36%，说明他们有一定的顽固性（当然影响被捕到入狱时间的还有其他因素）。

第三，从罪犯受惩罚的程度来考察其对社会的危害性，无疑重刑犯较之轻刑犯、长刑犯较之短刑犯，对社会和对他人有更大的危害性。

据我们调查统计，青少年犯中被判 10 年以上徒刑的占 22.65%，被判 5 年以上至 10 年徒刑的占 27.2%，被判 1 至 5 年徒刑的占 50.15%。这说明青少年犯罪对社会有一定的危害性。

被判 10 年以上徒刑的案犯，在凶杀犯中有 78.26%，在抢劫犯中有 30.86%，在强奸犯中有 33.26%，在伤害犯中有 34.37%，在投毒犯中有 66.67%。这说明上述几种重大案犯活动对社会危害程度很严重。

第四，从初犯到被捕的相隔时间来考察青少年犯的狡猾性，可以看出他们犯罪行为的持续长短、次数多少、反馈强化程度大小，以及犯罪意识和行为技能的状况。

据我们调查统计，从初犯至被捕在 3 年至 10 年以上的占 21.4%，有 28.99% 是 2 年，这两项加起来则占 50.39%。这从一个侧面说明青少年犯罪有一定的狡猾性。当然，也有 35% 多一点的是半年之内的，这一方面说明罪犯年轻幼稚，另一方面也说明，有些案件的侦破还是比较迅速及时的。

第五，从最后一次作案到被捕时间来考察青少年犯的反抗性。从这里可以看出，案犯对我们侦察人员的反对策能力的高低。

据我们调查统计，从最后一次作案到被捕，在一年半至两年以上的有478人，占犯人总数的8.93%，半年以上的有1261人，占犯人总数的23.57%。这说明青少年罪犯有一定的反抗性。同时，可以看到我们公安部门的工作成效，有29.68%的青少年犯在作案时被捕。

第六，从初犯至最后一次作案时间来考察青少年犯的作案意识强弱和他们作案的连续性，这可以反映青少年犯罪的劣根性。

据我们调查统计，从初犯至最后一次作案持续3至10年以上的达26.52%，1至2年的占24.17%，半年的占49.31%。前两项加起来为50.69%，说明青少年犯罪具有一定程度的连续性和劣根性。

第七，从初犯年龄来考察青少年犯的体力和智力成熟程度。各年龄阶段作案的性质不同，常是以体力、智力和实际能力为前提。

据我们调查，违法犯罪青少年所犯罪行是具有明显的年龄特征的：14岁以前违法主要是抢夺、盗窃和伤害；15至17岁的主要是盗窃、强奸、抢劫、流氓和凶杀；18至21岁的主要是盗窃、强奸、流氓、抢劫、诈骗和爆炸；22至25岁的主要是盗窃、强奸、流氓、拐卖人口和凶杀；26至28岁以上的主要是盗窃、流氓和抢劫。这说明抢劫、强奸、凶杀等侵犯行为要以较强的体力为基础；诈骗、拐卖人口，要有一定的智力和社会实际能力。

第八，从最后作案年龄来考察青少年犯作案意识发展的状况。

总的说来，破坏生产、爆炸、投毒等罪犯比起一般的盗窃、流氓、抢劫、伤害等罪犯，其对社会、司法部门或对单位领导的敌视思想和仇恨情绪要强烈得多。据我们调查，爆炸、投毒、破坏生产和拐卖人口的多是18岁及以上的青年；17岁及以下的未成年犯主要是犯强奸、流氓、盗窃、抢劫和伤害罪。这说明17岁及以下的青少年犯，就他们个人经历来说，还没有发展到人际关系严重冲突、个人与社会矛盾激化的程度。他们的犯罪行为往往是为了满足自己的物质享乐需要和对异性的需要，或者是变态心理支配的结果。对社会，对司法部门，对单位领导，他们还没有发展到如18岁及以上案犯那样具有严重的敌视思想和仇恨情绪的程度。

第九，从入狱年龄来考察青少年犯作案经验的积累程度。

据我们调查，13至14岁入少管所的占犯人总数的0.47%，15至17岁的占13.85%，18至21岁入监（场、所）的占52.88%，22至25岁的占 25.53%，26 岁及以上的占 7.27%。可见，18 至 21 岁入监（场、所）的最多，这说明青少年犯罪有一定的经验，但还不十分老练。

（二）青少年犯个体的犯罪意识结构特征

人们的犯罪行为是由人们的思想意识所支配，罪犯本人的主观因素是他们犯罪行为的直接原因。在全国 6 省市的调查中，我们把青少年犯个体的犯罪意识操作化为九个指标。

第一，以极端个人主义为中心的人生观和世界观。

衡量一个人的人生观和世界观的状况，是很困难的事，但也不是不可捉摸的。我们可以在形形色色的认识、看法、观点等方面，寻找出青少年犯的人生观和世界观的主要内容。

1. 从他们的阶级立场和政治观点来看，其主要特征是从根本上敌视和反对社会主义制度和人民民主专政的政权。在我们的调查统计中，因对反面人物（法西斯分子、国民党特务、反党反社会主义分子、刑事罪犯等）"感兴趣"而犯罪的，占被调查的青少年犯总数的 33.2%。可见，反社会的立场和情绪是直接影响其走上犯罪道路的内驱力。

2. 从他们的理想和志趣来看，其主要特征是以个人为中心，追求金钱、权势和美女，而把为他人、为人民、为社会造福抛于脑后。这一点可以从他们"最崇拜什么样的人"中得到证实。

在我们调查的 5350 名青少年犯中，"崇拜豪杰"（并不是英雄，而是指所谓"绿林好汉"之类），占 27.7%；崇拜有钱有势的人，占 8.8%；崇拜俊美的人，占 3.8%；崇拜自己的，竟占 8.1%；崇拜团伙头子的，占 1%。这 5 项合计共占青少年犯总数的 49.4%，而且，有 0.6% 的青少年犯，在中学时就最想成为强盗，反映了他们在理想和志趣上的消极倾向。

3. 从他们的幸福观来看，其基本特征是把个人的幸福和欢乐建立在危害社会和使他人痛苦的基础上。这些人的信条就是"人活着就是尽情地吃喝玩乐""人生最大的幸福是满足自己的私欲""青春不美，死了后悔"等。

在被调查的青少年犯中，有 35.6% 的人认为人的一生应该"及时行乐"，有 35.1% 的人认为"年轻时"就应该"享乐"，两者共占被调查青少年犯总数的 70.7%。正是这种"及时行乐"的幸福观，驱使他们去盗窃、抢劫、耍流氓、强奸妇女、杀人越货等。

4. 从他们的"友谊"观来看，其基本特征是缺乏正确的是非标准，无原则的"哥们义气"观念起着支配作用，主张所谓"在家靠父母，出外靠朋友"以及"为朋友两肋插刀"等。我们在调查中发现，有39%的青少年犯因受封建主义的"哥们义气"思想毒害而走上犯罪道路。

5. 从他们的自由观来看，其主要特征是无政府主义思想作祟，无视一切道德、纪律和法律，反对任何约束，主张个人的绝对自由，"我想怎么做就怎么做"是他们的口头禅。在我们调查的青少年犯中，有56.6%的人是受了无政府主义思想的严重影响的。

6. 从他们的价值观来看，其基本特征是以自我为中心，以金钱、地位、荣誉、生命为砝码，个人利益高于一切。他们的格言是："对我有利的，便是好的，否则便是坏的""有便宜就占，有利就图""能偷不偷，等于白丢"，等等。持这些看法的占青少年犯总数的69.4%。可见，"个人利益高于一切"是青少年犯价值观的核心。

当然，并不是所有青少年犯都已形成完整和稳定的人生观和世界观。某些违法犯罪的青少年仅仅具有比较模糊的人生观的雏形。他们往往表现为极力地追求吃喝穿戴、恶作剧、害人娱己，等等。有的也可能受一两句具有人生观意义的信条（如"人生在世，吃喝二字"之类）所支配，这是他们违法犯罪的思想基础。

第二，极其强烈的奢欲和恶习。

奢欲和恶习是青少年犯产生犯罪意识的重要因素之一，是很值得深入探讨的。从三个方面可以看出青少年犯的奢欲和恶习的主要特征。

1. 享乐主义的物质占有欲。为了满足自己丰盛的美餐、高级的烟酒、奢侈的穿戴、豪华的陈设等方面的欲望，他们不惜用非法手段去捞钱、劫物、越货。据我们调查统计，受到"我想得到的就要想方设法得到"支配而犯罪的占78.3%。有的青少年犯说："见到我想要的东西捞不到手，心就焦躁，不可忍受。"

2. 个人英雄主义的首领欲。这些青少年犯在幼年时就常常自命不凡，好表现自己，好打赌，争强好胜，喜欢做出让人佩服的举动，进而狂妄自大，目空一切，妒忌别人，不许别人超过自己；更有甚者竟然发展到称王称霸，以做"首领人物""团伙头子"为荣。我们在调查统计中发现，占被调查人总数 47.3% 的人"喜欢做让别人佩服的事"，41.5% 的人和 18.7% 的人分别具有"谁要惹我决不轻饶""不允许他人超过我"的心理。正是这种个人英雄主义的首领欲，同其他思想意识相结合，达到一定的强度，构成青少年走向犯罪道路的内驱力。

3. 低级腐朽的异性迷恋欲。这一特征可从"追求性刺激""异性追逐心神不安""性梦""对裸体、接吻镜头感兴趣""在异性身上得到最大快乐"等项来考察，其基本特征是把发泄性欲作为人生追求的目标。为此，抛弃道德的约束，无视纪律的限制，甚至无视法律的惩处，而去放荡、淫乱，耍流氓，强奸妇女。在被调查的青少年犯中，由于"追求性刺激"而犯罪的占 35.1%；由于追求"在异性身上能够得到最大快乐"而犯罪的占 25.0%；对"男女拥抱接吻"和"裸体半裸体镜头"感兴趣而犯罪的分别占 33.5% 和 31.7%。可见，他们追求低级腐朽的异性迷恋欲的特征是明显的。

当然，欲求人皆有之，并不都同犯罪相联系。而只有非分的奢欲，通过不正当的以至非法手段去满足，才可能成为形成犯罪意识的因素。奢望的不正当满足，经过多次强化，就形成各种反射的动力定型，从而逐渐养成一种恶习。

第三，对待挫折的消极反应。

青少年在成长的道路上难免受到各种各样的挫折，诸如升学、就业、恋爱、婚姻、参军、入党、提级、转干等未能如愿以偿。这种失意、失学、失恋和失败所带来的主观体验，会引起一个人对缺憾的补偿要求、对不满的发泄，甚至产生嫉妒心、仇恨心和报复心。据我们调查，有 40.3% 的青少年犯感到"生活对我是残酷的"，有 20.9% 和 21.8% 的青少年犯怀着"嫉妒心"和"报复心"去实施犯罪行为。

第四，对某种犯罪相适应的能力和条件的认识。

某种类型的犯罪总是同罪犯的能力、年龄、体力、智力、技术、经验和胆量等条件相适应的。例如暴力犯一般比较健壮；智力犯一般智力较高；扒窃犯一般比较心灵手巧，胆大心细；强奸犯具有性的欲求和机能，道德观念差、文化水平较低；诈骗犯一般能言善辩；爆炸犯则需要具有一定爆破知识和技能；等等。例如，认为自己"性情急躁"的爆炸犯和放火犯占 90.0% 以上；自认为"胆大"的在凶杀、抢劫、抢夺、盗窃、诈骗、伤害、放火等案犯中超过 52.2%。

此外，据调查统计，有 58.1% 的青少年犯对文艺节目中的公安人员破案手段"感兴趣"，有 35.5% 的青少年犯对罪犯作案手段"感兴趣"，而且有 19.6% 的青少年犯曾经常或偶尔"交流"作案手段。

由此可见，青少年犯多数具有胆大妄为、急躁粗野的心理和一定的作案能力、技术。

第五，作案意识的最后形成。

犯罪动机是指行为人达到某种罪恶目的的愿望和意向，是推动人们犯罪的内在力量。这种犯罪动机和即要采取的犯罪手段相联系，就成为故意犯罪的意向和思想，或者叫犯意。犯意达到明确、坚决，必欲行之，就成为犯罪决意，这时作案意识也就最后形成。在我们的调查中，是从"作案时的想法""为何杀人""为什么盗窃""强奸的手段""对犯罪手段的感受"等方面进行考察的。有 12.1% 的青少年犯是明知故犯，或存侥幸心理，或无所顾忌；有 87.9% 的青少年犯，是事前"没考虑后果"而去干坏事的。

此外，在 184 名凶杀犯中，有 66.9% 的青少年犯是出于"灭口""报私仇""替哥儿们出气""与情人长久生活在一起"或者"报复她（他）变心""与他人冲突"而犯罪的。在 2748 名偷窃、抢劫和诈骗犯中，有 45.2% 是为了"满足个人享乐"，有 10.2% 是为了"还债"，有 5.3% 是为了去"赌博"，有 4.8% 是为了"筹办婚事"而去犯罪的。可见，大多数青少年犯罪的目的是明确的。

从作案手段看，有 35.7% 的青少年犯以"诱骗"手段达到强奸目的；有 11.5% 的青少年犯以"恫吓"手段实施强奸；有 9.8% 的青少年犯以"力逼"手段强奸妇女。对盗窃、抢劫、诈骗来的财物的销赃状况，他们有所估计。有 22.9% 的青少年犯认为"销赃容易"；有 31.9% 的青少年犯认为销赃"一般还可以"；即使有 27.6% 的青少年犯感觉"难以销赃"，也仍然去偷、去抢、去骗。以上说明他们犯罪意向坚决、明确，作案意识已形成。

第六，淡漠的道德观和义务感。

道德观和义务感，是能否形成犯罪意识的重要因素，对是否产生犯罪行为起着支配作用。从道德观点、道德评价、诚实观、义务感、友谊观、公德观等方面来考察青少年犯的道德规范、道德情感是否淡漠，有何缺乏以及义务感、良心、自尊心、羞耻心等丧失程度，可知道他们抑制力的强弱。

道德观和义务感丧失的表现是多种多样的。比如，青少年犯对党、对祖国、对人民的感情淡漠，对自己有害于国家、集体和他人的行为无谴责感，而且以"社会不应对人要求过严"为借口，替自己的罪恶行为辩护。据调查，有26.7%的青少年犯明确回答"是"不应要求过严，有47.9%的青少年犯用"不清楚"搪塞直接作答。

又如，还表现在自私、冷漠、缺乏同情心，只图自己痛快不顾他人痛苦，甚至以戏人为乐、害人为乐。据调查，有25.9%的青少年犯承认"无聊时经常惹点事取乐"，有19.0%的青少年犯对此含糊其词地答"不清楚"。

还有的人甚至丧失人性"不怕得到坏名声"，而去折磨、残害他人。据调查，有16.7%的青少年犯公然声称自己"不怕得到坏名声"而去杀人、抢劫、爆炸、投毒、强奸妇女，有19.6%的青少年犯以"不清楚"的回答表现自己"无所谓"的态度。

第七，薄弱的意志力和自制力。

这也是产生犯罪行为的一种主观原因，可以从一个人能否控制自己的情感，对不良现象的态度，以及言行是否一致来考察他们的意志力的强弱和自制力的丧失程度。

从我们的调查来看，有55.2%的青少年犯认为"最难的是控制自己"，有57.6%的青少年犯承认自己"抑制力不强"，有44.0%的青少年犯表示"感情脆弱"，有71.0%的青少年犯容易"感情冲动"。可见，青少年犯缺乏坚定的意志力，自制力是薄弱的。他们犯罪常常表现出偶然、冲动、冒险和不顾后果的特点。

第八，侥幸心理。

这是反映一个人自认为做坏事也不会被揭发、捕获、判刑的心理状态，对实施犯罪起着重要的作用。罪犯的侥幸心理的基本内容：一是夸大客观作案的可能性，认为"有空子可钻"；二是盲目自信作案手段高明，可以逃脱惩罚。据我们调查，有7.5%的青少年之所以敢于作案，就是"自认为干得巧，公安人员抓不着"，有87.9%的人并没有考虑后果。由于存在侥幸心理，他们便敢于冒险去违法犯罪。

第九，精神异常。

这里所说的精神异常，包括精神疾患、智力发育不健全以及变态心理等。这也是产生违法犯罪行为的一个不容忽视的因素。

二 犯罪意识形成的原因

青少年犯主观上的犯罪意识并不是生而有之，也不是从天上掉下来的，而是社会环境，特别是受微观的社会环境的影响、熏陶以及周围关系人的教育、培养和引导的结果。这些微观的社会环境，是一个复杂的、多层次的结合体。

第一，本人的基本情况。

它主要从性别、年龄、民族、文化程度、职业、政治面貌、婚姻状况和月工资收入等方面，反映行为人过去和现在已经形成的个体状况。正是这种个体状况，成为行为人形成犯罪主观意识的生理的、心理的以及政治的基础。从我们的调查来看，以下几个因素很重要。

（1）从青少年犯的年龄分布来看，是两头小中间大。在18至21岁这4个年龄中，19岁的罪犯所占百分比最高，占被调查总数的14.0%，而整个青少年犯的平均年龄为20岁。

（2）从文化程度来看，其分布状态也是两头小中间大。从我们调查的结果看，青少年犯中初中文化水平所占比例最高，占被调查总数的54.0%。如果加上高中文化程度者，即18.1%，则中等文化水平的案犯占青少年犯总数的72.1%。应该指出的是，许多填写初中文化水平的人，仅有高小水平，他们错字连篇，文字表达能力极差。

（3）从职业分布情况看，被调查的青少年犯被捕前的职业，农民占41.4%，居第一位；工人（包括临时工）占30.2%，居第二位；待业青年占13.1%，居第三位；学生占4.1%，为第四位。但是，从各种职业青年分别与青年总数相比看，则青年罪犯原为工人的与被调查的青少年犯总人数之比，比青年工人与青年总人数之比高16.0%多，居第一位；原为待业青年的占第二位，比待业青年与青年总人数之比高12.7%；原是农民的居第三位；原是学生的居第四位。可见，单纯依靠直觉，并不能观察到事物的内在顺序特点。

第二，家庭状况。

家庭因素，我们可以从家庭结构、物质生活水平、亲子关系、文化素质、教育水平、行为人在家庭中的地位和待遇等方面来考察。

从家庭结构来看，据我们调查，多人口（5人以上）家庭的罪犯最多，占被调查青少年犯总数的64.7%。少年犯尤甚，占被调查少年犯总数的74.4%。青少年犯父母双亡，或父母离婚，或有父无母，或有母无父，或父母无管教能力等残缺家庭的，共占被调查青少年犯总数的20.6%。这说明多人口之家庭和残缺家庭对子女犯罪有一定的影响。这些家庭使一些青少年得不到正常的关怀和教育。

从物质生活水平来看，据调查，青少年犯家庭月平均收入为中等水平的（20至40元）最多，占被调查青少年犯总数的40.4%；低收入者（20元以下）居第二位，占39.9%；高收入者（41元及以上）居后，占19.6%。对于具有享乐主义思想的人，由于收入低，满足不了非分的奢欲，易萌发用非法手段获取财物的动机。

从行为人在家庭中的位置和亲子关系来看，据我们调查，有46.1%的青少年犯排行居中；其次是老幺，占26.7%；行大居第三位，占23%；独生子女最少，只占4.1%。行中的青少年，一般在家庭中不容易得到更多的关怀和温暖。调查同时表明，即使不是行中的子女，也有得不到家庭的关怀和温暖的，在被调查者中就有44.4%的青少年犯和他人相比感到自己的家"缺乏爱和温暖"，他们当中，有一半左右的孩子，在父母管教时曾在外面过夜。

从家庭的文化素质和教育水平来看，均属低下水平。父亲的职业有75.7%是工人和农民。母亲则有89.9%为工人、农民和家庭妇女。父亲的文化程度有68.9%是文盲和小学；母亲则更低，有55.6%为文盲，加上小学文化程度的共占82.9%。孩子犯了错误，父母袒护的占0.7%，根本不管的占6.8%，采取简单粗暴的管教办法的占25.6%。经常是父或母一方管教，另一方偏袒的占23.9%。溺爱会造成青少年不正常个性的形成，打骂只会使青少年形成"逆反心理"；家庭教育的不一致，会形成青少年言行不一、两种面孔的人格。可见，家庭教育是一门艺术，亟待深入研究。

第三，学校教育情况。

青少年犯在中、小学校学习时期，常常师生关系紧张、学业成绩不佳、课堂纪律不好。据我们调查，被调查者中有 35.5% 的青少年在校时，常被老师说"没出息"；有 47.5% 的青少年，由于学业不佳、师生关系紧张而"时常逃学"；有 11.5% 的青少年"上学时受过处分"。可见，学校教育的状况，直接影响到青少年在校时的表现，而经过反复的心理体验，就会形成某和思想意识，从而支配着以后的行为倾向。

第四，居住和邻里情况。

在我们的调查中，以家庭住地来考察行为人居住地区的大环境。在被调查的青少年犯中，有 29.6% 家住城市，有 45.9% 家住农村，有 7.8% 家住郊区，有 16.7% 家住城镇。

从邻里中有无赌博、酗酒、打架、斗殴等不良现象来考察居住的小环境。据调查统计，被调查青少年犯中，有 60.0% 的居住地周围存在不良现象，而其中有 72.3% 的青少犯所在的居委会不太管这些不良现象；邻里间有了矛盾，有 65.3% 的青少年犯所在的居委会不予调解，有 94.8% 的青少年犯因为邻里间的矛盾得不到及时调解而走上了犯罪道路。

第五，工作单位情况。

整个社会的经济、政治、文化等状况不仅直接影响人们的行为，而且还通过工厂、企业、机关、群众团体等来影响人们的行为。在我们的调查对象中，除 13.1% 的青少年处于待业状态外，有 86.9% 的人都分别在不同的单位和劳动岗位上。其中有 36.3% 的人是工人，有 41.4% 的人是农民，有 4.1% 的人是学生，有 1.3% 的人是干部、军人、教师，有 2.2% 的人是个体户，其他职业的占 1.6%。他们所在单位的状况以及他们在这些单位中的地位和处境，对他们心灵和行为的影响是巨大的。

青少年犯被捕前的月基本工资收入状况不同。有 28.1% 的人基本无收入，收入在 20 至 40 元的占 47.3%，41 到 60 元的占 18.4%，61 元及以上收入的只有 6.2%。可见，青少年在单位和集体中以及在社会中的经济地位是偏低的。他们如果不能正确对待这种状况，就容易产生同领导之间的矛盾。被调查的青少年犯中有 16.7% 的人由于同领导的矛盾未能得到及时解决而走上了犯罪道路。

青少年犯被捕前待业的和曾经待业的，时间长短不一。69.6% 的人待业一二年，19.7%的人待业三四年，待业五年及以上的为10.7%。这种无所事事的长期待业状态，不仅耗费了他们的青春，也使他们很多人产生了自卑感，滋长了对社会的不满情绪。他们当中有57.5%的人在待业期间"常干一些无聊的事解闷"，给社会秩序带来混乱和不安宁。

第六，交友情况。

心理学研究表明，好友伙伴（特别是同龄伙伴）在交往活动中的互相影响，其作用是很大的，有时甚至超过父母和教师的影响，后进生和劣迹青少年更是如此。反映这方面状况的有好友的品行倾向（是否受处分）、与伙伴交往活动内容的倾向（如是否在一起谈男论女、下饭馆、逛商店、打架斗殴、交流作案手段、看淫秽书画和录像等）及其影响后果［如是否受哥（姐）们义气毒害，为哥（姐）们出气而杀人，异性挑逗心神不安，被教唆而犯罪等］。据调查，其中以受"哥（姐）们义气毒害"而犯罪最为突出，占被调查青少年犯总数的39.0%；又有37.0%的青少年犯是由坏伙伴（特别是同龄好友）的教唆而走上犯罪道路。

第七，个人生活挫折。

一个人的一生总是在顺利或挫折的不同环境交替中生活的。挫折对一个人的心理影响很大，有时甚至影响整个人生。

在调查过程中，我们是通过青少年犯的家庭是否残缺、是否缺乏家庭的温暖和父母的爱来考察其在家庭生活受挫折的程度；从青少年犯在学校时是否经常逃学、是否受过处分以及教师对其态度来考察其在校学习生活道路上是否顺利；从青少年罪犯与邻里矛盾、纠纷是否及时得到调解等来考察其在邻里环境中有无挫折；从经济上是否困难、同领导关系状况以及待业时间长短等来考察其劳动就业权利的获得、社会地位的高低以及与领导关系是否正常；从青少年罪犯是否被迫、"进宫"次数、刑期长短等来考察个体与社会的冲突程度。

第八，社会文化思想影响。

在这里，社会文化思想影响，主要是指的外来反动、淫秽的文化渗透影响；国内不健康文艺书刊的影响；电影、戏剧、电视镜头的影响以及各种思想、观点和思潮的影响。在外国有人把这些文化思想称为"亚文化"，并且非常强调这种"亚文化"与青少年犯罪的关系。当然，如果把青少年犯罪完全归咎于"亚文化"，那是不科学的，但也不能不承认，社会文化思想中的消极因素对青少年犯形成犯罪意识的确起着十分重要的作用。调查结果表明，有32.0%的青少年犯犯罪是与国外或港台淫秽文化宣传品影响有着密切的关系；有31.8%的青少年犯犯罪与国内不健康文艺作品影响有密切关系；有66.1%的青少年犯受了利己主义思想影响；有21.6%的青少年犯受了黄色手抄本的影响而犯罪；有56.5%的青少年犯受了无政府主义思想的毒害。

第九，气质特点。

气质是一个人典型的、稳定的心理活动在动力方面的特点，它影响着一个人心理过程的速度和稳定性、心理过程的强度以及心理活动的指向性等。气质特征方面的差异，直接影响人们行为的个别差异。

应当指出，个体行为人并不都是典型气质类型的人，许多人几种气质特征兼而有之，很难说出他是属于哪种气质类型的人。据我们调查，在被调查的青少年犯中，有37.8%的人具有典型气质特征，其中，胆汁质的占21.5%，多血质的占40.9%，粘液质的占11.3%，抑郁质的占26.3%。

从气质和犯罪的关系来看，不能说明哪种气质容易犯罪或哪种气质不容易犯罪。但是，从我们的调查统计来看，不同气质的人接受外界影响及行为方向是不同的，从而也表现了犯罪行为的特性差异。胆汁质的青少年犯多犯抢劫和凶杀罪，多血质的青少年犯多犯爆炸、抢夺和伤害罪，粘液质的青少年犯多犯投毒、放火和破坏生产罪，抑郁质的青少年犯多犯强奸、流氓和拐卖人口罪。当然，这也不是绝对的。

三　青少年犯罪行为形成的模型

根据我们调查，吴伟士的行为公式 S—O—R，是可以用来说明人的行为是直接由个体的思想意识支配的，而人们的思想意识又是由客观环境造成的。如果变成函数公式，应是：R = f（S—O）：式中 R 代表行为变量（因变量），S 代表环境变量（自变量），O 代表意识变量，也称中介变量（对行为是自变量，对环境是因变量）。[①]

这个函数公式说明，人的行为变量（R）是随着环境（S）造成的中

———————

① 吴伟士：《西方现代心理学派别》，第93页。

介变量（O）的变化而变化的。这里的"中介变量"（思想意识心理状态）是行为活动的"内因"，"环境变量"（客观环境影响）是行为活动的"外因"，它是通过影响"内因"——中介变量（即影响人的思想意识心理状态）来实现的。行为人的犯罪意识（中介变量）是"内驱力"，是犯罪行为的"直接动因"。刺激信息的环境变量是影响内驱力的制约力，是犯罪行为的"间接诱因"。犯罪行为的发生就是"直接动因"与"间接诱因"互相作用的结果。没有"直接动因"的行为或没有"间接诱因"的行为，同样是不可思议的。

心理学研究表明，人们行为的产生和发展，是人与环境交互作用的结果，但并不等于早期行为主义的老公式，即环境刺激引起行为反应（即S—R）。在人与环境的相互关系中，人是作为能动的主体而存在的，环境则是作为对象的客体而存在的。当两者发生关系时，"环境"这一刺激信息作用于人的感受器官，通过传入神经送到大脑皮层的相应部位，在那里经过思维加工后，信息再由传出神经送到效应器官，做出应答性的行为反应。

这里的"刺激信息"与"行为反应"，是通过"思维加工"，即主观意识而有机联系在一起的。人们的主观意识活动，不但同"刺激信息"相联系，而且同"行为反应"相联系，它是处于"中介"位置上的。环境刺激信息和行为反应状态是可以被观察到的，而"中介状态"——主观意识，是不易被观察到的。当然，对人们的主观意识，既可以通过人们观察到的"刺激信息"和"行为反应"的研究而实现，也可以通过精心设计的问卷加以测定而取得相当可靠的数据。

在这里，中介变量是个关键，只要把它研究清楚，既可以找到行为的直接原因，又可以明确客观环境对行为人影响的性质和程度。因此，对改造罪犯、预防犯罪都有重大意义。

在我们调查过程中，把这个"中介变量"——犯罪意识确定为9个指标，并拟出如下犯罪意识指数公式：

$$O = \frac{A + B + C + D + E + H + I}{F + G}$$

公式中的O代表犯罪意识结构指数，A代表人生观（世界观），B代表奢欲和恶习，C代表对挫折的反应，D代表对作案能力与条件的认识，E

代表作案意识，F 代表道德观（义务感），G 代表意志力（自制力），H 代表侥幸心理，I 代表精神异常。

法制心理学研究学者认为：①犯罪行为发生的可能性与犯罪意识 A、B、C、D、E、H、I 等项的代数和成正比，而与 F 和 G 的代数和成反比；②犯罪意识发展状况指数 O 的值越大，发生犯罪行为的主观可能性也越大。犯罪意识结构中的 9 种因素，是一个有层次的，彼此有内在联系的有机整体，它们之间的关系是辩证统一的。

B 项，即建立在非条件反射和所谓"快乐中枢"神经活动基础上的过分的奢欲和恶习，是犯罪意识结构的心理基础，也是犯罪意识结构中的最基本的内容之一。A 项则是 B 项的集中化、定性化和结晶化。也就是说，以极端个人主义为核心的人生观和世界观是犯罪意识中的主导因素。从层次上看，B 项是基础，处于深层；A 项则居于"制高点"的地位，统辖和引导着整个犯罪意识结构。A、B 两项互相密切结合，形成犯罪意识结构的核心和主体。

C 项，即对挫折的反应，实际上正是 A、B 两项结构的核心和主体。对挫折的反应，也就是遭到外部世界各种因素刺激的主观反作用的表现。简言之，C 项是以 A、B 两项为基础的，又是 A、B 两项的表现。

D 项，即对作案能力和条件的认识，是行为人犯罪意识结构和实施犯罪行为所不可缺少的精神条件。

在 A、B、C、D 项的基础上，在一定客观条件下，特别是在诱发犯罪的因素增长的情况下，犯罪动机就有可能产生。这实际上是 A、B、C、D 诸因素向犯罪行为的趋近，一旦犯罪意识形成，就意味着犯罪行为的精神准备已经完成。也就是说，E 项标志着犯罪行为即将开始。

在 9 种犯罪意识因素中，道德观（义务感）和意志力（自制力）是非常重要的，它是阻止犯罪意识结构发展和犯罪行为实施的制动力量。有人说它起着类似"刹车"装置的作用，这是有道理的。实践证明，道德观（义务感）的淡漠和缺陷以及意志力的不坚定、自制力的缺乏，对犯罪意识结构起着支配作用并导致犯罪行为的发生。从这种意义上看，F、G 两项使犯罪意识结构本身成为一种对立统一的矛盾复合体。

H 项，即侥幸心理，则是健康的意识和犯罪意识结构之间以及犯罪意识结构内部相互对立因素之间进行斗争的表现和结果。

对于具有某种程度精神异常或某些变态心理的人，I 项也在犯罪意识结构中起着不可忽视的作用。

总之，9 种犯罪意识是以 A、B 两项为核心与主体，形成一个整体，辩证统一地起作用，这就是影响和支配一个人产生犯罪行为的主观结构。

为了便于进行统计和比较，初步拟定评分标准和办法。各项评分标准值：A20$^+_-$，B20$^+_-$，C10$^+_-$，D10$^+_-$，E30$^+_-$，H10$^+_-$，I20$^+_-$（正常人不计此项或视为 0），F50 －，G50 －。显然，各项标准值在整体中各自所占的比重，只能相对准确，但是这并不影响我们对个体犯罪意识指数的估量，因为：①各项指标都是互相制约的，共同起作用的；②对犯罪意识的估量和比较，也只能是相对的、近似的；③这些基数便于掌握和统计，对统计结果基本上影响不大。因而，犯罪意识各种成分在整体中所占比重是否精确，并不十分重要，其中包括一定程度的"模糊"，应是允许的。

在各项为标准值的情况下，犯罪意识指数 O，亦得到一个标准值 1，其计算过程是：

$$O = \frac{20+20+10+10+30+10}{50+50} = \frac{100}{100} = 1$$

这一指数公式表明：（1）当 A、B、C、D、E、H 各项均取标准值，而 F 和 G 的代数和小于标准评分时，犯罪意识指数 O 的值必大于标准值 1；（2）当 F 和 G 均取标准分值，而 A、B、C、D、E、H 各项的代数和大于标准评分时，犯罪意识指数 O 的值亦必大于标准值 1；（3）当 A、B、C、D、E、H 各项的代数和大于标准评分，而 F、G 两项的代数和又低于标准评分时，则犯罪意识指数 O 大于标准值 1。

各项指标的评分细则可参照下列标准：

F. 道德观有 6 个因素：

   1. 道德评价   4——30

   2. 道德意识   6——50

   3. 诚实观   6——30

   4. 义务感   6——40

   5. 友谊观   8——40

   6. 公德观   6——30

A. 人生观有 6 个因素：

   1. 理想观   4——40

G. 自制力有 6 个因素：

   1. 严格要求   6——30

   2. 言行一致   6——30

   3. 自控力   6——30

   4. 抑制力   6——30

   5. 驱动力   6——30

   6. 法制力   6——30

B. 奢欲与恶习有 5 个因素：

   1. 物质占有欲   8——80

2. 政治观　　　　4——40　　　　　2. 首领欲　　　　6——60

3. 社会观　　　　4——40　　　　　3. 异性迷恋　　　6——60

4. 英雄观　　　　6——60　　　　　4. 癖好　　　　　4——40

5. 人生价值观　　8——80　　　　　5. 习惯　　　　　4——40

6. 享乐观　　　　8——80

C. 对挫折反应有 5 个因素：　　　　　D. 作案能力与条件的认识有 4 个因素：

1. 升学　　　　　4——20　　　　　1. 身体　　　　　4——20

2. 就业　　　　　4——20　　　　　2. 周围情况　　　4——20

3. 个人利益　　　4——20　　　　　3. 作案知识　　　2——10

4. 人事关系　　　4——20　　　　　4. 携带工具　　　2——10

（在特殊情况下，此项可以为负值，以抵消其他各
项而否定犯罪的可能性）。

E. 作案意识有 3 个因素：

1. 作案思想　　　8——40

2. 对坏事态度　　6——30

3. 作案动机　　　8——40

H. 侥幸心理　　　　4——80

I. 精神异常　　　　8——40

　　共计 36 个因素，按上述细则计分，犯罪意识指数 O 有最大值和最
小值：

$$最大值\ O = \frac{340 + 280 + 80 + 60 + 220 + 80}{36 + 36} = 14.72$$

$$最小值\ O = \frac{34 + 28 + 16 + 12 + 22 + 8}{220 + 180} = 0.3$$

可见，犯罪意识指数 O 值的范围可以分为 5 个区间：

1. O 值在 6 ~ 14.72——很容易犯罪

2. O 值在 3 ~ 6（不含）——容易犯罪

3. O 值在 1.5 ~ 3（不含）——有违法可能

4. O 值在 0.5 ~ 1.5（不含）——一般状况

5. O 值在 0.5 以下——不易犯罪

　　以上对犯罪意识进行估量的方法，只能根据具体人提供的数据给予评
分和计算，难免遇到某些实际困难。同时，任何一个人的犯罪意识结构都
不是一成不变的，每个人又有其个性差异。研究它的各种变化及其规律，
对于抓紧教育罪犯和预防犯罪是很有意义的。

中央企业与地方企业的社会互动与西部发展

——对包头地区考察的反思[*]

李汉林　王　颖　孙炳耀　王　琦　方　明

一　问题的提出

西部地区占有我国三分之二的国土，蕴藏着丰富的能源及各种矿产资源，解放后通过国家的巨大投资也形成了初步的物质技术基础和生产能力，但它同时仍存在一个严重的问题，即缺乏经济的自增长能力。

1952～1982年，国家在西部地区投资累计2200多亿元，西部地区的工业固定资产达到1317亿元（1962年统计数）。这些外来输入式的投资造就了一批具有较高技术装备和较强技术力量的大型中央企业与军工企业——其中一些企业具有全国一流的水平，成了西部工业的支柱。但是，体制上的原因和我们政策上的失误造成了这些大企业极强的自我封闭性，与地方工业互不配套。这样，一方面压抑、窒息了中央企业与军工企业能量的释放，限制了它们设备、技术、人才优势的发挥，降低了劳动生产率和资金产出率；另一方面也使地方工业的发展失去了强有力的依托，从而影响了西部地区中央企业与地方企业之间正常的社会互动，限制了先进的生产技术与地方资源优势的结合，阻碍了西部地区经济的自我发展。

历史的经验表明，以国家大量财政补贴为形式支撑西部的发展，只能徒然地造成西部对中央财政补贴的持续依赖。在现实的条件下，西部的发展已面临新的形势和选择：或是以外引为主，即引进外部地区的资金、技

---

* 原文发表于《社会学研究》1987年第2期。

术、人才，带动地区经济的发展；或是以内联为主，即在联合开发地区资源的前提下，形成多种形式的经济联合体，以充分发挥中央企业与地方企业各自的优势，加强地区经济的自增长能力。

我们认为，一个地区只有具备了较好的投资环境和较高的投资效益，才能对外部资源产生更强的吸引力；只有实现了区域内经济资源的合理配置和经济内部的良性循环，经济系统才能将外部的输入转化为自身的造血功能，而不至于只成为外部输入的受体。因此，目前对西部的发展来说，内联比外引更为重要。只有在内部联合发展的基础上，才能使外引发挥更大的效益。

要搞好西部地区各企业的内部联合，首要的问题是重新调整中央企业与地方企业的关系，加强两者的社会互动，充分发挥中央企业的作用，坚决扩散中央企业的现代经济和文化要素，带动地方企业的发展，进而全面启动西部地区经济与社会的内在发展机制。因此，探讨西部地区中央企业与地方企业之间正常的社会互动，就成为当前振兴西部地区经济与社会所面临的一个重要而迫切的问题。

为此，我们选择了内蒙古自治区包头市作为这次调查研究的基地。包头是随着国家重点项目的建设而发展起来的一个新型的重工业城市，这里，中央企业与地方企业的矛盾集中，因而具有较好的典型性。在反复多次调查研究的基础上，我们写出了这份研究报告，目的在于通过对包头市经济社会发展历史的回顾和现状的分析，揭示在西部地区的中央企业与地方企业社会互动的一般规律与机制，研究制约二者之间社会互动的社会、经济、文化因素，探讨实现二者之间正常社会互动所应具备的基本条件和实际对策。

二 历史的回顾
——探讨企业互动的机制

包头是我国重要的钢铁基地之一。二十世纪五十年代初期，国家为了加快西部发展，实现国民经济的合理布局，以重点项目的形式在包头建设了包钢，以期合理开发，利用当地丰富的矿产资源，带动整个地区经济的发展。另外，国家在这里兴建的重点项目还有一机厂、二机厂这样的大型军工企业。随着这些企业的建设，遂产生了中央企业与地方企业之间的社会互动。

（一）初创期企业之间正常的社会互动

在包钢建设的初期，包头地方政府提出了"全市支援包钢，包钢带动全市"的口号。在这个口号的带动下，一批与包钢建设相配套的地方企业纷纷上马，如建材厂、纺织厂、食品厂、"小包钢"，等等，同时还吸引了一批外地大、中企业向包头迁移。当时，在共产主义大协作和平均主义大锅饭的政治背景下，中央企业与地方企业实现了目标与利益的整合。同时，包钢对建材及一些配套产品低水平的需要与地方企业的生产能力互相吻合，从而使双方的优势形成一股很强的合力，包钢的建设与地方工业的发展取得了长足的进步。包钢在短短五年内建成，包头地区也由原来的皮毛集散地发展成为以包钢、一机厂、二机厂为中心，同时具有化工、冶金、机械、建材、纺织等行业的新兴重工业城市。

然而，在轰轰烈烈的跃进形势中，人们却忽略了这种仅以共产主义大协作精神调节经济关系与企业关系的有限性，忽略了经济发展的内在规律，导致了严重的效益危机。据包头市统计局统计，从包钢建成投产到1977年的19年中，有16年亏损，亏损最严重的是1976年，亏损额竟达1.18亿元。地方企业，如东风钢铁厂，1958年投产，当年就亏损84.7万元。

事实证明，仅仅以伦理原则作为企业之间资源交换的前提，会使企业陷入效益危机，并最终使初创期低层次上正常的企业互动趋于消亡。

（二）条块分割给正常的企业互动带来隐患

在初创期，由于伦理原则的维系以及双方低层次上的依顿和需要（包钢为地方企业的发展提供机会和市场，地方企业为包钢的建设提供所需要的建筑材料及配套产品），掩盖了行政隶属关系不同所带来的在企业利益与目标上可能发生的冲突。随着包钢的建成投产，包钢所隶属的中央冶金部对其生产上的投入与产出、组织上干部的任命和配备等方面影响的逐步加强，包钢与地方企业社会互动赖以进行的共同需要和利益开始消失，而对上级主管部门的认同感和归属感却日益强烈起来。这样，在初期所蕴藏的、因条块分割而导致的中央企业与地方企业利益和目标上的分离与冲突就以越来越强的势头不容阻挡地悄然而至，使双方正常的社会互动失去了最根本的内在驱动力。

（三） 政府与企业功能的偏转加速了企业壁垒的形成

随着包钢建成后发展速度的加快，其自身逐渐产生出新的生产配套的需求，而地方企业由于种种原因越来越不能适应和满足这种日益增长的需求。在这种情况下，地方政府理应充分发挥其行政组织的功能，不失时机地提高地方企业的素质，使其在依托中央企业配套发展的过程中，逐步生长出自身的增长能力，同时建立起以中央企业为核心的企业群落。但是，地方政府却没有抓住这个转折中的时机，仍然片面地强调"包钢带动全市"，并以强化行政干预的手段来维系正在消失的企业互动关系。

另外，随着包钢的建成，地方政府本应逐步加强其服务和协调功能，指导兴建住宅，完善生活设施，配备学校、医院、商业网点、娱乐场所，等等。但是，在当时"先生产、后生活，重积累、轻消费"的思想指导下，地方政府仅仅考虑到与中央企业生产资源的配置与交换问题，而没有对整个社区的人文生态环境做通盘的考察与规划，忽略了理应加强的服务与协调职能。

与此同时，包头地区的中央企业不是设法扶持地方工业和第三产业的发展，而是采取了功能变态性的自我膨胀战略，使企业自身不仅具有生产经营的功能，同时还兼有社会服务、劳动就业、社会福利与保障、教育、文化与娱乐等社会功能，并逐步向自给自足的封闭的企业社区发展。

这种功能偏转的原因是早已隐含在中央企业、地方企业、地方政府之间的、孕育在早期企业行为互动之中的条块分割与条块利益。它所导致的后果是：极大地恶化了当地本来就很恶劣的人文生态环境，加快了企业壁垒与地方壁垒的形成，为中央企业与地方企业社会互动的行为变态埋下了隐患。

（四） 企业互动中资源交换行为的变态

在中央企业、地方企业和地方政府之间存在一种超乎经济关系的地缘关系。这种地缘关系制约着双方的经济行为，使它们特别是中央企业不能完全按照自己的意志行事，而必须同时兼顾双方的需要，从而在社会互动过程中始终保持一种微妙的关系，以达到在利益分离状态下的平衡。因此，企业利益与目标的不一致以及各自壁垒的形成，并没有使中央企业与地方企业之间的社会互动完全终止，而是使它转化为一种新的资源交换的变态行为。

这时，企业之间的互动不再以伦理原则为前提，而是以各自的利益为前提，实现一种内耗式的资源交换。其具体过程是，中央企业以自己生产的原料资源以及拥有的人力、财力、物力上的优势，换取地方政府权力支配下的那一部分生产与生活所必需的社会资源（包括水电、交通、地产、能源、招工指标的审批等），为自身的社区利益服务；地方政府则利用对地方社会资源的支配权力换取由中央企业生产、属上级中央主管部门统一调配的那部分生产资料（如钢材、焦炭等），借以维持地方企业的生存与发展。

这种以地方政府为中介的企业间资源交换的行为变态，带来了一系列严重的社会后果。

首先，它使中央企业的发展受到限制。以包钢为例，从投产以来，包钢生产的产品始终处于一种市场短缺的状态。这时，包钢与地方企业及政府之间本应以各自的资源优势相互取长补短，成为一个对外的强有力的钢铁生产的竞争者。与此相反，它们却出于各自的利益，利用已有资源进行一种内耗式的交换，其结果既影响了包钢对于资源开发利用及对产品深度加工的能力，使它始终处于一种低水平的初级加工的生产状态，成本高、效益低，限制了企业的活力，同时又造成了整个地区冶金行业生产能力的短缺，阻碍了内蒙古西部地区经济发展。

其次，它使地方企业的发展受到约束，使它总是处于依赖某个中央企业的廉价原料供应而生存的状态，堵塞了自己发展的道路。

最后，它使整个社区利益受到损害。上述资源交换过程中的行为变态，不仅损害了中央企业与地方企业的利益，限制了各自优势的发挥，而且中央企业与地方企业的相互封锁及在某种程度上的相互竞争，造成了整个地区工业布局中某些产品的重复投资，形成了一种完全分散化的市场，而这种完全分散化的市场只会产生外部的不经济。

（五）历史的启示

通过对历史的回顾，我们看到中央企业与地方企业的社会互动是在其社会资源交换的过程中实现的。这种资源交换实际上是一种对企业间互动行为的自发调节，但它同时又受企业拥有的社会资源结构的控制及一定社会思想的制约。因此，这种自发调节与控制的统一，也就构成了中央企业与地方企业社会互动的完整的协调机制，从而决定着双方的互动行为按照一定的方式进行。

历史经验告诉我们，单纯以低层次的伦理原则为前提的互动行为，必然带来效益危机，而单纯以利益原则为前提的互动行为，必然产生内耗式的资源交换，最终导致互动行为的变态，产生一系列危及整个社区经济与社会协调发展的后果。

通过调查我们认为，在目前改革、开放的新时期中，应当以效益原则和社会主义伦理原则相结合为前提条件，倡导一种互利互惠、扬长避短、共同开发的新型的增值式资源交换行为，以促进整个社区的发展。

三　现状的分析
——寻找制约企业互动的因素

通过对历史的回顾，我们对中央企业和地方企业社会互动的机制有了一个较全面的认识。在对现状的分析中，我们则要进一步探讨新的发展时期中各种矛盾的交叉对中央企业与地方企业社会互动的制约。

（一）新格局与旧体制

目前，在经济体制改革的新形势下，包头以及整个西部地区出现了一种企业间以多种形式从事联合生产的新格局，它有力地推动了企业间的社会互动。但是，这种新格局却遇到了旧体制的挑战。在今天的包头，条块分割的坚冰虽已开始融，但远未打破；行政性经济体制仍严重地制约着企业的经济活动；企业远未成为独立的商品生产者。这种旧体制严重束缚着企业的手脚，阻碍着企业间正常社会互动的发生。

（二） 政府行为的新功能与旧模式

联合发展的新格局，要求政府能够担当起组织联合生产的新任务，充分发挥它的组织功能，以适应新的形势。但是，政府在组织联合生产的过程中，却摆脱不了旧有的行为模式，喜欢搞一刀切、一阵风，习惯于以行政手段对企业实行强拉硬配式的联合。结果，这往往使许多企业的联合流于形式。

（三） 区域的整体规划与松散的组织结构

联合发展的一个很重要的任务，是调动社区内一切可以利用的社会资源，进行合理的配置。这就要求整个社区必须有一个权威性的协调组织，从整体的角度统筹规划区域的发展。然而，目前包头市恰恰缺乏这样一个权威机构，对于联合，政府各部门自搞一摊，互不通气。结果是金融部门在众多的联合体面前难辨真伪，因惧怕投资风险而无法给真正具有增值意义的联合体以资金上的支持；又使税收部门因判断困难而无法以减免税收的方法支持有经济效益、以新产品开发为龙头的经济联合体，这造成企业经济行为互动的混乱。

（四） 现代经济与传统文化

联合发展的新格局体现的是一种现代经济，它要求确立企业独立商品生产者的社会地位，建立商品意识和现代经济伦理，并对联合发展有一个科学的认识。但是，这种现代经济的联合发展却遇到了来自传统文化的阻力。

在包头的社区文化中，人们从自给自足经济中生长出来的小农意识和家族观念还相当严重，以致造成企业成为职工大包大揽的衣食父母；大企业在联合中总想吞掉小企业，使对方成为自己的子系统；一些小企业始终抱着"宁为鸡口，毋为牛后"的思想，宁可搞重复投资，也不愿与大企业搞联合。这些都严重干扰着现代经济中正常的企业互动。

（五） 中央企业与地方企业生产能力的差距

中央企业拥有丰富的人力、物力和财力资源，而地方企业却是既缺技术又缺资金与设备。见下表。

	工业产值 （1985）		固定资产原值 （1980）		年末职工人数 （1980）		中、高级职称 人员（1985）		全员劳动生 产率（1985） （元/人）
	数量 （万元）	比重	数量 （万元）	比重	数量 （人）	比重	数量 （人）	比重	
中央、内蒙 古企业	208718	72	283651**	71	91541**	49	5871	75	14352
市、区、 镇、县 企业	80310*	28	118436	29	92349	51	1921	25	7058
合计	289028	100	402087	100	183890	100	7792	100	

　* 仅为市属全民企业。

　** 仅为包钢和一、二机厂。

目前，中央企业与地方企业在生产能力上存在相当大的差距，常给两者的联合带来一定的困难。

（六）改革的目标模式与区域的具体政策

从包头市目前的发展状况看，阻碍企业间正常互动行为的因素，除了旧体制、旧文化的影响外，还有区域内具体政策与改革目标的不一致。

——以包头为中心城市的内蒙古西部地区，有着丰富的矿产资源、皮毛资源等。这决定了它的经济技术联合体在很大程度上是企业间围绕资源开发和逐级加工而组成的统一体。但是，由于价格体制的改革没有配套进行，资源产地为了一时的既得利益，放弃了对资源的保护和开发，而将精力转入对资源的初级加工，因为后者比前者有着明显的经济效益。结果，一方面，出现了如前所述的地区资源壁垒，以自己低水平的加工损害了社区整体的经济效益。另一个重要的方面，是在一些地区出现了矿产的乱开乱采，造成草原沙漠化、牲畜品种退化、河滩盐碱化等资源破坏的严重后果。

——在改革中，中央提出鼓励知识分子人才流动，但是，没有具体措施以保证知识分子的合理流向。特别是在西部落后地区，由于没有区域的优惠政策，出现"孔雀东南飞""文姬归汉"式的人才逆向流动。同样，由于对知识分子业余时间从事额外劳动问题没有政策性规定，一方面中央企业大批科技人员无事可做，另一方面中小企业技术力量相当薄弱。

——在经济、技术联合体中，没有一定的经济法规制约企业间正常的、合理的资源交换行为，没有对技术商品价值的科学计算法，致使某些单位在技术转让过程中漫天要价，影响了科学技术对区域经济的振兴作用。

目前，能否正确处理上述这些矛盾，直接关系到中央企业与地方企业卓有成效的社会互动的发生以及包头乃至整个西部地区内在发展机制的启动。

四 未来的发展

从上述分析中，我们看到了影响企业间合理社会互动的各种制约因素。因此，要实现中央企业与地方企业间正常的社会互动，形成二者之间互利互惠、共同开发的新型的增值式资源交换，重组区域内的工业群落，振兴区域经济与社会，必须具备以下三个基本的前提条件：①政府行为与企业行为的转变；②社区经济环境的重塑；③社区文化环境的优化。此外，在这些前提条件的形成过程中，还必须采取一系列实际措施，以保证企业间正常互动行为的发生及上述三个前提条件的实现，最终达到振兴区域经济与社会发展的目的。

（一）三个基本的前提条件

1. 政府行为与企业行为的转变

（1）政府行为的转变

——分解经济功能。政府行为经济功能的分解主要是指经济功能逐步从政府行为的结构中分离出来，一部分交给政府的经济职能部门，如计委、经委；一部分返还企业；一部分转移到介乎于政府与企业之间的具有双重性质的经济中间体，如行业公司、协会、董事会等。分解政府行为经济功能的意义在于：政府从繁重的经济责任中解脱出来，从而把更大的力量投入维持和改善企业经济活动所依赖的环境和秩序上。

——加强服务、协调功能。加强政府行为的服务、协调功能，既是政府行为功能上的一种重要转变，又是对政府行为经济功能分解的一种补充。这主要意味着，政府行为的重点应毫不犹豫地转向旨在改善区域性人文生态环境的服务与协调工作上。这包括调整轻、重工业比重，加强第三产业，协调条块关系，改善生活条件，丰富文化生活，等等。

——控制功能间接化。政府行为控制功能的间接化主要是指政府的行为不再对企业行为与企业行为互动的经济后果负责，而主要是对企业行为互动赖以进行的环境和秩序负责。

这包括两方面的意义：一方面，政府必须逐步摆脱对企业的直接控制和直接经营的状况，并把这方面的职能逐步移交给企业、经济职能部门和经济中间体；另一方面，政府行为对企业行为的影响，应该主要局限在政策投入、经济立法、经济计划、经济杠杆、伦理调节五个方面，从总体上把握和影响企业行为和企业行为互动，对于企业具体的生产经营与社会互动行为，则应该完全"放开、搞活"。

（2）企业行为的转变

——强化生产经营功能。在经济体制改革的过程中，企业应逐步恢复独立商品生产者的社会地位，并作为这样的一种社会角色在有计划的商品经济中行为。

企业生产经营功能的强化意味着企业的政治功能、非经营性的服务功能的弱化，它要求企业在生产活动中的行为专一化。

企业生产经营功能强化所要求的结构性适应是，大量行政性机构以及非生产性组织从企业中分离出来。

——管理功能专业化。与独立的商品生产者相适应，企业管理应逐步从行政管理走向专业管理。其标志是在企业领导者的行为目标结构中，经济目标逐渐占主导地位。

2. 社区经济环境的重塑

重塑包头地区的宏观经济环境，必须从调整产业结构和经济结构入手。

——产业结构的轻型化是要改变包头地区目前这种轻、重工业比例失调的状况，充分利用轻工业积累快、资金周转迅速的特点，坚定不移地采取替代战略，改变外地轻工业产品占领包头市场的状况，为提升包头的经济实力提供坚实基础。它的微观社会经济意义在于，有利于资金迅速重新回流生产系统，形成对当地生产的有效推动，为先进生产要素的注入创造条件，使包头经济的自增长能力得到提高。它的宏观社会经济意义是，能够大大增强包头作为区域性中心城市社会、经济的辐射能力，改善包头的综合经济能力和宏观经济环境，活跃和开拓包头乃至整个西部地区的商品市场，并为以后大踏步地进入东部市场创造条件。在这种良好的社区经济环境影响下，中央企业与地方企业的社会互动才会充满生机和活力。

——在经济结构上要大力发展第三产业，改变目前的落后状况。为了重塑社区经济环境，包头乃至整个西部地区的发展必须采取较其他地区完全不同的发展模式，这就是在发展第一、第二产业的同时，同步或优先发展第三产业。这种发展模式的依据是，包头乃至西部地区的经济社会通过几十年来的建设有了一定的基础。经济发达地区的发展，有东部沿海与中部内地经济的依托，那里的中央企业聚集了大批人才，这就为第二、第三产业高起点的跃进打下了良好基础。这种发展模式的意义就在于，它首先优化了企业乃至区域经济活动赖以进行、企业职工乃至社区群众赖以生存的社会生态环境，增强了人们的地域感和社区的凝聚力、吸引力，为企业、职工、社区的相互整合，为中央企业的西部化、地方化创造了一个良好的物质条件。在这种状态下，企业之间的行为互动就会自然和谐地发生。

3. 社区文化环境的优化

实现了社区经济环境的重塑以后，还必须优化社区的文化环境，这主要是指：

——社区文化整合。要有意识地使中央企业与社区文化整合在一起，使中央企业在事实上成为地方的一部分，为二者之间在社会、经济功能上的相互依赖与交换创造条件。在整合的社会过程中，要有意识地扩散和注入中央现代文化的要素，更新社区文化中的旧的价值观念和行为规范，造就新的经济伦理，形成新的生活方式。

——增强地域观念。随着政府行为协调、服务功能的加强，政府要大力帮助中央企业解决一些实际的问题，如生活服务设施、交通、住房、子女就业等。在解决这些问题的社会过程中，使中央企业逐渐生长出对地方社区亲近的感情。在逐步改变目前这种行政隶属关系以后，要使二者之间的行为互动受其政治伦理影响的因素大大减少，从而使共同的社区利益作为维系二者关系的主体。

——强化参与意识。要大大加强中央企业对地方社区的政治参与、决策参与、经济参与和生活参与，使中央企业在参与的社会过程中，不断强化认同感和归属感，不断培养其对地方社区的感情。

（二）实际对策

合理的企业互动的希望寄托于上述三大前提的具备，而前提的创造则又依赖于一系列具体的实际对策的制定。这些实际对策包括：①一个宗旨、多种形式的联合发展道路；②一个中心、三个市场的战略设想；③特殊区域政策的具体保证。

1. 一个宗旨、多种形式的联合发展道路

西部地区联合发展的意义在于发挥中央企业与地方企业各自的优势共同开发本地资源，促成合理的企业间增值式资源交换行为的发生，形成地区优势，以降低区域优势的内耗，增强企业在外部市场上的竞争能力，重塑其在全国经济社会中的动态形象。为实现这一目标，西部地区必须从当地实际情况出发，探讨一条有特色的联合发展的道路。

（1）以联合开发为宗旨

目前包头市以及整个西部地区的社会经济发展仍处于不发达阶段。轻、重工业比例严重失调，经济结构不合理，文教卫生事业相对落后，工业产品中多粗、笨的初加工产品，几乎没有获国家优质产品奖、占有广阔市场的拳头产品。同时，这里各种矿产、皮毛等资源丰富，且拥有一批大型中央企业，特别是一些军工企业具有技术优势。这决定了西部地区不能追随发达地区以拳头产品为龙头的联合发展道路，而必须坚定不移地走具有西部特色的以联合开发为宗旨的发展道路。这是西部地区人民在联合发展的实践中摸索出来的不容置疑的经验，它已为越来越多的西部企业所接受。

联合开发：一是联合开发新产品，并在开发新产品的同时形成有增值效益的经济联合体；二是联合开发资源，在对本地资源深度开发的基础上，形成互利互惠、有着内在经济联系的"食物链"型的企业联合群体。

包头市经济联合发展的实践表明，凡是以本地资源和技术优势为依托的大型经济联合体，都是具有远大前途和极强生命力的。如以包钢为龙头的北方稀土集团和即将上马的以二机厂的技术力量为依托的开发"奔驰"

汽车的经济联合体，就是很有发展前途的项目，它们的形戓将对整个内蒙古西部地区经济社会的发展起到极大的促进作用。

（2）多种形式的联合体及未来发展趋势

在现阶段，西部地区在联合开发的宗旨下，必然会出现多种形式的联合体，这恰恰是由西部地区工业结构的特征所决定的。从组织形式上对联合体进行划分，可以有三种联合方式。

——紧密型联合。即以公司或董事会为组织形式、以产业内部有机联系为纽带、在利润率内部调整平衡前提下进行的各自独立核算的联合体。如在不改变行政隶属关系、所有制形式和财政上缴渠道的前提下，以包钢为核心，组织工业公司，将地方上属于冶金行业的企业在独立核算的前提下实行统一管理。对地方企业进行经济技术改造，在改造和管理过程中，扩散现代文化要素，改善地方企业各方面的素质，使之不但在利益上，而且在技术、观念和经营作风上与包钢趋同，在公司的组织形式中将两者融为一体。

——松散型联合。即没有一个固定的组织形式将各企业有机地联系在一起，而是靠经济合同的方式及共同的经济利益将企业联结起来。如就某一资源开发为龙头组成的联合体，用利润逐级返还的合同形式将各企业的利益整合在一起。

——综合型联合。即在联合开发某一资源的过程中，由于体制上的限制，不可能将所有企业都统在一个公司下面，而是围绕着资源的深度开发，采取紧密型联合与松散型联合同时并存的组织形式，这就是西部人民总结的多层次、多梯度、全方位的综合型联合体。实际上它是前两种联合形式的派生物。

目前，对联合体组织形式上的划分加以详细的阐述是至关重要的。因为，在联合的过程中，一些企业不理解联合的实际意义，或者认为联合就是"吃掉"，就是"吞并"；或者认为联合就是"以大帮小，以强帮弱"，以至于在联合的组织形式上经常发生矛盾，影响了企业间正常社会互动的发生。因此，能否正确理解联合体组织形式上的划分及在不同阶段上的不同表现形式，将对西部地区的发展产生极大的影响。

目前包头市乃至整个西部地区各企业的生产能力极不平衡，因此在联合发展的过程中将会呈现明显的阶段性。在现阶段，由于生产能力的差距，中央企业与地区企业间在经济资源的配置上是极不适宜的，因此，在联合的组织形式上必然以松散型的联合体为主，兼有在"三不变"前提下类似"吞并"的处于低层次上的紧密型联合体。然而应当指出，随着地方企业的发展、区域经济优势的形成，这种联合的组织形式将逐渐由以松散型为主向以紧密型为主过渡。这时的紧密型联合体应是处在更高层次上、在公司或董事会等组织的统一领导下、各企业处于同等地位的联合体，而不再是目前这种以某个大企业为公司首脑，对地方小企业实行类似吞并式的紧密联合，这是未来发展不可阻挡的趋势。但即使到那时，仍会有大量的松散型联合体存在。

2. 一个中心、三个市场的战略设想

在联合发展的道路上，组织新的经济协调中心和建立多元区域市场，形成更高境界的区域利益，对于打破由行政隶属关系不同、条块分割派生出的企业壁垒，将西部土地上的企业凝聚在一起，形成共生群体，是一个强有力的措施。这种格局的形成将宣告企业间互动的变态行为的消亡，并顺理成章地导出良性企业互动的新形式和新机制。

因此我们慎重地设想：在目前行政体制不变的情况下，率先在包头市及其地域连片、经济联系较强的内蒙古西部地区，建立一个具有权威性的区域经济联合发展的领导机构，即以中心城市为核心的区域经济、社会协调发展战略委员会（现包头市已有类似的组织存在，只是还不完备）。这个协调中心可考虑由经委、计委、中央大企业的高层管理人员及金融、物资、商业等部门的主要负责人联合组成。协调中心的任务主要是考察区域内资源拥有状况及现有的加工能力，挖掘各企业的技术潜力，组织区域内以联合开发为宗旨的多种形式的经济联合体、充分发挥各自的优势、实现具有增值效益的企业互动，最终形成整个区域的生产优势，争取获得外部市场的最大效益。

要实现上述任务，还必须在协调中心的领导下，组成有明显地域特点的三个市场：以中央企业供销部门和地方物资部门为核心的物资供应与分配市场；以银行为控制枢纽的资金信贸市场；以中央企业和地方销售部门组织集散的商品市场。

三个市场在形成过程中，应逐步由不完全的向完全的商品化市场过渡，国家对企业的指令性计划可转换为区域市场的需求，外部市场的供求状况也应根据区域市场的情况进行转换。根据区域特点，通过利息、税率、价格、资源分配对企业实行经济约束或刺激，将是区域市场的重要职责。

三个市场形成之后，企业的产、供、销渠道将逐步放开，其生产经营在经济协调中心的调度和引导下，同三个市场的要求相吻合，这无疑会促使企业冲破行政隶属关系的束缚，使自身利益逐步与社区利益整合在一起，为整个区域的振兴奠定基础。

这里应特别强调指出的是，目前设想的协调中心与三个市场及与企业间的关系，在西部地区发展的进程中只是一个过渡阶段，但却是不可缺少的阶段。因为，现阶段西部地区的企业缺乏作为独立商品生产者的基本素质，离开了上级主管部门，一时还无法适应市场的变化。所以，一个中心、三个市场的战略设想恰恰是使各企业在直接步入市场之前，有一个适应阶段。在这个阶段里，企业将不断强化商品生产者的意识，奠定其在更大范围内独立与自治的社会地位，为最终脱离一切条条与块块的束缚、以一个崭新的姿态参与商品市场的竞争做准备。当过渡阶段的任务基本完成时，股份公司、董事会一类的纯经济行业组织将逐步取代现阶段协调中心的位置，企业将彻底从条块中解脱出来，直接下放到受计划调节的市场中去，区域经济也将完全按其内在规律发展。

3. 特殊区域政策的具体保证

所谓特殊的区域政策，主要是指能够吸引东部和国外技术、设备、资金、管理人才等现代经济生产要素大规模的有效流动，形成区域内企业间正常的社会互动，保证西部地区联合发展的道路畅通无阻，变一个中心、三个市场的战略设想为现实的优惠的产业政策、税收政策、管理政策、金融政策、技术政策和人才政策等。

投入新的区域政策可根据区域发展的状况分两步走。

——第一阶段，主要围绕区域经济联合体的形成及一个中心、三个市场的建立，投入一些与之相适应的新政策。这些政策应包括如下内容。

①将一些可以下放的中央企业或省级大企业下放到中心城市，同时松解对这些大企业的束缚，减少其产品指令性计划的比例，使企业能够放开搞活，从企业生产发展的需要上生出一种与地方企业互动的内在驱动力。

②要制定具体的政策，保证军工企业的产品生产被纳入区域内行业发

展的规划中，杜绝将军工企业产品生产排斥在外的现象，以增强军工企业的地域感，发挥军工企业的技术优势，带动区域经济的发展。同时，促进军转民工作的顺利进行。

③金融部门、物资部门、供销部门要从地方行政部门中分离出来，实现上述部门的企业化、经营商业化，并逐步走向市场化。

④实行价格政策的改革，重点解决原材料、能源及其他自然资源计划价格偏低的问题，以调动人们对资源保护的积极性，促进对资源的合理开发。

⑤改革税收政策，对一些由协调中心鉴定，确属新产品开发和资源开发的联合项目应给予减免一年税收的优惠待遇，以鼓励西部地区走从联合开发中求发展的道路。

⑥银行在发放贷款时，要首先照顾那些确属本区域内联合开发资源或新产品的有增值效益的经济联合体。

⑦对西部地区实行优惠的人才政策，如增加科技人员的工资，提高各种待遇，以促成人才的合理流动，阻止目前"孔雀东南飞"式的人才逆向流动。

⑧应当从政策上明确规定，允许科技人员从事第二职业、业余研究并为经济服务。防止一些大企业对从事业余研究的科技人员进行打击报复，以促进科学技术的扩散。另外，一切应用技术成果都可进入市场，但协调中心应对科技成果所带来的经济社会效益及时做出科学的定价，促使双方通过协议签订合同，加速科技成果的转让。

⑨政府在组织区域协调中心的同时，将逐步撤销、合并各专业局，建立行业组织，加强协调中心和监督检查部门，形成适应间接控制需要的管理组织系统。同时制定在经济联合中必须遵循的经济法规，以此来约束各企业在社会互动中的行为。

⑩要制定一系列政策，以调动地方政府创办社会保险、社会服务、教育、卫生、文化娱乐等方面的积极性，以减轻企业的负担，为最终解决企业办社会的问题打下基础。

——第二阶段，主要是在区域行业组织已基本形成、企业已具备作为相对独立的经营开发者的基本素质的基础上，投入相应的区域政策，促进改革的顺利进行。这些政策的基本内容包括如下内容。

①应彻底取消指令性计划，使企业从"条块"中解脱出来，直接下放到受计划调节的市场。在这里，计划的主要内容应改为对发展战略和相应的政策体系的制定，用以指导资源的合理配置与有效开发，调节投资结构，使区域经济与全国经济的发展协调一致，实现区域经济持续稳定增长。

②取消价格管制，市场价格完全随供求变化。

③完善各种股份公司、董事会、工业公司等行业组织，实现由协调中心向行业组织管理的过渡。

④通过一系列政策，彻底解决企业办社会的问题，实现退休、子女就业、就医、社会福利和保险、文化娱乐、教育等方面的社会化。

显然，在现阶段制定未来的区域政策，只能是一种意向性的建议，但这种带有明确方向性的建议对现阶段政策的制定又是必不可少的，因为这是两个具有内在联系的不同发展阶段。当然，在这里我们的注意力主要集中于第一阶段特殊区域政策的制定和实行。

目前，各种新的区域政策及配套的形式率先在西部地区投入，若成功，能够为全国性的经济体制改革提供新经验，即使失败也不至于引起全局性的政治、经济与社会的震荡。从全国发展的角度通盘考虑，这样做在总体的战略和策略上也具有很大的回旋余地。

目前，历史提供了这样的机会，赋予了我们这样的责任和选择，我们就应该不失时机、大胆地对西部地区一些不合理的体制进行改革，探索新的发展道路，采取特殊的区域政策，促进中央企业与地方企业正常的社会互动，发挥联合开发的优势，形成振兴西部地区经济社会的合力，开创西部经济腾飞的新局面。

参考文献

包头市科委：《包头市科学技术发展规划》，1986 年。

包头市统计局编：《包头市国民经济统计资料提要》，1980～1985 年。

包头市战略研究中心：《决策参考》，1986 年第 1、2 期。

包头市政府：《包头市工业发展概况》，1986 年。

陈其南等：《企业组织的基本形态与传统家族制度》，《经济社会体制比较》1985 年第

2 期。

费孝通：《边区开发·包头篇》（上），《瞭望国刊》1986 年第 15 期。

郭凡生等：《试论中国经济不发达地区发展之模式》，1985 年。

王战等：《关于包头市经济社会发展战略规划的若干意见》，《中青年经济论坛》1986
　　年第 1 期。

西部经济发展研究小组：《我国西部地区经济发展的若干问题》，1985 年。

中国农村发展问题研究组：《我国西部地区经济发展的若干问题》，1985 年。

周其仁：《国民经济新成长阶段对政府和企业经济行为的新要求》，《经济发展与体制
　　改革》1985 年第 3 期。

中国城镇发展模式初探[*]

马　侠

　　1949 年我国城市人口比重为 10.6%，比 1850 年时的发达地区城市人口所占比重还低（1850 年发达地区城市人口比重为 11.4%），只略高于 1925 年时的不发达地区城市人口比重（1925 年不发达地区城市人口比重为 9.3%）。1982 年我国的城镇人口比重已上升为 20.8%，城市人口在 32 年内大致翻了一番。这样的城市化增长速度和已经达到的城市化水平是否与"四化"建设相适应？这是中外学术界十分关心的问题。本文就中华人民共和国成立以来我国城镇体系结构、城镇分布的变化、城镇发展特点等问题进行一些探讨，以期找到适应中国国情的城镇化模式。

一　中国城镇的体系和分布

1. 多中心塔形城镇网络延续发展

　　城镇体系是适应社会政治制度和经济形态的要求而发展变化的。旧中国的绝大多数城市基本上是行政中心、商业资本和手工业集聚的中心。只有少数拥有现代工商业的城市形成经济贸易中心和工业基地。各省首府一般设在省区的中心或腰部。只有少数省会虽然处在省区的边缘，但是仍然处在该省已开发地区或人口集中地区的中心。省会以下大小城镇设置层次分明，形成以省会为中心的多层次的塔形城镇网络体系。其顶端是省会，其基础是分布在全省的市镇。每个省会自成中心、自成体系。从全国范围来看，也呈现为以首都为中心的大中小城镇层叠的塔形体系。

　　解放以后，由于工业化的推进，沿海工业的内迁，生产力的有计划配

---

　　* 原文发表于《社会学研究》1987 年第 4 期。

置，人口的自然增长和人口的机械变动，以及城市政策实施等因素的影响，我国原有城镇的规模和体系发生了变化，但是仍然保持着塔形体系的基本特点（见表1）。

表1　全国城镇统计和预计

单位：座

| 年份 | 地市 | | | | | 镇 |
	特大城市	大城市	中等城市	小城市	城市总数	
1953	9	16	28	113	166	5402
1964	16	35	64	53	168	3148
1982	38	47	87	73	244	2660
1984	50	75	117	53	294	6211
2000	63	74	117	—	—	—

在城镇发展过程中，有些年份（如1964年和1984年），大城市增加较多，小城市有所减少，人们认为出现了所谓"头重脚轻"的现象。这是由于原有的一些中等城市发展为大城市，小城市发展为中等城市，使得大中城市有所增加，而原有的未设建制及新兴的小城市未能及时补充建制的结果。事实上1982年仅10万人口以上的镇就有24个，5万~10万人口的镇有227个，2万~5万人口的镇有907个。如果把其中有条件的镇及时建制为市，则小城市会源源不断得到补充。所以"头重脚轻"的概念是城市建制体制造成的错觉，不是城镇体系实体的客观存在。不论是否及时增加小城市建制，我国城市体系始终拥有庞大的城镇基础。展望未来，在排除城市人口机械变动的条件下，仅以目前城市人口自然增长率8‰计算，至20世纪末全国特大城市、大城市、中等城市将分别发展到63个、74个、117个，至于小城市的发展既有广大乡镇为增补来源（前已述及10万人口以上和5万~10万人口的镇现有200多个），不难从中选择有条件的乡镇，建制为小城市，届时我国城镇系列，仍然是一个塔形的体系。

百万人口以上特大城市数量的增长，引起人们的关注。特大城市的数量已由1953年的9个发展为1984年的50个，拥有人口9216.4万人，占城市人口比重的48.7%。其实，特大城市人口比重过大是由于不少特大城市农业人口数量过大所致，甚至有些城市所属非农人口和农业人口呈现倒挂现象。例如，在特大城市中非农业人口 33% 以下的就有 16 个。山东省淄博市 228 万人口中，非农人口仅占 33.44%。贵州省六盘水市 216 万人口中，非农人口只占 14.64%。湖北省孝感市 119 万人口中，非农人口只占 8.99%。广西玉林市 120 万人口中，非农人口只占 9.06%。如果除去农业人口，按非农业人口计算则拥有百万以上人口的城市就不是 50 个，而是 20 个，拥有非农人口 4446 万，占现有城市非农人口总数的 40.3%，如果把庞大的镇中非农人口和市的非农人口计算在一起，则特大城市非农人口占市镇非农人口的比重还会下降许多，所以实际上特大城市数量不能算多，人口比重不算过高。

特大城市和大城市数量继续增长是不可避免的，人们以为我国特大城市数量超过一些发达国家似乎是不正常的。其实这是不足为虑的，我国是一个拥有 10 亿多人口的领土辽阔的大国，绝大多数省份人口都在几千万以上。到 2000 年在这些省内有两三个百万人口的大城市并不算多。我国历史上从来就是一个大城市多的国家，远的不说，唐代 10 万户的城市有 10 多个，而北宋时增加到 40 多个，整个中世纪我国城市规模远比欧洲城市大得多。百万人口城市出现也早，明代都城南京和北京人口数量都曾超过百万，历代地方行政中心或是手工业和商业贸易城市的规模都是较大的。所以随着人口自然增长继续发展出现数十个大城市是不足为惧的，关键问题不是尽量限制和缩小城市规模，而是应着眼于使城市现代化。一个规划合理，基础设施齐备，市政经费充裕，市政管理得当的大城市，应该说是利大于害的。

2. 城市规模等级差距逐渐缩小

考察城市体系除分析不同规模大中小城市的网络结构以外，还要分析主要城市之间的规模差别的变化。反映城市规模等级变化的指标，通常使用城市首位度（Primacy deqree of city）和四城市指数（Four-city primacy index）等。这些指数显示一个国家或是一个地区内的最大的几个城市规模之间的比例关系。一个国家或是一个地区内的首位城市和第二位城市人口规模之间的比例，被称为城市首位度，首位城市和其次的三个城市人口规模之和的比例，称为四城市指数；各种指数较小，反映首位城市与其次城市（或其次三个城市人口规模之和）人口规模接近；各种指数较大，反映首位城市与其次城市（或其次三个城市人口规模之和）人口规模差别较大。

1953 年全国城市首位度是 224.14，反映第一大城市上海人口规模是第二大城市北京的 2 倍多。同年全国四城市指数是 79.93，反映上海人口规模相当于其次三大城市北京、天津、沈阳之和的约80%。1984年这两项指数分别降低为119.49与45.28。30年间全国第一、二、三、四大城市之间的人口规模差别均已明显缩小，说明首位城市以外的其次大城市均有较大发展（见表2）。

表2 城市首位度和四城市指数

地区	首位度		四城市指数	
	1953	1984	1953	1984
全国	224.14	119.49	79.93	45.28
华北区	102.76	108.56	67.39	67.68
北京市	—	—	—	—
天津市	—	—	—	—
河北省	185.65	121.13	86.69	50.78
山西省	315.41	187.37	143.08	99.71
内蒙古自治区	100.66	122.91	60.47	52.38
东北区	197.76	159.51	82.60	69.04
辽宁省	300.10	260.42	114.83	101.68
吉林省	196.43	162.39	123.69	83.20
黑龙江省	337.34	208.03	181.10	90.65
华东区	568.39	311.73	229.37	142.43
上海市	—	—	—	—
江苏省	187.73	267.56	76.41	94.68
浙江省	293.32	198.64	122.28	58.38
安徽省	113.42	124.60	42.28	54.74
福建省	246.53	218.68	133.81	93.01
江西省	403.79	116.68	155.93	62.70
山东省	134.81	113.43	90.49	68.62
中南区	112.02	103.60	59.82	56.59
河南省	198.84	151.55	92.81	71.51
湖北省	1291.76	766.93	501.20	270.88
湖南省	276.81	191.20	119.17	71.86
广东省	570.19	431.60	274.86	161.93
广西壮族自治区	122.61	146.12	46.94	68.33

续表

地区	首位度		四城市指数	
	1953	1984	1953	1984
全国	224.14	119.49	79.93	45.28
西南区	206.89	107.64	95.97	50.85
四川省	206.89	107.64	123.35	68.89
贵州省	277.79	160.18	—	113.33
云南省	335.98	439.26	181.28	100.73
西藏自治区	—	—	—	—
西北区	198.11	156.44	117.83	75.35
陕西省	605.22	646.47	282.82	169.23
甘肃省	478.11	739.82	189.69	196.83
青海省	—	1030.70	—	—
宁夏回族自治区	—	126.49	—	—
新疆维吾尔自治区	130.01	178.53	61.51	102.38

注：①1953 年数据系根据普查数据计算。

②1984 年数据系根据户口登记数据计算，按非农人口确定城市名次。

③1984 年城市首位度和四城市指数按城市（不包括市辖县）总人口进行计算。

进一步考察以省为范围的城市首位度和四城市指数，也会得到同样结论。1953 年全国有半数以上省份的城市首位度在 200 以上（即第一大城市人口规模是第二大城市的 2 倍），其中甘肃省和江西省首位度在 400 以上，广东省在 500 以上，陕西省在 600 以上，湖北省高达 1200 以上。这反映旧中国遗留下来的经济发展较落后的省份除省会规模较大以外，其他市镇规模较小，与第一大城市的差距较大。如陕西、甘肃、云南、贵州、江西、山西等省皆是。另一种情况是在经济较发达省份，某些特殊条件使得第一大城市发展极快，规模很快，致使省内其他城市难以相比，如地处南北东西交通要道的武汉市和地近香港的广州市，城市发展很快，致使湖北和广东两省城市首位度分别达到 1291.76 和 570.19。以省为范围的四城市指数的状况也很相似。1953 年四城市指数超过 100 的省份在半数以上，指数较高的仍然分布在陕西、甘肃、云南、贵州、湖北和广东等地，反映旧中国许多省区城市规模差别较大，城市体系的纵向分布不够匀称。1984 年省区城市首位度和四城市指数，已发生明显变化。有 15 个省区的城市首位度较

1953 年下降不少。原来首位度在 200 以上的由 14 个省降到 10 个省，其中首位度较高的湖北省和广东省较前也已大大下降。但是与此同时，也有相反的变化，即内蒙古、江苏、安徽、广西、云南、陕西、甘肃、新疆等省区的首位度反高于 1953 年。原因之一是原来经济发展的后进省区，如陕西、甘肃、云南、广西、新疆等，解放以后省会得到优先发展机会，而省内其他城市未能同步发展；原因之二是新兴大型工矿城市的迅速兴建扩大了原有城市之间的差距，如内蒙古新兴的钢铁城市包头，安徽省的煤炭城市淮南市；原因之三是有些经济发达的省会，过多地集中兴办工业和其他事业，加大了城市原有规模，进一步提高了城市首位度，如江苏省的南京市。上述三种原因中，第二种原因导致的首位度上升，是无可非议的，而第一种和第三种原因造成的首位度上升，是生产力配置过分集中的结果，在社会主义计划经济体制下，这本来是可以避免的，因为对于城市发展的体系结构缺乏宏观的总体安排，所以出现反常发展。这种现象，今后应该避免。

1984 年省区范围内的四城市指数除三个省份因城市建制不足四个，无法比较以外，其余省份指数超过 100 的已由 1953 年的 14 省降低为 8 省，四城市指数最高的湖北省，也由 1953 年的 501.20 降低到 270.88。说明 30 多年以来沿海和内地的许多省区的城市普遍获得发展。总的来说，全国范围的或是分省范围内的主要城市规模的差距多数已经缩小，然而要实现整个城市体系的纵向分布的合理匀称，仍待今后若干年内有计划地进行调整。

3. 城镇分布密集东南的格局基本未变

近 30 年以来城市的总数已由 1953 年的 166 座增长到 1982 年的 244 座，地域分布也略有变化。华东区和东北区的特大城市及大、中城市的数目始终占据六大地区的首位和第二位，而中南区的小城市数目始终领先。城市绝对数字增长较多的是中南、华东、东北三大区。中南和华东两区是我国工农业发达地区，东北是我国的重工业地区，城市增长较多是与经济发展相适应的。城市增长数较少的是西南区和华北区。然而若观察相对增长值，即各大区城市增长率，则以西北区为最高，达到 73%，华东区为30%，位列倒数第二。这是因为西北区原有基数较小，略有增加即呈现较高增长率。而华东区原有城市数冠于全国，虽增长数也不少，然而反映在增长率上反而较低（见表3）。

表3　六大区城镇分布

单位：座

行政区	年份	特大城市	大城市	中等城市	小城市	城市总数	年份	镇
华北	1953	2	2	3	18	25	1953	600
	1964	3	5	8	9	25	1964	300
	1982	6	5	10	9	30	1982	211
							1984	1006
东北	1953	2	4	5	11	22	1953	290
	1964	4	7	14	2	27	1964	293
	1982	8	12	9	9	38	1982	295
							1984	694
华东	1953	2	5	13	26	46	1953	1567
	1964	4	12	20	10	46	1964	864
	1982	13	13	23	11	60	1982	752
							1984	1374
中南	1953	2	2	3	33	40	1953	1690
	1964	2	5	14	19	40	1964	816
	1982	4	10	25	26	65	1982	646
							1984	1364
西南	1953	1	2	3	12	18	1953	766
	1964	2	4	5	4	15	1964	675
	1982	5	4	10	6	25	1982	539
							1984	1202
西北	1953	0	1	1	13	15	1953	459
	1964	1	2	3	9	15	1964	200
	1982	2	3	10	11	26	1982	207
							1984	571

　　乡镇的发展从1953年到1984年呈现一个由高到低再到高的马鞍形的变化。其间，镇的数量减少的直接原因是乡镇建制标准的改变。就其根本原因来看，则是忽视乡镇功能的发挥和忽视农村商品经济的结果。党的十一届三中全会以后，调整农村经济体制，重视乡镇作用，发展农村商品经

济使乡镇又获得复生和发展。地处物产丰富和经济繁荣的华东和中南两区，旧中国遗留下来的乡镇密如蛛网，数量位居全国前两位，可是一度冷落萧条，到1984年其有建制乡镇数量还未恢复到1953年的水平。近年来增长较快的地区是原有乡镇基础较差的东北；华北增长幅度持中；西南、西北增长略少，这反映出各地原有起点不同和各地商品经济发展程度不一。1985年乡镇总数已经增长为7511个，发展势头正猛，中国乡镇分布也将更趋均匀。

从大行政区的城镇人口比重来看，其分布序列又呈现另外一幅景象。东北和华北两区领先，西北和华东两区居中，中南和西南两区在后。这说明城镇数量和城镇人口数量较多的区域，会因区内人口绝对数量很大，呈现较低的城镇人口比重。反之地广人稀的地区，会因城镇和城镇人口稍有增长，从而提高了该区的城镇人口比重（见表4）。

表4　1961年和1984年六大区城镇人口比重

单位：%

	1961 年	1984 年
	19.3	31.90
华北	25.5	42.22
东北	40.9	53.60
华东	17.2	31.55
中南	13.8	25.66
西南	13.3	21.76
西北	18.0	32.30

进一步从不同地区的"城市密度"（每10万平方公里以内拥有的城市数）来考察30年间城市分布的变化。虽然西南区、西北区，或是边疆九省的城市密度差不多都有成倍增长，但是城市地理分布的基本形态不曾有变。从行政区划来看仍然是华东区和中南区领先；东北区和华北区居中；西南区和西北区在后（见表5）。从自然区划来看，则依旧是沿海领先，内地居中，边疆在后（见表6）。

沿海九省市或华东和中南两区拥有城市占全国半数以上，拥有镇数1982年是占一半以上（1984年则接近半数）。这种明显的优势既非短期形

表 5　六大区城市密度

单位：个/10 万平方公里

	1953 年	1984 年
华北	0.1597	0.2300
东北	0.2775	0.4666
华东	0.5824	0.9748
中南	0.3968	0.7540
西南	0.0764	0.1401
西北	0.0491	0.1081

表 6　沿海、内地、边疆城市密度

单位：个/10 万平方公里

	1953 年	1982 年
沿海十一省市	0.5585	0.8067
内地九省	0.3298	0.5988
边疆九省	0.0460	0.1158

成的，也是合理的。原来我国秦汉时代城市分布虽广，但天下各都，如秦之咸阳、汉之长安、燕之涿蓟、赵之邯郸都集中在当时的政治中心和经济中心的中原和北方。公元 2 世纪以后由于北方民族频繁南下，中原居民大量南迁到江淮以南，于是江南逐渐得到开发。隋唐以来形成的政治战事中心在北，而经济文化中心在南的局面一直延续到宋、明、清。明初名列前茅的商业和手工业城市全国有 33 个，其中 32 个位于东南沿海。当时大运河成为联系南北中心的纽带，明清两代在北京建都，都曾依赖漕运，所以运河沿线又相继形成一些繁荣的商业城市。至解放以前，我国经济中心依然在江南。在那里的经济文化基础上形成的城市体系和乡镇群落，少说也有千年的历史，中华人民共和国成立以来，虽然略有发展，但这种格局不是一朝一夕所能轻易改变的。

二　中国城镇化的模式

中华人民共和国成立以来，我国城镇建设进展相当快，城镇体系结构和城镇地域分布也有所变化，总结城镇化进程的特点，探讨发展中的社会主义大国的城镇化模式，是有理论意义和实践意义的。

1. 封闭式城镇计划发展模式

中国城镇化是在社会主义计划经济体制的基础上进行的。城镇的发展是国民经济社会发展计划的一部分。这种体制在某些方面和苏联是很相近的。世界上一些人口学者认为这种模式的战略思想是试图压缩或降低城市人口（相对于工业人口比重）及其消费需求的办法，从而节省投资以便用于发展生产，所以苏联工业发展水平虽然很高，但是城市化程度一直保持中等水平。这种模式要求严格按照工业发展的需要有计划地转移农业人口。我国依据工矿企业发展的需要，从农村有计划地抽调农村劳动力进入城镇充任从业人员。与此平行的是采用行政手段限制人口自由迁移，控制城镇人口的机械变动。而行之有效的工具是户口制度和城镇居民粮食供应制度。这种方式的优点，其一是把经济发展、非农职业劳动力需求、城镇人口消费供应、农业人口转变为非农业人口以及农村人口转变为城镇人口统统纳入国民经济发展计划，作为一个系统问题加以解决。其二是切断了农民自发迁入城市的渠道，杜绝了农民自我改变职业的可能，避免了西方现代大都会的畸形发展产生的弊害。这些优点是这种模式的主要方面。而其缺陷不足之处，则是限制过死，束缚城镇功能的发挥，使城市成为封闭式社区，阻碍城镇之间和城乡之间的思想信息和科技文化交流，以及商品经济的发展。

2. 影响城镇结构和分布的工业扩散模式

这个模式特点是由第一个模式引申出来的，因为社会主义计划经济要求生产力的合理分布，从而带来工业扩散影响城镇结构和城镇分布的变化。

旧中国工业的绝大部分，即70%集中在沿海城市，西北和内蒙古土地面积占国土的45%，工业产值仅占全国工业产值的6%，云、贵、川、藏四省区土地面积占23%，而工业产值仅占6%。中华人民共和国成立初期，为改变历史遗留下来的工业布局，适应当时的国际环境，对沿海工业做了战略性的转移，许多沿海工厂内迁，同时国家还在内地和边疆省区新建一批工矿企业，从而使内地和边疆出现了一批新城市，扩建了一批老城市。这种工矿企业的新配置，不仅调整了生产力的布局，也影响了城市分布的发展。这是中华人民共和国成立后第一次工业扩散对城市化的影响。

第二次工业扩散，是大城市工业向中小城市的转移，同时也包括国家在中小城市新建和扩建一批厂矿企业。大体上说这是继沿海工业向内地和边疆扩散之后的又一次工业扩散。当然这两次工业扩散互有交叉，不能截然分开。有些沿海大城市工业迁到内地边疆的中小城市，则兼有两次扩散特点，而有些大城市工业，如青岛迄至20世纪六七十年代还向内地（如山西、吉林）进行迁厂和建厂式的工业扩散。第二次或第二种形式的工业扩散，对于当时中小城市（如当时的洛阳、南昌、合肥、兰州）的发展，起着相当大的催化作用。1964年大城市和中等城市较1953年都有成倍的增长，这说明这期间工业扩散对中小城市迅速发展的重大影响。

第三次扩散，是指中小城市工业向农村社队的转移，这是20世纪70年代末80年代初，首先在长江三角洲和山东半岛的中小城市发展起来的。当时中小城市工业发展缺少劳动力和厂房，而农村剩余劳动力急需寻找生产门路，出于城乡双方需求，城市工业先后把工业产品的一些"工序"、零部件，交由社队加工，然后由城市工厂装配总成，进而发展到城市工厂和农村社队在农村联合办厂，最后形成社队从城市招聘技师，购买设备，自筹资金，自行办厂。全国各地社队企业发展未必都经历过上述几种过程，但社队由多种经营进而成为蓬勃发展的乡镇企业，都离不开城市工厂在设备、技术、人员等方面的支援。从这种意义上说中国工业的发展突破了城市的局限，开始大规模地扩散到乡镇。截至1984年，乡镇企业已发展164.94万个，从业人员为3848.09万人。正是这种工业扩散使得近4000万农业人口转变为非农业人口。迄今，我国的镇一级社区由1953年的5402个，发展为1984年的6211个，人口数量由1953年的2578万增长到1984年的1.34亿以上，这不能不说是中国城镇化的一次跳跃。

第四次工业扩散，是指沿海经济特区的建立，这种工业扩散的方向不是沿海向内地边疆，不是大城市向中小城市，也不是城市向农村。而是由国外工业向我国沿海划定的口岸，即经济特区的扩散，这种与上述类型不同，独具特点的工业扩散，对于我国城镇化的发展会有新的特殊影响，短短几年深圳已发展成为近20万人口的新城市，珠海、汕头、厦门等10多个城市的近郊也将被开辟为引入国外资金技术设备新建工厂企业的经济特区。那里人口变动大，增长迅速，平均年龄低，人员文化技术水平高，工业人口比重大，人均产值高。这些新建或扩散的城市将来有可能再次成为向内地进行工业扩散的新基地。

总之，四次工业扩散促进了我国城镇体系结构和城镇分布的变化。

3. 三位一体的乡镇群落发展模式

这个模式的特点是由第二个模式里引申出来的。在上述四次（或四种）工业扩散之中，城市工业向乡镇扩散对于中国城镇化发展的影响最大。可以把这个过程概括为兴办乡镇企业、建设乡镇、农业人口就地转变为非农人口三位一体的城镇化模式。所谓三位一体意指乡镇企业的发展是兴建扩建乡镇的基础，同时也是农业人口转变为非农业人口的条件。三者紧密相连，同步发展，不可分割。三位一体模式的特点还在于：①农村社队自筹资金兴办乡镇企业，不用国家财政投资；②社队企业自发聚集形成新镇或是扩建老镇，不用国家市政建设拨款；③农村社员自发转变为非农人口，无须占用国家计划招工指标。社员就地转变为非农人口，无须远离家乡迁入城市寻求就业机会。这种"三自"特点（农民自办企业、自建乡镇、自我转变）作用的发挥，使得小城镇的发展异常迅速，1982 年普查显示，全国总镇数为 2664 个，人口总数为 6190.9 万人。1984 年总镇数发展为 6211 个，总人口为 13447.4 万人。为时仅 3 年，镇辖人口数量增长一倍以上。1985 年镇数又增为 7511 个，总人口为 16633 万人。这是一般城市化的进程所不可比拟的。乡镇不仅发展迅速，还具有分布普遍，规模较小的特点。3 年来全国乡镇增长 1 倍多，6 大行政区同样各自增长 1 倍多，其人口规模多在 2000 到 10 万人，有机地组成为全国城镇体系的最为庞大的网络基础。乡镇群落的发展，是容纳我国农业人口转变为非农业人口的最为广阔的天地。

前已述及乡镇企业就地吸收的劳动力，从就业而言，由农业人口变为非农业人口，而从居住地类型的转变来说则是变农村人口为城镇人口。这两种转变是同一事物不可分割的两个方面。在乡镇发展初期，乡镇基础设施简陋，刚由农民转变而来的工人，未必都有条件进入镇内定居，这是容易理解的。但是从长远来看，乡镇企业工人应以迁入镇内聚居为上，众所周知，人类定居形式的发展方向是由分散而向聚居。然而在私有制条件下，不仅城乡对立，也形成了大都会的畸形发展与人和自然的分离。

马克思主义主张：既要从社会阶级关系上消灭城乡对立，也要在人与自然生态关系上达到城乡融合；既非消灭现有城市，也非返到"城市乡村化"。城乡融合观点的正确理解应是：消除城市喧闹污染之害，保留城市聚居之利，吸收乡村接近自然之益，舍弃村落零散闭塞之弊，只有聚居才便于居民之间的思想文化、科学技术信息交流，便于使用现代化的生产手段和生活设施，所以，社会主义制度下农村居住类型的演变应是一个由零散村落发展为小镇群落的过程。中国小城镇群落的发展，应该既便于建设现代物质文明和精神文明，又有利于保①护生态环境。居民接近现代文明又不远离大自然，还应视为城乡融合的雏形，当然乡镇现有基础设施距离理想境地甚远。第二次世界大战以后发达国家大城市不少居民离开大都市中心，向城市郊区或小镇迁移。这种迹象表明发达国家居民沿着由分散而集中的轨道，逐渐发展到高度聚集的大都市，已经走到顶峰，开始自发地朝着逆方向发展，试图摆脱大城市的弊害，寻找接近自然的安身之处。中国乡镇群落的发展，从一开始就使转变为非农的人口进住未来理想的居住地，从城市发展的历史经验来看，既避免了农民辗转递进，饱受涌入城市之苦，也避免后代回返迁移之劳。这是中国城镇化道路最有深远意义的，也是最富有中国特色的关键所在。

星罗棋布的乡镇群落的发展，并不否定大中小城市的存在，前者是城镇体系的基础，后者是城镇体系的骨骼，各自的功能不可互相替代，看来在若干世纪内二者都是相辅相成长期共存的。另外，乡镇群落的发展也不能囊括全部分散独居的居民，由于特殊地理环境的限制，特殊生产条件的要求和人们的个性特点，一些无法聚居的个体住户总是有的。中国乡镇群落的发展方向，只要求其逐渐成为绝大多数农村人口由散居到聚居的最佳形式。

三 对城镇发展决策的建议

1. 保持城镇的适度发展，加强城镇基础设施建设

在城镇化的研究中，人们关心较多的是发挥城镇功能，提高城镇增长速度，控制大城市规模，调整城镇分布等问题。许多讨论是合理的，我以

---

① 《中国统计年鉴》，1985 年，第 297 页。

为还应该重视从我国城镇发展的沿革和现有国力出发，探讨城镇发展速度和城镇分布。中华人民共和国成立以来，城镇数量、城镇规模、城镇人口比重都有相当大的增长，城镇化程度相对于我国经济发展水平不能算慢，甚至可以说是有些快了。在 1984 年国民总产值人均 400 美元上下的经济发展水平下，城镇人口比重达到 33%，显得超过国力承载范围。1980 年到 1984 年城镇人口平均增长率竟高达 14.59%，更是违背规律。今后城镇发展速度宜强调与国力发展相适应。20 世纪之末，在国民总产值人均达到 800 美元的经济水平，城镇人口比重以控制在 40% 以下为宜。我们不应离开国力去与世界城市发展水平高的国家攀比，应注意避免城市化的早熟现象（或称为"超城市化"）在我国出现，急于求"城"是不切实际的。

中华人民共和国成立以来城镇分布的发展变化表明，城镇地域分布的格局不是几十年所能改变的。城镇发展的基础是经济。经济发达地区城镇发展水平高，经济不发达地区城镇发展水平低，是符合规律的正常现象，不能把这种现状称之为城镇分布不均衡并加以人为的调整。我国依城镇数量分布，华东、中南居多，而依城镇人口比重，则东北、西北居上。所谓调整城镇分布究竟以何为据？笔者认为，在发展区域经济基础上发展城镇比较符合实际。

我们当前应该将较多注意力集中在现有城镇的建设和管理之上。多年以来各级城市基本设施建设缓慢，欠账太多，城市大多处于超负荷运载状态。城市供水供电、交通道路、住房、看病、公共文化休息场所等都存在不足，环境保护和污染治理更嫌缺乏。造成这种现状的原因除去人们主观上对城市在社会主义建设中所起的作用没有正确的认识以外，还在于市政投资有限，巧妇难为无米之炊，全国工业产值的 75%、财政收入的 80% 来源于城市，然而中华人民共和国成立以来城市基础设施年均投资仅占全国基本建设总投资的 2% 左右，若按占固定资产总投资的比重计算，所占比重更低，实在是杯水车薪。世界上许多国家市政建设投资比例约占固定资产投资的 10% 左右，对比之下，我国与之相差甚远，极应广开财政来源，把现有的城市建设好、管理好，使之成为名实相符的精神文明和物质文明的中心，四化建设的基地。所以城镇发展规划，不仅要看城镇增长人口所需商品粮供应量和扩大再生产投资所能提供的非农就业岗位，还要看城镇建设投资所能承担的城镇人口数量。看来似乎只要解决了商品粮和城市就业岗位，就可以把大量农业人口转化为城市人口。城市人口不断增加，但城市设施增长有限，因此出现一系列城市超载现象。所以，今后城市建设发展决策重点应该立足于建好现有城市，管好现有城市。我们对于城镇化的进程应采取极为谨慎态度，保持城市适度的发展。

2. 控制城市人口迁移，放宽城镇人口流动

严格控制大城市发展规模主要是控制城市人口机械增长，限制大城市的人口迁入，这些行之有效的政策仍应继续贯彻执行。但是不应限制城镇之间或城乡之间的人口流动。进入城市的流动人口，无论是什么类型的流动（公务型如出差开会，社会型如探亲访友，经济型如商业贸易，文化型如旅游观光），都是活跃城乡经济的因素，传播城市文明、交流信息的媒介，发展城市第三产业的基础。特别是农村剩余劳动力在城乡商品流通渠道中成为从事经济活动的流动人口，只在城市做暂时盘旋流转仍然返回原地，既沟通了城乡经济交流，也减缓了农业人口盲目流入城市的冲击，实为一举多得。诚然，大量的流动人口会加重城市食、住、交通等负担，但是权衡得失仍是利大于弊，所以应该正确对待城市人口流动，应该为流动人口提供方便。

3. 规划乡镇企业发展方向，保护乡镇生态环境

乡镇企业既是乡镇建设的基础，也是农业人口转化的条件，所以三者联结的核心是乡镇企业的健康发展。当前国内市场特别是民用工业还处于供不应求的状态之中，即使有些乡镇企业产品质量较差，大多仍可找到销路。然而目前这种手工业或半机械化的乡镇企业，将来会不会遇到城市机器大工业的竞争？在竞争中会不会遭到失败？这是发展乡镇企业应该及早考虑的问题。从生产技术角度来看，显然乡镇企业是难以和城市机器大工业相抗衡的。所以乡镇企业的发展，应注意与城市工业产品有所分工，要为城市工业所不为，还应注意与城市工业产品衔接，与其协作配套，成为城市工业的组成部分。应避免与城市产品重复，应发展独具地方特色的产品，还应注意设备更新和产品换代，使之逐渐过渡到乡镇企业的现代化，这是乡镇企业的发展方向，也是乡镇自身发展的关键。

另外，乡镇的建设从开始就应注意保护生态环境，不使污染成害。目前有些乡镇企业设备简陋落后，烟尘、废水、废气污染邻近水源、土地，这不仅背离城乡融合的理想，而且把城市集中污染扩散到乡镇，并非发展

城市体系网络的初衷。因此乡镇应重视治理已存在的染污和防止产生新的污染。

此外，制定乡镇的发展规划，应以各地区的地理自然环境、资源条件、人口密度、原有集镇基础等因素为建镇依据，数量不宜过多，分布不宜过密，步骤不宜过急，应该重点建设，分期分批进行。与城市发展要依据国力一样，乡镇发展要依据当地的人力、物力、财力，量力而行，逐步建成。

我国社会发展指标体系初探[*]

朱庆芳

  所谓社会发展指标体系，就是通过一系列标准化、系统化的社会指标，全面地衡量和评价社会经济的发展水平和生活质量的一种方法和手段。社会发展指标体系的理论与实践，最早出现于 20 世纪 60 年代的西方发达资本主义国家。高度的工业化，既给这些国家带来生产力的巨大提高和物质生活水平的增长，同时也给他们带来了许多社会问题，如环境污染、犯罪率增加、吸毒现象增多、离婚率提高以及贫富两极分化等，产生了经济与社会不协调的问题。实践使他们认识到经济发展并不能完全促进社会的文明进步，单纯的经济指标并不能准确地衡量和反映整个社会的发展水平，而必须将一系列相互联系的社会、经济指标加以配套，通过科学的定量分析和综合观察才能达到准确反映社会发展水平的目的。

  在我国，由于过去的发展战略是"重经济、轻社会"，"先生产、后生活"，片面发展重工业，忽视人民生活，产生了经济和社会的严重不协调，评价指标也一直只注重经济而忽视对社会指标的应用和分析，直到党的十一届三中全会以后，才开始重视社会的发展和对社会指标的应用和分析。近年来，我国虽重视了社会的发展，采取了许多有力措施治理遗留下来的社会问题，但在经济体制改革中又不断出现新的社会问题，实践使我们认识到，使经济与社会协调发展，将是今后长期的任务。为了使社会发展少走弯路，及时发现经济和社会不协调状况，及早采取对策，有必要建立一套具有中国特色的社会发展指标体系。所谓具有中国特色，就是要根据我国的实际情况，在借鉴国外有益经验的基础上确定适合我国国情的指标体

---

  * 原文发表于《社会学研究》1987 年第 4 期。

系。这些指标既要能全面反映社会经济发展水平，又要简单明了，通俗易懂；既要有科学性，又要有可行性；既能描述现状具有解释功能，又具有评价和预测作用，是一个多功能的指标体系。本文旨在以上述原则为基础，对建立我国社会发展指标体系做一些初步的尝试。

一 社会发展指标体系及其应用

社会发展指标体系是衡量和反映整个社会发展水平的，但是"社会"是一个包罗万象的复杂体，因此社会指标也是复杂繁多的。如联合国的社会指标体系就有 13 个方面 140 个指标，对每个指标加以分组，就有上千个。我国的社会统计指标也有 15 个大类 1300 多个指标，这些指标对于观察某一方面的社会现象是只少不多的，但要综合反映一个国家或地区的社会发展状况，若使用指标过多，就会显得烦琐和工作量太大，因此有必要选择最有代表性的指标来进行综合分析。对此，世界各国都做了探索研究，如美国卫生组织提出用六个指标（简称 ASHA 指标值），来反映发展中国家满足基本需求的发展战略。美国海外开发署的戴维·莫里斯则用平均寿命、婴儿死亡率和识字率三个指标来衡量一个国家的社会发展水平和生活质量，他认为这三个指标都有一定限度，如果富人已达到上限，那么这些指标的提高就意味着穷人福利的提高和分配的均等化。苏联用最终社会成果提出了包括技术经济潜力、社会发展成果、环境状况、防卫力量的指标体系；罗马尼亚建立了由 24 个指标组成的指标体系，它包括吃、穿、用、住、文化、教育等八组指标；日本在 1973 年公布了"国民纯福利"指标的计算方法，包括消费、劳务、家务劳动、闲暇时间、环境污染、都市集中化造成的损失等九方面的指标；菲律宾的发展指标为 11 项。日本和美国还建立了先行指标综合指数，即用较敏感、较重要的指标进行动态比较，以起到警报的作用。美国现代问题专家在调查各种不同类型的国家后，提出了现代社会的十项标准，并规定了数量界线，这十项指标基本概括了经济和社会的现代化程度，很有参考价值。

我国是十亿人口的大国，地区发展极不平衡，仅用几个指标是很难概括社会发展情况的，近年来已有一些单位做了有益的探索。例如北京市的社会发展指标及评价方法概括比较全面，计算方法也简便易行。现参考北京市的评价方法，对全国的社会发展指标体系进行综合评价。根据全国的实际情况，初步选择了五个方面 28 个指标组成了能概括、描述我国社会发展全面情况的综合指标体系（表见下页）。

表中 28 个指标选择的原则是：（1）全面、概括。以人均国民生产总值为龙头指标，选择了能全面反映社会发展的社会结构、人口素质、生活质量、社会秩序四方面的主要指标，根据每个指标的重要程度确定权数后就能计算出综合指数，据此便能全面分析经济和社会发展总的情况；也可分析各类指数的增长情况和找出薄弱环节；还可预测今后的发展趋势。（2）简明扼要，易于理解，有可行性。这 28 个指标都是从现有统计指标中筛选的有代表性的重要指标，结构简单，有统计基础，通俗易懂，能逐步成为社会上公认的常用指标。（3）体现了以人为中心的衡量指标。这 28 个指标中除了第 7、第 20 两个指标外，都是用人口和劳动力做基数计算的平均数或比例数。因为发展的目的是为了人。人是物质和精神财富的创造者和消费者，必须使每个居民集团都能分享发展的成果，人又是发展的推动者，要发挥人的积极性和创造性，就必须对发展成果进行评价。（4）便于进行国际比较。这些指标大部分是国际上通用的。不足之处是有的统计数字还不够准确，社会秩序方面的统计基础较差，资料也不易取得。

对社会发展指标体系的简要分析和评价：

首先对 28 个指标按中华人民共和国成立后的不同历史时期，根据确定的权数计算出五个方面的分类发展指数和综合指数。计算结果如下表。

	发展速度（%）			平均每年增长速度（%）		
	1985 年比 1952 年	1978 年比 1952 年	1985 年比 1978 年	1953~1985 33 年	1953~1978 25 年	1979~1985 7 年
社会指标综合指数	424	244	173	4.5	3.5	8.1
1. 人均国民生产总值	448	269	166	4.6	3.9	7.5
2. 社会结构	261	192	142	2.9	2.5	5.1
3. 人口素质	249	189	132	2.8	2.5	4.0
4. 生活质量	723	325	250	6.2	4.6	14.0
5. 社会秩序（暂缺）	—	—	—	—	—	—

社会发展综合指标体系

指标	单位	1952年	1978年	1985年	平均每年增长速度（%）			说明
					1953~1985 33年	1953~1978 26年	1979~1985 7年	
1. 人均国民生产总值（当年价格）	元	119	362	758	4.6	3.9	7.5	速度是按可比价格计算的。
一、社会结构								
2. 城镇人口占人口总数的比重	%	12.5	17.9	36.6	3.3	1.4	10.8	包括市和镇的人口。
3. 全社会劳动力人数中多种经济成份比重	%	94.3	81.3	82.0	-0.4	-0.6	0.1	指全民所有制以外的成份。
4. 脑力劳动者人数比重	%	2.4*	6.5	8左右	3.7	3.9	3.0	*为估计数
5. 第三产业人数比重	%	9.1	11.0	16.4	1.8	0.7	5.9	
6. 享受社会保障人数比重	%	7.7	22.7	23.8	3.5	4.2	0.7	
7. 社会保障支出占国民收入比重	%	1.6	3.5	5.1	3.6	3.1	5.5	
8. 城镇就业率	%	86.8	94.7	98.2	0.4	0.3	0.5	
二、人口素质								
9. 人口平均预期寿命	岁	35*	68.2	68.9	1.9	2.3	0.1	*为解放初期的数字。
10. 婴儿死亡率	‰	139	35	35	0.3			速度是按成活率计算的。
11. 初中以上文化程度占总人口比重	%	6.4*		25.0*	7.9	2.3	0.1	*为1964年和1982年的人口普查数
12. 每万人口在校大学生人数	人	3.3	8.9	16.4	5.0	3.9	9.0	

续表

项目	单位	1952年	1978年	1985年	平均每年增长速度（%）			说明
					1953~1985 33年	1953~1978 26年	1979~1985 7年	
13. 每万人口医生数	人	7.4	10.8	13.5	1.9	1.5	3.3	
14. 每万人口自然科技人员数	人	269	593	869	3.6	3.1	5.6	为全民所有制单位
三、生活质量								
15. 居民年平均消费水平（当年价）	元	76	175	407	3.5	2.2	8.6	指按人口平均计算的国民收入中用于居民个人消费额，速度是按可比价格计算的。
职工		148	383	754	3.4	1.8	5.6	
农民		62	132	324	3.5	3.0	9.6	
16. 人均每日摄取的热量	千卡	2270	2311	2877*	0.8	0.8	4.5	*为1983年数字
17. 人均居住面积：职工	平方米	4.5	4.2	6.7	1.2	-0.3	6.9	职工家庭收支抽样调查
农民	平方米		8.1	14.7			8.9	农民家庭收支抽样调查
18. 平均每人能源消费量	公斤	91	598	735	6.5	7.5	3.0	指全部能源消费量折合标准煤
其中：城镇居民人均生活用电量	度	15	74	87	5.5	6.3	2.3	指市镇生活用电量
19. 平均每万人口商业、饮食业、服务业网点数	个	96	13	103	0.2	-7.4	34.4	包括个体户
20. 社会商品零售额中十种耐用消费品所占比重	%	0.5	3.6	11.0	9.8	7.9	17.3	十种指自行车、缝纫机、手表、收音机、电视机、电扇、洗衣机、冰箱、照相机、录音机。

续表

	单位	1952 年	1978 年	1985 年	平均每年增长速度（%）			说明
					1953~1985 33 年	1953~1978 26 年	1979~1985 7 年	
21. 电视机普及率（每百人拥有量）	部		0.3	6.7			55.8	指全国社会拥有量
城镇（每百户拥有量）	部		13.8	93.3			31.4	抽样调查资料
乡村（每百户拥有量）	部			11.7				抽样调查资料
22. 平均每百人每天有报纸	份	0.8	3.2	5.3*	5.9	5.5	7.5	*为省级以上发行量
23. 平均每人储蓄余额	元	2	22	155	10.0	8.1	32.2	
城镇	元	12	90	277			17.4	
乡村	元		7	85			42.9	
四、社会秩序								
24. 刑事案件发案率	件/万人	（1950~1954 年）4.5	（1982 年）7.5	5.2	-0.4	-1.7	13.0	速度按倒退指数计算，"—"表示发案率升高（下同）
25. 青少年案犯占全部案犯比重	%		61.1	65.9			-2.5	为 1980 年和 1982 年数字
26. 非正常死亡率：地市	人/万人		3.57*	4.21			-2.7	*为 1979 年（下同）
农村	人/万人		6.30*	7.15			-2.1	
27. 交通事故死亡人数	人次/日		21.7	31.1			-11.3	为 1982 年、1985 年
28. 自杀率：城市	人/万人		1.09*	1.12			-0.4	
农村	人/万人		1.53*	2.95			-10.4	

从上表计算结果可以做如下几点评价。

1. 从纵向的历史对比看，党的十一届三中全会以后的七年中，发展速度普遍快于三中全会前 26 年。社会指标的综合指数 7 年平均每年增长 8.1%，大大快于前 26 年 3.5% 的速度，其他各类指数也都是这一趋势。

2. 从横向的经济和社会分类指数比较看，社会指标的增长略快于经济指标的增长。如果以人均国民生产总值代表经济发展总水平（其中经济增加值约占 80%），33 年平均每年增长 4.6%，略快于综合指数每年增长 4.5% 的速度，但三中全会前 26 年平均则经济的增长快于社会，人均国民生产总值每年增长 3.9%，快于综合指数 3.5% 的增长速度。近七年则社会指标快于经济的增长，社会增长 8.1%，经济增长 7.5%。

3. 各类指数增长对总指数的影响。从各类指数看，增长速度最快的是生活质量指数，33 年平均每年增长 6.2%，近七年每年增长高达 14.0%，超出前 26 年（4.6%）的二倍多，甚至超过了人均国民生产总值的增长。这说明了生活质量的增长快于经济的增长，它对社会指标体系综合指数影响较大，综合指数的增长率主要是由生活质量的增长所致，社会结构和人口素质的增长均慢于综合指数的增长。

4. 分项指标的简要分析。

（1）社会结构的合理化是改善社会机制，促进社会发展的前提。过去由于僵化的体制和“左”的政策形成了畸形的社会结构，近年来社会结构已逐步趋向合理化，其中城镇人口占总人口的比重已由 1978 年的 17.9% 上升到 1985 年的 36.6%。这说明农业人口转移到城镇的城市化速度已明显加快。第三产业比重的提高标志着社会化程度的提高和生产力水平的发展，第三产业的劳动人数所占比重已由 1952 年的 9.1% 提高到 1985 年的 16.4%，提高了 7.3 个百分点，其中近七年内提高了 5.4 个百分点，但与发达国家和国际平均值比，这一比例仍属偏低。脑力劳动者比例的提高是科学现代化的重要标志，虽然从 1952 年的 2.4% 提高到 1985 年的 8% 左右，但与发达国家比较和与我国现代化的要求相比，仍显得过低。享受社会保障的覆盖面和用于社会保障费用的比例均体现了居民的安全感和社会福利总水平，前者比例虽从 1952 年的 7.7% 提高到 23.8%，后者的比例由 1.6% 提高到 5.1%，这二者的比例都是很低的，全社会尚有约 76% 的人处于安全网之外。比例低的原因主要是农村中绝大部分人还没有社会保障，今后需加强农村社会保障工作。

（2）人口素质的提高是实现社会主义现代化的重要条件。六个指标包括了身体素质、文化素质和科技素质等方面。平均预期寿命、婴儿死亡率和成人识字率是反映人口素质的重要指标，它能反映出生活水平、生活质量和医疗保健水平的改善情况。解放初期这三个指标基数都比较低，因此在中华人民共和国成立后的十多年中提高较快，在提高的基础上继续再提高就比较困难，如平均寿命从 35 岁提高到 1978 年的 68.2 岁，平均每年提高 1.3 岁，从 1978 年的 62.8 岁提高到 1985 年的 68.9 岁，七年仅提高 0.7 岁，平均每年只提高 0.1 岁。婴儿死亡率和文化程度也有类似情况，每万人口中的大学生人数、医生数和每万职工中的科技人员数近七年增长较快，超过了 26 年的增长速度。人口素质的 6 个指标 7 年平均仅增长 2.6%，慢于前 26 年 3.1% 的速度。

（3）生活质量选择了反映物质和文化生活水平的九个指标，它包括居民的吃、住、用、高档消费品普及情况、生活方便程度、精神生活、积蓄水平等方面。人均消费水平是衡量生活水平的综合指标，扣除物价上涨因素，33 年平均每年增长 3.5%。近七年增长较快，平均每年增长 8.6%，而前 26 年平均每年只增长 2.2%，前者是后者的约四倍。尤其是农民消费水平提高更快，近七年平均每年增长 9.6%，快于职工消费水平的增长。其他各项生活质量指标近七年的增长速度均大大超过前 26 年的增长速度，如人均储蓄额和每万人口的商业服务网点，近七年平均分别增长 32.2% 和 34.4%，购买十种耐用消费品的比重每年增长 17.3%。这些都标志着城乡居民生活水平和生活质量在近七年中均有了大幅度提高。

（4）社会秩序方面选择了社会治安和非正常死亡等五个指标。这些指标是衡量精神文明建设、社会风气、道德风尚好坏的标志。如刑事案件发案率，30 多年来一直呈增长的趋势。50 年代平均每万人口的年平均发案率为 4.5 件，是世界公认的犯罪率最低的国家，十年内乱社会治安遭到严重破坏，1981～1982 年为发案高峰期，达 7.5 件，1983 年后经过严厉打击犯罪活动和加强法制教育，至 1985 年已降为 5.2 件。人口非正常死亡率 1985 年比 1979 年略有增加。城市的自杀率变动不大，农村的自杀率则由每万人口的 1.53 人增至 2.95 人，增长近 1 倍。城市的交通事故死亡率增长较快，1982 年每日平均死亡 21.7 人，到 1985 年增至 31.1 人，这一趋势应引起有关部门注意。由于社会治安、社会秩序等方面统计基础较差,年份参差不齐,难以进行历史比较。此外关于人的潜力发挥程度、社会风气的转变,道德观念的提高等均属于主观指标,需进行问卷调查进行科学的测量才能取得,故在综合分析中暂未列入。

以上从综合角度对 28 个指标的五个方面做了粗略分析和评价,由于其中有一部分指标不全,年份不齐和有些数字不够准确,因此,在一定程度上影响了综合指数的准确性,有待进一步完善和补充,尤其是要加强社会秩序和社会风尚方面的指标体系的研究。如果各项指标的数字都能及时、准确地取得,就可以应用上述指数分析对比,科学地评价和预测社会指标的增长趋势和找出薄弱环节。

二 经济和社会协调发展指标体系的分析

经济和社会协调发展,是许多国家还没有很好解决的问题,各国都在寻求协调发展的模式。在我国,为使体制改革顺利进行,有必要利用社会指标体系来反映和总结过去的经验教训,提高经济协调发展的战略目标。这个题目包括的范围很广,这里仅用一些主要统计指标从宏观上进行评价。首先从固定资产投资额来分析过去 30 多年来的经济投资和社会投资的比例是否协调,如下表。

从表上数字看,我国 1953~1978 年用于科研文教卫生和社会福利的社会投资太少了,26 年总共只有 247 亿元,只相当于上海宝钢一个厂的投资,平均每年仅 9.5 亿元,只占总投资的 4%,也就是说,经济投资花 24 元,社会投资只有 1 元,尤其是在"三五""四五"期间,社会投资被压缩到最低点,仅占 3% 左右。再从投资的用途分析,过去 26 年间用于与人民生活有关的文化生活福利,住宅等非生产性投资的比例也太少了,平均每年仅 49 亿元,占总投资的 21%,其中住宅投资每年仅 14 亿元,仅占 5.8%。重经济、轻社会的结果造成了经济和社会的严重不办调,文教卫生、城市公用事业等设施严重不足,住房紧张,人民生活和智力投资长期处于低水平状态,反过来影响了经济的发展。26 年中,经济效益很低,投入多、产出少,国民经济处于恶性循环之中。1978 年以后开始的经济调整,逐步扭转了经济和社会不协调状况。1979~1985 年七年中社会投资显

时期	固定资产投资额（亿元）			社会投资占合计（%）	经济投资与社会投资比例社会为（1）	非生产投资占总投资比例（%）	其中：住宅（%）
	合计	经济投资	社会投资				
一五时期	588	543	45	7.6	12：1	33.0	9.1
二五时期	1206	1160	46	3.8	25：1	14.6	4.1
1963～1965年	422	398	24	5.7	17：1	20.6	6.9
三五时期	976	949	27	2.8	35：1	16.2	4.0
四五时期	1764	1709	55	3.1	31：1	17.5	5.7
五五时期	2342	2214	128	5.4	17：1	26.1	11.8
六五时期	2336	2103	233	10.0	9：1	42.4	21.9
1953～1978年	6215	5968	247	4.0	24：1	20.6	5.8
1979～1985年	4492	4061	431	9.6	9：1	40.4	50.4

资料来源：1986年中国统计年鉴。

注：本表为全民所有制单位投资额。社会投资包括科研文教卫生和社会福利。非生产投资指与人民生活有关的文化生活福利等建设，它是以每个建设项目中各单项工程的直接用途确定的。

著增加，平均每年 62 亿元，比前 26 年增加 5 倍多，比重由 4% 提高到
9.6%；非生产投资七年平均的绝对额也比 26 年平均增加了 4 倍多，比重
由 20.6% 上升到 40.4%；住宅投资由 5.8% 上升到 50.4%。尽管绝对额和
比例都成倍增长，但到目前为止，文教卫生、城市公用事业设施和住宅仍
很紧张，与需要的差距仍很大，而且比例忽高忽低，起伏很大。根据过去
30 多年的经验教训，应确定出社会投资或非生产投资在国民经济总投资中
的适当比例，或定出最低、最高比例的界限，计划决策部门应把社会发展
看成若干系统中的一个重要系统来对待，要把经济和社会的协调发展提到
相当高度来认识，这样就不至于在安排经济投资时挤掉社会投资了。

科学教育投资是社会投资的重要组成部分，它是物质文明和精神文明
建设的重要条件，现代科学技术已成为推动历史进步和代表生产力水平的
重要标志。各国都提高了智力投资的比例。我国经济和科技落后的主要原
因之一就是没有把智力投资摆到重要的位置，往往建设一个工厂或工程舍
得花上亿元和上百亿元的投资，却不舍得花钱办学校、搞科研。例如在过
去 26 年中（1953～1978 年）经济投资平均每年约达 230 亿元，而智力投
资平均每年仅约 9.5 亿元，这就是说，平均 28 元经济投资才有 1 元智力投
资，近 7 年（1979～1985 年）智力投资平均每年已增加到 44 亿元，与经
济投资的比例已提高到平均 9.4 元有 1 元智力投资。

智力投资加上事业费，即为科研教育总支出，也可称作智力总投资，
过去 26 年平均每年为 58 亿元，近七年已增加到 225 亿元，增长了 2.9 倍，
占国民收入的比例从 3.7% 提高到 4.8%，人均教育经费从 1978 年的 7.7
元提高到 1985 年的 24 元，人均科研经费由 5.6 元提高到 8.7 元，提高的
幅度是较快的，但是由于过去长期以来对智力投资重视不够，欠账多，基
础较差，直到目前为止，我国教育和科研水平仍很低，与发达国家比差距
很大，发达国家教育经费占国民生产总值的比例一般达 5%～7%，我国只
有 3% 左右。科研经费比例各国一般占 2%～4%，我国仅占 1% 多。人均
教育经费发达国家达 500～800 美元，我国只有 10 美元，包括厂矿企业和
农村办教育的经费在内也只有十几美元。智力投资的不足，必然导致我国
全民族的文化素质和科技水平的落后，影响经济的稳步发展和实现四个现
代化的进程。

从以上几个主要社会指标的粗略分析，说明党的十一届三中全会以

来，虽已从战略决策上正在扭转重经济轻社会，重物质投资轻智力投资的倾向，但由于欠账过多，目前仍存在经济与社会不协调现象。在新技术革命形势下，各国都越来越重视智力投资和社会的全面发展，我国也必须急起直追，切实增加社会投资和智力投资，使社会的发展与经济发展相适应，缩短与世界发达国家的科技水平的差距。

三　主要社会发展指标的国际比较

用社会指标来进行国际比较，首先要使指标的包括范围和统计口径与国际上大致相同，其次指标的选择要避免特定的价值标准，使它具有国际通用性。世界银行 1985 年所编制的世界发展报告中对 100 多个国家的社会发展指标，做了口径范围的统一，具有一定的可比性。根据该资料，我们选择其中最重要的 8 个社会指标进行比较。如下表（369 页）。

表中的中国的数字是由我国提供的，基本上与各国是可比的。从表中看出，我国人均国民生产总值（主要反映经济发展水平）1983 年只有 300 美元，尚属低收入国家水平，在 105 个国家中居 86 位，但是反映生活水平和质量的社会指标却都高于低收入国家，而居于世界的 40 多位，已超过了中等收入国家水平。第三产业的比重居于最落后的几个国家，其中产值比重居世界末位（至 1985 年上升到 22%，也仍是较低水平），人数比重居倒数第 16 位。在与我国人均国民生产总值大致相同的 9 个发展中国家的 10 个指标的相互比较中也可以看出这个趋势。除了人均国民生产总值，城市化比重和第三产业比重低于其他 9 个国家外，我国的其他社会指标均好于发展中国家。尤其是平均寿命、出生率、婴儿死亡率、医生负担人口数差距较大。如平均寿命，我国 1983 年为 67 岁，而其他 9 国除斯里兰卡外，都在 37～59 岁，出生率我国为 19‰，各国均在 34‰～55‰多，有的高达50‰。如下表（表见 370 页）。

以上比较说明了中华人民共和国成立以来经济水平虽然较低，但社会指标水平高于其他发展中国家，居民的生活水平和医疗保健水平提高较快。世界银行也认为我国的经济目标是"利益分散的增长，现行体制创造了一个绝对平均的社会。国家保证最低的食品供应，小学入学率高，多数人可得到基本医疗和计划生育服务，所以，困扰别国穷人的饥饿、疾病，

各国主要社会指标的比较

	人均国民生产总值（美元）(1983年)	平均预期寿命（岁）(1982年)	婴儿死亡率‰(1982年)	成人识字率%(1977年)	平均每一医生负担人口（人）(1980年)	人均每日摄取热量（千卡）(1982年)	第三产业比重（%）	
							产值(1983年)	劳动人数(1981年)
世界平均水平	2462	63	66	66	4378	2603		
高收入工业国	11060	75	10	99	554	3400	62	56
高收入石油出口国	12370	58	90	25	1360	3271	33	35
苏联及东欧		70	30	100	345	3419		39
中等收入国家	1310	61	75	57～78	5995	2661	49	35
低收入国家	260	59	75	50	5558	2408	29	15
其中：中国	300	67	38	66	856	2562	18	13
以上有数据的国家（个）	105	123	123	98	116	124	92	125
中国所占位次	86	46	40	47	41	61	92	109

发展中国家的主要社会指标与我国比较

国别	人均国民生产总值（美元）(1983年)	第三产业产值比重%(1983)	第三产业劳动力比重%(1981)	城市人口比重%(1983)	平均寿命（岁）(1983)	出生率（‰）(1983)	婴儿死亡率（‰）(1982)	平均每一医生负担人口（人）(1980)	人均摄取热量（大卡）(1982)	中学入学占同龄人口%(1982)
印度	260	38	16	24	55	34	93	3690	2047	30
中国	300	18	13	21	67	19	38	1740	2562	35
几内亚	300		7	26	37	47	158	17110	1987	16
海地	300	40	19	27	54	32	107	8200	1903	13
加纳	310	47	27	38	59	49	97	7160	1573	34
斯里兰卡	330	46	32	26	69	27	37	7170	2393	54
肯尼亚	340	46	12	17	57	55	81	7890	2056	20
巴基斯坦	390	51	23	29	50	42	119	3480	2277	14
苏丹	400		12	20	48	46	117	8930	2250	18
印尼	560	35	30	24	54	34	101	11530	2393	33
中国所占位次	9	10	7	9	2	1	2	1	1	2

资料来源：根据世界银行《1985年世界发展报告》中的数字整理。

高出生率和高婴儿死亡率、普遍文盲，对贫困和饥饿的经常恐惧等，在中国或多或少地消灭了"。这说明我国收入分配比较均等，避免了收入差距过分悬殊而引起的两极分化。

在进行国际比较时，要注意的一个问题是资料必须具有可比性。例如我国国民生产总值只有 300 美元，居世界的 151 位，仅为发达国家 10000 多美元的 3%，但我国许多社会指标都已相当于中等收入国家水平。这一差距的悬殊，有一部分是由于计算方法和包括范围不同造成的。我国第三产业的产值只占国民生产总值的 22%，其主要原因固然与我国生产力水平低和过去不重视第三产业的发展有关，但计算方法的不可比性也扩大了它与发达国家的差距。国外的第三产业无所不包，甚至连警察、赌博、监狱都算，而且饮食、服务行业多，我国由于社会化程度低，第三产业范围窄，不仅上述行业均不算，许多服务和饮食业都由食堂和家庭承担了。而且像咨询、租赁、广告、信息等新兴行业还未计入。另外，我国第三产业价格低，企事业单位所办第三产业大多是福利性质的，实行了供给、半供给的办法，服务、住房、医疗、交通、教育等费用都较低。还有，人民币在国内市场上的实际购买力大于它在国际市场的购买力，简单地用国际汇率折成美元做比较，实际上人为地夸大了我国（包括发展中国家）与发达国家之间的差距，加上近几年人民币贬值，更缩小了我国的国民生产总值和第三产业的绝对额。国外一些专家认为应用购买力对等法或通过直接的实际产品比较进行换算才有真正的国际可比性，因此，有的专家估算我国目前的人均国民生产总值有 500 多美元，有的甚至估计有 1000 美元。

四　关于建立警报指标体系的初步设想

警报指标在西方叫作先兆或先行指标，即通过一套比较敏感而又较重要的指标进行动态分析，及时发现问题，对决策部门起到拉警报的作用。美国商务部门曾在六十年代算过先行指标综合指数，预测未来发展趋势。这些指标是：每周工作时间、失业人数、消费品订货、原料价格、工厂和设备订货、股票价格、货币发行量等；日本曾采用经济的周期性变动指数用以预测经济是否景气，共用了 25 个指标，如成品库存率、股票价格、货币平均余额、开工率、就业率、银行存贷款率、存款和货币周转率等。

国外的先兆指标是值得我们借鉴的，我国也有必要建立一套能综合反映经济和社会较敏感的指标体系，从变化中及时揭示社会发展中的弊病和不安定因素，及时提供决策部门的有关领导参考。

警报指标体系应包括下述几个方面的内容。

（一）反映经济方面的指标有

1. 通货膨胀情况（零售物价指数、职工生活费指数、集市贸易价格指数、集市贸易高于牌价指数、货币发行量增加数、银行存款利率、居民储蓄存款增减数等）。

2. 企业破产率。

3. 城镇待业人数和待业率。

4. 社会商品可供量与购买力的差额。

（二）反映生活水平、生活质量的指标有

1. 生活在贫困线以下的人口数（城市居民年收入在 300 元、农民纯收入在 200 元以下的户数占总户数的比重）。

2. 各阶层最高和最低收入的差距。

3. 城乡需国家救济的人数占总人口比重。

（三）反映文化教育方面的指标有

1. 中学和小学学生的流失率（即中小学生中途辍学率）。

2. 人才外流率和人口外迁率（入境和出境的差额）。

（四）反映社会秩序与安全方面的指标有

1. 在社会安全网外的人口数占总人口比重（即没有享受社会保障的人数）。

2. 刑事案件发案率（其中：青少年犯罪与经济犯罪占的比重）。

3. 非正常死亡率（其中交通事故死亡率及自杀率）。

4. 罢工、罢课、请愿、游行及寻衅聚众闹事的人次数。

5. 城市盲流乞讨人数的增减数。

（五）反映群众意愿方面的指标

1. 通过问卷调查，了解各地或各阶层群众对当前各项改革措施的主观满意程度和心理承受能力（可收集各地的问卷调查进行综合分析）。

2. 群众上访人次和上访信件的增减数，其中揭发检举干部不正之风和违法乱纪件数及处理情况，以及上访信件中的匿名信件数等。

上述五方面指标既有经济方面的，又有社会方面的，有体现民主化的，也有反映群众的主观意愿的。如果将上述指标做动态的综合比较（列出正常年份或常数、平均数，用报告期进行对比），对五方面的增减趋势进行定量分析，就能发现问题，及时提出对策，供有关领导参考，起到防患于未然的作用。

由于这套指标是反映社会问题的，其中有几项指标属保密范围，一般人不易收集，故需由有关领导部门批准作为专项，规定由专人收集整理，注意保密和限定发送范围。

社会发展指标体系研究，已被列入我国"七·五"期间社会学学科的13个国家重点课题之一，由国家计委社会发展局领头，有关部门参加，这就说明这项工作的重要性已受到政府决策部门和研究部门的重视。鉴于这项工作原有基础薄弱，牵涉的部门多，建议国家计委和有关部门加紧研究，除完善和确定一套完整的包括社会各个方面的指标外，应尽快建立和确定一套有代表性的少量指标组成的社会指标体系，它既能评价我国经济和社会发展状况，又能预测未来，使它能正式列入国家计划，并成为广大群众所接受、为社会公认的常用指标。

美国的灾难社会学掠影[*]

戴可景

灾难社会学是宏观社会学与微观社会学的一个交叉学科，以灾难及灾难与社会的关系为研究对象。目前我国社会学界对灾难社会学的研究可以说还是一个空白。对灾难开展社会学的探索将为研究灾难对社会组织和个人行为的影响，如社会组织的产生和起源，社会组织的适应性和生存能力，以及灾难与人类心理和行为的关系等问题提供丰富的知识。古典社会学家及早期从事灾难研究的学者认为灾难是一个基本的社会现象之一，对灾难的社会学研究，包括对灾难本身的起因、范围、后果等予以足够的重视和进行系统的研究，将有助于有效地预测灾难，并在一定程度上预防某些灾难，及时制止灾难的蔓延，减轻灾难对社会造成的损失。本文概略地介绍一下美国的灾难社会学研究状况。

一 关于灾难的定义和性质

美国学术界对灾难的定义并不是一开始就十分明确的，它随着研究的逐步深入，经历了一个不断认识、补充和修正的过程。最早，对灾难的概念认识比较强调具体事件的后果，突出事件影响所及的时间长度，以比较不同灾难所造成的不同后果。有一些研究人员则着重分析灾难的物质方面，比较重视预防灾难和减轻潜在的灾难所可能造成的社会损失。后者往往把灾难仅仅理解为"自然灾害和技术性灾害"或是"极端困难的环境"，等等。尽管初期对灾难的概念有所争议，但多数学者所说的灾难是指意外发生的对人类社区构成问题和物质影响的破坏性事件。这些事件都具有相

---

[*] 原文发表于《社会学研究》1987 年第 5 期。

当程度的伤害居民和物质环境的明显特征。事件的发生是突然的、紧急的。一般地说，在事件发生前后可以采取某些措施以减轻它们的后果。美国灾难社会学家巴顿（Barton）把灾难描述为一种情景，在这种情景里，"社会系统中的许多成员得不到该系统中应获得的生活条件"。后来，有的学者提出了异感型（Bissensustype）灾难和同感型（Consensustype）灾难的概念。所谓异感型灾难是指人们对于有冲突的环境的性质、起因和解决办法存在着全然不同的观点，20 年代后期美国和西欧大学校园中的骚乱事件即属此类。同感型灾难即指人们对于发生的事件的解释、评价及采取何种对策的意见比较一致，自然灾害和技术事故多属此类。

目前美国灾难社会学界公认比较准确的定义是弗里兹（Firtz）提出的概念，它有四个核心内容：（1）灾难发生的时间和空间；（2）灾难所产生的社会影响；（3）所危及的社会单位；（4）社会单位做出反应或措施。事件的规模因当事人界定的范围而异，社会影响包括对社会单位带来物质损失及其正常职能的破坏，社会单位是指个人、家庭乃至整个社会。这一概念首次明确地提出了灾难的社会性质，它取代了过去单纯强调物质性的定义。然而，也有一些学者指出，过分强调特定时空观念易导致将一些牵延性、弥漫性或扩散性的事件，如饥荒、流行病等被排除在灾难研究之中，还有一些学者认为强调把西方某些具体事件作为识别灾难的特征是一种亲西方、亲技术、亲资本主义的偏向，不适于识别发展中国家的灾难。他们坚持灾难本是一种内在的政治现象的观点。另一些极端的评论认为，灾难这个词是一种过时的概念，与现代世界中出现的恐怖事件相比，它是无足轻重的一种现象。总之，关于灾难的概念仍有争论，但至目前为止弗里兹所做的定义已为学术界所普遍接受。灾难是在一定的时空中可目击的、对社会或社会子系统所造成的物质损失或对其正常职能的破坏，它的起因和后果均与社会结构、社会进程或社会子系统有关。

二 灾难社会学研究的历史与现状

在美国，对灾难的研究大致始于第二次世界大战以后。当时对社会危机和灾难的研究尚不多见，理论匮乏，有关文章被视为一般社会问题的研究，因此不为人们所重视。这一时期是灾难研究史的萌芽时期。直到 1961

年弗里兹在《灾难》一文中总结了第二次世界大战以来灾难研究的成果，提出了诸如灾难的功能、扩大灾后社会重整的效应等问题，并提出这种重整效应可以使受灾地区的整合、生产率和发展达到受灾前的水平等观点以后，灾难社会学才逐步受到了有关学者的重视，并开始了某些探讨。这种探讨仅限于历史上某一地区灾后的社会的运行、计划和行政管理问题，其研究对象也往往局限于自然灾害。

自 20 世纪 70 年代开始，社会学对于灾难的研究有了比较迅速的发展，特别是 70 年代中期以后，这一方面的研究出现了欣欣向荣的局面。继弗里兹以后，巴顿于 1970 年在《灾难中的社区》一书中首次从社会学角度提出了灾难中有关个人行为的基本问题，例如角色定义、角色能力和危急情况下可能发生的角色冲突等。巴顿提出了一系列假设，把人的动机、危急情况下应该做什么的有关知识和社会关系的存在三种因素与灾难中可能产生的角色联系起来。该书还提出了灾难中个人行为和组织性行为的协同问题。在书中，巴顿着重分析了有组织的动员与紧急状态下个人行为的不适应性两者之间的复杂关系。他还用理论模式来阐明并预测治理社团（Therapeutie Community）的产生以及与这种社团有关的影响个人行为的一些因素。他提出的 79 个命题中有 39 个探讨个人层次的关系，23 个探讨结构性关系，9 个讨论集体关系。命题由简到繁，由浅到深。

巴顿的著作当时被认为是一本相当突出的著作。他成功地用社会学观点重新分析了各种不同的研究人员所进行的研究。这些研究人员的生活条件不同，研究方法不同，学科角度不同，他从各种不同的观察和发现中找到了共同的因素，从而导出了可供验证的假设和一些大的理论框架。虽然他自己认为这些假设还没有完全建立在坚实的经验研究的基础之上，但仍被学术界视为 70 年代灾难研究著作中真正具有社会学观点的著作。他为有志于深入探索灾难社会学研究的学者提供了许多相关的能通过经验研究来论证的假设。有的学者认为虽然巴顿本人偏爱社会调查型的定量研究，但他提出的可行性研究，也并非都需要这种特殊的研究技术。

1974 年，戴恩斯（Dynes）主编的《灾难中的组织性行为》一书，介绍了美国灾难研究中心成立以前发生的 250 例灾难中的组织性行为。它着力分析了灾难对于美国社会中正式组织的影响。书中认为，对于如何进行人员的有组织的动员、征集和开展适应环境急剧变化的工作等问题的研究，最好是把对灾难做出反应的群体分成四种类型来考察。这四类群体是：（1）已完善的群体；（2）正在发展的群体；（3）外延的群体；（4）应急的群体。书中还描述了群体之间的相互关系以及通过某些亚系统之间的合作而产生的灾难社区结构。但关于低层次的单位如家庭、个人和高层次的单位即整个社会对于灾难的反应的研究，在该书中涉及甚少。

1975年出版的《从社会学观点看人在极端环境中的组织系统》一书探讨了人（无论是个人或集体）对自然灾害及其他灾难如何做出适应性反应的问题。它研究了与灾难有关的人的各种活动，如准备、警戒、受到冲击以及冲击后期的情况等。该书选材系统，有层次，从个人、小群体到组织、社区、社会直至国际之间。书中还对不同层次的灾难研究的不平衡性做了量的分析和描述。大部分成果是研究个人层次的，其次是社区，共有1399个变量。该书至今仍是一本试图从定量分析的角度来措述灾难中各种不同的社会行为和人的行为的知识性书籍。

1976年戴恩斯和夸伦特利（Quarantelli）发表了《危机时刻有组织的信息与选择》一书，主要分析了35起灾难，提出了249个命题，其中126个把抉择作为因变量，31个把抉择作为自变量，101个把信息作为因变量，46个把信息作为自变量。1977年斯托林（Stalling）运用戴恩斯提出的四种群体分类法进行研究并为18个组织层次上的命题做了经验论证，证明外延群体或组织不易受与危机有关的组织的有效控制，经验研究还证实了完善的群体内部的小单位自主程度越大，在灾难中越不易有组织有结构地完成任务。由此，斯托林把灾难中的组织性行为分类与社会学的组织理论联系了起来。他发现灾难中大量需要特殊技术的有组织的任务大多由完善的群体承担，而大量的一般性任务则由应急性群体承担。正在扩充的群体和外延的群体或组织则居两者之间。

灾难社会学家所探讨的课题还有：救灾工作中的军民关系；发展中的组织或群体在社区灾难中的作用；社区在灾难中的职能；救灾工作中的警卫部门；自然灾害中的地方民政工作；灾难情况下的警戒系统；灾难中的信息流通；自然灾害中的社区冲突；疏散与恐惧行为；等等。此外，美国灾难研究中心还在进行抢劫与反社会行为，疏散与被疏散者，应急医疗服务及应急心理治疗等问题的系统研究。

三　灾难社会学研究的特点

综观灾难社会学研究的历史与现状，大致有以下几个特点。

1. 研究重点从社会心理转向社会组织

早期的研究，特别是芝加哥大学的国家舆论研究中心所做的一些研究，比较强调社会心理，如对恐惧心理、个人衰败、反社会行为的研究。20 世纪 60 年代初经弗里兹的倡议，国家科学院资助的一些研究逐渐将重点转移到了社会组织。1963 年，美国灾难研究中心成立，主要研究社会组织。70 年代初，巴顿的著作加强了这一趋势。之后，在整个 70 年代，除少数例外，大多数社会学家进行的灾难研究着重研究灾难中的组织。这就使过去研究工作中的不平衡性得到了纠正。社会学家应当从社会背景、社会结构方面而不是个人心理方面着手研究。

2. 研究对象从个人转向群体

70 年代中期，灾难社会学的研究对象开始从个人转向群体。以群体或社会组织为对象的研究日益增多。这一变化使理论和方法都发生了某些基本的变化。许多研究人员接受了弗里兹的倡导，认为对灾难做出反应的效果和效率更多地取决于灾难中应急组织的产生及其生存能力而不是受害者的心理准备状态，因此，所有与灾难应急有关的组织几乎都应在被研究之列。

3. 系统概念运用的增多

从事灾难研究的社会学家日益倾向于接受系统概念。主要有以下三方面的因素。首先，参加与灾难有关活动的计划人员和现场执行者认为，他们本身即是一种"人员系统"。其次，研究人员和理论工作者认为，在灾难研究中运用系统概念有益于对灾难研究进行多学科的理论探讨。他们提出了"系统压力"概念，并认为可用它来考察任何一个系统层次上的压力后果。而且，多层次的系统是相互渗透的，如心理压力对生理功能有影响，组织压力对某社区权力结构有影响。这一观点实质上是认为灾难是受到正在运行中的系统的影响的事件，而这些事件反过来又影响到系统的运行。最后，在发展救济事业中，大多数人认为救灾服务不应零打碎敲，应通过一套横向连接或纵向贯通的组织系统来进行。因此，在实际工作中必须集中相当的力量来创建精神健康服务系统和医疗护理服务系统。当研究、计划人员和现场指挥人员提出"××系统"对某灾区提供了什么样的紧急医疗服务时，就意味着包含在"××系统"内的整套医疗服务。他们要求的答复是"××系统"在提供服务时的效果和效率如何。

四 灾难社会学界的结构趋势

1. 灾难研究同社会学家和研究资助人的关系

多年来，美国灾难研究的经费来源不稳定。国家一级对灾难进行社会科学研究的兴趣和动力主要来自少数与国家科学院有关的社会学家。这些社会学家在50年代后期首先组创了灾难研究小组，并在应急计划顾问委员会及有关的院校委员会服务，其中发挥了积极作用的有社会学家弗里兹。他的研究人员身份加上他对科学团体和国家机构的知识使他在维系研究团体、研究成果的潜在应用者与研究项目资助人三者之间的关系中起着重要的协调作用。

过去由于救灾的职责分散在联邦机构的各个层次，对灾难研究的支持者也是分散的。这不免使研究产生一种倾向，即如技术人员主张研究与训练有关的课题，工程师则偏爱对工程事故的研究等。社会学在许多政府机构中一度得不到应有的席位和代表性，因而也难以向支持灾难研究的部门推广他们对救灾和灾难研究的观点、方法和技术。50年代，支持对灾难进行社会学研究的仅有少数机构，如民防部办公室和国家心理卫生研究院等。

70年代以来，美国联邦对灾难研究的兴趣倍增。政府对国家科学基金会下达了许多应用研究的任务。一些有丰富实地调研经验的社会学家被指定来指导新的研究项目。特别是60年代后期美国大学校园的骚乱激起美国政府越发关心掌握各种"紧急事件"的对策，并纷纷向社会学研究者寻求解决问题的答案。联邦政府增加了许多通常由立法规定的向地方当局提供救灾服务的任务，这使很多机构对于社会学家无论是在政策咨询或提供服务的效率方面能做出何等的贡献发生了相当的兴趣。即使是一些未直接得到政府资助的灾难研究，有些政府机构也向社会学家提出咨询。为促进地震预测技术的突破，原美国社会学会会长被任命为地震预测公共政策小组组长，小组还包括其他两名社会学家。

2. 灾难社会学研究的学术机构

60 年代以前，灾难研究一般分散在各种机构中。各项目之间联系不多，连续性也较差。美国第一个灾难研究学术机构——灾难研究中心于 1963 年在俄亥俄州立大学成立，它的研究经费的来源是多方面的，而且可延续使用一个时期，因而它得以维持一个实地研究队伍，以备发生危机时迅速开展全国性甚至世界性的研究并建立和开辟资料基地及专业图书来源。该研究中心与俄亥俄州立大学社会学系关系密切，有数十名研究生。目前在美国和加拿大积极从事灾难社会学研究并对灾难中的社会行为发生极大兴趣的社会学研究人员都曾经是灾难研究中心的工作人员，他们接受过灾难社会学的训练。这些社会学家也都曾在灾难研究中心供职。

1966 年原灾难研究中心副主任在科罗拉多大学的行为科学研究所开展了一项警戒系统与气象变化的社会后果的研究，同时对自然灾害研究进行大量评估研究。该大学坚持多学科的训练和研究，而社会学家从中又起着十分重要的作用。研究所的人员曾在国外进行过多次灾区实地考察。该所的出版物是应用性较强的多学科刊物。

3. 灾难社会学研究的队伍、出版物及有关会议

美国早期从事灾难研究的仅有一两名教授和研究生。他们的成果往往得不到发表的机会，例如灾难研究中心对阿肯色龙卷风灾的研究成果从未能得到公开的出版而只以总结报告的形式提供给资助机构。灾难研究人员极少有机会迅速地见到该领域的其他成果。60 年代以前对灾难研究有直接的实地经验的社会学家不足 20 人，到 70 年代中期，灾难社会学研究人员数量增加了 8 ~ 10 倍，论文数量从 1961 年至 1976 年增加近 3 倍。不久，灾难社会学研究情况在美国社会学年会全国会议、数次地区性会议及世界社会学大会上得到了广泛的讨论。

灾难社会学研究出版物的数量大大增加，成果的形式有发表在正规的社会学杂志、多学科综合性杂志上的论文及各研究中心的研究报告。《美国行为科学家》杂志出了灾难研究专辑。国际社会学会资助出版了专著，《灾难》杂志多发表跨学科对灾难的研究成果。美国灾难研究中心、英国布雷德福大学灾难研究所和科罗拉多州行为科学研究所分别出版的几种灾难社会学通讯为：《意外事件》、《灾难研究》及《自然灾害观察家》。

灾难社会学研究力量的加强，成果与信息交流的日趋频繁以及各种专业性国际会议的召开都表明，一个灾难社会学研究的国际网络已经形成。1972年美国灾难研究中心召开了为时一周的日美合作研讨会，有数十名社会学家参加。1975年巴黎灾难社会心理学研究中心也召开过国际会议。此外，还有日意灾难社会学合作研究会议。国际合作旨在交流研究成果，传播预测灾难、减轻灾难后果的经验。在这方面，美日之间有关地震预测及减轻震灾损失的经验交流活动是名列前茅的。由此也不难看出灾难社会学的跨文化协作研究已经在世界范围内开展起来。

五　灾难社会学研究存在的问题及今后的方向

1. 加强经验研究，促进理论建设

美国社会学界认为，从总体看，20多年来灾难研究的理论建设不够，经验研究多以中层理论为基础，没有重大的突破。对应急群体的研究多运用集体行为理论，许多灾难预警的研究则以符号互动论为理论框架；对复杂社会组织的研究往往用一些现成的组织理论。因此，如何在这一研究领域进行新的理论探索，具有十分重要的意义。美国社会学家特纳（R. X. Turner）对紧接灾后出现的典型的社会凝聚力进行了反复的观察并提出重新按迪尔凯姆关于机械和有机团结理论进行解释。总之，美国灾难社会学界一致建议首先应从经验研究中建立新的概念和理论，其次是用经验研究进行论证，然后还需通过经验研究提出今后值得研究的一些问题。这种研究积累的基础越坚实，研究成果的质量和理论价值就越高。

2. 充分开展多学科灾难研究

在灾难研究领域，多学科研究能取得更好的成果并付诸应用的观点未得到应有的支持。不少美国社会学家认识到过去或多或少地忽略了某些研究领域，例如对于两名政治学家提出的唯一的基于经验研究的论文和澳大利亚一些颇有声望的政治学家的观点未予以足够的重视。这些学者认为一切灾难现象本身具有内在的政治性质，对此，美国社会学家未做出任何反应。美国社会学界认为，被忽略的还有商业界与灾难的关系。关于灾难中的公司、企业和工会组织的研究和论文十分少见。商业团体对灾后的恢复和重建虽然甚为重要，但除全国灾难研究中心有一些未发表的关于银行、储蓄、借贷方面的资料外，美国社会复杂的金融系统与灾难的关系这一课题尚未得到社会学的研究。灾难社会学家夸仑特利与戴恩斯指出，即使是在相当有基础的知识领域，对灾难的研究不能不说没有空白，例如关于个人对警报的反应的资料已十分丰富，然而如何通过在灾难中涌现出来的应急组织来实现警戒过程的研究还很少有人进行。有关医院实施救灾服务的研究不少，但如何妥善处理尸体，几乎是个未被问津的课题。一般地说，其他学科对灾难研究的成果往往被贬低为"仅高于一般常识"的水平。因而，学术界号召，为了学科本身及学科服务对象的利益，社会学家在继续对灾难做出高质量的社会学研究成果的同时，还应适当注意跨学科的研究。

3. 反复验证调查研究中发现的问题

由于灾难研究的特殊性，一般地说，许多研究结果都是以对一两起在特定时空和环境下发生的灾难的调查研究为依据的。研究人员又往往爱好探索新的问题，在某次灾难研究中发现的问题很少再被置于另一些灾难研究中去考察和验证。因此，美国灾难社会学家们强调，需要加强经验研究，反复考察和验证已知有争议的，但尚未得出确切的结论的问题。至目前为止美国有不少研究表明在美国的灾难中很少有抢劫行为，但也有一些研究人员观察到其他社会的灾难中有抢劫行为，原因据说是这些社会灾前关于财产安全的立法规范与美国不同。虽然多数社会学家认为在一切灾难中都很少发生抢劫案，但却缺乏资料来支持这一观点。目前的研究基本上只能说在美国或其他西方社会的灾难中抢劫案是罕见的。

另一个例子是关于灾难中人的精神健康问题。研究证明，美国一些典型中等规模的灾难发生后几乎没有发现任何精神病人。然而在某些零散的工作中却发现真正的大规模的灾难对精神健康会造成不同的后果。社会学家埃里克森（Erikson）在对布法罗湾水灾后社区结构破坏的分析中提出，目前被普遍接受的灾难不会使精神失常的概括应做某些修正。他认为只有对不同社会发生的灾难进行反复的研究以后，方可做出上述结论。

美国社会学家还认为，其他国家的灾难研究的结论与美国雷同。例如英国关于一个工厂爆炸的研究，日本对一个夜总会大灾的研究，菲律宾对家庭遭灾后搬迁行为的研究，其结论均未对美国同类研究提出异议。但这并不意味着这些结论具有世界普遍意义。今后尚需有更多的交叉文化研究才能对灾难中的人和社会行为做出较为客观的结论。

此外，美国社会学家在对灾难做政策性研究时，往往受行政的支配，行政有权决定承担研究项目的学科，决定优先研究的课题及研究方法。各学科研究人员难以保持一定程度的自主权。

本文主要参考材料

1. C. E. 弗里兹：《灾难》，戴·R. 默顿编辑的《社会问题》一书，纽约哈尔考特·布雷斯与世界出版社，1961 年。

2. G. A. 克雷普斯：《社会学探索与灾难研究》，美国社会学年度评论，1984。

3. 夸伦特利、R. R. 戴恩斯：《对社会危机与灾难的反应》，美国社会学年度评论，1977。

4. R. R. 戴恩斯：《灾难中的组织性行为》，俄亥俄大学灾难研究中心出版，1974。

5. T. E. 德雷贝克：《灾难对家庭职能的长期影响》，丹佛大学出版社，1973。

群众对物价变动的社会心理反应

——八城市居民调查[*]

"物价心理反应"课题组

　　近年来，国家对原有的物价体制和物价体系做了初步改革，放开和调整了某些商品的价格，推动了生产结构、消费结构的合理化和国民经济的协调发展。随着价格放开，社会上也出现了某些乱涨价和变相涨价的现象。物价问题牵涉千家万户，就广泛性与深刻性来说，它对群众心理的影响是其他方面的变动不可比拟的。物价问题又牵动每一个人的神经，引起人们对物价改革及至整个经济体制改革和政治体制改革的褒贬，关系到改革的成败。因此，了解群众对物价变动的反应，从社会心理学角度探讨原因与对策，实属必要。为此，我们于1986年下半年对8个大中城市（北京、长春、青岛、芜湖、武汉、广州、成都、西宁）的居民做了较大规模的调查。调查从每城市杂居地区的居委会抽样，共发出问卷3800份，收回有效问卷3485份，回收率91.7%。

　　在所回收问卷的填答者中，男性占60.7%，女性占39.3%；25岁以下者占17.4%，26～35岁占28.1%，36～45岁占21.7%，46～55岁占19.6%，56～65岁占9.7%，66岁以上占3.4%；已婚者占79.5%，未婚者占20.5%；没文化者占2.6%，小学文化程度者占8.8%，中学文化程度者占60.7%，大学以上文化程度者占27.9%；月实际收入60元以下者占14.5%，61～90元者占31.6%，91～120元者占27.5%，121～150元者占15.2%，151～200元者占8.2%，201～250元者占2.0%，250元以上者占0.9%；工人占30.0%，销售服务员占4.6%，知识分子占21.7%，行政干部占32.7%，个体劳动者占1.6%，其他职业者占4.6%，无职业

　　* 原文发表于《社会学研究》1987年第6期。

者占 4.0% ，农民占 0.8% 。

一 群众对物价变动的心理反应

（一） 对物价变动后生活水平变化的估价：有升有降

群众对物价变动以来实际生活水平的变化是如何估计的？本调查结果见表 1 。

表 1 群众对物价调整以来实际生活水平的判断

实际生活水平变化	有很大降低	有一点降低	没升没降	有一点提高	有很大提高
人数 %	6.6	32.5	21.9	36.3	2.6

可以看出，认为生活"有很大降低"或"有一点降低"、有"很大提高"或"有一点提高"的比例相近，各占 40% 左右。但认为"有很大降低"的人数比例却较认为"有很大提高"的人数比例明显较多。

哪一群体更倾向于认为有降低或有提高？

按收入水平分类，月收入 90 元以下者和月收入 201 元以上者中认为有降低的人数比例偏大，月收入 91 元到 200 元者认为"有一点提高"的人数比例偏大，认为"有很大提高者"偏小，认为"没升没降"者也偏大。总的来看，中等收入者更倾向于认为有提高或未降低。

按文化水平分类，中学以下文化程度者中认为有降低者偏多，大专以上文化程度者中认为有提高者偏多，小学以下文化水平者更倾向于认为"有很大降低"。

按职业分类，工人、销售服务员、知识分子、无职业者偏向于认为有降低，行政干部、个体户偏向于认为有提高。

按年龄分类，36 岁以下者和 55 岁以上者偏向于认为有降低，36 岁到 55 岁者偏向于认为有提高。

另外，男性较女性更偏向于认为有提高。

尽管一些人认为"物价变动以来"自己的实际生活水平"有提高"，但不是认为"物价变动"导致了生活水平的提高。实际上，多数人都认为物价变动给自己带来了不利影响。这些影响主要是：

手头感到紧张了	39.5%
吃有营养的食品少了	5.1%
买大件物品的计划耽误了	3.8%
结婚置家的费用增加了	4.5%
年迈退休后的生活不保险了	6.9%
用于文化娱乐的钱少了	2.5%
学习受到了妨碍	2.4%
因忙于应付生活，工作事业成就受到了影响	8.1%
其他	8.7%

以上不利影响可以分为 3 个大类：（1）生活水平下降；（2）生活水平提高受阻；（3）远大抱负受干扰。认为生活水平下降（手头感到紧张了）的人数比例最大，与表 1 的数字接近，认为远大抱负受干扰的人数比例最小。这表明，那些认为生活没升没降或有提高的，也不同程度地受到了物价变动的影响，但所受影响的方面有不同。其中，收入水平低的人较偏向于认为"手头感到紧张了"，"买大件物品的计划耽误了"，"结婚置家的费用增加了"，"用于文化娱乐的钱少了"，"学习受到了妨碍"，收入水平高的人较偏向于认为"吃有营养的食品少了"，"年迈退休后的生活不保险了"，文化水平高的人偏向于认为"因忙于应付生活，工作事业成就受到了影响"。

综合上述，可以认为，对物价变动以来的生活水平变化，群众认为有升有降，多数群众都感受到了物价变动对自己的不利影响。

（二）对物价变动的态度：明显不平衡

态度包括 3 种心理成分，即认知成分、情感成分、行为成分。调查结果（参见本刊本期《城市居民对物价改革态度的补充分析》，本文不再详述）表明，群众对物价变动的态度表现出明显的不平衡。具体如下。

肯定与否定的不平衡：约 54% 的人赞成调整物价，约 34% 的人不赞成调整物价，约 20% 的人抱无所谓态度。在前面部分人中，抱温和态度的人多，抱极端态度的人少。

正确与错误的不平衡：认识正确与比较正确的较多（50% ~ 66%），认识错误（40% ~ 20%）或模糊（10% ~ 20%）的人数较少。

高兴与不安的不平衡：对物价变动感到高兴与很高兴的人少（1%～2.7%），对物价变动感到不安、愤怒、忧虑、恐慌的人多（71.4%～72.3%），平静者居中（24.9%～27.3%）。

积极与消极的不平衡：对物价变动倾向于做出积极行为反应的（"积极宣传调价的意义"，"劝亲友不要抢购"）人少（10%），倾向于做出消极行为反应的（"抱怨"，"发牢骚"，"发火"，"工作积极性下降"，"提意见"，"多买东西"）人多（69%），无动于衷的人居中（15%）。

态度、认识、情感、行为倾向间的不平衡：对物价改革的意义认识正确的人多（50%～60%），抱肯定态度的人较多（45%），行为倾向积极的人较少（10%），情感反应积极的人最少（1%～2.7%）。

不同群体的态度、认识、情感、行为倾向反应均表现出明显的不平衡。

综合上述，可以认为，群众倾向于对物价改革在认识和总体态度上肯定，在行为倾向和情感体验上否定，否定倾向明显强于肯定倾向。

（三）对物价变动的心理承受能力：仍显不足

心理承受能力指个人心理结构及由其决定的内外部行为在一定外界压力下相对稳定的可能性。价格体系的改革，引起了人们日常生活环境的重要变化，给人们施加了诸多的生活压力，个人能够经受住这些压力，很快适应变化了的环境，使自己的心理结构及由此决定的内外部行为保持正常和相对稳定，即为心理承受能力强。反之，不能承受压力，不能适应环境变化，引起心理结构的消极改变，表现出不适当的适应行为，即为心理承受力差。

心理承受能力的指标应是综合性的，不能只根据群众没有上街游行就认为其承受能力强，也不能只根据人们没有过激言论就是承受住压力了。在本调查中，我们以4项指标衡量群众对物价变动的心理承受能力。

1. 对物价压力的情绪反应

在一定情绪压力下，消极的情绪反应小，或者在价格上涨幅度较大时，消极情绪增加的幅度较小，是心理承受力强的一个指标。这是以特定情绪或限值做的度量。在本调查中，对于0.18元1斤的粮食，上涨到0.20元就明显不愉快的占31.9%，上涨到0.25元就明显不愉快的占到63.3%（累加，参见表2），只有17.4%的人能容忍上涨到0.35元以上。即是说，就单一商品涨价压力而言，对应于10%到38%的涨价幅度，多数人都表现为缺乏足够的承受能力。

表 2　对应于粮价上涨幅度的明显不愉快

粮价上涨幅度（0.18 元起始）	0.20 元	0.25 元	0.30 元	0.35 元	0.40 元	0.45 元	0.50 元	0.60 元
人数%	31.9	31.4	19.3	5.5	4.7	0.6	0.8	5.8

2. 极端行为的可能性

极端行为包括抢购、游行、示威、请愿、行为发泄、街头暴力等。这些行为可以由物价上涨直接激起，也可能因在物价上涨产生积怨的基础上由其他导火线引起。一定的物价变动引起了群众的某种极端行为，可认为人们对这种物价变动的心理承受力较小。在本调查中，表示听到商品涨价消息，看到别人去买东西，自己也去买或有可能去买的，占到 35%（见表 3）。

表 3　听到商品涨价消息时抢购的可能性

抢购的可能性	一定也去买	有可能去买	不一定去买	不去买	劝别人也不要去买
人数%	5.0	30	35	24	3

抢购是一种受暗示性、非理智性的社会心理现象，一些人去抢购，会引起另一些人的恐慌不安，后者会不自觉地投入抢购风潮，并对其他人产生暗示，造成循环反应。因此，除表示可能参加抢购者外，其他人在抢购达到一定程度时是否参加抢购，很难预料。就这一指标衡量，对当前物价变动承受力不足的人数占到三分之一以上。

3. 工作积极性的变化

对于物价上涨，很多人不是冲动攻击，而是消极对抗，表现在行为上即是拒绝接受国家的政策、法令和宣传，工作时劳动积极性下降，出工不出力。对应于一定物价上升幅度的积极性下降幅度，是心理承受力的一个重要指标。在本调查中，报告大幅度涨价时自己最明显的反应是工作积极性下降的人数占到 9%，报告主要反应是抱怨、发牢骚、找碴儿、发火——这些情绪或行为反应都可能伴随工作积极性下降——的占到 60%，两者合计占到总人数的 69%。在我们的另一个关于企业职工劳动积极性的调查中，绝大多数职工将物价上涨列为影响劳动积极性的重要因素。在天津，城市调查队在居民对价格改革的心理承受能力的调查中认为：物价上涨是影响职工生产积极性的"非常重要"的因素之一的人数，占到68%。[①] 这说明，相对于前一段的物价上升幅度，群众劳动积极性下降较大，有60%~70%的人承受能力较低。

4. 心理结构的相对稳定程度

对应于一定物价上升幅度的心理结构的相对稳定或积极变化，是群众承受能力的最重要指标。本调查侧重了解群众需要结构的变化情况。

人的需要是一个完整性心理结构，由各类需要相互联系、相互作用构成。各类需要之间存在一定的由低到高的层次关系，其中占稳定的支配地位的需要称为优势需要。优势需要处于何种层次，反映出需要结构的发展水平，层次变动则反映出需要结构的内部调整。优势需要向较高层次发展反映出需要结构的积极变化，向较低层次倒退则反映出消极变化。本调查测查了群众的10种类型的优势需要。相关统计证明，这10种需要间存在明显的层次关系。其由低到高的层次关系和测查结果见表4。

表 4　物价变动引起的群众优势需要层次变化

需要	层次	因物价变动变得 不迫切的	因物价变动变得 更需要的	变化差
安宁稳定，生活确有保障	一	17.6%	45.7%	+28.1%
有吃有穿，物质生活丰富	二	11.1%	23.4%	+12.3%
独立平等，不受别人压制	三	12.4%	7.6%	-4.8%
交际广泛，遇事有人帮助	四	5.5%	3.1%	-2.4%
密切关系，丰富人间情感	五	4.5%	2.9%	-1.6%
兴趣爱好，文化生活多彩	六	13.0%	2.7%	-10.3%
地位名望，取得尊严自尊	七	4.7%	1.3%	-3.4%
知识才能，完善良好人格	八	3.3%	4.4%	+1.1%
成就事业，为社会有所建树	九	6.9%	4.3%	-2.6%
服务人民，做出应有贡献	十	11.8%	3.9%	-7.9%
其他	略	9.4%	1.0%	-8.4%
平均层级		4.84	2.27	-2.57

[①]　贾纪：《居民对物价改革的心理承受能力调查》，《光明日报》1987年3月21日。

从表 4 看出，因物价变动，40% 的人（只就百分比数字而言，实际上有的人由第十层降为第九层，有的人由第九层降为第八层……这样计算，优势需要下降的人数远超过 40%）的优势需要由高层次向低层次变化，其中 28.1% 的人更为需要"安宁稳定，生活确有保障"，12.3% 的人更为需要"有吃有穿，物质生活丰富"；变得不重视"服务人民，做出应有贡献"的占到 7.9%，不重视"兴趣爱好，文化生活多彩"的占到 10.3%。变得不迫切的需要的平均层级为 4.84，变得更需要的平均层级为 2.27，两者相比，相差 2.57 级。就是说，从总体上看，人们的优势需要下降了一半以上。

综合上述 4 项指标，可以认为，群众对物价上涨压力的心理承受能力在近几年内有了一定程度的提高，但远不像有些报告估计的那样乐观，对应于去年下半年的物价上涨幅度，能够良好适应的人数约占三分之一，其余约三分之二的人均表现出不同程度的心理承受能力不足。

另外，不同群体对物价上涨压力的心理承受能力也有不同。

经济收入水平高的群体心理承受能力较高，经济收入水平低的群体心理承受能力较低。例如，对 0.18 元 1 斤的粮食上涨到 0.20 元 1 斤就感到明显不愉快的人数比例，月收入 60 元及以下者中占 41%，61~90 元者中占 37%，91~120 元者中占 29%，121~150 元者中占 23%，151~200 元者中占 20%，201~250 元者中占 16%，250 元及以上者中占 21%。

文化水平高的群体心理承受力较高，文化水平低的群体心理承受能力较低。例如，表示一定参加抢购或有可能参加抢购的人数比例为，没文化者 42%，小学文化者 37%，中学文化者 37%，大学文化者 29%。

年龄大的群体心理承受力较高，年龄小的群体心理承受力较低。例如，表示大幅度涨价时自己最明显的反应是工作积极性下降的人数比例，25 岁及以下为 12%，26~35 岁为 10%，36~55 岁为 8%，56~65 岁为 5%，66 岁以上为 7%。

个体户、其他职业者、行政干部的心理承受力较高，工人、销售服务员以及知识分子的心理承受力较低，例如，因物价变动引起的优势需要层次降低，工人下降 2.1 层，销售服务员下降 2.9 层，知识分子下降 2.3 层（知识分子报告可能参加抢购、工作积极性下降的人数比例较小），行政干部下降 1.9 层，其他职业者下降 1.8 层，个体劳动者下降 0.8 层。

男性的心理承受能力较高，女性偏低。

（四） 对物价变动的适应策略：正确但欠主动

面对不断变动的物价形势，群众都选择何种行动方针或行为手段进行适应？这方面的适应策略不仅关系到个人适应物价变动的程度和成败，也关系到国家物价改革应采取的方针和方法。为此，本调查做了这方面的测量，所得结果见表 5。

表 5　群众对物价变动的适应策略

适应策略	正确性	主动性	人数%
生活节俭朴素	正确	被动	35.1
多多挣钱	正确	主动	16.4
多留存款	正确	被动	2.1
多存东西	正确	被动	1.5
申请补助或救济	不正确	被动	2.2
向政府提意见	—	—	9.6
有钱就花	不正确	被动	9.8
不闻不问	正确	被动	3.8
努力工作和生产	正确	主动	16.2
其他	—		3.5

表 5 表明，群众对物价变动所采取的主要策略一是"生活节俭朴素"，二是"多多挣钱"和"努力工作和生产"，三是"向政府提意见"和"有钱就花"。按正确与不正确分类，群众中适应策略正确的占到75.1%（"向政府提意见"含义不确定，不计在内），不正确的占12.0%。按主动适应还是消极应付分类，群众中适应策略主动的占32.6%，被动的占54.5%。说明我国绝大多数城市居民都能正确适应物价变动，摆正自己与国家的关系，但其中传统的俭朴、节衣缩食方针仍占主流，主动性、现代性明显不足。面对商品生产中必然出现的物价变动和逐渐上涨，光靠"节衣缩食"的"收缩法"，而不发展"增产增收"的"扩大法"，难免步步后退，坐以待毙。约三分之一的人在这方面已更新了观念，以努力发展商品生产来应对商品生产中必然出现的物价变动，这是适应策略的必然的发展趋势。

不同群体的适应策略有明显不同。

按收入水平分类，经济收入低的群体中策略正确的人数比例较小，"多多挣钱"的人数比例较大；经济收入高的群体中策略正确的人数比例较大，"努力工作和生产"的人数比例较大。

按文化水平分类，文化水平低的群体适应策略正确的人数比例较小，主张应"生活节俭朴素"的人数比例较大（没文化者48%，小学文化者46%，中学文化者34%，大学文化者30%）。文化水平高的群体适应策略正确，主动的人数比例均较大（人数比例分别为：没文化者78%，15%；小学文化者：84%，23%；中学文化者：87%，32%；大学文化者87%，35%）。

按年龄分类，年龄小的群体适应策略主动积极的人数比例较大（人数比例依次为：25岁及以下37%，26~35岁33%，36~45岁35%，46~55岁31%，56~65岁18%，65岁以上13%），年龄大的群体以"生活节俭朴素"为方针的人数比例较大（人数比例依次为：25岁及以下20%，26~35岁31%，36~45岁37%，46~55岁39%，56~65岁51%，65岁以上57%）。

按职业分类，个体劳动者中适应策略积极主动的人数比例最大（43%），其次是行政干部、知识分子和工人，无职业者、其他职业者和销售服务员的适应策略相对消极被动。

（五）对国家物价调整方针的期望：给予补偿和调价幅度

群众希望国家怎样调整物价？希望国家怎样对待群众因物价变动遭受的利益损失？本调查结果见表6。

表6　群众对国家物价调整方针的期望

期望	人数%
给予足够的物价补贴	24.7
多发奖金	5.2
让工资增加幅度与物价上升幅度相平衡	50.3
多发有用的东西	0.9
允许单位随便发钱	0.9
让存款利息随物价上升的比例增加	2.0
提高自己所产物品的出厂或收购价格	0.6

续表

期望	人数%
对不同商品的价格有升有降	6.5
给自己提供更多的赚钱机会	3.1
调整所在地区的工资类别	4.3
其他	1.5

可以看出，群众最大的希望是减少因物价变动引起的损失，得到物价补贴或相应的工资增长，而不是要求其他无关的东西，更没有额外的要求。同时，多数群众也并不要求国家补偿因物价变动造成的全部个人损失，而是得到部分补偿即可（希望补偿全部个人损失的占39.5%，希望补偿大部分个人损失的占30.5%，补偿一半个人损失的占11.6%，补偿小部分个人损失的占11.2%，不要任何补偿的占7.0%）。

在调价的幅度、步骤和方法上，多数群众则要求"逐步调整"，"涨价幅度不要过大"，以及"告诉自己实情"（参见表7）。

表7　群众对调价幅度步骤和方法的期望

期望	人数%
提前公布决定，告诉自己实情	14.8
事先透露风声，让人们把东西买够	1.5
提早一天打招呼，让人们没有时间事先买东西	0.7
不公布消息，以免人们抢购	2.5
暗地里慢慢长，不要让人们察觉出来	2.2
逐步调整，让自己有个适应过程	13.6
考虑群众负担，涨价幅度不要过大	57.5
严厉制裁制造抢购等类事端的人	2.2
做好宣传教育，要求人们顾全大局	8.9
其他	2.1

综合上述，可以看出，群众并不一概反对国家调整物价，只是希望调价幅度小些，给予一定的补偿。这说明我国群众是顾全大局、通情达理的，其要求也是合情合理的。

另外，不同群体的要求和期望也有所不同。主要表现为：经济收入低的群体更倾向于要小幅度，逐步调整，多发奖金；中等收入的群体更倾向于要求"让工资增加幅度与物价上升幅度相平衡"；文化水平低的群体更倾向于要求"幅度不要过大"，"给予足够的物价补贴"，文化水平高的群体更倾向于要求"提前公布决定"，告诉自己实情，"让工资增加幅度与物价上升幅度相平衡"；年纪小的群体更倾向于要求"逐步调整"，"告诉实情"，"多发奖金"；中年群体更倾向于要求"让工资增加幅度与物价上升幅度相平衡"；老年群体更倾向于要求"足够的物价补贴"；工人、销售服务员更倾向于要求"给予足够的物价补贴""多发奖金"；知识分子、行政干部更倾向于要求"让工资增加幅度与物价上升幅度相平衡"。

二 影响群众对物价变动心理反应的主要因素

（一）群众收入水平与国家物质生产水平

从上述结果看出，对物价变动的心理反应与群体的经济收入水平有明显对应关系。月收入水平高或较高的群体，认为生活水平有提高或未降低的人数比例（201元以上者除外）较大，对物价变动持肯定态度、有较强承受能力、采取正确而主动的适应策略的人数比例也偏大。这说明，收入水平是物价变动心理反应的重要决定因素，家庭物质生活基础是这一反应的重要基础。相当大部分群众对物价变动反应消极，即在于其物质生活基础尚较薄弱。

物质生活基础决定对物价变动的心理反应，在于不同物质生活基础对同样的物价变动有不同的容许度，这种容许度与家庭收入用于必要的吃、穿、用之后可以自由支配的量密切相关。一个人均生活费100元的家庭，如果除必需的吃、穿、用开支外尚有人均50元的自由支配量，它对于10元左右的物价净涨量就有较高的容许度，其心理也有较高的容忍度。相反，那些除必需的吃、穿、用开支外只有10元自由支配量的家庭，面对10元左右的物价净涨量就会难以应付。这使他们深感生活水平下降，前景难以预料，对物价上涨难以容忍和承受，产生否定态度。因为他们必须面对现实问题，也难以从深层和更高的水平看问题，发展起主动积极的适应策略。我国人民的收入水平近几年有了较大提高，但从绝对水平以及相对于近几年的物价上涨幅度来看，仍属较低。人们的收入绝大部分用于吃、穿等基本支出，而近年来副食品价格的上涨幅度又较大，这是群众对物价变动反应消极，而且呼声时有增高的根本原因。

提高群众的物质生活基础有利于转变其消极反应，但这又有赖于国民经济的较高速发展和国家物质基础的雄厚。目前，我们在这方面尚比较薄弱，家底较"薄"，生产企业的效能效率不高，长时间的生产比例关系失调造成了潜在的通货膨胀，拿不出过多的钱来增加人们的个人收入。而且，这种背景下的物价放开，会使过去受到压抑的通货膨胀表面化，造成物价上涨；物价上涨导致消费支出增多，后者又加剧了物价上涨，一些生产者和经营者乘机涨价，国家又拿不出足够的钱来平抑物价。这非但无助于增强群众的物质生活基础，反而加大了其生活开支，导致了群众消极心理反应的出现、增强和长时间的持续不息。

（二）公平感与社会公平

经济收入水平与对物价变动心理反应之间对应关系所啃示的另一个影响因素，是经济收入水平的相对值。即经济收入水平的相对量影响着人们对生活水平变化的估计以及对物价变动的态度，心理承受能力和对调价的期望。经济收入水平的相对值，一是指个人收入量与他人收入量之间的"差"，二是指某个人当前的收入量与以前收入量的"差"。前者对物价心理反应的影响表现为经济收入水平相对高于他人的群众，对物价变动的心理反应相对积极；后者对物价心理反应的影响表现为，那些收入绝对值较高，但近几年收入提高较少的群体，对物价变动的心理反应相对消极。例如，月收入 250 元以上的群体，其心理反应就比月收入 201~250 元的群体和 150~200 元的群体相对消极。其中的原因之一，即是这部分人（在国营企事业单位工作的）近几年内未增加工资或者提高不多，收入"硬化"，生活相对下降。

收入水平的相对差不仅指经济收入，而且指"精神收入"或"社会收入"，即从社会所得到的地位、尊重、重视和声望。"社会收入"或"精神收入"的相对差同样影响着人们对物价变动的态度。从上面结果可以看出，不同职业群体对物价变动的心理反应明显不同。工人、销售服务员的心理反应相对消极，行政干部、知识分子、个体劳动者的心理反应则相对积极。其中的一个重要原因，即在于这些群体的经济收入和精神收入、社会收入存在差距。个体劳动者从物价变动中得到了更多的实惠，行政干部在社会上享有较高的地位，知识分子的社会地位也相对提高，工人与销售服务员在经济收入方面比不上个体劳动者，在社会地位方面又有所降低，比不上干部和知识分子。存在价值下降，若有所失，决定了他们反应的相对消极。

收入水平的相对差影响对物价变动心理反应的心理中介，是人们的"不公平感"。人们在社会生活中经常有必要对各种事物及其对自己的效用进行评价，当缺乏恒定、客观的尺度时，就要以别人和以前的自己为"参照系"。就收入（经济收入、社会收入）而言，就有必要以别人的收入和为此做出的支出（劳动）以及以前自己的收入和支出为尺度。当自己的收支比例与他人的收支比例接近，或自己当前的收支比例与以前的收支比例接近时，即会感到公平；反之，则产生不公平感。不公平和不公平感作为个人与社会不平衡的标志，会激起人们消除不公平，取得公平的需要。如果人们对收入感到明显不公平，物价变动给每个人的影响又相对公平，那些收入水平相对低下的群体就会感受到更大的不公平，从而要求公平，并对造成或加剧不公平的物价变动做出消极反应。

统计表明，城市居民近几年的收入增长超过了生产发展，而且大大超过了物价上涨指数。在这种情况下，人们还认为生活水平有下降，除少数人的生活确因物价变动受到影响外，其重要原因即是感到自己的生活水平和收入水平"比别人有下降"，或"与别人的差距加大了"。不公平感弱化了对收入增长的意识，强化了消极心理反应。

一个时期内，我们对群众的"不公平"心理缺乏客观的、全面的分析，将其归结为"不患寡，而患不均"的传统文化心理，认为是"不合理的攀比"和"国民的劣根性"。这类分析和宣传并不能改变群众的心理状态，而视群众为落后、留恋"大锅饭"的指责，只能引起人们的反感。

不公平感的产生和增强有其客观基础，它是分配关系变动而又不尽合理的产物。以前，我国在城市中实行的是与劳动关系不大的分配制度。这种"大锅饭"制度压抑了人们多劳多得的积极性，但也使人们在经济发展水平低、社会产品不够充裕的情况下，能够维持温饱，避免了多数人因贫富不均而陷入困境，即维持了一种不管干多干少都有吃有穿的压抑性的消极公平。为增强劳动者与企业的活力，有必要在劳动与收入之间建立直线关系，打破消极公平，建立积极公平，此即价格改革乃至整个改革的主旨所在。

然而，几年来的城市改革尚未达到这一目的。它在一定程度上打破了"大锅饭"，却没能在劳酬之间建立起良好的直线关系；它打破了消极公平，却没能建立起积极的公平。相反，造成了企业间、行业间、各大生产门类间、生产与流通领域间、企业与事业单位间职工收入的较大不平衡。生产资料价格的调整促进了企业在平等基础上的竞争，也导致了内部危机的相互转嫁，加大了分配的不平衡。

收入的不平衡如果与劳动支出的不平衡相对应，即是一种公平，然而当前这种对应不够完全，甚至存在着较大的扭曲与背离，即不公平，因而加强了人们的不公平感。加之群众的物质生活基础尚较薄弱，对收入差距的容忍度较小；过惯了大锅饭日子，对收入差距拉大不够习惯，这种不公平感即有增无减。

价格改革之所以尚未建立起积极的公平，同样与"大锅饭"体制下的物质基础薄弱有关。另外就是维持消极公平，使不同劳动获得相同收入的机制没能消除，劳动与收入分配之间的无关中介因素过多。在这种情况下放开物价，被压抑了的劳动与收入间的扭曲即被释放，非劳动因素导致的收入差距随即扩大，职工要求与高收入单位看齐的呼声日高。国家不满足要求会导致劳动积极性下降，满足要求导致消费基金增长，通货膨胀，物价上涨和资金短缺。任择一路都会造成生产下降，差距加大，不公平感增加。

另外，国营、集体企业经济体制改革的某些环节不够完善，承包制、租赁制下的经营者与生产者之间的关系和地位的改变，民主制度与民主监督体制的不够健全，也容易使工人产生地位下降感和被雇用感，从而加强不公平感。

（三）参与意识与实际参与

与工人、销售服务员相比，行政干部对物价变动的反应之所以比较积极，除其社会地位或"社会收入"较高外，还与他们对物价调整的参与意识较强有关。我们的物价调整动议是干部层提出的，价格政策和调价方针、步骤是干部制订的，调价行动也是由干部执行的。即使不直接从事物价工作，每个干部也不同程度地参与着经济体制改革工作，而价格改革又是经济体制改革的一部分。因而，他们对物价有着更为密切的关系。这些都使得他们的参与意识较强。

参与意识之所以影响对物价变动的心理反应，在于参与者因此感受到自己对社会的影响和对国家的贡献，引起自豪感，感受到自己对价格改革与物价变化承担着义务，引起责任感；感受到价格政策的正确与否与自己的尊严密切相关，引起自卫和保护倾向；感受到自己为制定和执行价格政策付出了劳动和心血，产生使之开花结果、有所收获的愿望；感受到价格改革的必要性和价格政策的正确性，产生"真理在握"的情感。这些，都有助于对物价变动积极心理反应的产生和加强。反之，参与意识淡薄或缺乏，则可能使非参与者袖手旁观，对价格变革中出现的问题评头论足，对物价变动给自己带来的不利影响斤斤计较，从而产生或加强消极反应。可以认为，参与意识淡薄，是相当一部分群众对物价变动消极反应的心理根源之一。

参与意识是实际参与行动的心理反应。不能将群众参与意识淡薄归因于"觉悟不高"，"不关心改革"，"不关心国家大事"。行政干部参与意识强，在于他们对价格调整乃至整个改革有较大的参与度。一些群众参与意识淡薄，在于他们没有较多的参与机会或没有可能进行深入的参与。价格改革的特点决定了它的从上至下性。为维护市场稳定，有时还必须对调价情报进行封锁，更不能事先征求意见，展开讨论。提前打招呼的做法使干部感到麻烦，群众也感到在调价面前无能为力，多此一举，至今已被取消。有些决策部门认为自己是决策者，大权在握，命令一下，人们不同意也得同意，没有必要让人们七嘴八舌先发言。凡事走群众路线，办事要充分发动群众的做法被视为"过时"或"大轰大嗡"，已较少被人们提起。这些，都可能限制群众的参与行动或参与深度。

（四）前景展望与现实前景

如果说个体劳动者对物价变动的较积极心理反应主要基于经济收入的提高，行政干部的较积极反应主要基于其社会地位较高和参与意识较强，那么知识分子的较积极心理反应则主要与其知识水平较高有关。从前述结果看出，对物价变动的心理反应与群体的文化水平有明显对应关系：群体的文化水平越高，对物价变动的心理反应也就越积极。反过来也可以认为，相当大部分群众对物价变动反应消极，原因之一是文化水平不高。

文化水平影响对物价变动心理反应的原因，在于一定的文化知识有助于群众对价格的认识和经济规律的理解；有助于人们看到面临的经济问题及其可能后果，激起危机感；有助于人们拓宽眼界，看到物价变动可能带来的更大利益，激起光明感。光明感使人满怀希望，充满朝气，不屑于眼前的困难，忍受住暂时的阵痛，对物价变动抱比较正确的态度，发展起较强的心理承受能力和较积极正确的适应策略。相反，不理解经济规律与价格变动，看不到物价变动可能带来的美好前景，留恋虚假的"物价稳定"，则容易产生消极的心理反应。

一些群众不理解价格改革，缺乏危机感和光明感是一个方面，我们的物价宣传不够有力、未能深入人心是另一方面。相当长一段时间内，存在对物价宣传的忽视，改革措施多，宣传改革措施少，似乎只要实施就行了，群众理解不理解没关系。某些物价宣传不注意群众的心理规律，将群众作为指责的对象，说群众"水平低下""小生产思想"，对价格体系改革的某些做法有意见即是"承受力差"，引起群众的反感和对物价宣传的抵制。有些宣传把给群众的物价补偿也计入收入的增加，说成是改革的成果，使得群众认为改革的成果是应得的，物价上涨却把应得的部分抵销了。有些宣传只讲当前的成绩，不讲物价变动可能带来的经济震荡和心理阵痛，使人们缺乏必要的心理准备，一遇震荡就心理紧张，产生"受骗感"。有些宣传不注意引导人们向前展望，展示价格改革可能带来的前景，或者宣传内容过于简单，缺乏科学而逻辑的论证，使人感到前景黯淡，前途莫测，情绪低沉。这些做法，都无助于人们理解价格改革，振奋精神，满怀信心地展望未来。

美好前景是现实前景和现实状况的反映。人们从当前的价格改革中得到了实惠，生活得到了逐步改善，才能看到前景，坚信价格改革的必要性和正确性。不少群众对物价变动反应积极，即是看到现在尽管物价比过去高，但市场物资丰富了，有钱能买到东西了，生活比过去好些了。然而从整体上看，目前群众从价格改革中得到的实惠还比较有限。价格改革物质基础的薄弱，改革措施的不完善、不配套，价格改革进程过长，"拆东墙补西墙"现象的存在，都使得群众难以得到较大的生活改善，有时还容易"得而复失"，从而阻碍对前景的展望。

（五） 消费欲望与社会刺激

群众对物价变动产生消极反应的又一原因，是消费欲望的挫折和不满。例如"买大件物品的计划耽误了""结婚置家的费用增加了""吃有营养的食品少了"，等等。

消费欲望挫折的客观原因是物价偏高，不断上涨，其主观原因则是消费欲望过于强烈和超前。

本调查表明，城市居民的消费观念近几年发生了明显变化，近20%的人报告由以前的重视"便宜实惠""保养身体"转向追求"方便耐用""美观典雅""丰富文化生活"等。其他一些调查和报刊报道也认为，人们的吃、穿、用在向高档发展，消费欲望明显增强。

然而，这种高消费欲望却是建立在不现实的物质生产基础之上的。它的产生不是生产的刺激和收入的提高，而是消费先锋的示范效应，以及某些不正确的社会宣传。国外高消费生活的"进口"和流传，国内先富起来者生活的现实，商业广告、电影布景的刺激，报刊对人们消费观念变化的肯定与赞扬，某些理论文章关于高消费能刺激生产发展的论述，某些人对高消费的提倡，都激发或助长了人们的消费欲望。它们激起了消费方面的攀比，促使人们争相与高标准消费看齐。这样做的结果是较低生产基础上的高消费助长了物价上涨，不同收入水平上的同等消费使大部分人遭受挫折，物价上涨又加剧了这些挫折感。

挫折感使人们难以觉察到生活水平的提高和价格改革带来的实惠，而是感到生活水平比别人相对下降；在进行归因时，不是将挫折归结为消费欲望过高，而是归结为与物价上涨有关的价格改革。因此，消费欲望的明显超前和社会提供的相应刺激，是人们对物价变动消极反应的又一影响因素。

（六） 适应策略与社会条件

群众面对物价变动所采取的适应策略，既是其心理和行为反应的重要内容，又是影响群众其他心理行为反应的重要因素。

适应策略是个体与客观环境取得相对的、积极平衡的方式方法。面对物价变动、外界压力，能够积极对付，正确解除，与之保持相对平衡，人们就会较少消极反应，较快接受变革。反之，束手无策，无能为力，或者方针错误，行动迟缓，不能有效地解除压力，就难免感到损失严重，难以承受，恐慌忧虑，产生否定态度和对立情绪。一部分群众对物价变动反应消极，与他们的适应策略不够正确，比较消极不无关系。

适应策略比较消极，与我国自然经济之上的传统文化有关，如求稳怕乱，靠天靠地靠皇帝，信命运信鬼神，重传统轻开创，等等。这种传统的适应策略一遇到商品经济就会打败仗。另外，策略消极也与我们的体制有关。各种不合理的规定堵塞着谋生的门路，束缚着人们增加收入的手脚；"大锅饭"式的分配使多干的不多得，多干活受谴责，劳动与收入之间过多的无关中介打通了人们多劳多得的热情。这均使得群众找不到正确积极的适应策略，或者不可能实际运用这些策略，甚至窒息这些策略。个体劳动者的适应策略最为积极，更多地以"多多挣钱"来适应物价变动，即是因为国家放开了他们的手脚，给他们提供了施展身手的舞台。

三 如何使群众对物价变动产生积极反应

（一） 应该重视对群众心理反应的研究

以前，我们将改革侧重于看成经济问题，以后，又逐渐认识到改革也是政治问题、社会问题、文化问题，现在，实践越来越证明，改革也是社会心理问题：改革归根到底是人们思想、观念、态度、价值的变革。只有经济上的变革，没有社会心理的转变；只考虑经济方面的必要性，不考虑经济政策对群众心理的影响，不考虑社会心理方面的可行性，经济上的变革也不可能成功。就价格改革而言，它对于理顺经济关系，为企业提供平等的竞争环境，激发生产者的积极性是必要的，但如果措施不当，过多地损害了消费者的利益，同时作为消费者的生产者就可能失去劳动积极性；它可能在一段时间内推动生产的发展，但如果给人们造成过大的生活压力，即可能使人们的心理结构向消极方向偏移，而这种偏移又会影响社会的精神文明建设和生产的发展（以需要为例，人的高层次需要如成就贡献等，易使人的行为与社会的发展方向一致，低层次需要如吃、穿、生活保障等，则易使人的行为与社会冲突。优势需要层次下移的结果是显而易见的）。

有鉴于此，应该将改革切实作为社会系统工程来对待，重视其中各个分系统的相互联系相互作用。应该密切注意群众对各项改革措施的心理反应，总结群众心理变化的规律，对即将出台的改革措施的社会心理效应进行科学预测，知道应通盘考虑，实际工作中又忽视对群众心理的把握，见物不见人，见人不见"心"，是造成群众消极反应的重要原因。

（二） 价格改革应以生产发展为基础

经济基础薄弱，生产力水平低，企业经济效益差，是我国的基本国情。价格改革必须从这一国情出发。在国家的经济实力和群众的经济承受能力、心理承受能力均较低的情况下，改革的着眼点应是首先壮大实力，发展生产，特别是提高企业的活力，改善内部管理，健全内部机制，消除影响分配的非劳动因素。在"实力"和"治力"的基础上再逐渐放开价格，进行市场调节。这样将有利于国家对价格的宏观控制，有利于企业投入竞争，有利于群众的承受和接受。如果首先放开物价，可能"欲速则不达"，物价的大幅度上升还可能使改革的产物构成对改革的否定。

在这一国情下，价格改革还必须采取"稳步发展、充分补偿"的方针。应小步子、小幅度、波浪式地上调物价，每次调价的品种不要过多，每种商品价格上升的幅度不应过大，两次调价之间应留有一段相对稳定的时间。应采取多种方法，对因物价上升导致的群众损失给予及时的、充分的补偿，切实满足群众对国家调价方针的要求和期望。

（三） 经常平衡各阶层群众的利益分配

利益分配问题不仅仅是经济问题，而且是严肃的政治问题。它可能使改革获得这个阶层群众的支持，又使其遭到另一个阶层群众反对。对各阶层群众的经济、政治、社会、精神利益的分配应尽可能做到一碗水端平，防止大的差距出现。

在经济利益分配方面，应尽可能建立以劳动为基础的公平，切实实现"按劳分配"，使不同阶层群众的收支比例相接近。复杂劳动单位时间的收入应高于简单劳动，风险经营的收入应高于安全经营。卖茶叶蛋的收入高于教授的几倍的现象应尽快扭转。应加强宏观控制，建立建全并严格执行相应的经济法规，取缔投机者，钻国家空子者和"倒爷"的非劳动收入和非法收入。

在群众经济承受力不高的情况下，各阶层群众的收入差距不应过大，而应控制在一定范围之内。"不患寡，患不均"的观点尽管不够合理，但在实际工作中仍要加以考虑。让一部分人先富起来的方针在政策上可以体现，在宣传上不宜过多提倡。宣传各阶层群众及其作用时应一视同仁，避免出现"被人遗忘的角落"。

在"一娘生九子"，难以"一碗水端平"时，应该首先照顾大头，即作为国民经济支柱的国营企业职工，特别是产业工人。他们是物价压力的主要承受者，改革应首先取得这些人的支持。忽视了他们的利益，责怪他们的消极，价格调整不但会遇到较大的阻力，还可能酿成社会问题。"全心全意依靠工人阶级"的口号，在当前的城市改革中仍有重申的必要。

（四） 加强对群众的宣传和发动

宣传群众，发动群众，武装群众是我党的一贯传统和工作方针，在当前的价格改革中仍应加强对群众的宣传和发动。

宣传群众即是向群众宣传价格改革的重要意义。应普及经济学知识，帮助群众认识社会主义的经济规律，理解价格改革的必要性。应同时诉诸理智和情感，激起群众对当前国家面临问题的危机感和对改革前途的光明感。应激起群众对改革的高涨热情，对改革充满必胜信心。"摸着石头过河，走一步看一步"作为改革策略十分正确，但不宜向群众宣传，以免一些文化水平低的群众缺乏信心。当前群众的情绪比较沉闷，激起热情十分重要。

在宣传方式方面，应采取引导式、学习式、讨论式、对话式，避免命令式、教练式、要求式和居高临下；应实事求是，保证信息及其来源的可信度，避免言过其实，只言利不言弊。

发动群众即是发动群众投身改革，武装群众即是给予群众参与改革的理论武器。自上而下地进行改革，不广泛发动群众，不使广大群众成为改革的实际参与者和主动行动者，不给予其参与手段和影响手段，改革将收效甚微。改革是为了群众的利益，不但应使群众看到利益，还应使其以积极的行动和党一道去争取利益。

就价格改革而言，国家应积极吸引群众参与改革过程，避免国家主动，群众被动；国家被指责，群众挑毛病的局面。应经常向群众通报物价形势，征询其对物价的意见；应采取适当的参与形式发动群众讨论价格政策，提出改革建议；对即将出台的价格改革措施，应吸收群众代表发表意见，参加决策；对于市场物价和物价、税收、工商管理部门的工作，应组织群众进行切实的监督。

（五） 正确引导消费倾向和适应策略

不发达国家消费的一个明显倾向，是以发达国家的消费标准为标准，而生产能力又明显低下。在这种情况下，对群众的消费欲望不能刺激，而只能抑制和引导。在当前，应加强艰苦奋斗，勤俭建国，勤俭持家的宣传，树立好的消费榜样；应控制大众传播媒介，避免给人们造成过多的消费刺激；报道消费观念的变化应指出其中不够现实的一面，报道国外高消费生活应指出其弊端，并说明它不适合于我们这个不发达国家。对于万元户，应宣传其生产，而不要宣传其消费行为。

向发达国家消费水平看齐的欲望应抑制，向商品经济发达国家的适应策略学习则应提倡。应向群众介绍新的价值观念，应变观念和竞争观念，灌输商品意识。应提倡主动进取，内控态度和"八仙过海"，反对求稳怕乱、听天由命和一切等、靠、要的依赖思想。应引导群众努力生产，将通过生产增加收入作为应付物价变动的主要手段。应进一步给企业和生产者、经营者"松绑"，给个人开辟更多的就业、生财之路。应宣传和表扬积极适应的典型，给群众树立适应榜样。群众在物价变动面前能够应付自如了，必然会减少消极反应，增加积极反应。积极反应的增加不仅是改革成功的条件，也是改革成功的标志。

城市居民对物价改革态度的补充分析[*]

陈　媞

1986 年我参加了对北京、广州、武汉、成都、青岛、长春、西宁、芜湖八个城市的"物价心理反应"调查（详见上文），本文就调查中得知的城市居民对物价改革的态度再做一些补充分析。

一　城市居民对物价改革的态度及其差异

根据我们的问卷调查，城市居民对物价改革的态度是很不一致的：有 46% 的人赞成物价改革；34% 的人不赞成物价改革；还有 20% 的人对物价改革既不赞成也不反对，表示无所谓。结果详见表 1。

表 1

态度 总人数	很赞成	赞成	无所谓	不赞成	很不赞成
3479	205	1384	698	964	228
	6%	40%	20%	28%	6%

居民群众对物价改革态度的不一致与他们在职业、收入、文化程度等方面的不一致是密切相关的。经 χ^2 检验，职业、收入、文化程度、地区、性别乃至年龄不同的人对物价改革的态度存在着显著性差异。

就职业而言，行政干部、知识分子、个体劳动者对物价改革的态度比较积极；工人、销售服务员、无职业者对物价改革的态度比较消极。比

---

* 原文发表于《社会学研究》1987 年第 6 期。

如，行政干部赞成物价改革的人数比例为57%，知识分子为52%，个体劳动者为49%，销售服务员为36%，无职业者为34%，工人只有28%（这种态度差异的原因，我们到后面再进行分析）。

就文化程度而言，人们的文化程度越高，对物价改革的态度越积极。比如，没有文化者赞成物价改革的人数比例为23%，小学文化程度者为35%，中学文化程度者为41%，大学文化程度者为57%。随文化程度的提高，赞成物价改革的人数比例呈递增趋势。

就经济收入而言，一般趋势是：人们的收入越高、经济承受能力越强，对物价改革表示赞成的越多，表示不赞成的越少。比如，个人收入在60元及以下者，赞成物价改革的人数比例为28%，61～90元者为38%，91～120元者为48%，121～150元者为58%，151～200元者为64%，201～250元者为66%。

另外，就性别差异而言，男性对物价改革的态度较女性积极；就年龄差异而言，46～65岁的人对物价改革的态度较其他年龄阶段的人积极；就地区差异而言，物价相对较稳的地区（如山东青岛）较某些严重失控的地区（如芜湖、长春）居民对物价改革的态度更积极。

人们对物价改革的态度在职业、文化程度、经济收入等方面的差异，说明这些方面对人们态度的重要影响作用。这种影响作用与态度的结构成分又有着十分密切的关系。

二　居民态度的结构分析与态度差异的原因分析

人们对物价改革的态度由认知、情绪、行为倾向三种成分构成。这三种成分既互相区别，又互相联系。认知是态度的基础，情绪是态度的核心（或者说动力），行为倾向则是态度的外现。下面我们就从这三个方面出发对居民的态度做进一步的分析。

1. 居民对物价改革的认知

所谓对物价改革的认知，我们把它界定为对物价改革目的、意义的认识与理解。在问卷中，居民对物价改革目的、意义的认识与理解是通过如下两题的选择回答反映出来的。

问题一，您认为下列说法中哪一个最正确：

1. 价格体系的改革是生产结构、消费结构合理化和国民经济协调发展的重要条件。

（2）某些商品价格偏低，会限制生产、刺激消费、造成供需紧张和浪费。

（3）价格问题是个非常复杂的问题，现在是公说公有理，婆说婆有理。

（4）过去的价格体系没有什么不合理，社会主义国家的物价应该是稳定而不变的。

（5）物价逐渐放开，实行国家指导价和市场调节价，实际上是资本主义的做法。

这个问题主要是测量人们对物价改革的正确性和必要性的认识，测量结果见表2。

表2

意义认识 总人数	一	二	三	四	五
3459	1548	422	732	588	169
	45%	12%	21%	17%	2%

从表2可以看出，居民中有57%的人对物价改革的理解是正确的，有43%的人对物价改革表示不理解或有错误理解。

问题二，您认为国家调整物价的最主要的目的是：

（1）为搞好现代化建设。

（2）为搞活经济、发展生产。

（3）为解决财政困难。

（4）因为人们手里的钱多了。

（5）说不清楚。

（6）其他。

显然，这个问题是测量人们对物价改革目的的认识，测量结果详见表3。

表 3

目的认识 总人数	一	二	三	四	五	六
3483	474	1779	547	164	486	33
	14%	51%	16%	5%	14%	1%

根据表3可以看出，有65%的居民对物价改革的目的有正确认识，35%的居民对物价改革的目的没有正确认识。

以上两个问题的测量结果表明，虽然多数居民对物价改革的意义、目的有正确的认识，但没有认识或有错误认识的居民也为数不少。说明我们的宣传教育工作存在一定的问题，没能及时、有效地解决人们的思想认识问题，排除物价改革的思想障碍。

2. 居民对物价改革的情绪反应

为了了解居民对物价改革的情绪，我们在问卷中设计了如下两题：

题一，商品经常调价，您的感受是：（1）很不安。（2）不安。（3）平静。（4）高兴。（5）很高兴。

题二，每当听说调整物价时，您的感受是：（1）愤怒。（2）恐慌。（3）忧虑。（4）平静。（5）高兴。（6）狂喜。

结果见表4、表5。

表 4

情绪 总人数	很不安	不安	平静	高兴	很高兴
3482	670	1850	868	70	24
	19%	53%	25%	2%	1%

表 5

总人数 ＼ 情绪	愤怒	恐慌	忧虑	平静	高兴	狂喜
3484	244	210	2038	948	39	5
	7%	6%	58%	27%	1%	0%

从表4、表5可以看出，居民对物价改革的情绪反应是比较消极的。70%以上的人，对物价变动感到不安、感到忧虑。这种情绪是居民态度的重要组成部分，也是居民心理承受能力弱的具体表现。

3. 居民对物价改革的行为倾向

为了探讨居民对物价改革的行为倾向，在问卷中我们提出这样一个问题，即在大幅度涨价时，您的反应是：（1）平静如常。（2）抱怨几句。（3）找别人去发发牢骚。（4）找碴发发火。（5）工作积极性下降。（6）向有关部门提意见。（7）多买点东西慢慢用。（8）劝亲友不要抢购。（9）积极宣传调价的意义。（10）其他。结果表明，70%的人有消极的行为倾向，与人们的情绪反应基本一致。

通过上述分析不难看出，城市居民对物价改革的态度，在认知、情绪、行为倾向三个方面并不是协调一致的。（对物价改革不理解或有错误理解的只有40%左右，但有消极情绪者却占70%以上。）柜当一部分人在认识上接受、情绪上不接受，虽然知道物价必须改革，改革物价有利于搞活经济、发展生产，可一旦亲临其境却又总感到忧虑、不安，感到不愉快，表现为理通情不通。

另外，态度与其构成成分之间也不是完全协调一致的。有些人，虽然对物价改革的意义、目的有正确的认识，但对物价改革并不持赞成态度（正确认识率为57%以上，赞成物价改革的人数比例为46%）。也有些人，虽然对物价变动有种种的消极情绪，有种种的抱怨和牢骚，但他们对物价改革仍然持积极赞成的态度（情绪和行为反应比较积极的人数比例都不到30%，但赞成物价改革的人数比例为46%）。这说明，有些群众在国家利益与个人利益、长远利益与眼前利益发生冲突时，能够顾全大局、着眼于未来，以个人利益服从国家利益、以眼前利益服从长远利益，用理智的力量克服情绪上的不安和忧虑。

态度与其构成成分之间的不协调，特别是与认知和情绪之间的不协调有关。比如，对物价改革有正确认识，但不赞成，说明消极情绪起了作用；情绪消极但态度积极，则说明正确认知起了作用。认知和情绪对于态度的主导作用是职业、收入、文化程度等之所以能够影响人们态度的重要原因。

比如，文化程度为什么能影响人们对物价改革的态度呢？主要是因为文化程度直接影响着人们的知识水平，影响着人们对价值规律的认识和掌握，影响着人们能否从长远的观点、全局的观点看问题，从而影响着人们对物价改革的认知水平。就从人们对物价改革目的的认识来看，无文化者的正确认识率为40%，小学文化者为52%，中学文化者为62%，大学文化者为75%。文化程度影响人们的认知，而认知又对态度产生巨大的影响。

经济收入为什么能影响人们对物价改革的态度呢？这是因为经济收入水平是经济承受能力的标志，收入水平越高，经济承受能力越强，对物价变动的容忍度越大，因物价变动引起的消极情绪越少。这一点，在我们回收的问卷中体现得非常明显。随着经济收入的递增，有消极情绪的人数比例明显呈递减趋势。这种情绪差异是态度差异的重要原因。

职业角色为什么能影响人们对物价改革的态度呢？这是因为不同的职业角色不仅文化程度不同，社会地位、参与感以及利益得失的状况也不同，而这些都是影响认知或情绪，从而影响态度或心理承受能力的重要因素。

比如，行政干部、知识分子对物价改革的态度最积极，这与他们对物价改革的认知水平是一致的。在所有职业中，行政干部、知识分子对物价改革认识的正确率最高，均在65%以上。而其中相当比例的人能够以理智的力量克服自己的消极情绪，对物价改革持赞成态度。这是为什么呢？除了文化程度相对较高以外，参与感和社会地位的提高似乎起着很大的作用。近些年来，随着党的知识分子政策的落实，知识分子的社会地位逐步提高，这种提高促使他们与党和国家更加同心同德。各级行政干部肩负着宣传、贯彻党的方针、政策的重任，对于党的各项方针、政策，他们不仅力求理解，而且具有不同程度的参与感，这是他们之中多数人对物价改革能够正确认识并积极支持的强有力因素。个体劳动者对物价改革的态度也比较积极，这与他们对物价改革的情绪反应是一致的。在所有职业中，个体劳动者对物价改革的认识水平并不高（与工人、销售服务员相同，正确率为40%），但他们的情绪反应最积极，居各种职业之首。这是什么原因呢？这与他们的两面性有关，个体劳动者与国家职工不同，他们一方面是商品购买者，另一方面又是商品经营者。作为消费者，他们与其他人一样承受着物价上涨的压力，但作为商品经营者，他们又深受涨价之惠，一般说来，物价改革对于他们是利多弊少，他们是商品经济的热烈拥护者。

三　消极态度及其救治

通过以上分析可以看出，人们对物价改革的态度是不一致的。赞成者有之，无所谓者有之，不赞成者也有之。而在不赞成者中，工人最多，其他职业中也不同程度地存在着。说明物价改革还没有得到人民群众，特别是工人群众的普遍理解和支持。

部分群众为什么对物价改革持消极态度，以及如何转变这种态度呢？

1. 物价不断上涨，冲击了群众长期适应的"心理定式"

物价改革以来，我国物价出现了大幅度上涨的趋势。导致物价上涨的原因是多方面的，如，工资增长过快、消费需求和投资需求膨胀、生产效益差以及对外贸易等都是推动物价上涨的直接原因。当然，物价上涨也受经济体制改革，特别是价格改革的影响。改革之前，我国实行指令性计划，消费需求和投资需求被严格地抑制，物价也被控制在较稳定的状态。经过近年来的经济改革，尤其是价格改革，我国市场经济逐渐活跃，行政管理放松，长期被抑制的社会需求一下子被释放出来，由于宏观控制机制和市场调控机制尚不健全，被释放的需求对市场和物价形成了强大的冲击，使物价呈现大幅度上涨的趋势。物价不断上涨，这对于习惯于物价稳定，习惯于在低工资、低物价政策下过日子的广大居民来说，心理上震动很大。在过去的几十年里，我国基本上实行冻结物价的政策，并把这作为社会主义优越性的具体表现，这种观念在许多人的头脑中根深蒂固，几乎成了一种"心理定式"。现在，这种心理定式受到了冲击，人们不仅感到困惑，感到不习惯，而且还产生了一种强烈的不安全感，觉得丧失了生活保障。这是部分居民群众对价格改革持消极态度的重要心理原因。

2. 物价水平上涨，使部分群众感到自己的生活水平下降

近年来，我国工资总额的增长幅度大大高于物价上涨的幅度，物价上

涨并没有降低大多数居民的实际收入水平，大部分人收入还有不同程度的提高。据有关部门统计，1986年全国职工人均年工资为1332元，比起1978年的人均年工资614元提高一倍多，扣除物价上涨因素后，8年实际工资增长50%。但是，由于人们的收入水平和增长速度差异较大，收入较低和无经济收入的居民，以及某些收入水平虽高，但较之过去没有增长的人，实际收入和生活水平则出现了不同程度的下降。而这种实际收入和生活水平下降的主观意识直接影响着部分群众对待物价改革的态度。在我们的调查中，有38%的群众认为物价调整以后，自己的实际收入和生活水平有所下降或有很大下降。也许这种主观感觉不一定完全符合客观实际，但它却是部分群众不赞成物价改革的重要原因之一。

3. 乱涨价、变相涨价和投机倒把等不正之风，损害了群众的利益，也影响了群众对物价改革的态度

在物价改革中，物价上涨有其不可避免性，但是也有人为的因素。一些个体摊贩和一些国营工商企业乘价格改革和搞活经济之机，违反物价纪律，对所经营的商品乱涨价，变相涨价，谋取非法利益。社会上一些不法分子也借调价之机，发"涨价"之财。他们有的欺行霸市、哄抬物价；有的内外勾结套购紧俏商品，高价倒卖，谋取暴利。这不仅扰乱了市场，损害了群众的利益，而且也极大地影响了群众对物价改革的态度，挫伤了群众的改革热情。

4. 缺乏商品意识，不懂经济规律

我们在调查中发现，很多人（50%）没有商品意识，对决定物价的因素一无所知，不理解价格变动的客观性和必然性。不懂得商品经济必须依靠价值规律进行调节，必须发挥价格的杠杆作用，使价格既能反映价值，又能适度调节供求关系，才能正确引导投资方向，促进技术改造和产品更新换代。缺乏商品意识，不懂经济规律是相当一部分人对物价改革不理解和不支持的重要原因之一。因为价格改革说到底就是使价格体制和价格体系向以市场价格为主体的价格体制演化。价格改革的目标模式就是确立以市场价格为主体的价格形成机制和运行机制。

综上所述，城市居民对物价改革的态度远不像某些报告所估计的那么乐观。其根本原因，客观上在于物价上涨给人们造成的部分经济损失和心理恐慌，主观上在于人们的文化素质和心理定式。要转变人们的态度，争

取广大群众对物价改革的理解和支持，我们认为应该采取如下几项措施。

第一，利用各种渠道加强宣传教育，谋求群众的理解。

比如通过学习或专题讲座等形式使群众了解物价变动的客观性和必然性，了解价格在商品经济中的作用。通过演讲或讨论等形式使群众了解我国过去价格政策的弊病，了解进行物价改革可能会遇到的问题和困难，以及经过物价改革的阵痛之后，将给国民经济带来的美好前景。

使群众了解这些对转变群众的态度会产生重大的作用。我们在调查中接触了一些搞经济工作或对经济问题感兴趣的同志，这些同志虽然对物价改革的时机和方式各有所见，但他们对物价改革的方向都是积极肯定的。他们的这种态度，是以他们对上述问题的深切了解为基础的。而部分居民群众不赞成物价改革也正是对这些问题不了解或不甚了解所致。为此，我们必须有针对性地提高他们对物价问题的理解，不仅要使他们懂理论，还要让他们懂实际，不仅让他们懂过去、懂现在，还要让他们懂将来。认识提高了，态度才有可能实现根本性的转变。

第二，搞好物价补偿，注意调价方法，稳定群众的情绪。

在调价过程中，各级政府采取一些对群众生活的补偿措施，会在一定程度上抵消或减少对群众生活的影响和对群众情绪的震荡。例如，1985年副食品价格放开时，各城市都将原来补贴居民副食品的款项，直接发到居民手中，"变暗补为明补"，结果副食品价格虽然普遍上涨，但居民基本上没有吃亏，情绪没有大的波动。当时比较顺利地进行了一次比较大的物价改革，我国的价格改革主要是结构性调整，在进行与人们生活密切相关的生活资料价格的调整过程中，主要是变暗补为明补，这一点一定要跟群众说明，提高群众的"补偿"意识。同时，还要合理地、不折不扣地落实，确保各种收入水平的居民群众不因价格调整而降低实际收入和生活水平。

另外，还要注意调价方法。同一种商品的价格调整，由于采取不同的方法，对人们情绪的影响也是不同的。例如，北京市近几年进行过两次液化气价格的变动，1984年为了改变液化气销售价低于成本的情况，曾采取了一次较大的涨价措施，涨价34%，虽然群众为每罐气要多付9角钱，但并没有引起多大的震动，人们很快就适应了。而1987年初的第二次调整就大不相同了，当时为了进一步解决液化气经营亏损问题，采取了"核定用量，计划内平价，计划外高价"的办法，结果群众舆论大哗，情绪反应激烈，担心核定用量不够用，纷纷抢在新年前换气，造成液化器严重脱销，许多液化气站前人如长龙，有的要排队等上一天。有的人说："学生游行要是提煤气的事，我就参加……"直至最后市府宣布增加核定用量、降低液化气的价格等一系列措施（实际上是由市财政大大贴补了一笔钱），才稳定了群众情绪。研究液化气调价的不同影响，可以看出，群众对不同的调价方式有不同的心理承受力，有时并非受到了实际损失才有情绪，在调价中必须注意研究群众的心理，选择群众能够接受的方式。

第三，加强物价管理，加强国家对物价的宏观引导和控制，打击乱涨价、变相涨价、高价倒卖等不正之风，维护消费者利益。

从根本上说，价格改革就是要确立以市场价格为主体的价格形成机制和运行机制，就是要使价格全面放开。但是，就我国目前存在的卖方市场、供不应求的条件，价格放开必须有个过程，同时还要加强宏观控制和引导，健全法制、健全管理队伍。否则乱涨价、变相涨价以及欺行霸市、哄抬物价、倒买倒卖等不正之风就会乘虚而入、泛滥成灾，增加改革的阻力。这种教训我们必须吸取。在物价调整中，要扶正祛邪，既要进行合理的物价调整，又要打击各种借改革物价"混水摸鱼""敲诈勒索"的不法行为，增强群众对改革的信心。

中国古代家庭规模到底有多大？[*]

张　琢

　　我看到不少国内外社会学家在论及中国古代家庭的规模时，总以为中国古代一般都是几世同堂、人口众多的大家庭。其实，这在相当大的程度上是一种错觉。错觉的产生我想主要原因为三。

　　一、根据中国传统的家族制度的伦理观念推论，以为中国传统家庭定然是几世同堂、儿孙满堂的大家庭。这更多的是反映了一种传统的理想，并不是普遍的现实。实际上，自战国时代起，随着铁器的广泛运用，"男耕女织"的小家庭便得到了发展。商鞅变法时期，秦孝公 12 年（公元前 350 年）创立按丁男征赋办法，规定一户有两个丁男者必须分居，否则加倍征赋，使小家庭化得到法律的强化并进而形成了中国历代奖励早婚、早育、早立家的传统。

　　二、自汉以来，从巩固封建宗法社会的基础——家族制度出发，朝廷对"齐家"的典型大加表彰，载于史册，以成"千古美传"。如《旧唐书·孝友传》载，有个九世同堂的家庭，唐高宗去泰山路过此家时，曾"幸临"其门，问及家长张公艺"齐家"的秘诀。张大书了一个"忍"字，使天子大为感动，以致泪下，遂以财帛礼物赏赐嘉奖。这个"忍"字，确实道出了中国封建大家庭的维系是以扼杀家庭成员的个性为代价的。如是，这朝一个典型，那代一个模范，不绝于书，便给人造成了以为中国传统家庭都是如此的错觉。其实这种表彰本身就说明了它的稀罕。

　　三、因为中国历来的文人多是出生在较富有的大家庭。这种家庭的规模要远远大于普通家庭的规模，而他们笔下的家庭多是以他们自己的家庭或他们所熟悉的大家庭为背景的。如近世中国的几部划时代的文艺作品

---

　　* 　原文发表于《社会学研究》1987 年第 6 期。

《红楼梦》、《家》和《四世同堂》等所写的都是特大或较大的官宦人家和书香门第。如果学者们从对这些作品的印象出发，来想象中国寻常人家的状况，自然也会产生错觉。

那么中国传统家庭的规模到底有多大呢？这要以事实来说明。我以为，中国古代家庭除少数富贵人家是一夫多妻（妾）外，基本形式即占人口和家庭大多数的平民百姓的家庭是一夫一妻与未成年子女组成的小家庭（即现在所谓的核心家庭）和三世同堂的直系家庭。由于古代人均寿命短，"人生七十古来稀"，即使三世同堂的直系家庭，一般也不过一个老人，难得"二老双全"，以下家庭成员除当家的夫妇外，其他男子一成年结婚后就分家另立门户，女子成年则出嫁到婆家，因此，规模也不是很大。至于人口众多的直系联合大家庭所占比例是极小的。五口左右即常言所说的"五口之家"，是中国传统家庭的基本规模，与1982年人口普查结果每户平均4.43人相差并不太远。若以《汉书·地理志》的资料，公元2年（汉平帝元始2年）每户平均4.87人，与1982年每户平均人口比较，时隔1980年每户平均相差不过0.44人。关于中国古代家庭平均人数，较精确的统计可参考已故历史学家梁方仲教授生前多年悉心编纂成的《中国历代户口、田地、田赋统计》（上海人民出版社1980年版）。此书根据我国二十五史、历代政书、部分地方志、文集加近人所编有关统计数字，经过核算，分门别类，综合编辑了200多份表格。现据正编甲表1，"中国历代户口、田地的总数，每户平均口数和每户每口平均田亩数"中的资料，和《中国1982年人口普查资料》（中国统计出版社1985年版），将中国历代人口和每户平均人口数摘要列表如下。

中国历代人口和每户平均人口

年代（公元）		户数	口数	每户平均口数
2	（西汉）	12233062	59594978	4.87
105	（东汉）	9237112	53256229	5.77[①]
609	（隋）	8907546	46019956	5.17
705	（唐）	6156141	37140000	6.03
1006	（宋）	7417570	16280254	2.19

---

① 原表中为5.76，计算有误，为5.77。

续表

年代（公元）		户数	口数	每户平均口数
1291	（元）	13430322	59848964	4. 46
1391	（明）	10684435	56774561	5. 31
1403	（明）	11415829	66598337	5. 83
1502	（明）	10409788	50908672	4. 89
1602	（明）	10030241	56305050	5. 61
1911	（清）	71268651	368146520	5. 17
1982	当代	221156684①	1003913927①	4. 43②

---

① 包括集体户户数和集体户人口。
② 为核查调整后的家庭户每户平均人数。

青年价值取向演变的意义[*]

谢昌逵

价值观是人们对各种人生目的、对实践活动中的各种事物与现象进行评价与决定取舍时的观点。研究青年的价值观是要了解青年在选择什么，追求什么。青年的一个本质特征是向未来开放，对青年的价值观进行研究，可以观察与了解整个青年在社会变革中的重要动向，甚至是发展的主要趋势。同时，由于青年是社会变革中最活跃的力量，他们的动向又不能不与经济、政治、文化的改革发生密切关系。正因为如此，这个课题在国际上也很受重视。由欧美和日本等 19 个成员国组成的经济合作与发展组织从 1976 年开始，集中许多专家经过 3 年的努力完成了有 40 多万字的研究报告《世界的未来》，明确指出"历史已经反复证明了价值观、社会结构与社会发展之间长期复杂的相互关系"，其中论述支配价值动态变化的三个规律时，就有两条与青年有关：对人生感受性最强的青少年时期最易接受新价值观的影响；一种新的价值观在青年中流行，一般是在历史的转折时期最为明显。这个论述指出了研究青年价值观的特殊意义。

我国当前正处在中国历史上又一个重要的转折时期。青年价值观的演变，被认为是转折所引起的社会变动中最明显的变动，因此很有必要就青年价值取向的演变做初步的探讨。之所以用价值取向一词，是为了更确切地反映演变的动态过程。

演变的历史过程

为了从事实出发，让我们回顾一下萌芽于"文化大革命"后期，在改

---

* 原文发表于《社会学研究》1987 年第 6 期。

革、开放中加快加深的青年价值取向演变的简单历史过程。

怀着为社会与民族热诚献身的崇高价值目标投身"文化大革命"的青年们，开始了不可逆转的反思。"文化大革命"刚刚结束，他们立即以"伤痕文学"的形式提出了什么是人的价值问题，引起反响。紧接着兴起了人才学，其中关于实现社会价值目标的同时还有自我设计、自我奋斗等关于自我的一些概念在青年中引起了共鸣。潘晓从自身一些特殊要求难于实现所写的来信又引起了一场关于人生观的大讨论，青年在价值取向演变中出现的一些认识由此而公开化。与此同时，有些青年对集中体现20世纪五六十年代青年价值观的雷锋精神，进行了具体的分析。逆境中成才、在消沉中奋起因而实现了自己的社会价值的张海迪在青年中成为新的榜样。对于千百万青年这些共同的思考和议论究竟应该持什么态度呢？在1983年4月的《青年研究》上，我们写过："一方面我们看到了张海迪为代表的一大批80年代的雷锋式人物的出现，一方面我们又听到了青年们对学雷锋的种种不同议论。这个矛盾现象本身就值得我们思考。""随着社会历史条件的变化，青年对人生的态度又发生了哪些变化？应怎样对这些变化作出历史的具体的分析？同时，对那些不同的议论，也应该运用马克思主义的原理作出有说服力的回答。这些议论是如此广泛，因此不能轻易地忽视，不能简单地对待，更不能绕开矛盾走，而需要进行科学的研究，作出中肯的分析。"

但是，由于这个问题的现实性和涉及的理论深度，对于它的研究在理论界刚开始就有了不同看法。也可以说，对青年关于人的价值的思考、青年价值取向的演变一直就有不同的争议，然而，值得注意的是这个演变的客观过程并没有因此中断。随着社会变革的进一步深入，尤其是商品经济的发展，开放的扩大，以及更深入的政治、文化的改革，演变朝既定方向加快加深，表现出新的特征。一方面，在体制改革中，一些与青年特殊利益有关的招生、劳动、人事等具体制度和政策的改革，与整个改革一道，更具体地为这种价值取向的演变提供了社会体制条件；一方面，外国哲学社会科学的传播，又对这种演变起了推波助澜的作用，使问题更复杂了。它继续按自身的要求向纵深发展，只是不再如上述那样公开，不那么在社会上张扬，而是显得更为沉寂，成为发生在社会深层的变化。外国学者把西方在现代化过程中，以中间阶层多数为中心发生的价值观演变，称为

"沉默的革命"。可以说，在我国青年中，在粉碎"四人帮"以来实现现代化的这 10 年，这种"沉默的革命"同样发生了。

毫不奇怪，这场演变继续引起了各种议论，甚至是针锋相对的评价。人们指出中国社会近 10 年来的变化的意义超过了过去的 100 年，而变化中"最为震撼人心的变化无过于当代价值结构的断裂与突变。我们的时代，的确是一个需要重新估价一切价值的时代"。在这种情况下，人们对青年的根本性格无一不是绝对的自我中心者而感叹，对这个至关重要的社会精神问题表示担心。① 另一方面，我们也发现了对此持肯定态度的议论。在《中国青年》1986 年第 8 期上，以专家、学者座谈当代青年素质与新时期青年工作的方式，提倡多元化的人生道路，指出"每个人的发展是社会发展的基础"，强调青年的主体意识正在觉醒，青年的主体要求应提到应有的地位。青年价值取向的演变，则是这种要求的反映。

10 年的演变，议论了 10 年，当然是值得认真研究的课题了。

变与不变的比较

变中又有不变。青年价值取向的变化很大，在传统力量的作用下不变的部分也大。与不变的价值观相比较，有时更能看出新变化的意义。当然，不论是已变或不变的价值取向，都不会是单一的。这里只想围绕本文的主题，选出两种价值取向加以比较。

在原有的政治、经济体制的影响下，我国青年中一直有这样的人生追求：青年农民希望进城，城市青年希望当全民所有制企业的工人，当上工人再向往当干部，企业干部向往成为机关干部，一般干部希望升为中级、高级干部。虽然不是每个希望者都能如愿以偿，但沿着这样一条路线发展已成了一种模式。此外，在旧体制下似乎没有更多发展的途径。参军是一条道路，提为干部的只占少部分。最好是考大学，青年考取了大学也就是当上了干部。毕业以后多数被分配到机关和全民所有制企业，凭德才与贡献或机遇与关系提升。随着改革的进展，上述情况已经在起变化。个体经济、集体经济与乡镇企业的兴起，为青年的发展提供了更多的机会，大批

---

① 《读书》杂志，1986 年第 7 期。

农民在向工人、企业家转变。文化、科学、教育、体育等事业的进一步繁荣也为青年崭露头角提供了更大的舞台。知识分子的地位也在改变。社会流动在增加，青年中人才辈出。富裕农村的青年已不想进城了，或者认为城市户口已无所谓了。但是在只解决了温饱的广大农村，青年仍然希望进城，哪怕当上收入不高的临时工也乐意。在城市，不愿当临时工、合同工而想拿铁饭碗的想法仍然很顽强。"读书—考试—升学—文凭—得到铁饭碗"的系列观念仍然强烈。应该说，想进城，想当工人、干部，符合社会主义建设事业的需要，青年们要求为此做贡献也是主要的。但是，如果这个模式仍然是青年进行选择时的主要模式，其动机又是为了少花代价多获保险，就值得研究了。中华人民共和国成立以后，我们没有也不可能消除等级，不可否认，党政军干部的社会地位较其他社会人士要高。一个干部有了什么样的等级地位，就能享受到什么样的待遇，其能力与效益如何则难以衡量，即使犯了错误多数情况仍是终身享受这种待遇。人们可以在这里做出贡献，也可以躺在这种关系上，终身受用而不必发挥自身的潜力。这样的社会结构与社会心理，反映了官本位主义的思想，引起机构设置和官僚主义的膨胀，不能不说是封建依赖关系的残存表现。人们越是想进机关当干部，干部队伍增长越快。据《中国劳动人事报》1987年3月25日报道，四川省1985年底的干部总数比1980年底增长28.3%，平均每年递增率为5.1%，大大超过职工队伍增长的速度。《经济日报》1987年8月12日报道，安徽省直机关人员1986年比1983年增加2000人，行政经费增加105%，人们将这种叠床架屋的机构称为"山"。机构臃肿，人浮于事，劳动与工作的积极性、责任心不高，一支烟、一杯茶、一张报纸以消磨时间的现象成为笑谈。有些人为了争权夺利，又不惜钩心斗角，滋长个人主义。仅仅从青年成长的角度看，高度集权和僵化体制的弊端也十分明显了。

所谓变化中的价值取向，就是不安于这种依赖性，不满足于挤在这样一条路上。青年们希望通过自己的努力取得成就以实现个人的社会价值，具体表现为青年中的成才热。进大学的青年有的不愿当干部，学科学的愿当科学家、学医的当医生、学法的当律师、学教育的当教师、学农的当农技师，等等。没有考进大学的社会青年，也有不少人追求在逆境中成才，学文学、外语、书法、技术、管理以及各种专长，希望成为各行各业的专家和能工巧匠。这些青年，尤其是社会上身处逆境而自强不息的青年，大多数希望发挥自己的潜力，通过艰苦劳动使个人能取得成就，为社会做出贡献自己也受到尊重，满足发展的需要。这种发展的需要，主要还不是物质的享受，而是事业的成就和自我价值的实现。比起遇事躺在国家与父母身上的依赖性，比起那些想上升为哪一等级的干部享受哪种待遇的追求，它更能体现独立性、自主性。在改革的推动下，在工农业及各条战线上都活跃着这样一批青年，他们尽管工作辛苦，困难很多，但仍然自强不息地创造着物质与精神的财富，为繁荣社会做出了直接的贡献。在更大的范围内调动千百万人民群众的这种积极性与创造性，已经被确立为我国经济、政治体制改革的主要目标。

如何看待这两种价值取向及其变化的社会意义？这要从马克思主义关于国家与社会的区别与相互关系的理论谈起。在马克思主义产生以前，普遍存在把国家与社会相混淆的倾向。马克思主义认为，国家是社会自身发展到陷入尖锐矛盾的基础上产生的，成为居于社会之上并日益同社会脱离的力量，因此它们是有区别的。针对"国家崇拜"的现象，马克思主义认为不是国家决定社会，而是相反。社会要发展，首先必须从国家政治强制下把经济领域解放出来，同时人民广泛参与国家政治管理，最终达到国家与社会重新统一。这当然是一个漫长的历史过程，但它是社会发展的必然趋势。日本思想家福泽谕吉曾在所著的《文明论概略》中将日本与西洋文化做过比较，也涉及国家和社会的关系问题。他认为日本与近代资本主义的西方相比"一个突出的区别就在于权力偏重这一点"，权力偏重普遍贯穿到日本每一事物的最微细的末端，而又以政府中按官吏的等级偏重权力的情形最为严重，不论宗教、学术、商业、工业等完全掌握在政府手中。民间偶尔出现有才有德之士，如果居于原来的地位就发挥不了他的才能，不得不设法进入上层集团。而对于西洋文明的发展，他这样概括："大体说来，这个时期（注，指 18 世纪末期）的情况，王室政治是在停滞中腐朽下去；而人民的思想则由于追求进步解放而生气勃勃。"王权的衰落与人民思想的活跃促进了资产阶级文明的极大发展，是很重要的历史经验。历史发展到今天，我们正在经济落后的情况下实现社会主义的现代化。现代化发展的理论认为，中央政府对全国实行有效控制与指导的能力如何，是实现现代化的一个重要条件。根据我国的具体情况，党领导下的国家政权机构，无疑需要加强与完善。但是，不能因此丝毫否认社会成员的自立活动，实行一切权力集中。从历史进步的角度看，到了社会主义时代，与国家权力相对应，人民群众的聪明才智与创造活力理应超过以往的任何时代，因为生气勃勃的社会主义是靠人民群众创造出来的。可是，正如邓小平同志一再指出的，权力高度集中的情况在我国依然存在，加上中国传统政治文化的历史惯性作用，权力拜物教至今还较浓厚。权力不仅与分配相结合，而且成为奖励公民的一种特殊荣誉，各种精华都集中到政府权力机构之中，社会不能形成独立的经济与政治的人格，导致社会活力与民主意识的弱化。在这种体制与观念的影响下，青年对党和国家的信赖逐渐演化为依赖，强化了青年期的依附性，弱化了其独立性，在青年中表现为以官本位为内涵的前一种价值取向。但是，在民族灾难与现代意识的双重启迪下，在政治、经济体制改革的推动下，促进了青年的参与意识，提高了青年的能动性和积极性，表现为自强不息，要求发展的第二种价值取向。

主流是主体的觉醒

10 年来青年价值取向不断发生演变的客观过程，已作为一个特殊的历史形式呈现在人们面前。要进一步分析这段演变，最好先看一下它发生发展的社会环境，即历史的条件。

第一，它萌发于改革与开放之前数年的"文化大革命"后期，因此改革与开放不是它发端的原因。

第二，这次价值取向的演变虽不是外国思潮涌进所引起的，但是外国思潮无疑有推动的作用。这种作用曾被认为是继"发型"和"服饰"的影响之后的第二个冲击波。应该说，从生活方式开始，进入意识形态，外来影响的这种发展过程，五四时期就有过。不过，当代青年在经过长时间封闭以后，又遇上了如此现代化的一个外部世界，这又是五四时期所远远不可比拟的。亲历过民主革命风暴洗礼，因而具有历史感的成年人对于当代青年面临的这个新的国际、国内环境，尤其应有战略的眼光与宏伟的胆识，对于复杂的情况，做出具体的分析，引导当代青年沿着五四青年开拓的道路继续前进。资产阶级和劳动人民在反封建斗争中形成的民主和自由、平等、博爱的观念，是人类精神的一次大解放。在反封建中觉醒的青年，对西方文化中的反封建思想十分敏感，是可以理解的。西方现代文明的来源正是在反封建斗争中形成的这些观念变革，而中国传统文化忽视的恰恰是如何发挥个体的创造能力，过分强调群体的需要与个体的服从。当代青年出现追求自尊、自信、勇敢、开拓、热情等富于进取性的价值取向，正适应了中国文化发展的需要。但是，多元文化交融中常有的钟摆现象，在青年中也出现了。西方资产阶级思想的影响增大了，自我中心的倾向确实存在，等等，对此应给予高度重视，认真研究，使东西方文化不可避免地交融在社会主义的条件下推向新的历史高度。

第三，值得注意的是，经济、政治体制改革为青年价值观的演变提供了客观依据。演变受到非议的时候，正是农业生产责任制的发展，招生、劳动人事等与青年利益有关的具体制度的改革促进它的继续变化。以经济建设为中心的和平环境，经济建设又以满足人民的物质和文化生活为目的，这样的政治经济环境必然使价值观出现以个人需要为表现形式的多元化的倾向，反过来它又作用于经济的发展。世界经济的发展已反复证明：价值观与经济发展之间长期以来存在着复杂的相互关系。改革本来就不只是体制、关系等客体的变动，它应该与人的主体相结合，成为主体与客体的辩证统一运动。正因为经济、政治体制中存在着某些不合理的环节，压抑了人民群众的积极性，束缚了经济活力，阻碍了社会生产力，特别是科学技术的发展，所以要坚决地进行改革。反过来，改革的进行也要求形成有利于社会主义现代化建设的价值观念。改革呼唤着千百万人民群众的积极性，青年的主观能动性正冲破重重精神束缚破土而出。尽管鱼龙混杂、泥沙俱下，从青年积极性与创造性的增长来看，主体与客体相统一这种来之不易的局面终于来到了。

毛泽东同志在《反对党八股》中谈到五四运动的缺点时，指出当时许多人对于现状、历史、外国事物，没有历史唯物主义的批判精神，所谓坏就是绝对的坏，一切皆坏；所谓好就是绝对的好，一切皆好。这种形式主义地看问题的方法，就影响了后来这个运动的发展。现在，对于在如此广阔的国内国际环境中不断演变的青年价值观念，这种形式主义看问题的方法也是存在的。毫无疑问，青年价值取向在演变中出现了多元的趋势，包括一些消极的现象，甚至利己主义的倾向。但是能否因此就认为一代青年都是自我中心者，对整个社会精神表示担心呢？或者认为都是积极性的表现，忽视自我中心，轻视劳动，缺乏责任感等问题的存在而掉以轻心呢？这样否定一切或肯定一切显然都是不对的。马克思主义最本质的东西，马克思主义的活的灵魂，就在于具体地分析具体的情况。研究青年价值取向演变，就应采取这种具体分析的方法。要善于区分主流与支流，区分个人的正当追求与个人主义的界限，要在肯定集体力量的同时承认个人的作用，这是讲的个人不只是少数英雄豪杰而是广大群众。要用历史唯物论的观点将个人与集体的关系讲透彻，对青年个性解放的问题做出马克思主义的解释。为此要澄清不同学科的一些理论概念。如"自我实现"，有马克思主义经典作家的解释，中国古代哲学中也有类似的思想，马斯洛的心理学又有他对"自我实现"的界说。又如"个性""自我意识"等概念都是如此。在文化交流中，时常因为混淆概念而发生莫衷一是的事。《傅雷家书》中谈到西方文化时，指出了基督教思想与个人主义的对立，贝多芬的作品就反映了其内心的这种两重性。傅雷写道："一个往往代表意志，代表力，或者说代表一种自我扩张的个人主义（绝对不是自私自利的庸俗的个人主义或侵犯别人的自我扩张，想你不致误会）；另外一个往往代表粗野的暴力，或者说是命运，或者说是神，都无不可。"傅雷希望他儿子不致误会的那种代表意志、力、自我扩张的个人主义是指什么呢？在前一封信中他写过："一方面，文艺复兴以后的人是站起来了，到处肯定自己的独立，发展到18世纪的百科全书派，19世纪的自然科学进步以及政治经济方面的革命，显然人类的前途，进步，能力，都是无限的。"可见他指的是人的发展与解放，人的主体性和对这种主体性的觉醒，即主体意识。在"日本，甚至'个人主义'这个词的含义也是模糊不清的，自从同西方开始接触以来一直如此。对日本人来说，这个词所指的与其说是个人责任感，还不如说是自私自利。近来大学生在探索个人自我表现的概念时，经常避开'个人主义'一词，而喜欢用'主观能动性'这个词。意思是说，一个人在他一生中是一个积极的主体，而不是一个被动的客体"。美国学者赖肖尔在《日本人》中的这段描写，是概念混淆的又一例证。因此，我们要在马克思主义指导之下，对中国现实中青年价值取向的各种变化做出科学的调查分析，掌握它们的量。在做出定性的分析时，又应对一些重要的理论概念做出科学的分析，得出正确的结论，以避免因为否定某个学派而否定某个概念，混淆的结果，又导致了对马克思主义本身的否定。

社会力量与个体力量的统一

毫无疑问，价值观念的核心，它最终要涉及的是主体与客体、个人与社会，人的发展与社会发展的关系，青年学者丁学良在《马克思的"人的全面发展观"概览》一文中提到"全面发展的人是能动的和受动的统一、社会力量和个体力量相统一的人"，"社会力量和个体力量的统一表明个体既充分地涵摄社会群体的文明成果，又自由地支配着他置身其中的各种社会关系。"他批评了我国一些哲学论著中"通常只肯定社会发展决定人的发展，却很少阐明人的发展同时又决定着社会的发展"。① 正是这种理论的片面性，在青年工作中也造成了一些误解。这种片面理论只看到个体与社会、个人与集体的对立与矛盾，强调个人只能被动服从现实社会关系的制约，应在社会的安排下行事，稍有主动行为，就会遭到是否个人主义的道德评价。这种对马克思主义的片面理解，使中国的传统观念得以再现。马克思的确肯定社会发展决定人的发展，但仅仅承认这一方面，恰恰适应了中国强调共性压抑个性的传统伦理道德观念，并以这种伦理原则作为社会中的绝对价值尺度。这样过分强调群体对个体的约束，如果超过了个体的承受力，个体会因此窒息而失去活力，群体的生命力也将因此而衰竭。这当然不是马克思的本意。马克思主义认为环境是由人来改变的，人本身的发展与这种发展的外部条件的形成，是一致的过程，即社会实践的过程。人的发展当然要受到制约，但是制约人的社会存在本身也是人在实践中的产物。人历史地不断产生出制约，又不断以个性的独创活动突破既定的社会关系，从制约中解放出来，超越制约而确认自己是历史的主体。这种超越现实的独创活动，总是在个人的努力中达到的。个性突破共性的首创力量，表现为人的潜力的发挥。唤醒自然历史所赋予人的各种潜能素质，使它获得最充分的发展，是马克思关于人的全面发展的最基本层次的含义。马克思的这个理论，对我国当前的改革有着极为重要的意义，如何着眼于充分发挥青年与人民的潜在力量，克服人过分依赖于现实，受制于现实的消极被动状态，是改革的重要目标。日本社会学家富永健一在论中国现代

---

① 丁学良：《马克思的"人的全面发展观"概览》，《中国社会科学》，1983 年第 3 期。

化的文章中也说："中央政府只是创造产业化的条件，而产业化的承担者却是人民大众。"从人民中大量涌现出企业家、技术人员、"白领工人"及熟练工人与服务员等，是后发展社会实现现代化的必要条件之一。尤其在我国生产力十分落后的情况下，只有增强社会的活力，唤醒人的潜能，才有可能在较短的时期完成应该走过的历史过程而达到赶上发达国家的目标。

把人潜在的能力发挥出来，就是"自我实现"。自我实现是人的最高级的需要，即在生存、享受之上的发展需要。承认人的自我实现的需要会不会与集体与社会对立而变成以自我为中心？对于否认和抹杀个体存在价值的集体，对于不利于人本身发展的社会结构，已经醒悟而具有生命自觉的人当然不会盲从。超越现实的创造活动，正是在清醒认识的基础上对现实的深刻批判。马克思本人和马克思主义就是最具备批判精神的。列宁在《青年团的任务》中曾以马克思的批判精神为榜样引导青年："凡是人类所创造的一切，他都用批判的态度加以审查，任何一点也没有忽略过去。"这种建立在科学认识基础上的创造性活动，与那种对客观毫无认识、不发生联系的自我中心完全是两回事。人的首创活动与整个社会发展是一致的，与集体是互为条件、互为因果的。尤其在社会主义社会，越是进入开拓创造境界，越会懂得集体的重要。尽管创造的人是被内在的需要即"自我实现"的冲动所激发着的人，他的创造个性只有在与客观世界发生多种多样的关系中才能产生，在掌握了客观的必然以后才能成功，在克服种种狭隘性积极参与各领域、各层次的社会交往中才能发展，也只有引起更多的人的共鸣与共享以后才能变为改造现实的物质力量，因此个人创造与集体进步之间有深刻的联系。丁学良同志在谈到马克思关于人的全面发展的更深层次的界定时写道："人的多种潜能发展的过程同时是人的对象化的活动和个人与其他社会成员的交往过程。因此，人的对象性关系的生成和个人社会关系的丰富，既是人们一切潜能发展的途径，又是这一发展的结果。"① 正因为如此，全面发展的人就是社会力量与个体力量统一的人。

人的全面发展是共产主义的理想。中国的现实远没有达到建立"自由个性"的条件。中国现实社会的情况是很特殊的。犹如经济发展存在多重

---

① 丁学良：《马克思的"人的全面发展观"概览》，《中国社会科学》，1985 年第 3 期。

结构，并存着农业社会的手工劳动、畜力运输和现代社会的电子计算机数据处理一样，从人的发展的角度看，也是兼有不同历史阶段的内容于一身，既有依赖关系的浓重投影，又有独立意识的不断抬头，更有集体主义的长期培养。在青年中，开拓进取精神与依赖性、惰性、任性并存，共产主义、爱国主义、集体主义与资本主义、封建主义的思想影响并存。在这样复杂的现实中，如何克服依赖性，引导不断增长的独立意识朝向一个共同的奋斗目标，更好地为社会力量与个体力量的统一不断创造条件，是青年工作的重大课题。一方面要加强"四个坚持"的正面思想教育，一方面要建立健全能够正确处理国家、集体、个人三者之间关系的社会机制。在这个方面处在国家与个人中介地位的集体组织状况十分重要。因为只有在集体中个人才能获得发展自己的手段。而要个人自觉发挥其创造性，又必须使其感到这是真实而不是虚构的集体，即个人利益和集体利益紧密相连的、团结合作的集体。可惜的是，在我国现实生活中，不论是社会组织与经济组织，往往不同程度地存在着成员之间互相冲突，抑制而导致力量互相抵消的内耗现象。在这样的集体中，一个事业心强富于创造能力的人也很难施展才能发挥作用。这种内耗现象的产生，其原因决不单纯是当前价值观念的变化。我们可以从中国历史中找到其源流。"三个和尚没水吃"的现象出自古代，三分处事七分处人这种将大量精力消耗在人际关系上的现象也来自传统。与强调群体道德相反的这种现象为什么长期存在，是研究传统文化的课题。现在至少可以说，社会发展水平越低内耗也就越高，因为集体组织的科学化程度、集体成员的素质越低，内耗必然越多。也可以说，各个成员对集体的依赖性越强，老是打算如何吃这个集体而不是为它做出创造性的贡献，这样的人越多，内耗也就会越多。在当前，旧社会的痕迹没有消除，体制上的弊端又使企业与团体这类组织不可能成为独立的实体，成员又长期不流动，亲上加亲的情况使不少基础单位人际关系上形成了几大家族，氏族共同体的遗风犹存，感情与血缘的关系至今起很大作用，使国家、集体与个人之间的利益发生矛盾，既影响集体主义观念的发展，也妨碍合理的经营共同体的形成。这是我国现代化的过程中，如何发挥群众积极性又将这种积极性纳入共同目标时面临的重大课题。因此在提高人的素质、实现人的现代化的同时，我们还有提高组织的素质、实现组织现代化的任务，以社会结构的现代化促使"基础社会"的解体。许多发展经济学家都指出，一个国家经济的起飞，关键不在资源、资金和劳动力的多少，而在于组织的合理性。因此研究经济体制改革的同时，更要研究社会结构以及生活在其中的人的价值观念。现在，改革以扩大企业自主权增强企业的活力为重点，正向组织结构现代化这个目标前进。各种文化、科学与群众团体都应有同样的发展，使个体的力量得到合理的整合，形成具有共同的奋斗目标的民主化的现代组织。在这样的现代组织中，以发扬民主来激发每个成员的积极性，又集中成员的意志去完成共同的任务，形成每个单位的集体精神与从严的工作作风，形成符合社会主义现代化所需要的价值观念。然后由点到面，发展到整个社会，改变社会的风气。

中共中央关于社会主义精神文明建设指导方针的决议指出："把共同理想同各行各业各个地方、各个集体的发展目标和建设任务结合起来，同各自的岗位职责和人生追求结合起来，立志建设，立本改革，艰苦奋斗，勤俭建国，脚踏实地干事业。"这个目标的实现，将是中西方文化的交融，国家、集体与个人利益的有机结合而形成的新的民族精神的发扬，以这种民族精神孕育整个年轻一代，必定能够推动四化的实现，达到民族的复兴。

1988 年

企业职能的改变与社区整合新模式的建立[*]

孙炳耀 方 明 王 琦 王 颖 李汉林

一 问题的提出

党的十二届三中全会确定了以搞活企业为核心的城市经济体制改革方案。几年来，围绕这一核心，各级政府和各城市在价格、税收、财政、信贷、计划工资、劳动等制度方面进行了不同程度的改革，初步改变了政府部门直接控制企业活动的管理方式。从宏观层次看，这些改革措施使我国的经济运行机制发生了深刻的变化，长期以来形成的带有自然经济色彩的产品经济正向公有制基础上的有计划的商品经济转变；从中观层次看，用行政办法，按行政系统管理经济的传统做法正在改变，横向经济联合迅速发展；从微观层次看，企业的自主权日趋增大，企业朝着相对独立的实体的方向发展，这些变化都标志着旧的体制正向新的体制过渡。

体制的变动强有力地激发了企业活力，同时给企业提出了新的要求。旧的体制造就的企业形态不能适应新体制的框架，这不仅体现在企业内部原有的各项经济管理制度同新的外部环境不相适应，也体现在企业原有的职能结构同外部变化的环境不相适应。商品经济的发展和改革的深化，越来越要求企业以一个相对独立的经济实体身份履行自己的职责，而旧的体制却把企业造就为综合性社会实体，除经济职能外，还担负若干非经济职能。这一既存事实对进一步完善市场体系，优化宏观经济的环境，增强企业活力都形成了不容忽视的制约。

我们认为，只有根据发展商品经济和体制改革的目标重新确定企业的

---

* 原文发表于《社会学研究》1988 年第 1 期。

职能，以此为基点对社区的基本功能进行重新配置，创造新的整合机制综合功能承载专一化带来的分化，才能为企业、行业、城市等不同层次上社区构成单位的发展提供前提。

从商品经济发展的内在要求可以推导出企业合理的职能范围，而分析企业由于担负不应该担负的非经济职能带来的各种弊病，则会使我们更清楚地意识到改变这种状况的迫切性。从社会发展的分化———一体化趋势可以引申出将企业非经济职能分离出来的必要性，而追溯与分析企业职能的多元化形成和存在的原因，则会使必要性的实现更富有可行性。

循着这一思路，我们在厦门就企业职能和社区职能分布问题进行了调查。厦门市是"老城市办特区"，新的政策和旧的体制的矛盾突出，改革进程较快使问题暴露得较为充分。另外，厦门市新建的一批"三资"企业（外资、港澳台资和合资企业）在某些属性上更趋近于"独立的商品生产者"，为我们分析职能多元化的企业提供了参照物。本文基于对厦门市的调查，从分析企业职能多元化的原因、弊端入手，探讨企业与社区、企业与政府的合理互动模式，进而提出改变企业职能多元化，建立社区新的分工———整合模式的理论依据和实际建议。

二 现状分析
——企业职能的多元化

根据对厦门市部分国营工业企业和区属集体企业的调查，我们把企业担负的职能分为三类，即经济职能、职工生活职能和社会职能。

经济职能是企业担负的主要职能，这种职能的履行是企业得以存在的前提，同履行这一职能直接关联的活动——生产经营是企业活动的主要内容。为社会提供的产品或劳务的数量、企业在社会生产体系中发挥的作用、企业实现的利税额、企业的自我发展程度等是不同方面考核企业经济职能履行状况的标准。

职工生活职能是企业在支付职工货币报酬之外为职工提供的生活服务，如托儿所、学校、医院、食堂、浴池、商店、生活燃料供应部门、交通车、职工宿舍、蔬菜副食基地，甚至旅游、休养基地等各种生活服务设施。我们看到的规模稍大的国营和集体所有制工厂企业都为职工提供各种生活服务，以住房为例，无论是企业管理人员还是普通职工，都认为解决住房问题是单位不可推卸的责任。在我们进行问卷调查的36位厂长中，有67%的厂长持有这种看法。

社会职能是指企业超出经济管理范围之外对职工进行各类管理及其在教育、就业、社会保障等方面担负的职能。在企业里普遍设立分管党务、宣传、妇女、青年、治安、计划生育、"五讲四美"等工作的专职部门，配备着相当数量的专职干部。企业除依据生产经营需要对职工进行培训外，还担负着满足职工超出企业生产经营需要提高自己素质的责任，如办各种形式的培训班，出资送职工到电大、夜大或大专院校学习等。1986年厦门23个厂参加培训学习的职工共13912人次，人均0.84次。企业还担负着解决就业问题的职责，这主要表现在两个方面：第一，安排职工子女的就业。许多企业拿出资金、材料、设备，配备了技术人员和干部，办起各种形式的劳动服务公司，安排职工子女就业。在我们所调查的23家企业中，有6家办起了劳动服务公司，安排职工子女718人。用各种形式将职工子女安排在企业内部，也是企业经常采用的办法。第二，保留冗余人员。在厦门市，许多企业人浮于事，劳动效率低，存在大量冗余人员。在我们对34位厂长的调查中，认为按现有的技术条件和生产规模，平均只需要现有职工的81%就够了。但是，上级部门和厂长们都认为裁减人员无处就业，不能将其推给社会，只能将冗余人员留在企业内部，用各种形式养起来，通过内部消化解决这批人的就业问题。

从以上对企业职能的分析来看，企业除了担负着经济职能外，还担负着若干非经济职能。在这三种职能中，经济职能是企业法定的、主要的职能，生活职能和社会职能在名义上是辅助性或附加性的，但不管怎样，企业已经成为一个职能和设施相对完备的，能满足企业内部成员各方面需要的社会实体，成为一个多种社会活动的综合性社会单位。

这种具有多种职能的社会单位，很容易使人联想到自然经济条件下的家庭。多种职能由一个社会单位承担，经济关系、生活关系和其他社会关系纠缠在一起，每个成员彼此间存在一种"全方位"角色互动，即在同一空间内以不同的角色身份自然互动。自然经济条件下的家庭作为一种整合形式同当时的分工程度、社会生产力水平是相适应的，而今天的企业成为这种职能多元化的综合性社会实体，则是偏离了企业组织形式发展的历史轨迹，使企业以一个扭曲的形态在社会分工体系中运行。

企业是作为一种职能专一的经济组织而被配置在社会分工体系之中的。从马克思主义经典作家的论述中，我们可以清楚地看到原来由家庭承担的各种职能——使社会得以存在和发展的各种活动与效用，逐步被职能专一的社会单位所承担。马克思和恩格斯指出，在生产的不发达阶段，"分工还很不发达，仅限于家庭中现有的自然产生的分工的进一步扩大"，[①]随后，各项社会职能的分工扩大到各类组织内部分工，组织之间的分工。分工除了扩展到经济领域以外，又扩展到社会其他一切领域，为专业化、专门化的发展，为人的细分奠定了基础。企业的形成与发展，是社会组织形式对伴随着技术进步而发展起来的大规模生产和市场经济所造成的新情况的一种明显反应，是社会分工体系发展的表现。企业家庭的经济职能转移出来，将家庭成员在一定空间和时间范围内聚集在一起专门完成这种经济活动。因为专业化的、规模较大的经济组织比家庭组织更能适应生产和技术发展的需要。然而，我们今天看到企业在某种程度上又成为扩大规模的家庭，这种情况给企业、社区和社会带来什么影响呢？

三　企业职能多元化造成的一系列问题

企业偏离社会分工规定的轨道，在履行经济职能的同时担负着若干非经济职能，由此产生了一系列问题。

1. 目标冲突

多元化职能迫使企业建立多元目标，实现多元目标的各种行为相互牵制，甚至发生冲突，使企业的主体目标——履行经济职能的目标受到多种影响。

经济目标在实现过程中，受到其他目标干扰和阻碍的情况主要表现在企业要分出相当数量的人、财、物力保证一些非经济职能的履行，我们调查的许多厂长都为此叫苦不迭。对 38 位厂长的问卷调查表明，从事这些同生产经营无直接关系的活动平均占用了他们 51% 的精力和时间。由于这些非经济职能，尤其是职工生活职能的履行同职工利益密切相连，企业在履

---

① 马克思、恩格斯：《德意志意识形态》，人民出版社 1965 年版，第 15 页。

行经济职能和职工生活职能发生冲突时，往往是职工生活职能被优先考虑。正是由于这个原因，相当数量的生产基金和技术改造基金被巧立名目，转化为职工个人消费基金。宿舍楼的基建问题比产品更新更能牵动每个企业成员的心。

2. 规范冲突

多元化职能的履行要求有多种规范，多种规范在冲突和妥协中融合为混杂的企业规范，造就了企业的扭曲行为。企业的经济行为具有一定的规范。就国家意识而言，无论过去有过什么偏见，现在企业追求利润发展生产是完全符合规范的，是国家一再倡导的，并希望企业管理人员按这一规范行动。但是，企业职能多元化，每种职能都有其相应的规范，使企业行为往往不能单纯遵循经济规范，而必须同时考虑多种规范。这多种规范之间有的是相容的或不矛盾的，有的则与经济规范对立，发生冲突。在这种情况下，企业必须在经济规范与外经济规范之间进行抉择。

第一是效率原则与就业目标的冲突。企业追求最大的利润，重要的途径是实现生产要素的最优结合，提高效率。目前企业往往人浮于事，这不仅使人均效率降低，有时还降低整个企业的效率。一个人的事两个人干，一加一不能大于二，有的甚至小于一。一人干得来的事分开做，工作都不饱满，结果是以低效率低水平为工作尺度，甚至互相扯皮。人们以低效率为正常，不追求更高的目标，这种一加一小于一的效率业已为组织心理学所证明。从效率原则看，企业必须根据生产需要，裁减其多余工作人员，但事实上不能这样做。就业是国家的社会目标，社会主义国家常常称道的优越性之一就是消除了资本主义制度下大量失业这一痼疾。政府都以安排就业为己任，成为政府的行为规范，并为群众所广为接受。就业不仅在于保证人民的劳动权利，从而保证其生活，还有利于减少社会矛盾，安定社会秩序。从这一点考虑，政府也十分积极地安排就业。过去企业作为国家的隶属物，完全以国家目标为自己的目标，在企业这一层次并不感到冲突，现在企业要作为一个独立的经济单位运行，就会感到这一冲突了。这时厂长一方面面临着提高企业效率的原则，另一方面面临稳定就业的责任。在这二者之间，目前厂长都选择了后者。30年来企业领导贯彻国家意志的习惯，还深深影响着厂长。在被调查的36名厂长中，33人认为企业存在程度不同的冗员，但有26人认为不应裁减，主要是考虑到上级的干预和出于社会责任。政府对厂长的考核任命，这种组织上的制约也使厂长不得不这样做。

第二是效率原则与公平伦理的冲突。社会主义的优越性之一是实现公平。职工收入分配上的大锅饭、平均主义，这种观念虽在国家意识中已得到纠正，但长期的现象使人们形成深深的观念，平均化仍然是大多数人所坚持的规范。这种规范制约着企业内部收入差距的拉开。奖金一、二、三等，相差不大。职工承认企业管理人员特别是厂长的贡献较大，但限于公平的伦理，不赞成有过大的收入差距。平均主义对企业效率的影响已是公认的问题了，为什么这种状况远远没有得到改变？企业管理人员对此感到无能为力，甚至也不想改变。并不准备借其职位谋取更高的收入。厂长们觉得拉开收入差距，在职工中会有很大阻力，会增加职工之间的矛盾。

第三是经济规范与家庭伦理的冲突。我们的厂长也是家长，不仅主持企业的经济活动，还安排全体职工的生活。企业为职工生活要拿出大笔资金。管理人员为此要耗费不少的时间和精力。从解决住房到职工食堂、托儿、洗澡、购物，甚至职工家庭纠纷的调解。这无疑妨碍了企业领导的主要精力集中于经营管理上的决策。有时，企业遇到诸如分房等难题，厂长只得躲起来，避免找的人多，根本不能正常工作。

有一种普遍流行的看法，认为家庭伦理具有经济意义，它有助于增强职工与企业的认同感，提高职工为企业工作的热情，从而有助于提高企业经济效率。家长责任是实现经济目标的一种手段。60年代后，日本经济的成功，使人们注意到日本大公司的企业制度，认为家庭式的企业制度要比西方制度有效率，这成为一个国际性争论的难题。就我们所调查的情况看，并没有发现家长制度的优越之处。国营企业的职工与国家是有认同感的，但并没有十分强烈的为国家工作的责任感，因此我们才要划小经营和核算单位。职工从中可以看到，认同的主体太大，不易产生直接的动力，相反，核算单位小，职工可以直接将利益与工作联系起来，产生直接的工作动力。农村从生产队核算到联组承包，而后到家庭承包一步步缩小利益主体的改革过程，对我们也不无启发意义。职工对几百以至上万人的企业的认同是否真的有助于其积极性的提高，至少是一个悬而未决的问题。在没有做出科学的证论之前，与其相信这一点，不如对此持怀疑态度。

厂长们在为职工解决生活问题时有一种基本想法，就是为职工解除后顾之忧,使其安心生产,以保证企业的正常秩序和生产效率。企业的职工生活职能具有直接的经济意义,这个事实是不容怀疑的,但稍加深入分析,我们看到,关心职工生活只是为了解除职工后顾之忧,而不是增强职工对企业的认同。换句话说,这里起作用的不是家庭伦理。丝毫不能为家庭式的企业制度提供任何证据。有些服务既可以由企业提供,也可以由社会提供。假使社会已有足够的生活服务保证,职工已无后顾之忧,企业就无此必要了,更不会因此妨碍职工的认同感而影响生产效率。

3. 角色冲突

履行多元化职能的企业使企业内部各种关系——生产关系、生活关系、社会管理关系等纠结在一起,形成复杂的社会关系网络,作为各种关系的承担者——生产角色、生活角色、社会管理者或被管理者角色。在企业内部各种角色的互动和转换是如此频繁,以至于常常难以按具体情境规定的一种角色考虑和处理问题,于是,多种角色的多种规范、多种角色设定的多种立场迫使行为者进行多方面的考虑,以便协调多种角色的多种要求。这自然使行为者的行为由于瞻前顾后而变形。例如,职工作为经济角色对管理人员指令和企业制度的遵循程度,往往受到他对企业或管理人员履行生活职能满意程度的影响。又如,职工往往在生活方面形成对企业领导的认知,一旦认为领导在生活服务方面(如住房分配)上"不公平"或"以权谋私",在生产中发生关系时就会在这种认知的影响下故意违抗指令,或者给领导出难题,由生活角色推论其他角色扮演效果的"晕轮效应",使企业内部上下级不能按常规模式互动。从另一个角度看,有些职工会为了取得生活服务的照顾,在生产活动中适合领导,这固然有好的作用,但也有副作用,尤其是因此造成的人际关系紧张,对企业成员作为经济角色互动形成难以克服的障碍。职能多元化造成结构性角色混淆和角色错位,使企业成员的行为在多种关系形成的"力场"中扭曲变形,从而使企业行为不能按"经济合理性"的要求进行。

4. 社区结构不合理

多元职能的履行使企业成为社区生活的基本整合单位,形成对社区内部分化——一体化趋势发展的严重障碍,影响了社区的发育成长。

结构功能主义理论认为,在比较复杂的系统发展过程中,由于环境的变化或系统内部各部分相互作用的加强,会出现内部分化的趋势,系统内部相继出现一些相对独立的功能部门（子系统），整合功能由这些部门分工承担，由于企业负担着多种职能，社区内部职能分工的需求在一个企业中得到满足，使应当承担社会生活服务职能和社会管理职能的社会单位由于有效需求不足而丧失发展的动力，例如，厦门市杏林区的各大企业都自办煤店，生产煤球、煤饼，使市煤炭公司后来兴办的煤店经营效益不佳。各厂都自备交通车，使公共交通公司的乘客减少，干脆取消某些线路的营运。长期以来，企业职能多元化使社区发展陷入一种恶性循环：社区服务、管理职能无专门单位承担→企业自办以满足需求→社区对服务管理职能单位的有效需求减少，使这些单位得不到发展。恶性循环带来三个结果：其一，企业分头承担生活和其他社会职能，规模小，专业化程度低，效率低下，浪费严重；其二，由于社区分工机制发挥的作用被限制在企业内部，社区的发育受到影响，社区生活服务设施和社区管理部门得不到应有的发展，使社区内部产业结构失衡，这从根本上制约了社区的全面发展。这一结果对厦门这样的特区城市影响更大，吸引外资要求有好的投资环境，而健全的生活服务设施和社会管理、社会保障体系直接构成投资环境的重要组成部分。其三，由于企业成为社区内部一个个相对独立的社会实体，社区社会生活的整合机制是由企业分别完成的，使社区结构沿着同质结合体的方向发展，各企业、部门之间无法构成异质结合体系，相互之间缺乏有机连带关系，无法形成共生关系。更重要的是，社区结构的松散性使社区的凝聚力降低，企业缺乏对社区的认同感，社区也因之缺乏由于承担整合功能所产生的整合效应，使社区发展的活力大大降低，这对社区的长远发展形成潜在的威胁。

四　企业职能多元化的原因
——企业与政府目标的重合

我们往往从个人的行为上找寻企业职能的多元化的原因，或者指责厂长不顾国家利益，忽视企业自我发展，热衷于职工福利和奖金；或者指责政府或社会有关部门乱行摊派，增加企业负担。诚然，干部和管理人员行为的完善，对于改变企业职能状况，建立合理的企业目标结构，是一个重要的方面。但这并非根本原因，在很大程度上，人的观念和行为是由制度造就的。必须从我国的企业制度这一深层探讨企业职能多元化的原因。

无论从企业的创办动机、产生机制，还是从企业在社会分工体系中所担当的法定角色来说，企业都应该是一个经济单位，而社会主义商品生产条件又决定了企业必须有自己的意志，作为一个相对独立的经济单位运行。在满足上述条件的情况下，企业才能确立自己正确的目标，发挥自己在社会分工体系中应该发挥的功能。然而，由于种种原因，企业无法作为一个相对独立的经济单位发挥职能，而成为履行社会整合功能，即整合社会生活各个方面的一个微观综合体。

以全民所有制企业而论，企业完全没有独立的意志。企业的财产所有权是国家的，财产收益和财产增值完全是国家的事情。企业就其本身而言，没有财产上的任何利益。即使是经营利益，由于经营权掌握在国家手中，企业经营上的能动性不大，不可能通过自身的能动作用去争取经营利益。经营利益在很大程度上是由国家规定和获得，企业于其中是无能为力的。企业缺乏独立利益的推动，也就不可能自行去确定目标，改善经营管理的冲动从根本上受到压抑。企业如何发展，方向如何，承担什么责任，履行何种职能，都是由国家决定的。

社会主义代替资本主义，根本的原因在于资本主义生产的社会化和私有制的矛盾。我国在解放后通过没收官僚资本和公私合营，逐步建立了构成国民经济主体的国家所有制经济。这一经济制度上的根本变革促使了政府职能的转变。政府作为社会管理部门的职能依然存在，在这个基础上增加了对国有资产的管理职能。无论中央政府还是地方政府，都负有责任进行全民资产的调配使用，并实现增值。由于国家直接掌握着绝大多数的资产，国家承担着经济发展的首要责任，成为政府有关部门和干部的首要目标。资本主义发展到 20 世纪，逐步开始走向国家资本主义，政府对经济的控制加强了，政府的经济职能和经济目标也已占相当重要的地位。但资本主义国家的经济目标往往很少通过直接的企业经营来实现，而是通过一系列政策和经济杠杆，刺激调整大量私营企业的行为，间接地实现的。我国政府经济目标的实现，则是通过政府对经济的直接干预，甚至对企业经营的直接控制实现的。这种政府出面的直接管理，使企业在利益、目标和行为上失去个性，成为政府意志的附属物。外表上看似乎存在着政府和企业两个层次，而就其灵魂看，企业只是政府意志的执行者，缺乏自己的灵魂，只是一个虚拟的层次。国家主体的实在性与企业的虚拟性结合，为政府将企业造就为多元职能的综合体提供了充分的可能性，企业的经济框架中被政府添加了多种非经济目标规定的职能。

集体所有制也同样缺乏独立的意志，实际上是"二全民"，是区、街道政府企业。厦门家具厂是从20世纪50年代起在木器社的基础上发展起来的集体所有制企业。名义上是集体，实际上是政府支配。企业财务上完全由政府主管部门统一规定，长期以来，厦门家具厂必须向市二轻局交纳留利的四分之一，由主管部门调配使用。区办企业也是如此，区企业局掌握着企业四分之一的利润，以丰补歉，在企业中调剂、扶持亏损和微利企业。区里还用这部分资金组织扩大再生产，兴办新的企业，这些新办企业从产生那天起就是政府活动的产物，完全是政府意志的结果。企业管理人员只是代表政府经营企业而已，不能通过自己的经营获取相应的利益。相反，企业管理人员的利益是通过政府来保障的。思明区有一个街道办的工艺厂，现只有职工100多人。普通职工并没有多少福利和退休保险待遇。企业管理人员的福利和退休保险也不在企业内直接获得，而是由政府提供的。7名管理人员由街道列入编制，退休由街道负责保障。据说全区各街道列入编制的有100多人。区办企业更是如此。厂长的住房不是企业内直接解决，而是由区政府在统一调配的资金中解决。思明区准备给企业管理人员开列编制，由政府预算外部分负担其福利和保险。通过这些渠道，政府直接地支配着企业，使企业失去独立的利益、目标和独立的经济行为。集体企业成为不同层次政府履行经济和非经济职能的组织形式。

社会主义制度的建立改变了以往社会形态中国家管理经济的性质。社会主义消灭剥削制度，根本上实现了人的平等，并随着社会的发展，不断增进平等的实现。社会主义是人民当家做主，国家为人民的生活提供基本保证，对人民的劳动提供基本保证。人民生活水平的稳定和提高，养老、医疗等保障的完善，福利水平的提高，就业的稳定，失业的消灭，公民精神面貌的健康，社会秩序的稳定，常常是我们觉得十分珍贵的社会主义制度优越性之所在。

社会主义国家除了经济职能外，同时担负着社会管理职能。上述的各项社会发展内容常常是政府竭力追求的目标。从政府的历史发展看，自国家产生后，政府就具有社会管理职能这一方面。各种社会活动的范围往往超出企业甚至局部的社区，需要整个社区乃至全国统一管理，这只能由政府来承担。社会目标的实现涉及每一个人，往往引起各个层次社会力量冲突，需要政府借助强力加以推行，政府通过各级结构，层层下达，从中央到每个公民，有组织地逐步向下贯彻政府的意志。这种组织保证和权威保证，使得社会目标在历史上只能由政府来执行。

我们政府目标的实现，是通过两条轨道进行的。一条是政治轨道，从中央到地方各级延伸，在农村一直到村民委员会，在城市直到群众自治性的居民委员会，逐级贯彻国家的社会目标；另一条渠道是企业，政府通过某经济职能部门，向下属企业贯彻社会政策，让企业负担社会责任。这两条轨道大致是并行的。政府经济职能部门负责企业轨道，非经济职能部门负责政治轨道，从中央到地方每一级政府，二者的分工都较明确。但是，到了基层二者往往就分不清了，发生了交叉。准确地说，是政治轨道越向下延伸，其功效越低，相反，企业渠道到了企业这一层，其控制的有效性则是很高的。于是，两条轨道在基层合二为一，基层政府机构将企业作为实现自己的目标的工具和组织形式。最典型的例子是，计划生育的目标在各级政府都有专门机构，但到最后不是通过街道或居民委员会去做居民工作来实现，而是通过企业做职工工作来保证。

国家与企业在经济目标上的合一，为政府利用企业实现非经济目标提供了可能性和必要性。在一定程度上，经济和非经济两类目标是存在着矛盾的。现代西方普遍流行着效率与公平的选择问题。战后一些国家推行福利制度，占用了部分国民收入，同时福利的增加影响了公民的劳动积极性，从而制约了效率。国家须在二者之间进行选择。在私有经济下，企业是独立的经济单位，具有追求效率，实现增值的内在冲动。政府的公平目标不能通过企业来直接实现，只能通过财政分配形式，由政府组织安排。我国企业的利益与国家是合一的。政府在实现社会目标时需要一定的经济代价，这种代价可以直接让企业来承担。既然企业在经济上没有独立的意志，它在非经济行为上也没有自己的意志，完全服从政府给它所规定的目标、价值和规范。一旦两种目标发生冲突，企业也无权加以权衡和选择。这里无论经济还是非经济目标，都是在政府这一层加以确定，进行权衡、选择和决策，企业只是执行机构而已。政府在通过企业实现其非经济目标时，不会遇到类似于资本主义企业那种由于经济利益而进行的抵制和对待。这种经济上的重合，成为政府与企业在非经济职能上重合的坚定基础。

企业轨道还有其必要性。从基层看，企业组织是最为严密的。企业作为社会成员获取生存的条件的组织，对社会成员形成强有力的经济制约，并由此派生出一系列制约机制，使企业对成员实施社会控制方面，比任何政权组织更为有效。应当认识到，这同我们过去法制不健全，基层政权组织薄弱的状况是不无关系的。企业的这些特点，使政府部门往往把企业作为控制的工具。政治轨道往往是借助政治约束力实现的，它具有最强的权威，但它所及范围有一定的限度。经济生活是每个人最切身的利益，涉及范围最广。企业首先是一个经济组织，通过它实现非经济目标，往往除了行政上的权威外，还可以辅之经济制约，从而强化了政策的约束力，这是我们为什么如此重视企业轨道的重要原因之一。

政府通过企业来实现非经济目标，其中的代价不再体现在政府财政上，而在企业内部消化掉了。政府不直接举办福利，而由企业来办，福利费用不像西方福利国家那样从国家财政中支出，而由企业支出。政府借助企业干部推行其非经济职能，这些干部编制在企业，也由企业支出直接承担了。在人们普遍注意到财政负担时，通过企业完成非经济职能，其代价具有较隐晦的途径，往往不为人们所直接感受到。政府运行成本过高是那么引人注目，使得人们设法将成本转移到企业，以在表面上保证廉价政府的基本要求。这不能不说是企业轨道运行的动力之一。

首先是企业和政府两个层次在经济上的合一，然后政府通过企业实现其非经济目标，形成两个层次非经济职能的合一，达到两个层次两种目标的完全统一。这种结构在改革之前的30年的经济体制基础上达到了无以复加的程度，导致了企业职能多元化的形成。

五　改变企业职能多元化的思路
——建立新的社区整合模式

从企业职能多元化造成的一系列问题，可以深刻地认识到改变这种状况的必要性和迫切性；从对企业职能多元化形成原因进行分析，可以寻觅到改革这种状况的思路。

十二届三中全会以后的城市体制改革，在最深刻的意义上，就是要促使政府和企业在经济上分离，重新确定企业在经济上的独立特性，解决企业财产"由谁代表，谁来负责"的问题，结束企业财产虚置的状况，恢复企业作为独立商品生产者的社会地位。如果说，在前几年的经济体制改革的实践中，我们注意了在经济利益和管理权力上解除政府对企业的束缚，实现二者的分离，那么目前我们经济体制改革的任务，就是要进一步解除企业在非经济职能上的束缚，彻底恢复企业独立商品生产者的社会地位。

城市作为一个多功能的综合体，由一个个不同的组织单位构成，除企业外，还有各种文化、卫生、体育、教育及社会管理单位。各种单位各具有一定职能，互相联系，构成一个整体。充分发挥各职能单位的作用，在此基础上建立新的社会整合模式，改造政府—企业简单的整合模式，将是改变企业职能多元化的根本措施。

（一）大力发展第三产业，为企业生活服务职能的转移创造条件

企业职能的多元化，同社区内部第三产业的不发达形成互相促进的负效应。由于城市社区发育不成熟，各种职能机构不健全，缺乏必要的措施，对企业形成一股外部压力，使企业不得不尽力承担职工生活和一些社会职能。棉纺厂位于杏林工业区，离市区十几公里。这是1958年大跃进时建的，当时的口号是"先生产后生活"。实际上是有生产无生活，各种生活设施没有跟上。区内开始没有煤店，职工买煤不便，意见很大，常常因买煤影响生产秩序，于是工厂只得自己办煤店，为职工供煤，交通亦如此。

我们看到，企业越大，职工服务设施就越全，社会职能也越多。一些中小企业特别是集体企业则要少些。这种现象恰与日本的情形类似。一方面新兴的大公司实行家庭式制度，无所不包，另一方面又有着大量极不稳定的小企业。这种状况是由社区环境的发育不足造成的。日本在经济起飞时大企业异军突起飞速发展，在较落后的经济基础上迅速发展出高元生长点，与周围环境形成较大的反差。这些大公司在经济上遥遥领先，要求它在共他职能上与之相配，由于低元的城市环境不能满足大公司的要求，大公司的财力也为实现这点提供了可能性。我们在厦门也看到类似的情况。社会上各种服务设施水平跟不上去，企业都很有意见。一些中小企业没有

力量，只好任其自然。大企业相对来说财力较雄厚，较易调拨出一些资金和人力举办各种事业。加之大企业在政府心目中地位较重要，遇到困难向政府伸手，也较易得到支持。

企业一方面由于社区环境的不良而自办一些社会服务项目，同时又因为企业各自分散办了各级服务，分散了财力，也减少了对社会服务的需求，从而反过来限制社区的发展，形成一种恶性循环。如果继续这样下去，则积重难返，更难打破。

要打破这种恶性循环，可以根据目前的条件采取两种办法。第一种办法是在企业同社会服务部门之间建立一种中间体。在一些企业比较集中的地方，可以组织几个企业共同建设生活服务设施，即将几个厂的社会生活部门集中在一起，扩大其规模，提高其专业化程度，以取得更高的效率。更重要的是，要坚定不移地改变企业和服务设施之间的关系，新建的联合服务设施要同原来的企业在行政上脱钩，由社会机构逐年归还原企业的资金，逐步将服务部门纳入城市生活服务体系。政府可以通过税收、补贴等经济手段推进这种办法的实行。如一些商店和服务设施，应鼓励将企业办到厂外去，对社会营业，既为本企业职工服务，也为社区服务。如杏林区各厂的交通车，也可以考虑调配使用，经营从工业区到市区的公共交通，这样可以增加班次，缓解交通紧张。采取这种方法，可以克服城市建设、经费紧张的困难，为最终将企业的生活服务职能转移出去找一条可行的过渡性道路。

第二种办法是企业中一些可由社会办的事，应尽量转到社会来办。国营企业养老保险社会化的工作，就是一个好的开端。长期以来养老保险由企业负担。过去企业无独立的经济利益，退休费进成本，挤了利润，反正亏损盈利都是国家的，矛盾不突出。经济体制改革后，企业有了一定的利益，新老企业退休费用不一，所背包袱轻重不同，退休职工多的企业负担重，挤了利润，从而最后挤了职工利益。这种负担畸轻畸重的状况，使企业不能在同等条件下竞争，也增强了职工对企业的依附。退休保险走向社会化，有利于企业作为一个经济单位运行，也有利于企业摆脱对职工的过多责任。厦门市三资企业的退休、医疗费用均由保险公司承担，这为实现这种办法提供了一个值得参考的范例。

改善社区环境，要求政府给予一定的投入。长期以来我们在城市发展中重生产轻生活，重经济轻社会，城市建设发展不快，欠账甚多。近几年这种状况有所改变，城市建设水平有较大提高。但离需要相距还是太远。住宅建设是城市建设的重要问题，目前也是企业的一大负担。前几年搞住宅统建，仍是各单位出钱购买，然后分给职工，没有改变企业办福利的性质。政府在财力许可的范围内，应尽可能挤出一点资金兴建住宅，先是有限度地为部分建房买房困难的企业解决少数职工的住房，而后逐步扩大，由政府承担居民住房的部分责任，把企业的职能转移出来。香港政府在这方面采取的办法与此类似，政府财政拨款建造一些设施较简单，标准较低的住宅，以低房租提供给低收入居民。这种办法可以借鉴，可先在国营企业中推行，然后扩大到全市各阶层居民。

这样做直观上是增加了政府的财政支出，挤了生产投资，妨碍了经济发展，但如果我们不是如此直观地看问题，就可以看到有其对经济发展所起到的间接作用。我们强调转外延扩大再生产为内涵扩大再生产，讲增加企业自我增长能力。国家背上一点住宅的包袱，但企业增强了自我生长能力。一旦企业不承担住宅的责任，留利的一部分就可以转化为生产发展。不仅如此，企业对职工生活的职能的弱化，还有助于避免企业利益沦为职工利益，增强企业作为经济主体的活力。这种巨大的间接意义，往往是不容易为人们所觉察和重视的。

"三资"企业在这方面可以给我们一些启示。厦门作为特区，已有三资企业 100 多家。这些企业不担负职工生活的职能。为此社会提供了相应的服务，厦门地区劳动服务公司作为一个专门机构，为三资企业解决职工培训、就业、重新安排、保障等问题。在我国企业普遍缺乏良好社区环境的条件下，为"三资"企业创造出一种特殊环境。这对吸引"三资"企业有着决定性的作用，同时，它也是保证"三资"企业能够办成纯粹经济单位，提高劳动效率的重要手段。三资企业通过它的高效率，给职工发放较高的工资，让职工以工资收入去支付社会提供的生活服务。同时，企业也从其高效率中分解出一部分，交由劳动服务公司，举办一些社会服务项目。我们得到的启示是：一旦企业甩掉包袱，就可以获得更高的效率。企业效益的提高，一方面可给社会提供更多的资金，另一方面可支付职工更多的工资，让他们以货币支出的形式获得生活服务，从而使政府投资得以回收。

（二）转变政府行为，加强社区基层政权组织的建设，为企业社会管理职能的转移创造条件

现代社区环境，不仅要求不断完善和恢复城市的社会服务功能，而且还要求不断完善和转变政府行为。长期以来，政府承担着沉重的经济责任，不仅要从宏观上全面控制与规范社区的经济生活，而且还要从微观上对各个企业经济活动的后果负责。政府行为中这种经济功能的强化，一方面使政府成了事实上的经济组织，变成了企业在生产上的衣食父母；另一方面则使得企业在客观上作为政府的附属物，并逐步丧失独立商品生产者的地位。企业与政府行为变态的社会后果是，政府直接参与企业决策，控制企业的行为取向，企业依附于政府，完全按行政规范行为。企业行政化是政府经济功能强化的必然产物。

转变政府行为具有两方面的意义。一方面意味着经济功能应逐步从政府行为的结构中分离出来，一部分交给政府的计委、经委等经济职能部门，一部分转移到介乎于政府与企业之间的具有双重性质的经济中间体，如行业公司、协会、董事会等。

另一方面意味着不断加强政府行为中的服务、协调与组织功能，使政府利用其合法的权威性通过所提供的服务、协调与组织行为有力地影响社区的经济活动，承担更多的非经济责任。

这里，一个最现实的困难是，厦门市政府目前从人力、物力和财力上很难担当起全面实现社区非经济功能的责任；企业，尤其是厦门市的那些大型企业，很难一下子把企业的非经济功能从企业中分离出去，并迅速适应独立商品生产者的社会角色；介乎于政府与企业之间的中间体，在行为规范上很难摆脱对企业行政管理的印记，在组织上还很难做到组织区域经济的中枢，成为政府影响微观经济活动的媒介。

但是，问题的严重性在于，不转变企业职能多元化的状况，政府行为就不可能理性化；企业就不可能恢复独立商品生产者的社会地位，经济效益就不可能提高，厦门经济社会的全面发展与振兴就会成为一句空话。

根据我们的调查和厦门特区的实际情况，我们慎重地建议改变政府行为的第一步，应放在加强社区基层政权组织的建设上。我国城市有市、区两级政府，各区还派出有街道办事处。长期以来行政事务大量通过主管部门管理，区、街道对全民所有制企业没有行政权力，管理权限只限于集体所有制企业和居民事务。在我国城市全民所有制已占绝大部分比重的情况下，区政府的行政职能确实无法与主管部门相比。由于其行政职能不大，在政府机构中没有得到所应有的位置，人员编制和财政上一般比较紧张，因此区、街道也热衷于举办各种集体企业，以增加区级财政收入。这种职能的错位不利于加强政府对社区的管理。厦门作为全国 16 个行政机构改革试点单位，目前正拟撤销主管部门，将其行政职能移交区政府。这种办法必将大大加强区级政府的作用，打破过去行政上条条管理的渠道，无论企业的所有制性质，按社区就近管理。这样可以提高效率，使政府更好地为企业服务。

总之，只要政府从繁重的经济责任中解脱出来，把更多的精力放在服务、协调与组织功能的实现上，把更多的力量投入维持和改善企业经济活动所依赖的环境和秩序上，那么，企业职能一元化才可能最终实现，企业和政府行为的改革与完善才可能真正获得较为宽松的条件。

四十年代中国社会学的建设[*]

杨雅彬

在社会学界一般称 20 世纪 40 年代（指 1937～1949 年）为社会学的建设时期。社会学传入中国的 30 多年，仍是舶来品。所以，如何使社会学的理论结合中国的社会实际，使社会学中国化，成为 30～40 年代社会学的中心任务。吴文藻、费孝通倡导的社区研究及以孙本文为代表的系统社会学研究，都为社会学中国化做出了努力。该时期的特殊情况是处于抗日战争期间，各大院校、研究机构及社会学者云集我国西南边陲，西南成为社会学的基地。社会学者们在西南搞乡村建设试验，办教育培养社会学人才，结合战时与实际部门开展社会服务工作，进行人口普查，尤其是对不同类型社区和少数民族地区进行的深入调查研究，以及对一些重要的社会问题进行的系统研究，这些都为社会学中国化做出了努力，但并未建立起中国的社会学体系。在社会学中国化的过程中，社区研究在 40 年代成为一种风气。

倡导社区研究

吴文藻倡导社区研究，主张社会学中国化。吴文藻早在 20 世纪 20 年代在美国留学时，就初步意识到把人类学与社会学结合起来的必要性。回国后，他开创了教授社会学和文化人类学相结合的方法，并培养了一批专业骨干力量，如李安宅、林耀华、费孝通、瞿同祖、李有义等。抗战时期，吴文藻建立了云南大学、燕京大学联合办的社会学研究室，1939 年在云南大学创建了社会学系。30 年代，吴文藻为社区研究奠定了理论和方法

---

* 原文发表于《社会学研究》1988 年第 1 期。

的基础。他认为社区研究，就是"大家用同一区位的或文化的观点和方法，来分头进行各种地域不同的社区研究"，"民族学家则考察边疆的部落社区，或殖民社区；农村社会学家则考察内地的农村社区，或移民社区；都市社会学家则考察沿海或沿江的都市社区。或专作模型调查，即静态的社区研究，以了解社会结构；或专作变异调查，即动态的社区研究，以了解社会历程；甚或对于静态与动态两种状况，双方兼顾，同时并进，以了解社会组织与变迁的整体"。① 在社区研究中，他选择了英国功能主义学派的理论和方法。因为功能学派重视理论的应用，主张实地观察方法，然后再以不同地区、不同社会的材料进行比较研究，并把其研究成果和方法用来帮助解决各种社会和文化问题。吴文藻用此派的观点和方法来尝试现代社区的实地研究，并主张把社会学的理论和方法与文化人类学或社会人类学结合起来，对中国进行社区研究。他认为，这种做法与我国国情最为吻合，是社会学中国化的一项重要实际工作。他还明确指出，要使社会学中国化必须"以试用假设始，以实地验证终；理论符合事实，事实启发理论，必须理论和事实糅合在一起，获得一种新综合，而后现实的社会学才能植根于中国土壤之上，又必须有了本此眼光训练出来的独立的科学人才，来进行独立的科学研究，社会学才算彻底的中国化"。② 他本着中国化的精神培养出一批专家，主编了《社会学丛刊》。吴文藻认为，社会学便是社区的比较研究，因此丛刊的宗旨是在中国建立一种比较社会学。要建立比较社会学，一方面要介绍健全的理论和方法，一方面要提供正确的实地调查报告，因而《社会学丛刊》分甲乙两集。甲集专收普通社会学和特殊社会学；乙集专收各种类型的社区实地调查报告。

1937 年 1 月，中国社会学社召开第 6 届年会，会议主题是"中国社会学之建设"。会上赵承信宣读《社区研究与社会学之建设》一文，提倡以社区实地研究作为中国社会学建设之路线。同时与会成员一致通过陈达所提出的《国内各大学积极推行社区研究》一案。在艰苦的抗战期间，社会学界逐步实现了决议案，社区研究变成了战时中国社会学的共同的风气，社区研究的发展，推动了社会学的中国化建设。

---

① 吴文藻：《中国社区研究的西洋影响与国内近状》，载天津《益世报》副刊《社会研究》1935 年第 102 期，第 447 页。

② 《吴文藻自传》，载《晋阳学刊》1982 年第 6 期，第 48 页。

研究社区的理论

这时的社区研究，在理论和技术两方面都受了美国人文区位学都市研究以及社会人类学初民社会研究的影响。

1929 年人文区位学的创始人派克来华讲学，传播了人文区位学的理论。1932～1933 年派克再度来华，推动了实地研究工作的进行。国内在理论方面还有孙本文、吴景超、赵承信等陆续发表论文。吴景超在文章中，明确把社区当作社会学研究的对象，并认为社区研究有两个优点：一、社区是具体的，是极易捉摸的；二、社会学的范围如规定为社区生活的研究，可以与别的社会科学不发生冲突。他指出可以从综合的、某一方面的、某一个问题或某个观点着手来对社区进行研究。这些社区研究，可以把社会组织、社会变迁、社会心理、社会问题等兼收并蓄。这样使研究社会学的不同兴趣的人，尽管有不同的研究目标，但无论是理论的探讨，还是为追求改革的方案，都可以在社区生活中得到他们所要研究的资料，并可以使一切的社会学者都能分工合作。以社区为社会学者的研究对象，可以矫正学术界空谈阔论的流弊，社会学的根基在事实，用社区的事实来证明或修正社会学的理论，这是社会学者的基本工作。还可以根据从社区搜集到的事实和分析所得到的理论，提出社会改革的方案，这种经过艰苦工作所得到的改革方案，才是有价值的，有建设性的，对人民是可以有贡献的。

对于中国社区研究影响最大的还是介绍功能派社会人类学的吴文藻、李安宅、费孝通、林耀华等。吴文藻于 1935～1936 年请英国功能主义学派派创始人之一拉得克利夫－布朗教授来华讲学，开设"比较社会学""社会学研究"短期课程，指导林耀华等写硕士论文，还请萨皮尔·阿伦斯堡等来讲学。燕京大学出版的《社会学界》第 9 卷、纪念布朗教授来华讲学特辑和第 10 卷，这两卷的论文是中国十年来社区实地研究的理论基础。社区实地研究的倡导者吴文藻选择了英国功能主义学派的理论和方法，来尝试现代社区的实地研究。他认为这种方法与社区研究吻合，他说："现代社区的核心为文化，文化的单位为制度，制度的运用为功能。""功能观点，简单地说，就是先认清社区是一个'整体'，就在这个整体的立足点上来考察它的全部社会生活，并且认清这社会生活的各方面是密切相关的，是一个统一体系的各部分，要想在社会生活的任何一方面，求得正确的了解，必须就从这一方面与其他一切方面的关系上来探索穷究。"① "我们即本功能的与制度的入手法，来考察现代社区及其文化。因此，也可以说，社会学便是社区的比较研究，文化的比较研究，或制度的比较研究。"② "各种特殊社会学的任务，即在专门考察文化每一部门所呈现的种种关系"，"而普通社会学研究最终的目的，在于决定社会事实与文化全体间的关系"。③

社区研究机构

抗日战争时期进行实地社区研究的有3个重要研究机构：清华大学国情普查研究所、云南大学和燕京大学合作的社会学研究室、华西大学边疆研究所。

（1）清华大学国情普查研究所。陈达任所长，李景汉任调查主任，戴世光任统计主任。该所的特点是进行较大规模现代式的普查工作。普查的项目是针对中国人口、农业和劳工问题而设计的。普查时动员了当地的行政和学术人员，在昆明市和昆明附近的四县举行了中国初次挨户普查的试验。

1944 年，陈达、李景汉主持，西南联大学生参加，对呈贡、普宁、昆明、昆阳四县的户籍进行调查后，编写出《云南省户籍示范工作报告》。调查包括户口普查、户籍登记、人事登记三项。1946 年陈达又写了《云南呈贡县昆阳县户籍及人事登记初步报告》。该报告根据 1939～1941 年，在呈贡的 27 个乡镇的人事登记和昆阳 10 镇 3 乡的人事登记和户籍登记写成的。

在此基础上，1946 年陈达在美国发表了英文版的《现代中国人口》一书，其内容是分析人口上的各种实际问题，最重要的是介绍抗战后方云南的几个地方从事现代普查试验及人事登记的方法，讨论了我国今后应采取

---

① 《吴文藻自传》，载《晋阳学刊》1982 年第 6 期，第 49 页。

② 吴文藻：《文化论·总序》，《社会学丛刊》甲集第一种。

③ 孙本文：《当代中国社会学》，1948 年版，第 249 页。

的人口政策。

清华大学国情普查研究所的普查工作，在理论和方法上为社会学中国化做出了贡献。

（2）云南大学和燕京大学合作的社会学研究室。费孝通从英国返国后，加入吴文藻对西南社区的研究，并主持社会学研究室工作。1940年该室迁到呈贡古城村的魁星阁，又得"魁星"之绰号。参加该室工作的先后有10多人：张之毅、史国衡、谷苞、田汝康、李有义、胡庆钧、王康等。他们在选定的社区中，对某一问题做较长时期的实地观察。最早他们注意内地农村的土地制度，重点研究土地权是怎样集中的。因此，他们挑选了三个不同的乡村：禄村、易村、玉村来观察土地权集中和其他因子，如与手工业、资本累积、家庭组织等的关系。后来他们扩大了观察的范围和问题，在昆明的工厂里研究劳工从乡村及其他行业转入工厂的过程，在云南边区研究当地非汉民族的团结力，以及他们和汉人相处的问题，并在内地乡村中研究基层行政机构、经济分工和贸易的方式。虽然他们研究的是一些社区，但他们所研究的问题，却是中国各地区所共有的，即现代化的过程问题。他们把不同社区加以比较，形成了启发继续研究的假设，同时形成了社会学的理论。研究成果有：费孝通的《禄村农田》；张之毅的《易村手工业》《玉村土地与商业》《洱村小农经济》；史国衡的《昆厂劳工》《简旧矿工》；谷苞的《化城镇的基层行政》；田汝康的《芒市边民的摆》《内地女工》，还有其他许多论文等。

（3）华西大学边疆研究所。1941年李安宅从西北抵成都，除了整理西北社区研究材料，即整理在甘肃拉卜楞寺对藏族宗教、政治、文化、民族、民风的调查材料，还组织了华西大学边疆研究所。该所实地研究近于云南大学社会学研究室。他们也是在一定的小社区里进行长期多方面的实地观察。他们研究的对象是在非汉民族地区，对不同部落的宗教制度和土司制度进行研究，用当地的事实来试验人类学原有的各种理论，并且加以新的引申或修正。

进行社区研究的还有在北平的燕京大学社会学系。1939年在杨堃、黄迪、赵承信指导下，燕京大学社会学系建立了一个农村研究室，对村民生活的各方面进行研究，写出20余篇论文。

1943年系主任林耀华指导学生研究川康诸土著部落的生活，根据实地考察写成《凉山夷家》一书，作为吴文藻社会学丛刊之一种。该书以功能的观点，将社区客观地呈现在人们眼前。他用人类学的理论研究实地社区，在社区中修正理论，为社会学中国化做出了努力。

以上诸多社区研究有不少成绩，其中费孝通、李安宅、林耀华三位的成就引起国际社会科学界的注意。这些研究向着方法的科学化，问题的具体化和实际化的路上迈进。这是中国社会学发展上的一步重要的迈进，改变了以往单是注重西洋理论系统的介绍，或者罗列中国社会事实的分离状态。这一时期是"企图用西洋所传来的科学方法和已有的社会学理论去观察及分析中国现实的社会生活，更进一步地想对中国社会怎么会这样的问题提出解释"①。这些工作为研究中国社会奠定了基础，但"他们在实用的价值上还不够显著，他们还不够作为社会设计的张本，这些工作的贫乏使社会学至今还不能在实际社会变迁里取得它应有的地位"②。而费孝通指导的社区研究，在力图减少中国社会在变迁过程中不必要的代价方面做出了贡献。

费孝通的实地社区研究

1. 江村经济研究

费孝通于1936年对江苏吴江县开弦弓村进行调查时，已开始注意对中国现代化过程进行研究。他根据调查写成《江村经济——中国农民的生活》（英文版）一书，1939年出版。该书生动地描述了中国农民的消费、生产、分配和交易等体系，旨在说明"江村"经济体系与特定地理环境的关系，以及与这个社区社会结构的关系。作者指出了发展乡村工业的重要性及发展模式，指出发展乡村工业对在根本上解决农民生活的重要性。他提出通过引进科学的生产技术和组织以合作为原则的新工业来复兴乡村经济，以适应现代形势的需要，并避免以牺牲农民为代价来发展中国的工业。费孝通提出的中国乡村工业发展的模式既不是西方世界的复制品，也不是传统的复归，而是这两种力量相互作用的结果。

---

① 费孝通：《中国社会学的长成》，载天津《益世报》副刊《社会研究》，第7期。
② 费孝通：《中国社会学的长成》，载天津《益世报》副刊《社会研究》，第7期。

2. 禄村农田研究

在抗日战争期间，费孝通及其指导下做的"禄村""易村""玉村"
"昆厂"等社区的调查，都可以看作对现代化过程的研究。在这些社区对
比的研究中，费孝通不但应用了社会学的理论与方法，而且根据中国的社
会实际修正了已往的理论，并提出自己的理论，从而推动了社会学中国化
的进程。

费孝通的《禄村农田》以土地制度为研究中心。调查的主题是现代工
商业发展过程中农村社区所发生的变迁，尤其是土地制度中所发生的变
迁。费孝通将江村与禄村进行对比研究。江村是深受现代工商业影响的，
而禄村则处于受现代工商业影响的初期，不同的农业社区，在工商业发展
的过程中产生不同的变化。江村由于手工业的破产、金融的衰竭，都市资
本流入农村，而农村的土地权则外流。禄村不是土地权外流，而是农民被
吸收到都市中去。费孝通修正了托尼的农村吸收资本的理论，是倚靠土地
的生产力和农民一般的生活程度的理论，提出农村土地权的外流，和都市
资本的流入农村，是出于农村金融的竭蹶的理论。

3. 易村手工业研究

在费孝通指导下，张之毅完成了对易村手工业的调查，写成《易村手
工业》一书。该书研究的核心议题是农业和手工业的结合实现了土地的集
中。易村有两种类型的手工业，一种是家庭手工业类型，它与贫雇农的家
庭经济相结合，一种是工场（作坊）手工业类型，它与地主、富农的经济
剥削相结合。这种工场手工业赚到的利润无法扩大再生产，便把魔爪伸向
了贫农的土地，加速了土地的集中。费教授在张之毅研究的基础上指出，
如何使乡村工业发展成现代工业，即乡村工业在技术上要改良，在组织上
要变化，这样才能避免农村贫富悬殊，并使乡村工业与都市工业并存。

4. 昆厂劳工研究

史国衡写的《昆厂劳工》和田汝康写的《内地女工》是魁星阁研究室
对于农村社区研究的延伸。这些对劳工的调查，是研究我国从农业经济蜕
变成工业经济，把本来是农业的人变成工业的人所发生的种种特殊的困
难。昆厂劳工研究，就是从社会文化的背景出发对从农业的人变成工业的
人的种种表现，所做的分析和展望。费孝通指出，从农业到工业的过程不
单是个人习惯的改造，而且是一个社会结构变迁的过程；不能因从农业过

渡到工业的过程中产生的矛盾而走回头路。

费孝通理论上开导实地研究

费孝通在对不同类型的农村和工厂调查的基础上，完成了第一期的实地社区研究工作，1944 年以后，开始了他第二期的工作，就是对社会结构的分析，在理论上总结开导实地研究。1947 年出版的《生育制度》就是这方面的第一本著作，1948 年出版的《乡土中国》是第二本。

1. 生育制度

《生育制度》是社会学纯理论的著作，主要讲一个社会是怎样新陈代谢的，对关乎人类种族绵延的生育做了系统分析。全书立论严谨，自成一家之言，取材生动，引人入胜。该书共有十七章，内容可分为两大部分，一部分是第一章所论述的种族绵延的保障。作者对生育制度的功能，以及如何从"性爱"到"生殖"，再到"抚育"等过程，都做了一个基本概念的说明。另一部分包括第二章及以后各章，作者用功能的观点，来分析生育制度所引起的活动体系。作为生育制度活动体系的家庭、婚姻、恋爱，从个人经历讲是，先有恋爱，再有结婚，最后组织家庭，而从整个社会功能意义上讲，人类为满足社会组织中的某种需要，不能不有家庭；为了家庭的稳定，不得不在人为的文化手段中想出稳固的保障，即结婚的仪式；为了婚后生活的融洽，就要有恋爱的过程。婚姻的意义就在建立社会结构中的基本三角，这个父母子三角就是家庭，家庭的三角结构是人类社会生活中一个极重要的创造，这个社会的基本结构，在人类历史上长期维持着人类种族和文化的绵延。

总之，大家生活能健全进行就靠社会规定下分工合作的结构，这个结构是个人生存的必要条件。人类为了个体生存的保障，不得不求之于社会新陈代谢的完整。而社会的完整，必须有人口的稳定，人口的稳定，靠了社会分子的新陈代谢，因之，引起了种族绵延的一套活动体系，生育制度应该是建立在这个人类需要种族绵延的文化迫力的基础之上的。

2.《乡土中国》

费孝通将其《禄村农田》、张之毅的《易村手工业》《玉村农业和商业》编译成《乡土中国》（*Earth bound Cihna*）一书，由芝加哥大学出版社于 1945 年出版,此书被收入国际社会学丛书,取得国际上的学术地位。该书说明了中国传统的农业国家,在和西洋工业文明接触后,不同的文化相碰发生了冲突,引起了激烈的变迁,中国传统的生产方式不得不应时而变,这是我国农民生活的中心问题。作者运用功能学派的方法、观点、理论分析我国乡村社区。作者提出唯有发展合作的农村工业,才有解决土地问题的可能,土地问题的解决,又与我国的工业化有密切的关系。因此乡土农民的命运,掌握在中国工业形态决定者手里。

1948 年发行的中文本《乡土中国》,以中国的事实来说明乡土社会的特征,勾出一些中国基层社会结构的原则。在该书中,费孝通对社区研究做了理论上的概括。他说:"以全盘社会结构的格式作为研究对象,这对象并不能是概然性的,必须是具体的社区,因为联系着各个社会制度的是人们的生活,人们的生活有时空的坐落,这就是社区。每一个社区有它一套社会结构,各制度配合的方式。因之,现代社会学的一个趋势就是社区研究,也称作社区分析。""社区分析的初步工作是在一定时空坐标中去描画出一地方人民所赖以生活的社会结构……社区分析的第二步是比较研究,在比较不同社区的社会结构时,常发现了每个社会结构有它配合的原则,原则不同,表现出来结构的形式也不一样。于是产生了(格式)的概念。"[①] 对这种结构方面的研究,费孝通称之为结构论,他认为这是功能论的延续。

费孝通指出,在社区分析这方面,现代社会学和人类学的一部分相通,人类学研究文化的一部分也发生了社区研究的趋势,这两门学科在这一点上汇合。在国外,美国社会学大师派克,很早提出社会学和人类学应该并家。他所主持的芝加哥都市研究,就是应用人类学的方法,也就是社区分析。英国人类学先驱布朗讲学所开的"比较社会学",也就是社区比较。从具体的研究对象上求综合,这是社会学维持其综合性的一条路线。费孝通选择了社区研究这个方向来发展中国的社会学研究。他不但用社会学的理论结合中国社会的实际,而且他还从中国社会的实际提出自己的社会学理论。他是实现了吴文藻先生所提出的,社会学中国化必须要培养出将社会学理论与中国实际糅合在一起,提出一种新综合的人。

---

① 费孝通:《乡土中国》,1948 年版,第 102、103 页。

孙本文的系统社会学研究

中国的社会学家在实地社区研究中，力图使社会学中国化，为建设中国社会学做出了贡献。以孙本文为代表的系统社会学研究，也为社会学中国化做出了努力。他们介绍综合国外的社会学理论，并力图结合中国的实际，建立起自己独立的社会学理论体系。孙本文在这方面的成就突出，其代表作有：《社会学原理》《社会心理学》《现代中国社会问题》《当代中国社会学》。

《社会学原理》（1935 年出版）一书，全书注重文化与态度的讨论，虽然作者采取欧美社会学各家之长，但该书引证事实之处，凡可得本国材料都用本国材料。

《社会心理学》是孙本文积 20 年研究成果编著而成。该书从指导思想、内容、观点上，都力图结合我国实际建立独立的社会心理学体系，并从指导思想到实际应用都结合了中国的实际。

孙本文的《现代中国社会问题》，内容为家族、人口、农村、劳资等问题。全书探讨的问题在 40 个以上，概括了国内的主要社会问题。该书以对中国社会问题的探讨为本位，虽然论及我国近代社会问题的发生，直接或间接受世界各国社会运动的影响，并以各国问题的材料及解决社会问题的方案做参考或比较研究，但主要的还是依据我国社会实际状况与需要，谋求问题解决的方案。

孙本文在《当代中国社会学》（1948 年出版）一书中，明确提出社会学中国化应从事的工作。孙本文总结了社会学传入中国半个世纪的历史，提出社会学中国化应从事以下几项工作。

第一，中国理论社会学的建立。其重要工作有三：①整理中国固有的社会史料，包括社会学说、社会理想、社会制度、社会运动、一般社会行为资料的整理；②实地研究中国社会的性质；③系统编辑社会学基本用书。

第二，中国应用社会学的建立。其重要工作有三：①详细研究中国社会问题；②加紧探讨中国社会事业与社会行政；③切实研究中国社会建设方案。

第三，社会学人才的训练。作者提出一方面鼓励青年学者出国深造，一方面在国内大学中人才、设备比较充实的社会学系及社会学研究所中培养青年学者，使能各专一门，展其所长，以满足全国迫切的需要。

孙本文热切地希望通过以上各方面的努力，今后社会学者能根据社会学理论与本国社会事实，创建一种适合于中国社会需要的社会学，借以促进国家民族的向上发展。

老社会学家为社会学中国化所做的努力，为我们今天社会学中国化提供了宝贵的经验。社会学作为一个学科，它的一般理论和概念适用于各个国家，但对于各个国家来说还有它的特殊性，应有它特殊的理论，这种一般和特殊就是共性和个性的关系，就是我们提出社会学中国化的理由。所谓中国化就是要使一般社会学理论与我国的实际相结合，提出适合于我国的社会学体系。解放前的社会学者虽为社会学中国化做了不懈的努力，但未建立起中国化的社会学体系，这个任务落在了我们这一代社会学者身上。我们要建立具有中国特色的社会学体系，以下几项工作是基础。

①学习研究马克思主义者有关社会学的理论，从而掌握正确分析社会的立场，观点和方法。

②系统研究国外社会学，掌握一般社会学理论和现代的科学方法，吸收借鉴适用于中国的理论。

③整理中国固有的社会史料，包括社会学说、社会思想、社会制度、社会运动，一般社会行为等，批判继承中国固有的社会理论。

④调查研究中国现实社会，研究中国社会问题，探讨中国社会建设方案，掌握具有中国特色社会主义国家的特点。

⑤培养具有将社会学理论与中国社会实际相结合，并能提出新的综合理论能力的社会学人才。

这样才能完成创建中国化的社会学体系，也就是具有中国特色的社会学体系的任务。

主要参考论著

陈达：《现代中国人口》，1981年天津人民出版社出版。

费孝通：《江村经济》，1986年江苏人民出版社出版。

费孝通：《禄村农田》，1943 年商务印书馆出版。

费孝通：《生育制度》，1947 年商务印书馆出版。

费孝通：《现代社会学的趋势》，同上，1948 年第 25 期。

费孝通：《乡土中国》，1948 年上海观察社出版。

费孝通：《中国社会学的长成》，同上，1947 年第 7 期。

廖宝昀：《现代中国人口》（书评），同上，1947 年第 5 期。

林耀华：《凉山夷家》，1947 年商务印书馆出版。

马林诺斯基：《文化论》，费孝通译，1944 年商务印书馆出版。

沈驹家：《凉山夷家》（书评），同上，第 31 期。

史国衡：《昆厂劳工》，1946 年商务印书馆出版。

孙本文：《当代中国社会学》，1948 年胜利公司出版。

孙本文：《社会心理学》，1946 年商务印书馆出版。

孙本文：《社会学原理》，1935 年商务印书馆出版。

孙本文：《现代中国社会问题》，1943 年商务印书馆出版。

孙执中：《生育制度》（书评），同上，1947 年第 21 期。

吴景超：《社会学的园地》，载天津《益世报》副刊《社会学研究》，1947 年第 1 期。

吴文藻：《吴文藻自传》，载《晋阳学刊》，1982 年第 6 期。

袁方：《乡土中国》（书评），同上。

张之毅：《易村手工业》，1943 年商务印书馆出版。

赵承信：《实地研究与中国社会学之建设》，同上，1948 年第 25 期。

赵承信：《中国社会学的两大派》，同上，1948 年第 23 期。

苏联城市居民生活方式[*]

左秀荣

1983 年，苏联城市人口占全国总人口的比例已由 1940 年的 33% 上升到 64%。长期以来，城市居民的生活方式就是人口学家、社会学家和经济学家关注的对象和研究的课题。1928 年，苏联理论界发表了第一部关于城市居民生活方式的著作，自 20 世纪 50 年代起，这类著作日渐增多，目前苏联学术界对城市生活方式的理论和实践问题已经进行了分门别类的考察和探索。他们的科研成果对我们的城市社会学研究工作和社会主义精神文明的建设是有一定的借鉴意义的。

一 城市居民闲暇生活特点

（1）收看电视，这是最为普及的一种形式。

（2）阅读书报杂志，是文化水平较高的人比较喜欢的方式。

（3）全家人共同看电影和戏剧及听音乐，参观博物馆，去俱乐部等。苏联目前有 30% 的城市家庭经常在业余时间进行此类活动。

（4）全家人到公园、野外游玩。目前，城市居民中有 1/4 的家庭经常这样做。

（5）旅游。这项活动在工人群体的消费中占第 7 位，在科研辅助人员的消费中占第 5 位，在科学研究人员的消费中占第 3 位。

---

* 原文发表于《社会学研究》1988 年第 2 期。

二 大、中、小城市和新建城市居民
生活方式的不同特点

按照苏联国家建设委员会关于城市等级划分的标准，人口在 50 万以上的为特大城市，人口在 25 万～50 万的为大城市，人口在 10 万～25 万（不含）的为较大城市，5 万～10 万（不含）为中等城市，5 万以下为小城市。苏联学者认为，各种类型的城市居民在生活方式上除具有共同特征之外，由于受不同的城市社会经济环境和自然环境的制约及影响，还具有各自不同的特点。大城市与中小城市居民生活方式的差异主要表现在以下几个方面。

（1）社会流动性不同。苏联城市人口增加的比重主要在大城市或特大城市，目前苏联大城市的人口约占全国城市居民总数的 20%。城市越大，迁入的人口越多。例如：每天卫星城的居民到莫斯科上班的约有 36%，到列宁格勒上班的约有 31%，到巴库上班的约有 29%。此外，大城市居民的社会流动机会比中小城市多，社会流动性大，流动意识强，从而导致大城市各种群体的不同生活方式之间的影响更大，融合程度更高。

（2）家庭稳定程度不同。大城市居民的离婚率高于中小城市，其中各加盟共和国的首都和百万人口以上的特大城市离婚率最高，苏联学者认为，导致大城市居民离婚率高的因素主要有：妇女在社会生产中的就业率高、居民受教育程度高、对生活（包括对家庭生活）的要求高、与异性接触的机会多、重建家庭的可能性大。此外，这些城市中有很多年轻的大学生，他们的婚姻不稳定的部分原因是经济困难或缺少住房。

（3）竞争意识不同。大城市和特大城市集中了大批高精尖的工业部门、教育部门和科研部门，因此，大城市居民有较高的求知欲和竞争意识。而中小城市一般工业、教育科研水平不高，因此，小城市居民往往产生一种满足心理，求知欲不高，竞争意识较弱。

（4）生活节奏不同。大城市居民生活节奏快，精神负担也大。

苏联社会学家对新建城市的居民生活方式进行了研究。他们主要致力于解决新建城市居民同新的居住环境的适应问题。这主要涉及两种人：一种是从大城市来的受过教育的青年人，他们的文化程度和生活水平超过新建城市的客观条件。苏联学者认为，这种脱节是一种催化剂，它可以加速新城市居民高度都市化生活方式的形成。另一种是大批从农村迁入的居民。虽然新建城市的商品数量和种类比老城市少，但却足以满足他们的需求。城市社会学家们主张，要帮助这些人建立合理的消费结构，增强他们的时间观念和纪律性，提高其生产技能和文化素质，以适应新的工作和生活环境。

"现代化理论"述评[*]

严立贤

一 现代化理论的产生背景及其思想方法

（一）现代化理论产生的历史背景

18 世纪末 19 世纪初，人类近代历史上出现了一次最具伟大意义的革命，这次革命就是所谓的工业革命。它是那么的悄然，又是那么的迅猛，在不到半个世纪的时间里，就席卷了整个西欧和北美。19 世纪中期以后，西欧国家和美国相继完成了工业革命，陆续进入了工业社会。工业革命和工业化给人类社会带来了巨大的进步，社会变迁以前所未有的程度剧烈地进行着。剧烈的社会变迁对当时的社会科学和人文学科都产生了巨大的影响。首先，以科学技术革命为基础的工业革命的胜利，意味着在中世纪就已经同神学分道扬镳的科学的决定性胜利，它导致了人们对科学技术的绝对信仰，由此引起了哲学的根本变革，"知识就是力量"的信念几乎占据了观念的统治地位。其次，工业革命以前，古典经济学一直致力于经济增长问题的分析，自工业革命带来了经济结构的巨大变动和经济生产的大幅度增长以后，经济学认为经济增长已经成功，纷纷把视线移向了市场均衡分析。再次，对现代化理论甚至整个发展理论来说最具影响意义的，是对由工业革命所引起的社会变动的分析，其导致了社会学这门学科的产生。圣西门、孔德和斯宾塞等社会学家对工业社会充满着不可遏制的憧憬，特别是孔德和斯宾塞几乎完全接受了社会进化论的思想，深信社会是一个不

---

* 原文发表于《社会学研究》1988 年第 2 期。

断"进化"和"进步"的有机体,"社会进步"的概念始终贯彻于他们的整个理论体系之中。总之,由工业革命所带来的科学、民主、世俗主义和理性主义的胜利,使得人们对西方社会充满了美妙的幻想和乐观的态度,认为西方文明是人类最先进的文化。特别是到 19 世纪末 20 世纪初,资本主义的世界性扩张和渗透,使得人们坚信非西方社会必定要被西方化。但是,好景不长,20 世纪上半叶的两次世界大战所带来的危机严重地动摇了人们对西方社会的信心,甚至有人认为西方文明已经寿终正寝了,有人认为现代西方文明隐藏着深刻的危机。[①] 但是,战后西方资本主义世界的新的科技革命不仅很快治理了它们的战争创伤,而且带来了生产力的飞跃发展和资本主义经济的高速成长,出现了 20 世纪上半叶西方资本主义世界所未曾有过的持续性经济增长现象。特别是通过第二次世界大战,美国一跃成了西方资本主义的中心和领导者,包括美国自己的许许多多的西方学者都对美国充满了新奇和崇拜,就连帕森斯也不自觉地陷入了"美国第一"的幻觉之中。现代化理论就是在这种背景下在美国兴起的,其目的之一就是论证西方社会制度的优越性和合理性,满足西方社会特别是美国的自我陶醉心理和"救世主"心态。

另外,众所周知,第二次世界大战后的一个重要特点是产生了以苏联为首的社会主义阵营。当时的世界可以划成这么三大部分,一部分是以美国为首的资本主义世界,另一部分是以苏联为首的社会主义世界,再一部分是那些既不属于资本主义又不属于社会主义的中间世界(西方学者把它叫作"第三世界"),这三个世界的并存使世界进入了冷战状态。严格地说,现代化理论是西方社会在对自己的制度的绝对信仰和对社会主义的极端仇视这两种心态的相互作用下在美国首先产生的。因此它除了上面的目的外,还有一个目的就是通过现代化理论的宣传,使得非西方不发达国家接受西方的社会制度,把它们纳入资本主义世界体系中去。

现代化理论一产生,就立即为西方发达国家所接受,并且很快地扩展到了许多非西方不发达社会,因为它一方面论证了西方社会制度的优越性和合理性,另一方面又为非西方社会展现了"美好"的前景:只要向我们

---

① 这方面的主要代表有:斯彭格勒(Oswald Spengler)、帕累托(Vilfredo pa reto)、索罗金(Pitsrim Sorkin)、汤因比(ArnddToynbee)等人。

学，就会像他们一样发达。

（二）现代化理论的思想方法和社会历史观

第一，在这种背景下产生的现代化理论的思想方法的第一个特征就是"西方中心主义"。西方中心主义最初产生于人类学，叫作"我族中心论"。它认为西方民族优于其他民族，担负着开化其他民族的使命，后来被社会学所吸收。现代化理论产生后，又为现代化理论所吸收，并且把内容由人种扩展到了全部社会文化。西方中心主义认为，只有西方的文化才是唯一先进的文化，只有西方社会才是现代化的社会；只有西方的文化和社会制度才能产生现代化，而其他非西方社会的文化和制度都是与现代化无缘的，是现代化的阻碍因素；非西方社会要想实现现代化，只有靠西方文明的传播，靠输入西方社会的现代化因素才有可能。

第二，现代化理论的思想方法的第二个特点是以社会进化论为基础的社会历史观。在现代化理论看来，社会乃是一个进化着的有机体，它要经过一系列有秩序的、不可逾越的阶段，而且每一个阶段总是比前一个阶段来得进步。这种以社会进化论为基础的社会历史观的基本特点是认为社会的发展是单线的，即无论哪个社会，其发展方向和发展路线是一样的。这个发展路线就是西方社会的发展路线，所不同的只是有的社会发展、进步得快一点，有的社会发展、进步得慢一点，即只有速度之快慢而无方向之差别。

第三，现代化理论接受古典社会学中的社会变迁论之"两极理论"，把社会发展的阶段抽象、浓缩成两个阶段：传统社会阶段和现代社会阶段。在古典社会变迁理论中，理论家们为了分析上的方便，往往把他们所分析的社会分成对应的两极，如斯宾塞的军事型社会和工业型社会，迪尔凯姆的机械团结和有机团结，滕尼斯的公社和社会，韦伯的前近代和近代，等等。但是，他们的目的是试图通过这种划分来说明工业革命给西方社会带来的剧烈变迁过程，并未以此作为社会的阶段划分。而现代化理论则不是这样，现代化理论把社会的发展过程简单化为"传统"和"现代"两个阶段，并以此展开它的全部理论。宾德（Leon ard Binder）说："在历史过程中，有一个中心点，自此以后，事物才有歧异发生。此点可称之为起点，它可以是一个单一事件或一大堆事件。透过历史，不同的国家在不同的时点经过此点，有些国家迅速，有些国家缓慢，有些国家甚至倒退，有些国家似乎毫无希望地停滞不前，假如此点被看作是正合时宜的一点，则将以此划分为传统与现代两个阶段，并以此二分法来理解此一世界。"①

第四，现代化理论认为以一定的社会文化传统为基础的价值观念和行为取向对社会进化的速度起着决定性的作用。"虽然社会科学家对价值与态度如何改变的看法有所不同，但我们可以说有一派的思想认为，态度与价值的变化乃是创造一个现代化社会、经济和政治体系的先决条件。"②

二 现代化理论论非西方不发达国家的现代化

以上述思想方法为基础，现代化理论对非西方不发达国家的社会发展和社会现代化问题做了细致的分析，提出了一整套理论。

（一）在发展阶段上，现代化理论认为非西方不发达国家未能突破传统和现代的界线，仍然处在"传统社会"阶段

现代化理论认为非西方不发达国家仍然处在传统社会阶段，但是，什么叫作"传统社会"？什么叫作"现代社会"？现代化论者都从来没有加以明确的定义。现代化理论只相信一点，即西方社会就是现代社会。因此，现代化论者在给现代社会下定义时，从来不对现代社会的具体形象做总体勾勒，而只是罗列一些现代社会的特征，更准确地说，是罗列西方社会的特征。对于传统社会，现代化论者为其所下的定义比对现代社会的定义更加模糊。现代化理论是从现代社会的对立意义来理解传统社会的。按照现代化理论的理解，所谓传统社会就是非现代社会，就是非西方社会。与此相应，现代化理论对传统社会的归纳也是从西方社会特征的否定意义上来进行的。它们虽然把非西方社会定义为传统社会，但归纳传统社会的特征却并不到非西方社会中去进行，而是采取一个更简捷的办法：对西方社会的特征做一个相反的定义。例如，如果作为现代社会的西方社会的特征是参与意识较强，那么作为传统社会的非西方社会的特征就是参与意识较

---

① 宾德：*The Crises of Political Development*，转引自陈鸿瑜《政治发展理论》，第 34 页。

② 韦纳（Myron Weiner）：*Modernization：The Dynamics of Growth*，转引自萧新煌编《低度发展与发展》，台湾巨流图书公司，1985 年，第 40 页。

差；如果现代社会的特征是成就取向的话，传统社会的特征就是身份取向；如果现代社会的特征是个人主义的话，传统社会的特征就是家族主义；等等。现代化理论不管这些特征是否符合非西方社会的事实，也无视非西方社会之间的千差万别，硬行将这些特征强加给非西方社会。由此出发，现代化理论认为一个非西方社会，如果在其特征上比较接近于西方社会，就是接近于现代社会；相反，其特征越是不同于西方社会，就越是偏离现代社会。

在现代化理论中，诸论者对现代社会与传统社会特征的定义是不尽相同的，但是，在归纳这种特征的方法上都是极为一致的，他们无一不遵循上面的原则，帕森斯首开这一学风，他在划分社会阶段时，不是按着社会的发展进程来划分，而是从与现代西方社会的差异着手，把西方社会当作社会发展的最高阶段，然后按照与西方社会（更准确地说是美国社会）的差异把与现代西方社会同时并存的社会逐一地排列在西方社会之下，差异程度越高，发展阶段越低，差异程度越低，发展阶段越高。[①] 列维则更明确，他对非西方社会根本不称其为传统社会，而是干脆把它叫作"非现代社会"，由此他便"理直气壮"地在西方社会的对立意义上罗列非西方社会的传统性特征了。根据他的归纳，现代社会（西方社会）与非现代社会（非西方社会）一共存在着对立着的八项特征：①现代社会的政治组织、经济组织和教育组织诸单位的专业化程度高，而非现代社会的专业化程度则比较低；②在现代社会，由于专业程度比较高，诸单位是相互依存的，功能是非自足的，而在非现代社会，亲属群体和近邻共同体的自足性比较强，缺少功能的分化；③在现代社会，伦理具有普遍主义的性质，而在非现代社会，由于家庭、亲属的社会关系比较密切，伦理具有个别的性质；④现代社会的国家权力是集权但不是专制，而非现代社会的国家权力如同封建制一样，即使在权力比较分散的情况下其性质也仍然是专制的；⑤现代社会的社会关系是合理主义、普遍主义、功能有限制的和感情中立的，而非现代社会的社会关系是传统的、个别的、功能无限制的和具有感情色彩的；⑥现代社会有发达的交换媒介和市场，而在非现代社会交换媒介和

---

① 参见蔡文辉《行动理论的奠基者——派深思》，台湾允晨实业股份有限公司，1982 年，第 125～126 页。在这一点上，帕森斯的新社会进化论与古典社会进化论不同，后者在划分社会阶段时，总是从最原始的阶段向后推演，把它们看作一个过程。

市场尚未发达起来;⑦现代社会具有高度发达的科层组织,而在非现代社会,即使有科层组织也是建立在个别性社会关系之上的;⑧现代社会的家庭是向小家庭发展,其功能也在减少,而非现代社会的家庭结构是多样化的,家庭的功能也是多层次的。①

现代化理论的这种传统社会与现代社会的归纳方法,存在着严重的问题。首先,这种划分方法导致了传统社会与现代社会在界线上的模糊性。虽然现代化理论把这些特征定义为现代社会的特征,而把那些特征定义为传统社会的特征,但是,正如上面所说的,只要我们稍加注意就会发现,许多现代化社会的特征在传统社会中也存在,而一些传统社会的特征也存在于现代社会之中。例如列维说西方现代社会的伦理具有普遍主义的性质,而非西方的非现代社会的伦理则是个别的,但是,我们不难发现非西方社会的伦理并不完全是个别主义的,而西方社会的伦理也不尽是普遍主义的。另外,还有一些伦理是西方和非西方所共有的,按照现代化理论的划分,是属于现代的还是属于传统的?其次,现代化理论的传统社会概念是非界定的。因为非西方社会本身就不是一个统一的整体,其中的各个国家和各个地区在社会特征上是如此的千差万别,很难将其归为一类。将它们归结为同一种社会形态不仅失之偏颇,甚至是荒谬的。现代化理论在传统社会与现代社会的定义上的这一错误,归根结底源自其意识形态中的西方中心主义。按照这种划分法,非西方社会不能不是传统社会。

(二) 在发展原因上,现代化理论将非西方不发达国家未能现代化的原因完全归咎于其社会内部的"传统性"

什么叫作"传统性"呢?与"传统社会"概念一样,现代化理论也是从"现代性"的对立意义上来理解"传统性"概念的。那么,什么叫作"现代性"呢?英格尔斯到人的因素中去寻找"现代性",构成了其"人的现代性"理论。按照英格尔斯的解释,所谓"现代性"就是那种有助于现代化的人的价值观念和行为取向,它是以一定的文化传统为背景的。"人的现代性"包括哪些内容呢?英格尔斯说:"个人的效率感,对新经验

---

① 转引自富永健一《现代化理论今日之课题》,〔日〕《思想》杂志,1985 年 4 月号,第 108 页。

的开放态度，尊重科学和技术，承认严格划分时间的必要性，积极取向于未来计划等等，每一个特征，我们都把它定义为现代人的内涵。"① 他把人的现代性归纳为以下九个方面：①能够接受新经验，对创新持开放态度；②具有提供和坚持意见的能力；③民主倾向；④计划性；⑤对人类充满信心，相信人定胜天；⑥相信世界是可计算的；⑦重视个人与人类的尊严；⑧坚信科学技术的作用；⑨公平分配意识。② 显然，英格尔斯对现代人的定义也是以西方社会为模式，从西方社会中概括出来的。英格尔斯虽然一直在研究非西方社会的人的"传统性"，但他从来没有直接定义过"传统人"的含义。因为对英格尔斯来说，"传统人"的意义是很明白的，即在上述的九个方面的每一点之前加上一个否定词即是。英格尔斯认为，西方人大都具备"现代性"，西方人大都是"现代人"，所以他们实现了现代化，而非西方社会的人大都不具备这些"现代人"的特性，因而阻止了他们的现代化发展。因此，对于英格尔斯来说，非西方社会要想实现现代化，必须首先具备人的现代化。

英格尔斯的"人的现代性"理论的一个根本错误是在"现代性"和"传统性"之间设立了一条人为的不可逾越的鸿沟。他从"现代性"的否定意义上来理解"传统性"，把"现代性"和"传统性"建立在对立的两极上，割断了它们之间的有机联系。我们不禁要问，"现代性"如果不是从"传统性"中生长出来的话，又是从何而来？如果说非西方社会的人还可以从西方社会中习得"现代性"的话，那么，西方社会的人的"现代性"又是从何而来？英格尔斯曾把人的"现代性"的渊源归纳为五个方面：①一种天生的倾向；②家庭气氛的产物；③一种共同的团体文化的表征；④扩散与模仿；⑤社会学习。③ 这五个方面，除第一点以外，都必须是以已经具有"现代性"为前提的，否则，既不会产生这种家庭气氛，也不会产生这种团体文化，更无从模仿和学习了。照此推论，西方人的"现代性"乃是天生无疑的了。可是，难以理解的是，既然西方人天生具有

---

① 英格尔斯：《有关个人现代性的了解与误解》，萧新煌编《低度发展与发展》，台湾巨流图书公司，1985年，第104页。

② 转引自萧新煌编：《低度发展与发展》，第42～43页。

③ 英格尔斯：《有关个人现代性的了解与误解》，萧新煌编《低度发展与发展》，第113～118页。

"现代性",为什么西方人也经历了这么漫长的一个"传统社会"阶段。更令人不可思议的是,在科学技术还没有产生的时候,西方人就坚信它的力量了。

英格尔斯从人的角度探讨现代化的起因问题,与此相应,在现代化理论当中还有一部分人不同意从人的角度,而是要从社会结构的角度来理解"传统性"问题,他们把非西方不发达国家未能现代化的原因归结于其社会内部的制度与结构。如贝拉批判了单纯着眼于人的动机因素的倾向,强调必须从与社会制度和文化的联系中考察人的因素。他说:"动机因素到底有多大的重要性?它对制度的结构变动的高度敏感性不断地证明了这一点。经济发展的结果不仅依赖于是否具备某种动机,而且还有赖于动机的制度回路。"① 他举例说,在日本,武士是 16 世纪以来最具业绩志向的集团,但是,在明治时期废除了对其从商的法律限制以前,是不可能成为企业家的。

用传统文化和社会结构来解释现代化发展的代表者是艾森斯塔德。他从社会结构和文化的变形能力(transformatile capacity)中去寻找为什么西方发达国家能够进入现代社会,而非西方不发达国家则不能的原因。他认为,造成这一既成事实的根本原因是由于西方发达国家的社会结构和文化的变形能力较强,而非西方不发达国家则比较弱的缘故。什么叫作变形能力呢?艾森斯塔德对此的定义是,应付和解决由结构分化和社会流动化所引起的各种问题的制度结构的形成能力就叫作变形能力。他认为,西方发达国家在应付和解决由社会变动所带来的各种问题的能力要比非西方不发达国家强,因而抢先进入了现代社会。② 那么,到底是什么原因使非西方不发达国家的变形能力比西方发达国家来得弱一些呢?按照艾森斯塔德的观点,非西方社会中的大部分国家都存在这样一种现象,即政治与文化的一体化。正是这种政治与文化的一体化现象降低了非西方国家的变形能力。什么叫作政治与文化的一体化?艾森斯塔德所谓的政治与文化的一体化意思是说一个社会的文化不具独立性而依附于政治,它是文化的传统性

---

① 贝拉:*Reflections on the Protestant Ethic Analogy in Asia*,〔日〕河合秀和译:《社会变革和宗教伦理》,未来社,1973 年,第 95~96 页。
② 艾森斯塔德:《现代化的政治社会学》,〔日〕秋原宜之等译,ろゐず书房,1968 年,第 3 章。

体现之一。艾森斯塔德认为它的弊端主要在于稍微大一点的变革都会触及政治而遭到政治的抗拒并陷于流产。艾森斯塔德的著名的"现代化的挫折"（modernization breakdowns）概念就是由此提出的。非西方不发达国家不是没有变革，而是变革一产生即遭扼杀，未遭扼杀的变革只能是一些适应性变革（accomodable change）。而西方社会则不同，艾森斯塔德用这种观点去分析西欧社会，发现了新教伦理与韦伯所说的不同的作用。他认为新教主义的意义在于促进了西欧社会的重组，从而起了增强和促进社会的变形能力的作用，而新教的改革运动，完全得益于政治与文化的分离，它与社会政治的软弱性有关。[①]

艾森斯塔德认为，日本是非西方国家中唯一特殊的例子。在日本，虽然也存在着政治与文化的一体化现象，但变革却比较容易。原因在于日本特殊的政治结构即象征中心（天皇）和实际政治中心（幕府）的分离。这种政治的二元性增强了变形能力，当社会的变革超出了政治的某一中心的承受能力时，即可通过政治重心的转换而应付过去。在日本，这一过程是通过明治维新而实现的。[②]

（三）在发展模式上，在代化理论认为非西方不发达国家要想实现现代化，唯一的途径就是西方化和照搬西方的模式，对于非西方不发达国家来说，现代化就是西方化

关于"现代化"概念的含义，现代化论者各有表述，但基本内核是统一的，这就是所谓由"传统社会"向"现代社会"的过渡或转化。但是，现代化理论认为，现代化这一过程本身对西方国家和非西方国家是具有不同的意涵的。首先，西方发达国家的现代化是由其自身的制度结构和文化传统促成的，它是一个自发的发展过程。但是，对于非西方不发达国家来说，由于其社会内部的因素无力促成现代化的发端，只有靠西方文明的传播和冲击才有可能引发现代化的发展，这种现代化是一种被动的他发过

---

① 艾森斯塔德：《现代化的挫折》，〔日〕内山秀夫、马场晴信译，庆应通信，1969 年，第 78～92 页。
② 同上。

程，叫作"传播的发展"或"依靠外因的发展"。① 其次，由于西方发达国家的现代化是在西方文明这一自身的文化环境中发展、扩大的，因此对于西方发达国家来说，其现代化是一种自我的发展过程。但是，非西方不发达国家由于其自身的文化传统是不利于现代化发展的，如果要想现代化的话，必须引进和输入西方文明，并把它转化成自身的文明取代原文化才成其为可能。因此，对于非西方不发达国家来说，其现代化是一种他化的发展过程，这一他化发展过程在 19 世纪和 20 世纪初表现为"英国化"，而到了 20 世纪中期以后又表现为"美国化"，总之必须是"西方化"。

那么，什么叫作"西方化"，"怎样才能西方化"呢？毫无疑问，所谓的西方化过程就是一个引进西方的政治经济制度和社会文化形态，即所谓的西方文明的过程。现代化理论认为，文化现象并不是分散的、零碎的、简单要素的机械组合，而是一种由各种特质（trait）在功能上相联组合的有机体，是一个文化丛（cultural complex）。而西方文明就是一个以合理的现代科学技术和经济制度为基础的文化丛，西方的价值观念、行为方式和一切制度结构都是建基于现代科学技术和经济制度之上的文化丛的内容之一，它们是不可分裂的，引进前者必须引进后者，引进后者必定要产生前者。因此，对于非西方不发达国家来说，输入西方文明必须是全盘的，即所谓的全盘西化。按照现代化理论的观点，非西方不发达国家的全盘西化是对西方文明实行全方位的开放，让西方文明自然地涌入本国。但是，最有效的办法是输入西方文化丛中的科技经济因素，因为它是西方文明的基础和基本元素，其他一切文明要素都源之于斯，发之于此，长期坚持的结果必然会导致全盘西化。在此，现代化理论隐含着这样一个基本前提，即西方的"科技经济结构丛必然会带有西方社会既有的非经济结构要素的繁殖细胞"。②

从输入西方文明到使西方文明内化为本社会的文明这一现代化（西方化）的整个过程，日本学者富永健一认为必须经过以下四个阶段。③

---

① 富永健一：《关于功能理论、社会系统理论和社会变动问题的再思考》，中国社会科学院社会学研究所编《社会学研究》，1987 年第 1 期，第 72 页。

② 胡格威特（M. M. Hoogvelt）：《新演化论、结构功能主义与现代化理论》，萧新煌编《低度发展与发展》，第 66 页。

③ 富永健一：《现代化理论今日之课题》，〔日〕《思想》杂志，1985 年 4 月号，第 120 ~ 122 页。

（1）输入西方文明以摆脱传统主义统治。非西方不发达国家社会现代化的第一个阶段就是通过与本国完全异质的、作为外来文明的西方文明的输入，使脱离本国传统主义统治的精神为广大群众所接受和支持。这是一个对本国传统社会的破坏过程。

（2）由推进现代化的杰出人物着手对西方文明进行有计划的输入和固定。非西方不发达国家现代化的第二个步骤是在破坏传统社会的同时，由推进现代化的精英人物身居中央政府，有计划、有意图地全面输入西方文明，并使之固定下来。但是，输入西方文明，在国内必然要遭到一股强大的、旨在维护传统社会的传统主义力量的抵制，因此必须有一批现代化精英人物力排这种力量，从中央自上而下地推进西方文明的传播。

（3）在民间涌现大量的西方文明的承担者。这些承担者包括企业家、专家、专业技术人员和熟练、半熟练工人，由他们广泛地学习和运用西方先进的科学技术和文化，使西方文明深深地扎根于本国的土壤，变成自身的文明。

（4）现代阵营与传统阵营对立之消除。现代阵营是接受了西方文明因素的部门和领域，传统阵营是拒斥西方文明而固守传统社会的部门和领域。这两个阵营自西方文明传入之日起就开始形成并一直进行着尖锐的对立和斗争，二者的力量此消彼长。一开始是传统阵营占优势，随着西方文明的进一步输入和冲击，现代阵营逐渐增强和扩大，最终战胜传统阵营。当传统阵营被彻底消灭以后，非西方不发达国家的西方化即告成功，现代化得以实现。

（四）在发展道路上，现代化理论认为非西方不发达国家与西方发达国家是一致的，它们现在所处的阶段是西方发达国家曾经经历过的一个阶段，因此，在现代化过程中所遇到的问题也是与西方发达国家一样的

现代化理论认为，非西方不发达国家与西方发达国家之间，虽然由于各自的社会内部因素之差别导致了二者现代化进程的差异，但是，这仅仅是发展速度的差异，并不是发展道路的分歧。非西方不发达国家和西方发达国家一样，都要经过传统社会和现代社会两个阶段（20 世纪 70 年代中期以后，又有人提出了后现代〔post-modern〕社会以作为继现代社会之后的第三个阶段），所不同的只是非西方不发达国家由于其社会内部的制度结构和文化传统不利于现代化而导致了现代化发展的速度和进程慢于西方发达国家，非西方不发达国家只要积极地输入和引进西方文明，努力促成全盘西化，就一定能够赶上西方发达国家的发展水平，与西方发达国家齐头并进。

按照现代化理论的观点，在传统社会与现代社会之间有一个临界点（宾德把它叫作"正合时宜的点"），一个国家只要突破了这个临界点，就由传统社会进入了现代社会，也即实现了现代化。但是，由于各个国家内部情况的差别导致了它们在突破临界点时间上的早晚之别，即如宾德所说的那样，"不同国家在不同的时间经过此点，有些国家迅速，有些国家缓慢，有些国家甚至倒退，有些国家似乎毫无希望地停滞不前"。但是，通过西方文明的传播，每个社会迟早都会突破这一点而进入现代社会。

三 现代化理论批判

现代化理论是在特定的历史条件下产生的，具有特定历史作用的理论，它在学术观点上存在着严重的片面性。现代化理论不是一种科学的发展理论，但其中也存在着许多值得我们借鉴的成分。

（一）现代化理论的非合理部分

总括起来，现代化理论具有下列几个方面的缺陷。

（1）现代化理论的传统社会与现代社会二分法，严重偏离了社会史实。

首先，现代化理论将人类社会归纳为传统社会与现代社会两种类型，是一种简单化了的抽象。从纵轴来看，人类社会自诞生之日起一直到现在，经历了无数次变革，仅用传统社会和现代社会两种社会类型是无法涵盖千差万别的人类历史的。如果把工业革命以后的人类社会叫作现代社会，把工业革命以前的社会叫作传统社会，那么，我们就会发现，无论在传统社会中还是在现代社会中，仍然存在着具有本质差异的、可作为社会类型划分的历史阶段，而且这种本质差异的程度绝不比由工业革命给人类社会带来的社会变革所产生的本质差异程度小。例如，农业革命使人类社会由采猎社会进入了农业社会，它对人类社会的意义绝不比工业革命使人类由农业社会（传统社会）进入工业社会（现代社会）所具有的意义小，只把由工业革命给人类社会带来的具有本质差异的前后时期划分为人类社会形态的不同类型，而不把由农业革命所给人类社会带来的具有本质差异的前后时期已作为社会的类型划分，显然是不合适的。从横轴看，在空间上并列着的西方各社会之间和非西方各社会之间的差异程度绝不比西方社会与非西方社会之间的差异程度小。现代化理论把西方社会定义为现代社会，把非西方社会定义为传统社会，但是我们发现，现代社会和传统社会内部各个国家之间的差异程度甚至比现代社会和传统社会之间的差距还要大。将同一社会从纵向的类型划分业已失之偏颇，将不同社会做横向的类型划分就更加荒谬了。

其次，现代化理论的传统社会和现代社会二分法割裂了传统社会与现代社会之间的有机联系，制造了二者之间形而上学的对立。现代化理论在现代社会的否定意义上理解传统社会，这无异于否定了传统社会与现代社会之间的过渡性关系，从而在二者之间设立了一条不可逾越的界线。显然，现代社会并不是凭空产生的，而是从传统社会中发展、演化出来的，它们之间的关系虽然具有对立的性质，但并不是一种否定的关系，而是一种相生、相序的关系。但是，按照现代化理论的传统即非现代的"否定式"定义方法，似乎除了传统社会与现代这两种互相壁垒森严的社会形式外，就没有什么其他的内容了，这种定义方式首先否认了由传统社会到现代社会的过渡时期中的那些由传统中蜕变出来但还没有完全变为现代的东西存在，其次忽视了传统社会中也有现代成分，现代社会中也有传统成分的事实，因此是一种形而上学的"一刀切"。现代化理论的这一定义方法在论证非西方社会与现代社会无缘，要想实现现代化只有靠西方文明的传播和西方化才有可能的命题上是卓有成效的，但是在对西方社会本身是如何由传统社会过渡到现代社会这一问题的解释上却是很不力的。所以，穆尔批评说："关于现代化的著作，与其说成功地描绘了从一个状态到另一个状态的过渡，毋宁说它更成功地勾画出了现代社会和传统社会的特性。现代化着重于'这个状态'到'那个状态'的变迁方向，而非变迁的范围、时期、方法和速率。因此、现代化理论乃是在说明与比较两种静态社会，而不是一种解释变迁的理论。"①

（2）现代化理论的"西方中心主义"思想和"西方化"模式违背了文化多元性原理。

众所周知，一个社会的文化，是与该社会特定的环境（包括自然的和社会的）和历史联系在一起的，是该社会的人们与自然和社会长期斗争的结晶。我们还知道，人类诸社会所面临的自然环境和所处的社会环境都是不尽一致的，因此，它们之间的文化形态（无论形式还是内容，现象还是本质）都是各有差异的。这种差异不仅存在于西方社会和非西方社会之间，而且也存在于西方社会和非西方社会的内部各个民族之间。而且，随着社会的进步和发展，文化的环境会越来越复杂、越来越多样化，文化形态之间的差异也会越来越大。西方文明只是人类众多文明之中的一个类型。现代化理论无视这种文化的多元性原理，认为西方文明是唯一先进的文明，并要求其他社会都"化"为西方型，这无异于把各种不同类型的文明都纳入西方的模式中去。除非现代化论者能够把西方社会以外的文化环境和历史改造得如同西方社会一模一样，这种现象绝不可能产生。诚然，现在的非西方国家大都比较落后，它们确实需要一个现代化过程，但它们的现代化只能在自己的社会文化环境中进行，它们绝不可能照搬西方的模式，绝不可能西方化。现代化理论把与西方文化并存的各种不同的非西方文化强行纳入西方文化体系，并把它们的现代化看作这一纳入的过程，视作与西方文化的趋同过程，是完全错误的。

（3）现代化理论认为非西方不发达国家在现代化的发展道路上与西方发达国家是一致的，非西方不发达国家目前所处的状态相当于西方发达国家实现现代化以前的某一个阶段，并由此推论说非西方不发达国家在现代化过程中所面临的问题也是一样的，这也是一种错误的观点。

首先，西方发达国家不仅现在，就是在实现现代化以前也没有遭受过殖民主义的侵略，没有遭受过殖民掠夺和殖民统治。

其次，非西方不发达国家在开始现代化发展的时候，绝不可能像西方发达国家现代化开始之初那样随心所欲地侵占别国市场、掠夺别国资源。

---

① 穆尔（W. E. Moore）：*Social Change and Compartive Studies*，转引自陈鸿瑜《政治发展理论》，台湾桂冠图书股份有限公司，1985 年，第 43 页。

西方发达国家可以把非西方不发达国家作为资本积累的源泉，而非西方不发达国家不仅不可能以别国为资本积累的源泉，就是想摆脱为西方发达国家提供资本积累的地位都是那么困难。

再次，现代化理论认为西方发达国家的现代化与非西方不发达国家的现代化具有不同的意义，前者是一个自发和自我的发展过程，而后者是一个他发和他化的发展过程，我们即使假定这种观点是正确的，也不会推演出现代化理论的这一结论。因为按照现代化理论的观点推论，非西方不发达国家的现代化首先面临的是一个输入外来文化的过程，而这就是西方发达国家的现代化所不曾遇到过的。许多非西方不发达国家的现代化实践已经证明，非西方不发达国家目前所处的状态是西方发达国家所绝未经历过的，它们的现代化所面临的问题是西方发达国家所不曾面临的，非西方不发达国家的现代化不可能走与西方发达国家相同的道路。

（4）现代化理论把非西方不发达国家未能现代化的原因完全归咎于其内部的"传统性"，也是失之偏颇的。毫无疑问，一个社会内部的制度结构和文化传统对该社会的社会发展确实有着巨大的影响作用，但它绝不是唯一的影响因素，外在的因素也会对现代化产生相当大的影响，有时甚至起决定性的影响作用。例如有无殖民地史就会对一个社会的现代化产生巨大的影响作用，因为外国资本主义的入侵，目的在把受侵国变为它的殖民地，而并非为了催发其资本主义的发展；而当该殖民地国家摆脱了殖民主义的统治，取得了政治上的独立之后，业已形成的殖民地型的经济格局和文化模式，虽然在政治上已经独立，但在经济、文化和其他社会生活上仍然依附于宗主国家，现代化仍难以产生。非西方不发达国家在相当长的一个时期内难以消除殖民地历史所遗留下来的不利影响，乃是这些国家现代化发展的严重障碍，这已经成为公认的事实。

（二）现代化理论对我们的启示

现代化理论虽然存在着许多缺陷和错误，但也有不少可供我们借鉴或对我们有所启示的地方。

首先，现代化理论关于现代化和西方化问题的分析虽然不能说是正确的，但我们应该承认，虽然各个国家、各个社会的实际情况有所不同，其现代化的模式也不尽一致，但却存在着某种一般性。现代化是共性和个性的统一。现代化是人类社会发展到近代以来才出现的一场全球规模的社会发展过程，它是人类社会必然的发展进程，其根本的和一般的特征是科学技术的高度发达和经济生产的高度社会化。虽然，由于各个国家的国情千差万别，现代化在某一个具体的国家和社会中表现出了不同于其他地区的特征，而且，无论其现代化的形式和道路有着多么重大的区别，有一点是可以肯定的，即它必须以高度发达的现代科学技术和高度社会化的现代经济生产为基本前提甚至是主要内容，这是现代化发展的一般性和共性。应该承认，这种作为现代化一般特征的现代科学技术和现代经济生产形式是在西方国家首先产生的，是随着西方文明的传播和西方资本主义的世界性扩张传入非西方国家的。这些现代因素在传入到这些非西方国家以后，即被许多非西方国家所吸收，内化为本土文明的一个有机组成部分，并形成了一种自生和自我发展的机制。这些现代因素之所以能够被其他文明所吸收和内化，正是因为它们具有一般性特征。只要我们认真观察一下文明的传播过程就可以发现，一个国家和社会在主动地、自愿地吸收和内化其他文明中的因素时，总是在这样两种条件下进行的：一是吸收那些与本社会或本文明相互融合、相互容忍的因素，这些因素虽然为这个国家或社会所吸收，但并不一定为其他国家或社会所吸收，这证明两类社会之间具有某种共同的特征；二是吸收那些具有一般性和普遍意义的因素，这些因素既可以为这些国家或社会所吸收，也可以为其他国家或社会所吸收，也就是说，这些因素具有某种一般性特性或共性。同样，一种文明在不是强行地传入到另一种社会中去的时候，也是在这样两种情况下进行的：一种是那些与某一社会或文明相互融合和相互容纳的因素，它只传入这些国家或社会而不会传入其他国家和社会；一种是那些与任何社会和文明都可以融合和容纳的因素，它既可以为这些国家或社会所吸收，也可以为其他国家和社会所吸收，这些因素即具有一般性特征和共性。同样的道理也可以用来分析现代化。西方社会的发达的科学技术和社会化的经济生产形式是现代化的一般因素或共性，它要为任何一种类型的现代化模式所吸收，而西方社会的资本主义因素，则不具有一般性和共性，它可以为一些国家和社会的现代化所吸收，但并不能为所有的现代化模式所吸收。而且，现代化的一般因素也是多方面的，现代的科学技术和社会化的经济生产形式只是其中的一个主要部分。现代化理论把现代化的一般性和共性扩大化和绝对化，主张非西方社会应当吸收西方现代化中的所有因素是错误的，但无视这种一般性和共性也不见得就是正确的。我国是一个社会主义国家，同时也是一个不发达国家。我们不要资本主义，但是我们不能不要现代化；我们不要西方化，但是我们不能不吸收西方文明中的一些合理的具有一般意义的因素。长期以来，我们一味地强调现代化中的社会主义方面忽视了现代化的共性特征。这是导致"文化大革命"的主要根源之一，同时也是我们长期以来对西方的现代化理论采取不闻不问的拒斥态度的主要原因。事实证明了我们的态度也是片面的，我们应当大规模地吸收和引进西方社会的一些合理的和对我们的现代化有利的因素。不然，我们的对外开放又有什么意义呢？我们又何必要坚持"对外开放不变"呢？

其次，现代化理论把非西方不发达国家未能现代化的原因完全归咎于这些社会的内部因素而忽视了西方殖民主义和资本主义的影响虽然是有失偏颇的，但却使我们不得不去思考，我们的传统在现代化过程中到底起了什么作用，扮演了什么角色。我们之所以要受西方资本主义的剥削和掠夺，是因为我们在蓬勃的世界现代化潮流中落后了；我们之所以落后了，是因为我们的传统文化阻滞着社会的发展，阻滞着现代化的产生。同样，西方资本主义为什么能够剥削和掠夺非西方国家，是因为它们在世界的现代化发展中抢先一步；而它们之所以能够抢先一步，是因为它们的文化环境促进了现代因素的诞生，促进了现代化的发展。我们对于"落后就要挨打"的道理是非常明白，也是深有体会的。但是，对于为什么会落后，以及传统与落后的关系，我们却不是很深究的。同样，我们对于改变落后状况的心情是很紧迫的，但对于传统的改革却不是那么热心的。我们花了几十年的时间赶跑了帝国主义，但我们对于封建的传统主义的铲除却是那么不得力。这种行为是使得传统主义的因素仍是我们现代化过程中的一个重要障碍，以及我们之所以解放了将近40年，但现代化的建设成就仍然不很理想的主要原因之一。我们的现代化既不能要资本主义，也不能要传统主义；我们不能西方化，但不能不同我们的传统做彻底的诀别。要不然，我们的改革还有什么意义呢？我们又何必在坚持四项基本原则的前提下，坚持"改革不变"呢？

总之，现代化理论有缺陷和不足之处，也有合理可供借鉴的因素。我们可以从现代化理论中得到一些启发，一方面更加坚定我们对改革和对外开放的信念，另一方面使我们对改革和对外开放的内容有一个更加清楚的认识。我们现在强调坚持改革和对外开放两个不变。这里的"不变"具有两方面的含义。一是从方向上来说，我们要继续坚持改革和继续坚持对外开放；二是从深度和广度上来说，要把改革和开放进一步引向深入。之所以"不变"，是因为"不够"。

桑托斯说："发展的科学唯有当它放弃要达到某种形式化目标的假设而试着去了解发展是一个历史过程时，才能真正变成科学。凭空去描述一个不甚了解的社会如何演变到另一个不再存在的社会，绝不是科学的发展理论。"[①] 现代化理论由于存在着种种的缺陷和不足之处，不能令人信服地阐明非西方不发达国家的现代化和社会发展，再加上由于许多非西方不发达国家采用现代化理论所提供的发展模式和发展战略均未能达到现代化理论所许诺的美妙前景，特别是西方发达国家在联合国的主持下给不发达国家以大力援助也未能奏效，使得人们不得不对现代化理论产生了怀疑。至20世纪60年代后期，现代化理论终于开始衰落。

[①] 查尔斯·威尔伯编：《发达与不发达问题的政治经济学》，中国社会科学出版社，1984年，第45页。

改革中的中国社会流动状况 [*]

朱庆芳

通过社会流动达到劳动力资源的合理分配，充分发挥劳动力的潜在能力，是社会化大生产发展的客观要求和必然趋势，社会流动率的提高是社会进步的标志。

社会流动一般可分为垂直流动、水平流动、代际流动、自由流动和结构性流动等。本文着重分析我国自改革以来由于所有制结构、阶级结构、产业结构、城乡结构变化而引起的社会劳动力的变化和流动情况。

长期以来，在僵化的经济体制束缚下，国家对全体劳动者实行严格和高度集中的纵向控制，用行政手段将各阶层隔离实行分别管理，影响了正常流动。如城乡间的流动受户籍制度的限制，干部和知识分子流动受组织部门和人事部门的限制，工人的流动受劳动部门的限制。除了行政调配和有限的照顾性调动外，一般是不允许自由流动的。这种一次分配定终身，把劳动力禁锢在一个固定工作岗位的办法，严重压抑了企业和广大职工的积极性、主动性和创造性，许多人才不能发挥应有的作用，造成劳动力浪费，使社会主义经济失去了活力，影响了经济效益的提高。党的十一届三中全会以来，随着各项政策的放开和劳动制度的改革，劳动力已开始趋向合理流动，社会流动率比改革前有明显提高。流动的特点表现在：各种所有制之间、各阶层之间横向流动增加；随着现代化程度的提高，城乡间、产业间的结构性流动增加；文化素质的提高使代际、脑体之间流动增加，业务往来的增多、旅游业的发展和农村产业结构的变化，使城市流动人口和其他自由流动增加。

---

* 原文发表于《社会学研究》1988 年第 3 期。

一 改革中社会劳动力流动的几个主要方面

（一）所有制之间的流动

全民所有制单位工资和劳保福利待遇较高，社会声望也高，一向被认为是"铁饭碗"，劳动者都愿到全民所有制单位工作。自 1965 年以来的 13 年中，平均每年以递增 5.4% 的速度，每年增加 286 万人，至 1978 年底全民职工已达 7451 万人，比 1965 年增长了一倍，而城镇集体职工只增长 67%。1978 年开始改革后，打破了单一的全民所有制，出现了多种经济成分并存的格局，各种所有制之间展开了竞争，集体和个体经济的高收入吸引了无数劳动者，已出现了集体职工的增长快于全民职工、个体劳动者增长快于集体职工的局面。1986 年底，城镇集体职工已达 3421 万人，比 1978 年增长 67%，快于同期全民职工增长 25% 的速度，全民职工占职工总数的比例由 1978 年的 78.4% 降为 72.9%。城镇集体单位职工的比重由 21.6% 上升为 26.7%。1979～1986 年 8 年中增加 3310 万职工，全民所有制单位增加了 1882 万人，城镇集体单位增加了 1373 万人。在增加的人数中如果扣除自然增员的因素（根据自然增员的规律，近 8 年平均每年递增率为 3.8%），全民单位应增加 2593 万人，实增 1882 万人，少增了 711 万人，城镇集体应增 713 万人，比实增人数多增了 660 万人。这就说明在改革中人们已逐步改变了"唯有全民高"的传统观念，已出现了全民单位流动到集体单位的趋势。在某些地方招工中国营单位报名者寥寥无几，而经济效益好的集体企业成了报名的热点。据有关资料统计，1983～1986 年累计由全民所有制单位流动到城镇集体单位的人为 81.3 万人，而由集体单位流动到全民所有制单位的只有 43.5 万人，全民净调入集体单位 38 万人，此外农村集体单位人数（村以上乡镇企业职工）也由 1978 年的 2219 万增加到 1986 年的 4392 万，增长了 98%。个体经济和私营经济增长最快，人数由 1978 年的 15 万增至 1986 年的 1846 万，此数还未包括没有执照而实际从事个体的人数，如包括这部分人，估计有 2600 多万人。这部分人主要是城镇待业人员、从农村转移的农村个体户，还有从全民和城镇集体流动出来的人员。据 1983～1986 年统计，全民职工停薪留职的有 22.3 万人，退职的 16 万人，被辞退的 23.5 万人，不辞而别被除名的 36.7 万人，共计 98.5 万人，加上同期县以上城镇集体单位被辞退和被除名的 61 万人，总共有近 160 万人。估计这部分人大多流动到收入较高的行业和从事个体经营了。

此外，1984 年以来，我国人才和智力流动有了较大发展，国家和全民企业允许和鼓励科技人员承包、领办集体、乡镇企业和创办各种技术开发、技术服务机构等。根据国家科委对全国 28 个省市区的研究开发机构、高等院校、大中型企业中大专以上和具有专业技术职务的科技人员在 1984～1987 年 6 月的流动抽样调查，总流入 22.6 万人，流出 31.4 万人，净流出 8.8 万人。以上几方面的流动，除少部分流向不合理外，大部分对促进生产力的发展是有利的。

（二） 阶级和阶层之间的流动

这是指在社会主义初级阶段，生产资料占有关系上没有质的变化而存在利益差别的群体之间发生的变动。总的趋势是工人阶级（包括知识分子）人数增加，农民阶级人数减少，个体劳动者阶层（或叫小资产阶层）人数增加。这种变动从历史上看，在 1978 年改革前变动缓慢，在改革后的 8 年中变动大大加快了。1986 年工人阶级（包括知识分子）总数为 12809 万人，比 1978 年的 9499 万人增长 35%；农民阶级 36627 万人，比 1978 年增长 20.7%；城乡个体劳动者阶层 1846 万人，增长 122 倍。以上是以职工和农民的户籍所在地为基准划分的，而没有从劳动的性质上进行划分。随着农业劳动生产率的提高，农业劳动力转移到非农业领域的速度大大加快。据统计，1986 年底农村劳动力为 37990 万人（扣除农村个体劳动者为 36627 万人），其中由农业流动到非农业领域的共 7522 万人（包括农村个体劳动者），比 1978 年的 2219 万人增长了 2.4 倍，8 年中新转移到非农业的劳动者达 5303 万人，平均每年转移 660 多万人。这部分人虽然是农业户口，不吃商品粮，但他们已脱离了农业从事工业、建筑业、运输业、商业等非农业劳动，从劳动的性质看应分别归入工人阶级和个体劳动者阶层。扣除这部分人数后，真正从事农林牧副渔的劳动者只有 30468 万人，比 1978 年只增长 8.3%，平均每年递增 1%，比自然增员的递增率 2.0% 减少了 1 个百分点。农林牧副渔劳动者占全社会劳动者的比例由 1978 年的

71%降为 1986 年的 59%；包括农业转移人数的工人阶级应为 18968 万人，占全社会劳动者的比例由 1978 年的 29%上升为 37%；个体劳动者阶层（包括私营企业劳动者）由 0.04%上升为 3.6%。以上农业向非农业的流动还不包括以农业为主兼营非农业人数，如包括，则工农之间的流动率更大。

（三）结构性流动

结构性流动主要指由于社会化、现代化水平的提高而引起产业结构和城乡结构变化，其相应使劳动力发生结构性的流动。社会劳动生产率的提高，使第一产业（农林牧副渔业）、第二产业（工业、建筑业）能生产出超越于本部门生产和劳动者个人需要的几倍和几十倍的产品，就能节省出大批劳动力转移到第三产业（除工、农、建筑以外的行业），为满足人们物质和文化的需要服务，因此第三产业比重的提高，表明了生产现代化、社会化程度的提高，是社会进步的标志。我国在改革前这种转移是非常缓慢的，农业劳动生产率的低下，从事第一产业的劳动力一直占 80%左右，至 1978 年仍占 73.8%，而第三产业仅占 11%。1978 年以后，从事第一和第二产业的人数转移到第三产业的速度大大加快了。1986 年与 1978 年比较，全社会劳动力增加了 11426 万人，增加到第三产业部门的有 4253 万人，增加到第二产业的为 5283 万人，增加到第一产业部门的只有 1890 万人（主要是由劳动力自然增加而增加的，农业劳动力自然增员的递增率为 2%，实际为 0.78%）。从事第三产业劳动力的比重由 1978 年的 11%上升到 1986 年的 16.8%，第一产业由 73.8%降为 61.1%，第二产业从 15.2%升为 22.1%，增加的速度以第三产业为最快。

农村人口和劳动力向城市流动和转移，也就是实现城市化的过程。城市化程度的高低是现代化的一个重要标志。我国城乡流动率的提高与产业结构变动率是同样的趋势，即近 8 年中城乡流动率加快了。前面已论述了农村劳动力的转移情况，这里着重分析我国的农业劳动力转移的特点：主要是就地转移，即虽然劳动的性质由农业变为非农业，但劳动者户籍和身份不变，仍为吃自产粮离土不离乡的农业人口。据国家统计局对 4656 个村的调查，1986 年农业劳动力就地转移到非农业的约占当年转移总数的 87%，只有 13%是转到城市里变为职工了。另据全面统计，1979～1986 年全民单位从农村招收的职工为 684 万人，县以上城镇集体单位从农村招收 393 万人，合计 1077 万人，平均每年招收 135 万人，加上农民考上大中专以后分配在城市的职工和家在农村的转业复员军人分配在城市的人数，真正由农村流动到城市，改变农民身份的离土离乡人数每年只有 150 万左右。另有全民单位从农村招用农民工和建筑队进入城市的，平均每年有 200 万人，还有农村的闲散劳力流动到大中城市搞劳务（木工、裁缝、修理工、保姆等）的人数，这两部分总数有 1300 多万，他们虽常年居住在城市，但家仍在农村，没有改变农民身份，占全部农村转移劳动力比例并不大。这是符合我国国情的中国式的城市化过程，它避免了西方城市化过程中，大量农民拥入城市使城市人口过分膨胀和畸形发展，以及由此带来的许多社会问题。农业人口的就地转移，使小城镇发展很快，1986 年底全国建制镇已发展到 9000 多个，非建制镇有 6 万多个。全国城镇人口已由 1978 年的 17245 万人增至 43753 万人，平均每年增加 3314 万人。城镇人口占总人口的比例由 17.9% 上升为 41.4%，平均每年上升了 2.9 个百分点（1978 年以前 29 年中每年仅上升 0.25 个百分点），城镇人口中包含的农业人口达 52%。小城镇的蓬勃兴起既是农村非农产业社会交往的集中点，又是城乡和工农业关系的协调点，它起到了城乡经济和文化结合的中间纽带作用。

（四） 脑体之间和代际的流动

由于教育和科技的发展，人口素质普遍有所提高，从而引起人们从事体力劳动向脑力劳动的流动。从两次人口普查看，初中以上文化程度的人口已由 1964 年的 6.4% 提高到 1982 年的 25%，1987 年 7 月人口 1% 抽样调查又提高到 29.2%，中华人民共和国成立后 37 年中共培养大学毕业生 511 万人，中专毕业生 852 万人，共计 1363 万人，加上在职职工的培养和自学成才的，至 1986 年底知识分子已达 2900 多万人，占全社会劳动者的 5.7%，若按劳动形态分，从事脑力劳动者约有 4100 万人，比 1952 年的 500 万人增加了 3600 万人，占全社会劳动者人数的比重由 2.4% 提高到 8% 左右。

脑力劳动者人数的增加是劳动者知识结构提高而引起的社会流动。从个人来看，则表现为由于文化素质的提高而引起的代际和一生中职业变化的流动，即子女从父亲所在的阶级阶层向别的阶级阶层流动，亦即个人社会属性的变迁。据河北省保定市1985年对492人的抽样调查表明，代际的流动已呈向上的趋势。如以本人职业与父亲的职业做比较，父亲人数中有28.3%是农民，儿子当农民的已降为3.3%，父亲有25.4%是工人，儿子当工人的已上升为59.3%，父亲是知识分子的占5.9%，儿子已上升为11.6%。从所有制看，父亲有13.5%的人从事个体户，儿子只占0.4%，父亲有30%的人在集体所有制单位工作，儿子只占15%，父亲在全民所有制单位工作的占53%，儿子上升为82%。以上数字均表明儿子与父辈之间的职业、所有制单位都呈现向上流动的趋势，这种向上流动的趋势，主要取决于文化素质的提高。如父亲初中以上文化程度仅占21.8%，儿子上升为72.4%；属于小学程度和文盲的，在父亲中占78.2%，儿子中已降为27.6%。从本人一生中的社会流动看，也是向上流动的趋势。如保定市的调查表明，第一次职业为农民的占3.3%，目前已降至0；第一次职业当工人和店员的占69%，目前已降至30%；第一次职业当干部和知识分子的占18%，目前已上升为22%，当军人的也由7.7%降为0.4%。另据我们1987年10月对首钢的调查，1979年以来新增的知识分子中，由工人提拔上来的有2700多人，占一半左右。随着科技和教育事业的发展，代际之间和一生中的流动仍是向上流动的趋势，而且一生中的流动率、次数会逐渐增多。

（五）自由流动

自由流动是指由于特殊原因引起的个人流动。我国改革开放以来，城乡间、企业间、地区间横向经济联系日益增多；农民进城办第三产业，当临时工、合同工的增多；个体经济从事长途贩运和城乡集市贸易有较快发展；国内外旅游事业兴旺发达；等等。所有这些都使城市流动人口、地区间的流动人口增加，这种流动一般是不动户口的暂住人口，时间有长有短。据不完全统计，大城市每日的流动人口，北京从1978年的30万人增至150万人，上海180万~200万人，广州100多万人，武汉40万人。一定数量的流动人口可以促进城乡间、城市间的经济繁荣，信息和技术的交流，并带动旅游事业和第三产业的兴旺发达，但如果流动人口增加过猛，也会给城市交通、住宿、就餐、医疗卫生、文化娱乐等带来压力，并给治安、市容卫生等带来不少问题。

二 近几年社会流动中出现的一些问题

合理的社会流动应该有利于增强企业活力，有利于改善就业结构，有利于减少企业的富余人员，使人尽其才，才尽其用，充分发挥劳动者的积极性。随着各项政策的放开，整个经济运行节奏加快，社会流动率的提高势在必行。近几年各部门在人才交流方面出现了新趋势，进行了管理体制的改革和实践，已初步形成了全国人才流动服务网，县以上人才交流机构已有 2000 个，它们起到了传递人才信息、调剂人才余缺、为人才流动穿线搭桥的作用。据不完全统计，1983～1986 年各级人才交流服务机构共接待人员 162 万人次，已有 28.5 万名专业技术人员调动了工作；近 4 万名专业技术人员和经济管理干部已到边远省区工作。近几年全国已有 36 万多名科学技术人员通过合理流动到中小企业、乡镇企业，上海市已有 8 万名科技人员参加兼职活动，广州市科研机构中约有 10% 的科技人员成为"星期日工程师"，有力地加强了生产第一线的技术力量。

此外，劳动制度的改革也促进了劳动力的合理流动。按照 1986 年 7 月国务院发布的关于劳动合同制的四项规定，合同制工人在合同期内工人可以辞职，企业对违纪职工可以解雇，合同期满，工人可以另行就业，从而使劳动者有了选择职业的自主权，企业有了用人的自主权，这对增强企业活力，促进劳动力的合理流动有很大益处。到 1987 年底，全民单位合同制工人已有 600 多万人，占全民职工总数的 6% 以上，合同制的实施，在社会上已引起了强烈反响。

此外，近几年各地还成立了劳动服务公司、劳务市场。允许业余兼职、建立人才招聘合同制等多种形式都促进了劳动力和人才流动。但由于我国劳动制度还不健全，各项改革还没有完全配套，在近几年的社会流动中也出现了一些值得注意的问题，归纳起来主要是以下几方面。

（一）地区流向不合理

劳动部门对不同所有制的单位不能实行一视同仁的专业人才供给政策，而各行业、各种所有制、地区之间的收入差距不够合理，这使得不能通过正常渠道得到急需人才的单位用高价聘请，到处"挖墙角"，造成人才的逆向流动。近几年已出现了西部地区的人才向东部地区的逆向流动，有人称之为"孔雀东南飞"。据国家统计局的劳动年报，1979～1986年8年间，西部10个省市区的全民职工净调出47万人之多，如加上集体所有制净调出的人数共有50多万人，其中大部分是专业技术干部，东部地区则净调入53万人，加上集体单位人员为近60万人。造成这种现象的原因主要是收入差距不合理，在中华人民共和国成立初期，为鼓励人才流向西部，在工资待遇上规定了较大的地区差别，但随着改革开放的推进，强调工资福利水平与企业留利挂钩，又由于东部地区企业经济效益一般都高于西部地区，工资和福利的差别也发生了逆转。如1986年新疆、宁夏、甘肃的平均工资比上海低6%～11%；西北五省的人均劳保费比京津沪三市低31%。再以职工人均生活费收入为例，京津沪穗4个特大城市人均月收入为94元，比西部地区12个小城市平均月收入68元高出38%。如果包括价格因素和其他生活环境文化设施等，差别就更大。沿海和内地一带的企业，往往以住房、高薪，甚至以不要户口、不要工资关系等手段招徕人才。如陕西白河县中学，20多名教师不辞而别，青海海西州20世纪50年代分配去的300多名大学生，只剩下11人。这种不合理的收入差距不仅造成逆向流动，而且影响今后大专毕业生的分配。这对发展我国西部经济，改变不合理的工业布局是极为不利的。

（二）行业流向不够合理

由于劳动力的流动缺乏正常渠道，该流的流不动，不该流的留不住，大量劳动力只得自由流动，必然是从收入低的部门流向收入高的部门。从部门看，第三产业如宾馆、中外合资企业和商业、饮食业等工作人员及出租汽车司机等已成为令人羡慕的行业和职业，而传统的工业部门，尤其是一些劳动强度大、工作条件差和收入水平低的工矿企业缺乏吸引力，如纺织、煤炭等部门出现了招工难现象，1987年无锡市纺织、丝绸行业招800名职工，只有143人报名，前几年招进的农民工，走了40%。国营农林牧渔部门职工的工资是各部门中最低的，工作条件艰苦，子女上学也有困难，流出的人数较多，据统计，37年来国家通过学校培养的农林科大、中专毕业生共有124万人，而1986年底留在岗位工作的农林科技人员仅49万人，即有60%的人才流到非农业部门去了。

高收入使一些国营企业的技术人才流向乡镇企业、街道企业和各种"公司"、"中心"或个体经营户，出现了一批停薪留职的人员，他们大多流动到高收入单位或从事个体经营，还有的不告而别，如广州某个单位有30多个技术骨干不告而别，使生产受损，刚上马的工程也被迫停下来。

（三）合同制工人队伍很不稳定

由于合同制职工的工资福利待遇还未得到妥善解决，有后顾之忧，合同制工人流失现象较普遍，如厦门市招收的合同制工人流失了六分之一，哈尔滨市纺织局流失了近五分之一。劳动合同制实行较早的广州市，由于住房、医疗、培训、退休等一系列问题没有制度保障，7.6万合同工已流走了2万人。

（四）专业人才的流动依然是困难重重

近年来科技人员管理体制的改革虽已取得了一定进展，但我国多年形成的部门所有制和集中统一的劳动管理体制还没有从根本上进行改革。近几年来一般职员比较容易流动，工人通过劳动合同制也提高了流动率，而专业技术人员流动量仍比较小，据国家科委1987年抽样调查，大专以上和有专业职务的科技人员平均流动率仅2.02%（苏联和匈牙利流动率20%～30%。）主要倾向仍然是人才流不动，"单位部门所有"仍是交流工作的最大障碍，人才积压仍很严重。如陕西国防工业企业集中了全省工程技术人员的37%，但生产任务少，不能发挥作用，而企业周围一些小厂和乡镇企业却人才奇缺。据青海、甘肃等省的调查，充分发挥作用的人才只占20%～30%，完全没有发挥作用的占10%～20%，有50%以上只发挥了一部分作用，据推算，西北地区积压的人才约有20万人。另据国家统计局1987年对2000多名专业技术人员的调查，有46.5%的人积极性发挥不好或没有发挥出来。上海市1986年对万余名专业技术人员的抽样调查表明，能发挥作用的只占37.4%，52.6%只能部分发挥或不能发挥作用；专业不对口的占20%；没有任务或任务不饱满的占25%，有三分之一的人才被积压浪费；从流动看，有90%的人要求流动，但根本未流动的占37.5%，有"关门"现象的占23.8%。从兼职看，禁止兼职和压制兼职的占21%，限制较多的占33%；从辞职看，不允许辞职的占41%。

实践证明，人才的流动有明显的社会经济效益。据上海、武汉两市统计，业余兼职的报酬与产生的社会经济效益是 1∶100，即 1 元报酬能创利润 100 元。

三 制定相应的劳动力合理流动的政策

为促进合理的社会流动，对不合理的流动加以组织和引导，必须与经济体制改革和政治体制改革相配套，制定相应的劳动力合理流动的政策。

（1）进一步改革和健全各种劳动制度，尊重企业用人的自主权和劳动者选择职业的自主权，要从我国现阶段存在多种所有制经济和有计划商品经济这一特点出发，采取一部分劳动力仍由国家计划分配，以保证重点工程和特殊艰苦的行业和地区对劳动力的需要，并辅以劳动力自由流动相结合的办法，建立和完善人才和劳动力的调节机构，在国家计划指导下建立和健全劳务市场，加强劳务市场的管理和调节机制，彻底改革人才部门所有制的封闭体系，采取一些鼓励人才和劳动力合理流动的政策，合理调整收入差距，对过高的个人收入要采取有效措施进行调节，对那些工资收入过低、条件较艰苦的行业和地区，如农业、教育、卫生和边远地区的人员，应适当提高他们的工资福利待遇，以经济手段促进劳动力的合理流动。

（2）加强人才流动服务机构和劳务市场的组织领导，并建立必要的法规和政策。目前全国各地已建立了一些人才交流机构和各种劳务市场，各级政府和劳动人事部门应加强对这些机构的组织和领导，对劳动力和人才资源进行调查研究，做好这些机构的协调工作。并制定相应的人才流动的法规和政策，以有利于鼓励人才流向技术水平较低的边远地区、穷困地区、街道企业和乡镇企业等，在流动的方式上要变过去单纯的人事调动为灵活的智力交流，可采取借调、聘用、兼职、咨询、单项任务聘借、技术承包、对口支援、技术转让、"星期日工程师"等多种形式，这是较容易办到的收益大、见效快的人才交流形式。

（3）社会流动政策必须与劳保福利制度的改革相配套。应逐步变企业保险为社会保险，变企业办社会为社会办企业，提高集体福利事业的社会化程度，使在各种不同所有制和各种不同岗位的劳动者都能享受大致相同的社会保险和福利待遇，以解除流动者的后顾之忧。

急剧的社会变迁·社会整合与犯罪[*]

张　荆

我国解放 30 多年来，犯罪率的发展变化大略出现过五个高峰：第一个高峰为 1955 年；第二个高峰为 1957～1958 年；第三个高峰为 1960～1962 年；第四个高峰是 1966 年开始的"文化大革命"；1976 年粉碎"四人帮"之后（有些省市在 1978 年以后，有的在 1980 年以后）出现了犯罪的第五个高峰，这次高峰发生在改革开放的大变迁中。这五个高峰都与急剧的社会变迁同步，它们之间是偶然的巧合，还是存在必然的联系呢？如果说倒退的社会变迁阻碍生产力的发展，造成社会组织、道德、法律等社会系统的失调，必然会导致犯罪率的上升，那么，进步的社会变迁、特别是今天的社会主义的全面改革当中为什么会发生犯罪率的急剧上升呢？下面我们将系统地研究我国第五个犯罪高峰与急剧的社会变迁及社会整合间的关系。

一　第五高峰期的重要历史背景

近年来出现的第五个犯罪高峰期是目前中国犯罪学界最为关注的，因为这次高峰期有三大特点：①刑事犯罪的比重大，占 99% 左右，刑事案件中又以盗窃、强奸、流氓、凶杀为主；②25 岁以下的青少年犯罪比例高，占 60%～70%，改变了解放初期青少年犯罪占犯罪总数的 10%～20% 的状况；③持续时间长，前几次高峰期大多持续 1～2 年，便大幅度下降，而这次高峰期最早的省市开始于 1978 年底，晚一些的省市开始于 1980 年，持

---

[*]　原文发表于《社会学研究》1988 年第 3 期。

续到1983年底的"严厉打击刑事犯罪"的斗争之后，出现了较大幅度的下降，大幅度下降的状况持续时间不长，又有较大幅度的回升。因此研究第五高峰期，既有历史意义，又有现实意义。

在研究解放以来我国犯罪的第五高峰期的时候，我们不能忽视一个重要的历史背景——"文化大革命"。随着时间的推移和社会的不断进步，我们进入了一个新的时期，犯罪问题出现了新的特点。

党的十一届三中全会以来，我们开始了全面的改革，这是一场具有伟大历史意义的变革，是富国强民的必由之路，并已取得了有目共睹的成就，但是，急剧的社会变迁必然带来大量的社会整合问题，这一点我们预测不够，漏洞较多，犯罪的诱因较多。

（一）消费观念的变化与财产犯罪

我国是一个发展中国家，经济技术在世界上处于相对落后的地位，对外开放以后，首先面临的是来自外部的现代化的挑战，从发展经济学的角度来看，属于"外生型"的发展模式。对外开放以后，我们对后发展效应缺乏科学预见，使消费增长过快，国外的高档消费商品大量涌入国内市场，迅速地冲击着人们原有的消费心理结构。

对内经济搞活以后，首先在农村，然后在城市出现了一定数量的万元户，老干部、"右派"平反昭雪，补发工资，有海外关系的家庭在经济上得益等，使一部分人首先富起来了，也使经济上的差别相对拉开。

20世纪50年代，人们的消费水平并不很高，但却普遍满足，原因有二：一是闭塞，对国外经济发展状况知之甚少；二是平均，人们的消费水平大体相同。对外开放、对内搞活经济以后，这两点都被打破了。于是，消费者心理的"示范效应"（个人比较消费水不是与自己过去比较，而是同周围人中消费水平高的人比较）决定了即使个人的消费水平相对过去有所提高，也仍不满足的状况。与此同时，宣传部门不适时宜地大力宣传"能挣会花"，加大了人们消费心理的不平衡。一些想发大财、想在消费上超过别人的意志薄弱者铤而走险，走上了犯罪道路。据有关资料统计，近几年来，经济领域的犯罪显著上升，1982年全国各级法院受理经济犯罪案件35176件，1983年收案51486件，比上年增加46.37%。"严打"斗争使1984年经济犯罪的收案数减少至46625件，比上年减少9.44%。但1985

年又回升到 48400 件，比上年增加 3.9%。①

消费心理的不平衡对于具有犯罪意识的个体而言，会成为区别于普通人的强大诱因，增大其犯罪的冒险性。但是，犯罪分子作案有一个最显著的心理特征，即侥幸心理，几乎每一个财产犯罪者都会在作案前考虑好作案后的销赃渠道。社会若能有效地堵塞各种销赃渠道，就可以在人们消费心理出现不平衡时，有效地抑制财产犯罪。可是，近年来我们在这方面存在着四大漏洞。

（1）自由市场的管理问题。对内搞活经济以后，自由市场、农贸市场发展很快，繁荣了社会主义的商品经济，几年来，我们在对个体摊商的税收管理上下功夫研究，并进行了多次调整。但是，对其商品的来源一直缺乏了解和控制，使一些犯罪分子将盗窃来的物品在自由市场上出售。据调查，1976 年前自由市场的销赃占各种销赃形式的 1% 以下，到 1984 年，自由市场的销赃已占 17.9%，居各种销赃形式的第二位。犯罪分子在自由市场上销赃使赃物迅速转变为货币，改变了一些犯罪分子的"自给自足"的盗窃形式，出现了不少盗窃数目较大的案件。

（2）对废品收购的管理问题。近年来，一些废品收购站为了多创收入，改变了过去国家对某些废旧物资（钢筋头、铁管、铁锭、工业用铜、锡等）不允许个人买卖的规定，来者不拒。甚至有些废品收购站受犯罪分子之贿。据天津市调查，某区的三个收购站，由于受销赃分子的贿赂，仅在 1983 年一年中就非法收购工业用铜 80 多吨。另外，一些农民或社队企业人员进城收购废品，进一步加大了废品收购工作漏洞。

（3）企业物资管理混乱。改革以后，一些企业没有随形势的变化而改变企业对生产资料管理不善的问题，比如，原材料、生产物资胡乱堆放，领导心中无数。企业工人"靠山吃山，靠水吃水"私拿企业物资，而干部睁一只眼闭一只眼，工厂保卫力量薄弱，老弱病残当门卫等，给犯罪分子以许多可乘之机。据某市调查，该市重大盗窃案中，盗窃企业物资的占 48%。企业物资管理不善，销赃渠道较多，使犯罪分子的作案气焰越来越嚣张。

---

① 郑天翔同志在 1986 年 1 月 13 日第六届全国人民代表大会常务委员会第十次会上所做的《关于打击严重经济犯罪活动的几个问题》的汇报，见《中国法学年鉴》1987 年卷，第 659 页。

（4）在经济改革中，经济立法薄弱，经济领域的漏洞较多，使经济领域的犯罪者有机可乘。另外，搞活经济与经济犯罪的关系缺乏一个稳定的法律界限和标准，也使一些人成为不稳定因素中的牺牲品。

（二）伦理道德观念的失调与犯罪

伦理道德是一定的社会向人们提出的应当遵循的行为准则。它通过各种形式的教育和社会舆论的力量，使人们逐渐形成一定的信念、习惯、传统，用来约束人们的行为，调整个人和社会以及人们彼此间的关系。伦理道德有很强的历史性和继承性。伦理道德观念是指对这种行为准则的意义的评价。观念或评价的失调将带来人们行为的失调，带来个人与社会、人与人之间关系的失调。

十年动乱砸烂了公检法，砸烂了"封资修"，法制教育没有了，许多传统的、优良的甚至是社会主义的伦理道德也被否定了。粉碎"四人帮"以后，个人迷信被打破，在较短的时间内我们还难以根本改变伦理道德观念失调的状况，在伦理道德观念的失调使人无所适从的情况下，与对外开放、技术引进相伴随的西方文化和伦理道德（其中包括大量消极的伦理思想和文化意识）大量涌进，使中国传统文化和道德再次受到冲击。最先受害的是那些缺乏抵抗力的年轻人。淫秽书刊、录像等对青少年的腐蚀力量是相当大的，从我们在1984年底对海城少管所的调查看，少年犯中60%左右是性犯罪，在青少年的犯罪中性犯罪近几年增长的速度最快。

在传统的伦理道德观念被冲击中，又以对婚姻家庭观念和女子道德观念的冲击最猛烈。根据1983年北京市的调查分析，凶杀犯罪中53%左右是由婚姻恋爱、家庭问题引起的，主要围绕着夫权与妇女解放、女子贞操、第三者插足等。另据1984年全国青少年犯抽样调查分析，强奸犯罪的手段中35.7%是诱奸犯罪，居各种强奸手段的第一位，已改变了原来以力逼、恐吓为主要手段的状况，说明被害者（女性）被引诱的可能性加大。

伦理道德是靠大众舆论来维持的，资产阶级腐朽伦理道德的冲击一方面直接内化为某些人的犯罪意识，另一方面反映在对维系原伦理道德的大众舆论的冲击。比如，上海某工厂的一名青年女会计光天化日之下被几名青工在车间里扒光衣服，在场工人无一制止，反而鼓掌喝彩，其中相当一部分工人认为这是"开化"，是"思想解放"。众人的起哄喝彩说明与20

世纪 50 年代比较大众舆论对这种行为的制约力减弱了。

价值观念是人们对客观事物（自然环境、社会环境等）、人本身的行为方式、欲念、情操等对于主体的意义的看法。近些年来价值观念的演进出现了集体本位向个人本位的偏移。这种偏移一方面带来了对权威的不盲从、讲实惠、重视近期理想和个人参与社会的意识增强，是对十年内乱虚伪东西的否定，是商品经济发展的体现。另一方面带来了民族感和集体主义精神的减弱，甚至有些人把这种偏移引入极端，成为极端个人主义，而极端个人主义恶性膨胀的程度与犯罪率的变化具有直接的关系。作为社会评价系统的宣传部门的某些评价的失误会增大这种价值观演进中的负效应。比如，对雷锋精神不适当的评价和否定，无结果的潘晓讨论，使"主观为自己，客观为他人"成为某些青年人的信条，宣传"谁发财谁光荣""能挣会花"使"一切向钱看"成为时髦的口号等。

在急剧的社会变迁中，社会整合的速度还无法跟上变迁速度时，精神对物质的反作用将会起到巨大的平衡作用。而急剧的社会变迁中，我们恰恰忽视了政治思想工作，这主要表现在两个方面：一是某些部门为了抓产值、抓升学率，放弃政治思想工作，取消政治干部，减少甚至取消少先队、党团活动等；二是不知道如何教育青年一代，在新的历史条件下青年的心理特点发生了很大的变化，由于我们缺乏对变化中的青年一代的了解和研究，各种教育形式常常收不到预期的效果。

（三）家庭的变迁与犯罪问题

急剧的社会变迁不仅带来了社会组织、经济结构、消费观念的变化，同时，也带来了家庭结构的变化。以一对夫妇及其未婚子女为组合形式的核心型家庭在增多，传统的"四世同堂""三世同堂"的扩大型家庭在减少。这种扩大型家庭向核心型家庭的转变实际上在解放初期就已经开始，而改革、开放带来的急剧变迁不过是加速了家庭结构的演进罢了。

家庭结构的变化带来了四个方面的结果：①自由择偶的成分加大，结婚不再重家世；②家族关系的松弛；③家族关系松动使结婚、离婚变成个人的选择，离婚率增加；④妇女参加社会劳动的比例增加。家庭结构的演进具有进步意义，妇女大量地参加社会劳动，在经济上取得独立的地位促进了男女平等和妇女解放。自由择偶发展了以爱情为基础的婚姻形式，使婚姻关系更加人道和进步。但是，家庭结构的变化也会带来负效应，比如，家庭关系的松弛，祖父、祖母、伯父、舅舅等家族长辈对孩子的管理督促减少或消失。妇女参加社会劳动出现了大量的双职工家庭，母亲与子女的互动时间减少，教育减弱。离婚率的增加使残缺家庭的数量增加，残缺家庭使青少年失去父爱和母爱，严重影响他们的健康成长。对全国青少年犯抽样调查的分析显示，残缺家庭占其总数的20.5%。

据相关统计分析，青少年犯罪与家庭成员（特别是父母）的文化素质低紧密相关。我国有2亿多文盲。"十年动乱"打乱的家庭正常的人际关系，对今天家庭的权威性仍有潜移默化的影响。另外，十年内乱造成了大批高初中毕业但实际文化水平很低的父母，严重地影响着现代家庭教育。

家庭是社会的细胞，是社会结构中的基本单位，承担着生产、消费、教育、生育等职能。其中教育职能在少年儿童的社会化中具有十分重要的作用。"十年内乱"的沉疴与家庭结构变迁中的负效应相互作用，削弱了家庭的教育职能，使一部分儿童、青少年的社会化过程中断。国内外许多犯罪学家认为，社会化过程的中断是青少年犯罪的主要原因。

（四）学校教育改革中的整合与犯罪问题

1977年教育系统开始了全面的改革，这场改革主要是从两个方面实施的：一是制定规章制度，整顿学校纪律，修建破旧校舍；二是恢复高考制度，择优录取。与高考制度恢复应运而生的是中等教育系统划分重点学校和快慢班的做法。这种做法在特定的历史条件下为培养人才，早出快出人才，转变我国人才的"青黄不接"的局面做出了重要贡献。但是，教育系统的改革也带来了大量的整合问题，成为青少年犯罪增长的因素之一。

（1）学校教育结构的不合理。由于国家的人力、物力、财力的限制，高等学校的招生人数是极为有限的。据国家统计局统计，1978年高中毕业生入大学率为5.9%，1983年在将高中毕业人数从1978年的682.7万削减到235.1万之后，大学的升学率仅达到16.6%。而普通学校与职业学校的比例又长期失调，据1978年统计，职业教育在中等学校中所占的比重为7%。而日本在1977年职业教育已占中等学校教育的63.1%。比例失调影响了职业教育与普通教育的分流，使相当多的无法上大学的学生学而无用。学生被分为三六九等，也挫伤了一部分学生和教师的积极性，加大了学校的双差生面。一些学生看不到前途，破罐子破摔，最后走上了犯罪道路。根据在湖南省某工读学校的调查，在校学生中95%是原学校的慢班学生。

（2）流失生的大量出现。所谓流失生是指学业未完，因各种原因中途辍学的学生。从我们对北京、天津两市的调查看，北京从1979～1984年中小学生共流失25.9万人，仅小学生就流失了60000余人。天津市区265所中学1979～1981年共流失学生9704名，平均流失量为9.5%。另据统计分析，流失生的犯罪率是在校学生犯罪率的15.6倍。流失生犯罪的增加已改变了许多少管所的人员构成，比如，天津少管所1974年流失生占其关押总数的11.82%，1980年达到了51.06%。造成学生流失主要有两个原因：一是农村实行责任制，个体商业和手工业的发展，以及一些地区实行的招工顶替制度，扩大了就业渠道，减轻了由国家统一分配中学毕业生的负担。但是，由于对就业年龄未加限制，以及我国生产力水平和国民文化素质还比较低，一定数量的家长希望孩子早就业早挣钱。二是学校抓升学率，抓教学质量，一些领导和教师希望学习不好的学生早就业，以减轻学校的负担。一个愿推一个愿走，两相情愿，迅速制造出大量的流失生。为什么1979年以后学校学生犯罪率下降，而社会上的犯罪低龄化问题日趋严重，流失生的增加与犯罪是一个重要原因。

（3）忽视初二教育。教育改革一开始，全国许多学校都面临着师资力量严重不足的问题。据某省统计，1976年高初中在校生比1965年增加11倍，而公办教师和职工只增加了2.79倍，为了提高升学率，在师资力量不足的情况下，许多学校把优秀的师资力量集中于中毕业班，忽视初二教育。教育学家和心理学家研究证明，初二阶段是青少年发展的"危险期"，初二学生刚入中学的新鲜感已经消失，初中的教学方法不同于小学，经过初一阶段的过渡，初二阶段的课程进度加快，门类增多，要求学生在学习、管理上有较强的自觉性，有些学生不能适应这个阶段的变化，学习上开始掉队。初二年级离初中毕业较远，少先队生活将近结束，入团还很遥远，政治上更高的目标尚未树立，很容易放松对自己的要求，出现学习松懈和纪律涣散的现象。初二阶段个体生理发育的速度加快，并出现了生理发育的第二高峰期，女子的初潮，男子的遗精现象的出现，必然加大个体心理的不稳定性，危险期的青少年容易犯罪。据沈阳市调查，1983年8

月~1984年底被投入劳改的187名学生中，初二学生81名，占48.5%。在中等教育中忽视初二教育是战略上的失误。

（4）中学生的性教育问题。据中国科学院遗传研究所的调查，最近我国女子的初潮年龄比十年前提前了8.04个月，是世界平均提前速度的2倍多。与这种个体性成熟前倾不相适应的是学校封闭式的性知识教育。根据1985年底笔者对河南省安阳市部分中学的调查看，大部分学校对学生的生理卫生课中关于青春期、生殖系统的构造与机能的两章放弃不讲，或者让学生自学。这种封闭式的学校教育与社会上缺乏对青少年的文化保护互相影响，加大了青少年对性的神秘感，增大了他们性成熟后产生越轨行为的可能性。从许多国家的教育经验看，在男子第一次遗精，女子初潮到来之前，进行有针对性的生理知识、性道德教育，可以减缓青春期开始时个体心理的不安程度，减少性成熟后的越轨行为。

（五）社会教育某些方面的失调与犯罪问题

（1）传播媒介，随着经济的发展，广播、电视、电影、报刊等传播媒介的迅速发展，开阔了人们的视野，为文艺的繁荣和形式的多样化奠定了基础。党的十一届三中全会以来的文艺政策使文学艺术和理论研究出现了"百花齐放，百家争鸣"的气象。随着对外开放涌入的西方文化对中国文化产生了重要的影响。但是，如何处理好"百花齐放，百家争鸣"与坚持四项基本原则的关系，西方文化与中国文化的关系等问题，已成为急剧社会变迁中的重大理论问题，每当改革进行到关键时刻，这些问题就会突出地表现出来。由于没能很好地解决这些重大理论问题，在文化宣传、文学艺术上常常出现左右摇摆状况。要么为了保护少年儿童的健康成长，把成人的文化降低到少年儿童可接受的水平；要么把少年儿童文化提高到成年人文化，老幼无别。

儿童、青少年具有识别能力差，模仿能力强的心理特点，游戏型、模仿型的犯罪是他们的独特类型。比如，1980年中央电视台播放了美国电视系列片《加里森敢死队》之后，在全国许多地区出现了大大小小的"加里森敢死队"，其中最有名的是北京燕山区由12个初中学生组成的"敢死队"，该队成立20天，作案22起。我们于1984年初曾对青少年强奸犯进行过"影视兴趣"的调查，发现他们最感兴趣的是进口的两部电影，并对其中强奸、接客等镜头有特殊的兴趣。这两部影片揭露了资本主义和封建主义制度的腐朽和没落，对成年人具有教育意义，但对缺乏识别能力的青少年却造成了不良影响。

（2）对自发性组织的管理。每个人都生活在社会群体中，社会学家将社会群体分为两类，即有组织的集体和不受一定监督和领导的自发性组织。自发性组织的功能主要有两点：一是为了满足不受行政或长辈限制的自由交往的要求。二是在自发性组织中表现自己的才干，得到自尊心的满足，以及宣泄剩余的情感。但是，犯罪学家也观察到，一些自发性组织，特别是具有反社会倾向的自发性的组织，容易转变成犯罪团伙。为此，苏联的犯罪学家提出了在集体与自发性组织中间，建立中介性组织——俱乐部、青年宫、少年宫等，这种中介性组织既带有自愿、自发的性质，也带有一定的组织色彩。从苏联的试验看，中介性组织对于抑制团伙犯罪有着良好的效果。

我国的改革开放拓宽了人们的视野，人们对闲暇时间、人际交往的要求提高了，各种自发性组织也随之增加，但是我们一直忽视中介性组织的建设。从有关资料看，1965 年全国拥有少年宫、少年儿童活动站 6859 所，"文化大革命"中几乎全部被取消，到 1980 年全国重建到 1500 所，按青少年人口平均，40 万青少年拥有一个青少年宫或活动站。成年人的俱乐部也比较少。由于我们对自发性组织缺乏科学的管理，团伙犯罪一直是比较突出的问题。

（3）家属区的建设问题。笔者对河南省豫北棉纺厂的调查发现，工人犯罪 63% 是在闲暇时间，54% 的案件发生在家属区。家属区是治理犯罪的重要场所，而街道居委会的建设又是改革中的薄弱环节，长期以来存在着人员老化、社会地位低、资金不足等问题。

此外，改革过程中出现的不正之风对犯罪也有潜移默化的影响，它影响群众综合治理犯罪的积极性，减弱了社会舆论对犯罪的制约作用，甚至成为有些犯罪分子作案合理化的依据。干部子女的犯罪虽然人数不多，但影响很坏。

（六）劳改对象的变化与重新犯罪问题

十一届三中全会以来，劳改单位在押犯的人员结构发生了明显的变化。反革命犯减少，从辽宁的历史资料分析看，1951 年反革命犯占关押总数的 35%，陕西省 1950 年反革命犯占 53%，而两省到 1983 年关押的反革命犯仅分别占总数的 1.7% 和 5.9%；罪犯年龄结构发生变化，仍以辽宁省为例，1951 年收监犯人中 25 岁以下的青少年占 13.4%，1979 年青少年犯占其总数的 68.4%；罪犯的阶级成分发生了变化，他们大多是工人、农民和其他劳动者的子女；犯罪动机发生变化，许多犯罪分子作案无反革命目的，犯罪原因是愚昧无知、法盲等。改造对象的心理及人员结构的变化，要求我们的管理方法也要随之变化才能适应新的情况。但是，劳改系统没能很好地完成这个转变，基本沿袭了传统的管教方法，因此，近几年来，刑满释放人员的重新犯罪率较高。这些人重新犯罪往往比初犯更狡猾，手段更恶劣，对社会的危害也更大。

（七）民事纠纷的增加与民事调解工作的适应问题

随着农村和城市经济改革的深入，特别是农业的承包和生产责任制的实施，使人与人、人与物的关系发生了极大的变化。过去"吃大锅饭"时期不曾产生或掩盖了的矛盾，在新的形势下纷纷产生、暴露出来，有承包纠纷，土地宅基纠纷，水利界埂纠纷，奖惩纠纷以及家庭邻里纠纷。据统计，1980 年全国民事调解组织共受理民事纠纷 6120000 件，1982 年民事纠纷发展到 8165762 件，比 1980 年增加 33%，而民调组织仅增加了 3%。可以看出，民事调解工作在组织形式、人数、工作效率等方面都存在着难以适应新形势的问题。民事纠纷处理不当或处理不及时，致使矛盾激化转化为刑事案件数量的增加是新时期犯罪现象的一个重要特点。

二 科学地整合社会与治理犯罪的若干原则

在社会变迁、社会整合与犯罪的关系中，急剧的社会变迁常常是缓慢的社会演进之后的必然后果，除有计划的社会变迁外，还有自然灾害、战争等现阶段非人力所及的变迁。与急剧的社会变迁比较，社会整合具有较强的可控性，社会整合的科学化能最大限度地降低某一特定历史阶段的犯罪率。那么，目前如何科学地整合社会和治理犯罪呢？

（一）加强宏观社会整合能力

宏观社会整合能力是指一个国家通过政策、法律等形式协调各种矛盾于统一体之中的能力。关于治理犯罪的宏观社会整合包括三个方面内容。

（1）对社会与犯罪的发展进行科学预测。人类从必然王国进入自由王国，科学地预测社会，减少社会发展的盲目性是一个重要的前提。因此，在进行有计划的社会变迁中，对各项政策和法律必须进行全方位的论证。政策、法律的制定和实施是宏观社会整合的基本手段，它的影响是多层次的、综合性的。所以，由各部门的专家和领导人根据本部门的特点，以及该项政策和法律将给本部门带来的利弊进行论证是十分必要的。比如，在进行一项经济改革时，不仅要对经济发展本身进行论证，还要对人们原有心理结构对该项改革的承受能力，对犯罪率、犯罪类型和手段的影响等诸多方面进行论证。这种论证会使全局性政策，甚至部门政策趋于全面，达到兴利除弊的目的。在科学论证中，围绕全局性政策和法律会产生出多项补充政策或说明，用以保障某项政策和法律的正确实施，起到减少漏洞，预防犯罪的作用。

司法系统根据社会的发展趋势，对犯罪类型、犯罪心理、犯罪手段等进行趋势性预测，这种预测的主要目的在于制订侦察破案、教育改造等措施，用以震慑犯罪分子，起到特殊的预防作用。比如，国外对科技革命中将产生的运用电脑、电子计算机犯罪的预测，以及对这类犯罪的侦察破获方法的研究就是一个可借鉴的例证。

（2）保证"实施—反馈—调整"渠道的通畅和高效。目前，人们受到认识水平的限制。对社会发展的许多问题常常无法预测，所以，科学整合社会的能力又表现在"实施—反馈—调整"渠道的通畅和高效上。比如，招工顶替制度的实施，一方面缓解了青年的就业问题，另一方面又出现了顶替来的工人不好管理，学生为了顶替父母就业大量中途辍学，流失生犯罪严重等问题，这些实施中的问题必须迅速地反馈到宏观系统，由宏观系统进行调整和改善之后，再行实施。这个过程完成得越迅速，漏洞堵塞得就越快，治理犯罪的效果就越好。

（3）建立综合治理犯罪的组织机制。犯罪问题是一个综合性的社会问题，由于不同部门、不同层次的领导考虑问题的角度不同、工作的重点不同、具备全局观念的程度不同，因此，在局部计划的制订中常常忽略某些环节，进而影响宏观的社会整合。在急剧的社会变迁中，社会整合的问题很复杂，各种犯罪诱因也是错综复杂的，建立综合治理犯罪的组织机制使其承担起制定政策、下达任务、调整利益、协调执行、统配全局的任务是十分必要的。

（二）着手于微观社会整合

从上文可以看出，犯罪高峰期的形成，是众多部门整合失调后的合力结果，宏观社会整合对微观社会整合具有指导和协调作用，意义重大。不过，宏观社会是通过微观社会而影响个体的，具体部门，比如，家庭、学校、居住区构成了个体的微观社会环境，与个体发生最直接的互动，对于个体心理定式的形成和抑制个体犯罪有着直接的作用。就微观社会环境而言，有一个接纳宏观指导与协调的意愿、能力问题，也存在着本部门的特殊性的问题。笔者认为，综合治理犯罪的"综合"主要是指宏观的社会整合，具体到治理时，还应该着手于微观环境的净化。仍以第五高峰期为例说明微观社会环境的净化问题。

（1）要求各部门和基层领导干部，在制订本部门计划和实施工作时，要有全局观念，这与干部的素质紧密相连。比如，学校在制定快慢班制度时，不仅要考虑到部分优等生的成才问题，还要考虑到如何管理、教好慢班和普通班学生，考虑到怎样减少"双差生"，怎样减少青少年犯罪。微观必须服从于宏观的整合。

（2）根据目前学校在预防社会犯罪，特别是青少年犯罪中的作用和地位，需要调整教育结构，发展职业教育，并将学生的职业教育与其未来从事的工作挂钩。根据不同地区的文化发展状况，做好不同层次的职业教育和普通教育的分流工作。改变千军万马过独木桥的局面；端正办学指导思想，扭转片面追求升学率的做法；控制学生流失，以法律的形式规定青少年接受义务教育的年龄，由学校、人事部门和学校三位一体，协调执行；建立、完善工读学校，用以保障普通学校正常的教学秩序，同时接受有违法劣迹的流失生、在校生，起到后期预防青少年犯罪的作用；重视初二教育，配备较好的班主任和任课教师，帮助青少年顺利渡过"危险期"，科学地做好对中学生的性知识教育工作。

（3）家庭，面对家庭结构的变化，家庭原有教育职能部分减弱，需要扩大和加强社会教育职能，用以代替已部分丧失的家庭教育的职能。针对我国人口文化素质不高，家长科学教育子女的知识贫乏，各地区应当广泛开展家庭教育咨询，运用各种形式普及家庭教育常识。对于残缺家庭或父母犯罪失去教育能力的孩子，国家应当通过扩大社会福利事业的办法，部分或全部地承担起对他们的教育工作。

（4）现代人每天都在接受大量繁杂信息，促使人们选滤信息，心理内化的模式更加多样化了。因此控制非文明信息对人类的影响是现代社会的艰巨任务。根据青少年心理定式尚未形成，模仿性强的特点，对于成年人可接受，而未成年人暂时不易接受的文化，要在法律上给予限制，这是现代社会的重要管理手段。目前，在罗马尼亚、美国、英国、东德、古巴、埃及、日本等众多国家里都有青少年保护法。青少年保护法应当包括：青少年义务教育法、青少年刑事诉讼法、青少年福利法、青少年文化保护法、青少年劳动就业法、禁止青少年酗酒、吸烟法、青少年刑法、青少年劳改法、青少年犯回归社会的安置及保护法等。我国的青少年保护法，应当侧重于对犯罪的预防，侧重于对青少年的文化保护，规定对引诱或腐蚀儿童和青少年的人应负的法律责任，严厉打击传播和制造淫秽的、黄色文化的犯罪分子，以及规定成年人文化与未成年文化的区别，和未成年人不宜接受哪些成人文化等内容。

研究自发性组织结构及活动特点，建立多种形式的中介性组织，有效地引导自发性组织的活动。加强居委会建设，提高人们闲暇时间的活动质量。

宣传工作是一门艺术，必须考虑到接收对象的承受能力，否则就会破坏人们心理平衡，甚至造成逆反心理。比如，宣传消费时，必须首先考虑到全国人民的平均消费水平，宣传超过了人们的平均消费水平，会造成人们消费欲望过高，消费欲望与现实的矛盾越尖锐，引发犯罪的可能性就越大。另外，宣传必须着眼于未来，比如，在宣传让一部分人先富起来的同时，也必须考虑到发展社会主义经济的目的是要缩小差别。

在急剧变迁与社会整合不同步时，运用法律的形式严厉打击各种钻改革空子的犯罪分子，是保卫改革，震慑犯罪的重要手段。同时，堵塞各种犯罪渠道，又是社会整合、预防犯罪的重要内容，比如，加强对企事业原材料及产品的管理，健全完善基层治保组织，加强自由市场的管理，注意掌握有违法劣迹的个体摊商的货源，加强废品收购系统的管理。

要努力加强基层精神文明建设，反对各种形式的官僚主义，发展、完善各级民事调解组织。努力在微观社会环境中形成良好的大众舆论。

劳改单位要在新的形势下，完成两大转变，即内部结构从工厂农场型向半工半读的学校型转变，干部队伍从管理型向教育管理型转变。

总之，社会是一个有机体，某一器官的病态，会波及其他器官，产生连锁反应，因此，建立一个良好的宏观和微观运行机制是促进社会发展，减少犯罪的根本保障。

战后日本地域开发计划与社会变动[*]

李国庆

一 关于地域开发的基本概念

在现代化发展进程中，如何科学地认识经济社会发展规律，采取切实有效的方针，在全国不同地区合理布局产业与人口、正确处理城乡以及大中小城市之间的关系，是地域开发计划研究的中心课题。地域开发必须有明确的开发主体、系统的国土开发法规、开发计划体系和合理的实施手段，以保证经济效益、社会效益和环境效益三者在优化基础上的协调。

由于地理条件和历史原因，旧中国生产力的地区分布极不平衡，70%以上的工业偏集中于沿海 13 个省市，只有 30% 在内地的江河沿岸城市和工矿区。解放初到"六五"计划执行前为止，为了实现全国的均衡发展和"战备需要"，国家将一半以上的基本建设投资放在内地，内地工业发展速度快于沿海，但经济社会效益很不理想。1978 年以后，中国经济发展战略从封闭状态中摆脱出来，走向新的"不平衡"发展，即优先发展经济基础较强的沿海地区，充分发挥其特长以增强国民经济实力，从而积极创造条件带动内地经济发展，准备在各种条件具备时再有计划地逐步提高内地经济水平，最终实现全国生产力的合理空间布局。

当代中国存在着产业与人口布局不平衡、地区差别趋向扩大、交通通信环境落后等问题，迫切需要制定全国范围的国土整治总体规划和国土开发法规。我们面临的课题与包括经济高速增长时期的日本在内的许多国家经历过的问题有许多相似之处，因此有必要借鉴这些国家的有关经验。

---

* 原文发表于《社会学研究》1988 年第 3 期。

在对日本战后各个时期的地域开发计划进行分期考察之前，我们先从社会学角度将地域开发计划与社会变动的关系做一简要说明。按照日本学者富永健一的观点，所谓社会变动主要是指社会结构的变动，是寓于短时期内相对稳定的社会结构中的长时期的绝对变动。要使社会变动朝着预期目标发展，只有通过对社会结构的计划调节来实现。他认为社会结构变动的第一特性是必须调节社会结构的构成角色——主要是经济、社会、政治和文化角色，使之配搭合理。社会结构变动的第二特性是将有限的人员和社会资源在各个构成角色之间合理分配。因此他将理想的社会计划定义为："政府部门介入社会体系之中，通过提高社会结构的各个角色和分配给各个角色的人员与社会资源的比例关系来完成对社会控制的一系列目标及实现目标的最恰当的政策手段。"① 当角色配搭和人员、社会资源分配合理时，社会结构的机能就能正常发挥——这是计划的最终目的，反之就会产生各种社会问题。要求制订社会计划的根本动力在于随着人的欲望需求水平的提高，人们越来越不满足于现存社会结构的功能所发挥的实际水平。地域开发计划与社会变动的关系，我们可以定义如下：地域开发计划是政府通过变革城市与农村社会结构的构成角色以及人员和社会资源的分配原则，以期实现人口与产业在城乡间的合理布局，振兴经济以解决地区（主要是城乡）差别、人口过疏过密、公害环境等社会问题的政策手段。作为本文考察对象的日本全国综合开发计划正是这样的政策手段之一。地域开发过程中的社会问题表现为多方面，如在人员分配上出现的第一产业从业人员减少以至于农村解体，城市就业人员骤增以至于城市人口膨胀的问题，这个问题不仅是日本在战后经济增长期的一个显著和稳定的趋势，而且也是印度、非洲和拉美一些发展中国家的共同趋势。农村人口盲目涌向大城市一方面造成城市过分拥挤，形成环境恶劣的巨大贫民窟；另一方面造成了农村的萎缩和停滞。这时政府对人员分配的计划性表现为控制大城市人口流入，同时改善中小城市和农村地区的生活、就业环境，缩小地区差别以期实现劳动力的合理的空间布局。相反，在我国，20 世纪 60 年代至 70 年代由于对人口流动控制过死，严重阻碍了城市化和产业化的进

---

① 富永健一：《社会计划基础理论》，见《对综合社会政策的探索》，〔日〕大藏省印刷局，1977 年版，第 133 页。

程。党的十一届三中全会制定的改革开放和放宽搞活的政策大大活跃了城市经济和人口流动，从而大大加速了城市化和产业化的进程。又如，当社会资源分配不合理时，往往会导致公害、环境问题及社会公共福利设施落后等问题的出现。这时就要求政府制定相应政策，增加生活基础设施投资，以改善生活环境。而对于发展中国家来说，由于经济承受力低，如果过分强调社会福利，提出过高的环境指标，造成消费超前和非生产性投资过大，就会耗费过多的资金，从而阻碍生产力和整个经济的发展。近年来，一些号称"福利国家"的发达国家，如西北欧瑞典等国、澳大利亚和加拿大等国都已感到沉重的福利负担使其在经济上难以与日本等低福利国家竞争，这时就要回过头来控制消费基金和非生产性投资的膨胀。

下面谈谈地域开发（community development）的基本原则。我们使用的地域开发概念包括社会开发和经济开发两方面。地域社会可以分成农村和城市两大类型，地域开发正是以此为基本空间单位展开的，它是社会开发与经济开发在地域层次的具体体现。社会开发与经济开发的关系是对立统一的关系，统一性表现在社会开发以经济开发为基础，而社会开发反过来又制约或推动经济发展。换言之，经济开发是社会开发的前提，社会开发则是经济进一步发展的条件，两者相互依存，相互作用，良性循环。两者的对立性表现在，经济开发以利润和价值规律为原理，社会开发以提高人类能力和生活福利为目的。当社会达到了高经济水平以后，社会开发将显得越发重要。由于两者依循的原理及其目的的差异性，人们难以把握两者的平衡关系，因而往往出现社会开发落后于经济开发的"时间差"，这就是社会问题的根本原因。因此我们说，尽可能地协调经济开发与社会开发，预防和消除社会问题是地域开发的基本原则，战后日本地域开发过程恰恰是以经济发展为背景，不断调整两者相互关系的过程。

二 战后日本地域开发的历史沿革

日本地域开发计划的起点可以追溯到明治时代。但是战前开发计划是非连续性的和以特定地区为对象的，其内容偏重于经济开发，并带有强烈的中央集权和殖民政策的色彩，与战后开发计划迥然不同。因此，从严格的意义上讲，日本地域开发应从战后算起。战后，日本社会在现代化、产业化各个方面发生了巨大变化。其中，经济高速增长最为突出。从 1956 年开始到 20 世纪 70 年代初期，日本经济以 9.8% 的年平均增长率持续高速发展 18 年，一跃成为仅次于美国的资本主义世界第二大经济强国，实现了以重工业、化学工业为中心的国民经济现代化。

在战后经济高速增长过程中，日本出现了下列现象：①产业结构差异（特别是农业与工业的生产力水平差异）扩大了地区特别是城乡差别；②其极端的表现形态是人口过疏过密问题的日趋严重化；③以工业化为主要特征的产业化加剧了公害环境和福利设施落后等社会问题。为了解决这些问题，日本以政府为中心制定了国土开发法（1950 年）和以此为准则的第一、第二、第三、第四次全国综合开发计划，旨在实现控制人口和产业向大城市集中，同时振兴地方，应对人口分布过疏过密问题，均衡利用国土，形成人们居住的综合环境这一目标。

本文试图以这些开发主题的变动为线索，按各个计划的制订背景、计划课题、实施管理和评价的顺序对日本国土开发分期依次加以考察。具体分期为：①经济复兴时期（1945～1955）的国土开发法；②工业开发时期（1956～1960）的地域开发计划；③工业地方分散时期（1961～1969）的全国综合开发计划（简称"一全综"）；④过疏过密对策时期（1969～1973）的新全国综合开发计划（简称"新全综"）；⑤经济稳定增长期（1973 年至今）的第三、第四次全国综合开发计划（简称"三全综""四全综"）。

1. 经济复兴时期的国土开发法

战后日本的地域开发是在这样的经济形势下起步的：战争使日本损失了 100% 的纯军事工业和 25% 的和平产业设施，战时经济体制彻底崩溃。国土一片混乱和荒芜：领土面积从 67.5 万平方公里减至 37 万平方公里，丧失了 45%，这意味着同时失去了来自殖民地的大量资源；进口贸易的中断加剧了资源危机。从海外撤回的 650 万人员又加重了本来已很严重的粮食危机。随着美国对日占领政策的转变，经济复兴成为日本最大课题，而资源开发和粮食增产更是当务之急。由于殖民主义的破产，国土开发对象只能缩小到国内尚未充分开发的地区上来。

这一时期的三大课题是战灾复兴、粮食增产和产业复兴。为此，内阁先后制定了《战灾地复兴计划基本方针》《紧急开拓基本纲要》。1945 年 9

月，内务省国土局制定了《国土计划基本方针》，翌年9月又公布了更加具体化的《复兴国土计划纲要》。纲要的二大基本目标是在5年之内安置8000万人口，同时迅速恢复到1930年（"九一八"事变前，即战前）的生活水平。具体措施是将3800万人口放在农林渔牧业，实行农地改革，推进以安置人口为主要目的的粮食增产，同时积极筹备生产基础设施，向地方中心城市扩散大城市的工业设施和机能，为解决失业问题创造条件。1947~1948年，随着美国对日政策的转变和粮食供应的好转，经济复兴重点开始转向以煤炭、钢铁、电力、肥料为重点的"倾斜生产方式"上来，开发对象也相应地从农村转向工业城市。

这一时期国土开发计划的一个显著特征是以府县为主的地方自治体同时制订了许多自主性很强的地方开发计划，表现出比中央政府更高的积极性和自主性。1947年国土局制定了《地方计划策定基本纲要》，对地区开发加以指导。①

为了从制度上保证地区开发，确保国内资源，实现经济自立化，迫切需要制定一部国土开发法。日本经济形势的稳定化为人们预测经济发展提供了可能性。1950年5月，经济安定本部下设的综合国土开发审议会制定了《国土综合开发法》，旨在"考虑国土的自然条件，从经济、社会、文化的综合角度出发，综合利用、开发和保全国土，实现产业布局合理化以提高社会福利"（第1条）。该法对国土综合开发计划的主要内容、种类、各级审议会的设置做了规定，确认国土综合开发计划由全国、都府县、地方、特定地域这四个层次构成，以全国性计划为最高层次计划，并由中央审议会综合调整其他层次的计划，从而形成了一个立体的和系统的计划立案体系。该法具有特别重要意义的是关于特定地域综合开发计划的第10条。由于种种原因，从开发法到"一全综"的制定经历了12年时间。其间，只有参照美国新政时期TVA方式以资源开发和国土保全为重要目的的特定地区综合开发计划得以实施，从而构成了本时期地域开发的核心内容。根据《国土综合开发法》的有关规定，日本政府先后根据51个地区、42个都府县的申请指定了21个地区，主要是资源开发不充分的地区、需要采取特别防灾措施的地区和城市及相邻地区中需要加以特别建设整顿的

---

① 参照佐藤竺《日本的地域开发》，未来社，1958年版。

地区为特定开发地区。

关于这一时期国土开发的评价，一般认为，战后正规的地域开发始于国土开发法。开发的顺利进展缓解了粮食紧张状况，以河流综合开发为中心的特定地域开发提供了工业化所需能源特别是电能（水电），从而奠定了工业高速增长的基础，就此而言，开发是成功的：到 1961 年，共向 21 个地区投资 8609 亿日元，包括电力、道路、水源开发在内的"B 种事业"增长率达 110.2%，同期"A 种事业"（粮食产量、治山治水、道路港湾）增长率为 64.5%。

但是，由于开发是在战争刚结束的混乱时期进行的，统计数据不全，政府各部门步调不一，各行其是，计划本身也不完善，更多地偏重经济，与后来的计划大不相同。又由于财政力量不足，开发计划没有全面展开，而是仅仅限于特定地区的以电力资源开发为中心的不平衡发展，具有明显的应急性。

2. 工业开发时期的地域开发计划

1950 年朝鲜战争的"特需景气"极大地刺激了日本经济发展，1951 年工农业生产恢复到战前水平，到 1955 年，除个别指标外全面恢复到战时最高水平（1944 年水平）。经过 10 年复兴，从 1956 年起日本进入以工业化为核心的经济高速增长时期，以私人企业为主导、以技术革新为特征的设备投资在日本列岛形成热潮。重化学工业特别是机械工业的发展提高了企业生产率并推动经济结构由第一产业向以钢铁、石化为主的第二产业转化。能源结构从以煤炭为主转向以石油为主，电力工业从以水力为主转向火重水补。随着新的技术和市场的形成，新老企业纷纷向经济效益高、社会资本得到充分整备的既成工业地带及其周围地区和沿海地区大量聚集。

经济形势的变化使地域开发目标发生了相应的变化，资源中心开发被重化学工业开发所取代。包括东北、九州、四国、中国、北陆在内的地区纷纷制订了地区开发促进法和县级长期经济计划，实现这些计划的主要手段就是颁布企业诱导条例，创造投资环境，以优厚条件吸引企业，促进地域工业化，从而达到增加地方税收、改善地方财政的目的。

针对大型石化联合企业和钢铁企业向京叶、名古屋、大阪、四日市密集的趋势，日本政府从 1952 年起即着手制定有关法案，1953 年，建设、运输、通产三省制定了《工矿业地带整备促进法》，对工厂用地、工业用上下水道、铁道、公路、运河加以整修，创造优越的投资环境。1956 年 9 月有关省厅设立工矿业地带整备协议会，指定四大工业地带为整顿地区，但效果不理想。

随着产业化的进展，中枢管理机能和人口向东京大量集中，诱发了住宅、交通、环境等许多社会问题。1956 年 3 月，政府颁布了《首都圈整备法》，以东京、神奈川、千叶、琦玉一都三县为对象加以整顿，同时设立了首都整备厅和首都整备金库，但该法未能取得理想效果。①

这一时期是企业依据资本和科学技术自身发展的规律和需求在政府失控状态下自主地投资建厂的时期。从地域开发计划角度看，计划未能发挥其应有的功能，是一个自发发展的混乱时期。此间出现的人口、环境、地区差别等问题成了以后地域开发的重要课题。这种自行其是的企业发展与主观的地区开发计划的背离，体现了当时经济和科学技术发展水平的客观需要和自在的、不以人的主观意志为转移的客观规律，并证明了这种规律作用的力量远远胜于主观开发计划的规范作用。这一事实再次告诉我们，无论在何种制度下，任何经济社会发展计划都必须以对经济社会发展的客观规律的科学认识为前提条件。否则，这种主观计划或者会妨碍经济的正常运行和增长（如中国 1979 年前对沿海工业发展的主观限制），或者会使计划落空，起不到控制和调节作用（如这一时期——战后日本工业开发时期的地域开发计划）。

3. 工业地方分散时期的全国综合开发计划

《国土综合开发法》规定，全国综合开发计划以全部国土为对象，是其他各个层次计划的制订基础。1962 年，日本内阁通过了第一部全国综合开发计划。这时，日本进入经济高速增长期已经 8 年，资本主义工业化带来的一系列弊端日渐显现出来，最为突出的是城市超大化问题。前一阶段民间企业的自由投资导致了企业向对资本最为有利的太平洋沿岸城市集中。按照经济集约化原则，企业的适度集中有利于经营核算和充分发挥社会资本效益，但是一旦超过了外部可利用的经济条件所能承受的限度，可供分享的聚集效益就会分散化并向对立面转化，从而形成过分集中的弊害，造成工业用地、用水、用电等生产资本和生活资本不足，妨碍企业经

① 参照佐藤竺《日本的地域开发》，未来社，1958 年版。

营活动。这种趋向是随着日本 60 年代经济高速增长而日渐显现出来的。其次是地区差别（主要是城乡差别）的进一步强化。青森、岩手、岛根等以农业为主的低收入地区与其他工业地区相差甚远。企业不断向既成工业地区集中的趋势扩大了地区差别。因此，落后地区要求政府从社会福利角度出发，促使工业向低开发地区分散，同时改善农业结构，提高农业生产率，缩小地区差别，维护社会安定。

这一时期对国土开发理念产生重大影响的事件之一是社会开发思想传入日本。1961 年 12 月《联合国十年决议》确认了社会开发（social development）概念，1960～1970 年被称为社会开发十年。根据当时尚不十分明确的含义，社会开发是与经济开发相互依存又互相对立的概念，它不同于单纯以增加利润为宗旨的产业开发。而是以改善生活福利、提高人的能力、保证社会开发与经济开发协调发展为目的，以居民参政和议政为前提，以全国为单位的改变现状的行为体系。实施的地点是社区，主要的开发方式是地域社会开发。1962 年社会开发思想首先出现在日本人口问题审议会《关于提高人口素质的决议》中。① 日本的社会资本积累较欧美国家为弱，其双重结构的经济发展反映在地域上，就是地区差别特别是城乡差别问题严重。因此，社会开发与地域社会开发并行不悖。从这一时期起，日本地域开发从过去单纯追求经济合理性转向谋求全国土的协调发展。

1962 年池田内阁制定了《国民所得倍增计划》。为了从社会资本的角度确保 10 年内产值倍增的目标，该计划提出充实社会资本以整顿产业基础设施，推进产业布局合理化；建设太平洋沿岸带状工业地带，向四大工业区周围和连接京浜到北九州的沿线地带分散工业。但是由于该计划把开发重点放在了太平洋沿岸，没有正面提出开发落后地区问题，引起了后进各县的反对。为了解决地区差别和工业过度集中问题，经济企划厅于 1961 年发表了《全国综合开发计划》（《一全综》），1962 年 10 月通过内阁决议。

"《全国综合开发计划》根据《国民所得倍增计划》和《国民所得倍增计划构想》，考虑防止城市过大化和缩小地区差别，通过有效地利用我国现有的自然资源和适当地布局技术、资本等资源，谋求地区间的平衡

---

① 若林敬子：《地域社会开发的概念与原则》，见〔日〕《现代精神》，至文堂，1968 年。

发展。"①

《一全综》的主要特征一是据点开发方式，二是先行投资主义。按照据点开发方式，全国被分为过密地区（京浜，阪神、名古屋、北九州）；整备地区（关东、东海、近畿、北陆地区）；开发地区（北海道、东北、中国、四国、九州地区）。根据各个地区的特点，在东京－大阪－名古屋等太平洋沿岸带状工业区以外的地区设置几个大规模开发据点，然后再设置一批具有各种特殊机能的中小规模据点，利用交通、通信设施加以连接，影响周围地区，谋求连锁式发展，最终实现其防止城市过大化和消除地区差别的使命。所谓先行投资主义是以据点开发方式为前提条件的。与社会主义计划经济不同，在以私有制和高度商品化的资本主义国家里，国家不能靠行政命令指导私人企业，只能让企业自由判断选择投资场所。因此，要引导企业按政府的意志建厂，政府首先要向开发据点投资，营造对企业有利的条件，诸如工业用地、用水、用电、运输设施等产业基础设施，同时采取财政措施向企业提供贷款、减少税收。

根据《一全综》据点开发和投资先行主义原则，日本又制定了更加具体的《新产业城市建设促进法》（简称《新产法》，1962 年 5 月由第 40 届国会通过）和《工业整备特别地区整备促进法》（简称《工特法》，1964 年）。区域指定的主要条件是可能发展为未来理想规模产业城市的地区。经过日本有史以来最为激烈的"陈情合战"，内阁于 1963 年 7 月指定了道央等 13 个地区为以钢铁石油为核心的新产业城市。

1961 年日本制定了《农业基本法》。以工业化为主要特征的经济高速增长给农村带来了极大冲击，工业化要求开放农村市场、提供工业所需的大量劳动力。为了满足工业化需求，同时提高农业地区生活水平以缩小城乡差别，日本从 1961～1969 年对以零散耕作为主的传统农业结构加以改革，扩大经营规模，实行机械化生产，大大提高了农业生产率水平。②

关于《一全综》的评价，可以从两方面来看。到 1969 年《新全综》制定为止，《一全综》的主要目标——地区差别虽然未能消除，但在很大程度上得到了缓解。从《一全综》制定时人均所得指数看，以东京为 100，

---

① 计划书第 2 节：全国综合开发计划的目标。
② 莲见音彦：《日本农村发展进程》，福村出版，1969 年版。

达到 50 以上的县有 10 个；1965 年以后，在 50 以下的县有 10 多个。从宏观看，对地区差别的消除是成功的，但作为计划主要对象的青森、岩手、鹿儿岛、宫崎等落后县仍旧停留在东京半数以下。此外，《新产法》实施的效果与原来振兴地方经济的设想相差甚远，主要原因是：诱导地方的企业经济效益大部分流回企业设在大城市的本部，留给地方的好处极小；现代化的高技术企业本身吸收劳动力的能力极小，且要求很高的技术素质，当地劳动力难以胜任。因此，新产业城市虽然对国民经济的发展贡献很大，但从地域开发的角度看却收效甚微。同时还须看到，《一全综》用来消除地区差别、振兴地方的主要杠杆是工业化，而社会开发还未得到足够重视，人口和产业仍在不断地向城市集中，生活基础设施落后状况没有改变，这些课题都留给了《新全综》。

4. 过疏过密对策时期的《新全国综合开发计划》

日本经济在摆脱了 1965 年的经济萧条之后，以 11.8% 的年增长率持续发展，1968 年国民生产总值超过 1000 亿美元，超过西德仅次于美国，居资本主义国家第二，国民收入也达到了西方国家的平均水平。然而，高度工业化不可避免地带来了一系列社会问题，首先就是人口过疏过密问题。人口过疏过密是城市化、产业化过程中人口迁移的两个极端表现。在产业化过程中，日本双重经济结构的发展扩大了工农业生产率的差距。与此同时，企业不断地向既成工业地带大量集中，加剧了工业布局的地区不平衡，地区差别日趋扩大。工业化改变了人们传统的生活意识，城市化生活方式强烈地冲击着农村青年一代，他们开始摆脱传统家族观念的束缚，憧憬城市优越的生活环境、升学和就业条件。日本的人口自由流动政策和工业化创造出的大量就业机会使他们的期望成为可能，于是大量农村人口特别是青年直接涌向大城市及周围地区。据统计，从 1960～1964 年，每年有 60 万以上的人口进入大城市，1965 年虽然有所下降，但 1965～1970 年人口增加率在 10% 以上的市町村仍达 388 个，增加 50% 以上的市町村达 68 个，而且主要集中在东京、神奈川、琦玉、千叶、大阪、兵库、奈良、京都等三大城市圈周围地区。① 1965 年以后，人口迁移的另一个极端便是过

---

① 西尾胜：《过疏过密的政治行政》，见〔日〕《日本政治学会年报》1977 年，岩波书店，第 231 页。

疏现象的强化。过疏是人口减少显著、当地社会经济机能降低、发展停滞甚至衰退、原有公共福利设施难以维持的状态。日本过疏地区主要是北海道、东北、关东、北陆、近畿、中国、四国、九州、冲绳等地区。据统计，这 9 个地区 1960～1965 年人口减少 12.9%，1965～1970 年减少13.6%，达到过疏化高峰。过疏化使当地财政难以维持原有规模的生产和生活设施，居民人均税额提高，地域共同体解体，人口结构老龄化。其次，经济发展使人们的收入和消费水平大大提高，相比之下，住宅、上下水道、交通等公共设施不完善的问题就显得越来越突出。资本主义私人企业片面追求利润和国家环境保护政策不健全造成了空气污染、水质污染、噪音、振动、恶臭、土壤污染和地基下沉七大典型公害，著名的日本四大公害案——哮喘、痛痛病、水俣病、水俣病都出现在这一时期，给居民生活的安全造成严重威胁。特别值得注意的是，以 1964 年沼津、三岛、清水町反对联合企业占地运动为契机，日本出现了大规模居民运动和许多革新自治体，这对地域开发的方向起了重大作用。这样，1962 年的《一全综》显然已无法适应这种变化，有必要制定一部新的全国综合开发计划。

1969 年 5 月内阁审议并通过了《新全国综合开发计划》（以下简称《新全综》）。该计划的四个目标是：①谋求人与自然界的长期和谐，永久性地保护自然，以解决公害环境问题；②避免国土利用的地区偏倚，均衡开发全部国土；③根据各地特性，因地制宜地编制国土利用计划，以解决人口过疏过密问题，实现向高密度社会的过渡；④建设城市一体化的安全、舒适和高文化水平的生活环境，以期从根本上消除城乡差别。

《新全综》采用了大规模项目开发方式，进一步充实了《一全综》的据点开发方式，具体的开发项目和步骤是：①向以三大城市圈为中心的大城市集中中枢管理机制和物资流通机制；②主要在边远地区根据当地特点举办包括农业开发基地、工业基地、流通基地和旅游基地在内的大型开发项目；③整备全国性的高速通信交通网络（包括航空网、高速干线铁道网、高速公路网和港湾），形成作为社会资本的国土空间结构，连接地方和大城市，将开发效益扩及全国，最终实现全部国土的均衡利用。《新全综》的另一个重要特征是拓宽生活圈构想。城市化的发展扩大了人们的生活圈域，因而有必要将过去较为狭窄、闭塞的生活环境拓宽，以拓宽后的生活圈作为地域开发的基本单位，在此范围内以地方中心城市为核心，通过交通通信网络连接地方中心城市和圈域内各个地区，形成一次生活圈，使国民平等地享受安全、舒适的生活环境。圈域的范围在大城市区域以30～50公里为半径，地方城市以20～30公里为半径，农村范围为20公里。

关于《新全综》的评价，一般认为《新全综》与过去开发计划的最大不同在于它有鲜明的社会开发色彩。以往的地域政策向产业开发、城市开发一边倒，从"新全综"的广域生活圈构想开始，社会开发被正面列入全国综合开发计划。当然，社会开发比重的上升并不意味着经济开发退居次要地位，《新全综》及其实施过程都表明，这一时期以工业化为中心的指导思想仍然占据主导地位。

《新全综》的预期实施年限为20年（1965～1985年）。1972年田中角荣提出的日本列岛改造论是《新全综》具体化和扩大化的产物。但是由于70年代初期石油危机和尼克松冲击①的影响，日本经济转入低速增长时期，《新全综》的基础业已崩溃，计划内容与社会经济形势相背离，以高速增长为前提的《新全综》的实施实质上已经中断。

这一时期，作为《新全综》治理目标之一的公害不断深化，导致了战后居民运动高涨，著名的四大公害审判均以居民胜诉告终，1970年，"公害国会"修改了公害对策基本法等14部公害法律。为解决《新全综》的另一目标——人口过疏过密问题，日本先后制定了《山村振兴法》(1965)、《农村地域工业导入促进法》(1971)、《工业再配置法》(1972)、《过疏地区对策紧急措施法》(1970)、《国土利用法》(1974)，旨在向农村地区导入工业，提供就业机会，创造对青年人有吸引力的安居乐业的外部环境，以解决过疏过密问题。②

5. 第三次全国综合开发计划

这一时期日本经济的一个重大变化是由高速增长转入稳定增长时期。

———————————

① 尼克松冲击：1971年8月15日，美国总统尼克松宣布新经济政策，停止美元与黄金直接兑换，并征收10%的进口税，以保护美元，结果使日元汇率上升，出口停滞，经济剧烈动荡。

② 正是由于这个原因，日本地域社会学界对中国小城镇建设和乡镇工业的发展颇感兴趣，他们关注着中国如何解决工业化过程中的人口迁移问题。

1972 年的石油危机对日本加工贸易型经济产生了极大冲击，迫使整个经济体系向省能源、省资源方向转变。人们开始意识到海外资源并非取之不尽，资源有限时代已经到来。此外，田中内阁推行的日本列岛改造加剧了土地投机，诱发了地价暴涨问题。由于从农业转移出来的劳动力已接近极限，确保劳动力也成了问题，因而必须将劳动密集型产业结构转向知识密集型结构。日本政府自 60 年代起即靠发行国债扩大公共需求，这一时期的衰退使国家税收减少，政府已经无力在这个高水平之上进一步扩大财政支出，维持高速经济增长已不可能。

这一时期国民意识也发生了重大变化。根据马斯洛关于人类五大需求理论，富永健一提出了人类需求循环上升的假说。[①] 他认为随着社会物质水平的上升，当人的较低层次的需求得到满足后，人们不再仅仅是追求更高收入水平的经济人，而面向更高层次的需求，更多地注意与人交往的需求，要求社会参与和个性的充分发挥。鉴于此，他把社会开发的内容分为生活基础开发、生活环境开发、人类能力开发和生活目标开发。在日本，持续近 20 年之久的经济高速增长大大丰富了人的物质生活水平，基本上实现了完全雇佣，人们逐渐安于目前物质生活条件，出现了所谓"一亿总中流"的意识。与经济高速增长期相比，人们追求物质利益的欲望淡化，而转为追求更高层次的精神安定与满足、生活的安定与安全，追求历史环境、文化环境和自然环境的协调。于是，以公害为主包括地价、交通、环境在内的问题日益引起人们的重视，围绕四大公害案出现的居民运动高潮正反映了国民意识的变化趋势。

1977 年 11 月，日本内阁通过了《第三次全国综合开发计划》（以下简称《三全综》）。该计划由五部分组成：①计划的基本目标；②定住构想框架；③定住构想；④计划的主要课题；⑤关于计划实施。《三全综》根据社会经济和国民意识的变化，确定计划的重点由"工业开发优先"转向"重视人类生活"；确认计划的基本目标为"立足于历史、传统文化，形成自然环境、生活环境、生产环境相互协调的人类居住的综合环境；抑制人口和产业向大城市集中，同时振兴地方，对付过疏过密问题，确立新的生活圈域"。

---

① 富永健一：《社会开发基础理论》，〔日〕《中央公论》，1965 年 3 月号。

《三全综》在《一全综》的据点开发方式、《新全综》的大规模项目开发方式的基础上选定定住构想为新的开发方式。计划重新认识了人类与国土的关系，认为由于大城市过密问题深化，农村生活环境落后，不论城市居民还是农村人口都没有永久定居的意识。如果创造出包括雇佣条件、住宅等生活设施、教育、文化、医疗等确保居住安定的条件，减少人口流动，就奠定了解决人口过疏过密问题的基础，改善了地方城市特别是渔村的生活环境和就业条件，就有可能向地方分散人口，从而把大城市从水资源不足、能源匮乏、地价暴涨的困扰中解脱出来，逐步实现人口和产业的地区合理分布，满足居民物质和精神的多方面需求。

实现定住构想的具体办法是设立定住圈。定住圈由三层相互重叠的圈域构成：最小一层为居住区，由 50～100 户家庭构成，大小与农村集落和城市街区相仿，全国共设 30 万～50 万个；几个居住区构成了中间层次的定住区，它以一个小学校的招生范围为基准，全国共设 2 万～3 万个；几个定住区构成了定住圈，它包括城市、农山、渔村，全国共设 200～300 个。定住圈既是地域开发的基础圈域，又是基本的生活圈域。在这个新的生活圈域里，人们共同管理土地和水源；整备住宅、医疗、废物处理等生活基础设施；并通过对城市及其周围地区和农山渔村的整备，实现国土的均衡利用。

《三全综》对地方城市和农山渔村寄予很大希望，特别提出重视地方公共团体的作用，开创"地方时代"。在《三全综》中，城市和农村由以往的对立概念转变为并列概念，提出将二者作为一个整体。作为定住圈核心的地方城市的主要作用是吸收从大城市流出的人口和产业；为山村、孤岛的盲流提供就业机会和服务。

在实施《三全综》过程中，日本先后制订了样板（model）定住圈计划（1979）、田园城市构想（1979）、高技术集积城市设想（1983）和国土利用计划（以 1985 年为年限）等。

从 1981 年起，国土审议会对《三全综》的实施效果做了追踪调查，结果表明从 20 世纪 70 年代后半期开始人口流动呈现新的趋势，即人口从地方向三大城市圈集中的趋势稳定化，并出现了向地方圈定居的势头；从三大城市圈内部看，东京圈（包括东京、千叶、埼玉、神奈川等 1 都 3 县）人口仍在持续增加，其中包括从名古屋圈和关西圈转移来的人口。可以认为，日本人口流向已从"三大城市圈"转变为"东京圈一极"；同时各个地方圈的中心城市人口都有所增加。出现这种趋势的主要原因是：地方生活环境有所改善，地区差别进一步缩小；国民生活意识趋向个性化和多样化等。但是除了以上极为有限的方面外，一般对《三全综》评价不高。从计划论角度分析，定住圈的三重结构与现行地方自治体——市町村的行政范围相脱节，因而缺乏实施的现实性，国家和地方自治机构职责不清，不利于居民参政和发挥地方自治体的作用。此外，《三全综》虽然在其开发宗旨中特别强调生活环境整备和促进人口定居地方，即虽然主观上要实现田园式乌托邦，但客观上却在新的深度和广度上继续推进工业化和城市化。例如日本学者认为，《三全综》倡导通过农业以外就业消除地区差别，究其实质是需要实现全面的领薪职员化，因而称之为一部"将以往开发计划尚未染指的农村全面工业化、城市化的指令书"。① 总之，虽然《三全综》的社会开发比重有所提高，但工业化仍然占据着地域开发的基础地位。

6. 第四次全国综合开发计划

上面已经讲到 1980 年以后日本人口迁移的新趋势，即包括名古屋圈和关西圈在内的流出人口和多种高层次城市机能向东京圈一极集中，原来使用的"三大城市圈对地方圈"的概念被"东京圈对其他地区"的新概念所取代。据统计，票据交换额、在日外国银行职员人数和外国企业事务所在东京的比重超过 60%，这标志着金融、国际交流和情报机能明显地集中于东京圈。此外，人口和工业生产值也在向东京圈一极高度集中。从人口迁移看，1980 年以前每年向三大城市圈转入的人口在 3 万以下（不包括三大城市圈之间的人口移动），从 1981 年起开始回升，1986 年达到 15.8 万人，这个数字几乎完全是由转入东京圈的人数决定的，因为同期名古屋圈和关西圈的转出人数高于转入人数。据统计，1985 年东京圈人口是与它面积大体相等的长野县的 14 倍，与北海道、东北和九州三个圈域的人口总数相等。从工业产值看，1984 年东京为 61.9 兆日元，相当于长野县的 13 倍，与北海道、东北、中国、四国、九州 5 个地区的总和基本相等。这种东京

① 白砂刚二：《从一全综到三全综》，〔日〕《ジェリスト 增刊综合特集》。

圈一极集中的发展趋势给东京圈的环境改善带来了困难，破坏了国土资源与人类活动的协调关系，同时也阻碍了各地区经济、文化、生活等多种形式的有个性的发展。

这一时期，日本产业结构中包括情报处理和高技术在内的第三产业、特别是服务业比重迅速提高，而第一、二产业比重趋于下降。这种产业结构的变化造成了以第一、二产业为主的地方圈雇佣问题和其他社会问题日趋深化的趋势。随着信息化、老龄化和国际化的发展，预计到 2000 年日本全国信息交流量将达到 1984 年的 3 倍，其中以数据通信、传真、高度 CATV （cable televsion—有线电视） 等为新媒介的情报通信总量将增加 20 倍。关于老龄化问题，预计 65 岁以上的人口比例将从 1985 年的 10% 强增加到 2000 年的 16%，总人数超过 2000 万，老龄化将使提高国民生活素质和安全性问题成为国土开发的重要课题。国际化的主要内容包括人员、货物、信息及金融交流。人员交流预计到 2000 年进出境人数将增至 1985 年的 2～3 倍；随着产业结构的高度化和国际分工的发展，国际货物交流量 2000 年将为 1985 年的 1.2 倍；日本在海外直接生产的比例将从 1984 年的 4.3% 增至 2000 年的 10%，对日直接投资也将大幅度增加。[1]

为了适应这些经济和社会的变化趋势，日本国土厅于 1987 年 6 月制定了《第四次全国综合开发计划》（简称《四全综》），时限为 2000 年。《四全综》规定的基本问题是通过定居和交流增强地方活力；增强地方与国际间的直接交流，充分发挥日本的世界性城市的机能；整备安全和高质量的国土环境。《四全综》的基本计划目标是在有安全感和充满生机的国土上，建设有特色机能的多极结构，防止人口和经济机能、行政机能向特定地区过度集中，建设地区间、国际间互补的、连动的和相互交流的多极分散型国土。

计划指出，多极分散型国土的基本结构是以生活圈域（定住圈）为基本单位，根据地方中心城市的规模和机能建立大小不等的多重广域圈，并通过多种交流网络将各个圈域连接成一个整体网络。要实现"多极"，首先要消除人口和多种高层次城市机能向东京圈"一极"集中的趋势，同时

---

① 国土厅：《第四次全国综合开发计划》，1987 年 6 月，第 1～28 页。

保持东京作为一个世界性城市应发挥的作用。具体措施是：继续推进工业的地方分散和合理布局；将部分独立性强的政府机构向地方转移；新的全国性文化和研究设施原则上建在东京以外地区；研究迁都问题等。要实现多极，还必须将多种机能向地方分散，推进充满活力和各具特色的地方建设，发挥地方主体性，加强地方包括国际交流在内的多种形式的对外交流，使地方圈各尽其责。首先，东京圈作为世界金融、情报中枢城市之一，应对日本和国际经济社会的发展做出贡献；关西圈应当成为面向 21 世纪的、具有独创性的产业和文化中枢圈域；名古屋圈应当发展成为产业技术中枢圈域。对地方圈特别是它的中心城市要进行战略性整备，重新配置新产业，充实国际交流机能，增强活力；农山渔村将不再仅仅作为生产场所，而首先应当成为国土管理和人与自然交流的舞台，加强城乡一体化。

为了实现多极的和分散型的国土，《四全综》采用了交流网络式开发方式。主要内容包括：①推进以地方为主导的地区建设；②整备交通、信息、通信体系；③创造多种形式的交流机会，具体措施包括形成各地区的中枢城市机能和高技术据点、农林渔业据点和国际交流据点；建设连接全国主要城市的"全国 1 日交通圈"，强化地方的国际交流机能，扩大开发效果；创造文化、体育、产业、经济等形式的交流机会，促进城乡广泛交流，最终实现多极分散型国土。

关于《四全综》的评价问题，一般认为，《四全综》与前三次开发计划既相辅相成，又有所发展。首先，它第一次提出了建设世界开放型国土的宗旨。在日本经济已占世界经济活动 1/10 的今天，如何发挥自己的经济优势，积极主动地为国际社会的和平与发展做出贡献，对应国际化大趋势，这已经不可回避地成为日本国土开发的重要问题。《四全综》在原有基础上重申将国土作为建设高生活质量的舞台，改变经济对国土的支配地位，使国土开发服从生活需要。《四全综》还期待着提高国土的变通性和活力，适应产业结构的转变。但是，计划的现实性永远是相对的，《四全综》同样并非绝对合理。例如，计划既希望建设多极分散型国土，消除东京圈一极集中，同时又要求保持东京作为世界性城市的地位和机能，从而形成了一个难以调和的矛盾。另外，与前几次特别是《新全综》和《三全综》比较，《四全综》重视生产的色彩又有所加重，这是计划的另一个矛盾。

三 地域开发与社会变动

1. 日本地域开发计划的主要特征

在以上分析基础上，笔者将日本地域开发计划的主要特征概括如下：

（1）从开发计划的课题重点的演变看，经济开发的内容一直占据主导地位，而社会开发自 1962 年《新全综》以后其比例呈上升趋势。具体的变化过程是：20 世纪 50 年代前半期以资源开发为中心，后半期以工业开发为中心。进入 60 年代，前半期以消除地区差别、向地方分散工业为中心；后半期则以解决人口过疏过密问题为主题。[①] 1973 年起日本经济随着石油危机的爆发进入稳定增长时期，由于资源的制约，也由于技术革新出现的可能性减小和国民意识的变化，地域开发的重点转移到人类居住综合环境的建设上来。《四全综》基本上继承了这一方面，但经济开发的比重有所回升。这一系列课题重点之间有着内在的联系，相互引申，互为因果。这就是说，由于《国土综合开发法》根据当时的经济形势而强调资源开发和工业开发，导致了工农业生产力差距的扩大，造成了以工业为主的城市和以农业为主的乡村之间的差别。于是消除地区差别、解决大城市过度膨胀就成了《一全综》的课题重点。《新全综》针对的人口过疏过密问题和公害问题最终也是以地区差别和偏重经济开发、忽视社会开发为起因的。为了进一步解决人口迁移造成的问题，《三全综》提出了人口定居设想，《四全综》在此基础上又提出了交流网络构想。

（2）从计划的宗旨看，《一全综》强调"地区间均衡发展"；《新全综》提倡"向整个国土扩展开发可能性，实现均衡化"；《三全综》和《四全综》分别以"人类居住综合环境的整顿"和"多极分散型国土的构筑"为基本目标。由此我们可以认为，实现城乡、大中小城市的综合发展和追求经济效益、社会效益、环境效益的协调发展是计划的主旨。

（3）关于开发方式的思维模式。采用什么样的开发方式是以计划的主题为依据的。从《一全综》的据点开发方式、《新全综》的大规模项目开

[①] 松原治郎：《日本地域开发的推移及现状》，见福武直编《地域开发的构想与现实》，东京大学出版会，1965 年 6 月，第 3~28 页。

发到《三全综》的定住圈构想和《四全综》的交流网络构想，开发方式经历了点→线→面→立体（多层次）的结构变化。其中特别值得注意的是定住圈构想。提出这一构想的重要基础是人们改变了以往将城市与农村对立起来的观念，而将两者看成一个连续的整体——广域生活圈。在这个圈域里开发产业、整顿生活基础设施、发展交通通信网络，以解决城乡差别和人口流动带来的一系列社会问题，谋求自然环境、生产环境和生活环境协调发展的人类居住的综合环境。可以说，以城乡一体化为目标的定住圈构想展示了地域开发未来的发展方向。

（4）从开发计划的内容体系看，人口流动占据重要位置。它是制订计划的最基本的社会条件，又是计划的重要对象。《新全综》针对的人口过疏过密问题，《三全综》的人口定居问题，《四全综》的多极分散型国土建设问题，都直接涉及人口分布。实现人口定居的前提条件是创造良好的工作和生活环境，因此振兴地方产业成为开发计划的主要课题，而整顿生活基础设施、发展交通通信网络是保障和提高开发效益的重要手段。

2. 地域开发带来了日本社会的巨大变动

（1）在战后经济高速增长过程中，日本经济结构经历了三个变化阶段，即由 20 世纪 50 年代以食品工业、纤维工业等消费资料生产占优势的产业结构向 60 年代以钢铁、机械工业、石油化学工业等生产资料的生产为主的结构转变。1973 年石油危机以后，纯劳动密集型产业和多资源多消费型产业比例缩小，而技术密集型产业、高度组装产业、知识产业有了长足发展。这种全国性产业结构的变动使地方经济结构发生了很大转变。战前，各地从当地的土地、资源和历史上积累起来的技术和劳动力特点出发，具有鲜明的地方特色；战后，由于国内统一市场的形成，地方经济受当地资源限制的情况减少，而诸如国家政策诱导等形式的外界影响的比重日趋增大，地区个性逐渐丧失并形成了以东京为顶点、大阪和名古屋次之的超大型工业地带、太平洋沿岸带状工业地带和位于这一地带两侧的落后的农业地带。①

（2）产业结构的高度化造成了人口和金融、情报、国际交流等高层次

---

① 古城利明：《现代国家的地域统治与地方自治》，见岛崎稔等编《日本资本主义与地域经济》，1977 年，大日书店，第 214 页。

城市机能由三大城市圈进一步向东京圈一极集中的趋势，苛来了城市人生活方式和城市社会集团结构的变化，具体表现为城市集团的基层自治组织——町内会作为行政管理末端机构的机能增强和其他机能减弱。[①] 城市居民对区域社会的认同意识淡漠化，社会关系松弛。战后以资本家和领薪职员为两极，包括新中间层在内的阶层结构取代了以自营业主为主导的战前的结构。同时我们也要看到，随着地域开发的进展，地方中心城市的生产、生活环境得到了很大改善，人口流动趋向稳定。

（3）地域开发推动了农村产业结构脱农化和兼业化，提高了农民生活水平，加速了农村生活方式的城市化，同时导致了农村共同体的秩序解体和地域连带感的衰退。村落共同体在生产力水平较低的零散经营阶段曾经发挥了极其重要的作用。进入高速经济增长期以后，农业技术和农业机械化的发展使农户的个体经营成为可能；农地及农业用水管理从村落转向公共机关，从而削弱了村落共同体的存在基础；工业化的发展诱发了农业人口的大量外流，加剧了农村共同体的解体趋势。

（4）经济发展大大提高了国民生活水平，国民意识发生变化，人们开始反省以往偏重产业的开发而越来越重视以提高生活素质、丰富精神生活为中心的社会经济协调发展的开发原则，公害问题、福利设施落后问题大为改善。鉴于此，笔者认为战后日本地域开发推动了经济增长和国民生活水平的提高，因而从整体上看是成功的。

3. 对日本地域开发计划的总体评价

基于上述分析，笔者不能苟同在日本地域社会学界占主流的、全面否定战后地域开发计划的观点。在做出评价之前，必须区分客观的地域开发过程本身与主观的开发计划。社会变动是地域开发的直接结果，地域开发遵循着自身固有的、客观的运动规律与资本原理；计划的作用仅仅在于引导，两者属于不同的范畴。计划只能放在特定的时间和具体的经济、社会环境中加以评价；计划的价值判断标准在于其历史的必然性而不在其主观的完美性。纵观日本地域开发的进程，经历了从不平衡开发起步，加以计划调节，不可避免的新的不平衡出现，再加以计划调节的过程。这是一个

---

① 町内会是日本城市特有的自治组织，形成于明治时代并一直延续至今。其主要机能有共同防卫、环境保护、行政完善、压力团体、对外代表、统一协调和亲睦机能等。与我国城市居民委员会的作用有许多相似之处。

否定→肯定→否定的过程，但绝不是简单的重复，而是螺旋式上升，使开发不断前进，渐臻完美境界。对于日本地域开发计划的评价，笔者分以下三个层次进行：计划中最低层次的应急措施比较成功；计划的主要课题和开发方式往往缺乏现实性和妥当性；而计划最高层次的开发宗旨的实现仍属渺茫。日本一些学者全面否定开发计划的主要原因：一是日本地域开发发展到现今要求平衡发展的高水平阶段，日本学者站在对历史加以反思的角度，但却往往忽视了历史客观进程的必然性。二是日本学者站在与政府对立的立场上评价计划。我们知道，围绕地域开发可以区分出多个主体，主要有中央政府和地方自治政府、民间资本、一般居民以及研究学者。立场不同导致了它们之间利益、出发点和评价基准的不同，而学者作为客观的观察者，其立场往往与当事者——政府的立场相对立。三是缺乏哲学的思辨。任何事物本身都具有二重性，利与弊相互依存，同时又在不断地向对立面转化，平衡发展与非平衡发展正处于这样一种辩证关系之中。平衡与不平衡是一对矛盾范畴，不平衡是客观的、绝对的，平衡是相对的。只有承认不平衡，甚至在一定时期内允许这种不平衡的自然扩大，才能积累起巨大的经济实力和其他相对有利条件，逐步达到相对平衡。中国在1979年以前在生产力低下、经济实力不具备的条件下，把有限的资金投入内地基础极差的地区，结果是投资效益极低，沿海原来条件较好的地区由于资金严重不足和企业的大量内迁，反而伤了元气，这就大大延缓了全国经济社会发展的速度。正是总结了这个巨大的教训，随着改革开放、搞活的经济社会发展方针的贯彻，国家增加了对经济基础和人才、交通等方面的条件较好的沿海地区的投入，确立了"既要加快沿海经济发展，又要稳定全国经济"的原则，并在实践中探索解决沿海同内地发展之间的合理的"度"和最佳选择。当然，这个"度"不是凝固、静止的，而是动态的，它将随着经济社会的发展而变化，因此我们的"最佳选择"也要不断调整。[①]

4. 对中国地域开发战略的反思

中国的现状决定了我们的立场是既要对历史加以反思，总结自己的经验教训，又要总结包括日本在内的国外经验，展望未来，为经济现代化建

① 《赵紫阳纵谈沿海地区经济发展战略》，《人民日报》，1988年1月23日，第1版。

设做出贡献。中国只能从自己的国情出发，遵循社会、经济发展的客观规律，从不平衡走向相对平衡。

就产业和劳动力布局而言，中日两国的主要区别有以下几方面：①社会体制不同。我国是处于初级阶段的社会主义国家，以生产资料公有制为经济制度的基础，实行建立在价值规律基础之上的有计划的商品经济，从而为在全社会自觉保持国民经济与社会的协调发展提供了可能；它以人民民主专政为政治制度的基础，人民与国家的利益从根本上看是一致的，从而为制订在人类现有认识水平内最合理的经济与社会发展计划提供了保障。而日本是资本主义国家，实行以利润原理为基础的商品经济，政府是大资产阶级的代言人。因此，各个社会集团、各个地区之间、居民与政府之间存在着许多利害冲突，很难制订出客观的、合理的计划，甚至常常人为地造成计划中各项政策目标之间、目标与具体措施之间的矛盾，并常常使社会开发处于被动和从属地位。由于同样的原因，日本社会学始终处于一种软弱无力的地位，只能进行事前预测和事后批判，难以介入计划的制订、实施和评价的全过程，充分发挥它的社会实效性。②国情不同。中日两国除自然条件和历史条件不同外，人口和产业结构也有相当大的差异。我国国情的基本特点是人口多、底子薄，突出的特点是 10 亿多人口，8 亿在农村。这种人口分布的特点决定了我国首先是一个农村国家。农业的稳定增长和农村产业结构的改善是整个国民经济长期稳定发展的基础，是实现到 20 世纪末的战略目标的一个基本条件。近年来异军突起的中国小城镇工业的发展是以农业的繁荣为前提的，乡镇工业化的目的在于支援农业、繁荣农村。与中国不同，日本是高度产业化国家，它的资本主义工业化是以农村解体为代价的，农业为工业服务，农村人口大量外流。我国人口的特点不仅在于基数大，农业人口多，而且还表现为分布极不平衡。人口分布不平衡有两个表现，从整个国土空间看，在占国土面积 40% 的东南部地区聚集着全国 90% 的人口，而占国土面积 60% 的西北地区只分布着 10%的人口。从地域分布看，我国城市人口和农村人口分布呈葫芦状，城市和农村人口均已处于饱和状态，只有小城镇具有充当人口"蓄水池"的潜力。长期以来我国实行了严格的户籍管理制度，近年来又实行了计划生育政策以控制和管理人口。这与实行人口自由流动政策，人口向大城市一端集中的日本完全不同。

那么，日本的地域开发为我们提供了哪些经验、教训呢？笔者认为主要有以下几点。

（1）日本地域开发计划的合理而严密的组织体系与内容体系。请看下图：

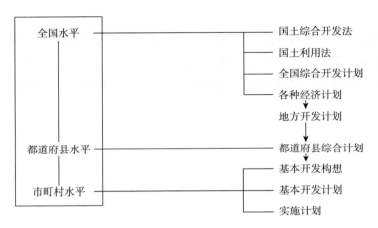

如图所示，日本通过国土开发法形成了一套由全国综合开发计划、地方开发计划、都道府县开发计划、市町村开发计划（作为直接的和基本的实施计划，又下设基本开发构想、基本开发计划和实施计划）组成的计划体系，并成立了相应的国土开发审议会，同时制定了国土利用法等配套法律。而我国至今尚无一部全国性国土开发法，使地区开发无法可依，以至出现种种问题。

从计划的内容体系看，日本一直将人口流动作为课题重点之一，并实行了振兴地方产业以增加就业机会、整顿生活基础设施以创造良好居住环境的措施，并将发展交通通信网络放在极其重要的位置上。在计划手法上，形成了一套包括粮食、就业机会、住宅、生活时间、生活基础设施和产业结构的指标体系，从而为制订和评价计划提供了依据。

（2）国土开发法的基本宗旨。日本地域开发课题重点由经济开发向社会开发的转移代表了现代化过程中国民意识的变化趋势和未来开发方向，日本遇到的地区差别、人口过疏过密和公害环境问题在我国都以不同形式、不同侧面和在不同程度上存在着，因而在大规模经济建设开始不久的今天就必须引起我们的高度重视。

（3）战后日本实行的人口自由流动为工业提供了大量劳动力，保证了工业化发展。但同时也带来了人口过疏过密问题，从社会效益看是失败的。中国必须找出一套适合于本国国情的人口迁移办法。小城镇开发和边区开发正是这样的尝试。由于我们在开始现代化建设不久就发现了这些问题并做出了积极的尝试，完全有可能避免农村解体并实现人口的合理迁移。

总之，我国地区开发虽然落后于日本和其他一些国家，但却能借鉴他们的经验，避免走弯路。中国完全应该，也有能力走出一条具有中国特色的地区开发道路，并为其他国家的开发提供新的理论的和实践的经验。

对十二所大学学生需要动机的研究[*]

石秀印

内容提要

（一）本研究在全国范围内测查了大学生两个系统的优势需要。在追求性优势需要方面，就所涉及的需要类型而言，被测学生中以实现抱负为优势需要的人数最多，占到50%以上。以改造世界、优胜、友谊、自由、安定为优势需要的均为8%左右。以性爱、吃穿为优势需要的比例极小。

在回避性优势需要方面，被测学生中最难以忍受受轻视、受威胁的人数最多，约占三分之一，难以忍受无才、无作为的分别占五分之一以上，难以忍受制约的占七分之一以上，难以忍受孤单，无性爱对象和挨饿的人数比例很小。从总体上看，大学生回避性优势需要处于中等层次的人数比例大一些。

（二）本研究测查了大学生从事4种主要活动（或选择）的主导动机。以各类需要为主导动机的人数比例分布与以相应需要为优势需要（特别是追求性优势需要）的人数比例分布有相近趋势，亦有细微差异。4种活动的各类主导动机的人数比例分布在趋势相近的基础上同样存在差异。这特别表现在成就和贡献两个水平上。

（三）被测学生的优势需要、主导动机等存在显著的性别差异，女生中追求友情、接纳、丰富、完善、实现自我价值的人数比例较大；男生中追求自由、优胜、发展、成就、作为和贡献的人数比例较大。女生较多地重视内在的丰富、充实、发挥；重视在人际关系中取得平衡；男生较多地重视对外界的征服和社会目标的达成。

---

[*]　原文发表于《社会学研究》1988 年第 4 期。本调查研究得到黄希庭、祝蓓里、李庆善、石起才、杨永明、王淑兰、许智权、阮承发、杨宜音等同志的大力协助，特致谢意。

（四）被测学生的优势需要、主导动机等存在某些系科差异。文科学生中追求自由、适应、完善、发挥、作为、报效国家的人数比例较大，理工科学生中追求安定、优胜、事业、贡献、造福人类的人数比例较大。文科学生较多地重视内在的切实发挥，理工科学生较多地重视对外界的征服和社会目标的达成。

（五）被测学生的优势需要、主导动机等存在较显著的年级差异。就总体而言，优势需要层次、主导动机水平高（强）或较高（较强）的人数比例，一年级高于四年级，四年级高于二、三年级。

另外，随年级升高，以完善、贡献为优势需要或主导动机的人数比例有所递减，以适应、成就为主导动机的人数比例有所递增。

（六）本研究对被测学生优势需要、主导动机等的类型差异、性别差异、系科差异、年级差异及其间的相关做了具体分析，对其中的影响因素和发展规律做了初步探讨。进一步的研究有助于验证或修正这些假设。

需要是人的行为的心理动力来源，动机是行为的直接动力。它们构成人格的核心成分，影响人的行为的强度和性质，也影响着人的精神面貌、社会风气和社会发展。

我国人民需要、动机的现状如何？有什么特点？为摸清这方面的问题，探讨需要动机发展变化的规律及影响因素，笔者于1984～1985年对在校大学生做了这方面的调查。

之所以选大学生为研究对象，基于两点考虑：第一，在我们的社会中，大学生被认为是青年中的精英，其需要、动机在一定程度上反映出多数人在这方面的发展趋向，并且对全社会具有较大的示范性影响；第二，青年期是社会化过程的重要阶段，研究大学生的需要与动机，有助于了解青年期的心理特征及相关因素，理解青年的各类社会行为。

为保证样本的代表性，本研究从全国不同地区、不同类型的学校取样。这些学校和系是：北京大学中文系、生物系；北京经济学院工企系、农经系、政治系、财经系；上海交通大学分校自动化系、化工系、机械系、管理工程系；暨南大学化学系、外语系；深圳大学外语系、经济系、法律系、建筑系；江西农业大学农机系、农学系；江西医学院儿科系；江西工业学院农机系、电机系；安徽师范大学历史系、物理系；西北政法学院理论系、法律系；西南民族学院政史系、汉文系、理化系、畜牧兽医系；中国人民解放军后勤工程学院油料系、建筑水暖系。

采用的方法是问卷调查法，每个问题下面列出备选答案，要求被测学生根据自己的实际情况，从几个答案中选择一个。发出问卷 2200 份，回收 2025 份，回收率 92%。

研究结果综述如下。

一　优势需要

（一）追求性优势需要

优势需要是个体需要结构中占较稳定的支配地位的需要。追求性优势需要是个体对生存、发展、发挥条件的进一步要求。"人生最大的希望是"这一题目即为对此需要的测查。

表1　大学生的追求性优势需要*

单位：%

	总人数	不愁吃穿	爱人合理想	安居乐业	自由自在	友谊长在	出类拔萃	实现抱负	改造世界	差异检验
总体	1935	1.1	3.5	7.9	7.8	9.6	8.1	54.9	7.1	
男生	1100	1.5	3.7	7.5	7.5	8.2	8.5	54.5	8.6	P < .05
女生	745	0.7	3.0	8.2	7.8	12.1	8.2	54.8	5.4	
文科	860	0.9	2.8	6.2	9.3	9.2	5.9	58.5	7.2	P < .01
理工科	1075	1.2	4.0	9.3	6.6	10.0	9.9	52.0	7.1	
一年级	406	1.0	1.7	5.7	6.2	10.1	7.9	56.2	11.3	
二年级	412	2.2	5.6	10.0	7.8	8.7	7.8	52.9	5.1	P < .05
三年级	396	1.0	4.8	10.1	7.1	6.6	9.8	53.8	6.8	
四年级	359	1.1	3.3	8.4	10.7	10.0	7.0	52.1	7.5	

* 个别学校的问卷未填性别或年级不全。这些数据只计入总体，不计入各个分类。下同。

从表1可以看出，被测学生中追求作为（实现抱负和改造世界）的人数比例最大，其次是追求社会生存（友谊常在）、社会提高（出类拔萃）、自我疏张（自由自在）等。追求生理生存（不愁吃穿）和性爱的人数最少。按需要层次划分，随层次由低到中到高，以相应需要为优势需要的人数比例也呈三级阶梯。说明我国大学生优势需要的水平是高的、向上的。

（二）回避性优势需要

"作为一个人，他最难以忍受的是"一题是测查大学生最不愿得到或极力回避的对象或遭遇。其结果从反面反映出他们的优势需要，这里称之为回避性优势需要。

表 2 大学生的回避性优势需要

单位：%

	总人数	饿肚子	没有配偶	受人制约	孤孤单单	受人威胁	受轻视	才疏学浅	庸庸碌碌	差异显著性检验
总体	1987	3.3	1.2	15.6	4.4	2.7	30.4	20.3	22.2	
男生	1132	3.7	1.4	16.8	4.6	2.7	27.5	21.6	21.7	$P < .01$
女生	762	2.9	0.4	13.6	4.3	2.4	35.7	18.4	22.3	
文科	848	3.9	0.9	14.5	4.7	2.6	28.9	19.7	24.8	$P > .05$
理工科	1139	2.9	1.3	16.3	4.1	2.7	31.5	20.8	20.3	
一年级	424	3.3	0.7	11.1	5.2	2.4	28.1	25.7	23.6	
二年级	422	2.6	1.2	18.5	3.3	2.6	32.0	21.6	18.2	$P > .05$
三年级	387	3.4	1.3	15.2	4.1	3.6	30.2	20.9	21.2	
四年级	398	4.0	1.3	15.8	4.8	2.8	31.7	15.6	24.1	

从表 2 可以看出，被测学生中最难以忍受自我的人格及在社会中的地位受抑受损（受轻视、受人制约）的人数比例最大；最难以忍受没有作为（庸庸碌碌）和最难以忍受自我不能完善发展（才疏学浅）的人数并列第二位；其他各项均较少。这同样说明，大学生优势需要的发展水平较高。

优势需要的高水平与大学生人生经历比较顺利，基本需要得到较多满足有关。本调查统计发现，优势需要层次与人生经历之间的相关非常显著。其中，追求性优势需要层次与人生经历的顺利程度之间的相关为 C = 0.21（$P < .01$），回避性优势需要层次与人生经历的顺利程度之间的相关

为 C = 0.17（P < .01）。即是说，一个人的人生比较顺利，他很可能发展起较高水平的优势需要。

生活经历（特别是需要满足情况）对需要等产生影响或决定作用的机制，似乎有以下几个方面。

"习惯化作用"。由于"习惯化"作用，如果某种需要经常得到一定程度的满足，人们就会感到平淡和不满足。由此，他可能借达到更高的期望水准去得到新的心理满足或比原来更大的满足，也可能要求从更高层次需要的满足中得到更高级的享受。如果他对客观环境已经有了某种程度的适应，他可能又觉得仍不适应，而追求更高一级的适应。一个学生希望得70分，在经常得70分之后，他可能因不满足而希望得80分或90分。一个人有吃有穿，他可能希望不要得病，以后他可能又希望生活质量高一些，朋友友爱多一些，文化生活丰富一些，在社会上的地位高一些。因此，一个人的需要越是能够较多地被满足，他也就越是倾向于建立更高的目标或激起更高的追求。

未满足需要的束缚。相反，如果基本需要很少被满足，一个人就很难产生更高的追求，因为此时的优势需要束缚着他的眼界。他经常挨饿，就会以极大的精力去考虑怎样维持生命，而很少考虑爱情和报恩。在衣食满足之后，他可能会希望生活进一步稳定，寻求安全和保障。如果他这方面不能被满足，他会把注意力集中于怎样消除威胁，而很少想到去丰富精神生活。此后，他可能会希望生活能过得好一些，得到别人的关心、帮助和人世间的温暖，而很少想到去成名成家。也就是说，那些满足与否能够影响人的生存的需要如果占有相对稳定的优势地位，它就会支配人当前的行为，并在一定程度上决定为巩固发展这方面的满足，下一步应该追求什么。只有随着新需要的满足，人们才能在新的基础上看到更好的前景；随着目的的一步步达到，人们的需要才能一步步前进。

自信心。个体看到了进一步的前景，激起了新的要求，能否将其巩固起来，成为较稳定的需要，还取决于他的自信心，即对自己能否满足需要的主观估计，而需要满足是对自我的肯定。他经常能够满足，感到自己比别人更可能成功或更可能取得较大的成功，就会相信自己对社会的适应和影响能力，产生向上向前追求的勇气，使新需要在追求和满足中不断稳定巩固；他也会在原有满足的基础上主动向前看，寻找自己与别人以及与社会生活要求之间的进一步差距，并且以足够的信心和力量去消除这一差距。即使在困难、失败的时候，他经常成功的经历和对成功概率的印象也会使他相信自己能够成功。这样，在需要不断被满足的基础上，他的优势需要的层次就可能提高或加强。如果需要很少或极少被满足，经常遭受严重挫折，他就可能失去前进的动力和向上向前发展的信心。即使产生了一些朦胧的前景，激起了较高层次需要的萌芽，也会因感到难以满足而让它自生自灭。

情绪体验。需要被满足会激起积极的情绪体验。一些研究证明，个体在这类情绪状态下，往往感到周围客体比平时可爱，自我价值提高，未来广阔，对外界和社会的兴趣增加，力求与之取得积极平衡。这很可能促进优势需要层次和动机品质的提高。而连续的欲求不满或遭受严重挫折，则经常引起消极否定的情绪体验。在这种心境下，个体往往厌恶面前的事物，感到未来广阔性缩小，集中于自我的内部矛盾，不大关心外界要求和自我的进一步发展，只求消极平衡。如果这种状态接连出现甚至逐渐加强，就可能阻碍需要层次的提高。

智力、知识。需要满足在很大程度上是一个人智力、知识水平的标示。智力、知识是满足需要的工具，需要经常被满足的人其智力和知识水平往往比较高。而一个人的智力、知识水平较高，他的视野就会比较开阔，能够达到较高的境界。从而使人产生较高的心理需求和期望水准，摆脱低级需要的纠缠。在困难或挫折时，它也会使人善于自我调节，善于取得成功。如果智力、知识水平较低，一个人就不大容易做到这些。人们很少看到白痴要求干事业，也很少发现他们能把一件复杂的事情干到底。

大学生的智力、知识水平较高，他们在生活道路上比其他青年要顺利一些，这成为他们优势需要层次较高的重要原因。

（三）两种优势需要之间的差异

从测查结果可以看出，大学生的追求性优势需要与回避性优势需要两者的人数比例间既有一致性也存在较大差异，以某层次需要为追求性优势需要的人数比例与以此为回避性优势需要的人数比例并不完全对应。

从图1可以看出，追求性优势需要的人数比例曲线在"出类拔萃"以下基本平缓，只是在较低或中层需要层次稍有上升，到"实现抱负不庸庸碌碌"则出现最高峰，以后降到原来水平，回避性优势需要的曲线则提前在"不受人制约"一点上升，到"出类拔萃不受人轻视不受威胁"出现最高峰，以后即开始下降。

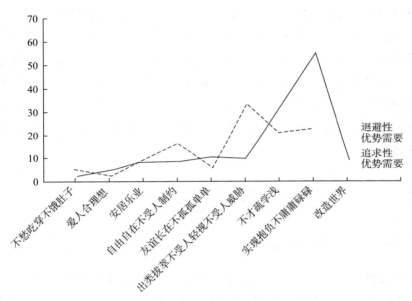

图1　大学生追求性优势需要与回避性优势需要的人次分布

之所以出现这种情况。与两个题目中备选答案的数量不一致和相应答案的含义不完全相同不无关系，但又不能以此作为充分理由。以实现抱负为追求性优势需要的人数比例是以不庸庸碌碌为回避性优势需要的比例的2.5倍，这两个答案的含义基本是相近的。出类拔萃与不受轻视，自由自在与不受人制约在含义上也是基本相近的，但后者的人数比例比前者分别高7.5%和7.8%，这说明其中另有原因。

这些另外的原因之一，可能在于两种优势需要的方向性不同。在低层次的生理生存、性爱方面两者基本一致，在低中层次的自由与尊重方面，追求性优势需要的比例低于回避性优势需要，在高层次的成就方面，后者又低于前者，像是有一种"力"将后者从高层次上"拉"了下来，放到了低中层次。对此可以解释为，追求性优势需要是对更高程度满足的要求或在更高层次上的进一步追求，回避性优势需要则是得到了一定满足但又经常受到阻碍、挫折的要求；前者更多地指向长远，后者更多地指向当前；前者是在已取得平衡的基础上追求新的积极平衡，后者是维持现有平衡，防止打破已经取得的平衡。大学生无后顾之忧时，会以高层次需要为优势需要，一旦中低层次需要的满足受到威胁、人格尊严、自由受到挑战，他们又会因难以忍受而转向对这些需要的追求，以此为优势需要。

据此，可以对个体需要的发展做出如下推断：当层次较低的需要得到正常满足，不必为此担心时，个体或者在此基础上进一步追求更高标准的满足，或者发展起更高层次的需要，追求高层次需要的满足。而当某些层次较低的需要的满足受到阻碍、挫折，已有的平衡被打破时，个体又可能将这一需要作为优势需要，使本来已经发展起来的高层次需要减弱或推迟去满足它。

二　活动动机

（一）学习活动动机

学习是大学生的主要活动，推动他们学习的有多种动机。"学生之所以努力学习，主要是为了"这一题目的"动机"是了解他们学习活动的主导动机。所得结果见表3。

从表3可以看出，被测学生中以作为、奉献（干一番事业、振兴祖国）为主导动机的人数比例最大，其次是为发展、完善（增长才干），最后是为社会生存（适应社会生活、得到理想的工作、生存竞争），其他类型的人数比例很少。其中将方向指向社会（振兴祖国、干一番事业、报答父老、完成学习任务）的占53.3%。

（二）成就活动动机

青年学生都希望在学习和工作中获得成就，推动他们成就活动的有多种动机。"人们之所以追求成就，首先是为了"这一题目即调查他们成就活动的主导动机。所得结果见表4。

从表4可以看出，被测学生中以奉献、实现自我价值（造福人类和报效国家）为成就活动主导动机的人数比例最大，其次是为社会生存、提高

（受到人们爱戴、迎合社会期望）、作为（改造世界）、生理满足（生活舒适）等。其中将方向指向社会的（人类、国家、人们、社会、世界等）占66.1%，将方向指向自我发挥、实现的（实现自我价值、青史留名等）占27.3%，将方向指向自我的生活的（其他各项）占6.5%，说明多数学生成就活动主导动机的水平是高的。

（三）社会活动动机

大学生在校期间也从事多种社会活动。"参加学校的社会活动，主要目的是……"这一题目即调查其参加社会活动的主导动机，所得结果见表5。

从表5可以看出，被测学生中以发展、充实、丰富和社会生存（学到社会知识、更好地适应社会生活、丰富课余生活）为社会活动主导动机的人数比例最大，共占总人数的78.1%。其他类型的人数比例均很小，其中指向社会的（为同学和班级服务）占3.4%，指向自我充实与发挥的（成为社会活动家、充分发挥特长、学到社会知识、丰富课余生活）占59.7%，指向自我生存的占37.2%。这说明大学生参加社会活动更多地为了自我的发展、完善和充实。

（四）工作选择的考虑

大学生即将走向社会，对于毕业后从事什么样的工作会有多种考虑。"最理想的工作应该……"这一题目即调查他们选择工作时的主要考虑或动机。所得结果见表6。

从表6可以看出，被测学生中选择工作时主要追求发挥的（能充分发挥自己的才能）人数比例最大，其次是自我的丰富、充实（与自己的兴趣一致），最后是奉献、作为（能为社会做出贡献、能做出杰出的成就）及自我的社会提高（受人尊敬别人看是起）等，其他类型较少。其中指向自我内在和由内向外的（与自己的兴趣一致，能发挥自己的才能）占69.4%，指向外在社会的（能做出杰出的成就、能为社会做出贡献）占15.1%，指向自身生活和生存的（其他各项）占15.5%。这表明了多数学生自信才华横溢，希望学有所用，通过发挥才能来体现自己人生价值的特点。

单位：%

表 3 大学生的主导学习动机

	总人数	给异性留下好印象	生活有保障	得到理想的工作	报答父母	完成学生的任务	生存竞争	适应社会生活	受人重视	增长才干	干一番事业	振兴祖国	差异显著性检验
总体	2025	1.0	1.6	3.1	5.0	3.7	7.6	11.6	2.1	14.7	26.3	18.3	
男生	1134	1.2	2.0	7.4	5.0	3.3	8.6	10.2	1.9	12.7	28.6	19.0	P＜.01
女生	791	0.9	1.3	7.8	5.4	4.3	5.8	13.8	2.1	17.6	23.3	17.7	
文科	877	0.8	1.1	6.8	4.7	3.6	7.8	12.0	1.9	17.1	24.9	19.3	P＞.05
理工科	1148	1.2	1.9	9.1	5.3	3.7	7.5	11.3	2.2	12.9	27.4	17.5	
一年级	428	0.5	3.7	5.6	6.3	2.6	6.1	8.9	1.4	13.6	23.8	27.5	
二年级	442	1.4	1.8	9.0	4.1	6.8	6.3	11.3	2.7	17.0	24.9	14.7	P＜.01
三年级	408	1.7	1.5	9.1	4.2	2.5	10.0	13.0	1.7	14.0	26.5	15.9	
四年级	391	1.3	2.6	6.6	6.4	3.3	7.9	12.3	2.3	16.6	27.9	12.8	

单位：%

表 4　大学生从事成就活动的主导动机

	总人数	赢得异性追求	生活舒适	迎合社会期望	受到人们爱戴	青史留名	实现自我价值	报效国家	改造世界	造福人类	差异显著性检验
总体	1964	1.0	5.5	7.6	12.5	4.4	22.9	13.4	6.3	26.3	
男生	1106	1.2	6.1	7.1	13.6	4.7	18.0	15.1	7.0	27.3	P <.01
女生	772	0.5	4.8	7.6	11.3	4.1	28.6	11.7	5.6	25.8	
文科	902	0.4	4.7	7.6	11.1	3.2	27.6	16.2	7.1	22.0	P <.01
理工科	1007	1.4	6.2	7.7	13.6	5.3	19.2	11.1	5.7	29.8	
一年级	417	0.7	3.8	8.4	11.0	4.6	16.5	16.1	7.9	30.9	
二年级	413	0.7	7.5	8.0	13.6	5.1	24.4	10.2	5.3	24.9	P <.05
三年级	401	2.0	6.0	6.5	13.7	4.8	25.2	12.2	5.8	23.9	
四年级	379	0.8	6.2	6.1	14.0	3.2	23.7	12.1	7.1	26.6	

表 5　大学生参加社会活动的主导动机

单位：%

	总人数	赢得异性追求	办事有门路	在家靠父母出门靠朋友	更好地适应社会生活	建立友谊和爱情	丰富课余生活	使自己引人注目	学到社会知识	成为社会活动家	充分发挥特长	为同学和班级服务	差异显著性检验
总体	1999	1.2	1.0	1.1	26.5	6.3	22.6	1.1	29.0	3.5	4.6	3.4	
男生	1119	1.1	1.2	1.2	27.9	6.8	17.9	1.4	29.2	4.8	5.3	3.3	P < .01
女生	791	1.1	0.6	1.0	23.8	5.4	30.0	0.8	28.3	1.6	4.0	3.3	
文科	876	1.0	0.9	1.1	23.0	5.6	20.7	0.8	28.8	3.9	4.8	3.4	P > .05
理工科	1123	1.2	1.0	1.1	24.5	6.9	24.0	1.3	29.1	3.2	4.4	3.3	
一年级	417	0.7	0.5	0.7	23.5	7.4	23.3	1.0	30.9	3.6	5.3	3.1	
二年级	422	1.9	0.9	1.2	22.7	6.4	26.5	1.7	28.0	4.0	3.6	3.1	P > .05
三年级	411	1.0	1.2	1.2	28.0	5.1	19.2	1.7	29.9	3.9	4.9	3.6	
四年级	382	1.6	1.3	2.1	26.4	6.5	20.7	0.8	27.7	2.4	5.8	4.7	

单位：%

表6 大学生选择工作时的主要考虑（动机）

	总人数	找对象容易	没有危险和危害	舒适、条件好	收入高待遇好	同志关系和谐	与自己的兴趣一致	受人尊敬别人看得起	能充分发挥自己的才能	能做出杰出的成就	能为社会做出贡献	差异显著性检验
总体	2018	0.7	0.4	2.0	3.7	2.4	20.4	6.3	49.0	6.9	8.2	
男生	1126	1.2	0.6	1.7	3.9	2.4	18.4	6.7	47.2	3.1	9.8	<.01
女生	799	0.1	0.1	2.1	3.3	2.3	24.1	5.9	50.1	5.6	6.4	
文科	925	0.4	0.2	2.5	2.8	2.1	19.6	5.2	54.2	5.9	7.1	<.01
理工科	1043	1.0	0.5	1.7	4.4	2.6	21.1	7.2	44.8	7.6	9.2	
一年级	425	0.7	0.7	1.2	2.6	1.2	19.8	6.6	45.6	6.6	15.1	
二年级	425	1.2	0.2	3.1	4.7	3.3	19.8	7.5	44.7	7.5	8.0	<.01
三年级	398	1.3	0.8	2.5	3.8	1.3	24.4	6.8	46.0	6.8	6.5	
四年级	395	0.3	0.3	1.3	4.3	3.3	19.7	6.3	50.4	8.6	5.6	

（五）不同活动主导动机之间的差异

从测查结果可看出，大学生4种活动（或选择）的主导动机之间也存在一定程度的一致性和较明显的差异。

从图2可以看出，4种活动主导动机的人数比例曲线有较强的一致性。如果将含义相近的为成就和为贡献两者的数字合并，这一趋势就更为明显。这表明，大学生通过不同活动所追求的需要满足是相近的。

从图2还可以看出，随动机水平的升高，以相应水平为主导活动动机的人数比例也逐渐增加，呈现三级阶梯：为满足低层次需要的人数比例很小，为满足高层次需要的人数比例最大。这说明，绝大多数学生活动主导动机的水平是高的。

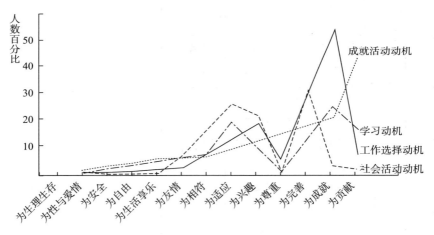

图2 大学生四种活动主导动机的人数比例

在趋势基本一致的前提下，4条曲线也有一些差异，这特别表现在为贡献、为成就两个方面。以"贡献"为成就活动动机的人数比例最大，为学习动机的居中，为社会活动、选择工作考虑的较小；为取得成就选择工作的较多，为此而学习和从事成就活动的居中，为此而参加社会活动的较少。造成这些差异的原因，除了各题目备选答案数目不同，同一水平动机的含义有细微差别以外，还可能由于活动的性质和功能不同，不同活动能满足学生需要的类型不同，学生在不同活动中的追求不同。例如，社会活动较富于"社会性"，也较容易满足友情、兴趣及学习有利于社会适应的知识等的需要。学习是知识、技能、能力等的掌握、锻炼，容易满足成就、贡献的需要。大学生认为为社会做贡献的最有价值和最有效的途径是做出成就，做出成就的最重要途径是工作，而不是社会活动，等等。

从图 2 还可以发现这样一种现象：学生参加社会活动较多地为了发展，学习和选择工作较多地为了成就，从事成就活动则较多地为了做出贡献。假定这些差异在同一个学生身上表现出来，那么可以说，他参加社会活动是为了学习，学习、工作是为了成就，做出成就是为了贡献。这种现象似乎说明，推动大学生活动的动机在逻辑上和时间上具有不同的"层次"，由某一动机推动的活动是为另一动机推动的活动准备条件，后一种动机实际上是前一种动机的"动机"。也就是说，大学生所报告的活动动机多是推动当前活动的直接动机，它们不一定是活动的"终极"动力，在这些直接动机背后还有间接的动机在起作用，而这些间接动机在进一步的活动中又会变成直接动机。

三　优势需要与主导动机之间的关系

如果将图 1 和图 2 的曲线绘在一张图上，那么可以看出，两种优势需要与 4 种活动的主导动机的人数比例曲线的形态基本是一致的。这说明，大学生活动的主导动机在一定程度上是他们优势需要的转化形式，他们在各项活动中首先是为了满足优势需要，然后才是为了其他需要。换句话说，优势需要因为在需要结构中占有优势地位，所以有转化为动机、支配活动、取得满足的优先权。

与回避性优势需要相比，追求性优势需要的人数比例曲线与活动主导动机的曲线在形态方面更为相近。这表明活动主导动机较多的是优势需要的转化形式，活动主导动机与追求性优势需要在方向上相似，它们更多地指向长远的、新的要求。

不过，以某类需要为优势需要的人数比例与以同类需要为活动主导动机的人数比例，二者间也不完全重合。这一方面可以通过备选答案的数目不同、具体含义有细微差别等进行解释，另一方面也可以认为，学生的优势需要在某种活动中没有转化为主导动机，某些非优势需要则变成了活动的主导动机。

优势需要没有转化为现实活动的主导动机，不等于说优势需要不要求满足，而是表明这项活动难以或不可能满足这种需要，或者由于主客观条件的限制，个体不能通过这项活动满足优势需要。非优势需要转化成了主导动机，说明它也是需要结构中具有活力的部分，同样要求得到满足。在一定条件下，它们就取代了原来优势需要的位置，变成了当前首先需要满足的"优势需要"。

通过上述分析，可以得出这样的推论：根据作用的时间和稳定度，可以将优势需要分为两类：一类是长时间内比较稳定，在需要结构中占有相对支配地位的需要，即上文所说的优势需要；另一类是在特定条件下变得突出、急切的需要。前一类作为主线，影响主体长期性的活动和活动的长远方向，后一类则保证着主体当前的生存和适应，充实他的生活，并且作为前者所推动的活动历程得以展现的必要条件，保证稳定的优势需要的不断满足（例如吃饭相对于做出成就）。各类需要能否变为活动的主导动机，既取决于它在需要结构中的位置或强度，也取决于主体所面临的现实问题、主体当时的心理状态以及某种活动最大限度地满足某种需要的可能性或现实性。

四　性别差异

将上述各表中所示男女两性的优势需要、主导动机方面的差异（即人数比例明显大于异性的需要动机类型等）综合列入表7。

表7　优势需要、主导动机的性别差异（人数比例相对大于对方的项目）

	男生	女生
追求性优势需要	改造世界	友谊长在
回避性优势需要	不受人制的，不才疏学浅	不受轻视
学习主导动机	生存竞争，干一番事业	适应社会生活
成就活动主导动机	受到人们爱戴，报效国家	实现自我价值
社会活动主导动机	更好地适应社会生活，成为社会活动家	丰富课余生活
工作选择主要考虑	能做出杰出成就，能为社会做出贡献	与自己的兴趣一致，能充分发挥自己的才能

从表7看出，在优势需要、主导动机方面存在以下性别倾向。

女生较多地希望在社会上取得依赖，为别人所接受，男生较多地希望摆脱别人的束缚，得到疏张；女生较多地希望避免自我的社会存在受损，男生较多地希望使这一存在得到提高，与别人争强；女生较多地希望自我内心世界得以充实丰富，男生较多地希望自我得以造就、发展提高和成才；女生较多地希望自我的价值得以实现，男生较多地希望向外发挥、改造、作为，有所建树和成就。

总的印象是：女生较多地重视内在、自我，在人际关系中取得依赖、接受，男生则较多地重视外界社会，与自然和社会取得平衡。女生较多地以内在的丰富作为良好适应的目标，从自我出发看社会，男生则较多地以对外界的战胜作为良好适应的目标，从社会效果看自我。

男女学生需要动机方面存在差异的原因应该到两性的生理及心理差异和所受外界影响的不同中去寻找。

研究证明，两性在遗传基因、生理结构、激素分泌方面都存在较大差异。男性大量的雄性激素使他们富于力量感和冲动性、竞争性。由遗传和激素特点决定的生理生化结构，使他们身体强壮、精力旺盛，工作耐久，智力活动比较稳定，较少受情绪活动的干扰。这些特点使他们力量的发挥和竞争得到保证，也使他们在认知和适应客观环境方面易于成功。这种成功一方面使他们更为自信，更为注重对外界环境的认识、适应、胜任、改造、作为和与人竞争；另一方面也使得社会对他们寄托特殊的期望，委以更大的责任。要求他们不论在家庭还是在社会中都要当强者，有地位，有作为，干事业，出成就，当栋梁，并以此评价他们的适应水平，决定他们所得到的待遇。这又使得他们更多地看到自己与社会要求之间的差距，更多地指向对宏观世界的积极适应，具有勇于进取、与人竞争、发挥作用、为社会做奉献的需要动机特点。

相对而言，女性由于激素、骨骼、肌肉、心血管方面不同于男性的生理特点，在体力和力量上处于弱者地位；传统的社会分工和社会观念为她们设置了更多的障碍，束缚了她们的眼界。这都使她们在认识、改造环境和社会竞争方面处于劣势地位，遇到较多的困难和挫折，产生较多（强）的胆怯、犹豫、动摇，更多地寻求依赖和保护，更为关心在社会上的生存、别人的接受和人际关系的和谐。

另外，女性观察细腻，情感丰富，富于内心体验，倾向于将客观过程与内心体验融为一体，易于在社会交往、理解别人、探索内心世界、模仿他人方面取得成功。同时，社会也更多地向她们提出同类期望，施加相应压力。这都使得她们善于发现自己与他人在这方面的差距，激起其丰富内心世界、获得内心体验的需要，并且由内心取向出发采取行动。

由此得出的推论是：社会要求或角色期待是影响个体需要发展的重要条件，个体的遗传特点和由此决定的生理心理特点，以目标指向性和成功可能性为中介，左右着其需要动机等的发展。

五　系科差异

将上述各表中所示文科学生与理工科学生在优势需要、主导动机方面的差异（即人数比例明显大于对方的需要动机类型等）综合列入表 8。

表 8　优势需要、主导动机的系科差异（人数比例相对大于对方的项目）

	文科	理工科
追求性优势需要	自由自在，实现抱负	安居乐业，出类拔萃
回避性优势需要	不庸庸碌碌	不受轻视
学习主导动机	增长才干，振兴祖国	得到理想的工作，干一番事业
成就活动主导动机	实现自我价值，报效国家	造福人类，青史留名，受到人们爱戴
社会活动主导动机	更好地适应社会生活	丰富课余生活
工作选择主要考虑	能充分发挥自己的才能	受尊敬、被人看得起，能为社会做出贡献

从表 8 看出，在优势需要、主导动机方面存在以下系科倾向。

文科学生较多地追求自我的社会生存（适应社会）和自我的疏张（自由自在），理工科学生较多地追求生活的安定（安居乐业）、社会提高（出类拔萃、受尊敬、被人看得起），避免自我人格的受损（不受轻视）；文科学生较多地追求完善自我（增长才干）、发挥自我（充分发挥才能）、实现自我（实现自我价值、实现抱负、不庸庸碌碌）、报效国家，理工科学生较多地追求对于社会的作为和奉献（干一番事业，造福人类、为社会做出贡献）；文科学生较多地指向自我内在和内在的向外发挥，理工科学生则较多地指向客观外在和社会目标的达成。

不同系科学生在需要动机方面存在差异的原因，应该从其学科性质及学习活动的差异中去寻找。

第一，文科的学科内容含有较多的政治思想、道德伦理的成分，学生容易在此影响下形成含有这些成分的动机，如报效国家等。同时，他们也容易感受到某些观念的束缚，希望加以摆脱，"自由自在"。理工科的学科内容具有更大的世界性、全球性，学生容易形成以人类、社会为目标的动机。同时，他们形成了含有特定内容的心理结构，也容易接受相应内容的要求，并且认为这种动机目标的实现更有可能性。

第二，文科的学习内容更多地涉及人、人性、人生、人的价值问题，更多地接触社会上和历史上有价值、有影响的人物。这种教育和潜移默化的影响，易使他们与所研究的人发生共鸣，从他人看自己，从自我看社会，寻求自我的发展和自我在社会上的位置，期望实现自己的抱负和人生的价值。理工科学生更多地研究自然界和物质现象，容易形成指向外界的动机，如干事业，为人类造福等。

第三，文科的学习内容具体、形象性较强，具有一定的情感性，比较适合女性学习。这不仅使文科录取女生较多，也容易使学文的男生受到学习对象的影响，"染上"更多的女性特点（例如报效国家、更富于情感性等）。理工科的学习内容则是"无情"的，具有较强的抽象性、概括性。胜任学习必须具备较强的把握关系、分析抽象、概括推理、空间想象能力，学生在学习过程中也能更多地发展这些能力。这不但使理工科男生较多，而且也给学理工的女生更多地"染上"了男性特点。另外，由于学习内容"无情"，学生们也较倾向于追求课余生活的丰富，以获得情绪方面的补偿。

第四，文科功课一般较松，成绩考核的模糊度较大，学生容易及格，拿到中上等成绩。理工科的学习则比较紧张，成绩考核的可比性大，差距容易拉开，学生经常处于激烈的比赛竞争之中。在这些情况下，文科学生在学习成功的基础上会更为自信，雄心勃勃，渴望实现自己的抱负，理工科学生则力求安定或在竞争中超过别人，出类拔萃，被人看得起，或者通过课余生活调节学习的紧张和枯燥。

从需要动机的系科差异现象可以认为：个体心理活动的内容和对象也影响着他们从事活动的动机和其背后的需要。这些内容、对象或者通过内化过程直接成为带有情绪性、动力性的心理形成物，即主体需要结构的一部分，或者通过影响主体的视野使主体发现特定的不平衡，激起特定的需要，或者影响主体的认知方式，并使主体向这一方式所允许或擅长的方向上努力，或者通过其在个体适应环境中的作用和作用范围影响他的努力方向，或者通过其难度和给个体造成的成败左右需要动机等的进一步发展。

六　年级差异

将上述各表中所示不同年级学生在优势需要、主导动机方面的差异（即人数比例明显大于其他年级的需要动机类型等）综合列入表9。

表9　优势需要、主导动机的年级差异（人数比例相对大于其他年级的项目）

	一年级	二年级	三年级	四年级
追求性优势需要	友谊常在，实现抱负，改造世界	安居乐业，爱人合理想	安居乐业	友谊常在，自由自在
回避性优势需要	不孤孤单单，不才疏学浅，不庸庸碌碌	不受轻视，不受人制约		不庸庸碌碌
学习主导动机	报答父老，振兴祖国	得到理想的工作，完成学生的任务，增长才干	生存竞争，得到理想的工作	报答父老，增长才干，干一番事业
成就活动主导动机	报效国家，改造世界，造福人类，迎合社会期望	实现自我价值，迎合社会期望	实现自我价值	改造世界，造福人类
社会活动主导动机	学到社会知识	丰富课余生活	更好地适应社会生活	更好地适应社会生活，充分发挥特长
工作选择主要考虑	能为社会做出贡献	舒适，条件好	与自己的兴趣一致	能充分发挥自己的才能，能做出杰出成就

从表9看出，在优势需要、主导动机方面存在以下年级倾向。

一年级以中层次特别是高层次需要为优势需要或主导动机的人数比例较大（友情、相符、完善、成就、贡献）；二年级以低中层次需要为优势需要或主导动机的人数比例较大（性爱、安全、生活、享乐、相符、兴趣、尊重、完善）；三年级以某些低中层次需要为优势需要或主导动机的人数比例仍然较大，但在某些方面有所下降；四年级以中高层次需要为优势需要或主导动机的人数比例较大（自由、友谊、相符、适应、完善、成就、贡献）。

从动机指向性来看，一年级指向社会的人数比例较大，二、三年级指向自我生活、自我社会生存或自我充实的人数比例较大，四年级指向自我生活、社会生存、充实发展及社会的人数比例较大。

总的趋势似乎是：从一年级到四年级，优势需要或主导动机层次水平高的人数比例呈 V 字形曲线发展，一年级高于四年级，四年级又高于二、三年级。

随年级上升，某些项目内的人数比例也有直线变化的趋势。在某些题目中，以完善、贡献（避免才疏学浅、振兴祖国、迎合社会期望等）为优势需要或主导动机的人数比例随年级升高而下降，以适应、成就（干一番事业等）为主导动机的人数比例同步上升。似乎是，到了高年级，一些学生对完善自己、为社会做贡献的热情逐渐为对社会的适应和自我的发挥建树所取代，拼搏的雄心逐渐被理智的分析和现实性的考虑所充实。

各年级学生在需要动机方面存在差异的原因，应该从他们大学生活的经历和心理发展中去寻找。

一年级学生的特点似乎与他们刚进入大学有关。通过刻苦学习，他们以胜利者的姿态在赞扬声中迈入了久已向往的大学校门，欢愉的情绪使他们感到前程似锦，一切美好的理想都可以实现；成功使他们进一步向上，期望更大的成功；大学生的称号和地位使他们期望圆满地履行其义务；新生的朝气使他们感到充满力量，渴望进一步发挥；对帮助自己取得今天成绩的亲人、社会、国家的感恩戴德使他们力求回报，迎合他们的期望；为社会所接受的自豪感、亲切感使他们觉得与社会融合在了一起，愿意为它做出奉献。这些，都有助于他们优势需要层次、主导动机水平的提高。另外，那些以上大学为最终目的的学生，也可能有感于中学时连续奋斗的疲劳，希望休整一下或者认为拿到了铁饭碗而不再努力。一些同学离开了情同手足的同学，也更加渴望友谊常在。

二年级学生已基本熟悉了大学生活，也遇到了各种各样的矛盾。现实的大学生活并不像原来想的那样理想化，有些人产生了失望情绪，淡化了蓬勃的热情和向上的朝气。整日在"三点一线"上奔波，有些人感到生活枯燥，希望丰富课余精神生活。紧张的学习、作业、考试，使有些人渴望平静安定。考试的失败、成绩的低下、中学时尖子地位的失去，使一些人希望得到社会安全，摆脱受视轻、受嘲笑的地位，也有些人由此失去自信心，感到自卑，降低了对成绩的期望水准和坚持性，遇到困难时更多地放弃目标。有感于成绩考核及规章制度的约束，一些人对社会产生了某些抵触情绪，希望摆脱对自由的束缚。校内、同学中的某些不良现象、不良行为使一些人更多地看到社会的阴暗面，冲淡了为社会做出贡献的追求，转为关心个人的生活和工作。同学间基本熟悉，高年级同学感染，家人的要求，友人的提醒，生活的平淡枯燥，也使得一些人考虑爱情问题。这些情况，都可能导致某些学生优势需要层次、主导动机水平的降低，那些在一年级就不再努力的人更可能如此。而那些期望水准比较现实，坚持性、进取性和适应性较强并取得成功的人，则一般会保持一年级时的追求或水平。

到了三年级，那些在一、二年级取得成功的学生，会进一步巩固、加强或提高其优势需要、主导动机，那些二年级时处于不利地位的学生，一些人因矛盾或挫折继续消极或进一步消极，更多的人则接受了现实，在经验增加的基础上辩证地对待现实问题和挫折，提高了挫折耐受力和灵活性。对于失利，他们虽然也痛苦，但也更为理智，能够策略灵活地处理；对于落后，他们也害怕受轻视，但远不像最初差距一下子与人拉开那样极力回避别人的评价，而是想办法与人竞争；对于成功，他们也欢欣，但头脑却不那么发热，而是更加现实地考虑问题，避免期望过高导致失败。由于这些和其他方面的适应，一些二年级时处于消极状态的学生在需要动机方面又会出现向上的变化。

四年级学生即将结束大学本科学业。回顾前几年的生活，尽管遇到了某些矛盾和烦恼，但走过来之后，却感到总体上是令人满意的，不愧是自己人生道路上光彩的一部分。这无疑会激起或加强他们的成熟感、成功感和力量感。即将走上新的生活（五年制医科学生除外），使他们眼界放宽，感到理想在召唤，焕发起朝气，也使他们为此加紧准备才能和知识条件。通过几年寒窗，积累了知识，增长了才干，他们希望使之得到发挥，得到对象化，在社会上有所作为和建树，以不辜负自己的心血和社会的培养。由此，一些学生进一步振奋起来，向上向前追求，导致了优势需要层次、主导动机水平的进一步提高。这种提高不是向一年级的简单"回归"，而是，是在经历了考验，经历了一种螺旋式的充分的心理条件之后，在更成熟、更辩证地分析问题，更现实性地确定方向目标，更灵活地处理问题的基础上的充实与发展。因此，它也就更加稳定而丰富。

学生心理的发展或成熟是影响需要动机年级差异的又一因素。随着知识的积累，能力的增强，个体会感到充满了力量，渴望将其发挥出来，在社会上取得成果，逐渐将注意力从求知求能转移到成就创造上。随着思维和行为独立性的增强，个体不再简单地接受社会的要求和号召，而是根据自己的判断、自己的条件选择最适合自己的追求和目标。随着知识的积累、能力的增强和思维的更加现实化，个体会逐渐将抽象的要求和目标（如为社会做贡献）具体化（如在某一领域内出成果），根据自己的条件、特长和可能性确定实际的努力方向。随着对人生价值的探讨和深入认识，个体会积极寻找最能实现自己人生价值的活动和目标，激起相应的需要，并及时更换不适当的目标和追求方向。随着内心世界和内心体验的丰富，个体会愈加以此作为判断问题的准绳，追求它们的进一步丰富或加强，逐渐减少对外界要求的盲目接受或消极服从。随着实际经验的积累，个体会更加现实、更加灵活地对待自己的需要、动机，既向前追求，又防止盲目冲动和蛮干。这些方面的因素，似乎是导致学生需要动机等随年级上升出现"直线式"变化的主要原因。

通过上述分析，可以得出下面几点推论。

（一）优势需要和主导动机是个相对性概念，它们所处的层次水平可能随有关因素的变化而变化，绝对的优势或主导是不存在的。

（二）新的环境、新的契机、新生活的开始，需要的满足及其后的欢愉体验，一般有助于需要动机层次水平的提高，失望、自卑及各种原因引起的消极否定情绪有可能使其降低。

（三）主体对自己与社会、与他人的关系的体验影响着他为社会、为他人做贡献的需要和动机。为社会所接受，感到与社会的关系和谐，有可能使这种需要动机得到加强，反之，则可能减弱这些需要动机，甚至引起对立的动机。

（四）原基本得到满足现又不能正常满足的需要，有可能成为优势需要或转化为主导动机（如新生对友谊的需要，中学拔尖到大学后落后的学生回避受轻视等）。

（五）当前面临或即将面临的不平衡会使某些需要成为优势需要或主

导动机（如角色地位与角色期望之间的不平衡引起向角色期望"看齐"的需要动机；即将走上社会，担心适应能力不足，激起准备能力的动机等）。

（六）主体的获得与付出之间的不平衡（如受到父母的恩惠、社会的培养与对父母、社会的付出）可能激起他们求得平衡（报恩）的需要动机。

（七）主体的付出与收益之间的不平衡（如为学习知识付出的心血与尚未发挥知识的作用）可能激起他们求得平衡的需要或动机。

（八）主体的心理发展是优势需要等发展变化的中介。知识的积累、思维能力的增强、对人生价值认识的深入、内心世界的丰富、经验的增长都影响着需要的层次和追求方向。认知能力决定着人们对环境刺激的接受，对与社会及他人关系的感知，对各种不平衡的意识，影响着需要的激活。知识、技能、各种专门能力和动机的各种特性决定着个体行动的成败及此后的体验。心理成熟度、对情绪的控制能力、对挫折的耐受力等影响着他对需要动机等的进一步调节。似乎可以说，包括需要动机在内的各种心理成分，对需要动机的变化发展都有影响或决定作用。同样一种经历或外界影响可能激起不同的优势需要或主导动机，不同的经历或外界影响可能激起相同的优势需要或主导动机，其关键原因之一，就在于这些"心理基地"不同。

（九）主体生理的发展和性激素分泌的增加，可能直接导致某些有关的需要或动机（如性与爱情）。

试析城市住宅的社会因素[*]

张仙桥

　　城市住宅，无论是发达国家还是发展中国家，都认为其是世界性的严重社会问题。在 20 世纪 70 年代前，人们多把住宅问题当作社会问题来研究，而在 70 年代后，则着重从社会学角度对住宅建设和居住区环境等方面进行综合研究。1978 年在印度新德里召开的"国际建筑与文献委员会"上正式命名了住宅社会学，它标志着住宅从社会问题研究到住宅社会学研究的发展趋势。

　　我国住宅问题的研究，大体上可分为三个阶段：党的十一届三中全会以前，主要侧重研究住宅建筑的技术问题，十一届三中全会以后，研究重点则转移到住宅的经济理论和经济体制上，而现在又进一步发展到对城镇住房制度改革的试点城市进行调查。由于住宅问题越来越引起人们的关注，1983 年 12 月在北京成立了中国住宅问题研究会。1985 年 10 月又在山西省大同市成立了住宅社会学学术委员会，在住宅问题研究方面，出现了从社会学的角度进行综合研究的新局面。由于住宅社会学的研究刚刚开端，本文仅就城市住宅的社会因素问题做一些分析。

一　城市住宅与人口

　　从某种意义上说，城市住宅问题归根结底是城市人口变化的表现。城市人口的增加是城市化的重要标志。从世界人口发展看（见表 1），公元 1800 年城市人口仅 2930 万人，占总人口的 3.0%，到 1950 年已增为 28.4%，150 年间，每 50 年递增一倍。特别是 1920 年以后，世界城市化

---

　　* 原文发表于《社会学研究》1988 年第 4 期。

的速度加快，城市人口急剧增加。如果以 1920 年为基数 100 的话，则全世界人口到 1980 年增长 135.2%，而城市人口则增长 401.2%，城市化水平（城市人口占总人口的比例）由 19.4% 上升为 41.3%。预计到 2000 年城市人口将由 1920 年的 3.6 亿增长为 32 亿 800 万人，增长率为 791.1%，同期的农村人口仅增长 102.2%，城市人口将占总人口的 51.3%。

表 1　1800～2000 年世界城市人口发展简况

单位：百万人，%

年份	城市人口		城市类别			
	总计	占总人口百分比	2 万人口以上		10 万人口以上	
			城市人口数	占总人口百分比	城市人口数	占总人口百分比
1800	29.3	3.0	23.5	2.4	15.6	1.7
1850	80.8	6.4	54.3	4.3	29.0	2.3
1900	224.4	13.4	151.8	9.2	90.8	5.5
1950	712.1	28.4	542.2	21.6	385.4	15.4
1980	1806.8	41.3	1374.6	31.4	1177.6	18.8
2000	3208.0	51.3	2426.6	38.9	2245.7	25.9

中华人民共和国成立以来，我国的城市化走过一段曲折的道路。1949 年城市化水平为 10.6%。1949～1955 年城市人口增加 2518 万人，平均每年增长 419.7 万人。1956～1960 年净增 4790 万人，平均每年增长 958 万人，比前 6 年平均增长一倍，城市化水平达到 19.4%。1961～1969 年，我们把城市化的进程视为消极的东西，当城市人口猛增给城市（包括住宅）带来严重问题时，就动员大批已进城工作的农民回乡，9 年间城市人口净减 3008 万人，城市化水平退回到 1952 年的 12.3%。1970～1977 年的城市人口增长虽然比较正常，但"左"的思想仍占主导地位。一方面在大小三线建设上，把工业化与城市化对立起来，分散建设了一些为迁的工厂，生活条件艰苦，经济效益差，国外称之为"非城市化"；另一方面又有近千万的知识青年上山下乡。直到党的十一届三中全会以后，才发挥了城市化的积极作用。1982 年第三次人口普查时，城市人口为 21154 万人，占总人口的 20.6%，比 1949 年增加 10%。虽然其发展速度与增长百分比低于大多数国家，但由于我国人口基数大，城市人口的增长速度较快，这就给城

市的各个方面，尤其是给人民居住带来了很大困难。

为了缓解城市住宅的紧张情况，一定要认真贯彻控制人口增长的政策。一般讲，控制城市人口增长有两个方面：一是自然增长，二是机械增长。在自然增长方面，全国每年进入结婚期的青年高达 150 万对，持续时间将达 15 年之久。只有认真执行计划生育政策，降低出生率并减少死亡率，才能取得较低的自然增长率。人口的机械增长却往往难以控制，是城市人口增长快的主要原因。如北京市燕山石油化工区建设初期竟有三分之二的人口属于这种增长；天津市 1978～1981 年迁入市区的非城市人口也有 19.5 万人。而且户口一迁入城市，拉家带口，就需要住宅，比自然增长给住宅分配造成的压力更大。北京市在 1979～1981 年的三年里建成住宅面积 985 万平方米，但由于城市人口比 1978 年净增 50.3 万人（其中机械增长 24.3 万人，占 48.3%），所以居民的居住条件没有得到相应的改善。1978 年北京市人均居住面积 4.55 平方米，1981 年为 5.08 平方米，平均每人只增 0.53 平方米。据此推算，这 3 年新建的住宅，有 64% 被人口增长抵消了。从投资效果看，则抵消了这 3 年新增住宅及市政建设全部投资的 80%。

从全国看，1978 年、1979 年由于大批知识青年回到城镇，城市人口增长率分别高达 4.3% 和 7.2%（我国城镇人口年平均增长率为 2.87%）。这是人口机械增长中的社会增长。当前，在城市经济体制改革中，也面临着人口流动的社会增长。所以在控制人口方面可以概括为三句话：自然增长要少生，机械增长要少进，社会增长要慎重。

另外，我国还有少数民族 6724 万人，占总人口的 6.7%。他们的居住要求不同，居住条件各具特点，在城市住宅规划与建设中也应引起足够的重视。

二　年龄构成与住宅

在年龄构成上，与住宅关系比较密切的是老年人与青年人问题。根据联合国标准，60 岁和 60 岁以上老人占总人口 10% 以上，或者 65 岁及 65 岁以上老人占总人口的 7% 以上，即为老年型国家。1950 年全世界 65 岁及以上老人占总人口 7% 以上的老年型国家只有 15 个，到 1985 年已超过 50 个。如民主德国占 16%、法国占 14.3%、苏联占 11.2%、美国占 11%、日本占9%。我国在1982年人口普查时，60岁和60岁以上老人有7603.7万人，占总人口的7.42%，预计到2000年将达13458万人，占总人口的10.6%，进入老年型国家的行列。而上海市在普查时，60岁以上老人已达139.3万人，占该市总人口的11.5%，已提前迈入老年型社会。北京市预计到1990年60岁以上老人将达10%，比全国提前10年进入老年型社会，预计到2000年老年人将达161万，占全市总人口的14.7%。

针对老年人口的增加和向老年型社会发展的趋势，我们应从战略高度来研究它对社会经济发展的影响和带来的新问题。老年人作为一个老有所养、老有所医、老有所为、老有所乐和老有所学的群体，除老有所医外，住宅是一个举足轻重的大问题。天津市1984年对老年人状况进行了抽样调查，在老年人家庭中，老年人与二代、三代同居一室，以及住在临时建筑、厨房、暗楼、过道和在外边借宿的占调查样本数的45%，这就表明有近半数的老人存在着住宅困难的问题。同时，未来一代的青年人，一对夫妇将要负担"四老一小"（现在夫妇两人均是独生子女可以生二个孩子，则负担"四老两小"）的重担，由于住宅的有限他们难以担负起对老年人的赡养义务。如该调查中有32%的老人因房子窄小而不得不和子女分居，这就给两代人或三代人造成了精神、心理和经济上的沉重负担。我国虽然有尊老、敬老、养老的传统美德，但总有一些无子女、无人照顾的老人需要社会照料，这就是我们所面临的一个社会问题，而住宅问题则首当其冲。20世纪末，以北京市区人口计划控制在600万人为例，若按老年人口占15%计，则有90万老人。据宣武区中医医院对天桥街道5个居委会的调查，老年人家庭关系好的占95.1%，其余4.9%需要社会照顾。据此推算，全市将有需要社会照顾的老人44000人之多。其中大部分可动员社会力量来解决，如北京市宣武区大栅栏街道的"综合包户服务队"和天津市河北区"孤老户责任网"，开展包户服务。其余小部分则要兴建老年公寓。仍以北京市市区为例，现仅以其中10%的老人即44000人需要单独住宅，按每人25平方米计算，就要盖11万平方米的老年公寓。天津市已在河东区李公楼街和沈壮子街采取社会集资的办法，兴建了设备比较齐全的老年公寓，受到了老人的欢迎和社会的赞赏。国外照顾老人，有如下办法：美国出现了一种新社会保障机构叫"托老所"，有"全托"也有"半托"；日本办有养老院，不仅接纳孤老，对愿意到养老院的有子女的老人也同样接纳，现已建老人住宅 2257 所，可接纳老人 16 万人；捷克在 1970 年只有老年公寓 17 所 329 套住房，到 1980 年发展为 331 所 7300 套住房，并建立了旅馆式公寓 22 所 3000 套住房。因此建议在大中城市进行居住区规划与住宅设计时，根据老年人生理上体力减弱、活动不便；心理上不甘孤寂、需要同人们交往，特别需要与子女、亲朋、邻里的接触，以及希望生活在自己熟悉的社区和做一些力所能及的工作的意愿，适当建设一些老年公寓。

中华人民共和国成立以来，我国出现过两次生育高峰，出生的人口占总人口的 63%，因此青年结婚住宅问题也成了城市住宅的突出矛盾。1982 年底，北京市缺房户 66 万户，占总户数的 46.9%，其中待房结婚的 8.18 万户，婚后无房的 4.25 万户，合计 12.43 万户，占缺房户的 18.8%。同期，上海市有 59 万住房困难户，其中结婚困难户高达 40 万户，占全市总户数的四分之一。青年们认为住房是安心工作的物质基础，居之不安，何以乐业。一般的住宅严重困难，只是面积大小，房间多少，质量高低，设备好坏方面的矛盾，而结婚用房是增加新家庭所必需的，它妨碍了新家庭的组建和社会的正常发展。由于住房困难，一些青年选择对象不是以爱情为基础，而是以有无住宅为先决条件；某些家长也以给不给房、腾不腾房当作干涉婚姻的"有力武器"，真是"找房子比找对象还难"，甚至一些谈了多年恋爱的情侣，也因等房无望而含泪分手。没有房子哪敢去谈情说爱，恋爱之后又何以为家，从而造成了婚姻的受限制和新家庭的不稳固，这里面不知有多少悲欢离合。目前在家庭中有超过晚婚年龄的青年，特别是女青年，简直成了家庭中的头等大事，一切要为其婚姻问题开道。我们知道，做父母的爱子心切，于心不忍，就自己克服困难，为国分忧。他们自己住灶间（厨房），子女住正房；可分隔的则前面明间住子女，后面暗间自己住；父母为子女结婚腾房而住集体宿舍，被称为子女结婚，父母"离婚"；为了多一点空间让子女结婚，北京盖棚屋，天津建暗楼，上海搭阁楼；还有兄嫂为照顾弟、妹而同居一室的，如上海某小学教师吴×，晚婚无房，只得与兄嫂、弟媳三对夫妇同住在 12 平方米的阁楼里，床铺之间用布幔隔开，生活极为不便。党和政府为了解决这一突出矛盾，采取修建鸳鸯楼这一应急措施。上海市首先于 1982 年底在普陀区建造了第一幢"新俪公寓"，又称"鸳鸯楼"。接着在南市区、闸北区等又陆续建造了 10

余幢。北京市在西郊双榆树也建成一幢有近千套房子的"鸳鸯楼"。其他如沈阳、吉林、贵阳、南京、呼和浩特、厦门等市有的已经建成，有的正在筹建。在建造过程中，不宜过分集中，应考虑居住区规划的位置、数量和远近期的结合。

三　家庭结构与住宅

家庭是由婚姻生育构成的夫妻之间、父母子女之间的一个集体。新中国成立后，随着生产资料所有制的改变，我国的家庭结构也发生了较大的变化。费孝通教授在《论中国家庭结构的变化》一文中指出："中国农村和城市家庭结构的变动是中国社会变动的一部分。家庭是社会的细胞，它是中国人最基本的生活单位。大社会的变动必然会引起家庭各方面的变动，由于它是每个人最亲密的团体，它的变动也会引起大社会的变动。"目前我国家庭结构的变化与住宅关系至为密切，现分三个方面论述。

1. 家庭规模。家庭规模主要指家庭人口数量的多少和家庭组织范围的大小。根据第三次人口普查和中国社会科学院社会学研究所及京、津、沪、蓉、宁5城市的9个科研与教学单位进行的中国5城市家庭的抽样调查，可以明显地看出两个变化：一是家庭人口由多到少。全国人口普查的家庭户均人口为4.4人，比1964年第二次人口普查减少0.9人。中国5城市的家庭调查的户均人口为4.08人。1986年全国城镇房屋普查户均人口为3.78人。二是家庭人口的分布由分散到集中（见表2）。全国人口普查中3口至5口人的户合计为53.96%，5大城市合计为72.89%。

表 2　家庭规模分布情况

单位：%

人户数 资料来源	1口户	2口户	3口户	4口户	5口户	6口户	7口户	8口及8口人以上
全国人口普查	7.94	10.06	16.05	19.56	18.35	13.12	7.95	6.95
中国5城市家庭调查	2.30	9.74	26.16	27.62	19.11	8.85	3.72	2.49

由于家庭规模的缩小，总住户的发展速度必然超过总人口的发展速度。在未来的住房供应中，要达到每户有一套住宅，住宅的需求量必将随

着住户量的增加而快速递增。

总之，由于户数的增加和户均人口的减少，给解决住房紧张的问题，又提高了难度，增添了压力。

2. 家庭类型。家庭类型是家庭结构中的主体。一般将家庭分为 6 个类型；①单身家庭；②夫妻家庭，指仅由一对夫妇组成的家庭；③核心家庭，指一对夫妇（包括一方去世或离婚）及其未婚子女组成的家庭；④主干家庭，指一个家庭有两代以上，而每代只有一对夫妇（包括一方去世或离婚）的家庭；⑤联合家庭，指一个家庭中至少有两代人，而同一代中有两对夫妇（包括一方去世或离婚）及以上的家庭；⑥其他家庭，指以上 5 类以外的家庭。

表 3　家庭类型分布情况

单位：%

资料来源　　　　类型	单身家庭	夫妻家庭	核心家庭	主干家庭	联合家庭	其他家庭
北京厂桥抽样调查	1.6	8.5	58.8	27.8	0.7	2.6
中国五城市家庭调查	2.44	66.41		24.29	2.3	4.56

由表 3 可以看出，核心家庭（如包括夫妻家庭）已在我国城市家庭结构中占据主要地位，不仅其比重已在 67% 以上，而且有增加的趋势。因此对住宅的使用面积（如厨房、厕所等）的需求则不断增加，这就要求我们在住宅设计上应使户型大小、房间多少的设置与之相适应。

3. 家庭代际数。家庭代际数指家庭成员之间的关系呈现为几代。一般说，一代户是单身户和夫妻家庭户加一定的其他家庭成员构成。二代户主要由核心家庭构成。三代和三代以上户包括大部分主干家庭和联合家庭。根据武汉、烟台、无锡的调查，三代人的家庭占一定的比重（见表 4）。

表 4　家庭代际数分布情况

单位：%

资料来源　　　　代际数	一户代	二户代	三户代	四代及四代以上户
1. 武汉某居民区调查	13.5	62.0	24.5	—
2. 烟台市抽样调查	14.24	70.22	15.26	0.26

代际数 资料来源	一户代	二户代	三户代	四代及四代以上户
3. 无锡市抽样调查	17.88	58.04	23.08	1.00%

在家庭的代际之间，年轻一代与老年一代或狭义地指父母与子女两代，由于年龄、经历、生活态度、价值观念、社会地位和所受教育不同，带来了各种差异，社会学上称之为"代沟"。我认为，我国只能视之为"代差"。那么由于代差的存在，三代户以上的家庭是否就要大量解体甚至灭亡呢？北京市社会科学院社会学研究所对西城区厂桥街道 306 个家庭的调查表明，人们多数还是希望生活在三代户的主干家庭里。其中在 177 个对"愿否与老人同住"的回答中，有 166 个答"愿意"。主要原因有三：①照顾父母方便，占 52.2%；②父母可帮助照看孩子，占 28.9%；③自己无房，占 12.5%。在 158 人对"愿否与子女同住"的回答中，有 111 人回答"愿意"，其中：①愿意帮助子女，占 40.2%；②照看孙辈有乐趣，占 20.1%；③精神上不孤单，占 31.3%。从上述长辈与晚辈同住的原因分析，双方是互相需要的，既需要对方帮助，又可帮助对方。这充分说明三代户的主干家庭在现实生活中还有相对的稳定性和重要性。在主干家庭里，一般有子代和亲代两对夫妇，家庭生活不仅有两个中心，而且存在代差，因而对居住条件就有其特殊的要求。另外，通过家庭代际数分布的调查情况，可以设想以一代人、二代人和三代人组成家庭的比例为 1∶7∶2，以作为住宅户型设计（一室户、二室户、三室户、老少户）的参考。

对家庭规模、家庭类型和家庭代际数的分析，说明家庭结构是变化的，住宅功能更具有潜在的可变性。比如在核心家庭里，只有夫妇两人和一个孩子，但三口人在不同年龄时期，对家庭安排的要求是不同的。据清华大学建筑系和中国社会科学院社会学研究所联合调查撰写的《青年结婚住宅问题初探》：从与父母同住的意愿看，愿同住的占 31%，不愿同住的但愿住得近些的高达 60%，希望住得远些的占 9%。从男女性别上看，愿与父母同住的男青年占 36%，女青年占 23.6%；不愿同住而愿住得近些的，男青年占 58.3%，女青年占 63.3%。在成都、上海等地的个别访问中，许多老年人赞成"分得开，住得近"的居住方式，这应引起我们足够的重视，在设计住宅时，对上述各种情况考虑得越充分，住宅的舒适度就越高。从而所建的新住宅不仅能满足其近期功能的需要，而且可以为满足远期居住生活需求创造更完备的条件。由此可以设想，应力争使新建住宅稍加改造，就能适合于不同时期，不同家庭对住宅功能的基本要求。这对于推行住宅商品化也有重要意义。

四　消费结构与住宅

住宅对于消费结构的影响，是通过人们对住宅的消费需求来体现的。随着消费水平的提高，人们渴望改变城市住宅的拥挤状况。但是，我们仍沿用低租分配的福利性政策，房租租金过低。从国家统计局对京、津、沪等 47 个城市职工家庭生活收支情况的统计看（见表 5），在全年生活费支出中，3 年住房支出分别占 1.5%、1.52% 和 1.39%，只相当于人们吸烟、喝酒、吃茶开支的四分之一，其中北京市职工家庭每人每月支出的房租仅 0.86 元，不够买一包好烟。按每平方米建筑面积年租金计，只有 1.2 元，还不足支付维修费用的一半。这种象征性的租金，必然把购买力转移到别的方面，形成畸形的、不合理的消费结构。这种情况在国外是少见的。一般发达国家个人消费支出中的住房、燃料和电费支出，几乎都在总支出的 25% 左右（见表 6）。苏联东欧国家如南斯拉夫的房租支出占 23%。又如匈牙利实行的也是低租金制，每套房租 500~600 福林，相当于 10~12 美元（不包括住宅大修和改造费用），房租占职工个人收入的 10%~12%，占家庭收入的 5%~6%。现在匈牙利政府因感到低租金制弊端较多，已制定出改革方案。改革后的房租要比现行房租提高 130%，其办法是逐步上升，不仅房租提高，而且厨房厕所的设备维修费也准备改由住户负担。

表 5　我国职工家庭平均每月生活费支出及构成

单位：元，%

项目	1982 年	1983 年	1984 年	各项支出占生活费支出的百分比		
				1982 年	1983 年	1984 年
生活支出	39.25	42.16	46.62	100.00	100.00	100.00
（1）食品	23.02	24.96	27.02	58.65	59.21	57.97

续表

项目	1982 年	1983 年	1984 年	各项支出占生活费支出的百分比		
				1982 年	1983 年	1984 年
其中：粮食	5.06	5.13	5.26	12.89	12.17	11.26
副食	12.58	13.84	15.08	32.05	32.83	32.35
烟茶酒	2.07	2.23	2.53	5.27	5.29	5.43
（2）服装	5.64	6.13	7.24	14.54	14.54	15.53
（3）日用品	3.62	3.81	4.22	9.22	9.04	9.06
（4）房租水电费	1.01	1.12	1.17	2.57	2.66	2.51
其中：房租	0.59	0.64	0.65	1.50	1.52	1.39

资料来源：《中国统计摘要》（1985），中国统计出版社。

为了按价值规律办事，使价格与价值相符，实现住宅资金的良性循环和住宅商品化的经营，我们应强化住宅对消费结构的影响。从提高房租入手，实行新房新租，超标准加租等，把居民的消费引导到购买住宅上，以改变购买力的现有方向，达到调整消费结构和平衡市场的目的。

表6　部分国家个人消费支出的国际比较（1987 年）

单位：%

项目　　国别	食品费	服装费	住宅、燃料和电费	交通费	教育和文娱费	其他
美国	16.5	6.9	27.1	16.4	8.6	24.5
西德	27.2	9.7	28.6	15.3	7.4	11.8
法国	23.5	7.2	25.6	12.8	6.6	24.3
英国	31.4	8.2	27.2	13.2	10.0	10.0
加拿大	20.9	8.0	27.2	15.6	10.1	18.2
瑞典	27.7	7.3	27.2	14.6	8.9	14.3
瑞士	29.4	7.2	26.6	11.8	9.3	17.7
日本	25.2	7.2	23.6	9.0	9.0	25.4

家庭在某种意义上讲，是个消费单位，在逐步满足吃、穿、用和"住得下、分得开"的基础上，随着社会生产力的提高和居民收入的增加，部分有节余和先富起来的居民，需购置一些现代化的家用设备，这是又一层次上消费结构的变化，它必将反过来引起住宅需求的变化。按照恩格斯关

于把人的生活分成生存、享受和发展三个方面看，首先应满足衣、食、住、日用品和交通工具等最基本的生存资料，其次是享受资料，最后是学习和受教育的设备及书报杂志等发展资料。其中享受资料和发展资料的比重越来越大。从国家统计局 1984 年关于城市家庭消费的抽样调查看，食品大体持平，衣着、日用品、文娱用品和书报费用则有所增加，吃、穿、用的质量都有所提高。据北京市抽样调查，1985 年每百户居民拥有电视机 112.9 台（其中彩电 32 台），洗衣机 58 台，电冰箱 42 台，电风扇 87 台，收录机 71 台。由于这些家用电器消费品构成的变化，必将形成我国社会所特有的消费构成模式。与此相适应，室内家具也基本上由单功能的固定式向多功能的组合式以及折叠式、嵌入式家具发展。"三大件"与室内家具，特别是不同类型的成套家具在居室、方厅、起居室如何协调摆放，设计师应设法尽量满足人们的合理要求。当然不仅如此而已，比如在工业发达国家的消费模式中，几乎每家都有一辆汽车。民主德国在 20 年前未考虑发展微型汽车，现在已有 43% 的家庭有了汽车。保加利亚现在已有 37% 的家庭有自己的汽车。据此，我国也可以适度发展一些。这就有一个停车场地问题。当然同时也有一个自行车存放场地问题。所以部分住宅和公共建筑，都应考虑它们的存放与停放问题。如果设置地下室来存放它们，既不占据室外空间，又可以实行平战结合，岂不是一举数得的好事。

五 产业结构与住宅

由于社会生产力的发展、劳动生产率的提高、科学技术的进步、居民消费结构的变化以及国际间的经济信息交往，人口的部门和职业的构成都发生了很大的变化，有力地促进了世界各国第三产业的发展。特别是近 20 年来，各国第三产业无论在就业人数还是在产业构成上，都发生很大变化。在研究国民经济结构时，各国广泛采用划分三次产业的分类方法，并以第三产业的发展程度或依据第二与第三产业之比，来衡量国民经济的发展水平。

我国属于低收入发展中国家，在第一、二产业的发展方面，与各低收入国相近。在第三产业发展方面，虽然劳动就业人数有所增加，但国民生产总值反而下降了。我国第三产业是落后的，既不能适应国民经济发展的需要，也不能满足居民物质和文化生活日益增长的需要。特别是，作为第三产业的一个支柱产业的房地产业，迄今尚未形成一个真正的产业部门。由于第三产业比重的增加是大势所趋，因此我们在住宅设计与居住区规划上应考虑两个问题。首先，在住宅设计上，应考虑科研文教人员、高级工程技术人员、机关及企事业单位领导干部的增加。他们在住宅上有一些特殊的需求，如科研人员应有工作间或书房，这如同工人生产需要车间一样。其次，随着商业、饮食业等服务部门的增加，原来规定住宅区7%的附属配套建筑是否恰当，需要进一步探讨。有一位法国客商来到我国某城市做生意，临走留下四句话："进不去"（交通不便）、"出不来"（打不出长途电话）、"受不了"（服务不佳）、"陪不起"（办事效率低）。这四句话从侧面反映了我国应从实际出发，积极发展第三产业。当然，更重要的是第三产业的发展应与住宅建设相适应。

六　生活方式与住宅

在一定社会条件下，各个民族、阶级、地区、社会集团和个人，都有其不同的生活方式，特别是人口聚居的城市，多民族共同居住，职业构成比较复杂，每个人的工作性质、生活环境、社会交往范围、家庭生活背景、工资收入高低以及闲暇时间利用，均存在很大差异。因而，对住宅的需求和意愿也迥然不同。

一个良好的住宅设计，必须有合理的空间和平面规划，既要达到日照、通风、防寒、卫生等居住的要求，又能满足不同家庭和其成员对不同的生活方式的要求。现仅从几个方面，提几点粗浅看法。

1. 闲暇时间的利用。闲暇时间及在闲暇时间里的文化活动，是人们的社会生活和生活方式的重要组成部分。一般来讲，闲暇时间指人们每天除了必要的工作时间、满足生理需要的睡眠和休息时间、家务劳动时间和上下班往返时间之外，可供个人支配的时间。闲暇时间的总量是由社会生产力水平所决定的，其经济和社会的发展越快，闲暇时间的总量就越多。近百年来，世界发达国家的工作时间，从每周工作6天，每天工作12小时，缩短为每周工作5天，每天工作7小时。与此同时，闲暇时间的总量增加了2~3倍。如苏联12岁以上居民的时间总量中，闲暇时间占20.8%，而生产中劳动时间仅占 14.4% 。我国北京、天津和杭州三地 1982 年对职工一周生活时间分配情况的抽样调查表明：北京、天津和杭州的闲暇时间分别占 14.6% 、14.3% 、14.1% ，其生产中劳动时间分别占 25.9% 、25.7% 、27.5% 。

现代科学技术的进步，极大地提高了劳动生产率。一方面是社会产品的增加，一方面是闲暇时间的增多。劳动生产率越高，劳动时间就越短，而对劳动者的技能要求就越高。再加上科学技术和知识更新的加快，人们需要有更多的时间进行学习和发展技能，以适应社会发展的需要。马克思在《政治经济学批判》中指出："从整个社会来说，创造可以自由支配的时间，也就是创造产生科学、艺术等等的时间。"[①] 恩格斯在《论住宅问题》中展望未来的社会："……不仅进行大规模的生产以充分满足全体社会成员丰富的消费和造成充实的储备，而且使每个人都有充分的闲暇时间从历史上遗留下来的文化——科学、技术、交际方式等等——中间承受一切真正有价值的东西，并且不只承受，而且要把这从统治阶级独占品变成全社会的共同财富和促进它进一步发展"[②] 这就意味着闲暇时间的重要性。对个人来说，它既是获得享受的文化消费时间，又是取得发展的文化创造的条件；对社会来说，人们在闲暇时间中得到的补偿和发展，将对经济和社会进步起着积极的作用。国家科委和中国科技促进发展研究中心的两个调查表明，解放 37 年来，我国有三分之二的年份处于电力紧张或短缺状态，有相当一部分企业每星期停工 3 日开工 4 日；一部分企业由于原料短缺，产品滞销，工人出工不出力，造成工时的大量浪费。又据国家统计局调查，北京工人平均每天实际工作时间仅为 6.88 小时，倘若实行 5 日工作制，则会缓解电力不足的矛盾，使实际工时与制度工时更接近，如纺织行业实行的"四班三运转"工作制，周工时由 48 小时下降为 42 小时，收到了很好的经济效益和社会效益。这说明可以通过缩短工时的改革给工人以更多的闲暇时间。社会经济的发展，必然会给个人和家庭带来直接的物质利益和日益增多的闲暇时间，所以在住宅的空间分割与室内设备上，应该给闲暇时间的利用创造条件。

---

① 《马克思恩格斯全集》第 46 卷，第 3812 页。
② 《马克思恩格斯选集》第 2 卷，479 页。

未来社会的人们除学习外，还有许多工作和活动将在家庭中完成。如就医、购物等，都可以通过电子计算机终端，在家庭中完成；不少生产活动，如科学研究、设计、预算、编辑书刊等工作亦可不必完全到办公室去进行。因此，住宅不仅是家庭成员休息活动的地方，也应具有"公共场所"的使用功能。今后住宅不能只有卧室、厨房、卫生间，必须增加用以学习和工作的书房与社会交往的客厅。

2. 室内家具。家具的设计与布置，是住宅室内设计的一个重要方面。前一时期市场销售的基本上是以单功能为主的固定式家具，不利于室内布置与分割空间，占用空间大，搬运不便。现在我国城市中每年约有 3% 的家庭迁移，而美国则高达 33%。如果我国城市中搬家户上升为 10%，仅北京市每天就有 400 户搬家，这不仅容易损伤家具，而且给交通与社会劳动造成浪费。所以在进行住宅设计时，应尽量采取组合家具和成套家具的设计方法，并且要尺寸适宜，构成轻巧，既可减少对空间的占用，又便于搬家运输，特别是小面积住宅，更应如此。面积小、居室少的一室户住宅，更需要适当分隔，又不宜做固定分隔，如使用灵活、机动的组合家具，不仅实用，又分隔了空间，必然在满足住户需求上，收到良好的效果。

3. 装设电话问题。电话是人们在工作联系、信息传递、朋友交往等日常工作和生活中迫切需要的工具，特别在进入信息社会的今天更为重要。当今世界各个国家和地区都把电话普及率（一般以每百人有多少部电话计）看作现代化的重要标志之一，像美国华盛顿每百人有 142 部电话；东京每百人有 66 部；香港的面积和人口与北京市相仿，而电话普及率每百人已达 33 部，95% 的家庭都安装了电话。我国全国的电话机只有 507 万部，还没有东京一个市拥有电话机 550 万部多，平均 65 人有一部，每百人仅 1.5 部。北京有 33 万部，电话普及率为每百人 5.3 部，在世界 177 个国家和地区中，名列 132 名，在 97 个国家的首都城市中，居第 92 位。据关注世界邮电事业发展的人士介绍，无论发达国家，还是发展中国家，电话的增长率一般都高于工业增长速度。从 1949～1975 年，美国工业增长 1.8 倍，电话增长 2.3 倍；法国工业增长 2.7 倍，电话增长 4.9 倍；日本工业增长 21 倍，电话增长 30 倍；印度工业增长 3.4 倍，电话增长 13 倍。而我国则相反，1979 年与 1947 年相比，工业总产值增长 41 倍，而城市电话仅增长 4.9 倍。其中京、津、沪等 11 个城市电力增长了 49 倍，公共交通增长了 23 倍，但电话仅增长 3 倍。为了改变邮电通信这个应该超前建设的先行性行业的落后状况，党的十二大把邮电通信作为未来发展的战略重点之一，所以在城市的住宅设计与居住区规划上，应该考虑预留管线位置，把装设先进的程控电话或光导纤维电话设置纳入设计日程。

4. 住宅安全与邻里关系。一个城市文明不文明，最起码标准是安全，住宅安全也是如此。在国外，尤其是资本主义国家，如美国、法国和日本的城市犯罪问题比较严重，它跟住宅设计与邻里关系是有一定关系的。据美国司法部的调查，1980 年有 30% 的美国家庭遭到各种犯罪活动的危害，而且公寓楼层越高，抢窃率也越高，特别是 12 层以上抢窃案件显著增加。法国人最担心的是抢窃和溜门、撬锁。居民之间的关系也是"各扫门前雪"，给溜门撬锁者以可乘之机。随着城市的高层、多层楼房的增加，也给我们带来了社会治安问题。如北京前三门的住宅设计，"上下左右，四通八达"，不仅住宅面积不能充分利用，没有良好的室外场地，而且也很不安全。所以设计住宅时，应充分考虑其安全问题。邻里关系是初级基本群体的关系之一，是人们居住生活中一个不可缺少的精神因素。由于大家住得比较近，容易互相了解与熟悉，可以互相串门，互相帮助，形成家庭之间、个人之间的社会网络，通过内聚作用，把整个社区以至社会融合为一个整体。但近年来，在京、津、沪等大、中城市出现的一些高层（7 层以上）住宅，由于一家一户有电表、水表、煤气表，使本来密切的邻里关系疏远了，交往甚少。根据北京某高层住宅的百户居民调查结果，不知邻里姓名的占 72%，不知工作单位的占 68%，从不串门的占 95%，了解邻里社交爱好的占 1%，根本没有交往的占 93%。这种邻里关系的淡化，将使国外住宅中老人死了一周或一月才被发现的骇人听闻的新闻，有可能在我国发生。我们曾在宣武区某居委会调查，深深感到这个问题的严重性。同时我们发现拆迁楼（即原地拆迁）和机关宿舍楼的治安比较好，邻里关系也比较融洽，主要原因是他们在一个单位工作或原来在一个院子住，形成了首属群体，彼此熟悉，能够互相关照。这就是社会学上所讲的"业缘"和"地缘"关系。当然如果是本家、亲戚的"血缘"关系也会彼此照应得好一些。从社会学角度看，虽然高层住宅有非同小可的不足之处，只要我们在设计上充分考虑生活方式的安排，使每户人家有公共活动的场地，彼此有往来的余地，而在生活上又有利于发展邻里交往与互助，有些弊端是可以避免的。

七　居住区环境与住宅

居住区环境对人们的社会生活有着极其深刻的影响，它在自然形态上可以区分为内部居住环境与外部居住环境。

就住宅模式而言，在从过去只考虑"住得下，分得开"的经济型向比较宽敞、实用、舒适的小康型发展的过程中，除要注意人的社会化，充分考虑大儿大女的分居，老少三代的居室划分和青年公寓等现象外，根据我国的国情与国力情况，为了使住宅建设的远期与近期结合，现仅略述几点。第一，注意饮食、睡眠、卫生、家庭团聚等基本功能的室内空间的合理分布。目前群众普遍反映厨房、厕所和起居室的面积偏小，设备不全。在厨房内只能设置灶具、洗碗池等最简单设备，甚至连洗碗柜也放不下，更谈不上放置电冰箱。对于排烟设备（煤或煤气），居民更希望早日解决。卫生间从发展到小康水平看，应设置便器、洗手池、浴缸（或淋浴）、排气设备和放置洗衣机的位置。在这里应该指出，除家庭设洗衣机外，社会上还应设置洗衣站。如民主德国，90%的家庭有洗衣机，但三分之二的家庭还愿意将大件衣物送公共洗衣站洗涤，一套西服或一件大衣的洗涤费用（包括熨烫）还不到月平均工资的1%。日本各城市已有投币式自动洗衣机房8400间，其中三分之一由公共浴室附设，日夜营业，只要投入硬币接通电源，半小时即可取回干净衣物。美国更是洗衣店到处可见，自洗自取，无人管理。所以在规划住宅区时，应考虑洗衣店的位置与设备。至于我国现在的洗衣店，费用高，洗不起，时间长，等不及，应抓紧研究洗衣服务的社会化发展，它既可以把人们从烦琐的家务劳动中真正解放出来，又是解决当前用电不足、水资源缺乏的有效措施。第二，随着生产力的发展和居民生活需求的提高，亲友、同事及邻里之间的交往需要加强，应该缩小卧室面积，加大起居室面积，使其起到特殊的社会空间的作用。重庆市建工学院在研究住宅功能、质量时，把居民家庭分为三个类型，即工作学习型，适合干部及知识分子居住；生活型，主要有一个公共活动空间，便于家庭团聚、看电视等；社交型，多为青年知识分子与领导干部所要求，作为社会交往和会谈工作的地方。住户的一个共同愿望，是减少或避免家中的互相干扰，这对于住宅设计的研究有一定的参考价值。第三，关于内部装修问题。室内装修是美化居室环境的重要环节，乔迁之喜又是公认的一个好事，特别是青年结婚更愿意根据自己的爱好进行改装。上海市同济大学的抽样调查表明，将顶棚和墙面重新刷色的占37%～58%；地面加瓷砖或油漆的占30%～40%；增加纱窗、柜橱和重新油漆门窗的也大有人在。这种二次施工的费用在500～1000元。因此有些同志建议，建筑施工可分两步走，先由建筑公司搞结构及围护墙的支撑体，由新成立的装饰公司进行装修施工，这既可以避免凿眼、打洞、剔除地面墙面等影响住宅质量的行为，又可以减少原材料及劳动力的浪费。

在室外居住环境方面，随着人民生活水平的提高，价值观念的改变，居民既希望有方便、舒适的居住房间，也希望有一个宜人的室外环境。居民是鉴赏室外景观的主体，居住区环境也是城市景观的组成部分，也可以说居住区环境的好坏能够体现一个城市物质文明与精神文明的面貌。室外居住环境牵涉面很广，包括基础设施、配套建筑、环境保护、绿化、交通等方面，现仅就室外景观、配套建筑及绿化等略述己见。

第一，室外景观可以根据地形特点、灵活布置不同的建筑群空间结构，这是美化城市建筑面貌的基础。但现在我国的多数住宅建筑，从北京到南京、从长春到昆明、从福州到乌鲁木齐多采用同一类型的结构形式，几乎千篇一律地流行着彼此相似的盒子式建筑。这些住宅只有共性，缺乏个性，只有物质，没有文化，只有标准化，很少多样化，正如大家所说："串门走错了楼，找人敲错了门，孩子放学找不到家。"所以应该在体型上有T型、Y型、U型、风车型；在层数上，有多样的多层、高层；在排列方式上要注意合理密度和节约用地。另外，还要处理好保护古迹与城市建筑现代化的关系，不要再搞建设性破坏。我们有些同志对改造古建筑热情很高，但对古建筑不是整旧如旧，而是整旧如新，面目全非，使人啼笑皆非。如北京在修缮祁年门前的两旁配殿时，在朱红色的柱上装上了一盏盏玉兰花形的壁灯，不伦不类，很不协调；北京天宁寺的古塔旁，修建了第二热电厂的80米的烟囱，让古塔与烟囱比高。所以居住区内部环境，居住区之间的环境，居住区与整个城市的环境以及古迹的妥善保护，应在协调中创新，使人们感到城市景观的建筑美与令人难忘的城市特征。

第二，配套建筑。住宅是人们生活的场所，住宅区就构成一个社区。这些社区是由特定的地域、特定的人口、特定的行政中心，并具有共同认同感的心理组成的社会群体。各个社区，一方面根据自己的区域特点和文化风貌形成社区文化，一方面还要有配套建筑作为社区文化的物质基础。从思想建设角度看，它是进行精神文明建设的"大气候"。但是现在建成的一些居民住宅区，大部分没有儿童游戏场地、青年活动站和老人休息专用场地，使儿童和老年人都有孤独感，特别是对儿童的生理发育、心理发展以及社会化过程，产生很大的不利影响。至于商业网点等服务设施更不配套，买菜、购物、邮电、乘车颇有不便。

第三，城市绿化。城市绿化不仅可以调节气候、防风滞尘、净化空气、减少噪声，而且对改变人们的精神面貌，培养良好的社会风气也有重要作用。世界上许多发达国家，都很重视绿化工作。如波兰的华沙和澳大利亚的堪培拉是举世闻名的绿都，平均每个市民拥有的绿地面积在 70 平方米以上。根据联合国生物圈与环境组织的要求，城市绿地每个人应有 40 平方米，但我国的城市绿化水平很低。如北京市仅 5.1 平方米，城市绿化覆盖率 20.1%。绿化最差的城市福州，其城市绿化覆盖率为 4.2%，人均公共绿地面积为 0.66 平方米。

为了搞好绿化，我们可从三个方面着手。①"见缝插针""挤地造园"，实行立体绿化。如发展居住区的街头公园和街心公园；利用建筑物及围墙种植爬山虎、凌霄、爬藤、月季、蛇葡萄等攀藤植物；发展阳台、天井种植物。美国 1959 年有一位风景建筑师，在一座六层楼的屋顶，建造了一个景色秀丽的空中花园，开创了建筑与绿化艺术"杂交"的新领域。此后，屋顶花园便在不少国家出现。我国有些城市也开始尝试。实验证明，经过绿化的屋顶，可以调节室内温度，夏天室温可降低 3~5℃，冬天可升高 3~5℃。如果今后新建住宅尽量做到地面有建筑、屋顶有绿化，既能绿化城市、美化环境，又可以隔热保温，保护屋盖和节约能源。②室内绿化，要根据阳光、温度、湿度和装饰艺术布置一些盆景，有条件的还可在阳台上种植较大面积的绿色草坪。③有条件的可以以市中心为同心圆的圆心，营造几个圆心上的环形林带，其垂直方向再建设放射性林带，形成林带网；把人行道树、林路、防护林带联合起来形成"绿色走廊"；再把郊区绿化连向市中心，构成一个分布均匀的城市绿化网。因为城市人口密集，空地少，我们在绿化时要因地制宜，从实际出发，既不要过分强调绿地面积和绿化覆盖率，又不要画蛇添足，遍地是图案烦琐、色彩单调的铁栏杆。

另外，还有社会心理、社会流动以及住宅的分配管理等城市住宅的社会因素，因篇幅所限，就不再论述了。

我国现阶段的阶级结构[*]

何建章

一 研究的指导思想

赵紫阳同志在党的十三届二中全会上做的工作报告指出："在社会主义制度下，人民内部仍然存在着不同利益集团的矛盾。正确的方针，不是激化矛盾，也不是回避矛盾，而是及时地恰当地处理矛盾或缓解矛盾。许多社会矛盾可以通过改革得到解决；但在改革过程中也必然会产生新的利益调整和摩擦。因此，在当前和今后相当长的时期内，社会协商对话可为保证各项改革措施的实施服务，为协调社会矛盾服务，为巩固安定团结服务。"胡启立同志也说，在改革开放的新形势下，如何协调社会各个阶层的利益，把人们的思想和行动统一起来，这对我们来说，是一个严峻的考验。[①] 在社会主义制度下，如何正确认识和恰当处理不同利益集团即不同阶级阶层之间的矛盾，是巩固安定团结局面，促进社会稳定发展的关键。马克思主义的阶级学说已经为以私有制为基础的阶级社会的历史所证实，并作为所有马克思主义政党战略和策略的指导思想，在一系列国家取得无产阶级社会主义革命的胜利。问题在于，在建立了以公有制为基础或以公有制为主导的社会主义制度以后，对于分析社会主义社会的矛盾来说，马克思主义的阶级学说是否仍然适用？回答是肯定的。

首先，应该承认，社会主义仍然是一个阶级社会，虽然它同以私有制为基础的阶级对抗社会有所不同，其根本原因是社会主义社会还存在着劳

---

   * 原文发表于《社会学研究》1988 年第 5 期。

   ① 参见《胡启立在天津代表团联组会上的讲话》，《人民日报》1988 年 3 月 30 日。

动的社会分工。阶级和阶层的划分植根于劳动的分工，在劳动分工消失之前，阶级的划分是不可能被消除的。在纯粹的社会主义社会，即以单一的社会主义公有制为基础的社会主义社会中，由于社会生产力还没有极大发展，工业劳动和农业劳动的差别还没有完全被消除，城市和农村的经济和文化生活的差别还没有完全被消除，体力劳动和脑力劳动的本质差别仍然存在，也就存在着城市中以工业劳动为主的全民所有制的工人阶级，农村中以农业劳动为主的集体所有制的农民阶级，以及以脑力劳动为主的知识分子阶层。这些阶级和阶层之间，虽然不存在"一个集团能够占有另一个集团的劳动"的基础（生产资料私有制），但不可否认，人们在客观上存在着对生产资料的关系不同（公有制的两种基本形式）、在整个社会生产体系中的地位和作用不同，因而分配方式和数量上也有所差别，人们之间存在着矛盾。这些矛盾不是对抗性的，不是剥削和被剥削、统治和被统治的关系。但是如果处理不好，矛盾激化，也会发展成为对抗性矛盾。因此，社会主义社会也存在着如何正确处理工人、农民、知识分子之间的利益摩擦，协调他们之间矛盾的问题。

其次，社会主义初级阶段，存在着复杂的社会关系。以生产资料公有制为主导，包括个体经济、私营经济在内的多种经济成分和多种经营方式并存，是社会主义初级阶段的基本特征之一。从事个体经营的社会群体，通常被称为小资产阶级或小资产者阶层。私营经济是存在雇佣劳动关系的经济成分，这一点同资本主义生产关系有共同之处，但在社会主义条件下，它同占优势的公有制经济相联系，并受公有制经济的巨大影响，它不是占主导地位的经济成分，而是作为社会主义经济的补充，并服从社会主义国家管理。因此，我国的私营经济同资本主义社会的私营企业在地位和作用上存在明显区别。但是，私营企业者作为一个特殊的利益群体，不同于工人、农民和个体劳动者群体，这也是显而易见的。

二　我国现阶段的阶级结构

党的十一届三中全会以来，我国陆续展开了全面的经济体制改革。在所有制改革以后，农村已有99%以上的农户实行了家庭联产承包责任制。此外，在城乡，陆续产生了个体和联户办的工商企业、按股分红的合作企业、雇工经营的私营企业、中外合资企业、外资独资企业。还有全民企业之间，全民与集体、集体与集体、个人与集体合办的新的经济联合体等。随着经济体制改革的深入，还可能出现更多的经济类型。为了研究方便，我们暂时按现有统计数字对全民、集体、个体、私营、合营五大类进行初步分析。

首先，从生产资料占有情况来看，1986 年，各种经济成分拥有固定资产原值共计 12589 亿元，其中，全民所有制拥有 9000 亿元，占 71.5%；城乡集体所有制（包括城镇集体企业和农村乡镇企业、联合体）拥有 1933 亿元，占 15.4%；家庭承包和专业户拥有 1387 亿元，占 11.0%；个体经济和私营经济拥有 180 亿元，占 1.4%；中外合营和外资独营企业拥有 789 亿，占 0.6%。全民和集体经济固定资产原值共占 86.9%，占绝对优势。

其次，从各种经济成分的劳动力结构来看，1986 年末，全社会劳动者合计 51282 万人，其中，全民所有制职工 9333 万人，占 18.2%；集体所有制劳动者 9580 万人，占 18.7%；家庭承包和个体农民 30468 万人，占 59.4%；城镇个体户 483 万人，农村个体户 1363 万人，合计个体户 1846 万人，占 3.6%；[①] 中外合营和外资独资企业职工 55 万人，占 0.1%。全民所有制和集体所有制职工一般从事工业、交通运输、商业等行业。在这些行业中，以公有制为基础的工人阶级人数占绝对优势。在农业中，同公有制相联系的家庭承包农户占农村总农户的 99% 以上，换句话说，以土地和其他主要生产资料公有为基础的新型的农民占绝对多数。个体劳动者和私营企业者很少。

综上所述，我国现阶段存在着工人阶级、农民阶级、知识分子阶层、个体劳动者阶层、私营企业者阶层。此外，还有外来的国外投资者阶层。以下，我们对各个阶级阶层进行简要的分析。

工人阶级

在我国现阶段，工人阶级包括所有在国有企业、集体企业、私营企业、合营企业、独资企业中工作的劳动者。其共同的特征是以劳动作为谋生手段，以工资作为领取劳动报酬的基本形式。国有企业的职工是工人阶

---

① 1986 年以前，私营企业没有进行单独统计，一般都按个体经济登记。

级的主体。1986 年，国有企业职工共 9333 万人，占用的固定资产占全国社会固定资产总数的 71.5%。他们主要在工业、交通、运输等社会化大生产部门、大中型企业中工作，是产业工人最集中的地方，代表先进的社会生产力。集体所有制企业职工 9580 万人，占用固定资产 1933 亿元，占全社会固定资产总额的 15.4%。他们主要在中小型企业中工作，是工人阶级的重要组成部分。私营企业职工为数不多。据国家工商行政管理局资料，到 1987 年底，全国雇工 8 人以上的私营企业有 11.5 万家，从业人员 184.7 万人。此外，在合作经营组织和各种联合体中，还有相当一部分私营企业，据估算，全国共有私营企业二三十万家。如按平均每家从业人员 10 人计算，从业人员二三百万人。从总体来说，工人阶级是我国的领导阶级。

农民阶级

我国目前已有 99% 以上的农户实行家庭联产承包责任制，它是建立在土地和农田基本设施公有基础上分户经营、按户核算的社会主义经济成分。当然，其中也带有某些个体经营的因素。在农业劳动生产率提高以后，农村将出现大量的剩余劳动力转向其他产业，转为其他经济成分和社会阶层。1986 年，脱离或半脱离农业生产的乡镇企业劳动者已达 6159 万人，农村个体工商业从业人员已达 1363 万人，看来，农民阶级的人数和在全社会劳动者中所占的比重将逐渐减少。其中，大部分人将转到乡镇集体企业或进城市国有企业当工人，少数成为个体工商业者和私营业者。作为以集体所有制为基础的农民阶级，是工人阶级最可靠的同盟军，是实行社会主义初级阶段基本路线的依靠力量。

知识分子阶层

在资本主义制度下，知识分子是介于资产阶级和无产阶级之间的中间等级或特殊阶层。知识分子是脑力劳动者，他们不占有生产资料，受雇于资本家。从这方面说，他们处于同从事体力劳动的产业工人相同的地位，是作为"总体工人即结合劳动人员"的组成部分。同时，他们基本上是个人独立活动，类似自己拥有生产资料的个体劳动者。正是由于上述两个特点，知识分子不是一个独立的阶级，他们的阶级归属取决于其他条件，即为谁服务。一般说来，资本主义社会中依附于资产阶级的上层知识分子被划入资产阶级范畴，受压迫的中下层知识分子属于小资产阶级，站在无产阶级立场，为无产阶级解放事业奋斗的知识分子如马克思恩格斯则属于无产阶级范畴。在社会主义制度下，知识分子在对生产资料占有关系和为社会服务方面，同产业工人没有什么区别，因而理所当然地成为工人阶级的一部分。目前我国各部门通用的知识分子概念是：具有中专以上文化程度的脑力劳动者。据 1986 年城乡住户抽样调查，按就业人口中中专以上文化程度比例推算，全国约有大中专文化程度就业者 2700 万人（其中大专1206 万人，中专 1494 万人），约占全部就业人口的 5.3%。问题在于，在多种经济成分并存的情况下，各阶级阶层的就业人口中，不乏具有中专以上文化程度的人，应该把他们划归哪一个阶层呢？这要取决于他们在社会生产体系中所处的地位和所发挥的作用。个体工商业者中有知识的人属于个体劳动者阶层，私营企业者中有知识的人属于私营企业者阶层。我们今天谈论知识分子问题，其主要对象是作为工人阶级内部一个特殊阶层的那部分人。目前一般把脑力劳动者视为知识分子阶层。据 1982 年 7 月 1 日人口普查，全国各类脑力劳动者合计为 4077 万人。其中，各类专业技术人员为 2646 万人，国家机关党群组织企业事业单位负责人为 813 万人，办事员和机关人员为 618 万人。当然，他们当中并不是所有的人都具有中专以上文化水平，也不是所有的人都主要从事脑力劳动。扣除这些因素，真正符合知识分子条件的约有 3000 万人。目前知识分子的主要问题是待遇低，使用不当，积极性和创造性还没有得到充分发挥。这些问题要在改革中逐步加以解决。

个体劳动者阶层和私营企业者阶层

个体劳动者是生产资料个人所有和自食其力的独立经营者，私营企业者是生产资料私有和雇工的经营者。在生产资料社会主义改造以前，一般被称为小资产阶级和资产阶级，在社会主义改造过程中基本上被消灭了，党的十一届三中全会以后才逐步恢复和发展。目前，城乡个体劳动者有2000 多万人，占社会劳动力的 3% 左右。私营企业二三十万家，业主也有数十万人。实践证明，他们在实现资金、技术和劳动力的结合上做出了有益的贡献，在发展商品经济，满足人民需要方面，起了补充社会主义公有经济不足的作用。现在他们的数量还很多，今后还需要进一步发展。在我国现阶段，个体经济和私营经济是在国民经济中居于支配地位的社会主义公有制经济的主导地位已经确立的情况下存在和发展的。它们不能不同公有制经济相联系，不能不受公有制经济的制约，必须依附于公有制经济。同时，我国的个体经济和私营经济还在发展过程中，其成员还没有完全脱离原来的阶级归属，如有的是退休职工、停薪留职人员，有的是保留承包土地的农民等。他们的人数不多而且不稳定，还不具备形成独立阶级的条件，称其为个体劳动者阶层和私营者阶层比较适宜。

当然，我们也要清醒地认识到，个体经济和私营经济都是以生产资料私有制为基础，私营经济还存在雇佣劳动关系，私营企业主占有雇佣劳动力创造的部分剩余价值。因此，唯利是图、违法乱法等私有经济固有的一些弊病也是不可避免的，如偷税漏税、投机倒把、雇用童工、侵犯雇工的人身权利，等等。对此，要采取切实可行的措施兴利除弊，加强工商行政管理，尽快制定私营企业法，使个体劳动者和私营企业者更好地为社会主义经济服务。

经济发展与社会变迁

—— 转变时期中不同类型城市社区发展的社会学分析[*]

李汉林　王　琦　王　颖　方　明　孙炳耀

一　引言与提要

经过 9 年的经济体制改革之后，中国进入了一个崭新的大转变时期。这个时期的主要特征是，从经济发展的角度，致力于完成从单纯追求数量增长型向效益提高型的发展模式的转变；从经济体制的角度，努力实现从传统的计划经济体制向现代的有计划的商品经济体制的转变；从社会发展的角度，积极达到从传统社会向具有"小康水平"的现代化社会过渡，实现从"传统人"到"现代人"的转变。

正确地把握这一非常时期的经济发展与社会变迁活动，要求人们同时实现两个最基本的社会过程。在经济活动中，要完成产品经济向商品经济转变的过程；在社会发展上，则要实现传统的社会结构、行为规范和价值观念向新的现代化的社会结构、行为规范和价值观念转变的过程。这两个最基本的社会过程，相互制约、相互影响。对一者的疏忽必然会造成对另一者的滞后性制约，只有两者之间协调发展，才会加速经济的发展与社会的变迁。

反思 9 年来的实践，我们曾在经济上胜利地推行了农村的改革，卓有成效地在全国范围内对整个分配、流通、金融、信贷、价格等经济体制的诸方面进行大胆的创新，取得了经济发展的举世瞩目的伟大成就。但是，我们却忽略了在深化经济改革的同时不失时机地推进社会的变迁，很多同

---

* 原文发表于《社会学研究》1988 年第 5 期。

志至少在思想认识上还没有把社会变迁放在与经济发展同等重要的位置上，从而造成了全国性的社会变迁滞后、经济改革与社会改革不同步的失调状况。其主要表现如下。

1. 社会体制变迁滞后。在推进经济发展和经济体制改革的同时，我们没有与之相适应地推进政治体制、教育体制、文化体制、科技体制、政府行政管理体制的改革。两者之间的不同步，使得经济的发展受到体制的制约。

2. 社会组织变迁滞后。就是经济体制改革不断深入的今天，我们大多数政治、经济、文化、科技、教育等各种社会组织仍深深打着传统社会的印记，使得任何社会组织都成为大家庭式的社会单位和实体，既自给自足，又集经济、政治、教育、福利、安全、社会控制等许多社会功能于一身，难以成为现代化经济与社会发展的有效率的组织载体。

3. 人们的价值观念和行为规范的变迁滞后。在经济体制改革、新旧体制转换的非常时期，我们没有与之相适应地转变人们的价值观念和行为规范，这就使得许多传统的东西在制度上已经破裂，但许多崭新的东西却没有在人们的价值观念和行为规范上确立起来。特别是当双重体制带来双重价值观念和行为规范上的摩擦、冲突的时候，更是造成人们价值取向上的混乱，进而生出疏离感、颓废感和无规范感。改革中所出现的一些"社会震荡"，正是人们的价值与规范取向发生危机的典型表现，也是人们价值观念和行为规范变迁滞后的集中反映。

4. 对社会结构变迁的认识滞后。改革的重要目标之一，是要调整旧体制下各个社会阶层之间不合理的利益关系，重构一种新的利益关系格局。但是，长期以来，我们对各个不同社会阶层的阶层利益、阶层意识、阶层观念、阶层规范、阶层认同与阶层参与等一系列社会结构的基本问题都处于一种若明若暗的认识状况。

5. 改革的社会变迁研究滞后。这又具体地反映在：

——当人们在强调加强对经济、社会协调发展研究的时候，往往自觉或不自觉地被简化为对经济发展的研究，而没有从根本上认识到，经济发展只是社会发展的手段，社会发展才是经济发展的目的。人们一谈改革，也往往首先或主要考虑经济的改革，忽略和忘记社会层次上的改革与变迁。一系列事实反映了社会改革与变迁问题研究上的不合理：社会改革与变迁问题重要，但却常常不受人重视；对经济发展研究既有系统理论，又有强大的专业队伍，而对社会改革与变迁研究，既缺乏系统理论，又没有一支强大的专业力量；社会变迁与改革问题牵涉面最广、最复杂，但对它的研究却最狭隘、最贫乏。30多年来我们在社会主义建设上的失误，改革以来我们所遇到的各种"社会震荡"，不能不说是社会改革与变迁滞后以及对这种社会变迁研究所处的落后状态所造成的必然结果。

——当我们在实施一项经济改革方案的时候，考虑实施方案的经济环境和经济后果较多，忽略和没有顾及方案实施所应具备的社会环境和社会条件以及由此所产生的社会后果，从而常常使我们毫无准备地遇到一些强烈的"社会震荡"。

——一旦产生了这种"社会震荡"，我们又简单地把这种现象归结为某一种错误意识形态的影响，从政治上或意识形态上定义这些经济发展过程中自然出现的社会问题，对群众中的一些不满情绪不能加以令人信服的引导，从而在更大的范围内恶化了改革的社会环境。

——改革是千百万人的共同事业，它需要广大群众的热情参与和支持。但是，由于我们忽略了加强改革的政治透明度、沟通政府与人民大众的感情交流渠道，这就使得不少同志对这场伟大的改革运动既缺乏高度的认识和热情，也缺乏必要的理解和认同，从而不能在最大限度和最大范围上实现对这种改革的社会心理转变，强化对改革后果的社会心理承受能力。

种种迹象表明，社会变迁滞后，社会改革处于一种事实上的虚置状态，使得目前和今后的改革将遇到更大的社会阻力，经济改革的深入和社会结构的矛盾日趋激化，各种不同利益集团的冲突将不断尖锐起来。在旧体制某些部分衰退、新体制相应部分尚未发育的时候，社会变迁滞后的状况还将会引起整个转变时期宏观社会秩序的混乱。如果我们不尽快改变这种超前和滞后的畸形状态，我们的改革就会很快面临前功尽弃、毁于一旦的巨大危险。

严峻的现实，要求我们在发展过程中不断调整改革的战略及经济与社会发展的关系，要求我们不仅从思想认识上，而且从实际行动中都要用极大的热情深切关注社会的变迁与改革。从改革形势发展的种种趋势和表现上判断改善改革的社会环境和改变社会变迁滞后状态，调整人们对改革的社会心理基础，从改革的整体上通盘考虑和规划经济发展的社会条件、社会后果以及非经济因素制约，这可能是我们摆脱新旧体制的胶着状态，使改革走出低谷的重要途径。

本文试图运用社会学观点，从历史和现实的角度，概括地说明经济发展与社会变迁的相互作用对各种不同类型城市社区发展的影响。这篇文章试图通过分析各种不同类型城市社区在其自身成长过程中经济发展与社会变迁的相互作用，研究城市社区中生产方式联结与互动过程中的社会制约，探讨由这种联结与互动引发的区域关系重组所带来的社会后果和影响，反复地说明，经济发展与社会变迁始终属于两个不可偏废的侧面，对一者的忽略必然会造成对另一者的制约，只有两者之间的协调才能推动社区的全面发展。

在分析各种不同类型的城市社区在其自身成长过程中经济发展与社会变迁的相互作用时，我们试图论证：任何一个城市社区的发展过程，都需要完成经济、社会和文化上的转轨；一旦在一个城市社区的成长过程中出现经济发展的政治化倾向，就会在很大的程度上制约这个社区的经济和社会成长，使发展处于停滞状态；任何一个城市社会的发展，都是建立在社区的历史文化基础之上，都离不开它的历史文化背景；任何一个城市社区的发展，都会遇到各种各样的冲突，在冲突中注重整合人们的利益，是发展的重要任务；任何一个城市社区都是在中心－边陲的社会互动过程中得以进步，对各个不同层次经济主体的依赖过程中得以发展的；在任何一个城市社区的发展过程中，经济、社会和文化的示范效应总是从积极和消极两个方面反复地作用于社区的发展。

在研究城市社区中的生产方式联结与互动过程的时候，我们试图说明：在不同类型的城市社区中，生产方式的联结与互动或者表现为外部生产力大规模地、集约式地直接参与城市社区的经济与社会成长，或者新的生产方式从外部间接地发生影响，或者两者相互交替地作用于城市社区的经济与社会成长过程；先进的现代化的生产方式与落后的传统的生产方式发生联结和社会互动的时候，总是表现为前者的扩散以及前者作用于后者的社会过程，而且，这种扩散过程总是一般表现为技术的扩散、人才的扩散、产品的扩散、经营管理方式的扩散这四个方面；生产方式的联结与互动同时还受到各种社会因素的影响；作为促进这种联结与互动的因素主要是体制、政策和政府行为因素，但是在一定的条件下，这些因素也会起到制约的作用；作为诱发因素主要是有效需求因素；作为限制因素主要是传统因素。

在探讨由生产关系联结和互动引发的区域关系重组及其所带来的社会后果和影响时，我们也试图说明：

——生产要素在区域间的流动以及区域间生产方式联结与互动的机制由国家和政府的行政命令来推动逐步变为由利益所推动，要素的流动呈由东向西和加速度的趋势，并且由长期和固定逐步变为短期和非固定。

——生产方式的联结与互动以及生产要素在区域间的流动，直接作用于区域中的深层结构，使区域的政府行为、企业行为以及人们的价值观念和行为规范与新的观念和规范、与新的生产方式和要素相切相交、相排斥碰撞、相融合渗透，从而发生剧烈的变化。

——跨区域、跨部门的企业集团的出现，使得区域经济发展与社会发展最终将冲破行政性和地区性的约束，从而改变"虚拟区域和社区"的畸形状况；军工企业逐步向区域中的中心城市集结。这对于全面释放军工企业所蕴藏的巨大科学、技术和经济能力，扩散先进的生产要素，强化新文化、新观念和新规范的示范效应，提高生产方式联结与互动的效率，都会产生巨大的影响。

——人口在区域间的大幅度流动，起到了一种新的、现代的和先进的生产方式载体的作用，使得传统的、落后的生产方式在现代的、先进的生产方式的撞击下，在由此所引发的强烈示范效应的影响下得以重组、整合和更新。

二 历史的回顾：不同类型城市社区的发展

根据世界上大多数不发达国家发展的经验，发展中国家城市社区的发展，必然伴随着一个漫长的、艰难的工业化的社会过程。实现这个社会过程的基本方式一般表现为以下几点。

1. 基于城市社区所处的地理区位（如处于沿海、沿公路线交通便利因素等），自然和逐渐地发展工业，在工业发展的基础上，带动商业、贸易的繁荣和城市基础设施的建设，使城市化和工业化的社会过程在相互促进、相互推动的基础上得以实现。

2. 基于城市社区长期所形成的商品经济的文化传统，逐渐从自身结构中缓慢地分化出商业、工业、金融业等各种行业，在这些行业不断分化和兴旺的基础上，促进和带动城市社区的繁荣和发展。

3. 基于城市周围区域所拥有的丰富的自然资源条件，以开发资源引起工业要素的大规模集聚和发展，进而牵动和促进城市化的社会过程。

4. 国家和政府根据一定时期中的政治、经济、文化发展和国防建设的需要，有意识地在一定区域中进行工业布点，在工业发展的过程中带动城市的发展。

参照不发达国家发展的经验来思考，解放以来中国城市社区的发展同样是一个城市化与工业化相互制约和促进、相辅相成的社会过程。在这个社会过程中，发展则主要表现为注入、自发和混合三种基本形式。

1. 中国城市社区发展的自发方式，主要是指基于自身商品经济的文化传统、地理区位和自然资源条件，在外部经济与社会发展方式的影响下，经过自身经济与社会结构的不断分化与整合，逐渐地依靠自身发展的惯性，推动和促进城市化、工业化社会过程的方式。很显然，这样的一种发展方式涵括了中国大部分的城市社区。

2. 中国城市社区发展的注入方式，主要是指国家和政府根据一定时期中政治、经济、文化发展和国防建设的需要，有意识地在一定区域中进行大规模的经济建设和工业布点，大量地和集中地注入现代经济发展的要素，在工业发展的过程中带动城市发展的方式。这种发展方式的主要特征是外部生产力直接参与城市社区的经济与社会成长。内蒙古的包头市、湖北的十堰市、广东的深圳特区就是通过这种方式发展起来的城市社区。

3. 中国城市社区发展的混合方式，主要是指中国的一些城市社区在其自身发展的基础上，根据宏观经济与社会发展的需求和布局，在一定时间内集中地注入大量的现代经济发展要素，大规模地集结外部生产力参与城市社区的经济与社会成长，加速工业化、城市化社会过程的方式。河南的洛阳市、湖北的襄樊市、福建的厦门市就是通过这种方式发展起来的城市社区。

根据中国城市社区发展的基本方式，从城市社区经济发展与社会变迁的角度，我们深入调查了各种不同类型的城市。

　　我们调查了江苏省的苏州市、无锡市、常州市、南通市、镇江市及浙江省的温州市。这种类型城市社区的主要特点是，地理区位处于中国东部的沿海一带，隶属于上海经济区，直接受上海科学技术和经济的辐射，交通便利，经济水平较高；在历史上，商品经济比较发达，且最先受西方资本主义的影响，并以极其特殊的方式或多或少地接受了现代经济伦理与观念；这里自然资源虽然贫乏，但受现代经济与社会发展方式的影响较大；人口密度虽然较高，但人们的商品意识较强烈，人口的教育水平较高，其城市化和工业化的社会过程基本上是靠自身经济与社会结构的不断分化和整合来逐步实现的。很显然，这种类型的城市社区是按照自发的方式发展起来的。

　　我们也调查了内蒙古的包头市、东胜市以及湖北的十堰市。这类城市的主要特点是，地理区域处于中国的中部和西部，自然资源丰富，生活条件比较艰苦，在历史上，自给自足的经济意识浓厚，商品经济观念淡薄；现实的发展主要是由于国家在这里的工业布点和集中地注入大量现代经济要素所引发，国家和政府大规模集结外部生产力参与这里的工业化和城市化的社会过程；这类城市社区的体制特征是，高元生产点和低元生产点并存，先进的、现代化的生产方式与落后的、传统的生产方式并存；人口密度小，但人口素质的反差太大。很显然，这种类型的城市社区是按照注入的方式发展起来的。

　　我们还调查了河南洛阳市、湖北的襄樊市和福建的厦门市，这类城市的主要特点是，地理区位处于中国的东部和中部，但大量的处于中国的腹地，这里历史文化传统悠久，城市的发展也有一定的基础；一方面，经过自身经济与社会结构的不断分化与整合，依靠自身发展的惯性，实现其城市化和工业化的社会过程；另一方面，则由国家在一段时间内大量集聚外部生产力，突击参与这里的城市化和工业化的社会过程。很显然，这种类型的城市社区是按照混合的方式发展起来的。

　　三种不同类型城市社区的发展，既体现了不同的发展道路和方向，又反映了不同的发展内容和特色。下面，我们试图通过简要回顾各种不同类型城市社区经济与社会成长的历史进程，分析经济发展与社会变迁、经济改革与社会改革之间的有机联系。

（一） 自发式类型城市社区的发展

首先，让我们简略分析浙江省温州市的情况。该市地处浙江省南部，下辖 9 县 2 区，总面积为 1.17 万平方公里，人口为 620 万。历史上曾经是一个商业和手工业相当发达的城市。在南宋时期，温州就以"其货纤靡，其人善贾"而闻名全国。在清朝光绪年间，这里被辟为对外通商口岸，外国商行蜂拥而至，使这里又处于"瓯为海国，市半洋行"的境地。这种独特的历史背景，使得温州人逐渐形成了长于经商和从事手工业生产的传统，有了一个较好的工商基础。以解放初期为例，1950 年，全市 15 万人口中，从事个体工商业的劳动者就有 1.1 万多人。在今天，这里虽然人多地少，人均只有 0.46 亩地，但物产丰富，地下蕴藏 40 多种矿产，其中明矾石产量占世界的 60% 左右；海岸线长 30 多公里，可建 500 吨至 10 万吨级的港址多处，其中七里黄花港址，海岸线 3800 米，水深近百年来一直稳定在 8～13 米；侨胞甚多，素有"华侨之乡"之称，海外温州籍华侨 6 万多人，旅居 47 个国家和地区，其中在欧洲的就有 4 万多人。[①]

基于这里优越的经济与社会条件，温州市完全可以经过自身经济与社会结构的不断分化与整合，逐渐依靠自身发展的惯性，迅速地推进和实现城市化和工业化的社会过程。事实上，在解放初期，这里的经济也确实得到了长足发展。据统计，在 1957 年，温州市的工业总产值为 2.6 亿元，比 1949 年增长 2.31 倍，平均每年递增 24.5%；同期温州港的吞吐量为 167.46 万吨，比 1949 年增长 9 倍多，年递增率为 33.69%。但是此后发展速度停滞下来，在 1966～1976 年 10 年间，温州工业的平均年递增率只有 0.1%。[②]

温州市经济与社会长期停滞不前的主要原因，首先是由于社区发展所必需的社会政治环境遭到很大程度的恶化。20 世纪 50 年代到 60 年代，基于我们对国际形势的判断，温州和大部分沿海城市被定为国防前线，35 年间国家在这里的固定资产投资只占全省投资总额的 3.24%，[③] 而且，紧张

---

① 参见袁恩桢主编《温州——模式与富裕之路》，上海社会科学院出版社，1987 年版；张德喜等：《温州模式》，光明日报出版社，1986 年版。

② 参见《温州市国民经济统计资料提要》，1986 年。

③ 同上。

的政治气氛始终影响和制约着这里经济的发展。十年动乱期间，这里武斗频繁，连年内战。政治上的狂热使人们根本无暇顾及生产建设，从而使温州的经济遭到更严重的干扰和破坏。其次，还因为人们不断地用政治上的意识形态定义和评价人们的经济行为，从而造成人们经济行为取向上的极大混乱。1956年以后对这里首先兴起的"包产到户"的严厉批判，"文革"期间对温州人民从事手工业生产、外出经商等历史传统斥之以"弃农经商""劳力外流""长途贩运""地下工厂""资本主义复辟"，乃至以后政府所采取的不断搜查、罚款、拆屋、封门、关押等一系列措施，都极大地打击了人们的经济行为，恶化了温州经济发展的社会与政治环境，使人们的经济行为取向形成了极大的混乱。

党的十一届三中全会以后，这里的经济与社会发展出现了前所未有的巨大变化。1976年温州市工业总产值5.06亿元，到1985年则为42.23亿元，增长了8倍多；1976年，农业在工农业总产值中的比重占80%以上，到1985年，二者的比重则完全倒了过来；1976年，全市财政收入不足3千万元，而1979年至1985年，其财政收入则以平均每年16.9%的速度递增，7年中的财政总收入相当于以往27年财政总收入的79.2%。①

温州市经过自身经济和社会结构的不断分化与整合，依靠自身发展的惯性，迅速推进了工业化的社会过程，闯出了一条被人们冠之以"温州模式"的致富之路。这种模式的内涵可以简单地概括为：以个体经济为主要内容，以家庭工业和专业市场为基本形式，通过发展商品经济而实现工业化和城市化的社会过程。② 据统计，1985年在工业总产值中，个体经济的比重为30.7%，而国营经济的比重为18.43%，在社会商品零售总额中，国营与个体商业持平，同为27.5%。据了解，1985年全市共有家庭工厂10.7万个，联户工厂2.5万个，二者从业人员达40多万人，产值11.4亿元，占农村工业产值的61.5%，从绝对额上看，超过了城市全民所有制的产值。与此同时，民办商业的营业总额也与国营商业的零售总额持平，民办运输业的运输量占全市运输总量的60%。据调查，温州大大小小、各种各样的专业市场共有417个，其中年成交额在亿元左右的商品市场有10

---

① 参见袁思桢主编《温州——模式与富裕之路》，上海社会科学院出版社，1987年版；张德喜等：《温州模式》，光明日报出版社，1986年版。

② 同上。

个，它们同民办工业相互促进，用市场的兴起带动民办工业的发展，民办工业发展以后又推动市场的形成。它们利用 10 万供销大军，传送信息、推销产品、拾遗补阙，仅以这 10 大商品市场为例，1985 年成交额达 11.5 亿元，占全市商品市场成交额的 32%。[①]

导致温州市近年来飞跃发展的一个朴素的原因是，十一届三中全会以后，从中央到地方逐渐形成了一个抓经济建设的社会风气，经济发展所必需的社会政治环境得到很大程度的改善。各级领导同志开始不随意从政治上或意识形态上定义和批判人们的经济行为了。特别是在温州，各级领导对人们从传统所形成的以个体经济为主要内容，以家庭工业和专业市场为基本形式来发家致富的良好愿望和行为，从抱着一种有意识的"无为而治"的态度，到逐步做到尊重、理解和支持，这都在极大程度上激发了人们经济行为的创造性和热情。事实上，当人们追求利益的愿望和行为自然地受到哪怕是最起码的社会尊重的时候，历史就会前进，经济与社会就会得到发展。温州以及全国其他类似于温州这种类型的城市在不同程度上的跃进，就是一个极好的证明。

然而，当人们以极大的热情关注温州地区经济发展的时候，却又忽视了事实上早已发生的、潜在的社会变迁以及经济发展所带来的社会后果。比如在温州和全国其他一些地区所出现的个体企业中的雇主与雇工之间、不同所有制职工之间极其悬殊的收入差距，各种不同职业中不合理的工资倒挂现象，在这里面，有些是属于合法的劳动收入，有些则是通过偷税漏税、买空卖空等各种非法手段和由于我们政策上的不合理，钻国家政策上的空子而发财的。在过去的一段时间里，我们把这些现象仅仅作为前进中的问题来敷衍，或者一般地进行处理，而没有从经济发展的社会后果上深刻地认识到，这种不合理的和非法的个人收入连续几年来的不断膨胀以及由此所产生的巨大的收入差距，正在成为或者已经成为毒化整个国家经济发展的社会环境、动摇和毁坏经济体制改革的社会政治及心理基础的最主要因素。可以毫不夸张地说，由目前双重体制的摩擦、冲突所带来的经济发展中的失误和人们经济行为上的偏差，在社会、政治和文化领域所造成

---

① 参见袁思桢主编《温州——模式与富裕之路》上海社会科学院出版社，1987 年版；张德喜等；《温州模式》，光明日报出版社，1986 年版。

的危害比在经济领域所造成的损失要严重得多，而我们在认识上和行为上忽略对经济发展所引发的社会变迁和社会危机的分析和研究，则会最终造成全面抑制经济与社会的成长。

让我们再分析一下江苏省常州市的情况。常州市位于江苏省南部，长江三角洲平原中部，东接无锡、苏州，西接镇江、南京，京杭大运河穿城而过。1983 年实行市管县体制后，常州市管辖武进、金坛、溧阳三县，全市有人口 306.8 万人，总面积 4211 平方公里。这里在历史上一直是江南水乡商品集散中心之一，唐朝中期这里丝麻织物开始出名，明代出现手工作坊，近代工业早在 20 世纪就随着全国最大的工业基地上海的兴起而陆续发展起来。解放后，常州市经济建设发展迅速，从 1949 到 1984 年的 35 年间，常州市区工业总产值以每年平均递增 12.8% 的速度增长，翻了六番多；财政收入平均每年递增 23%，累计上缴国家的财政收入相当于国家对该市全部拨款的 8 倍。现在的常州市已成为一个比较先进的，以轻纺、机电、塑化等加工工业为主的中等城市，同时进入了全国 15 个年工业产值达百亿元的城市行列。①

常州作为一个按照自发的方式发展起来的城市，之所以能在解放后的 30 多年时间里，比较独立地经过自身经济与社会结构的不断分化与整合，依据自身发展的惯性来逐步实现和推进工业化和城市化的社会过程，其主要社会、经济和文化的原因如下。

1. 常州市在历史上就有了一个比较发达的商品经济、民族工业和手工业基础，形成了一支有商品经济意识和社会生产观念的产业工人及管理人员队伍。

2. 常州市地处宁沪杭三角区这一我国经济发达的地带，城市之间的相互交流与感应，这使其具备了较好的外部环境。

3. 常州市的经济结构属于产品大进大出的轻型工业结构，只有与其他地方实行商品交换才能生存与发展，这就在客观上使其比资源丰富的地区，如内蒙古包头或东胜市更具有商品经济意识和经济效益观念。

4. 常州市的企业组织结构是地方企业多，集体企业多，中小企业多，

---

① 常州市经济研究中心：《起飞之前——常州市经济发展与经济改革的研究报告》，1986 年印刷。

这使其不存在象包头、十堰、洛阳等城市那样中央大型企业在实力上占绝对优势、联合受条块分割及大企业搞"大而全"等因素制约的状况，各企业力量相对薄弱，且分处于各个主管局的统一领导之下，易于形成"共生"关系。

5. 国家对常州的投资以及工业资源的分配较少，使常州不得不走依靠自身力量发展经济的路子；由于国家提供的人力、物力、财力较少，因而控制力也相对弱小，这就使得常州市在其发展过程中具有一定的自主权和变通能力。

6. 除此之外，常州市还有一大批熟悉企业经营管理的市、局级领导，这就为政府机构灵活正确地运用行政权力，促进经济的发展提供了人才条件。

近年来常州市经济上的跃进，特别是企业群体的蓬勃发展所引发的整个经济结构的巨大变化，主要是因为：

1. 有了一个良好的全面改革的宏观环境及正确的政策推动。

2. 国内商品市场初步形成，使企业意识到以群体参加市场竞争的迫切性和必要性，从而为今后经济结构的变迁打下了一良好的认识基础。

3. 一些企业发展的成功范例，形成了强烈的示范效应，为更多的企业的模仿、创新提供了一个良好的社会经济环境。

4. 常州市政府经济部门的协调和指导为其经济上的跃进提供了重要的行政性保证。

5. 随着城市经济体制改革的深化，企业发展自身生产力的内在要求在日益增强。

事实证明：任何一个城市社区，在其自身发展的过程中，只要能够有意识地在经济发展的同时，努力创造一个良好的社会环境和社会条件，使经济的发展和社会的变迁逐渐同步起来，才能够真正使经济与社会的发展变得健康、平稳、高速。

（二）注入式类型城市社区的发展

首先，让我们简要分析内蒙古包头市的情况。解放前的包头市，仅仅是北方的一个皮毛集散地。20世纪50年代初期，国家为了加快西部发展，实现国民经济的合理布局，"一五"期间156项重点工程就有6项放在了包头，以期合理开发和利用当地丰富的矿产资源，带动整个地区的经济发展。在全国的支持下，一个解放后只有 8 万人口的市镇变成了一个百万人口的草原钢城，初步形成了一个以重工业为主的经济体系。

从理论上说，国家重点建设项目的实施过程实际上是资金、物资设备、技术管理、专业人才等现代化经济发展要素大量输入的过程，围绕着服务于这些大工业，地方工业就能够在它们的帮助和带动下逐渐发展起来，在工业化的过程中逐渐完成城市化的社会过程，这既是当时国家在西部实施重点项目建设的初衷，也是整个西部社区成长的一种重要发展战略。但是，由于以条块分割为特征的行政性经济体制，包头的那些大型企业在客观上成为国家在地方上的一块"飞地"，从而深刻地影响着企业之间正常的经济联系。在条块分割的制约下，大型企业的经济技术能力扩散不出去，难以增强地方的经济实力，而随着这些大工业的发展，职工队伍迅速膨胀，生活问题和市政建设给地方政府的压力愈来愈大，其包袱背得愈来愈重。这样造成的后果是，地方工业落后，无力为大工业成龙配套；地方经济基础薄弱，无力搞好市政建设，提供良好的生活服务，逐步改善生活条件；而在包头的那些中央大型企业，一方面由于体制上的原因自我封闭，另一方面也迫于成龙配套的需要使企业变得愈来愈大而全，再加上包头地方政府无力解决这些大企业职工的生活福利、住房及子女上学、就业等一系列问题，也迫使企业办起了社会。这样的一种市长办企业，企业办社会的畸形状况，是经济发展过程中社会变迁滞后所带来的后果，它所揭示的是一种人文生态失调的社会现象。

其次，让我们再来分析内蒙古东胜市的情况。东胜市是内蒙古的一个盟市，地处偏远的鄂尔多斯高原，是整个伊克昭盟唯一的城市，它不仅是伊盟党和政府机关的所在地，而且还负担着为广大农牧地区 140 多万农牧民服务的功能。在历史上，这里是一个封闭的农牧经济区，交通不发达，仅有一条公路与包头相连，工业也十分落后。解放初期，这里只是一个村落，只有 6 家手工业作坊式的工业。70 年代以来，由于盟里发展的一些工业大部分放在了东胜，才使这里的工业初具规模。但是，这里的技术仍很落后，设备陈旧，企业产品缺乏竞争力，成本高昂而且利润很小。1979年，伊盟和东胜市利用当地高质量的羊绒资源，与日本三井株式会社合作，以补偿贸易形式在原绒毛厂的基础上，扩大和改建成大型羊绒衫厂，由此带动了一批毛纺织企业，该厂在当年就收回投资，年创利税是原厂利税总和的 8 倍，投产 5 年就赚回四个半厂，产品行销世界 20 多个国家。正是在这个高元生产点的带动下，工业化和城市化的社会过程迅速加快。1978 年，东胜市区工业总产值为 4346.78 万元，非农业人口为 37738 人，到 1986 年，工业总产值为 1.01 亿元，增长 1.33 倍，非农业人口 62722 人，增长 66.2%。其中，羊绒衫厂的产值占整个东胜市工业产值的 90% 以上，占伊盟的 80%。[①]

这个典型的案例所揭示的是在不发达的城市社区，根据其自身独特的自然资源，从外部注入现代经济发展要素以后所产生的巨大经济与社会效益。它告诉人们，正确选择这个特定区域发展的主导产业或部门以后，通过其自身的回顾影响（即指主导部门对那些向自己供给生产资料部门的影响）、旁侧影响（指主导部门或产业对更大区域的影响）和前瞻影响（指主导部门和产业对新工业、新技术、新原料、新工艺、新的管理手段出现的诱导作用），使这个区域的产业结构发生深刻变化，进而实现经济发展的起飞。应该承认，这样的一种发展模式在我们这个政府具有极强资源动员能力的国度里获得了极好的初始效应。

但是，也正是由于我们传统体制中政府对企业极强的干预性，使这个地区在今后的发展过程中投下了许多社会的阴影。由于这个作为发展主导部门的企业，不仅经济效益高工作条件好，而且在东胜市和伊盟都是"独生子女"，所以，盟市有关部门都对此寄予很高的期望。这表现在人事安排上，厂长及车间主要领导干部的任免都由盟政府直接安排；在招收职工上，很多地方上的各级领导干部都纷纷通过各种关系把自己的子女送进了工厂；在利润分配上，盟市有关部门通过调节各种税种税率的办法，将它们的赢利转移到了一些亏损的企业，用鞭打快牛的办法，拆东墙补西墙；在职工的物质待遇上，理应贡献大，待遇高，但由于相互攀比的压力，企业不能够理直气壮地提高职工的工资待遇，甚至一度还出现了与亏损企业在奖金、福利等方面处于同一水平的状况。同时，还因为其他的一些服务配套行业没跟上，刚刚组建和上马的企业也逐渐开始办起了社会，自己解决理应由社会解决的生活服务问题，从而一步一步地逐渐迈向人文生态恶

---

① 《可爱的鄂尔多斯》编委会：《可爱的鄂尔多斯》，内蒙古人民出版社，1987 年版。

性循环的陷阱里。种种现象都反复说明，不创造和不重视优化良好的社会环境，再好的发展模式也不会产生良好的社会经济效益。

（三）混合式类型城市社区的发展

首先，让我们来简略回顾河南省洛阳市的发展。洛阳地处中原，有"九朝古都"之称，历史上这里商品经济发达。在隋唐时期，洛阳城商贾云集，出现了"远趋商贾，牛马车兴，填塞道路"，"商邑翼翼，四方是极"的繁荣景象。解放以后，洛阳市一方面在和平环境中，经过自身经济与社会结构的不断分化与整合，依靠自身发展的惯性，启动了城市化和工业化的社会过程。另一方面，则主要是由于国家在"一五""二五"期间，把156项重点项目中的七项定点建设在了这里。20世纪60年代中期到70年代初期，为了"准备打仗"，国家又从沿海一带迁移了12个大型企业和科研单位。这样一来，由于国家在一段时间内大量集聚了外部生产力，突击参与了这里工业化和城市化的社会过程，从而使洛阳在一个不长的时间里，从一个文化古都一跃成为我国中部地区的一个以农业机械、矿山机械、轴承、建筑材料、有色金属加工为主的重型工业基地。

无论从地理环境和自然资源状况还是从人才结构和职工素质的状况来看，像洛阳这样的中部城市都有着和其他一些东部城市同样的优势和长处。但是，发展的结果却使得他们与东部的一些城市社区相比形成了不小的差距。这里除去体制上的原因以外，文化传统的制约不能不是一个重要的原因。

洛阳历史上为九朝古都，是我国著名的六大古都和24个历史文化名城之一。灿烂辉煌的中原文化不仅哺育了洛阳人民，而且哺育了中华民族，从而使每个中国人在今天接受历史和文化对我们的冶炼和熏陶的时候，总是会深深地感到一种骄傲与沉重、自豪与压迫的交织。

洛阳及广大中部地区为中国的腹地，是中华民族的摇篮和中国文化的诞生地，在文化上与东部沿海区域相比，具有一些鲜明的不同特点。在近代中国，西方资本主义列强用大炮主要在东部沿海一带区域强迫"中华帝国"打开了封闭的大门。尽管这使中国沦为半封建半殖民地的悲惨境地，但它毕竟冲击了中国文化，冲击了封建的经济结构和建立在这个结构上的封建政治统治，带来了资本主义因素，在强迫中国以殖民地的结构与世界市场进行联系的时候，同时为中国输入和利用欧美国家的先进科学技术和资本主义的经营管理经验创造了条件。正是在这种独特的历史背景下，广大的东部沿海区域以极其特殊的方式或多或少地接受了现代经济伦理与观念，使自身的文化在冲突与融合、交织与碰撞过程中异化、变态和发展。而在广大的中国腹地，西方资本主义文化的影响还没有波及这里。尽管包括洛阳在内的中部地区也曾遭受过帝国主义铁蹄的践踏，但是，他们的文化侵略和渗透对这块中国文化核心区域来说，就显得太微不足道了。

正是在这种五千年传统文化的历史惯性作用下，包括洛阳在内中部区域的一切经济和政治行为，都深深打上了这种文化的烙印，并深刻影响着这些地区经济、社会发展的道路和方式。应该看到，这种传统文化的历史惯性同时具有积极和消极方面的作用。在积极的方面，它可以使一个社区的社会和经济进步具有较少的剧烈动荡和混乱；在消极方面，由于它总是要不断地自我复制，再生产出原有的社会经济关系，从而使旧的内容顽强地生存下来，或者以新的形式延续下去，使任何一个特定社会的经济与社会发展，使任何一种经济与政治行为，都不可避免地受到这种文化传统的制约。在洛阳的调查中我们看到，由于历史原因，洛阳市的小型企业都是在依赖大型企业或者在与大型企业配套过程中发展起来的，真正独立的企业不多。这就造成了整个洛阳地区小型企业和地方企业对大型企业和中央企业的依赖有余而自立不足的经济格局，使得洛阳地区的小型企业和地方企业成为一个不稳定的系统，如果抽去了他们与大型企业及中央企业的联系，弱化了他们对这些企业的依赖，就会变得摇摇欲坠；同时，他们又是一个超稳定系统，他们在知足者常乐的幸福中陶醉，在得过且过、不求上进的惯性中循环。

企业互动上的文化制约同时还表现为在改革、开放的实践中求稳怕乱、安分守己的指导思想。在同不少企业和有关部门的同志座谈过程中，他们介绍得更多的是他们严格按照中央文件精神所办的事和所走的路，对于东部沿海地区的一些城市在企业互动上的一些创新做法，很多同志却不以为然，指责他们胆太大，比中央文件还走得远，而他们自己则更多地做出符合文化传统的常规选择。问题的严重性在于，这些同志既是今天改革的主体，却又自觉或不自觉地成为历史文化传统的载体。恰恰是他们，使得传统文化的遗迹和现实改革的新貌顽强地共存起来。

　　让我们再来分析襄樊市的情况。襄樊市位于湖北省的西北部，这里曾是诸葛亮的故乡，在历史上是有影响的文化名城。据史料记载，这里自"晋汉以来，代为重镇""南船北马""七省通衢"。尔后战乱连连，因而逐渐衰落下去。解放以后，襄樊依靠自身发展的惯性，缓慢启动了工业化和城市化运行机制。在后来的一段时期中，由于多次的政治运动，这种自发的发展过程不断受到阻碍。难能可贵的是，襄樊市的领导在那个天下大乱的年代里，抓住了一些历史的机会，有意识地动员和吸引了外部生产力积极参与这里的城市化和工业化的社会进程，从而使这里的发展出现了跃进。

　　概括起来说，襄樊市的领导抓住的历史机遇主要是：60年代三线企业的建设时期，他们利用国家在这里建设50多个三线企业的时机，在积极与之成龙配套的过程中，大力发展地方企业，从而逐步建立起比较独立完整的工业体系；"文化大革命"时期，他们给已打翻在地的臭老九以人的尊重和信任，吸引了2000多名科技人才，从而为襄樊的起飞和跃进打下了坚实的人才基础；十一届三中全会以来的改革时期，他们又不失时机地帮助山里的三线企业转轨转型，提出了军工企业就地就近向中心城市集结的战略方针，为卧龙山中的一只只"猛虎"出山创造各种有利条件，同时也为自身进一步的发展开辟了道路。

　　襄樊市所抓住的三次历史机遇中，两次都与军工或三线企业有关，这说明了这些企业具备巨大能量和潜力。事实上，60年代末，在"要准备打仗的政治战略思想的指导下，国家先后在这里投资12.96亿元，兴建了军工或三线企业57个，分布在襄樊所辖的谷城、南漳、宜城等9个县区中。经过20多年的建设，使这些单位共拥有固定资产10.74亿元，占整个襄樊市固定资产总额的三分之一。各类专业技术人员7980人，比全市科研人员总数还多32%。这些军工企业，既普遍具有设备先进精良、技术力量雄厚、科研水平高和民品开发能力强的优势，也大多存在开工严重不足、生产效益低、缺乏商品经济观念与规范、设备利用率低、人才闲置状况严重等方面的问题"。①

---

　　①　襄樊市科委：《关于请求把襄樊市列入"七五"期间科技体制改革试点城市的汇报提纲》，1987年。

由于这些军工企业大多是按照"靠山、分散、隐蔽"的原则建设起来的，所以他们的绝大部分都嵌入在远离城市和交通干线的穷乡僻壤。对襄樊市来说，长期以来，这些军工企业只是一股可望不可即的巨大科研和经济力量。这些企业不仅不能把自己的科技、经济和文化的力量扩散和辐射出去，而且在那里逐渐形成一个高度封闭的奇特社区，其主要社会特征有以下几个。

①政企高度合一，一切以企业为中心，不少企业具有鲜明的战时经济体制的特征。

②由于种种客观条件上的限制，人们许多高层次上的需要只能得到低层次上的满足，或者说只能维持在一个很低的水平上，这就造成人们时时产生出对现代化城市文明和生活方式的失落感。

③企业办社会，人际关系亲缘化。为了稳定职工队伍，企业不仅承担福利、卫生、教育、生活等各种社会功能，成为经济组织和社会组织高度合一的实体，同时还实行内部招工和退休补员的办法，用世袭式的就业方式使职工子女大都留在了本厂父母身边。据调查，这种具有串来串去亲戚关系的职工，已占这些企业职工总数的60%以上，一张张亲缘关系网覆盖着企业，使职工都成为隶属于一定亲属关系的社会群体。

很难设想，在这样的一种社会环境和条件下，这些企业能够有较高的效益，能够为襄樊乃至全国的经济与社会成长做出自己的贡献。

（四）回顾中的理论思索

像上述的这些社会条件与环境制约经济发展，社会改革与变迁滞后影响经济起飞的典型案例，我们还可以举出许多。

罗列事实和回顾历史是为了从中导出有益的启示。从上述一些城市社区发展过程的简要回顾以及其他一些专题调研报告①的详尽分析中，我们力图导出这样的启示，说明以下几个方面的问题。

1. 发展的过程

任何社区的发展从来都不是一个单纯的经济行为，它总是包含着经济

---

① 这主要是指我们在近几年中通过大量经验研究所撰写的20多篇调研报告。我们把这些报告已集中地收入了即将出版的《城市发展与社区整合》的专著之中。

发展与社会变迁这两个相互影响和相互制约的社会过程。在实现这两个社会过程的同时，又要求完成三个方面的转轨转型。

（1）经济上的转轨转型。从传统计划经济体制迅速和平稳地转变到有计划的商品经济上来，经济的发展迅速进入起飞与持续发展阶段，使国家调控市场，市场引导企业。

（2）社会上的转轨转型。国家能为大企业提供各种各样均等的发展机会，人民的收入平等分配，大家都能通过正当的途径以及我们社会按劳分配的原则取得"社会的财富"，如教育、健康服务、住房、福利待遇、娱乐享受等；国家政治与经济的透明度大大增加，更多的人参与和关心国家大事，人民能够真正根据自己的意愿推选和罢免他们的"公仆"，民主管理和民主对话意识浓厚。

（3）文化上的转轨转型。在发展过程中重新奠定价值，肯定、支持和宣传有利于发展的价值观念和行为规范，建立新的意识形态体系，更新社会的文化－心理结构，用现代化准则振兴民族文化精神，更新国民性，在调整充实中最终形成新的文化形态。

2. 发展的体制因素

上述三种不同类型城市社区的发展过程充分表明，体制因素是制约城市社区经济发展的一个重要因素。在温州市的家庭工业企业和厦门市的三资企业中，我们绝对看不到吃大锅饭的价值观念和行为规范，因为那样做是要破产的，会直接威胁每个企业和职工的生存。而在许多的国营企业，职工吃大锅饭的观念和行为规范到处可见，以至于成为这种类型企业的一种通病。体制规范行为，不同的体制产生不同的观念和规范，这是各种不同类型城市社区发展的实践反复告诉人们的一个最普遍但却最不易被人接受、被人发现的朴素真理。

3. 经济发展的政治化倾向

从各种不同类型城市社区发展的历史中可以清楚地看到，中国的城市社区在其发展过程中无一不受到政治环境的影响和政治运动的冲击。在传统体制中，由于我们指导思想上的错误，我国的政治与经济的啮合方式发生错位，结果造成任何一个社区的经济发展都要服从于政治目标的追求和政治运动的进程，使得长期以来人们的各种经济行为被政治及其政治意识形态所批判和定义，使得政治对经济在中国长期起着决定性的作用。这种经济发展的政治化倾向，导致人们无论在经济行为还是政治行为中的价值观念和行为规范取向都发生混乱。这种状况对经济发展所带来的一个严重后果是，政治目标的非数量性造成人们在目标追求中由政治运动鼓起的狂热，常常支配经济机制以不符合规律的方式发展，于是经济行为呈现一种从上至下的扩张放大效应，超出了客观规律的限制。这反映在计划下达过程中，层层加码，级级放大，自然形成经济扩张机制。于是为了反映政治形势好，经济结果和成就向上反馈时，就逐级"掺水"、层层膨胀，为下一级的扩张放大再助一把力。1958 年的大跃进，十年动乱中的经济发展及1978 年以后的"洋跃进"对城市社区乃至经济发展的影响，无不是这种经济发展的政治化倾向所带来的恶果。①

4. 发展的文化制约

从理论上说，任何一个城市社区的经济发展以及经济体制改革，都是建立在这个社区的历史文化基础之上的，都离不开它所依赖的历史文化背景。常州与温州的经济发展，正是基于它们吸取了自身发达商品经济文化传统的营养；西部包头和东胜地区的不发达，在很大程度上是由于这些区域商品经济的文化传统的不发达；而中部洛阳等地的迟缓发展，更多的也是因为有许多正统的中华文化传统的制约。事实上，落后的经济背后必然有落后的文化及由此滋生的落后的价值观念和行为规范，反之亦然。文化的滞后，必然会阻碍经济的持久发展，文化的发展，也必然会为经济的起飞开辟广阔的前景。反过来，经济的发展，也必然会引起对文化的挑战，它将导致人们文化价值观念的更新，促使人们的生活方式、社会政治活动和人际交往关系出现深刻的变革，并最终形成新的文化形态。事实上，这种新的文化形态和文化发展机制一经建立，便会迅速反过来成为推动经济与社会成长的巨大精神力量。

5. 发展的冲突与整合

在各种不同类型的城市社区中可以看到双重体制所带来的摩擦和冲突。不同的体制会产生不同的价值观念与行为规范，并要求人们与之相适应。当这两种相互矛盾的体制在人们的社会经济生活中同时运行的时候，必然会造成对不同社会阶层实现利益的程度不同。于是，人们自然对不同

---

① 参看郭跃进《论我国的经济周期》，载《中青年经济论坛》1987 年第 3 期。

体制下行为的后果进行相互的攀比，并逐渐形成相互的摩擦、抵触和不满。这样一种情绪的积累，必然会产生冲突。当人们不能正确地处理这种由改革所带来的冲突的时候，那么由这种冲突所引发的社会震荡就不可避免。

问题的严重性在于，我们很多城市的领导同志对城市社区中的各个不同阶层的利益、愿望和要求认识不清，这一方面使他们在制定政策和进行改革的时候，不能充分兼顾和整合各社会阶层的利益；另一方面，在出现矛盾和冲突的时候又不能有的放矢地加以解决，而又习惯于从政治上和意识形态上去观察、评判和定义这种改革中出现的矛盾和冲突，这就必然会增加解决问题的复杂性，使发展陷入艰难的境地。

6. 依赖的发展与中心－边陲的社会互动

事实上，各种不同类型的城市社区都是在中心－边陲社会互动的过程中得以成长，在对各个不同层次经济主体的依赖过程中得以发展的。在厦门和常州这样的发达社区，它们的发展一方面是依托直接引进国外先进的科学技术和管理经验，另一方面，则是紧紧依靠国内一些科研单位，致力于迅速将他们的科研成果转化为生产力。在洛阳和襄樊这样的次发达社区以及像包头、东胜这样的不发达社区，它们的发展一方面主要依靠社区内先进的和现代的生产方式与落后的、传统的生产方式的社会互动，这具体地表现为中央大型企业与地方中小型企业的社会互动，在依赖中央大型企业的基础上实现自身的发展；另一方面，则同时依靠东部发达社区在科学、技术和经济上的辐射，依靠它们在人力、物力和财力上的支援，设有这样的一种体现在不同层次上的中心－边陲的社会互动，各种不同类型的城市社区就不可能得到发展，中国也不可能得到发展。

按照社会学的观点，在任何社会互动的情境中，人与人之间、地区与地区之间、组织与组织之间都可能有优势和劣势的不同情境的区分，形成一种支配关系。这就是说，居优势地位的社区、组织和社会成员具有影响、决定和控制处于劣势地位的社区、组织和社会成员的能力和机会，并在这个基础上，形成一种中心－边陲的社会互动关系形式。特别是当一定的社区和组织发展到一定的水平，具有了一定的集聚规模效益，形成一定的科学和经济辐射能力的时候，它就有一种向外发散的要求，以达到扩展自己权力、利益和影响力的目的。

从实质上说，处于高层次上的社区或组织向处于低层次上的社区或组织扩散技术、人才、资金和管理经验的过程，反映为中心文化的扩散，表现出中心文化作用于边陲文化的社会过程。在这个过程中，新的规范与观念以科学技术及其他各种物质形式为载体传递到低层次的社区或组织中，并与其中旧的规范和观念发生碰撞、冲击和整合。正是在这样一个社会过程中，边陲文化整合于中心文化，并在新的条件下得以更新，边陲社区的经济与社会也正是在这样的基础上得以迅速发展。

值得忧虑的是，一方面很多城市社区以及城市社区中的经济组织和科研组织，由于体制上的原因，都在不同程度上成为一个相对封闭的社会经济实体。这种自成体系、自给自足和经济单位及子系统之间高度的纵向一体化的社会特征，使得在中国的任何一个社区都形成了一种"细胞式"的经济结构，任何一个生产或行政组织不论规模大小，都是一应俱全的整体，这就造成了中心的优势扩散不出去，"边陲"缺乏吸收能力，各个部门、地区的专业化程度低，部门间、地区间具有较少的交易和社会联系。这种状况如果在一个社区中发展到极端，那么就会使得社区中的各种组织沿着社区凝聚力相反的方向作用，使社区最终成为"虚拟的社区"。另一方面，尤其是一些不发达社区及组织对国家和政府以及处于高层次上的社区或组织的依赖，只是仅仅或主要体现在经济上，而没有能在输血的过程中，形成自身造血机能，也没有能在依赖的过程中，逐步形成自生长能力。

7. 发展过程中的示范效应

一般来说，示范效应总是从积极和消极这两个方面作用于城市社区的发展过程。从积极方面来看，中心与边陲的社会互动和依赖发展的社会过程，同时表现为中心对边陲的示范效应，表现为边陲在对中心的模仿攀比过程中所实现的发展。从消极方面看，在双重体制造成摩擦、冲突的时候，相互间在利益分配上的示范效应及相互间规范与观念影响的传递，往往会加剧这种摩擦与冲突，严重的甚至会酿成非常棘手的"社会震荡"。尽力发挥示范效应的积极作用，努力避免示范效应的消极影响，看来是城市社区发展和经济体制改革中始终面临和应该力图解决的一个重要问题。

三 城市社区中的生产方式联结及其社会制约

在上一部分里，我们从历史回顾的角度分析了社会变迁滞后以及一些非经济因素对经济发展的制约和影响。在这部分里，我们力图从现实的角度，深入探讨不同类型城市社区中的生产方式联结问题。在这里，我们所表述的生产方式，主要是指那些在不同体制中各种生产要素配置的状况和方式不同，生产管理方式不同，从而派生出结构—功能各异的经济、社会与科研组织。而且，我们的注意力主要还是局限在先进的、现代的与落后的、传统的生产方式相互联结、发生社会互动关系的时候所出现的社会制约。

一般来说，先进的、现代的生产方式具有决定、影响和控制落后的、传统的生产方式的能力和机会，在这个基础上，形成了一者支配另一者的社会互动关系。特别是当一个社区发展到一定的水平，具有了一定的集聚规模效益，具有了一定科学、技术和经济辐射能力的时候，它就有一种以生产方式的形式向外发散的要求，以达到扩展自己的权力、利益和影响力的目的。事实上，当一种新的生产方式作用于另一个社区的时候，它总会在不同程度上引起这个社区结构与功能的变化。在这个社会过程中，新的生产方式对不同类型城市社区的作用方式与内容也都是不同的。

——按照注入方式发展的城市社区，这种社会过程则主要表现为外部生产力大规模地、集约式地直接参与城市社区的经济与社会成长，由此所引发的也主要是传统的生产方式与现代的生产方式之间的社会互动。内蒙古包头市的发展过程，正是由于包钢等几个大型项目在这里建成投产，国家在这里集中和大量地注入现代经济所必需的生产要素，在"全市支援包钢，包钢带动全市"的方针指导下，推动了这里的工业化和城市化的社会过程，现代生产方式和传统生产方式各自都在相互间的社会互动过程中得以改造和发展。我们所调查的湖北省十堰市，也正是由于国家的直接投资、集中大量的人力、物力和财力，从而在鄂西北的偏僻山区建成了现代化的汽车工业基地，使传统的生产方式在互动过程中逐渐弱化，现代的生产方式得以加强。

——按照自发方式发展的城市社区，这种社会过程则主要表现为新的生产方式从外部直接或间接地影响城市社区的经济与社会成长。这突出地反映在"外引内联"的过程中，国外先进的科学与生产管理经验及方式和国内的科学技术与生产管理经验及方式的联结与互动。在这种联结与社会互动中，国外的生产方式得以有选择地被消化和吸收，国内的生产方式得以创造性地更新与发展。在江苏省的苏、锡、常、通、镇和浙江省的温州市，我们都能明显地观察到这种联结与互动的社会过程。

——按照混合方式发展的城市社区，这种社会过程主要表现为外部生产力的直接参与和新的生产方式的间接影响相互交替地作用于城市社区的经济与社会成长，由此所引发的主要是先进的生产方式与落后的生产方式之间的社会互动。从河南洛阳市的情况来看，首先是自我发展，然后是在国家和政府的安排下，建设了几个大型项目，使外部生产力参与了这个社区的经济与社会成长，接着也就引发了先进的中央企业与落后的地方企业的社会互动。湖北襄樊市的情况也是这样。首先也是依靠自身的惯性发展，然后就是国家的三线建设，使大批三线军工企业在这里建成投产，从而也带动这个地区的经济与社会进步，接着自然就引发了先进的军工企业与落后的民用企业之间的社会互动。

从新中国成立以来30多年的历史来看，新的生产方式在一个城市社区的注入，往往是国家和政府行为的结果。在一般情况下，国家和政府从全局的角度考虑，利用它所具有的行政权威，在全国范围内集中和组织大量的人力、物力和财力，对一些项目进行大规模建设，并在建设过程中，推动那个社区的城市化和工业化过程。这种中央集权的政府行为以及在这种中央集权指导下的生产布局，典型地体现出亚细亚生产方式的特点，反映了国家高于一切，中央取代地方的亚细亚意识形态。

改革以后，这种状况有了很大的转变，人们开始比较自觉地按经济发展的内在规律办事，在权衡各自的利益以及由此所带来的经济和社会效益以后再做出社会互动的选择。企业集团出现，人们在接受一种新的生产方式扩散的时候对利益的考虑，标志着政府和企业行为世俗化上的巨大进步。

先进的、现代的生产方式与落后的、传统的生产方式发生联结与社会互动的时候，总是表现为前者的扩散以及前者作用于后者的社会过程。从我们实地调查的情况看，这种扩散的过程主要表现在四个方面。

——技术的扩散。这主要指先进和现代企业中的一些科学技术向落后和传统的企业进行转移和扩散。其目的是通过技术扩散来增强落后企业和产品在同类企业和产品中的竞争能力，提高他们的生产技术水平，并能引起一系列的技术连锁效果。

——人才的扩散。当外部生产力参与城市社区经济成长的时候，总是集聚了大量的人才，在那些先进的现代企业中，人才要素的配置状况总是处于良好或最佳状态，而在落后和传统企业中，这种状况则完全相反。以内蒙古包头市为例，中央与内蒙古企业所拥有科研人员竟占包头地区科研人员总数的 53.9%。① 湖北襄樊市的情况也是这样，襄樊地区军工企业的工程技术人员比该市科研人员总数还多 32%。② 人才富饶与人才贫乏各自在两极上的不断积累，使不少城市社区在人才结构上形成畸形，也使在今后的改革中，僵化体制略加松动后，人才扩散具有了强烈的内在冲力。

——产品的扩散。这主要是指以产品扩散的形式同时把生产能力扩散出去，并在扩散过程中逐渐形成一个较为完整的工业结构。产品扩散的形式主要有零部件产品的扩散、整机产品以及最终产品的扩散。从经济发展的观点上看，整机产品和最终产品的扩散更有利于增强落后企业的实力，形成他们的生产能力。

——经营管理技术的扩散。这主要是指向落后企业和组织传授先进的经营生产和组织管理的经验，教导在实践中证明是行之有效的技术规范和生产管理制度。比如厦门三资企业所实行的一整套现代化的生产管理方式，正是人们对西方经营管理方式扩散的一种吸收。这里需要指出的是，无论是技术、产品和人才的扩散，还是经营管理技术的扩散，其中都隐含着一种新的价值观念和行为规范的扩散，一种新的文化的扩散。如果不从理论和实践上都深刻地认识这一点，那么，各种形式的扩散就不能完全取得预期的效益。

事实上，当一种新的生产方式作用于另一个城市社区的时候，由此所引发的大型企业与小型企业、中央企业与地方企业、军工企业与民用企

---

① 包头市委：《包头市工业发展概况》，1966 年；包头市统计局：《包头市国民经济统计资料提要》，1984 年。

② 襄樊市科委：《关于请求把襄樊市列入"七五"期间科技体制改革试点城市的汇报提纲》，1987 年。

业、科研单位与企业组织之间的社会互动并不是一帆风顺的，它总是受到各种社会条件和社会环境的限制，受到各种社会因素的制约。

我们认为，在先进的、现代的和落后的、传统的生产方式进行联结与互动过程中，体制因素、政策因素以及政府行为因素可以起到促进这种联结和互动的良好作用。这主要体现在，首先，不失时机地进行体制改革，能够不断地扫清联合与互动过程中的体制障碍。在厦门特区所观察到的较之其他城市的一种新的经济体制，三资企业所实行的较之其他企业的一种新的企业制度，就是人们为扫清这种体制障碍所做的努力。其次，用新的政策投入刺激和引导企业行为有利于企业与社区的发展。比如在常州，为吸引外资到那里办厂，政府所制定的优惠的利税政策。在包头市，为鼓励中央企业帮助地方企业，在减免税收上给予的优惠条件，都在不同程度上表现了新的政策对企业行为的刺激和引导作用。最后，政府行为的干预也能够大大促进这种联结与互动的社会过程。这主要是因为，中国的各级政府都有着其他任何社会组织都不具备的那种组织社会与经济生活的巨大权威，有着很强的资源动员和调度能力。在传统体制中，政府能用高度集中的行政办法配置这种联结与互动所必需的各种生产要素，能够按照政府自身的意图，在较短的时间内有效动员和集中大量的人力、物力和财力，来保证互动与联结的顺利进行和发展。

但是，问题也往往会走向自己的反面，体制、政策和政府行为这些因素在一定条件下也会转化为严重阻碍两者之间联结与互动的限制因素。这种限制主要表现在：

——体制上的限制。这里，表现得最明显的是体制上的条块分割对这种联结与互动的严重制约。在包头和洛阳，实力雄厚的中央大型企业与实力薄弱、水平低、素质差的地方中小型企业并存，在相当长的时间里形成一种"鸡犬之声相闻，老死不相往来"的畸形状态。中央大型企业的科学、技术和经济的能力扩散不出去，成为中央在地方事实上的一块"飞地"；地方中小型企业接受不到这种扩散，从而自身在不断复制落后中徘徊。在襄樊，大量地方企业守着占该市固定资产总额的三分之一，科研人员比该市科研人员总数还多32%的57个军工企业，而大叫人才不足、科技和经济实力不足，这不能不是我们体制所造成的一种病态。

这种体制上的限制，将城市社区的构成部分按所有制性质、行业和部门等标志纳入自己系统的结构，由此形成了社区中各单位尽管聚居在同一社区，但彼此分属不同的系统或行业和互不联系的状况。社区中各种组织的利益和行为规范主要由"条条"中的上级主管部门所规定。各种组织，尤其是企业组织对"条条"主管部门的依赖形成一种离心力，在各方面都沿着社区凝聚力相反的方向发生作用。这就不仅使得社区中先进的和落后的、现代的和传统的生产方式联结与互动发生严重的困难，而且也使得这些城市社区逐渐成为一个"虚拟的社区"。

——政策上的限制。这主要是指一定时期中国家和政府的政策对这种联结与互动所产生的抑制性影响。在客观上，由于中央集权的政治和经济体制，由于长期以来所形成的中国经济和社会组织的政治化倾向，企业对国家政策变更以及政治环境动荡的反应表现得强烈和敏感，"文革"期间对"唯生产力论"的批判，就使得这种联结与互动蒙上了巨大的意识形态的阴影。从历史上考察，尽管不少城市社区（如厦门、温州）有地理上对外开放引进外资的有利条件，不少城市社区（如包头、洛阳、襄樊）有技术上依靠中央大型企业和军工企业的得天独厚，不少城市社区（如苏、锡、常、通）有自身发展的冲动，但是很长时间内都没有构成形成这种联结与互动的现实可能性。只是在十一届三中全会以后，国家政策发生根本的改变，对外实行全面开放，对内实行全面搞活，积极推动和进行经济体制的全面改革，才使得这种联结与互动兴旺发达起来。这都充分说明了国家与政府的政策对社区的发展与建设、对社区中的这种联结与互动的严重制约性。

——政府行为上的限制。理解了国家与政府的政策对联结与互动行为的巨大副作用以后，我们就不难理解政府行为对联结与互动行为的限制作用了。在长期的革命斗争实践中，我们党和政府所形成和具有的那种组织社会经济与政治生活的巨大权威和很强的资源动员和调度能力，既可以极大地促进也可以严重地限制这种联结与互动。

从我们调查的情况来看，凡是在一些中央企业和地方企业互动搞得不好的地方，一般都表现为中央企业和地方政府的矛盾冲突。地方政府作为地方企业的衣食父母与中央企业进行交涉。一旦这种交涉失败，地方政府就会利用他们在地方社区的权威，动员其管辖的一切政治、经济和社会资源与中央企业发生冲突和抗衡。在这个时候，地方企业作为地方政府管辖的经济与社会资源，理所当然地采取了和地方政府一致的行为。不难设想，在这种政府行为的干预下，中央企业和地方企业按照经济规律所发生的联结与互动将会变得多么坎坷和艰难。

在生产方式联结与互动过程中，由上述三种因素所诱发的另一种因素是有效需求因素。这种有效需求因素主要是通过对科学技术的有效需求表现出对先进的和现代的生产方式联结与互动的一种行为冲动。有效需求作为一种诱发因素主要是指这种因素对体制、政策和政府行为因素的依赖关系。当上述三种因素在生产方式联结与互动过程中起着促进作用的时候，有效需求因素也能够起积极的作用。反之，它也会构成对这种联结与互动的严重制约。

这种严重制约主要表现在对生产方式联结与互动的有效需求不足，热情不高。从全国的情况看，在我国现有的 5000 亿元的固定资产中，已有 35% 的设备相当陈旧落后，还有 25% 的已经老化，总计有 60% 以上的需要在技术上全面更新。[①] 在我国的机械行业中，达到 20 世纪 70 年代末和 80 年代初水平的产品还不到 10%。[②] 尽管企业技术进步的客观需要如此强烈，但不少企业的厂长和经理对于这种客观需要反应麻木，缺乏企业家应有的热情。从我们调查的情况来看，在厦门，有 60% 以上的企业与厦业市的科研单位没有业务联系，尽管厦门市具有较强的科研实力（46 个自然科研机构，1.3 万名科技人员，8 所大学，10 所中专，具有大学文化程度的人数是全国平均水平的 6 倍）[③]。这些情况都说明，企业对科学技术的有效需求不足，企业对生产方式的联结与互动的有效需求不足。

从理论上说，这种有效需求主要是根据企业自身发展的要求和社区经济社会环境的规定性，从企业和社区经济结构中生长出来的对生产方式联结与互动以及对科学技术的一种行为期望和冲动。从我们掌握的资料上分析，这种有效需求一般有六种构成要素。

——厂长意识。企业对生产方式联结与互动有效需求的人格化，说到底，就是通过厂长行为来体现的。厂长对生产方式联结与互动以及对科学技术进步的认识水平和热情，直接制约有效需求的成长。

---

① 何道峰：《我国旧体制下企业的创新意愿分析》，《上海经济研究》1985 年 4 期。

② 国家经委技术改造局：《工业企业的技术改造》，经济科学出版社，1984 年，第 67 页。

③ 厦门市科委：《厦门市 1986—2000 年科技发展战略》，1986 年。

——支付能力。这主要表现为资金筹措和物力制约，这是促进或制约有效需求的物质因素。

——接受能力。这主要指企业现有的技术条件以及职工的素质。

——经营目标。这主要指企业对生产方式联结与互动的客观需要必须符合企业不同发展时期和发展水平上的经营目标，二者的有机整合，才能形成推动这种联结与互动的强大合力。

——市场条件。这主要表现为有效需求的市场制约。这具有两个方面的含义：在投入方面是指技术选择和技术供给条件，在产出方面是指新技术产品的市场需求。

——组织和制度保证。这主要是指在联结与互动过程中一整套行之有效的奖惩制度、生产管理和操作制度、人才培训和人事管理制度等的保证作用。制度规范企业的行为，同时也规范人的行为，这不仅是理论上的认识，而且是实践得出的结论。

实际的调查，使我们深深体会到，科学技术在一个社区或社区企业中扩散的深度与广度，先进的、现代的和落后的、传统的生产方式联结的深度与广度，在很大的程度上，取决于这个社区及其社区中的企业在多大规模上需要这种科学技术的扩散，在多大的规模上需要这种联结与互动，而且这种联结与互动以及科学技术的扩散又能够在多大程度上满足这种需求。一旦社区经济与社会结构有了这种需要，它就能热情呼唤企业经济结构的重组，刺激联结与互动有效需求的成长。事实上，企业和社区对生产方式联结与互动有效需求的产生，不单是企业和社区自身的行为所致，它总是极大地受着体制、政策、政府行为的影响和社区经济、社会环境的制约，也总是社区功能与结构重组过程中的社会产物。一种宽松的社区经济社会环境，或者说，当体制、政策、政府行为诸因素处于良性循环状态的时候，则更容易诱导企业对技术进步和生产方式联结与互动的渴望，这就是有效需求产生的客观规定性。

传统的制约是生产方式联结与互动过程中的限制因素。这种限制因素首先表现在商品经济传统的制约上。比如我们在包头所看到的在联结与互动过程中只强调友谊与支援，而不讲各自的利益的状况；在东胜所发现的鄙商轻商，导致第三产业落后，从而使这种生产方式联结与互动缺乏良好的社会经济环境；在洛阳所观察到的不少地方企业在大而全的中央企业之外搞小而全，宁可重复投资，也不愿与大厂搞合作的社会行为，以及这种行为中所反映出来的"宁为鸡首，不为牛后"的自给自足的小农经济思想意识，都是这种商品经济传统缺乏和淡化所造成的制约。

其次，还表现在文化传统的制约。从我们调查的内蒙古地区来看，由于这里自然经济占统治地位，历史上长期存在的以游牧为主的生活方式使人们很容易得到满足；也由于这里人少地多，人们虽不富裕，但是温饱绰绰有余；再加上普遍文化水平较低，重牧轻商，轻利贱商，自给自足的思想深植于人们心中，从而形成一种可怕的传统惰性力，制约着人们的社会行为，使得在这些地方缺少由农业向工业实现历史性转变的跳跃力量和促进生产方式联结与互动的内在驱动力。尽管随着国家重点项目的建设注入了不少现代化、工业化的观念和意识，扩散了现代的和先进的生产方式，但是由于有了这样的一个文化传统背景，使得西部地区的生产方式联结与互动、工业化和现代化的社会过程变得更加艰巨和复杂了。

四 生产方式联结所引发的区域关系重组

生产方式的联结与互动不仅使一个城市社区内的各种经济与社会结构发生变化，而且也使得区域之间的关系发生重组和变化。在这一节里，我们不准备就区域关系重组问题全面展开讨论，而仅仅把分析的重点放在探讨这种区域关系重组所带来的社会后果和影响上。

由于我国经济社会发展的不平衡，在客观上呈现三大不同区域，即在东部沿海一带的发达区域，中部与内地的次发达区域及广大西部与边远地区的不发达区域。在这三大不同的区域中，有着不同的社会与经济结构，不同的社会与经济环境及不同的文化传统背景。在东部区域，大部分城市社区都有着悠久的商品经济传统，尔后的发展又有着相当的工业与技术基础，现实的状况是人力、物力和财力雄厚，技术水平高，但自然资源贫乏；在西部区域，大部分城市社区都缺乏商品经济的传统，自给自足的小农经济思想在相当长的时间内占统治地位，尔后的发展主要仰赖中央政府的巨额财政收入，大量的输血却没有形成自我造血机制；现实的状况是，经济社会发展落后，虽有较高比重的中央大型企业，但与地方经济的融合程度低。有人做过测算，从哈尔滨到昆明画条直线，东南一侧占全国总面积的三分之一，人口为90%，工农业总产值也占90%；西北一侧，面积占全国的三分之二，人口却只有全国人口总数的10%，而工农业总产值也只有全国的10%左右。①但是，这里的自然资源却极为丰富，富饶和贫困形成强烈的反差；在中部区域，很多城市社区文化传统悠久，经济与社会发展相对稳定，但发展的水平呈现较大的差异，除一部分城市由国家投资外，大部分城市社区都是依靠自身发展的惯性，合着全国的步伐，平稳地实现着经济与社会的变迁。

在以往的社会主义建设实践中，这种跨区域的生产方式联结与互动往往是由国家和政府依靠行政的力量，从全国的角度调动经济与社会资源来实现新的生产方式或生产要素在一个新的区域中的集聚和投入。"一五"期间，根据中央集权指导下的生产力布局，由国家和政府安排，把苏联援建的156项大型工程大部分放在了中国的中部和西部。20世纪60年代中期和后期，在"要准备打仗"的政治战略思想的指导下，国家和政府又把大量的大型军工企业和研究单位从东部沿海一带迁移到了内地，形成了一股拥有2000多个亿的固定资产、数万台精良的技术设备、数十万杰出的科学技术人才和数百万优秀的产业工人大军的巨大力量。国家和政府的这种资源动员和调度的行为，在客观上的确起到了调整生产力的空间布局结构，向不发达社区注入先进的、现代的生产方式和生产要素，进而引起区域关系重组的积极作用。②

但是，传统的体制却使国家和政府的初衷被大大扭曲，政府行为所造成的有限的积极作用也被大大地弱化。一方面，国家向中部和西部区域集中了大量的人力、物力和财力，注入了大量先进的、现代的生产方式和生产要素，但另一方面，却又人为地把这些中央大型企业严格归属为不同的主管部门，人为地按行政隶属关系把中央和地方中小型企业这些经济行为的主体——约束在条条、块块之中，使先进的和现代的生产方式注入了落后的区域以后，却不能与落后的和传统的生产方式发生联结与互动关系，使大量中央企业成了事实上中央在地方的一块"飞地"，使得大量军工企业长期禁锢在僵死的国防经济系统之中，一直独立于国民经济的循环系统

---

① 参看王小强、白南风《富饶的贫困》，四川人民出版社，1986年；经济日报编《趋势与对策》，甘肃人民出版社，1986年。

② 沈峻坡：《论我国的东西合作》，《科学·经济·社会》1984年第1期。

之外，造成国民经济"两个天地"的畸形格局。

传统体制管理方式的基本特征是，按照部门（即"条条"）和地区（即"块块"）建立纵向的层层隶属的等级体制，所有企业分别隶属于省、市、县各级政府的主管部门，每一级生产领导者都只对他们的上级负责，国家行政部门成为产供销、人财物的直接分配者，计划指标按条块层层分解下达，基建项目按条块安排，资金和物资按条块分配、调拨，企业利润也按条块隶属关系层层上缴。这样一种条块分割的传统体制，使得区域资源的配置和生产要素的组合不是按照市场的机制和价值规律，而是按照行政的力量，这就必然使资源利用方式和经济行为主体行政化。这种状况所造成的直接社会后果是，新的生产方式和生产要素注入落后区域以后，一开始就从体制上马上趋于封闭，新的科学技术和经济的能力得不到扩散，传统的和落后的企业也由于体制限制而对于接受这种扩散麻木，对新的生产方式的有效需求满足严重不足，整个社区和区域都按照条条块块被一一肢解，进而变成虚拟的社区和区域。

经济体制改革以来，特别是十一届三中全会以来，旧的体制有了很大的松动。正是在这种体制松动的背景下，区域之间生产方式的联结与互动以及生产要素的流动才真正得到长足的发展，并对区域关系的重组以及区域的发展和变迁产生巨大的影响。在这一段时期内，生产要素的流动以及区域间生产方式的联结与互动主要呈现以下一些特点：

——最突出的是表现在区域之间生产方式联结与互动以及生产要素流动的机制从根本上开始发生变化。在传统体制中，这种联结与互动以及要素流动主要靠国家和政府的行政命令所推动，更多的靠的是一种强制的力量。而在改革中的今天，这种由行政命令的联结逐步转变为符合经济规律的利益联结了，对各自利益的追求变成或正在变成推动联结与互动、促进要素流动的最主要力量。而且，推动区域之间的这种联结、互动以及要素流动的主体也不再像从前那样由国家和政府作为第一推动力，而是逐步变成了一个一个具体的企业单位或企业集团了。

——要素的流动呈现由东向西落差流动的趋势。东部区域为解决自身的市场和资源问题，追求自身的最大利益，不由自主地、积极地向西部落后区域输出先进的、现代的生产方式和要素。西部区域则为了自身建设的需要，以输出资源为代价，与东部区域的输出相交换。

——人口的流动或以人口为载体的科技、经济与管理要素的流动从长期和固定逐步变成了非固定和短期。

——生产方式的联结与互动以及生产要素的流动由于传统体制的改革和松动而呈全方位的态势，这包括中央大型企业和地方中小型企业、军工企业和民用企业、国营企业和集体企业开始逐步摆脱旧体制的束缚，从商品经济规律出发，根据各自的利益追求，自由地进行联结与互动。在这种互动和联结过程中，各种生产要素，包括人、财、物、信息、科技、产品、商品等要素都开始按照各自需要流动，而且，由于诸如电视、广告、报纸、交通等各种传播和通信媒介的普及和现代化，这种要素的流动呈现加速度的趋势。

——生产方式的联结与互动以及生产要素在区域间的流动，直接作用于区域中的深层结构，使区域的政府行为、企业行为以及人们的价值观念和行为规范都在联结、互动和要素流动过程中与新的观念和规范、与新的生产方式和要素相切相交，相排斥碰撞，相融合渗透，从而发生剧烈的变化。

这里，根据调查的情况分析，我们试图从一些引人注目的经济现象中探讨生产方式的联结与互动对区域关系的影响。

近年来，随着商品经济的发展和改革的深入，以利益所牵动的生产方式联结与互动以及生产要素流动出现了跨区域、跨部门组建企业集团的新形式，包头的北方稀土开发集团，十堰市的东风汽车联营公司，就是这种以公有制为基础，以一个或几个大型骨干企业为主体，由多个有内在经济技术联系的企业、科研、设计单位组成的跨区域的经济组织。

这种跨区域、跨部门的企业集团对于生产方式联结与互动，对于区域关系的重组都具有重要意义。

——首先，这种以骨干企业为核心，以龙头产品为支柱、以多种生产要素的横向联系为纽带所形成的企业群体，能够高质量、高速度、高效益地生产大量优质产品，这对于先进的、现代的生产要素在企业群体范围内有效扩散和重组，对于大大提高先进的、现代的和落后的、传统的生产方式联结与互动的效率，能够起到巨大的积极作用。

——其次，这种企业群体由于其结构的开放性和自身的规定性（如专业化生产协作的需要），能够产生出很强的凝聚力和扩张力，它一方面以现实的优势吸引越来越多的企业向自身靠拢，另一方面又以新形成的优势力量不断向外扩张。常州市企业群体的联合范围不断扩展，跨行业、跨地区的联合迅速发展，部门、地区界限不断被突破的情况可以充分证明这一点。这种情况对要求各企业绝对服从本行业主管部门指挥的旧体制提出挑战。各企业行政隶属关系及其计划渠道的分散化与企业群体中各企业经营活动的统一性之间形成矛盾，解决矛盾则要求企业在生产经营上摆脱原来主管部门的束缚，由企业群体直接同国家计划和市场沟通。这一矛盾的解决过程也就是企业由行政部门的附属物向独立的商品生产者的过渡过程。很显然，一旦企业摆脱了"条条"的行政束缚，就会迅速改变将自己封闭于行业或部门内部的状况，按照自身发展的需要同其他社区构成部分发生联结，区域和社区的"虚拟性"将得到很大程度的改善。

——最后，由于跨区域、跨部门的企业集团主要是通过市场机制配置资源，组合生产要素，联结先进与落后、现代与传统的生产方式的社会互动，这就必然要冲破分散、狭隘、封闭的旧格局，使以行政区域代替经济区域、资源利用方式与经济主体行为行政化、生产方式联结与互动由国家和政府作为第一推动力的状况有了很大的改善。事实上，任何靠行政力量代替市场机制分配资源组合和生产要素，都必定成为商品经济发展的障碍，社会化大生产和商品经济的发展使区域经济与社会的发展最终将冲破行政性和地域性的约束。

生产方式联结与互动引发区域关系重组的另一种现象是军工企业与民用企业的联结与互动。在襄樊我们看到，这种联结与互动呈现多种多样的形式，这主要包括：①围绕名优产品形成"拳头"，发展军民联合；②围绕开发技术起点较高，附加价值最大，市场需要量大的工业制品，在引进、消化国外先进技术上发展联合，促进引进设备的国产化、产业化；③围绕企业技术改造发展联合，促进军工技术向民用转移；④围绕军工企业入迁襄樊市区，开发民品，发展军民联合，壮大地方经济实力；⑤围绕军工科研单位的技术优势发展联合，促进科研成果向生产方式转化及科研和生产的紧密结合。

在调查中我们感到，更具有深远意义的行为是，军工企事业单位有计划、有步骤地就近向其区域中的中心城市集结，这能够产生巨大的经济与社会效益。中部和西部地区的发展，不能够再靠国家大量的投资来维持，而必须全力启动自身运行的机制，尽快释放和开发其自身蕴藏着的极其巨大的生产能力，这才是中部和西部地区发展的真正希望所在。

军工企事业单位就近向其区域中的中心城市集结的意义在于：

——在宏观意义上，能促进和加速中国次发达和不发达区域的发展，以最小的投入全面启动这些区域的自身机制，使中国的东部和中部、西部区域一起，得到比较协调、均衡的发展。

——能极大地提高区域中中心城市的规模经济与社会效益。有了一定的集聚规模以后，城市的经济与社会功能才能得到更好的发挥。目前的实际情况是，在中部的一些省份，如湖北、河南、四川、陕西等，中心城市太少，许多城市还没有实现规模经济效益。在西部地区，这种状况则更为严重。从政策上鼓励军工企业单位就近向其区域中的中心城市集结，能够在最短的时间内极大地提高中心城市的规模经济与社会效益，这对于这些区域经济与社会的振兴，具有不可估量的意义。

——能大大充实区域中中心城市的经济技术实力，提高中心城市对周围区域的辐射力和吸引力。任何一个城市在一个区域中的中心地位，总是与其自身的生产力水平和科学技术能力联系在一起的。在一般的情况下，生产力水平愈高，经济技术实力愈强，这个城市对周围区域的影响力和辐射力就愈大。大批军工企事业就近集结到区域中的中心城市之中，无疑会大大加强和充实城市的经济技术实力，这对于包括中心城市在内的整个区域经济与社会的发展，将起到巨大的作用。

——能大大加快区域中的中心城市自身的城市化和工业化的步伐。大批军工企事业单位迁入区域中的中心城市以后，首先需要解决的是要有一批地方企业与之成龙配套的问题，这就势必引起城市中的工业结构有一个较大的调整。其次，大批企业和人员进入城市以后，城市中的一些基础设施也需要不断地更新、完善和补充，以适应人们经济社会和文化生活的需要。这样一来，工业结构和经济结构的调整自然会推动城市工业化的进程，基础设施的建设和完善又必然会加快城市化的步伐，使城市中工业化和城市化的社会过程出现一个崭新的局面。

——更重要的是，从体制和政策上保证军工企业向区域中的中心城市集结，有利于全面释放军工企业所蕴藏的巨大的科学、技术和经济能力以及充分扩散先进的生产要素，使得生产方式的联结与互动以及由此所产生的科学技术和新文化观念及规范的示范效应，对于一个社区和区域的发展产生巨大的影响。

生产方式联结与互动引发区域关系重组的另一个发人深省的现象是人口在区域间的大幅度流动。率先启动的农村改革以及十一届三中全会以后国家和政府所施行的正确的农村政策，极大地解放了农村中的生产力，使农民的身份有了最大的自由。在那些富裕起来的人多地少的东部区域，更多的农民纷纷加入非农产业，离开土地去寻找更宽阔的道路；在城市，由于旧体制的松动和经济体制改革的深入，不少个体劳动者加入了全国性的商品流通行列，使得区域经济的发展变得更加红红火火。正是在这样一个大的政治、经济和社会背景下，我们在包头、东胜等不少西部城市社区欣喜地看到，不少东部农村区域的农民在这里兴办第三产业，为活跃这里的经济，改善西部地区艰苦的生活条件，起到了重要的作用。据不完全统计，到1987年7月，在内蒙古东胜市市区经营的外来个体户达355户。占市区个体户总数的35%（在某些行业，如修鞋、服务加工、修售眼镜、修理钟表等项目，外来户竟占90%以上）；从业人数495人，占33%；资金34万元，占55%；营业额87万元，占68%。在资金和营业额上，外来户反客为主，都占了大头。据了解，在整个内蒙古，每年从东部迁移来的流动人口就达100万人左右，在陕西、山西、新疆、西藏等地，常年流动人口达3000多万人。①

一般来说，这种人口迁移模式有两个显著特点。

第一，利益导向。他们是为了赚钱而来的。"先吃大苦，后享大福"是他们的人生哲学。他们没有那些"支援边疆、开发西部"的远大理想，只有实实在在的利益追求。但无论动机的差异如何巨大，他们在事实上却干着同样的事业，确确实实对西部发展起着不可低估的作用。执着的利益追求使他们始终如一地在这块异乡的土地上辛勤耕耘，没有思想的烦扰，更不担心理想的破灭。

第二，去留自由。他们是自己选择东胜或其他西部地区，是自愿而来

---

① 王琇、方明、孙炳耀、李汉林，王颖：《西部发展与人口迁移》，载《瞭望》1988年第4期（海外版）。

的，没有谁给他们下命令。他们也可以选择别的地方，也可以随时回去。他们在家乡保留自己的户口，有自己合理合法的生活位置。即使几年甚至十几年不回去，也有一种安全感和归属感，他们总觉得自己还是家乡的人，离乡而没有背井。这种去留在很大程度上由自己决定的状况，给了他们闯西北的勇气，形成了他们敢于来，敢于久留，敢于在这里生活和建设的心理支柱。

事实表明，江南农民创造的人口流动模式有几个不容忽视的优点：（一）可以保证合乎地方需要的人员流入。东胜人需要做衣服，于是流入大量的裁缝。一旦当地的服装师成长起来，不再需要外来裁缝了，他们就自己流向别的地方。（二）流动人口来西部是为了工作而不是为生活，没有生活顾虑和生活负担，全部时间和精力都可集中用于工作。（三）人口流动有助于打破西部的封闭状态，加强东西部交流，帮助西部尽快吸收东部的技术、管理方式和文化。

这些远道而来的江南人，在简单的赚钱动机驱使下产生的行为，创造了内涵丰富、意义重大的人口迁移新模式。他们做的是平平常常的事，却起到了一种代表新的、先进的、现代的生产方式载体的作用。他们服务经商的行为，大大改变了东胜和包头人对商业服务行业的看法，人们亲眼看见，这种"低贱"的劳动创造了巨大的财富，仅从东胜市邮局统计，他们每年就有80万元汇往江浙老家，也就是说，每户平均约2500元，这还没算上他们随身带回老家的款项。他们比人人尊重的市长、盟长的收入要高得多。眼见的事实改变了人的观念。人们开始用新的眼光审视过去所鄙视的行业，从新的角度去思索过去认为是正确的东西。江南人的成功起到了一种示范效应，吸引人们追随模仿。有拜师学艺的，有合作经营的，也有自立门户的，越来越多的东胜人干起了这些过去看不上眼的行当。

从理论上说，当先进的中心文化以及现代的生产方式以人流、物流、信息流为载体，向一些不发达地区传播、撞击落后的边陲文化和生产方式的时候，它就能强烈地刺激那里的人们对现代文明的强烈欲望和向往，从而也就构成了先进的中心文化和现代的生产方式对落后的边陲文化及传统的生产方式的强烈的示范效应。在这种情况下，对先进文化和现代生产方式的模仿和攀比就会自然而然地产生。这种由现代文化和先进生产方式所触发的模仿和攀比是文化、社会发展和变迁的一个极其重要的内在动力，它的最终结果是使边陲的文化整合于中心文化，落后的生产方式整合于先进的生产方式，是边陲文化及生产方式的更新与发展。这些远道而来的江南人，不知不觉地担负着文化及先进生产方式传播中"播火者"的使命，使生产方式联结所引发的区域关系得以重组和更新。

论城乡一体化[*]

张雨林

一 实践提出的课题

相对发达的城市和相对落后的农村打破相互分割的壁垒，逐步实现生产要素的合理流动和优化组合，促使生产力在城市和乡村之间合理分布，求得城乡经济和社会生活紧密结合与协调发展，逐步缩小城乡生产力水平的差距。一些同志将这一社会经济发展进程称为"城乡一体化"。本文就城乡一体化这个问题谈一些看法。

据我所知，"城乡一体化"的概念，并非理论工作者学术论证的产物，而是首先由实际工作者在改革实践中提出来的。最先使用这一概念的地方是苏南地区。苏南在 1983 年开始使用这一概念时的经济和社会背景：①乡镇工业有了很大的发展，其产值已超过农业产值。一批批乡镇企业从农村传统手工业和简单机械加工业（如磨面、榨油、简单农机制造等）中脱壳出来，成为现代化和比较现代化的工业企业。这些工业企业几乎都和城市工业（特别是上海等大中城市的工业）有着紧密的关联，展示了乡镇工业和城市工业形成有机的、统一的工业体系的前景。②以乡镇企业（主要是乡镇工业）作为主要载体，城乡之间的科技、文化和其他社会交往日益频繁。如苏南一些城乡间的"长途汽车"已经越来越多地改为每隔十几分钟一趟的"公共汽车"，就足以生动地说明城乡之间人员交往的频繁程度。③城乡人民生活水平和生活方式的差距在逐步缩小。大批农民工合法进入

———————————

* 原文发表于《社会学研究》1988 年第 5 期。

小城镇，少数进入大、中城市，城乡人口作为"社会身份"和"社会地位"的差异日益模糊。④实行"市管县"的行政管理体制，地方政府有可能对辖区内城市和乡村、工业和农业、经济和社会的发展实行统筹兼顾的调节和安排。它们相继实行"以工补农"、"以工建农"、筹集农业发展基金、试行规模农业等措施，力图探索一条工业和农业协调发展的道路，具体体现了各级政府运用经济的、法规的和必要的行政手段统筹城乡、工农业的功能。"城乡一体化"的概念，就是在这样的背景下产生的。此后，其他一些发达或比较发达的地区在实行"市管县"体制以后，也纷纷使用这一概念并不断丰富其内容。大城市如沈阳、重庆、郑州、成都等，中等城市如襄樊、宝鸡、淄博等，都从自己的实际条件出发探索"城乡一体化"的做法，可以毫不夸张地说，这一概念不胫而走，在全国产生了广泛影响，同时引起了理论界和政府研究部门的关注。在这当中，也出现了不同意见的争论。如有人就认为，城、乡是两种不同类型的社区，城就是城，乡就是乡，社会发展的进程只能是"城市化"或"城镇化"，而不可能"城乡一体化"；有的人则担心使用"城乡一体化"的概念会导致在实际工作中发生城乡一拉平的错误；另有一些人说，使用"城乡一体化"的概念，现在还不到时候。从总体上看，实际工作者似乎并没有过多理睬这些异议，仍坚持按照"城乡一体化"的思想指导和安排工作。但的确也有少数同志因此产生一些思想上的困惑。有个城市原打算开一次城乡一体化的理论讨论会，因有人反对这个说法，而临时改为城乡结合讨论会，是否只能说"城乡结合"而不能说"城乡一体"？"结合"和"一体"到底有什么区别？这就向我们提出了一系列问题——究竟应该怎样来认识实践经验？应怎样做出理论概括？理论来源于实践，同时反作用于实践。一个科学的理论概括，如果被实践者所接受，就会产生巨大的物质力量。"城乡一体化"是既已被许多实际工作者接受使用同时又存在争议的问题，对它做进一步的探讨，无疑是很有意义的。

二　新型城乡关系的目标模式

城乡一体，可以做两个层次的理解。广义地说，城乡一体即把城乡视为一个整体。如果从这个层次理解，那就并不是什么新的提法。社会本来就是一个整体，马克思在《哲学的贫困》中说，"每一个社会中的生产关系都形成一个统一的整体"，任何社会都是"一切关系在其中同时存在而又相互依存的社会机体"。① 西方社会学家如孔德、斯宾塞等，也是将社会作为整体来看待的。可见，广义的理解是没有什么疑问的。重要的在于第二个层次的理解，即整体和部分之间、部分和部分之间是怎样互相依存的。全部社会科学都是研究这种相互关系的学问。现在再回到我们的主题——城市和乡村是怎样互相依存上来。在半殖民地半封建的旧中国及西方资本主义工业发展过程中，城和乡是对立的。而在共产党领导下的新中国，破除这种城乡对立局面，就成为巩固工农联盟、发展我国建设事业的一个大前提。所以，早在新中国成立前夕，党就确定了对城乡实行统筹兼顾，把城市和乡村、工业和农业紧密联系起来的指导方针。刘少奇同志敏锐地觉察到城乡关系是新中国成立后遇到的一个新问题，他最早提出了"要有城乡一体的观点"，以防止在处理城乡关系中顾此失彼。可见，"城乡一体"体现了我们国家正确处理城乡关系的基本观点，并不存在将城市混同于农村或把城市一拉平的含义。如果认为讲"城乡一体"就意味着将两者混同或拉平，那只能说是对"城乡一体"的一种误解。

再从词义上来看，"一体"，是比喻关系密切如同一个整体。"化"指变化、改变。"一体化"英文是"integration"，意思是综合、集成、结合，社会学界常常译成整合，同样是讲关系密切，也没有混同、拉平的含义。美国当代著名国际政治学家卡尔·多伊奇用"一体化"来表达这样一类系统：①各组成部分的高度的相互依存性。其中一个发生变化，就会导致另一个发生可预见的变化。②作为整体的系统具有单个组成部分所不具有的系统特性。当今世界，使用"一体化"这个词的越来越多，就如欧洲共同体各国之间也在讲"经济一体化"，无论在哪里使用，从词义上说，都无混同、拉平之义。

当然，在改革实践中提出的"城乡一体化"，并非搬用刘少奇几十年前的那句话，更不是搬用西方用语。几十年来，人们对刘少奇的那句话并未引起特别的注意。因为，严重的城乡分割使人们不容易将现实生活和这

---

① 《马克思恩格斯选集》第 1 卷，第 109 页。

句话联系起来。而几十年之后人们忽然不约而同地说出了同样的话，其中的道理，就在于人们已从实践中觉察到城乡关系发生了深刻变化，需要用这一概念来确切表述这种日益紧密的新的城乡关系。相对发达的地区首先使用"城乡一体化"，是因为在它们那里率先展现了新型城乡关系的美好图景。

我国社会经济的发展，仍然处于将传统的落后的农业国变为现代化的工业国的阶段，我们的历史任务，是要在社会主义初级阶段的现实条件下，"实现别的许多国家在资本主义条件下实现的工业化和生产的商品化、社会化、现代化"。① 在这个阶段里，影响城乡关系、工农关系的决定性问题是工业化道路的战略选择。新中国成立以后的很长时期内，我们照搬苏联斯大林模式，城市工业，乡村农业，由农业积累资金，建设城市工业。应当承认，在一段时期内，由农业积累资金建设工业是对的。但是，按这种模式长期延续下去，把工业连同农副产品加工业一起都集中到大城市去就不对了。我们的农村很大，农村和农业又太落后了。要落后的农业长时期为城市工业积累资金，致使农业和农村长期摆脱不了落后状态，自然会到头来又拖了工业的后腿。在这种情况下，城乡的差距越拉越大，而当时的对策不是迅即改变这种状态，而是把拉大差距的城乡用行政的办法人为地割裂和封锁起来，结果，造成城乡之间的恶性循环和新的城乡对立。党的十三大报告论证的几个先进和落后"同时存在"，在很大程度上是先进的城市和广大落后的农村同时存在。这固然是我国在社会主义初级阶段必然要遇到的问题，但其尖锐程度却是和我们多年来在城乡、工农关系上的失误分不开的。党的十一届三中全会以后，政策上改弦更张，在继续发展城市工业的同时，依靠乡村自己的力量发展乡镇工业，取得了极大成功，为实现有中国特色的工业化开辟了一条新路子。乡镇工业以高于城市工业的速度迅猛发展，在短短的 10 年间，乡镇工业产值已经占到全国工业产值的 1/3。据预测，如果发展顺利，5 年以后乡镇工业产值将超过城市工业。这是一条城乡同时发展工业的道路。现在似乎可以得出这样的结论：像我们这样一个有众多农村人口的国家，要实现工业化，必须城乡一起来。而城乡一起办工业，必然派生出新型城乡关系，必然会冲破城乡的分

———————————

① 引自党的十三大报告。

割和封锁，使城乡成为有机的整体。相对发达地区的经验已证明：城、乡工业同时发展，共同面向统一的市场，既有竞争，又有联合，联合是为了在市场竞争中更强大有力，在竞争和联合中必然会逐渐形成城乡统一的工业体系。① 这就是"城乡一体"的主要依据。乡镇工业如此迅猛发展的事实告诉我们，在我国条件下，农民，主要是有一定文化的一代新农民，依托城市的工业和技术基础，有能力创办强大的工业。这是我国发展道路的一大特色，是新形势下巩固工农联盟的坚实的物质基础。乡镇工业、特别是乡村合作经济办起的工业，必然要和农业结合。（同是一个娘胎里出来的，能不相互关照么!）尽管由于各地的条件不同，结合的形式各异，有的甚至要经过迂回的道路（我国国情决定，不允许经历象农业萎缩这样大的迂回），但就其发展趋势而言，必然会带动和促进农业的商品化、社会化和现代化。以乡镇工业和农业的产前、产中、产后服务为载体，城乡的科技、文化、社会生活必然要紧密地联系起来，成为城乡紧密衔接的科技网络、文化教育网络、社会生活和社会交往的社会关系网络。与此同时，以城市为中心的城、镇、乡社会网络必将逐渐形成，"城里人"和"乡下人"的本质差别将逐渐缩小。在这个过程中，体现城乡分割的户籍管理制度以及其他旧的制度，已经并将继续随之逐步改变。我国沿海一些相对发达的地区以及内地一部分具有较强辐射力的中心城市的近邻和远郊，正在走着这样一条道路，并呈波浪式向外扩展。各地的具体形式可能不一，但在上述一些具有本质意义的问题上，却有着共性。"城乡一体化"就是对这种共性的概括。联系本文开头对概念误解的澄清，我认为，"城乡一体化"的这一概括，是符合我国城乡关系的实际历史进程的，是符合我国国情需要的，因而是科学的、有重要意义的。我们改革的目标是经济和社会的协调发展，其中，最核心的问题是城市和乡村、工业和农村、工人和农民在动态中的协调。从这个意义上讲，也应该把"城乡一体化"作为我们的发展目标之一。

---

① 据江苏省小城镇研究课题组和江苏省统计局 1984 年对全省不同类型地区 190 个建制镇调查统计，当年与城市履行供销合同 8829 份，履约金额 178211.75 万元，占同期国内购销金额的 43.5%；履行技术合合 1011 份，履约金额 12855.42 万元；接受城市企业联营金额 3324.76 万元，占当年固定资产净值的 3.2%。

三　经济和社会发展的历史进程

我国城乡经济社会发展的实践，已经清晰地展示了新型城乡关系的发展目标，而实现这一目标，从全国范围来看，则需要一个相当长的历史发展过程。目前，我国大多数地区的农村，自然经济和半自然经济还占有很大比重，城市和乡村之间存在明显的二元经济结构，这种情况要通过城乡生产力的很大发展，经历较长的时间才能改变。在工业化过程中，农业生产力落后于工业是个普遍的现象，只有在发展过程中才能逐步改变。美国是欧洲移民在北美垦殖无边沃土而建国的，它的工业和农业大体上同步发展。但即便如此，农业从原始的自给性生产向商品生产过渡还差不多用了一个世纪。又经过了一个世纪，农业的有机构成才赶上并略略超过了工业。我国已经有了较完整的工业基础，现在又坚持发展乡镇工业，走工农结合、城乡一体的道路，当然会缩短这个历程，但仍然需要经历一个相当长的时间。因为，办乡镇工业，农村虽有资源、场地和较便宜的劳动力，但就多数地区而言，乡镇工业是从砖、瓦、灰、沙、石和简单的加工业起家的，农村又深受乡土文化传统的影响，要在这样的环境中生长出先进的现代化的企业来，自然需要较长时间。此外，城市工业向高、精、尖发展，而将脱壳产品或非高、精、尖的部件以及适用于农村的技术扩散出去，这也需要一个过程。因此，要使城、乡工业成为一体，只有在城乡工业双方成长的过程中才能逐步实现。农业的情况则更是如此。我国农业在工业化的过程中可以不必经历许多资本主义国家曾经经历的农业萎缩过程，但自然经济、半自然经济仍占很大比重的农业要成为商品化、社会化、现代化的农业，仍必须经历一个长时期发展的过程。我们曾经采用过许多拔苗助长的办法，企图使农业尽快实现现代化，例如推行公社化等等，由于违背经济规律，结果并不成功。改革的重要目标之一，并不是要取消这一过程，而是要改掉妨碍这一历史进程的旧体制，完善国家和各级政府协调城乡发展的机制，促进城乡经济和社会生活紧密结合，达到协调发展的目标。因此我们说"城乡一体化"既是发展的目标，又是发展的历史进程。这与"四个现代化"既是目标又是历史进程是一样的。

在新型城乡关系发展过程中，有一些问题存在争议。例如，关于农村剩余劳动力的转移是否应该"离土不离乡"？鼓励兼业经营是否适当？应不应该强调发展小城镇？如此等等问题都有着一些争论。其实，只要用历史的眼光来看问题，就会明白"离土不离乡"等意见都是在现阶段、在一定的历史背景下提出来的，而且随着时间的推移，必然要向着更高的阶段发展。如从"不离乡"发展到"部分离乡"；从兼业发展到专业；一批小城镇发展成为小城市，有的还发展成为中等城市。我们不应该绝对化地看待它们，而应承认这些都是在特定的历史条件下新提供的对策。

各个地域经济和社会发展的极大不平衡性，是我国国情的一个重要特点。发展水平不同的地区，在向着新型城乡关系目标模式前进时，各自处于不同的历史阶段，又各自具有很不相同的自然条件和社会条件，因而需要根据各自不同的情况采取相应的对策，不能相互照抄照搬。沿海发达地区如苏南，已经有了一批水平不低于城市工业的乡镇工业，城市工业和乡镇工业是你中有我，我中有你，工业一体化进入了较高的阶段，但是农业社会化的程度并不高，他们所面临的大小问题之一，是在大力发展乡镇工业（特别是外向型工业企业）的同时，推进农业的商品化、社会化、现代化，向着全面的工农结合、城乡一体的方向前进。中部地区具有资源的优势，面临的问题是如何使资源与科技、信息、资金以及素质较好的劳动者相结合，使资源优势变成商品优势。中部各地的情况又很不相同。如河南，以密县为例，县内有丰富的地下资源，乡镇工业发展较好，现在的问题就是要尽力接受城市的科学技术，上技术，上管理，逐步提高乡镇企业的水平，使之与城市企业配套发展；另如河南民权县，距离有辐射能力的大、中城市较远，城市工业扩散不到这里，农村具有丰富的农业资源，那里所走的路子是发展比较易于深加工的农产品（葡萄），围绕农产品形成生产、科研、储藏、运输、加工的系列产业，以龙头产品——葡萄酒作为密切城乡关系的媒介，它们走的这条路子已取得很大成功。至于西部地区，在城市附近的农村有点类似于中部地区；离城市较远的农村还处于乡镇工业的起步阶段；而一些落后的农业县，还谈不上有什么乡镇工业。但是看来即使在这些落后的地方，也应该确立城乡一体的观点，在宏观和中观决策上对城市和乡村的发展有一个通盘考虑，在经济和社会生活中加强城乡交流，促使各种生产要素在城乡之间逐步流动起来，即使是处在低水平上，也应做到城市和乡村大体上协调发展。

四　我国基本的经济、社会区域问题

我国长时期实行高度集中的体制，习惯于事不分巨细都集中到中央决策，什么事情都要求"全国一盘棋"。而所谓权力过分集中，实际上是过分集中于"条条"。其结果，使"块块"难于从自己的实际出发，协调所辖范围内各行各业以及城市和乡村的关系，因此，条块分割可说是城乡分割的重要原因。"条条"拥有众多的"直属企业"，主要集中在大城市里，城市倾斜与权力过分集中于"条条"有着直接关系。党采取了"进一步下放的权力"的方针，十三大报告提出了"凡是适宜下面办的事情，都应该由下面决定和执行"。"下面"主要是指区域，下放权力，即意味着要更好地发挥"块块"即区域的作用。这里需要明确的是：什么是我国的基本的经济社会区域？所谓基本的经济社会区域，是指那些经济社会生活联系最为密切的区域，同时也指行政区划。这里之所以要提出"行政区划"是因为区域的政府可以运用经济的和必要的行政手段，调节区域内城乡经济社会以及各方面关系，促进其协调发展。城乡协调不能完全靠自发形成，它需要国家的调节，也需要区域的调节，因此，行政区划仍然起着十分重要的作用。

在城乡一体化进程中，基本的经济社会区域必须包括中心城市和它周围的农村。党的十三大报告指出："把城市首先是大、中城市建设成多功能的现代化的经济中心。""城市……实行全方位开放，不仅为本城市服务，还要为周围农村服务，为它所联系的整个经济区服务。"在讲到下放权力时指出"中心城市和企业单位是下放权力的重点"。这就明确告诉我们，基本的经济社会区域应是中心城市和它所联系的农村。结合我国现行体制进行考察，据1985年末的统计，全国城市及其周围的区域（包括市管县所辖农村）人口已达55471万人，占全国同期总人口的53.1%。这些区域都是相对发达的地区，它们在全国经济社会生活中所占的比重，要比它们在全国人口中所占的比重大得多。以此作为基本的经济社会区域，把协调城乡、工农、经济社会发展的重担加到这样的区域政府身上，对实现全国城乡的发展战略极为有利。在城市区域中，大城市数量不多，为数最多的是地级中等城市和它所辖的县。这样的区域应该受到特别的重视。从上述数字还可以看出，全国大约还有一半人口的地区没有形成地方中心城市。在这样的地区，基本的经济社会区域应该是县（包括县级市）。县域也有一个城乡、工农、经济社会协调发展的问题。这样的地区，一般是由地委和专署来领导的。地委和专署在制定本地区的发展战略时，也应兼顾城乡，并将自己所办的骨干企事业单位适当集中到地方城市，促进地方中心城市的成长，增强它的吸引力和凝聚力，逐步过渡到以城市为中心的区域。

有了这样的区域观念，会不会助长区域与区域之间的互相封锁？我认为，这是不能混为一谈的两码事。破除地方封锁要靠三条：一是市场的发育；二是政企的分开；三是企业的横向联合。只要抓住这三条，就不会形成地方封锁的割据。相反，还可以发挥企事业单位就近联合的优势。形成更有力的拳头，参与大市场以至国际市场的竞争。会不会助长城市倾斜、忽视农村呢？这要看执行什么方针。如果执行城乡一体化的方针，就不但不会导致忽视农村，反而可以促使中心城市更好地带动农村发展。

五　城乡改革的配套和衔接是现阶段城乡一体化的主要课题

妨碍城乡一体化进程和新型城乡关系的确立的，主要是城乡分割、条块分割的旧体制。因此，推行城乡一体化，就是要深化城乡配套改革，破除城乡分割的旧体制。笼统地说"破除"是没有用的，需要一个领域一个领域地去做工作，一个问题一个问题地加以解决。

（一）合理调整工业生产力的布局，使工业，特别是农副产品加工业、饲料工业和其他与农业直接相连的工业企业更加接近原料产地。以农副产品为原料的工业集中在大、中城市，是农村商品经济不发达的表现。乡镇工业的大发展，已经使我国城乡工业生产力的布局发生了不小的变化。但是直到现在，全国以农副产品为原料的工业仍然主要集中在大、中城市，特别是国家计划收购的重要农副产品，仍然要以原料形式运进大、中城市加工。农村的粮食生产基地没有多少食品工业、饲料工业，棉花产区没有纺织工业，水果产区缺乏水平较高的罐头厂、饮料厂，这种情况很普遍。例如，鲁西北是优质棉花产地，由于没有工业，那里的农村仍处于落后状态。陕西省扶风县是粮食基地县，所产粮食以原料形式运销出去，而全县所需的饲料还要从其他城市购运进来，致使全县农、牧业生产和农村建设遇到很大困难。这种情况单靠发展乡镇企业是不能完全解决问题的，还需要国家和地方政府对工业生产力的布局做出通盘的安排。

（二）建设城乡联合、农工结合、产供销一体的经济网络，逐步取代城乡分割的经济格局。第一是农工结合，即将原料生产者和原料加工业联结成有机整体。世界各国在现代商品经济发展过程中，加工业和原料生产的有机结合是一个共同的趋势。在我国，通过国家和区域的宏观和中观调节，已经在这方面取得一些经验。例如，在陕西宝鸡、河南民权、浙江杭州等地，一些奶制品厂与养牛户、养羊户签订合同，建设奶牛、奶羊基地；丝绸纺织业投资建设蚕桑生产基地；蔬菜加工企业参加建设蔬菜基地；等等。这些加工企业用支持投资、提供技术、良种或返还一定利润的办法，促进原料生产发展，工农业的生产流程互相衔接，两者共同受益。第二是发展城乡联合、产供销一体的经济组织。如，天津市由禽蛋生产联合企业统筹禽蛋的产供销，使农村生产和城市需求直接衔接起来。第三是农民自己组成产供销一体的专业合作社，直接进入城市市场。上海市郊区已经有乡村合作经济组织，在市区开设蔬菜经销点，以略低于城市的价格销售新鲜蔬菜，受到市民的欢迎。这样，城乡分割的经济格局就将逐步破除，城乡联合的经济网络就逐步发育、成长、壮大起来。

（三）与城乡产业结构的调整和城乡联合经济网络的成长壮大相适应，促使城乡人才、劳力、技术、资金的合理流动，逐步实现生产要素的优化组合，提高城乡整体经济效益和社会效益。人才、劳力、技术、资金是随着生产力的配置、市场的发育以及各种经济社会组织的发展变化而流动的。因此，应该把两者结合起来。如果在城乡产业结构很不合理的条件下，只是要人才、劳力、技术、资金自由流动，或者相反，在产业结构变化的过程中和变化之后仍然限制它们流动，就会带来两个方面的结果：一方面是大量的人口、劳力集结在城市里，使城市承受过重的压力，不利于城乡建设和城乡经济的发展；另一方面，农村需要人才、技术、资金，却没有渠道可以取得。现在这两方面情况都同时存在。因此，要强调把城乡产业结构的调整、城乡经济的联合，与人口、劳力、技术、资金的流动联合起来，这样才能逐步达到发挥城乡联合的优势的目的。劳力、资金、技术的流动靠市场，市场要由国家的政策（以及地方法规）调节。因此，制定适当的政策，使其流向与城乡生产力布局的要求相适应，是亟待解决的问题。

（四）努力提高农村对城市现代文明的承受能力。城市人才、科技向农村的流动，带来的不光是科学技术本身，还带来了不同于农耕文化（或称乡土文化）的城市现代文明。科学技术就是现代化城市文明的核心。因此，城乡联合的过程不只是生产要素重新组合的过程，而且是现代文明与乡土文明交互作用的过程。只有提高农村文明程度，才能使两种文明在交织过程中的摩擦减少而变得和谐、融洽，才能使农村增强对城市文明的承受力。这里还是以乡镇企业为例，在它的初期阶段由于受乡土文明的浓重影响，稍有收益，就"知足常乐"；安排经营管理人员和劳力，也往往不是从提高企业的效益出发，而是照顾家族、亲缘关系。有的科技人员下到农村竟因宗族关系的包围而无法施展技艺，甚至最终被排挤出去。这正是两种文化在交织过程中发生冲突的表现。我国农村有资源的优势，却有文化的劣势。农村应该通过推行经营承包或股份制实现政企分开，引进先进的经营管理，培养人才，更新观念，使乡镇企业摆脱乡土文化的羁绊，成为真正的企业。这是农村更深一个层次的改革，也是促进城乡联合的必要条件。

（五）建设以城市为中心的多层次的城、镇、乡社区网络。城乡产业结构的调整，城乡联合、工农联合的各种经济社会组织的建立和发展，城乡人口、劳力、技术、资金的流动，都会改变城乡社区的构成，形成新的城、镇、乡社区网络。城乡一体也表现在这个社区网络的整体性和相互的有机结合上。因此，在新型城乡关系的发展过程中，我们既不能孤立地研究城市，也不能孤立地研究农村和小城镇，而要把它作为整体的组成部分来进行整体性的研究，并在实践中做出整体的建设规划。重点城镇的建设应该真正"重"起来，并且在土地使用权的有偿转让、基础设施建设、进镇人口的管理等方面，做出适当的规定，以便吸引日益搞活的乡镇企事业向这里集中，使农村产业的区位分布更加合理，获得更高的经济效益和社会效益。

在城乡一体化发展过程中，工农产品的比价是十分重要的问题，本文对此没有涉及，这是因为：第一，党中央、国务院已经确定逐步理顺工业品与农副产品比价的方针，正在拟定改革的方案，这是一个特别重大的题目，不是本文所能涉及的。第二，在笔者看来，城乡关系的许多方面，都与理顺工农产品的比价有关。例如蔬菜价格，如果不发展蔬菜生产基地，不输入先进的科学技术，不建立城乡联合、产供销一体的蔬菜生产、供应、销售体系，其结果，一方面是菜农的劳动生产率不能提高，小生产面对大市场，长期供不应求，蔬菜价格就会不断地上涨，城市消费者承受不起，销量减少，又自然会影响到蔬菜生产的下降；另一方面，涨价的好处，菜农并没有得到应得的份额，而是在储、运、销等中间环节大量流失。因此需要从诸多方面理顺城乡关系，才能在提高城乡整体经济效益的基础上，理顺农产品与工业品的交换关系，使生产者和消费者获得实际的利益。本文虽没有谈价格，但所论城乡关系的诸多方面，却都和理顺价格密切相关。物价改革的非价格方面，正是社会学应该研究的问题。

关于知识分子的定义、分层和
待遇偏低问题[*]

朱庆芳

一 关于知识分子的定义

"知识分子"一般是对有文化知识的人的泛指,至今还没有确定准确的含义,各有各的理解。知识分子必须具备两个条件:一是具有一定科学文化知识;二是利用掌握的知识进行创造性的脑力劳动。为了在社会各阶层中把知识分子与非知识分子加以区分,需要有一个能操作的定义。目前由于定义不清,在实际工作部门中的概念比较混乱。如有的把脑力劳动者都算知识分子,有的把"干部"统称为知识分子,有的认为大学以上文化程度者才能算,有的认为中等以上就可算。

经我们向各部门调查了解划分知识分子的标准应以社会分工,即从事的职业性质,结合文化程度加以区分,目前各部门实际上用"具有中专以上学历的脑力劳动者"作为知识分子定义,这是基本符合我国国情和符合知识分子含义的,更确切一点,还要包括没有中专文凭但有技术职称的,以及没有技术职称和中专学历,但通过自学和培训途径已达到同等学力的专业知识水平和实际从事专业技术的工作人员。因此,广义的知识分子定义是:具有技术职称的专业技术人员以及具有中专以上和同等学力的脑力劳动者。

按照上述知识分子的标准,根据国家统计局城乡住户调查中就业人口中专以上文化程度的比例和人口普查资料推算,全国 1986 年底有知识分子

---

* 原文发表于《社会学研究》1988 年第 6 期。

2700 万～2900 万人，占全社会劳动者总数的 5.3%～5.7%，还有不具备中专以上文化程度和没有职称，但却从事脑力劳动的劳动者 1100 万～1200 万人，加上符合知识分子条件的 2900 万人，全国共有脑力劳动者约 4100 万人，占全社会劳动者的 8%。

二　知识分子的内部分层

以上为广义知识分子，其共性是都需通过较长时间学习，在掌握了必要的专业知识的基础上进行创造性的劳动。如果根据知识分子的社会分工和社会职能、工作的特点不同，还可分为 18 个行业 101 个小类，按大类可分为如下三个层次。

第一层次为知识劳动者，即从事发现、模拟应用、转化知识的劳动，它包括科学工作者、工程技术人员和从事卫生、经济和文化等的各类专业人员。这类知识劳动者根据 1987 年 1% 人口抽样调查约有 2625 万人，其中符合知识分子条件的占一半以上，这部分知识分子处在生产力和社会发展的前沿，起着开拓和加速社会生产力发展的作用，具有较高的文化素质和重精神利益、注重事业成就和独立思考能力的特点。

第二层次是传播知识的劳动者，主要指从事教育工作的教授和教师。从事教育工作的知识分子是在继承、传授前人知识的过程中进行创造性的劳动，他们是智力和人才的开发者，特别是在当今科技迅速发展的时代，教育的职能已成为生产力发展的决定性因素，而且教育工作者人数众多。据 1987 年 1% 人口抽样调查，从事教育事业的职工共有 1189 万人，其中高中文化程度的约占四分之三。教学人员还应按大学、中学、小学、幼儿园老师进行分类，或按评定的职称进行分类。

第三层次是领导和管理层劳动者，是指国家机关、团体、企业单位的领导人和管理干部。其社会职能属于社会组织活动的较高层次，处于进行组织、指挥、协调、控制的地位，对生产资料和人财物拥有支配权，对社会生产力的发展起着重要的作用，必须具有较高的知识水平和丰富的经验，从事的是一种创造性劳动。据 1987 年人口抽样调查，机关、党群组织及企事业单位负责人共 1031 万人，其中高中以上文化程度的虽只占三分之一，文化素质偏低，但他们的经济地位、政治地位、声望、权力、收入方面都不同于一般知识分子，他们重政绩、重威望、重政治利益，在社会生活中有着重要的、特殊的作用。改革开放以来，各行各业出现了许多权、责、利相结合的企业家。企业家的知识和才能，对企业经营的好坏起着决定性的作用。有人提出是否单独划出一个"企业家阶层"。据 1986 年底统计，全国工交企业和建筑企业共有 70 万个，按每个企业就一个企业家计算便有 70 万人，如包括村办企业家 109 万就有约 180 万人。

三　知识分子的收入情况和存在问题

1. 脑体收入倒挂

解放初期，知识分子工资较高，据有关部门调查，教授的最高工资与工人工资比要高 1 ~ 2 倍，1957 至 1978 年，知识分子较集中的科教文卫和机关团体职工货币工资基本未动，扣除物价上涨因素后的实际工资还下降了 10%，从而使脑力劳动者和体力劳动者的收入差距从 50 年代基本合理，到 70 年代基本消除，进而出现了倒挂现象，到 1978 年脑力劳动者的平均工资比体力劳动者低 13%。十一届三中全会以后，党和政府采取了许多有力措施，落实了知识分子政策，大幅度提高了知识分子工资。1987 年与 1978 年比较，脑力劳动者工资增长了 130.6%，略快于体力劳动者工资增长 128.1% 的速度。脑体收入倒挂现象，比 1978 年略有所缩小，1987 年仍倒挂 12%。若以知识分子密集的事业机关与工人密集的全民企业单位职工平均工资比较，则由 1978 年倒挂 10% 缩小为 1987 年倒挂 6%。

在脑力劳动中，工资最低的是教育部门，1987 年平均工资为 1359 元，其中高教 1530 元，中学 1355 元，小学 1293 元，社会福利部门 1362 元，国家机关团体 1414 元，均低于全民所有制职工平均工资 1485 元 5% ~ 13%，低于体力劳动平均工资 11% ~ 18%。

如按年龄分组，脑体倒挂最明显的是中年知识分子，据科委 1987 年对 2387 名科学技术人员的调查，31 ~ 45 岁的科技人员人均年收入最低，低于平均收入 11%，住房面积最少，患慢性病高达 70% ~ 80%，中年知识分子早衰早逝现象比较突出，中高级知识分子的寿命比全国平均寿命短 10 年。从企业内部看，知识分子工资水平略高于工人，脑体并不倒挂。据 1987 年 10 月国家统计局对 50 个城市的调查，在 140 万工业企业职工中，工程技术人员和管理人员的月平均工资分别为 146 和 144 元，比工人 134 元高 7%～9%；在 35 万建筑业职工中，工程技术人员和管理人员平均工资为 170 元和 180 元，比工人的 162 元高 5%～15%。此外城镇集体单位，脑体也不倒挂，1986 年脑力劳动者的年平均工资比体力劳动者约高 3.5%。

以上均为在职工内部进行比较，如果与社会上的个体户、私营企业主收入比较，则脑体收入差距更大。据国家工商总局对 5 万户个体户的调查，平均纯收入在 3000～4000 元，比知识分子平均收入高 1～2 倍，私营企业主几万元、几十万元的高收入已使职工特别是工资较低的知识分子产生了心理不平衡。

2. 造成脑体倒挂的原因

（1）在知识分子问题上长期犯"左"的错误。1957 年的"反右派"斗争，把 40 多万名知识分子错划为"右派"。十年动乱期间更加剧了对知识分子的打击和迫害，其政治地位和经济地位空前下降，在社会各阶层中被排列为"臭老九"，工资几十年不动甚至下降。

（2）知识分子工资起点过低。20 世纪 50 年代制定的工资标准，规定了知识分子（干部、文艺工作者、小学教师等）的最低一级工资与工人最低工资基本相同，大学教师最低一级相当于 4 级工人工资。1985 年制定的职务工资制，教育界认为教授的经济地位降低了，如在 50 年代一级教授为 330 元，现在一级教授为 255 元；教授最低一级在 1956 年为 207 元，现在只有 160 元，副教授和副研究员 1956 年为 149.5 元，现在只有 122 元（相当于处级干部），而现在物价指数比 50 年代上涨将近一倍。按实际工资计算，现在的 122 元只相当 1952 年的 62 元。

（3）知识分子的奖金、各种津贴、计件工资的比例低于体力劳动者。据统计，1986 年事业单位机关团体奖金、津贴和计件工资占工资收入的比例只有 31%，而企业（体力劳动者为主）奖金、津贴、计件工资比例占 45%，如包括实物奖则比例更大。

（4）专业技术人员，学术地位低，职称与实际担任工作不符。据科委统计，1986 年自然科技干部中，被评定为高级职称的仅占 1.2%，中级职称占 16%，初级职称占 61.6%，还有 21.2% 未评定，其中中青年职称偏低更为突出，31～45 岁的科技人员中只有初级职称或未评定职称的占 92%，中级职称中 39% 的人年龄已达 41～55 岁。据上海市 1986 年 6 月调查，在 1614 名中级职称人员中，有 10% 的人已担任高级人员的工作，初级人员中有 58% 的人担任了中级人员的工作。这种情况，人为地降低了科技人员的地位和收入，使其积极性受到挫伤。

3. 脑体收入倒挂的后果和影响

不仅直接影响知识分子积极性的发挥，造成人才使用上的浪费，人才外流和人才不合理流动。更严重的后果是它将影响下一代的人口文化素质，延误四个现代化的进程。这主要是脑体倒挂导致了"读书无用论"的重新抬头，现在知识多的人不如知识少的人收入高，造成了人们的攀比心理，有不少人只顾眼前利益，弃学经商，务工务农，甚至有的大学生、研究生打退学报告，认为读书吃亏了。据统计，近几年平均每年约有 1000 万中小学生过早地流向社会，造成社会劳动力素质下降，产生了大批新文盲，1987 年抽样调查的文盲率仍达 20.6%。由于教师的经济社会地位较低，有相当多的教师想改行，师范院校招生困难，崇高的职业失去吸引力，这是不可忽视的倾向。

四 解决知识分子待遇低的几点建议

从按劳分配的角度出发，知识分子的报酬必须考虑以下几个因素：（1）必须能维持本人创造活动过程中生活资料的需要；（2）必须能满足本人从事智力劳动中不断补充和更新知识的特殊需要，即补偿赊买图书资料和培养进修费用；（3）必须能补偿家庭和个人在学习中耗费的智力投资。目前大学毕业生月工资 76 元，仅相当于 1952 年的 39 元，要满足和补偿以上三项费用是比较困难的，他们结婚生孩子后大多需要由父母补贴。据计算，大学四年仅家庭支出的费用也要四年才能收回，若按 15 年培养费计算，需 11 年才能收回。因此，应当正视知识分子待遇问题。

①从指导思想上重视知识和知识分子的价值，确立知识分子的地位。在舆论上要大力宣传知识和知识分子的价值和其对社会做出的贡献，使全社会都要充分认识到科学技术和知识在社会发展中的重要作用。对优秀的有突出贡献的知识分子给予精神和物质奖励，真正树立"尊重知识、尊重人才"的社会风气。

②要继续加快知识分子工资的增长速度。"七五"原计划全民所有制

职工工资实际平均每年增长 4%，知识分子平均工资的增长速度应高于
4%，达到 5% ~ 6%。根据目前工资水平倒挂的情况粗略计算，如果知识分
子的工资每年增长速度快于体力劳动 2%，那么，到 1990 年就能扭转而
且还能正挂 1.6%，到 2000 年就能正挂 17%，如果快 1%。则到 1990 年脑
体仍倒挂 2%，到 2000 年才正挂 3.5%。到底应该快多少？建议有关部门
根据财力情况和以战略决策的眼光，制定一个中长期规划，纳入劳动工资
计划中。

3. 对知识分子采取放开搞活的政策。

（1）允许和鼓励科技人员流动到生产第一线去承包、租赁、承办各种
经济实体，使他们的收入在这些经济实体的发展中得到提高。

（2）允许和鼓励科技人员业余兼职。据了解国外无论是资本主义国家
还是苏东国家，知识分子兼职是很普遍的。如美国高级职位中有 40% 是被
兼任的，往往 1 人兼几个，一般兼 2 ~ 3 个，最多达 7 个，兼职者大多是科
研人员和大学教师，只有政府官员和国家公务员不允许兼职。兼职者都能
得到相当于工资的三分之一或更多的收入，如美国教授兼职收入平均可达
1 万 ~ 2 万美元，医师和法律顾问可达 3 万美元，连同年薪达 9 万美元。只
要明确政策界限，加强管理，对社会、对改善知识分子待遇都是非常有
利的。

（3）允许和鼓励单位和个人开展扩散科学知识和技术的创收活动。

西方社会科学中关于性别差异和
性别分层的理论[*]

陈一筠

男女不平等的现实由来已久。解释男女差异的理论几经发展，历时好几个世纪。它们各执一说，有的相互联系，有的截然对立。总括起来，西方社会科学中比较有影响的理论大致有以下几种：

①永恒论：以神学和生物学为基础的静止论，认为男女不平等是天经地义的。

②启蒙主义：强调社会进步和学习，认为教育自然会改变不平等的现实。

③历史唯物论：强调物质需求与经济结构的影响力，指出社会劳动分工和阶级分化与男女不平等的关系。

④功能进化论：把生物的进化规律与社会发展的需求结合起来，解释男女不平等的必然性。

⑤两性冲突论：强调两性之间的对立与斗争。

一 永恒论

用西方神学中永恒论和普遍主义的观点来解释世界，认为人世间的一切都是神的安排。人类分为男人和女人，他们生来就是不平等的，女人必然处于被男人统治、领导和驱使的地位，这是人类存在的永恒真理，是不可改变的神圣法则。后来生物学也从另一个角度肯定了这种法则，认为男女的差别是基于"自然本性"。在今天的现实生活中，虽然这类理论已不

---

* 原文发表于《社会学研究》1988 年第 6 期。

像当初那样流行了，但其影响并未完全消失。

神学和宗教为男女不平等的现实辩护。它认为，上帝安排了一种道德伦理系统，在这一系统中，女性必须从属男性，妻子应是丈夫的助手。中世纪最有影响的意大利神学家托马斯·阿奎纳斯（Thomas Aquinas 1225—1274年）认为，神的头脑有特殊的考虑：妇女作为第二位的神造物是必需的，她们是男子的助手；但不能成为男子工作的助手，只能是日常生活的助手，因为男子在工作中可以找到比女人更得力的助手。阿奎纳斯还认为，女性之所以应当服从男性，是因为男性有更多的理性原则。上帝造就女性的目的是让她们生儿育女。所以，男子应当直接承受神的使命，服从神的使唤，而女子应当听从男子的使唤，只有这样，人世间的生活才能井然有序。

宗教进一步强调了女人服从男子的必要性。《圣经》中写道，由于夏娃偷吃了禁果，神就罚她承受生养子女的痛苦，而且要她受制于丈夫。尽管基督教和犹太教对这一故事的解释略有差别，但其中共同的观点都是：①夏娃的行为暴露了妇女在道德上的瑕疵；②亚当接受了女人分给他的禁果，说明女人有危险的诱惑力，在道德上比女子强的男子，当能控制女子；③神决定了男女的劳动分工，女子要承受生育子女的苦痛，男子承担获取生存资料的劳作；④男人主宰女人。迄今为止，在许多宗教势力强大的国家，神学强加在妇女身上的镣铐几乎未被触动。

西方第一个用生物学知识来解释男女在社会政治上的差别的著名人物是哲学家亚里士多德（公元前384～322年）。他认为，两性之间的主要差别是女性比较消极、比较软弱，因此可被看作有缺陷的、不健全的人；她们的缺陷是天生的，是生物学因素决定的。亚里士多德和后来的理论家们从生育过程的两个方面来证实女子的消极性和男子的主动性。许多社会生物学者至今仍然认为妇女在性行为上天然比男子被动，并将这一点推而广之，说妇女在所有方面都不如男子那样积极主动。有人甚至以男子猥亵奸淫妇女的野蛮行为来证明女子的消极性与软弱性，进而证明女子在社会上处于劣势的必然性。这种观点已属荒唐了。亚里士多德观点中更为荒谬的是，他把生育过程本身看成是男性主宰的，他认为，是男性的精子以女性体内的物质为原材料而"制造"出婴儿。后来，社会生物学者们就从亚里士多德关于女性消极被动之说中进一步引证出了各种观点。例如，有人说，精子是在积极的逆行游泳中拼搏，征服了消极等待中的卵子，才"造出"了婴儿的胚胎。这种女性天然消极之说，一时间成了解释男女之间一切不平等现象并为之辩护的理论依据。

生物学上的女性消极论又是怎样被演绎成女性在发展上的劣势、依赖和从属性呢？解释这一问题的多数西方理论家认为，领导才能取决于头脑与身体的强健和活力，而妇女在这两方面都是欠缺的。历史上关于妇女天性的争论，从亚里士多德时代到今天，已有了很大的变化。今天的生物科学也比那个时代的生物学进步与完善多了，但当初关于女性天然消极的那些结论乃至研究方法，却在很大程度上存留至今。不少人还在重复着同样的观点。亚里士多德对"生命事实"的天然性的解释，早就被其以后的科学发展所否定；但在他的理论基础上得出的社会学与政治学结论，仍使某些学者感兴趣，并继续被用来维护男权主义和男人统治世界的不平等现实。

究竟为什么女性会有各种"弱点"，特别是智力的"弱点"，理论家们一直在生物学上寻求答案。女子来月经亦被认为是产生"弱点"的根源。起初有人认为，妇女每月一次月经来潮，说明她们受到月亮的影响，身体出现不良反应，使她们变得迟钝、不冷静；后来，又有人说来月经损伤女子的元气，使她们变得衰弱；也有人接受关于雌激素的作用使妇女缺乏刚毅性和智能减弱的观点；有人认为妇女的子宫释放一种气体，使她们变得犹豫不决；另一些人则认为子宫在体内不断移动，使妇女不时地感到虚弱，因而无力照料自己，需要依赖别人。

几个世纪里，关于男女不平等的必然性问题，在生物学界的争论越来越复杂。到了18世纪，有些学者开始承认，两性之间的"天然差别"使妇女不必像男子一样劳动；但正是由于她们的天性软弱，男子就有必要为了双方的利益去保护和驾驭妇女。当时，关于两性差异问题，开始较多地集中于生育过程，即认为由于妇女衰弱，尤其是在妊娠和分娩期间，需要有人保护与照料。这一观点为某些政府所接受，从而建立了妇女劳动保护法；可是法律同时也给妇女的行动强加了某些限制。例如，1973年，美国最高法庭用下列理由来解释为什么即使有资格的妇女也不能执法：公民法永远承认男子与妇女在各自的领域和命运中有着很大的差别，男子应当是妇女的保护者和防卫者。直到现在，在对待妇女问题上，美国的某些法律仍以男子是妇女的天然保护者，因而也是驾驭者这一思想为依据。美国妇女解放运动历时甚久，竟连男女在法律上平等的传统课题都未能解决。

关于两性之间的权利地位之分，目前已远远不止以生物学为依据的解释了。说妇女天生软弱或被动也好，说她们必然需要男子保护也好，其共同之点就是认为两性关系的结构是既成的、不可改变的，是"永恒的"、普遍的，不承认平等的可能性，不承认男女之间所显示的某些差异可能是由于生物本性以外的因素所致。然而，用任何传统理论观点都无法充分解释历史上已经记录在案的两性关系结构的演变，也无助于认识未来将可能发生的各种变化。此外，在不同的社会文化背景下，两性关系结构的模式和女性的行为特征却有着明显的差异，这也很难用生物学的观点去解释。

综上所述，神学和生物学的解释都意味着：试图改变两性之间的既成状态是大逆不道的，因为那会违背神的意志和自然法则。可悲的是，直到当代，西方还有个别政治家仍在处心积虑地以神学观点为依据去为男女不平等的现实进行辩护。例如，1972 年美国一位叫萨姆·欧文（Sam Ervin）的参议员在反对通过保护有智力缺陷者的平等权利法案时对妇女说："当上帝造就她们时，就规定了两性之间在心理上与功能上的差别。"

二　启蒙主义

18 世纪，在启蒙主义哲学的基础上形成了一套新的理论。这套理论在西方，特别是在美国，至今仍被众多的学者当作认识社会关系的科学武器。启蒙主义思想当初曾作为法国革命和美国革命的思想基础，它攻击社会和政府中以权势关系为核心的旧秩序。早期的女权运动代表者很快就接受了启蒙主义思想，把它作为认识和批判男女不平等现实的指南。

J. 洛克（John Locke，1672～1704 年）和 J. 卢梭（Jean-Jacques Rousseau，1712～1778）等启蒙主义学者，提出了反对当时社会关系中广泛存在的宗法家长制，即由父辈统治一切的家庭制度。但起初对家长制的批评并不着重于家庭问题，而是集中在君主统治和贵族阶级的男子对社会中其他男子拥有特权的问题上。家庭中的家长统治是晚些时候才被触及的。简单地说，家长制的逻辑就是：权利、权力和特权是与生俱来的。J. 伯丁（Jean Bedin，1530～1596 年）的观点颇有代表性。他说："家庭就像一个国家，它要有人统治，但只能有一个统治者，一个人做主，只能有一个权威，这就是父亲……父亲是上帝的化身，他天生有责任养育自己未成年的子女，使他们成为正直而善良的人；另一方面，子女也要敬爱、孝顺和支持自己的父亲，忠实地执行父亲的命令，掩饰父亲的缺点，要不惜自己的生命去保护父亲的生命。"① 在一个王国中，君主与其臣民的关系犹如一个家庭中父亲与其他成员的关系。有人甚至宣扬"君权神授"，世代沿袭的观点。

在美国的《独立宣言》中，明显反映出启蒙主义者（或自由派）对上述有关社会政治秩序的宗法制观念的抨击。其中有这样一段话："人人生来平等，他们从造物主手中得到不可剥夺的权利，其中包括生存、自由和追求幸福的权利……我们认为以上几点都是不言自明的真理。"这段话最重要的含义在于它抛弃了那种关于造物主只授权给君主和某些人的神话，宣称每个人生来平等，他们的基本权利与生俱来，是不可剥夺的。启蒙主义者同时认为，每个人都有某种自主权，不能因为出身条件不同而使一些人听命于另一些人。后来，这些基本思想也被用来说明妇女的地位。第一个做这种尝试的是美国一位自由派的妇女玛丽·沃斯通克拉夫特（Mary Wollstonecaft，1759～1797）。她发表了著名的论文《维护妇女的权利》，把平等原则用于男女之间。她指出，两性之间的宗法家长制权力关系就像主仆关系一样不公正。如今，在西欧和美国，最著名的和最有影响的女性学派，其观点都源于启蒙主义传统。

启蒙主义对妇女地位的解释是以个人的自由、独立、天赋权利以及理性对人的发展之重要性为依据的。他们认为，女人同男人一样，生来就是自由和平等的，她们不应受出身条件的限制，都有完善自己的无限潜力，只要他们有着同等的机会去发展和运用自己的智慧，这种自我完善的潜力就会发挥出来。

启蒙主义对男女地位与角色的现存差异，提出了较为科学的解释。他又认为，妇女的屈从和依附，如同奴隶对主人、臣民对国王的屈从一样，是由于社会通过法律和各种规章施加人为限制的结果，而这些法律和规章是植根于各种荒谬的偏见之中的。如果说妇女有什么地方不如男人或区别

---

① W. T. 琼斯编著《政治思想名家》第 3 卷，伦敦 1963 年版，第 56 页。

于男人的话，那是因为某种社会力量制约她们的结果。启蒙主义者指出，这种不平等的制度，对男人和女人均是有害的，实际上也有害于整个社会。因为在男女不平等的社会里，女性由于其权利被剥夺而受到损害，她们得不到发展与完善自己的机会；而男人就像国王和奴隶主一样对他人作威作福，自己也就腐败了，这难道不是一种病害吗？说社会受害，是因为不平等和缺乏自由，使整个社会不公正，不民主，由于社会的某些成员对另一些成员发号施令，使后者没有行动自由，从而妨碍了人类的进步。

启蒙主义认为，社会变革的关键是发扬理性和铲除愚昧与偏见，这就要对每个人进行启蒙教育。后来，启蒙派的女权主义者就主张从教育着手去改革不平等的社会，认为教育是人们自我完善的基本手段，第二步才是砸碎束缚妇女的那些枷锁，包括取消限制妇女发展、妨碍已婚妇女享有财产权、就业权和选举权等不公正的立法。启蒙主义的思想家认为，人类的历史是朝着理性与科学的方向不断进步的历史，这种理性与科学应被当作立法和建立社会组织的依据。随着理性与科学的发展，人们会受到更多的教化，从而有能力去摆脱各种社会镣铐和思想桎梏，更清楚地认识人与社会的本质，并懂得如何完善自己。启蒙派的女权主义者，对实现男女平等的目标抱有极为乐观的态度。他们从自由派的启蒙主义观点出发，认为从前存在于社会的那些弊端和问题，均是由于人们的愚昧和偏见所致；一旦人们受了启蒙教育，掌握了知识，就会有发挥自己全部潜力的可能性。启蒙派的政治战略，重点在于制定法律和政策，强调给人以自由和公正。他们认为，随着人们不断地学习与进步，将来的社会自然会比现在更好。

尽管启蒙主义的传统至今仍被西方广泛接受，但也有人对此提出各种疑问，首先是它作为一种认识历史的理论，是非常肤浅的，它并没有对历史变迁做出令人信服的解释。实际上，整个人类发展的历史，并不是所谓通过启蒙而渐进的历史。妇女地位变化的历史更是证明了这一点。历史学家和人类学家在研究妇女问题时都指出，政治与经济的发展往往与男女地位不平等的加剧相伴而行，这一点在人类历史的早期显而易见。现代社会发展的过程中，也不乏这样的例子。例如，第二次世界大战期间，许多国家的妇女走出家庭，去顶替参战的男子留下的岗位；战争结束后，经济迅速恢复与发展，但随之而来的并不是妇女平等权利与地位的加强，而是妇女在与男子的竞争中败下阵来，许多妇女不得不再度回到家庭的樊笼，所谓"妇女的适当角色仍是做家庭主妇"的观点又流行起来。比外，研究非洲社会与历史的某些学者发现，随着西方法律与习俗的引进，接受"启蒙"的非洲社会，男女之间在许多方面更加不平等，妇女的权利更少，地位更为低下了。这种情况，在东方各国现代化过程中均有所见。中国近年来出现的妇女就业问题及社会关于妇女回家的舆论，也在一定程度上说明妇女状况的改善并非"自然而然"的事，它不一定与社会的"启蒙"程度和人们的教化完全一致，与社会的经济、政治进程也可能脱节。

其次，启蒙派的理论没有说明妇女角色与地位变化的前提条件，也没有解释清楚为什么不同的文化在对待两性角色与关系问题上有不同的主张和实践。启蒙主义者认为，只要由一些"先知先觉"者行动起来，对民众进行启蒙教育，促使他们"再社会化"，改变他们的思想观念，妇女地位就会随之变化。然而问题往往并不这么简单。例如，在教育发达的日本社会，妇女解放的进程却相对迟缓，男女平等与受教育程度并不成正比。此外，启蒙派的乐观主义虽然激发了许多人行动起来去教育民众的热情，但对这种行动的结果，人们却估计过高。如果仅仅指望人们通过自身获得更多的经历和知识而变得聪明，从而促使人类进步的话，那么除了完善作为个体的人本身之外，就无须做任何事情了。正是这种思想，曾被用来反对妇女解放运动。反对者认为，每个时代争取平等的斗争都取得了成效，但妇女的落后状况却不见改变，这只能归咎于妇女本身缺乏能动性了。这种观点是不符合历史事实的。历史上凡靠个人努力去进行的各种社会运动，很少把为从属性社会群体争取平等与解放作为最重要的变革目标，也就是说，致力于个人解放和自我完善的运动，与整个妇女的解放事业不能混为一谈。

总之，启蒙派对社会不平等的强有力的抨击虽曾是社会变革的重要动力，但他们对两性关系的发展史所做的解释却是肤浅的，因而不可能指出妇女解放的道路。

三　历史唯物论

到了 19 世纪中期，许多人在深入观察了社会生活的实际变化之后，开始对启蒙派关于社会关系、历史变革的理论提出了疑问。这不同于保守派的指责，而是积极的批评。批评者指出，启蒙主义者对历史与社会的发展进程没有足够的认识，因而就无法提出有效的办法来消除危害社会的那些弊病。最著名的批评者和理论家便是马克思和恩格斯。

马克思和恩格斯在《德意志意识形态》中，表明了历史唯物主义与启蒙主义在分析社会时的重大差别。他们指出："任何人类历史的第一个前提无疑是有生命的个人的存在。"① 乍看起来，这句话是很普通的，然而马克思、恩格斯和其他历史唯物主义者由此而引出的结论却与启蒙派的观点大不相同。马克思和恩格斯说，人们都清楚地知道，"可以根据意识、宗教或随便别的什么来区别人和动物"，② 然而第一个需要确定的具体事实则是人的肉体存在，因而衣、食、住、行便是人们生存的首要条件。马克思和恩格斯这种唯物主义观点，把人们的温饱需求置于其他需求之首，而把区别于动物的人的意识等特征置于人们维持生命的基本前提之下。马克思解释说，人们的意识、思想、语言、宗教、法律以及其他东西，作为人的头脑思维的产物，无不与人的物质需求相联系；而经济、生产作为一种社会化和制度化的安排，无非是人们用以满足自己物质需求的手段；语言及其所表达的思想，也随着日常生活的需求增长而得到发展。因此，谁控制着生产手段，谁就在很大程度上控制着思想和语言。而占统治地位的思想体系，即意识形态，总是反映出控制者的利益，并且总是去维护控制者安排的某种经济、社会和政治秩序，去为一部分人统治和压迫另一部分人的"合理性"做辩护。

马克思主义认为，迄今以前的有文字记载的历史都是一部"阶级斗争史"。在一个经济体系内的劳动分工不仅意味着人们在职业上的差别，而且意味着阶级地位的重大差异。在封建主义以及后来的资本主义社会中，发展了劳动分工，使控制生产资料的人同时控制着产品，并且控制着制造产品的劳动者。因此，工人的劳动力就同工人相分离，即劳动力被占有生产资料的资本家剥夺了。资本家以尽可能少的报酬去获得尽可能多的利润，这就必然要剥削劳动者。资本家控制了社会的财富，他们不仅占有生产资料，而且垄断了意识形态。人们要想重新夺回对自身劳动能力、生活

---

① 马克思和恩格斯：《费尔巴哈》，《马克思恩格斯选集》第 1 卷，第 24 页。

② 同上。

境遇及思想意识的自主权，就得斗争，即粉碎资本主义制度并代之以新的制度。在这种制度下，每个劳动者才能掌握自己的生产手段。这就是共产主义制度，或公有制。只有彻底变革经济制度，社会的政治、价值观念和社会结构才能真正改变。其他的变革充其量只能变换一个掌握控制权的集团，但却不能改变一个集团控制另一些集团的基本事实。

恩格斯最早运用上述理论来解释有关妇女的问题，他的名著《家庭、私有制和国家的起源》于 1884 年问世，后来 A. 倍倍尔（August Bebel）发表了《妇女与社会主义》一书。这两部著作至今仍被认为是马克思主义论述妇女问题的经典，被学者们广泛引用。马克思、恩格斯认为，在自给自足的原始经济条件下，所有的人都参与生产过程来为自己提供必要的产品。那时没有多少剩余，男女几乎是平等的，因为他们平等地支配自己的劳动，也平等地享有劳动成果。妇女的从属性始于私有制的发展。在私有制的社会里，人们开始找到了更有效的生产方式，能够生产出超过自己需求数量的产品，即剩余产品，这些剩余产品可以被作价用于交换其他产品。在这种情况下，男人开始"掌权"，他们占有生产资料连同剩余产品，这种占有也标志着掌握了重要的交换权。在家庭中的男女劳动分工，是后来社会上资产阶级和无产阶级分工的萌芽。

随着私有财产的出现，男人们开始感到需要由自己的子女来继承财产。为了保证所生子女确实是某个男人的血亲后代，就需要用对偶婚姻来控制妇女，至少女方只能有一个配偶，一夫一妻制由此产生。于是，妇女成为男人的附属品，她们的劳动及劳动成果，均由丈夫支配。两性之间带有剥削性的劳动分工最初见诸家庭之内，但它是与家庭之外的经济结构和权力关系分不开的。换句话说，私有财产和由此而形成的生产资料私有制度，是两性差别的根源。尽管近年来有些历史学家和人类学家对恩格斯阐述的某些细节提出了不同看法，但《家庭、私有制和国家的起源》一书所表达的主要观点，至今仍为众多的马克思主义者和非马克思主义的学者所接受。第一，男女之间的劳动分工和权力划分，确实至少是部分地取决于整个社会的经济结构。随着工业化和向资本主义经济体制的转变，男女在权力和价值上的差异不断增加。人们渐渐用"家庭主妇"一词来谈论妇女的劳动，似乎在家庭中的劳动对整个社会经济来说是无足轻重的。关于整个社会经济结构与两性关系的结构之间有何必然联系这一问题，目前学术界争论很多，也是女性学研究的重要课题之一。第二，在一种社会组织中的权力结构显然是与其他社会组织中的权力结构相关的。马克思主义的历史唯物论特别强调经济问题，重视劳动分工和对生产与产品价值的控制权。西方女性学研究者在运用唯物主义观点来解释男女不平等地位的形成时，也总是把焦点放在家庭内外的劳动分工问题上，并且指出，家庭内的劳动分工是家庭之外的不平等产生的根源。

人们通常认为，最适合妇女的职业是那些类似于妇女在家里干的工作。即使那些赞成妇女在职业市场上拥有平等权利的人，也倾向于妇女首先应在家照料好子女，等子女长大成人之后再就业。总之，大家都认为照料子女和料理家务纯属妇女职责，男子是不屑一顾的。如今，尽管西方国家立法有了很大变化，明文规定禁止性别歧视，这种法律有一定的作用；但法律对于改变家庭内最根本的不平等状况却收效甚微，而家庭内的平等与否又是妇女在家庭之外能否享有平等权利和机会的前提。可以说，某些西方国家反对歧视妇女的立法所起作用，不过是给妇女加上双重担子，一是要她们从事社会劳动，二是要她们完成在家庭中的使命。

马克思主义理论还指出：劳动分工的意义远远不止于不同的人们做不同类型的工作，劳动分工同时意味着权力和控制的分工。夫妇之间的分工即可说明这一点。现代西方国家的社会舆论仍然认为，男子为着养家而求职，女子应当操持家务。表面上看，这不过是一种功能体系，是讲求效益的办法；况且，这似乎是妇女乐于接受的，因为她们愿意把自己的时间和精力奉献给自己所爱的家人，而男子又不得不外出去从事竞争性的职业。然而如果我们认真分析一下，这种"男主外，女主内"的状况绝不是一种平等的分工合作。因为男子被认定为"一家之主"，在他与家庭的其他成员之间就很难形成平等的关系。实际上，丈夫成了妻子的老板，妻子被授命待在家里，这与爱护毫不相干，而是因为如果妻子不在家干活，丈夫就得在家干活，或者出钱雇别人干家务。在资本主义的职业市场上，男女职业的划分也并不是以博爱和同情为基础的。资本家在雇用劳动力的时候，总是精打细算，尽量安排妇女去做那些报酬少、地位低的辅助工作，以提高利润。这难道是一种平等的分工吗？

西方马克思主义女性学派进一步阐述了关于妇女角色的观念。他们指出，观念是建立在权力和劳动分工的现实基础上的，具体地说，是由生活的物质方面决定的。例如，19 世纪早期，在美国工业化过程中，担负生产任务的劳动力流动频繁，男子常常离家外出做工，这时社会就十分崇尚那些"贞洁女性"，把对丈夫温存体贴、忠贞不渝、禁欲主义等看作女性的美德。丈夫外出时，妻子在家安分守己，把小家庭安排得温暖舒适，使得在外奔波的丈夫回家能得到休息和享受。如果妇女也必须像丈夫一样出去奔走的话，情形就不是这样了。所以，正如马克思所说，是存在决定意识，而不是相反。例如，西方国家在第二次世界大战期间，男人们上前线了，社会就提倡女人同男人一样可以干某些过去被认为不适合女人干的职业，那种要求妇女在家安分守己地等待丈夫回家的"贞洁女子"观和关于妇女角色的旧观念顿时消失了；可是战后，经过一番经济恢复，人们又开始说服妇女回家去，把职业"交还"给男子，这时，关于"妇女角色"的观念又复活了。而且，关于"妇女角色"的观念在不同时期也并不是完全一样的。20 世纪 60 年代以来，西方经济结构发生了很大变化，大量的附属性职业出现了，教育也随之变化，越来越多的就业者进入"辅助人员"的岗位，如护士、社会工作者等，这时"妇女角色"概念的含义又有所变化。

倍倍尔在《妇女与社会主义》一书中，进一步发挥了马克思主义的观点。他指出，妇女的不平等地位，就像社会上其他不平等现象和压迫形式一样，其根源都在于阶级关系，即私有制结构，特别是资本主义社会中形成的对生产资料的占有制。还有许多正统的马克思主义者也指出，私有制是妇女受压迫的根源，因为：第一，由于妇女担负着照料男子衣食住及养育子女的职责，才有可能使男子的劳动继续下去；第二，妇女形成了一种"边际"劳动力队伍，可以任随资本家根据需要雇用或者辞退。第二次世界大战后美国和其他西方国家的情形就是极好的例证。因此，在马克思主义者看来，只有当工人阶级的妇女同男子一道起来改变资本主义制度，摧毁压迫他们的那种经济结构，妇女才能获得真正的解放。妇女的解放运动不过是整个受压迫阶级解放事业的一部分。

然而，也有些女权主义者不同意上述观点，他们指出，妇女状况的某些方面不能仅仅根据现存的私有制和资本主义的阶级结构去解释；但他们认为马克思主义提出的关于意识（Consciousness）和意识形态（Ideology）的概念是适用的。因为在历史上的某些时期，被统治的集团开始意识到自己的处境，感觉到其中的矛盾，他们的这种意识往往是通过意识形态的宣传而萌发的。例如，女权运动宣传一种意识形态，即男女在社会中应当平等，这就启发了广大妇女去认识她们实际处境的不平等。这种意识逐渐加强和提高，变成一种群体意识，即进一步意识到这种不平等不仅是个人的命运，而且是所有妇女共同的遭遇。实际上，在资本主义社会，即使今天，妇女作为一个群体，而不是作为某些个别的人，总的说来仍处于明显的不平等地位。由于多数女性在结婚后被鼓励早生育，一旦有了孩子就退学或退职回家照料子女和丈夫，随之而来的一个问题就是社会认为教育与训练对女人并不重要。因此，一般说来，女性的受教育程度低于男子，特别是医学、法学等比较"高深"的专业，仍是男性的特权领域。妇女年轻时代献身于家庭，而一旦离婚、守寡、年老体弱之时，就感到十分艰难了。这时她们不得不去寻找工作来维持自己或家庭的生活。然而，由于她们年轻时代失去许多受教育和职业训练的机会，在求职方面更加处于劣势。这种恶性循环就是西方妇女的基本状况。当然，也有少数杰出的妇女，她们事业心重，希望与男子平起平坐，这又往往使她们不得不独身，或者不要孩子，或者过同居生活，或者离婚后交男朋友。所以，西方的婚姻家庭状况又是与男女不平等密切相关的，也可以说是妇女"逆反"行动的结果。如令西方的女权运动，十分强调"群体意识"（Group conscious-ness）。他们认为，缺乏群体意识的妇女，往往为个人的命运而叹息，或者为自己的"过失"而懊悔，她们充其量只能努力去对自己的命运做一番补救，但这种补救无济于事；有群体意识的妇女，才能够致力于改变整个妇女的处境。

综上所述，历史唯物主义世界观，在西方被广泛运用于研究妇女问题。马克思主义关于阶级压迫与社会不平等的观点，在近百年来的西方妇女运动中产生了很大影响，不少致力于妇女运动的活动家，都指出了妇女解放与社会主义问题的必然联系。

四　功能进化论

19 世纪，在解释社会中的两性差异与性别分层问题时，另一种较有影响的理论，即功能进化论学派也有发展，并且很活跃。达尔文（Charles

Darwin，1809～1882 年）和 H. 斯宾塞（Herbert Spencer，1820～1903 年）不仅用生物进化的观点来认识人类生命的生物发展史，而且用它来解释社会发展的历史，几乎所有运用进化论来解释妇女状况的理论家，都得出类似的结论：性别差异与性别分层是不可避免的，或者说是理所当然的，是符合人类进步方向的。这种功能进化理论常被称为"社会达尔文主义"，尽管达尔文本人未曾赞同这种称谓。

斯宾塞确信，人类社会是通过人对周围环境的生物性适应而进化的，在进化过程中产生的任何变化都是好的，顺乎自然的东西都是进步的。他认为"优胜劣汰""适者生存"的法则是进步机制的源泉。谁能最大限度地适应人类生活，谁就能够生存下来并得以繁衍，否则就被淘汰。作为人类，总是采取最能发挥作用的社会措施来增强自己的生存能力，并通过自然选择，使人类自身最适合于社会活动的那些特性得到发展。要生产足够的东西来养活自己和满足种种生物需求，这曾经使人类经受过极大压力。斯宾塞认为，当人类能够更好地满足自己的物质需求时，人口就会加速增长。这就要求进一步改进生产手段。在此过程中，不适应者就自然被淘汰。斯宾塞与其他许多进化论者，还有赞同进化论的经济学家，都认为劳动分工是人类生活进步的标志。他们说，工业部门的职能划分使生产效率提高了，所以两性的劳动分工也就使人类社会发展更快。

在人类生活中，最重要的劳动分工便是男女之间的分工。在进化论者看来，随着人类生活的进步，妇女可以越来越多地摆脱挣钱养家的重担，越来越适宜在家里照料子女，操持家务；社会发展水平越高，男女的分工就越明显。进化论者竭力把生物学原理运用于社会。他们说，一个社会中，越是不发达的阶层，男女之间的分工就越少，如工人阶级、移民阶层、穷人，等等。这无异于说，进化程度越高的男女，就越是杰出，与众不同。按照他们的说法，不同阶级的人们和不同社会的人们处在不同的进化阶段，他们甚至在生理上也是有差异的了。于是，社会达尔文主义逐渐成了为种族主义、阶级不平等、剥削压迫和为帝国主义进行辩护的工具。

斯宾塞和其他进化论者都认为，两性之间不仅是有差异的，而且必然是不平等的。妇女越来越适宜承担家庭义务，而不必去做其他事情。只有男子才进化到了较高一级的阶段，所以他们身上那些适应社会、经济、政治生活的特质得到了充分发展。按照社会达尔文主义的逻辑，似乎男子在不断进化，妇女则停止了进化，因此妇女就得接受男子的统治。如果一个社会要进步，男子就得把不平等地位强加于妇女。

一个世纪前，西方许多人就用功能进化理论来反对妇女享有选举权。现在仍有许多人继续用同样的理论来为男女在其他方面的不平等事实进行辩护。尽管进化论者们宣称，他们相信进化的法则将使社会朝进步的方向发展，但他们认为只有男子才能把握这种进步的方向。

上述的社会达尔文主义观点，曾受到早期女权主义者的批评。最初提出不同观点的是 A. B. 布莱克维尔（Antcinette Brown Blackwell，1825～1921）。她认为，男性和女性在发展过程中确实表现出不同的特点，但这并不意味着二者的不平等，而是意味着二者的互补关系。男性和女性构成了人类平衡的两个部分，决不能从两性的差异中得出结论说，男子应当束缚妇女，或者说女性就只适合操持家务、照料子女。她认为，把妇女排斥在社会生活之外，恰恰不是社会发挥职能的表现，而是社会功能失调的表现。布莱克维尔同样应用了进化的原则，但却得出了与斯宾塞不同的结论。她认为，妇女应当尽可能摆脱各种束缚，以她们自己的方式对人类社会做出特殊的贡献。后来有些为争取妇女选举权而斗争的学者，也对社会达尔文主义的结论进行了针锋相对的批判。她们说，如果妇女能够充分地参与政治，她们那种注重教养和善于持家的特点将会提高政治决策的质量。现在也有很多人认为，如果给妇女以领导地位，社会状况会得到改善。另一位社会学家 C. P. 吉尔曼（Charlotte Perkins Gilman，1868～1935）对功能进化论做了这样的解释：两性的劳动分工是在人类生活斗争中发展起来的；当人类的生存活动需要繁重而艰苦的劳动并且要求繁殖足够的人口时，相对严密的劳动分工就是必要的；然而到了今天，情形大不相同了，过去曾发挥过作用的那种劳动分工，在现代社会中已不能发挥它昔日的作用了。在工业化社会里，依赖体力的工作越来越少，需要智力和技术的工作越来越多。妇女只要享有与男子同等的受教育和训练机会，那么她们在智力和技术竞赛中是不会比男人差的。况且，社会发展到今天，人口已经过剩，妇女无须担负繁重的生育任务，家务劳动也大大减轻了，在这种情况下，再过分强调两性角色的分工不仅是没有意义的，而且是有害于社会和人类进步的。她进一步指出，如果男子试图阻止妇女前进，那么他们自身也无法进步。人类社会把占人口半数的女性排斥在社会劳动之外，就会浪费人类的这一部分智慧。吉尔曼说，如果社会的劳动分工能够建立在技能、训练、效率的基础上，而不是以性别为依据的话，情况就会好多了。她还说，与其让所有的妇女都在自己家里当厨师、裁缝、清洁工和保育员，而不管她们是否长于这些工作，倒不如训练这方面的专门人员取而代之，或者尽可能将这些劳动社会化，即放在家庭之外去完成。

关于进化原则对性别差异和性别分层的发展有何意义这一问题，学术界迄今仍争论不休。人类学者和社会学者对"男耕女织"之类的题目谈论甚多。人类学者基本的观点是：在原始时代，两性之间的角色安排曾经是男子外出狩猎，女子在家收藏食物和哺育后代；以后社会发展了，但基于那种原始分工的男女角色与职能划分，却世世代代延续下来，不过进一步复杂化罢了；在原始时代，妇女由于生育和被子女拖累，不能长途跋涉，体力上也不胜任外出打猎，但她们对日常生活的贡献并不亚于男子。有人估计，那时人们消费的食物，有80%是妇女劳动的结果（包括采集、收藏和烹制），但是统治和支配社会的却是男子。由于打猎常常要与野兽或敌对的部落搏斗，所以打猎的队伍就变成了打仗的力量，这支力量演变为统治社会的政府。著名社会生物学家 E. O. 威尔逊等人认为，男子的统治和男女分工是人类在进化过程中由于遗传差异而强化的，社会生物学者对男子和妇女在将来能否享有完全平等权利这一点表示怀疑。

西方女性学者对近年来流行的社会生物学关于性别差异的理论持强烈的批评态度。他们指出：第一，最近的研究成果对狩猎与采集社会的情形提出了不同的看法。女性为采集到足够的食物，往往也要长途跋涉，原始时代的劳动分工并不是很严格的；在某些狩猎－采集社会里，女性同样外出去打猎，男子留在家里从事"内务"的例子并不鲜见。第二，社会生物学者通常选择从原始社会、现代社会到后工业社会的各种有利于说明他们观点的例子，但对这些例子未做认真的历史分析。第三，社会生物学者往往把人类自身的进化（生物结构的变化）和人类历史的演变（包括文化、社会结构等）混淆在一起。须知，历史上有记载的文化与社会结构变迁十分引人注目，可是与此同时，人类在生物学意义上并无明显的变化。某些社会生物学者接受关于个人的生命素质通过生物学机制遗传给后代的观点，却忽视了人的社会化过程。第四，即使男女的劳动分工与男人的统治地位在历史上曾经起过作用，那么社会发展到今天，那种分工到底还有多大意义呢？此外，即使在历史上，男女分工的程度也随文化而异。根据对男女个性与心理的测验，说明他们的大多数特征是相同的。生物科学未能说明男女之间生理特点与性角色的分工之间有何直接的联系。如果这种分工是天然的，那么就无法解释为什么要人为地去去强化和维持这种分工。如果让男女彻底自由去发展自己的能力，那么他们的角色和命运就绝不会与功能进化论者所描绘的那种情形相似。

五　两性冲突论

有些理论家认为，目前两性权力关系的格局，是他们之间冲突、斗争的结果。从历史上看，两性在利益与角色乃至性格上的冲突从未平息过；但两者在争夺统治权的斗争中，妇女最终失败了。

现代心理学的奠基者弗洛伊德（Sigmund Freud，1865～1939）第一个揭示了两性之间的冲突，他的理论成为冲突论的重要组成部分。据弗洛伊德说，男子的阴茎是男子权力的象征。女子发现自己没有阴茎，就恨自己的母亲使她具有母亲本人的缺陷，因而她与父亲更亲近，后来又开始依恋未来的父亲，即她的男性伙伴。女子内心产生一种补偿缺陷的需求，她一生都在为寻求补偿而斗争。在弗洛伊德看来，爱并不是出于一种无私的精神，而是出于自我满足的需求，对女性来说，是出于嫉妒。女性把结婚和生育，特别是生儿子作为一种补偿。但即使结了婚、生了儿子的妇女，也并未感到满足，她还要竭力征服自己的儿子，这就形成了母亲与儿子之间争夺自主权的斗争，这也是一种男性与女性的冲突。另外，虽然女性在与其丈夫的关系中扮演着相对被动的角色，但她却竭力去征服自己的丈夫，直到使丈夫像孩子那样服服帖帖，才肯罢休。此外，据弗洛伊德说，男女之间的角逐还发生在更多的方面。妇女将其精力消磨在家庭之中，而男子则日益把精力贡献于家庭之外，于是男女之间的斗争就随之而来。妇女不仅怨恨和反对男子对她们的漫不经心，而且开始怨恨文明本身，因为文明把男子的注意力从她们身上夺走了。然而在这场斗争中，男子是注定取胜的，因为他们身上有着妇女没有而希望有的东西。

关于两性的冲突与斗争这一观点，很早就在人们的头脑中扎下了根。历史上有许多传说与神话，描写男人怎样战胜各种女妖。在这些故事中，女性总是代表着邪恶、祸害、灾难等；男子战胜了她们，才使社会获得安宁。中国的"三打白骨精"就属于这类故事。莫扎特的歌剧《魔笛》也是典型的例子。人类学家认为，这些故事都是男权主义的神话，因为男子是在推翻了母系制度之后才获得了统治妇女与支配财产的权力。

西方女权主义者中，不少是信奉冲突论的。他们指出，男子的统治权是用暴力取得的，因而也必然用暴力来维护。早在 18 世纪末，女权主义者 M. 沃斯通克拉夫特就谈到，由于权力和劳动的划分造成了两性之间旷日持久的斗争，虽然权柄操在男人之手，但人的本性却促使妇女利用一切可能拥有的权力去满足自己的利益。如果男子迫使妇女成为发泄性欲的对象或者美的赐予者，那么妇女就将用这二者来反抗男子，她们会以狡猾、懈怠和玩世不恭的态度来对付男子。要终止这种角逐，唯一的途径是通过独立自主与平等而使男女都享有人的尊严。西方当代的女权主义者进一步发展了冲突论。她们的观点是：一个社会集团要获得和保持对另一个社会集团的控制，必然要通过斗争。既然男子通过斗争控制了女性，女性就得通过斗争去反控制。女权运动的历史证明，妇女确实是通过斗争才在立法、就业和其他方面渐渐获得了权利和权力。

有些女权主义者还认为，男子千方百计利用已掌握的权力把妇女变成"自愿的奴仆"，特别是在性生活方面，男子有许多"特权"，男女享有不同的性道德标准。男子之所以有性方面的特权，仅仅因为他们是男子。部分社会生物学者支持这一观点，他们说，男子在性生活方面有强制的本能，甚至有强奸女子的自然欲望。男子在生理上有妇女不及的优势，他们强壮而富于进攻性，他们有能力驾驭女性，因此，在两性的斗争中，女性的失败是不可避免的。这种社会生物学观点，在西方社会颇有市场。

西方还有一批反女权主义的学者，他们也接受两性冲突的观点，但得出的结论和提出的主张却很特别。其中最著名的有海伦·安得琳。她在 1974 年发表了《奇妙的妇女生涯》一书。她的反女权主义观点是建立在基督教信仰基础上的。她在书中表达了希望改善妇女的婚姻状况及其与丈夫的关系的善良愿望。她说，在丈夫面前应是"贤妻良母"，这并不是因为妇女低下或天生顺从，而是因为男子有某些弱点和困难，例如他们缺乏敏感性、粗心等，所以妇女应当学会通过温顺体贴去感化他们。她认为，男子和妇女有着截然不同甚至对立的性格特点。妇女一般比较温和、敏感、忠于信仰、贤惠，而男子多半粗犷、好斗、性情急躁。她提出的解决冲突的办法无非是自古以来善良的母亲们传授给女儿的那些"老生常谈"：当你的丈夫行为不良时，你不要责骂，也不要唠叨，不要表现出要与他争高低的倾向；在性生活上不要表现出主动；任何时候也不要显示你比他聪明能干。她甚至进而劝导妇女要逆来顺受，在遭到丈夫的打骂虐待时也要"以礼相待"，只可规劝，不可对抗。

由此可见，西方女权主义者和反女权主义者是从不同的角度来看待两性冲突的。一般说来，反女权主义者认为这种冲突及男子的统治地位是不可改变的，而女权主义者则认为，实现男女平等及两性关系的和谐化是可能的。女权主义者不同意社会生物学派关于两性冲突是由无意识的生物本能所致的观点，而认为这种冲突是社会不平等的必然结果，它会随着不平等的消除而平息。只要存在着不平等，那么某些处于弱势地位的人们就会为自己的命运而抗争，权势者也会为自己的权力而辩护，他们绝不会自愿地放弃权力。

上述五种理论对社会中两性关系的结构和权力划分的过程及实质有着不同的解释，对两性的未来的看法也不一致。西方的女性学者，对马克思主义的历史唯物论、功能进化论和冲突论似乎都有较大的兴趣，但不同的学派又对这些理论各自做了取舍。迄今为止，在西方女性学领域，尚未形成自己的权威理论。所以，对女性学者来说，理论探索仍是当前的艰巨任务。